Susanne Rudnig-Zelt
Glaube im Alten Testament

Beihefte zur Zeitschrift für die alttestamentliche Wissenschaft

Herausgegeben von
John Barton, Reinhard G. Kratz
and Markus Witte

Band 452

Susanne Rudnig-Zelt

Glaube im Alten Testament

Eine begriffsgeschichtliche Untersuchung
unter besonderer Berücksichtigung von Jes 7,1–17;
Dtn 1–3; Num 13–14 und Gen 22,1–19

DE GRUYTER

ISBN 978-3-11-031868-5
e-ISBN (PDF) 978-3-11-031879-1
e-ISBN (EPUB) 978-3-11-038981-4
ISSN 0934-2575

Library of Congress Cataloging-in-Publication Data
A CIP catalog record for this book has been applied for at the Library of Congress.

Bibliografische Information der Deutschen Nationalbibliothek
Die Deutsche Nationalbibliothek verzeichnet diese Publikation in der Deutschen
Nationalbibliografie; detaillierte bibliografische Daten sind im Internet über
http://dnb.dnb.de abrufbar.

© 2017 Walter de Gruyter GmbH, Berlin/Boston
Druck und Bindung: CPI books GmbH, Leck
♾ Gedruckt auf säurefreiem Papier
Printed in Germany

www.degruyter.com

MIX
Papier aus verantwor-
tungsvollen Quellen
FSC
www.fsc.org
FSC® C083411

Für Thilo

Vorwort

Die vorliegende Arbeit wurde im Mai 2012 von der Theologischen Fakultät der Friedrich-Schiller-Universität Jena als Habilitationsschrift angenommen. Für den Druck wurde sie leicht überarbeitet und erweitert.

Nach dem Abschluß einer solchen Arbeit bleibt nur, den vielen Menschen zu danken, ohne deren Hilfe und Unterstützung sie nicht zustande gekommen wäre. In Jena ist das vor allem Prof. Dr. Uwe Becker. Er war mir während der Entstehung des Buches ein kompetenter Gesprächspartner und hat mich stets unterstützt. Nicht zuletzt hat er dafür gesorgt, daß ich neben der Arbeit als seine Wissenschaftliche Mitarbeiterin immer Freiraum für eigene Forschung hatte. Außerdem danke ich den Teilnehmerinnen und Teilnehmern des Jenaer Doktorandenkolloquiums, allen voran Dr. Waltraut Bernhardt, Prof. Dr. Joachim Conrad und Ramón Seliger für ihr Zuhören und Mitdenken.

Kurz vor Abschluß der Arbeit begann ich meine Arbeit in Kiel als Hebräischlektorin. Ich danke insbesondere Prof. Dr. Markus Saur und Prof. Dr. Ulrich Hübner für die herzliche Aufnahme an der Fakultät und für die gute Zusammenarbeit. Zu danken habe ich ferner meinen Kieler Gesprächspartnern, stellvertretend für viele Prof. Dr. Andreas Müller und Prof. Dr. André Munzinger sowie meinen Kolleginnen und Kollegen Dr. Nesina Grütter (jetzt Basel), Florian Fitschen, Roberto Jürgensen, Dr. Felix John, Jan Lohrengel, PD Dr. Philipp David und PD Dr. phil. Maike Schult. Ihnen verdanke ich manchen hilfreichen Hinweis – und eine inspirierende Arbeitsatmosphäre.

Ich danke den Gutachtern in meinem Habilitationsverfahren, Prof. Dr. Uwe Becker, Prof. Dr. Markus Saur und Prof. Dr. Reinhard Achenbach sowie Prof. Dr. Markus Witte und Prof. Dr. Reinhard Gregor Kratz für die Aufnahme meines Buches in die Reihe BZAW. Für die Hilfe beim Korrekturlesen bin ich Dr. Christiane Eilrich, Dr. Harald Samuel und Frau Susanne Barth zu großem Dank verpflichtet. Durch ihrem Spürsinn konnte ich manchen Fehler vermeiden. Was Fragen zur Qumranforschung betrifft, konnte ich mich immer auf Prof. Dr. Annette Steudel und PD. Dr. Ingo Kottsieper sowie auf Dr. Peter Porzig verlassen. Im Verlag de Gruyter standen mir Herr Dr. Albrecht Döhnert, Frau Sabina Dabrowski und Frau Dr. Sophie Wagenhofer hilfreich zur Seite. Ihnen allen ein herzliches Dankeschön!

Ohne die Begleitung von Freunden und Familie wäre ein Habilitationsprojekt nicht zu bewältigen. Ganz besonders danke ich meinem lieben Mann Prof. Dr. Thilo Rudnig, der mir stets zur Seite steht und immer einen guten Rat wußte. Ihm ist dieses Buch in Liebe und Dankbarkeit gewidmet. Außerdem bedanke ich mich bei meinen Eltern Dr. med. Gertrud und Dr. med. Joachim Zelt und meinen Freundinnen und Freunden außerhalb der Theologischen Fakultäten: Frau Susanne Witt sowie Dr. rer. nat. Eva-Maria und Dr. rer. nat. Johannes Pauli mit den Kindern Judith und Tobias für viele ermutigende Gespräche und manche entspannende Unternehmung.

Kiel und Göttingen im Sommer 2015   Susanne Rudnig-Zelt

Inhaltverzeichnis

1 Einleitung

In der systematisch-theologischen Diskussion der letzten Jahrzehnte wurde immer wieder engagiert gefordert, was Glaube sei, müsse von Christus her verstanden werden. So hält Ebeling 1958 fest, „daß die Frage, wer Jesus ist, und die Frage, was Glauben heißt, nicht getrennt voneinander, sondern nur miteinander beantwortet werden können".[1] Und Jüngel stellt 2000 klar: „Für das christliche Verständnis des Glaubens [Auflösung der Abkürzungen durch die Verfasserin] ist dessen Zusammenhang mit Jesus Christus konstitutiv."[2]

Trotzdem ist unbestritten, daß die neutestamentliche Rede von πιστεύειν sich an die Wiedergabe des alttestamentlichen אמן Hiphil durch die Septuaginta anschließt.[3] Ebeling nennt die Wurzel אמן mit dem Hiphil als wichtigstem Repräsentanten sogar die „eigentliche Keimzelle des Glaubensbegriffs".[4] Die neutestamentliche Rede vom Glauben hat also zumindest sprachlich alttestamentliche[5] Wurzeln. Will man von Christus her bestimmen, was Glauben heißt, wird man vom Neuen Testament selbst auf den alttestamentlichen Hintergrund seiner Rede von Christus und Glauben verwiesen.

Obwohl die Bedeutung der Rede vom Glauben im Alten Testament offensichtlich ist, wurde sie in der alttestamentlichen Forschung nur vergleichsweise selten bearbeitet. Die letzte Monographie zum Thema stammt von Ludwig Bach und entstand 1900. Angesichts der Umbrüche in der alttestamentlichen Wissenschaft in den letzten 30 Jahren ist es dringend, sich diesem Thema wieder einmal zuzuwenden. Wie das Alte Testament vom Glauben redet, steht deshalb im Mittelpunkt der vorliegenden Arbeit.

Zuerst soll nach dem Charakter der alttestamentlichen Rede vom Glauben gefragt werden, also ob hier theologisch reflektiert wird oder ob Erfahrungen mit Gott in Poesie oder Erzählung ausgedrückt werden. Um das zu erreichen, wird geklärt, inwiefern אמן Hiphil ein alttestamentlicher, theologischer Begriff ist. Im Anschluß daran wird ermittelt, in welchem Zusammenhang Begriffe und theologische Reflexion im Alten Testament stehen (Kapitel 2). Zugleich wird in diesem Kapitel eine Einführung in die bisherige Sicht des Phänomens „Glauben im Alten

---

1 Ebeling, WG 1, 204.
2 Jüngel, Art. Glaube IV., Sp. 972.
3 Vgl. Ebeling, WG 1, 210 ff; Jüngel, Art. Glaube IV., Sp. 953 und s. u.,12 f.
4 Ebeling, WG 1, 210.
5 Wenn in der folgenden Arbeit vom Alten Testament o. ä. die Rede ist, bezieht sich das – wie in der protestantisch-theologischen Diskussion eingebürgert – auf den masoretischen Kanon (vgl. etwas anders Kratz, Biblisches Israel, XIV). Geht es um die LXX und ihren Kanon, wird dies eigens gekennzeichnet.

Testament" gegeben. An das Kapitel schließt sich die erste Untersuchung eines exemplarischen Textes mit אמן Hiphil an, Jes 7,1–17 mit Vers 9b („Glaubt ihr nicht, so bleibt ihr nicht"). In dieser Untersuchung soll ermittelt werden, ob אמן Hiphil als theologischer Begriff in diesem Kapitel eingeführt wurde, wie Smend vorgeschlagen hat (Kapitel 3).[6]

Nachdem sich herausgestellt hat, daß das nicht der Fall ist, wird eine Durchsicht aller Belege von אמן Hiphil erfolgen, u. a. Gen 15,6 (s. 4.4.5). Zuerst wird in Auseinandersetzung mit den bisherigen Thesen die Bedeutung des Wortes erarbeitet. Dann folgt eine Suche nach dem ältesten theologischen Beleg. Außerdem wird in diesem Kapitel eine Übersicht über die theologischen Fragen gewonnen, die mit אמן Hiphil bearbeitet werden (Kapitel 4).

Wahrscheinlich ist Dtn 1,32 der älteste Beleg des theologischen Begriffs אמן Hiphil, und deshalb sind die beiden Fassungen der Kundschaftergeschichte Dtn 1–3 und Num 13 f die nächsten Texte, die intensiv untersucht werden. Dabei geht es um die Frage, wie alt Dtn 1,32 als der älteste Beleg eines theologischen אמן Hiphil ist. Weiter wird eruiert, welche theologischen Entwicklungen und Fragestellungen die Begriffsprägung an dieser Stelle herausforderten. In diesem Zusammenhang wird die theologische Grundhaltung hinter Num 13 f, dem Vorbild von Dtn 1–3, verglichen mit der theologischen Grundhaltung hinter der ältesten Fassung der Priesterschrift (P^G, s. Kapitel 5). Es geht in diesem Kapitel also in besonderer Weise um den Schritt von der Redaktionsgeschichte zur Theologiegeschichte, ein Anliegen, das in alttestamentlichen Arbeiten oft zu kurz kommt. Weil die Frage, in welchem theologiegeschichtlichen Umfeld אמן Hiphil als alttestamentlicher Glaubensbegriff entwickelt wurde, nur im Zusammenhang mit Num 13 f und Dtn 1–3 geklärt werden kann, spielen diese Texte in der vorliegenden Arbeit eine größere Rolle als der vieldiskutierte Vers über den Glauben Abrahams Gen 15,6.

Zuletzt wird noch einmal überprüft, ob der Begriff אמן Hiphil wirklich ein markantes eigenes Profil hat oder ob es im Alten Testament zahlreiche Synonyme gibt, wie etwa ירא („fürchten"). Zu diesem Zweck wird Gen 22,1–19, die Opferung Isaaks, als ein theologisch gewichtiger Text, in dem ירא verwendet wird (Gen 22,12), mit den Texten verglichen, die den Begriff אמן Hiphil enthalten (Kapitel 6). Zuletzt werden die Ergebnisse zusammengefaßt. Nun wird dargestellt, welche theologischen Fragestellungen mit Hilfe des Begriffs אמן Hiphil diskutiert werden. Es wird sich zeigen, daß einige Diskussionen um den Glauben, die man bisher für typisch christlich hielt, bereits im Alten Testament begonnen

---

6 Vgl. Smend, Geschichte, 246 f und u., 3.6.

haben. So mußten schon die alttestamentlichen Theologen[7] das Verhältnis von Glauben und Gesetz und Glauben und Wissen bearbeiten (Kapitel 7).

Die folgende Arbeit soll so weit wie möglich für Leser zugänglich sein, die keine Spezialisten für das Alte Testament sind und die keine Hebräischkenntnisse haben. Aus diesem Grund folgt auf alle wichtigen hebräischen Zitate eine Übersetzung. Das soll ermöglichen, die Literarkritik der jeweiligen Texte mit Hilfe einer deutschen Übersetzung nachzuvollziehen. Um die Lesbarkeit zu verbessern, werden die Eigennamen möglichst in der Fassung der Lutherbibel wiedergegeben, weil sie sich so im deutschen Sprachraum eingebürgert haben. Für die hebräischen Stämme werden etwas vereinfachte Bezeichnungen gewählt, also z. B. Niphal statt Niph'al.

---

7 Wenn im folgenden von Lesern, Verfassern usw. die Rede ist, ist keine Vernachlässigung oder gar Diskriminierung von Leserinnen, Verfasserinnen usw. beabsichtigt. Vielmehr werden im Interesse der sprachlichen Eleganz und des Leseflusses Männer und Frauen unter der (nur grammatisch!) maskulinen Bezeichnung zusammengefaßt. Wo „Leser" oder „Verfasser" steht, sind also auch Leserinnen oder Verfasserinnen gemeint.

2 אמן Hiphil als alttestamentlicher Glaubensbegriff

Für Frage nach dem Glauben im Alten Testament gibt es einen klaren Ansatzpunkt: die verbale Verwendung der Wurzel אמן in der Stammform Hiphil.[1] Trotzdem bedarf die Fragestellung einer Begründung.[2] Denn auch wenn nur wenige Exegeten grundsätzlich abgelehnt haben, vom Thema „Glauben im Alten Testament" zu sprechen,[3] hat es den Anschein, daß dieses Thema im Alten Testament eher im Hintergrund steht.[4] Allerdings ist אמן Hiphil ein sehr prominentes Beispiel für den Gebrauch theologischer Begriffe im Alten Testament.[5] Das zeigt die Bedeutung des Themas. Und als theologischer Begriff ermöglicht אמן Hiphil Rückschlüsse auf das Denken dahinter.[6] Deshalb gilt dem Begriffscharakter von אמן Hiphil in dieser Arbeit ein besonderes Augenmerk. Dieser Begriffscharakter ist als erstes zu erläutern. Die Erläuterung beginnt mit einem Blick auf die Kennzeichen alttestamentlicher, theologischer Begriffe im allgemeinen. Sie wendet sich dann speziell אמן Hiphil zu.

2.1 אמן Hiphil als theologischer Begriff im Alten Testament

2.1.1 Die Verwendung von theologischen Begriffen im Alten Testament

Auf den ersten Blick haben Begriffe für das theologische Denken im Alten Testament keine große Bedeutung.[7] Denn in weiten Teilen des Alten Testaments wird

---

1 Deshalb ist es gegen Hermisson, Glauben, 8 nicht nötig, im Neuen Testament „begriffliche Orientierung" (Glauben, 8) zu suchen, um die Rede vom Glauben im Alten Testament zu erforschen. Zur Diskussion über die Hiphilbildung bei אמן und zu ihrer genauen Bedeutung s. u., 4.1.1.
2 Damit könnte zusammenhängen, daß das Thema zwischen ca. 1970 und 2009 kaum behandelt wurde (s. u., 19, Anm. 69).
3 Hier geht z. B. Pfeiffer relativ weit. Er behauptet, wenn man אמן Hiphil als „glauben" übersetze, verpflanze man das Verb „aus seiner geschichtsgebundenen Eigenart in unsere abendländische Vorstellungswelt" (Pfeiffer, Glaube, 151; vgl. in diesem Sinne schon Jacob, Genesis, 394). Dieser Vorbehalt Pfeiffers ist allerdings in der Diskussion über אמן Hiphil eine Minderheitsposition (s. u., 4.1.1).
4 Vgl. z. B. Körner, Wesen des Glaubens, Sp. 713; Zimmerli, Grundriß, 128.
5 So schon Smend, Theologie, 83. „Theologischer Begriff" wird in dieser Arbeit vor allem im Sinne eines theologischen Fachbegriffs, eines *terminus technicus* verstanden (s. u., 2.1.1).
6 S.u., 8 f.
7 Vgl. Preuß, Theologie I, 26.

erzählt. Das Erzählen prägt die Tora und die Geschichtsbücher (Jos–II Reg; Esr;
Neh; Chr), zeigt sich aber auch immer wieder in den Prophetenbüchern, wenn
von den Taten und Erlebnissen der Propheten berichtet wird (z. B. Jes 6; 7f;
36–39; Jer 1; 26; 36; 37–45; Ez 1–3; 8–11; 37). Im Hiobbuch ist der Rahmen eine
Erzählung (Hi 1–2; 42,7–17). Und sogar poetische Texte in weisheitlichen Büchern
(z. B. Prov 31,10ff; Koh 2,1–23; 12,1–7) oder in den Psalmen (z. B. Ps 18,4ff; 74,12–
14; 104,3ff) präsentieren sich immer wieder in einem erzählenden Duktus, wenn
sie die Qualitäten oder Erlebnisse einer Person oder die Taten Gottes beschreiben.[8] Weil das Erzählen im Alten Testament so häufig ist, erfolgt auch die theologische Reflexion im Alten Testament oft in Form von Erzählungen.[9] So zeigt
die Geschichte von der Opferung Isaaks (Gen 22,1–19) am Beispiel Abrahams, was
Gottesfurcht bedeutet (Gen 22,2.12) – und ist zugleich ein Stück höchster hebräischer Erzählkunst.[10] Auch wenn ein Thema systematisch entfaltet wird (z. B. die
Schöpfung in Gen 1,1–2,4a), geschieht das gern in Form einer Erzählung. Und
sogar in einem theologischen Entwurf wie der ersten Fassung der Priesterschrift
(die Priestergrundschrift oder P[G]) wird die Geschichte von der Schöpfung bis zum
Bau des Heiligtums am Sinai *erzählt*.[11]

Daraus läßt sich ersehen, daß im Alten Testament über weite Strecken mit
Beispielgeschichten Theologie getrieben wird. Genau diese Theologie in Fallbei-
spielen hat die Disziplin „Theologie des Alten Testament" von Anfang an herausgefordert. Denn sie scheint jeder systematischen Darstellung zu widerstreben.[12]
Hinter diesen Schwierigkeiten bei der Darstellung steckt ein grundsätzliches
Problem, nämlich die Frage, ob in solchen Erzähltexten überhaupt Theologie
vorliege. Wollten die alttestamentlichen Erzähler in ihren Geschichten Theologie
transportieren, oder projizieren hier die heutigen Leser ihre Erwartungen auf die
Texte?[13] Gegen solche Anfragen hat Rudolf Smend 1982 die Kennzeichen theologischen Denkens im Alten Testament festgehalten: „Außer der ‚Systembildung' –
zurückhaltender und wohl angemessener gesagt dem Denken in und der Bildung
von größeren Zusammenhängen – handelt es sich um ein Denken, das sich bei
religiösen Aussagen verstärkt bestimmter Begriffe bedient, das Sätze bildet, die
dahin tendieren, Lehrsätze zu sein, das argumentiert und das gegebene Texte

---

8 Vgl. auch Hermisson, Glauben, 10.
9 Vgl. z. B. Hermisson, Glauben, 7f; Ebeling, Dogmatik 1, 64f; Barton, Ethics, 20ff; Becker, Ethik,
229.231ff; Lauster, Entzauberung, 40.
10 Vgl. v. a. Veijola, Opfer, 138ff.
11 Zur Forschungsdiskussion über P[G] s. u., 5.1.2.2; 5.4.1–5.4.4.3.
12 Vgl. z. B. von Rad, Theologie I, 120ff.
13 Vgl. Smend, Theologie, 75ff zu solcher Kritik an der Disziplin „Theologie des Alten Testaments".

interpretiert."[14] Tatsächlich wird sich herausstellen, daß sich in diesem Sinne theologisches Denken und Erzählen nicht ausschließen. Dies soll im folgenden am Beispiel des theologischen Begriffs „Kabod"[15] gezeigt werden.

Um das Verhältnis von Erzählen und Begriffsgebrauch am Beispiel „Kabod" vorzuführen, ist zuerst zu klären, was überhaupt einen alttestamentlichen, theologischen Begriff ausmacht und was ihn von einem einfachen Wort unterscheidet.[16] Wie sich im folgenden zeigen wird, ist ein solcher Begriff im Alten Testament ein Lexem, in dem ein ganzer Gedankengang zusammengefaßt wird oder das für sein Verständnis auf einen größeren theologischen Entwurf angewiesen ist.[17] Oft wird das Lexem als Begriff außerdem in einer Weise verwendet, die sonst nicht oder nur sehr selten belegt ist, z. B. in einer bestimmten Konstruktusverbindung.[18] Dagegen wird ein Lexem als Wort im Unterschied zum Begriff freier gebraucht, und seine Bedeutung wird nicht so klar festgelegt (z. B. die meisten Belege von אמן Niphal)[19]. Auch theologisch bedeutsame Lexeme können in diesem Sinne einfache Worte bleiben, z. B. ירא („fürchten") verbunden mit אלהים („Gott").[20] Weiter ist zu beachten, daß im Alten Testament dasselbe Lexem in einigen Texten im strengen Sinne als theologischer Begriff und in anderen frei als Wort verwendet werden kann.[21]

---

14 Smend, Theologie, 82.

15 Im Deutschen entspricht diesem hebräischen Wort bezogen auf Jahwes Erscheinungen am ehesten die Übersetzung „Herrlichkeit" (vgl. HALAT, 436 f; Wagner, Herrlichkeit, 453). Weil es sich um einen festen, theologischen Begriff handelt, wird das Wort hier vereinfacht ins Deutsche transkribiert und wie ein Fremdwort behandelt.

16 Die Forderung, zwischen Worten und Begriffen zu unterscheiden, geht auf Barr zurück (vgl. Bibelexegese, 208 ff). Weitere Beispiele theologischer Begriffe im Alten Testament sind צדקה „Gerechtigkeit" in Gen 15,6; Dtn 6,25; 9,4–9; II Sam 22,21.25; I Reg 8,32 s. u., 4.4.5) und לון Hiphil und Niphal in den Murrgeschichten („murren" z. B. Ex 16,2.7 f; Num 14,2.27; 17,6 s. u., 5.4.3; 5.5).

17 Es wäre zu untersuchen, inwieweit sich diese Auffassung des theologischen Begriffs mit den philosophischen Diskussionen zur Begriffsgeschichte verbinden läßt (vgl. Meier, Art. Begriffsgeschichte, Sp. 791 ff). Zu grundsätzlicher Kritik am Ansatz „Begriffsgeschichte" und den unterschiedlich konturierten Alternativmodellen einer „Diskursgeschichte" vgl. Reichardt, Semantik, 10 ff. Trotz der Vorbehalte gegen das Projekt „Begriffsgeschichte" erkennt Reichardt an, daß „besonders oft und häufig gebrauchte Wörter als sprachliche Chiffren habituell geworden[e] Gedanken" (Semantik, 24) bündeln können. Das ist an die Rede vom Begriff in dieser Arbeit anschlußfähig. Auch wenn man wie Reichardt anstelle von Begriffsgeschichte Diskursgeschichte betreiben will, rechtfertigen solche Worte eine Einzeluntersuchung (vgl. Semantik, 24).

18 Vgl. Barr, Bibelexegese, 222 f.

19 Vgl. Wildberger, Art. אמן, Sp. 182 ff und s. u., 2.1.3.

20 Vgl. Westermann, BK.AT 1/2, 443 und u., 8.

21 Im Alten Testament zeigt sich also in besonderer Weise, daß die Verwendung von Lexemen als Begriffe nur ein Teil der viel umfassenderen Geschichte ihres Gebrauchs ist (vgl. Gadamer, Begriffsgeschichte, 88 ff).

Dieses Phänomen läßt sich am Beispiel des Lexems „Kabod" verdeutlichen, wobei es auf Gott bezogen ist. In den meisten dieser Belege ist es ein einfaches Wort ohne klare Festlegung der Bedeutung. Aber an einigen Stellen zeigen sich die Merkmale der theologischen Begriffsbildung, die Zusammenfassung eines Gedankengangs und die besondere Formulierung. Hier steht das Wort כבוד im *status constructus* mit dem Tetragramm oder der Verbindung אלהי ישראל (der Kabod Jahwes oder der Kabod des Gottes Israels)[22]. Die Verwendung von „Kabod" als Begriff ist auf bestimmte Bereiche der alttestamentlichen Literatur beschränkt. Denn diese Formulierung erscheint fast nur in PG (z. B. Ex 24,16; 40,34b), den Visionsberichten des Ez-Buches (z. B. Ez 1,28; 3,12; 8,4; 9,3; 43,2.4 f), einigen nachpriesterschriftlichen Murrgeschichten (z. B. Ex 16,7.10; Num 14,10b; 16,19; 17,7; 20,6) sowie ein paar nachpriesterschriftlichen Texten über die Anwesenheit des Kabod Jahwes im Heiligtum (z. B. Ex 40,35; Lev 9,6.23; I Reg 8,11; II Chr 7,1–3).[23] PG zeigt, welcher Gedankengang hinter dem Begriff steht.[24] Denn dort erfüllt der Einzug des Kabod Jahwes ins Heiligtum (Ex 40,34b) die Verheißung aus Ex 29,45, Jahwe werde mitten unter den Israeliten wohnen.[25] Damit ist klar, daß der Kabod Jahwes an Stelle Jahwes handelt und ihn vertritt.[26] Ein Text, der wie hier PG einen Begriff einführt und seine Bedeutung klarstellt, wird im folgenden als „Definitionstext" bezeichnet.

Erzählen und Begriffsgebrauch im dargestellten Sinne schließen sich im Alten Testament nicht nur nicht aus, sondern Begriffe erleichtern sogar das Erzählen. Denn sie dienen der Erzählökonomie. Durch den Einsatz eines Begriffs kann der Erzähler auf ausführliche Darstellungen von Gedankengängen verzichten, die den Leser ablenken würden. Die Autoren von PG sowie der Ez-Visionen und der nachpriesterschriftlichen Murrgeschichten und Heiligtumstexte müssen durch den Einsatz des Begriffs „Kabod Jahwes" nicht mehr genau beschreiben,

---

22 Vgl. HALAT, 436 f. Beispielsweise wird mit „Kabod" als Wort immer wieder ausgedrückt, daß Jahwes Herrlichkeit die ganze Erde füllt (z. B. Jes 6,3; Hab 2,14; Ps 19,2; 21,6;72,19). Aber es gibt keinen Text, der diese Verwendung von „Kabod" als Begriff einführte, indem er deutlich macht, wie genau das gemeint ist. Zur Vorgeschichte des Begriffs Kabod vgl. Hallaschka, Haggai, 121 f: Einen Überblick über die Verwendung der Wurzel כבד insgesamt bietet Wagner, Herrlichkeit, 3 ff.
23 Zur literargeschichtlichen Verortung v. a. der Beispieltexte aus dem Pentateuch s. u., 5.4.1. Außerhalb dieses Textbereichs kommt כבוד אלהי ישראל nie vor. כבוד יהוה steht ansonsten nur in Num 14,21; Jes 35,2; 40,5; 58,8; 60,1; Hab 2,14; Ps 104,31; 138,5. Die Abhängigkeit dieser Stellen von dem in PG eingeführten Begriff wäre zu klären.
24 Weil der Begriff so in PG eingeführt wird, kommt er hier auch zum ersten Mal vor. Das wird durch die begriffsgeschichtliche Entwicklung bestätigt. Denn in den jüngeren Texten lockert sich die Bindung des Kabods ans Heiligtum, an der PG noch streng festhält (s. u., 5.4.1 f).
25 S.u., 239, Anm. 502 und 242, Anm. 516.
26 So auch Rudnig, Gegenwart, 280 ff.

wie sich Jahwe und sein Kabod zueinander verhalten. Sie können sich anstelle dessen auf die Frage konzentrieren, die sie wirklich interessiert: Erscheint der Kabod Jahwes nur im Heiligtum? Diese Fragestellung verbindet alle Texte, die „Kabod Jahwes" als Begriff verwenden. Und dieses Verbinden von Texten ist eine weitere Aufgabe von Begriffen im Alten Testament.

Begriffe helfen den jeweiligen Verfassern, Texte miteinander zu verknüpfen und Intertextualität herzustellen. Mithilfe eines Begriffs können sich Autoren auf vorliegende, ältere Texte berufen und diese korrigieren. Dabei fungiert der Begriff als Stichwort. Auf diese Weise spielen Begriffe eine wichtige Rolle für die Auslegung eines älteren Textes durch einen jüngeren. In solchen Fällen basiert die innerbiblische Exegese auf Begriffen.[27] So zeigt die Verwendung des Begriffs „Kabod" in P^G, Ez, den Murrgeschichten und den Heiligtumstexten, daß hier eine Diskussion stattfindet über die Frage, wie eng der Kabod Jahwes an das Heiligtum gebunden ist. In P^G ist die Verbindung noch sehr eng, und der Kabod zieht erst in die fertige Stiftshütte ein (Ex 40,34b). In den Ez-Stellen und in den nachpriesterschriftlichen Erzählungen hat sich die Verbindung dagegen gelockert. Hier kann Jahwes Kabod erscheinen, bevor die Stiftshütte gebaut wurde (Ex 16,10) oder der Kabod kann aus Protest gegen kultische Mißbräuche aus dem Tempel ausziehen (Ez 9,3). Die Verfasser von Ex 16,10; Ez 9,3 korrigieren so die Konzeption von P^G in Richtung auf eine konsequentere Omnipräsenz Gottes.[28] Man kann hier also eine Begriffsgeschichte rekonstruieren. Und diese Begriffsgeschichte wird von einer Frage angetrieben: Wie kann Gott auf der Welt anwesend sein und dabei der allmächtige Gott bleiben? Modern gesprochen: Hier wird die Frage nach dem Verhältnis von Transzendenz und Immanenz Gottes entfaltet. Und im Lauf dieser Begriffsgeschichte erweisen sich immer wieder alte Antworten als ungenügend. Hinter einer Begriffsgeschichte steht also ein theologischer Denkprozeß.[29]

Sollen die vielfältigen Erzählungen des Alten Testaments, die jeweils unterschiedliche theologische Positionen vertreten, zu einer Theologie des Alten

---

27 Vgl. z. B. Kratz, Innerbiblische Exegese, 47 ff. Zur Entwicklung der Forschung zu innerbiblischen Auslegungsprozessen vgl. Schmid, Schriftauslegung.

28 S. u., 5.4.1. Eine Reihe von jüngeren, suffigierten Belegen von „Kabod" nimmt auf den von P^G eingeführten Begriffsgebrauch Bezug, so Dtn 5,24 (vgl. Veijola, ATD 8/1, 136) und Ex 29,43 (s. u., 242, Anm. 516).

29 Vgl. auch Assmann, Moses, 35 f; Saur, Sapientia, 237 ff. Auch Worte im o. dargestellten Sinne (s. o., 6) können als Stichworte für eine solche intertextuelle Diskussion eines Themas fungieren. Eine Gruppe von Erzählungen, die in dieser Weise von einem Wort zusammengehalten wird, soll im folgenden als Diskussionsgeschichte bezeichnet werden im Unterschied zur Begriffsgeschichte. Auch in diesen Diskussionsgeschichten manifestieren sich theologische Denkprozesse.

Testaments zusammengefaßt werden, kommt es entscheidend auf solche Denkprozesse an, in denen alte Antworten auf eine weiterhin aktuelle Frage verworfen
und neue gesucht werden. Fast alle alttestamentlichen Geschichten gehören in
einen oder mehrere solcher Denkprozesse, die eine Theologie des Alten Testaments strukturieren.

2.1.2 Der Begriffscharakter von אמן Hiphil

Ein alttestamentlicher Begriff bezeichnet eine ganz spezifische Art des Gottesverhältnisses: אמן Hiphil.[30] Dieser Begriff ist in Gen 15,6; Ex 4,1.5.8 (*bis*).9.31; 14,31;
19,9; Num 14,11; 20,12; Dtn 1,32; 9,23; II Reg 17,14; Jes 7,9b; 28,16bβ; 43,10; Jon 3,5;
Ps 27,13; 78,22.32; 106,12.24; 116,10; 119, 66; II Chr 20,20 (*bis*) für das Verhältnis
zu Gott oder seinen Mittlern Mose oder den Propheten belegt. Dazu kommt der
aramäische Text Dan 6,24. Die hier begegnende Verwendung von אמן Hiphil wird
im folgenden etwas verkürzt als „theologisch" bezeichnet, und dabei dient אמן
Hiphil als Begriff im Sinne eines zusammengefaßten Gedankengangs. Daneben
steht der sogenannte profane Gebrauch: Hier wird das Lexem für zwischen-
menschliche Beziehungen, innerweltliche Zustände und für Aussagen im Sinne
von „für zuverlässig oder plausibel halten" verwendet und bleibt ein einfaches
Wort ohne strenge Festlegung der Bedeutung.[31]

    Wo אמן Hiphil als theologischer Begriff gebraucht wird, hat es ein noch mar-
kanteres Profil als der oben erörterte Begriff „Kabod". Dieses Profil kann sich so
klar ausprägen, weil – wie sich zeigen wird – alle theologischen Belege in einem
sehr ähnlichen Sinne gebraucht werden. Auf diese Weise nähert sich der Gebrauch
des Begriffs אמן Hiphil der Einheitlichkeit und Klarheit, die man heute gemein-
hin bei der Verwendung philosophischer und theologischer Begriffe erwartet.[32]

    Einen ersten Eindruck von diesem klaren Profil des Begriffs אמן Hiphil
gewinnt man schon, wenn man das Verb mit anderen vergleicht, die ebenfalls

---

30 Zwar spricht sich Hermisson, Glauben, 10 dagegen aus, אמן Hiphil als einen Begriff zu betrachten, aber gerade weil das Alte Testament so oft erzählend Theologie treibt, kann man nicht
als Kriterium für einen theologischen Begriff fordern, dieser müßte als Nomen belegt sein (vgl.
auch Rendtorff, Offenbarungsvorstellungen, 41).
31 S.u., 4.1.4–6.
32 Vgl. z.B. Trillhaas, Dogmatik, 53 und mit kritischer Einschränkung Gadamer, Begriffsgeschichte, 78 ff. Mit der besonders konsequenten Verwendung von אמן Hiphil als theologischem Begriff dürfte zusammenhängen, daß Smend dieses Wort als Beispiel für einen theologischen Begriff im Alten Testament nennt (vgl. Theologie, 83; in diesem Sinne auch Hieke, Rede
vom Glauben, 28).

für die Gottesbeziehung stehen können. Folgende Verben kommen dafür in Betracht: „lieben" (אהב) oder „dienen" (עבד), „fürchten" (ירא) oder „vertrauen" (בטח), jeweils bezogen auf Gott. אמן Hiphil wird deutlich anders gebraucht als diese Verben. So findet אמן Hiphil anders als אהב, עבד, ירא und בטח niemals für ein falsches Zutrauen des Menschen zu Irdischem[33] oder gar für die Verehrung von fremden Göttern[34] Verwendung.[35] Weiter geht es in vielen theologischen אמן Hiphil-Texten um das Gelingen oder Scheitern der Gottesbeziehung. Dafür gibt allein den Ausschlag, ob die Menschen glauben (אמן Hiphil). Glauben sie nicht, ist ihr Leben durch Gottes Abwendung, Zorn oder Strafe in Gefahr, auch wenn sie sich sonst nichts haben zuschulden kommen lassen (z. B. Num 14,11.22; 20,12; Dtn 1,32.35*; Jes 7,9b; Ps 78,21 f.30–33; 106,24–27).[36] Umgekehrt ist der glaubende Abraham gerecht[37], ohne daß er irgend etwas tat oder tun mußte (Gen 15,6, vgl. ferner II Chr 20,20).[38] Und nicht zuletzt erscheint אמן Hiphil häufig in Schuldauf-

---

33 Dafür steht gerne בטח vgl. z. B. Jes 31,1; Jer 7,4; 13,25; 17,5–8; Ez 16,5 (vgl. Gerstenberger, Art. בטח, Sp. 302 f; Preuß, Theologie 2, 177); mit ירא vgl. I Sam 15,24. Charakteristisch ist außerdem die Verwendung der Wurzel בטח für das sichere Wohnen im Land oder in einer Stadt (z. B. Lev 25,18; Jdc 18,7.27; I Sam 12,11; I Reg 5,5; Jes 32,17). Vgl. auch den Gebrauch von אהב für eine Liebe zu Mißbräuchen und Fremden anstelle der Liebe zu Gott (z. B. Jer 2,25; 5,31; 14,10; Am 4,5) oder für Liebe zu Bösem, Bestechung und Ausbeutung in sozialkritischen Texten (z. B. Jes 1,23; Hos 12,8; Mi 3,2).
34 Mit בטח für Götter oder Bilder z. B. Jes 42,17; Hab 2,18; Ps 135,18, mit ירא z. B. II Reg 17,7.35; Jes 15,12, mit עבד z. B. Ex 20,5; Jos 24,14; I Sam 12,10; I Reg 9,6.
35 So auch z. B. Bach, Glaube, 82; Weiser, Begriff, 188; Ebeling, Dogmatik 1, 84; Preuß, Theologie 2, 171. Dementsprechend ist im Alten Testament zwar klar, daß der Glaube nur auf Jahwe bezogen werden kann und somit die Einsicht Luthers vorweggenommen, daß Glaube und Gott zusammengehören (vgl. WA 30/1, 133). Es gibt im Alten Testament aber keinen falschen Glauben im Sinne von Glauben an Götzen oder Irdisches. Daß sich אמן Hiphil niemals auf Götzen oder Innerweltliches bezieht, legt nahe, daß man das für undenkbar gehalten hat (anders Werbick, Fides, 302, Anm. 18).
36 S. u., 12 zur Übersetzung von אמן Hiphil als „glauben" und u., 7.1.1; 7.2 zur Strafe für den Unglauben.
37 צדקה steht in Gen 15,6 für die Qualität eines Menschen, aufgrund derer Gott ihm Gutes tut (vgl. Dtn 6,25; 9,4–9; II Sam 22,21.25; I Reg 8,32; s. u., 4.4.3 f).
38 Ganz allgemein steht אמן Hiphil in den theologischen Belegen in der Regel ohne Beschreibung der Taten, in denen Glaube oder Unglaube sich manifestieren. Nur in Jon 3,5 folgt aus אמן Hiphil scheinbar unmittelbar frommes Tun, nämlich Fasten (vgl. Haacker, Art. Glaube II/2, 287). Allerdings ist auch hier nicht das Tun entscheidend, sondern der Glaube, weil die Niniviten aus ihm heraus wissen, daß Gott ihnen doch noch vergeben kann (Jon 3,9). Anders Zimmerli, Grundriß, 129. Zur Verbindung von אהב und Tun vgl. z. B. Ex 20,6; Dtn 7,9; 10,12; 11,1.13.22; 19,9; 30,16.20; Jos 22,5; I Reg 3,3 und Jenni, Art. אהב, Sp. 71 f. Nach Jenni bezeichnet אהב weniger die persönliche Bindung an Jahwe als die vertragsmäßige Loyalität ihm gegenüber (vgl. auch Weinfeld, Deuteronomy, 333; Kratz, Friend, 85 ff). Allerdings zeigt sich v. a. in späten Texten eine Tendenz,

weisen. Von den insgesamt 28 theologischen Belegen (27 hebräisch, einer aramäisch) beziehen sich acht auf fehlenden Glauben (Num 14,11; 20,12; Dtn 1,32; 9,23; II Reg 17,14; Ps 78,22.32; 106,24). Dieser Sprachgebrauch legt nahe, daß אמן Hiphil eine Gottesbeziehung bezeichnet, die scheitern kann und um die gerungen werden muß. אמן Hiphil steht demnach anders als etwa ירא (vgl. z. B. Ex 18,21; Jon 1,9; Prov 3,7; 14,2; 31,30) oder בטח (vgl. z. B. Ps 21,8; 22,5 f; 26,1; Prov 3,5) nicht für eine Bindung an Gott, in die der Mensch hineingeboren wird und die dann ein fast selbstverständlicher Teil seines Lebens wird.[39] Vielmehr geht es um etwas, das dem Menschen nicht ohne weiteres möglich ist. Im Folgenden wird sich zeigen, daß die mit אמן Hiphil bezeichnete Bindung an Gott auf der einen Seite auf dem Wissen um Gottes Macht und seine Taten beruht (z. B. Ex 4,1–9.31; 14,31; 19,9; Jes 43,10; Ps 106,11 f). Auf der anderen Seite ist es möglich, daß Menschen Gottes große Taten gesehen haben, aber doch nicht glauben (vgl. z. B. Num 14,11; Dtn 1,32). Weil also das Wissen um Gottes Tatkraft nur zu einer Hinwendung zu Gott führt, wenn ein Mensch schon vorher für Gott offen ist, entwickelt sich אמן Hiphil zur Bezeichnung einer solchen grundsätzlichen Offenheit für Gott (z. B. Gen 15,6; Jes 7,9; Jon 3,5). Da der Mensch sich nicht durch Willensentscheidung für Gott zu öffnen vermag, steht אמן Hiphil auch für die Schwierigkeit, sich an Gott zu binden.[40] Mithilfe von אמן Hiphil wird also in besonderer Weise das Verhältnis von Glauben und Erkenntnis diskutiert. Der Glaube gilt dabei prinzipiell als vernunftgemäß, aber es muß damit gerechnet werden, daß Menschen sich ihm trotzdem verschließen. אמן Hiphil wurde also in besonderer Weise dafür verwendet, über die Grundlagen der Gottesbeziehung zu reflektieren.

Insgesamt bezeichnet אמן Hiphil eine Gottesbeziehung von besonderer Macht, weil sie allein Gott Genüge zu tun vermag (vgl. z. B. Gen 15,6; Num 20,12), aber auch von besonderer Schwierigkeit, weil der Mensch nicht leicht glauben kann. Da אמן Hiphil somit eine eigene Art des Gottesverhältnisses beschreibt,

---

die affektive Seite der Gottesliebe in den Vordergrund zu stellen (vgl. z. B. Dtn 6,5; 13,4; 30,6; Jes 41,8 s. u., 4.4.6). Frommes Handeln und ירא werden z. B. in Dtn 6,2.13; 8,6; 13,5; 17,19; 28,58; 31,12; I Sam 12,14; II Reg 17,36; Ps 103,17 miteinander verknüpft (vgl. Weinfeld, Deuteronomy, 332; Preuß, Theologie 2, 166 ff). Zwar kann die Bedeutung des Handelns bei עבד verblaßt sein (so Westermann, Art. עבד, Sp. 195 f), aber schon vom Wortsinn her ist diese Assoziation immer gegeben. In Dtn 10,12 f ist עבד klar mit Orthopraxie verbunden; vgl. auch Westermann, Art. עבד zur kultischen Bedeutung des Worts (Sp. 198 f). Zu בטח und frommem Tun vgl. z. B II Reg 18,5 f; Ps 4,6; 37,3 und s. auch Weinfeld, Deuteronomy, 332. Allerdings gibt es auch bei diesem Verb wie bei den späten Belegen von אהב eine gewisse Neigung, es für das Gottesverhältnis als ganzes einzusetzen (z. B. Jes 26,4; Ps 33,21).
39 Vgl. Becker, Gottesfurcht, 126.
40 S. u., 7.1.3.

wird das Wort im folgenden nicht als „vertrauen" übersetzt.[41] Dadurch ist eine Verwechslung mit בטח ausgeschlossen, und das entspricht der alttestamentlichen Unterscheidung zwischen beiden Lexemen. Vielmehr wird als deutsches Äquivalent „glauben" gewählt, weil das der besonderen Verbindung von „für wahr halten" und „sich verlassen" entspricht, die sich als charakteristisch für אמן Hiphil erweisen wird. Weiter läßt das klare Bedeutungsprofil von אמן Hiphil die bisherige Mehrheitsmeinung nicht zu, Glaube werde im Alten Testament zwar vor allem mit אמן Hiphil ausgedrückt, aber er käme auch mit einer ganzen Reihe anderer Lexeme zur Sprache, so etwa ירא und בטח.[42] In derartigen Thesen werden die Differenzierungen, die das Alte Testament selbst vorgibt, nicht genügend beachtet. Außerdem werden zu leicht Definitionen von außen an das Alte Testament heran getragen, sei es das Glaubensverständnis des betreffenden Exegeten[43] oder die neutestamentliche Rede vom Glauben.[44]

Die Erkenntnis der alttestamentlichen Theologen, daß es neben Gottesfurcht, Gottvertrauen, Gottesliebe und Dienst an Gott noch den Glauben (אמן Hiphil) als eine weitere Art der Gottesbeziehung gibt, hatte theologiegeschichtlich weitreichende Folgen. אמן Hiphil dürfte eine der wesentlichen Vorgaben für die neutestamentliche Rede vom Glauben sein.[45] Das zeigen schon sprachliche Beobachtungen. Die LXX übersetzt fast ausschließlich אמן Hiphil mit πιστεύειν oder seltener mit ἐμπιστεύειν (nur Dtn 1,32; II Chr 20,20 sowie Jon 3,5 in einigen

---

41 So aber z. B. Plöger, Untersuchungen, 42 (in Dtn 1,32); Rendtorff, Offenbarungsvorstellungen, 54 (in Ex 14,31); Perlitt, Jesaja, 143 (in Dtn 1,32); Beuken, HThKAT, 184.199 (in Jes 7,9b); Schmid, Vertrauen, 40. Auch die LXX differenziert klar zwischen אמן Hiphil und בטח (vgl. Gräßer, Glaube, 79, Anm. 80) sowie ירא (vgl. Stähli, Art. ירא, Sp. 778) und עבד (vgl. Westermann, Art. עבד, Sp. 200). Die Frage, ob und inwiefern sich Glaube und Vertrauen unterscheiden und wie sie sich zueinander verhalten, ist auch für die Systematische Theologie ein wichtiges und brisantes Thema (vgl. Hunziker/Peng-Keller, Kontroverse, 439 f.465 ff).

42 Vgl. z. B. Bach, Glaube, 81; Weiser, Begriff, 182 ff.191 ff; Körner, Wesen des Glaubens, Sp. 713; Wildberger, „Glauben", 129 f; Preuß, Theologie 2, 171 ff; Neef, Abrams Glaube, 363; Schmid, Vertrauen, 31. Zu einer Auseinandersetzung mit dieser Mehrheitsmeinung s. u., 6.6.

43 Besonders deutlich wird dieses Problem bei Herrmann, Modus, 95 ff. Vgl. auch Schlatter, Glaube, 12 ff, wo die Geschichte des alttestamentlichen Glaubens ohne expliziten Bezug auf die Texte rekonstruiert wird.

44 Vgl. Hermisson, Glauben, 8.

45 Daß hier das Alte Testament den neutestamentlichen Sprachgebrauch prägt, betont etwa Wildberger, „Glauben", 129 f. Dies wurde in der systematisch-theologischen Diskussion rezipiert (vgl. z. B. Ebeling, WG 1, 210 ff; Lange, Glaubenslehre 2, 140; Disse, Glaubenserkenntnis, 25). Natürlich ist für das Neue Testament über die LXX hinaus der sonstige jüdische und griechische Sprachgebrauch von אמן Hiphil und πιστεύειν als Vorgabe für das NT zu berücksichtigen (vgl. Schlatter, Glaube, 9 ff; Bultmann, Art. πιστεύω, 250 ff; Gräßer, Hebräerbrief, 79 ff; Lohse, Glauben, 86 ff; Söding, Glaube, 49 ff).

Handschriften).[46] Außerdem erscheinen je einmal καταπιστεύειν (Mi 7,5), πείθειν (Prov 26,25) und θέλειν (Jdc 11,20). Wenn auch die neutestamentlichen Theologen πιστεύειν verwendeten, so dürfte dahinter der Wunsch gestanden haben, an den durch אמן Hiphil vorgegebenen Sprachgebrauch anzuknüpfen. Denn hätten sie sich davon distanzieren wollen, hätten sie πιστεύειν vermeiden müssen.

Eine solche Distanzierungsbewegung ist umso unwahrscheinlicher, als der alttestamentliche Gebrauch von אמן Hiphil in den Apokryphen der LXX fortgesetzt wird. Auch hier zeigt sich eine Neigung, πιστεύειν im Sinne eines Gottesverhältnisses zu verwenden, das aus sich allein Gott die Ehre gibt. Weitere Taten, insbesondere Gesetzesobservanz, sind nicht erforderlich. So verbindet Sir[47] nur selten πιστεύειν und das Gesetz (Sir 32,23 f) und außerhalb von Sir kommt das nur einmal vor (IV Makk 5,25). Ansonsten steht πιστεύειν in den LXX-Apokryphen getrennt von Gesetzesterminologie. So betont Sir den Lohn des Glaubens (Sir 2,6.8.10.13) und fordert auf, sich vom Erfolg des Gottlosen nicht anfechten zu lassen (Sir 11,21). Wenn gerade πιστεύειν Lohn bringt, zeigt sich, daß dieses Gottesverhältnis Gott in besonderer Weise ehrt (ähnlich SapSal 1,2; 16,26; I Makk 2,59).

2.1.3 Weitere Derivate von אמן (אמן Niphal, אמונה, אמת und אמן)

Die übrigen Stämme des Verbs אמן und die anderen Derivate der Wurzel אמן kommen seltener oder nicht in Kontexten vor, in denen es um das Gottesverhältnis von Menschen geht. Nur für אמן Niphal („treu/zuverlässig sein", „sich als treu/zuverlässig erweisen"), אמונה („Zuverlässigkeit", „Treue"), אמת (v. a. „Wahrheit", „Zuverlässigkeit")[48] und das Nomen und das Adjektiv אמן („treu/ Treue", „zuverlässig/Zuverlässigkeit")[49] ist eine solche Verwendung überhaupt

---

46 Nur in Jer 25,8 (שמע bezogen auf Jahwes Worte); Gen 42,50 und I Reg 3,21 (אמן Niphal) wird πιστεύειν für ein anderes hebräisches Äquivalent eingesetzt. ἐμπιστεύειν steht nur in II Chr 20,20 für אמן Niphal, sonst immer für אמן Hiphil. ἐμπιστεύειν ist außer in Dtn 1,32; II Chr 20,20; Jon 3,5 in einigen Handschriften nur in Sir und in I., II., und III. Makk belegt.
47 Die theologischen (s. u., 4.1.2) Belege von πιστεύειν finden sich in Sir 2,6.8.10.13; 11,21; 32,24. Profan (s. u., 4.1.2) sind Sir 12,10; 19,15; 32,23; 36,31.
48 Ein Überlappen der Bedeutungen ist für אמת charakteristisch, so daß das Lexem nicht auf „Wahrheit" oder „Zuverlässigkeit" festgelegt werden kann (vgl. Hultgren, Art. אמת, Sp. 228 und u., 90 f).
49 Bei den Übersetzungen werden nur die Bedeutungen genannt, die für eine theologische Verwendung der Worte von Interesse sind. Zu weiteren Bedeutungen, insbesondere von אמן Niphal s. die Wörterbücher z.St.

möglich, so daß sie ausführlicher vorgestellt werden müssen. Dieser Gebrauch bleibt jedoch seltener als bei אמן Hiphil.[50] Weiter zeigt sich meist keine mit אמן Hiphil vergleichbare Tendenz zur Begriffsbildung. Es wird auch kein spezifisches Gottesverhältnis beschrieben, das sich mit herkömmlichen Termini wie ירא („fürchten") oder עבד („dienen") nicht darstellen ließe. Vielmehr stehen diese Derivate ähnlich wie etwa ירא für integre Menschen, deren Haltung zu Gott und zur Mitwelt in Ordnung ist.[51]

Von 49 Belegen von אמונה in der Hebräischen Bibel kommen nur drei als Bezeichnung der Gottesbeziehung in Frage: Jes 11,5; Hos 2,22 und Hab 2,4. Alle drei Belege sind in einer Weise mehrdeutig, wie das für אמן Hiphil nicht vorkommt. So steht für Hos 2,22 nicht fest, ob Gott sich in seiner Treue mit Israel verlobt[52] oder ob Israel durch die Verlobung treu wird. In Jes 11,5 steht אמונה für eine allgemeine Haltung des Anstands. Diese Anständigkeit schließt nach Jes 11,3a Gottesfurcht ein, doch sie äußert sich in erster Linie im gerechten Richten (Jes 11,3b–5).[53] Die אמונה des Gerechten (צדיק) in Hab 2,4 kann man als dessen treues Festhalten an der Tora (s. Hab 1,4)[54] oder an der Verheißung des nahen Endes (s. Hab 2,2f)

---

50 Vgl. Wildberger, Art. אמן, Sp. 178 f.185. Zum Qal des Verbs und zur Interjektion „Amen" s. u., 4.1.1. Von den übrigen Derivaten ist אָמְנָה ein architektonischer terminus technicus (II Reg 18,16; vgl. HALAT, 63; Gesenius[18], 74), und אֲמָנָה steht für bindende Abmachungen oder Vorschriften (Neh 10,1; 11,23; vgl. HALAT 62; Gesenius[18], 74). אָמְנָה I und אָמְנָם oder אֻמְנָם dienen zur Bekräftigung von Aussagen im Sinne von „wirklich", „gewiß" oder „wahrlich" (z.B. Gen 18,13; 20,12; Num 22,37; Jos 7,20; Ruth 3,12 vgl. HALAT, 62f; Gesenius[18], 74). Dies können Aussagen über Gott sein (z.B. I Reg 8,27 parallel II Chr 6,18; Hi 9,2; 34,12), aber es kommt in diesem Fall nur auf die Wahrheit der Aussage an, nicht auf die Beziehung des Sprechers zu Gott. אָמֵן steht für einen Handwerker (Cant 7,2; vgl. Gesenius[18], 74), für אָמוֹן ist diese Übersetzung umstritten (Prov 8,30; Jer 52,15). Bezüglich Prov 8,30 wird diskutiert, ob die Weisheit als Handwerker (so HALAT, 60) oder als Liebling vor Gott ist (Vgl. Gesenius[18],71), doch geht es sicher nicht um das Verhältnis eines Menschen zu Gott. אֹמֶן in Jes 25,1 steht zusammen mit אֱמוּנָה. Beides tut Gott, und אֹמֶן kann ähnlich wie אֱמֶת (s. u., 90 f) als „Zuverlässigkeit" oder „Wahrheit" übersetzt werden (vgl. HALAT, 62; Gesenius[18], 74). Außerdem werden die beiden Personennamen Amnon (z.B. II Sam 13) und Amon (z.B. II Reg 21,18–25) von der Wurzel אמן abgeleitet, und als „treu" gedeutet (vgl. HALAT, 60.63; Gesenius[18], 71.74). Dabei bleibt offen, ob der Benannte gegenüber Gott oder den Menschen treu ist oder ob es um Gottes Treue zu ihm geht.

51 S.u., 339 ff.

52 So van Dorssen, Derivata, 82; Michel, Begriffsuntersuchung, 179.

53 Vgl. Bach, Glaube, 93. Da Jes 11,1–9 eine Beschreibung des Messias enthält, kann אמונה hier auch als Eigenschaft Gottes verstanden werden, so etwa van Dorssen, Derivata, 79; Michel, Begriffsuntersuchung, 201f.

54 Vgl. Gunneweg, Habakuk, 414. Nowack geht noch etwas weiter und bemerkt: „אמונה steht hier also nicht im rein religiösen Sinn=Glauben, sondern mehr im sittlichen Sinn" (HK 3/4, 271; anders Bach, Glaube, 95 f). In ähnlicher Weise sieht Michel die אמונה in Hab 2,4 als die „in der Gesamtheit der Handlungen sich äußernde Zuverlässigkeit" (Begriffsuntersuchung, 177) oder als

oder an Gott interpretieren[55]. Gegen die letzte Möglichkeit spricht, daß es an den übrigen Belegen von צדיק in Hab (1,4.13) nie um die Gottesbeziehung des Gerechten geht. Zwar kann das Festhalten an der Tora in Anfechtung dem Festhalten an Gott ähneln, das mit אמן Hiphil bezeichnet wird,[56] aber es fehlt in Hab 2,4 die Zuspitzung allein auf die Haltung zu Gott, die für אמן Hiphil charakteristisch ist.[57]

Der Befund bei אמן Niphal sieht ähnlich aus. Von 44 Belegen beziehen sich 4 auf den Kontakt mit Gott (Ps 78,8.37; 101,6; Neh 9,8).[58] Für zwei weitere Stellen bleibt unklar, ob es um die Treue zu Gott geht oder um allgemeine Zuverlässigkeit (Num 12,7; I Sam 3,20).[59] Diese Unklarheit schlägt sich auch in Ps 101,6 nieder. Es wird nicht gesagt, in Bezug auf was die dort erwähnten נאמני ארץ („die Treuen im Lande") treu sind. Sind sie Jahwe treu oder halten sie treu an den ethischen Regeln des Gemeinschaftslebens fest? Daß im folgenden Dienst an Jahwe als Wandeln auf dem untadeligen Weg (דרך תמים) definiert wird, spricht für ein Verständnis von אמן Niphal im Sinne zuverlässiger ethischer Pflichterfüllung.[60] Ganz

---

„Manifestierung einer Haltung in Werken" (Begriffsuntersuchung, 178). Auch die Verfasser von 1QpHab interpretieren Hab 2,4 primär in diesem Sinne (vgl. 1 QpHab VIII,1–3, s. u., 15, Anm. 57). Witte, Orakel, 76 weicht der Frage aus, welche Haltung genau mit אמונה in Hab 2,4 gemeint ist, und er überschätzt die Gemeinsamkeiten mit Gen 15,6 (ähnlich Bach, Glaube, 96). Denn in Gen 15,6 ist ganz klar, daß sich אמן Hiphil auf Jahwe bezieht (s. u., 4.4.5), was in Hab 2,4 in der Schwebe bleibt.

55 Vgl. van Dorssen, Derivata, 86 f.117 ff.

56 Vgl. Bach, Glaube, 95. S. u., 7.1.2 f. Nicht zuletzt fehlt in Hab die Distanz zur Tora, die für die theologischen אמן Hiphil-Belege charakteristisch ist (s. u., 7.1.1).

57 Für die Verwendung von אמונה als theologischem Begriff in Qumran ist eine Verbindung von Handeln und innerer Bindung an Gott und seine Offenbarung charakteristisch (vgl. Hamidović, Art. אמן, Sp. 215 ff). Einerseits wird also die eher ethisch orientierte alttestamentliche Rede von אמונה fortgesetzt, andererseits zeigen sich hier Einflüsse des alttestamentlichen theologischen אמן Hiphil. Das wird besonders in 1QpHab VIII, 1–3 deutlich. אמונה wird hier allen bescheinigt, die im Haus Juda die Tora tun. Doch wird die אמונה auf den Lehrer der Gerechtigkeit bezogen (במורה הצדק). Das entspricht der alttestamentlichen Rede vom Glauben an Mose (Ex 4,1–9; 14,31; 19,9) oder die Propheten (II Chr 20,20, s. u., 4.4.2).

58 Vgl. ähnlich Jepsen, Art אמן, Sp. 317 f. Gegen Jepsen und von Dorssen, Derivata, 17 geht es in Jes 1,21.26 weniger um das Festhalten an Gott als um Integrität, die sich in gerechter Rechtsprechung äußert.

59 Von Dorssen, Derivata, 14 f deutet Num 12,7; I Sam 3,20 im Sinne einer grundsätzlichen Zuverlässigkeit.

60 Wildberger erwägt, ob אמן Niphal in Ps 101,6 im Sinne von „glaubend" verstanden werden könne und hält fest, „daß nach dem Kontext der Glaube dieser Gläubigen sich in einem den Idealen der Weisheit entsprechenden Verhalten bewähren muß." (Art. אמן, Sp. 185)

deutlich zeigt sich ein ähnliches Changieren zwischen der Bindung an Jahwe und an ethische Normen wie in Hab 2,4.

Nur an drei Stellen über die Gottesbeziehung manifestiert sich eine Tendenz zur Begriffsbildung: Ps 78,8.37; Neh 9,8. Dabei steht jeweils לב („Herz") in engem Zusammenhang mit אמן, und es geht um ein unbeirrbares Festhalten an Jahwe. Alle diese Stellen dürften die Prägung von אמן Hiphil als Begriff bereits voraussetzen und sind wahrscheinlich davon beeinflußt. In Ps 78 ist אמן Hiphil ebenfalls belegt (V.22.32), und Neh 9,8 spielt auf späte Anteile von Gen 15 an, wie die Völkerliste in V.19–21.[61] Neh 9,8 dürfte deshalb die meisten Belege eines theologischen אמן Hiphil im Pentateuch kennen (Ex 4,1.5.8[bis].9.31; 14,31; 19,9; Num 14,11; 20,12; Dtn 1,32; 9,23), wenn nicht schon Gen 15,6.[62]

Das Adjektiv und das Nomen אמן werden zwar häufiger im Zusammenhang mit dem Verhältnis zu Gott gebraucht (Dtn 32,20; Ps 12,2; 31,24, d. h. 3 von insgesamt 8 Belegen), doch bleibt die Bedeutung verglichen mit אמן Hiphil unscharf. Ähnlich wie bei אמונה und אמן Niphal sind Treue zu Jahwe und grundsätzliche Integrität untrennbar verbunden. Entsprechend ist in Ps 31,24 das Tun von Hochmut (עשה גאוה) das, was die אמנים nicht tun.[63] Und in Dtn 32,20 entspricht den unzuverlässigen Kindern (בנים לא אמן) ein verkehrtes Geschlecht (דור תהפכת). In Ps 12,2 bleibt sogar völlig offen, was die אמנים und den חסיד auszeichnet. Klar wird nur, daß sie zu verschwinden drohen. Aufgrund dieser Unschärfe kann man für Jes 26,2 nicht sagen, ob sich die Beschreibung des gerechten Volkes als שמר אמנים („das, das Treue bewahrt") auf Treue gegenüber Jahwe bezieht oder auf Anstand unter Menschen (vgl. Prov 13,17; 14,5; 20,69).

אמת[64] als Beschreibung der Haltung zu Gott steht immer mit der Präposition ב (Jos 24,14; I Sam 12,24; I Reg 2,4; 3,6; II Reg 20,3 parallel Jes 38,3; Jer 4,2; Jes 10,20; 48,1; Ps 145,18). In Jes 48,1 wird dem Volk vorgeworfen, nicht באמת und בצדקה („in Gerechtigkeit") beim Namen Jahwes zu schwören. Dieser negierte Beleg zeigt klar, daß אמת problemlos mit gängigen Prädikaten eines anständigen Verhaltens kombiniert werden kann. Eine Durchsicht der übrigen Belege bestätigt dies. Auch in I Reg 3,6; Jer 4,2 erscheint zusätzlich בצדקה, außerdem in I Reg 3,6 בישרת לבב („in Redlichkeit des Herzens") und in Jer 4,2 במשפט („in Recht"). II Reg 20,3 ergänzt באמת mit שלם (בלבב שלם) („mit ungeteiltem Herzen"), Jos 24,14 mit בתמים („in Aufrichtigkeit"). Wie diese Paralleltermini zeigen, kommt es auf die Ehrlichkeit

---

61 Vgl. z. B. Levin, Dialog, 251; Schmidt, Genesis XV, 255.
62 Vgl. Köckert, „Glaube", 442.
63 Sowohl das Nomen als auch das Adjektiv werden ausschließlich oder nahezu ausschließlich im Plural verwendet (vgl. HALAT, 60).
64 Zur Ableitung von אמת von der Wurzel אמן s. Jepsen, Art. אמן, Sp. 333.

und Aufrichtigkeit der Gottesbeziehung an.[65] Außerdem legt die Verbindung mit צדקה nahe, daß gerechtes Tun Teil dieser Einstellung zu Gott ist. Für diese Überlegung spricht, daß אמת oft mit der Wurzel צדק verbunden steht (z. B. Jes 59,14; Ez 18,9; Ps 85,11 f; 89,15; 119,142; Neh 9,33), und ganz allgemein integre Menschen (z. B. Ex 18,21;Neh 7,2) oder deren Verhalten (z. B. Sach 7,9; 8,16; Ps 15,2) bezeichnen kann. Von einem anständigen Menschen kann man also sagen, daß seine Gottesbeziehung באמת, in Aufrichtigkeit, besteht. Diese Gottesbeziehung kann in Jos 24,14; I Sam 12,24 mit den herkömmlichen Termini ירא („fürchten") und עבד („dienen") näher beschrieben werden.

Der Gebrauch der untersuchten Derivate von אמן ist also verglichen mit אמן Hiphil theologisch weniger innovativ. Die Verbindung eines harmonischen Gottesverhältnisses mit grundsätzlicher Integrität, die sich als charakteristisch für אמן, אמונה Niphal, אמת sowie Nomen und Adjektiv אמן erwiesen hat, wird ganz ähnlich von ירא im Zusammenhang mit Jahwe oder Gott ausgedrückt (vgl. z. B. Gen 20,11; 42,18; Ex 18,21; Dtn 6,13; 8,6; 10.12.20; Jos 24,14; I Reg 18,3 f).[66] Symptomatisch ist, daß die Wurzel צדק im Zusammenhang mit אמונה (z. B. I Sam 26,23; Jes 11,5; Hab 2,4; Ps 40,11) und אמת (z. B. Jes 59,14; Ez 18,9; Ps 85,11 f; 89,15; 119,142; Neh 9,33) immer wieder gebraucht wird, aber mit אמן Hiphil nur in Gen 15,6. Weiter treten im Zusammenhang mit אמן Hiphil die herkömmlichen Worte für die Gottesbeziehung tendenziell zurück. Nur je einmal stehen בטח

---

65 Diese Parallelbegriffe zu באמת bestätigen die herkömmliche Übersetzung der Wendung als „in Treue" oder „in Aufrichtigkeit" (vgl. HALAT, 66 f; Gesenius[18], 78 f; van Dorssen, Derivata, 51.62 f.108). Michels Festlegung dieser Verwendung von אמת auf „Erfüllung der (Bundes)verpflichtung" (vgl. Begriffsuntersuchung, 160 ff) erscheint angesichts dessen als einseitige Zuspitzung. Michel nimmt grundsätzlich an, אמת stünde für die Übereinstimmung einer Aussage, einer Verheißung oder eines Bundes mit dem tatsächlichen Geschehen (s. u., 90 f). Dies bedeute im Fall einer Aussage, daß sie mit den beschriebenen Tatsachen übereinstimme. Im Fall einer Verheißung oder eines Bundes werde das Versprochene umgesetzt, und in diesem Sinne stimmten Tatsachen und Zusage überein (vgl. Begriffsuntersuchung, 131 ff; dagegen Wildberger, Art. אמן, Sp. 201). Man kann aber sagen, daß Gott oder ein Mensch, wenn sie ihre Versprechen halten, aufrichtig, zuverlässig oder treu sind. Insofern wäre eine Bedeutungsausweitung von אמת in Richtung „Treue" „Aufrichtigkeit" und „Zuverlässigkeit" von Michels Überlegungen her naheliegend.

66 S.u., 339 ff. Aus diesem Grund kann in 4Q225 2 II 7 f (vgl. 4Q 226 7,1) u. a. אמן Niphal zur Umschreibung des ירא אלהים in Gen 22,12 verwendet werden (vgl. Neh 9,8). Die Engel Mastemas, also das Gefolge des Teufels Fürst Mastema, hoffen in 4Q 225 2 II 7 f, Abraham sei durch den Befehl, Isaak zu opfern, in einem Dilemma. Überlebe sein Sohn, verübe Abraham כחש („betrügen" oder „lügen" so mit Kugel, Exegetical Notes, 94), stürbe Isaak, sei Abraham אמן Niphal (vgl. die Rekonstruktion des Textes bei Puech, Midrash, 178 f). Zur Wiedergabe von Gen 15 und Gen 22 in 4Q 225 s. außerdem u., 4.4.6 und Hamidović, Traditions, 275 ff.305 ff.

(Ps 78,22 vgl. Mi 7,5) und ירא (Ex 14,31) bei einem theologischen Beleg[67] von אמן Hiphil.

Das Hiphil von אמן steht somit für eine Sonderentwicklung, die sich mit anderen Nominal- und Verbalbildungen dieser Wurzel nicht vollzogen hat. Nur das Hiphil wurde zu einem theologischen Begriff, mit dessen Hilfe über das Gottesverhältnis des Menschen in sonst ungekannter Radikalität reflektiert wurde. Mithilfe dieses Begriffs wurde erkannt, daß die Bindung an Gott sich nicht darin erschöpft, als anständiger Mensch zu leben und Gott, sein Gesetz und die Gemeinschaft zu achten. Vielmehr bedeutet אמן Hiphil eine Beziehung zu Gott, die den Menschen so erfüllt, daß alle ethischen Auswirkungen in den Hintergrund treten. Wer glaubt, gibt sich Gott so hin, daß die Frage nach dem richtigen Umgang mit dem Nächsten erstmal keine Rolle spielt (z. B. Gen 15,6; Jes 7,9b). Weiter war gerade אמן Hiphil geeignet, über die Bedeutung der Erkenntnis für die Gottesbeziehung nachzudenken. Eine Bindung an Gott entspricht im Alten Testament eigentlich der Vernunft, aber paradoxerweise fällt es dem Menschen trotzdem nicht leicht, sich davon überzeugen zu lassen (z. B. Ex 14,31; Dtn 1,32). Mit אמן kann also in besonderer Weise thematisiert werden, wie der Mensch überhaupt in Beziehung zu Gott treten kann. Andere Derivate von אמן wurden nicht in der Weise weiterentwickelt.

Weil diese Sonderentwicklung nur אמן Hiphil betrifft, ist gerechtfertigt, daß אמן Hiphil allein im Zentrum der folgenden Untersuchung steht. Trotz der Wirkungsgeschichte bei Paulus (vgl. z. B. Röm 1,17) muß auch Hab 2,4 deshalb nicht näher berücksichtigt werden.

2.2 Die Frage nach dem ältesten Beleg von אמן Hiphil

Oben wurde am Beispiel von „Kabod" gezeigt, daß es in der Geschichte dieses alttestamentlichen Begriffs eine Frage gibt, die diese Begriffsgeschichte vorantreibt.[68] Es ist zu prüfen, ob in der Geschichte des theologischen אמן Hiphil etwas Vergleichbares zum Tragen kommt. Tatsächlich wurden im Lauf der Forschungsgeschichte eine Reihe von Überlegungen in diese Richtung vorgebracht. In allen wird untersucht, welche Fragestellung im weitesten Sinne der Anstoß war, אמן Hiphil überhaupt erst als theologischen Begriff zu prägen. Dabei geht es immer auch darum, wann das geschah, also wie alt dieser Begriff ist.

---

67 S.u., 4.1.2.
68 S.o., 2.1.1.

Die Frage, seit wann אמן Hiphil im theologischen Sinne für Glauben verwendet wird, wurde bis in die 1970er Jahre kontrovers diskutiert.[69] Im Zuge dieser Diskussion wurden bereits wichtige Aspekte des alttestamentlichen Glaubensverständnisses beschrieben, aber die Frage, die genau hinter dem Begriff steht, wurde noch nicht erfaßt. Im folgenden sollen nun die wichtigsten bisherigen Positionen zum ältesten theologischen אמן Hiphil-Beleg vorgestellt werden. Diese werden nicht nach ihrem Erscheinungsjahr angeordnet, sondern danach, wann אמן Hiphil datiert wird. Den Anfang macht Hermisson (1978) mit der frühesten Datierung. Allerdings beschäftigt sich Hermisson kaum mit אמן Hiphil als Glaubensbegriff, sondern vor allem mit dem Glaubensleben der Väterzeit.[70]

Bei der Darstellung von Hermissons Position ist zu berücksichtigen, daß er אמן Hiphil nicht als einen theologischen Begriff auffaßt.[71] Folglich sind für ihn die Fragen hinter der Begriffsprägung nicht wichtig. Vielmehr geht es ihm

---

69 Das Thema „Glauben im Alten Testament" hat die bisherige Forschung v. a. in Aufsätzen (vgl. z. B. die Beiträge von Smend und Wildberger) und Lexikonartikeln (v. a. der Artikel von Kaiser in RGG⁴) beschäftigt. Es gibt nur eine Monographie aus dem Jahr 1900 zum Thema (L. Bach, Glaube). Das Thema stand also nie im Mittelpunkt der Forschungsdiskussion, und seit den 1970er Jahren ließ das Interesse weiter nach. So stammt der letzte wichtige Beitrag von Wildberger aus dem Jahr 1968. Der letzte Impuls für eine die theologischen Fächer übergreifende Debatte über das Thema „Glauben im Alten Testament" liegt noch länger zurück. Er ging von M. Bubers Abhandlung „Zwei Glaubensweisen" aus dem Jahr 1948 aus (vgl. Disse, Glaubenserkenntnis, 21 f; Werbick, Fides, 300 ff). Buber sieht den Glauben im Alten Testament und in der Verkündigung Jesu im Gegensatz zum Glauben im Neuen Testament (s. u., 97, Anm. 85 zu Einzelheiten). Diese Thesen haben christliche Theologen herausgefordert, ihrerseits festzustellen, wie Glauben im Alten Testament gesehen wird, vgl. z. B. Vriezens Antrittsvorlesung „Geloven en Vertrouwen" (1957) und den Aufsatz von Ebeling „Zwei Glaubensweisen?" (1961). In jüngster Zeit ist nach langer Pause wieder ein gewisses Interesse an der Fragestellung „Glaube im Alten Testament" spürbar, wie die Dissertation von Disse (2006) und der Aufsatz von Hieke aus dem Jahr 2009 zeigen. Davon abgesehen werden einzelne Texte wie Jes 7 und Gen 15, die für das Problem relevant sind, nach wie vor heftig diskutiert, was sich in einer Fülle von Literatur niedergeschlagen hat (vgl. z. B. zu Jes die Forschungsberichte Beckers in der ThR und zu Gen 15 die Beiträge von Behrens, Oeming, Rottzoll und Köckert).

70 Das entspricht einer Tendenz in der Forschung, zwar das Glaubensleben Israels genau zu beschreiben, dabei aber kaum eine Beziehung zum Begriff אמן Hiphil herzustellen, vgl. z. B. Westermann, Theologie, 60 ff; Hermisson, Glauben, 11 ff: Herrmann, Modus, 95. Dieses Vorgehen hängt damit zusammen, daß man die Bedeutung des Begriffs אמן Hiphil eher gering einschätzt (s. o., 12). Die Frage nach dem ältesten Beleg von אמן Hiphil spielt in der Forschung nach Smends Aufsatz von 1967 kaum noch eine Rolle. So verzichten z. B. Haacker und Hieke darauf, den ältesten Beleg zu suchen und zu fragen, warum hier אמן Hiphil als Begriff eingeführt wurde (vgl. z. B. Haacker, Art. Glaube, II/2, 280 ff; Hieke, Rede vom Glauben, 28 ff).

71 Vgl. Hermisson, Glauben, 10.

ganz allgemein um die Versprachlichung von Glaubenserfahrungen. Hermisson versteht Glauben folgendermaßen: „Glaube verwirklicht sich [...] also in der Bewegung von menschlichen Lebenssicherungen fort hin auf eine allein durch *göttliche* Zusage *gewisse* Zukunft."[72] Das verknüpft er mit den Erfahrungen des ungesicherten Nomadenlebens der Erzväter: „Es ist zuletzt das Erbe jener nomadischen Existenz, das sich zum Begriff – oder zunächst zur erzählend-umschreibenden Rede vom Glauben verdichtet."[73] Dabei mag entscheidend gewesen sein, daß die Nomaden auf ihren Wanderungen immer wieder erlebten, wie ihr Gott sie rettete und bewahrte.[74]

Legt man Hermissons These zugrunde und benennt von ihr aus die Fragestellung hinter der Begriffsprägung אמן Hiphil, könnte sie lauten: Wie kann sich der Mensch des unverfügbaren Bewahrtwerdens durch Gott immer wieder vergewissern?

Damit hat Hermisson ein Thema der theologischen אמן Hiphil-Texte erfaßt, zumal es immer wieder darum geht, daß Menschen an dieses unverfügbare Bewahrtwerden gerade nicht glauben können (z. B. Num 14,11; 20,12; Dtn 1,32; II Reg 17,14; Ps 78,22.32). Es stellt sich aber die Frage, ob Hermisson die Bedeutung von Erfahrungen aus der nomadischen Frühzeit nicht überschätzt. Denn die Erfahrung, daß irdische Sicherungen sich als unzureichend erweisen und man sich nur auf Gott verlassen kann, ist nicht zwingend an das Nomadenleben gebunden. Sie wurde und wird immer wieder gemacht. Das zeigt sich schon daran, daß Eichrodt (1939) mit einer ganz ähnlichen Erfahrung in der Omridenzeit rechnet.[75] Weiter stellt sich die Frage, ob die Erfahrungen der nomadischen Erzväter überhaupt im Alten Testament greifbar sind. Immerhin hat von Rad (1957) grundsätzlich gesehen, wie stark die Frühzeitüberlieferung Israels im Pentateuch von späteren Interessen geprägt wurde. Diese findet von Rad vor allem im Kult.[76] In der aktuellen Forschung hat sich diese Tendenz z. B. durch die zunehmende Spätdatierung von Texten zur Frühzeit verstärkt.[77] Köckert (1998) folgert

---

72 Hermisson, Glauben, 13.
73 Hermisson, Glauben, 17.
74 Vgl. Hermisson, Glauben, 16 f. Eine vergleichbare Rückbindung der alttestamentlichen Rede vom Glauben an die Gotteserfahrungen der Erzväter findet sich auch sonst in der Forschung, vgl. z. B. Buber, Zwei Glaubensweisen, 11 f; Haacker, Bibel, 137 ff.
75 S. u., 21.
76 Vgl. von Rad, Theologie I, 15 ff. Allerdings schreckt von Rad davor zurück, diese Einsicht konsequent auf die Vätergeschichten anzuwenden (vgl. Theologie I, 176).
77 Die neuen Forschungsergebnisse zum Pentateuch, nach denen die Existenz der alten Quellenschriften Jahwist (J) und Elohist (E) nicht mehr plausibel ist, haben das Problem noch verschärft (s. u., 5.1.2.2; 5.1.2.4). Außerdem sieht man in jüngerer Zeit klarer als früher, wie stark

deshalb: „Von diesen [sc. den alttestamentlichen] Texten führt kein direkter Weg zur religionsgeschichtlichen Wirklichkeit in vorexilischer Zeit"[78]. Das gilt natürlich noch mehr für die religiösen Erfahrungen der vorexilischen Menschen oder ihr Glaubensleben.[79]

In Eichrodts These von 1939 spielen zumindest die Erfahrungen der Erzväter keine Rolle mehr. Denn Eichrodt erkennt in dem seiner Ansicht nach ältesten, theologischen אמן Hiphil-Text Gen 15,6 nur die Anliegen des Erzählers, nicht die Erfahrungen Abrahams. Dieser Erzähler ist nach Eichrodt der Elohist, und er verortet ihn zur Zeit Elias und Elisas, also zur Zeit der Omriden im 9. Jh. v. Chr.[80] Als die große Herausforderung dieser Zeit betrachtet Eichrodt die Erfahrung, daß die bisherige Harmonie von König, Staatsvolk und Staatskult verlorengegangen sei. Weil Elia und Elisa die „Religionspolitik der Regierung"[81] verurteilt hätten, müsse sich der Fromme von der Sicherheit seiner bisherigen Bindung an Volk und Staat lösen. Anstelle dessen müsse er sich als einzelner allein dem Gotteswillen verpflichten. Eichrodt sieht die Prägung des Glaubensbegriffs somit nicht nur im Zusammenhang mit einer Krise der bisherigen Staatsreligion, sondern auch einer erheblichen Individualisierung.[82] Entwickelt man Eichrodts Position weiter, so könnte die Frage hinter dem Begriff אמן Hiphil lauten: Wie kann der einzelne sich aus seiner Gesellschaft lösen und sein Leben nicht auf irdische Sicherheiten, sondern allein auf Gott gründen? Wie kann also der Mensch nicht als Glied eines von Gott gewollten Königreiches Juda (z. B. Ps 2,6 f; 110, 1–3),[83] sondern als einzelner Frommer leben?

Auch diese Frage spielt bei der theologischen Verwendung von אמן Hiphil eine Rolle, wie schon die Beobachtungen zum Sprachgebrauch oben gezeigt

---

ältere Traditionen im Alten Testament theologisch bearbeitet wurden (vgl. Köckert, Gott, 160 f; Kratz, Theologie, 317 ff).

78 Köckert, Gott, 161.

79 Vriezen macht in seiner Auseinandersetzung mit Buber (s. o., 19, Anm. 69) auf ein weiteres Problem davon aufmerksam, daß man Glauben sehr stark als Folge positiver Gotteserfahrung denkt: Diese Erfahrung müsse an folgende Generationen weitergegeben werden und dafür müsse sie als Predigt oder Bekenntnis fixiert werden (vgl. Geloven, 10 f). Vriezens Gedanken kann man folgendermaßen verallgemeinern: Ein Glaube, der auf einer positiven Erfahrung mit Gott beruht, ist nur für die möglich, die diese Erfahrung selbst gemacht haben. Will man diesen Glauben anderen vermitteln, ist eine Form von Lehrbildung erforderlich.

80 Zur aktuellen Forschung über den Elohisten s. u., 5.1.2.2; 6.3.1.1; 6.3.1.4.

81 Eichrodt, Theologie 2–3, 190.

82 Vgl. Eichrodt, Theologie 2–3, 190 ff. Zur Diskussion über Kollektivismus und Individualismus im Alten Testament vgl. Albertz, Persönliche Frömmigkeit, 4 ff.

83 Vgl. Berlejung, Geschichte, 138 ff.

haben.[84] Allerdings wird אמן Hiphil auch öfter dafür verwendet, daß der Mensch daran scheitert, sich ganz auf Gott zu verlassen (z. B. Num 14,11; 20,12; Dtn 1,32; II Reg 17,14; Ps 78.22.32). Weiter muß geprüft werden, ob der theologische Begriff אמן Hiphil wirklich für eine Individualisierung steht. Immerhin geht es in der Mehrheit der Belege um den Glauben des Volkes (z. B. Ex 14,31; 19,9; Num 14,11; Dtn 1,32; 9,23; Jes 43,10) oder der davidischen Dynastie (Jes 7,9b). Die Alternative zum Leben im gottgewollten Königreich wäre demnach nicht die Existenz als frommer einzelner, sondern als Glied des frommen Gottesvolkes oder der frommen Dynastie.[85] Dies könnte jedoch weniger eine Fragestellung der Königszeit sein als ein Problem der nachstaatlichen Zeit, als Juda eine kleine Provinz im Persischen Weltreich war. Damit hängt die letzte Frage an Eichrodt zusammen: Überzeugt seine relativ frühe Datierung der Begriffsbildung אמן Hiphil in der heutigen Forschungslage noch? Der nach Eichrodt älteste Beleg Gen 15,6 wird heute meist deutlich später datiert als in der Omridenzeit.[86] Weiter ist zu fragen, ob Gen 15,6 überhaupt der älteste אמן Hiphil-Text sein kann.[87]

In die Richtung einer Spätdatierung des theologischen אמן Hiphil geht Smends Aufsatz „Zur Geschichte von האמין" von 1967. Denn Smend sieht, daß die theologischen אמן Hiphil-Texte v. a. im Pentateuch frühestens aus den Jahren kurz vor dem Untergang Judas stammen.[88] Obwohl er auf diese Weise die meisten theologischen אמן Hiphil-Texte frühestens in der Spätphase des Königreichs Juda verortet, sieht er eine entscheidende Ausnahme: Jes 7,9. Daß dieser Vers vom Pro-

---

84 S.o., 2.1.2.
85 Die theologischen Belege von אמן Hiphil gehören außerdem nicht in den Bereich einer persönlichen Frömmigkeit oder Familienreligion im Sinne von Albertz (vgl. Persönliche Frömmigkeit, 11). Denn in diesen Texten geht es nicht um die Belange des Familienlebens wie Fruchtbarkeit, sondern meistens um Reflexionen über die Frühgeschichte Israels.
86 Vgl. z. B. Levin, Dialog, 246 f; Schmidt, Genesis XV, 253; Mühling, Identifikationsfigur, 55 f.
87 S.u., 4.3.1 f; 4.4.3 f.
88 Hier spielt vor allem eine Rolle, daß nach Smend keiner der Belege im Pentateuch zu den Quellen J und E gehören kann, deren Existenz und recht hohes Alter 1967 noch weitgehend unumstritten waren (vgl. Smend, Entstehung, 82 ff und s. u., 5.1.2.1 f). Beispielsweise hält Smend Gen 15,6 nicht mehr für einen elohistischen Text, sondern ist der Meinung, der Begriff צדקה („Gerechtigkeit") zeige Einflüsse von Texten aus dem Dtn (Dtn 24,13) und v. a. aus dessen Rahmen (Dtn 6,25; 9,4–6). Insgesamt zeichnet sich für Smend ab, daß die theologischen Belege von אמן Hiphil im Pentateuch dtr. beeinflußt seien und deshalb frühestens aus der spätvorexilischen Zeit stammten (vgl. Smend, Geschichte, 244 ff). In der neuesten Forschung wird Gen 15,6 noch einmal deutlich später datiert, vgl. Levin, Dialog, 246 f; Schmidt, Genesis XV, 253; Mühling, Identifikationsfigur, 55 f. Zur Frage, ob die Texte, die אמן Hiphil im theologischen Sinne verwenden, zu einer dtr. Redaktion gehören s. u., 4.5. Die Folgerungen der aktuellen Forschung aus dtr. Texten im Pentateuch werden u., 5.1.2.3 dargestellt.

pheten Jesaja stammt, stand für Smend 1967 noch fraglos fest, und es war damals *communis opinio*.[89] Weil Jes 7,9 so deutlich älter als die Pentateuchtexte zu sein scheint, kann Smend vorsichtig folgern, der Prophet Jesaja habe אמן Hiphil als Glaubensbegriff geprägt.[90]

Als Jesaja nach Smend אמן Hiphil erstmals als Glaubensbegriff verwendete, sei ein anderes Jesaja-Wort der entscheidende Auslöser gewesen: Jes 1,21.(26). Die Wurzel אמן steht in der ersten Vershälfte von Jes 1,21: „Ach, wie ist die treue (אמן Niphal) Stadt zur Hure geworden ..." und wieder am Ende von V.26: „Danach [*sc.* nach dem Gericht] wirst du wieder Stadt der Gerechtigkeit genannt, eine treue/beständige (אמן Niphal) Stadt." Aus diesem eigenen Text habe Jesaja das zweite entscheidende Stichwort für sein „Glaubt ihr nicht, so bleibt ihr nicht": אמן Niphal. Das Wort hat die doppelte Bedeutung von „treu sein" und „bestehen bleiben".[91] Jes 7,9b bedeutet also nach Smend, daß Jerusalem durch Glauben seine frühere Qualität als treue und stabile Stadt zurückgewinnen werde.[92] Und אמן Hiphil sei als religiöser Begriff erstmals verwendet worden, um „die Entsprechung von Möglichkeit und Bedingung schlagend auszudrücken"[93]. Denkt man also von Smend aus weiter, könnte die Frage hinter der Begriffsprägung אמן Hiphil lauten: Wie kann der Mensch in seiner Gottesbeziehung Stabilität gewinnen, die wiederum die Voraussetzung für ein persönlich und gesellschaftlich stabiles Leben ist?

Tatsächlich ist das ein wesentlicher Aspekt bei der Verwendung von אמן Hiphil, wo es immer wieder darum geht, gegen den Augenschein an Gott festzuhalten, also im Glauben stabil zu sein und Stabilität zu finden (vgl. z. B. Gen 15,6; Num 14,11; Dtn 1,32; Ps 27,13; 116,10)[94]. Man müßte allerdings über Smend hinaus berücksichtigen, daß dieses Festhalten dem Menschen oft nicht gelingt (z. B. Num 14,11; 20,12; Dtn 1,32; II Reg 17,14; Ps 78.22.32).

Weiter stellt sich die Frage, ob die These noch überzeugt, der Prophet Jesaja habe אמן Hiphil als theologischen Begriff geprägt.[95] Das betrifft zunächst Smends

---

89 Vgl. die Forschungsübersicht bei Becker, Jesaja, 31 ff und Smend, Geschichte, 246 f.

90 Vgl. Smend, Geschichte, 246.

91 Vgl. HALAT, 61.

92 Vgl. Smend, Geschichte, 247. Gegen Smends Deutung spricht jedoch, daß sich Jes 7,9b nicht an Jerusalem, sondern an die Davididen richtet. Der entscheidende Referenztext mit אמן Niphal („bestehen bleiben") ist dementsprechend II Sam 7,16 (s. u., 44 f).

93 Smend, Geschichte, 247.

94 Smend liegt hier außerdem auf einer Linie mit der von der Derivation her begründeten Worterklärung von אמן Hiphil als „Festigkeit gewinnen". Zu den Problemen dieser Deutung s. aber u., 4.1.1.

95 Smends These hat in der Forschung bis heute einigen Anklang gefunden, vgl. z. B. Müller,

Belegstelle Jes 7,9b. Ihre Herkunft von Jesaja ist in der neueren Forschung heiß umstritten und wird mittlerweile mehrheitlich abgelehnt.[96] Weiter ist zu fragen, ob Jes 7,9b überhaupt der älteste theologische Beleg von אמן Hiphil sein kann. Ist dieser Halbvers mit seinem Wortspiel wirklich geeignet, um einen Begriff neu einzuführen?[97]

Aus diesen Forschungspositionen ergeben sich für die vorliegenden Untersuchung in der Hauptsache zwei Aufgaben. Zum einen muß von der aktuellen Forschung her neu nach dem ältesten Beleg des theologischen Begriffs אמן Hiphil gefragt werden. Kann das Gen 15,6 (so Eichrodt) oder Jes 7,9b (so Smend) sein? Oder ist es vielleicht doch einer der Belege in Num oder Dtn? Hat man den ältesten Beleg ermittelt und datiert, kann man weiter schließen, vor welchem historischen Hintergrund אמן Hiphil als Begriff geprägt wurde. Und das erlaubt wiederum Rückschlüsse auf die Fragestellungen und Herausforderungen, auf die die Begriffsprägung reagiert. Was das betrifft, hat schon Eichrodt erkannt, daß mit אמן Hiphil nach einer Form des frommen Lebens abseits eines gottgewollten Staats gesucht wird. Es ist aber noch zu klären, ob es hier um Distanz zum Königreich Juda geht oder zu einem Weltreich wie dem der Babylonier oder Perser.[98]

Zum anderen muß noch klarer ermittelt werden, was für Fragestellungen die weitere Begriffsgeschichte von אמן Hiphil antrieben. Dazu ist noch genauer als bisher darauf zu achten, wie אמן Hiphil in den einzelnen Texten verwendet wird. Denn es fällt auf, daß bei Hermisson, Eichrodt und Smend Belege des

---

Bleiben, 25; Haacker, Bibel, 137ff; Schmitt, Prophetie, 225f; Beuken, HThKAT, 201; implizit Kaiser, Art. Glaube II, Sp. 944ff. Dabei versucht Haacker weit über Smend hinaus, Jes 7,9b mit positiver Gotteserfahrung anzureichern. Er nimmt an, in diesem Text habe sich die Glaubenserfahrung Israels im heiligen Krieg seit der Frühzeit niedergeschlagen: „Aber die später so benannte Sache geht tatsächlich auf die frühen Erfahrungen Israels mit Gott zurück, und diese Erfahrungen stehen im Zusammenhang des Kampfes um die Existenz Israels" (Bibel, 137). Dagegen ist erstens einzuwenden, daß man von diesen Erfahrungen aus der Gründungszeit Israels vor allem aus deutlich jüngeren Texten weiß, so daß sich das gleiche Problem stellt wie schon in bezug auf die Erfahrungen der Erzväter: die Texte drücken in erster Linie die Anliegen und Erfahrungen ihrer späteren Verfasser aus (s. o., 20f). Zweitens reagiert Jes 7,9b darauf, daß die Hilfe Jahwes für sein Volk fragwürdig und zweifelhaft geworden ist, daß also diese Texte über die Frühzeit die Leser zur Entstehungszeit von Jes 7,9b nicht mehr ohne weiteres überzeugten.
96 Diesbezüglich werden in der jüngeren Forschung hauptsächlich zwei Optionen vertreten. Entweder Jes 7,1–17 gilt *in toto* als nachjesajanisch (so z.B. Becker, Jesaja, 24ff; Beuken, HThKAT, 191) oder es wird zwar an einem Grundbestand von Jesaja festgehalten, aber V.9b gehört nicht dazu (so z.B. Barthel, Prophetenwort, 150ff; de Jong, Isaiah, 58ff). S.u., 3.1.4f zu den Einzelheiten.
97 S.u., 3.6.
98 S.o., 21f und u., 5.5; 7.2.

Verbs für einen gescheiterten Glauben zu wenig beachtet werden (z. B. Num 14,11; 20,12; Dtn 1,32; II Reg 17,14; Ps 78.22.32). Sie sollen in der folgenden Arbeit deutlicher zum Tragen kommen als bei den genannten Exegeten, stellen sie doch ein knappes Drittel der Belege. Von 27 hebräischen theologischen Belegen stehen 8 mit einer Negation (Num 14,11; 20,12; Dtn 1,32; 9,23; II Reg 17,14; Ps 78,22.32; 106,24), und hinzu kommt noch Ps 106,11–13, wo ein flüchtiger Glauben beschrieben wird. Die Frage ist also, ob nicht die Begriffsgeschichte von אמן Hiphil gerade von der Erfahrung eines brüchigen und flüchtigen Glaubens angetrieben wurde.[99]

2.3 Das Vorgehen

Für die Suche nach dem ältesten אמן Hiphil-Beleg und für die Frage, welches Problem die Geschichte dieses Begriffs vorantrieb, bildet Jes 7,9b einen guten Ausgangspunkt. Denn dieser Text vertritt folgende sehr profilierte Position zum Thema: Der Glaube der Davididen (אמן Hiphil) entscheidet darüber, ob die Verheißungen an sie (II Sam 7,16; Jes 7,4a.8a.9a) in Erfüllung gehen. Eine so profilierte Position ist gut greifbar und kann deshalb in die Entwicklungsgeschichte von אמן Hiphil eingeordnet werden. Außerdem setzt sich der Verfasser von Jes 7,9b und seinem Kontext Jes 7,1–17 intensiv mit bereits vorliegenden Texten auseinander. Smend hat das schon für Jes 7,9b und Jes 1,21.(26) erkannt.[100] Mithilfe dieser aufgegriffenen Texte wird klar, in welchen literar- und theologiegeschichtlichen Horizont der אמן Hiphil-Beleg in Jes 7,9b gehört.

Den Anfang muß eine literarkritische Analyse von Jes 7,1–17 machen. Denn es muß zuerst eruiert werden, ob Jes 7,9b zur Grundschicht des Kapitels gehört oder ob es sich um einen Zusatz handelt. Nur wenn man den ursprünglichen Kontext des Verses ermittelt hat, kann man ihn angemessen interpretieren und so entscheiden, ob er der älteste theologische אמן Hiphil-Beleg sein kann.[101] Deshalb wird im folgenden zuerst eine Literarkritik von Jes 7,1–17 vorgenommen, um dann zu prüfen, ob Jes 7,9b der Text sein kann, mit dem אמן Hiphil als Begriff eingeführt wurde.

Es wird sich allerdings zeigen, daß das nicht der Fall ist, sondern daß gerade die Hochschätzung des Glaubens in Jes 7,1–17 Ergebnis einer längeren Reflexions-

---

99 Überlegungen zur Bedeutung des Zweifels für den Begriff אמן Hiphil finden sich schon bei Schlatter, Glaube, 11 f und bei Westermann, Theologie, 61.
100 Vgl. Smend, Geschichte, 247.
101 Damit wird der Forderung von Barr Rechnung getragen, theologische Begriffe von ihren Kontexten her zu deuten (vgl. Barr, Bibelexegese, 231 ff.262 f)

geschichte im Zusammenhang mit אמן Hiphil ist. Anstelle dessen wird sich her-ausstellen, daß die Geschichte des theologischen אמן Hiphil im Dtn-Rahmen begann (Dtn 1,32), als über den Sinn der Wüstenwanderung nachgedacht wurde. Hinter der Begriffsprägung dürfte ein Konflikt stehen. Die entsprechenden alt-testamentlichen Theologen sahen sich mit der Forderung Gottes konfrontiert, in allen Situationen an ihm und seiner Verheißung festzuhalten. Auf der anderen Seite hatten sie ihre unabweisbaren Zweifel und Anfragen an Gottes Macht und Güte.

3 Glaube und Unglaube im Haus Davids – Jes 7,1–17

Jes 7,1–17 schildert die Begegnung von zwei gegensätzlichen Persönlichkeiten: dem judäischen König Ahas und dem Propheten Jesaja. Bei dieser Begegnung geht es um die Reaktion des Ahas auf die Bedrohung durch die Aggressoren aus Aram und aus dem Nordreich Israel (Jes 7,1 f). In dieser bedrohlichen Situation betont Jesaja in zwei Heilsworten (V.4–9; V.12–16)[1] die uneingeschränkte Zuwendung Jahwes zu Ahas und seiner Dynastie. So wird Jahwe die Feinde Jerusalems vernichten (V.4a.16), und Ahas darf sich sogar ein Zeichen fordern (V.11). Andererseits hängt der Fortbestand der Davidsfamilie davon ab, daß Ahas, seine Angehörigen und seine Nachkommen glauben (V.9b). Im Text wird diskutiert, ob dies der Fall ist. Dabei wird die glaubende junge Frau (V.14) einem Ahas gegenübergestellt, der sich zwar formal korrekt verhält, aber sich gerade so einer persönlichen Bindung an Jahwe verweigert (V.12).

In der gegenwärtigen Forschung ist Jes 7,1–17 einer der am häufigsten bearbeiteten Texte im Alten Testament. Dabei steht die Frage im Zentrum, ob ein Grundbestand dieses Abschnitts auf den Propheten Jesaja zurückgehen kann oder nicht. In jüngerer Zeit haben sich v. a. Barthel und de Jong für jesajanische Anteile in Jes 7,1–17 ausgesprochen, während Kaiser, Becker und Oswald den gesamten Text nachjesajanisch ansetzen.[2] In der Forschung besteht eine breite Übereinstimmung, daß Jes 7,1–17 etliche Nachträge enthält. Dabei kann man unterscheiden zwischen Stellen, die anerkanntermaßen Zusätze sind wie V.8b.17b, und solchen, für die das umstritten ist (z. B. der Relativsatz am Ende von V.16).[3] Letzteres betrifft auch den אמן Hiphil-Beleg in Jes 7,9b. Deshalb ist als erstes das Wachstum von Jes 7,1–17 zu untersuchen. Denn nur so kann der ursprüngliche Kontext von Jes 7,9b ermittelt werden. Und das ist die Voraussetzung, um die Bedeutung von V.9b zu klären und um zu fragen, ob dieser Halbvers auf den Propheten Jesaja zurückgehen kann. Eine Klärung der Bedeutung von Jes 7,9b ist wiederum die Basis, um zu untersuchen, ob der Halbvers der Text gewesen sein kann, in dem אמן Hiphil als theologischer Begriff eingeführt wurde.

---

1 V.17 ist ein Nachtrag, s. u., 3.1.5.
2 Vgl. Kaiser, ATD 17, 140 ff.151 f; Becker, Jesaja, 59 f; Barthel, Prophetenwort, 151 ff; de Jong, Isaiah, 58 ff; Oswald, Textwelt, 218 f.
3 S.u., 3.1.4 f.

3.1 Die Schichtung von Jes 7,1–17

3.1.1 Übersetzung

V.1: Es geschah in den Tagen des Ahas, des Sohnes Jotams, des Sohnes Usijas, des Königs von Juda, da zogen herauf Rezin, der König von Aram, und Pekach, der Sohn Remaljas, der König von Israel, nach Jerusalem zum Kampf gegen es, aber man[4] konnte nicht gegen es kämpfen.

V.2: Und es wurde dem Haus David folgendermaßen mitgeteilt: „Aram hat sich in Ephraim niedergelassen[5]." Da zitterten[6] sein Herz und das Herz seines Volkes, wie die Bäume im Wald vor dem Wind zittern.

V.3: Da sprach Jahwe zu Jesaja: „Geh doch hinaus, Ahas entgegen, du und dein Sohn Schear-Jaschub[7], zum Ende des Kanals des oberen Teiches, zur Straße des Walkerfeldes

V.4: und sage zu ihm: ‚Hüte dich und halte Ruhe! Fürchte dich nicht, und dein Herz sei nicht verzagt vor diesen zwei rauchenden Holzstummeln, gemäß[8] der Zornesglut Rezins und Arams und des Sohns Remaljas.

---

4 Gegen die Versionen und 1QIsaᵃ ist der Singular von MT als *lectio difficilior* beizubehalten, so auch z.B. Wildberger, BK.AT 10, 265; Beuken, HThKAT, 185; anders Duhm, Jesaja, 71. Diese 3.masc.sing. muß als unpersönliche Rede („man") wiedergegeben werden, vgl. GK § 144 b.

5 Die Verbform נחה ist ein Perfekt Qal der Wurzel נוח. Die Verbindung von Qalformen dieser Wurzel mit על ist geläufig, und diese Verbindung wird üblicherweise als „sich niederlassen" übersetzt (vgl. HALAT, 641; so auch Duhm, Jesaja, 71; Wildberger, BK.AT 10, 264 f; Oswald, Textwelt, 204 Beuken, HThKAT, 183). Alternativ könnte man an ein Perfekt Qal der Wurzel נחה II denken und „sich stützen" übersetzen. Dagegen spricht jedoch, daß eine Wurzel נחה II nur hier belegt wäre (vgl. HALAT, 647). Möglicherweise wurde also die Existenz dieser Wurzel nur postuliert, weil Jes 7,2 mit dem gängigen נוח nicht leicht verständlich ist. Allerdings sind schwerverständliche und etwas vage Aussagen zur politischen Situation charakteristisch für den Text (vgl. Jes 7,8 f.16). Deshalb ist an einer Ableitung von נוח festzuhalten. Außerdem muß das Verb in einem gängigen Sinn übersetzt werden, also als „sich niederlassen". Denn nur so kann man vermeiden, die vage Aussage voreilig nach dem eigenen Vorverständnis festzulegen. Diese Überlegung spricht gegen Ausdeutungen wie „aufmarschieren" (vgl. z.B. Kaiser, ATD 17, 135, vgl. auch Wildberger, BK.AT 10, 264 f). Schon das συμφωνεῖν der LXX könnte eine solche Ausdeutung gewesen sein (vgl. Rösel, Jungfrauengeburt, 136).

6 Vgl. HALAT, 644.

7 Zwar fällt die Inversion in dem Satznamen auf, doch sind Namen mit Inversion in den Samaria-Ostraka seit dem 8. Jh. v. Chr. belegt (vgl. Spieckermann, Bild, 265). Zur Deutung des Namens, s. u., 53.

8 Das ב ist ein modales ב, vgl. HALAT, 100; Jenni, Lehrbuch, 276 f; ders., Beth, 346 f. Die in der Forschung beliebte Wiedergabe als „vor" (vgl. z.B. Wildberger, BK.AT 10, 264 ff; Beuken,

V.5: Weil Aram gegen dich Böses geplant hat, Ephraim und der Sohn Remaljas,[9] folgendermaßen:

V.6: ‚Laßt uns nach Juda hinaufziehen, und laßt es uns in Angst und Schrecken versetzen,[10] und laßt es uns im Sturm an uns bringen und laßt uns in seiner Mitte den Sohn Tabe'els[11] zum König machen!‘

V.7: So spricht der Herr Jahwe: ‚Es soll nicht zustande kommen, und es soll nicht sein![12]

V.8: Denn[13] das Haupt Arams ist Damaskus und das Haupt Damaskus' ist Rezin – und binnen 65 Jahren wird Ephraim zerschlagen sein, so daß es kein Volk ist.[14]

V.9: Und das Haupt Ephraims ist Samaria und das Haupt Samarias ist der Sohn Remaljas.

Glaubt[15] ihr nicht, so bleibt[16] ihr nicht!'"

V.10: Und Jahwe[17] fuhr fort zu Ahas zu sprechen:

HThKAT, 184) entspricht kaum der üblichen Verwendung der Präposition, vgl. HALAT, 100 ff; Jenni, Lehrbuch, 276 f. S. auch u., 38, Anm. 60.

9 Die LXX vereinfacht die Abfolge der Namen in Jes 7,5 und nennt den Sohn Arams und den Sohn Remaljas als Subjekt.

10 Es handelt sich um eine Hiphilform von קוץ I. Die Deutung als קוץ I ist gegenüber קוץ II („niederreißen", vgl. Liss, Prophetie, 74) vorzuziehen, weil קוץ I im Qal auch in V. 16 erscheint, so auch z. B. HALAT, 1019; Wildberger, BK.AT 10, 266; Beuken, HThKAT, 185 f. Außerdem wäre קוץ II in der Bedeutung „niederreißen" nur in Jes 7,6 belegt (vgl. HALAT, 1019).

11 Die korrekte Vokalisation dieses aramäischen Namens ist in den Versionen und Esr 4,7 erhalten (vgl. App. BHS), z. B. Ταβεηλ in der LXX. Der Name bedeutet: Gut ist Gott/El. Die Masoreten haben dies als „Gut-nicht" vokalisiert, also Taugenichts (so auch z. B. Wildberger, BK.AT 10, 266; Kaiser, ATD 17, 135; vgl. auch Beuken, HThKAT, 198).

12 Nach der Ergänzung des sekundären V.5f* (s. u., 3.1.4) müßte V.7 im Deutschen als Hauptsatz zu dem kausalen Nebensatz V.5f* wiedergegeben werden: Weil Aram gegen dich Böses geplant hat …, spricht so der Herr Jahwe …" Denn die Präposition יען כי am Beginn von V.5 bezieht sich auf das Folgende (s. u., 39).

13 Zu dieser Übersetzung von כי s. u., 42 f.

14 So mit HALAT, 566.

15 S.o. 12 und u., 7.1.2 zu dieser Wiedergabe von אמן Hiphil. Die LXX bietet hier συνιέναι „verstehen". Das ist wahrscheinlich ein Versuch, den schwer verständlichen hebräischen Text zu erklären. Möglicherweise geht es außerdem um eine Aktualisierung im Sinne eines apokalyptischen Verstehens (s. z. B. Dan 11,33.35LXX), vgl. Rösel, Jungfrauengeburt, 139 ff.

16 Das אמן Niphal bezieht sich v. a. auf die Verheißung einer beständigen Dynastie für die Davididen in II Sam 7,16 (s. u., 44 f). Deshalb müßte man es ausführlicher als „bestehen bleiben" übersetzen. Doch trifft das seit Luther eingebürgerte „Bleiben" den Sinn ebenfalls, und durch die Abfolge von „glauben" und „bleiben" wird das hebräische Wortspiel im Deutschen mit Hilfe einer Abfolge gleicher Konsonanten imitiert. Aus diesem Grund wird hier die Wiedergabe Luthers übernommen (so auch Wildberger, BK.AT 10, 264).

17 Hier liegt ein fließender Übergang von Propheten- zu Jahwerede vor, s. u., 47 f.

V.11: „Fordere dir ein Zeichen von Jahwe, deinem Gott, sei es von tief unten[18] in der Scheol[19] oder von hoch oben!"

V.12: Da sagte Ahas: „Ich will es nicht fordern, denn[20] ich will Jahwe nicht versuchen."

V.13: Und er sprach: „Hört doch, Haus David! Ist es zu wenig für euch[21], daß ihr Menschen müde macht? Denn ihr macht auch meinen Gott müde.

V.14: Darum gibt der Herr selbst euch ein Zeichen: Siehe, die junge Frau[22] ist schwanger und wird einen Sohn gebären und wird seinen Namen Immanuel nennen[23].

V.15: Butter[24] und Honig wird er essen, bis[25] er versteht, das Böse zu verwerfen und das Gute zu erwählen.

V.16: Denn bevor der Knabe versteht, das Böse zu verwerfen und das Gute zu erwählen, wird das Land verlassen werden, vor dessen zwei Königen dir graut.

V.17: Jahwe wird über dich und über dein Volk und über das Haus deines Vaters Tage bringen, die nicht gekommen sind seit dem Tag, an dem Ephraim von Juda abfiel, mit Hilfe[26] des Königs von Assur."

---

18 Die Inf.abs. הָעְמֵק und הַגְבֵּהַ bezeichnen Begleitumstände, vgl. Joüon-Muraoka § 123 r.

19 Die Masoreten vokalisieren hier שְׁאָלָה. Man kann das als das Nomen שְׁאוֹל („Scheol, Unterwelt") mit *he locale* deuten, wobei *in pausa* ō zu ā geworden ist (vgl. GKC § 29 u; Kaiser, ATD 17, 150). Gegen diese Lösung spricht jedoch, daß dieser Wechsel eher selten ist (vgl. GKC § 29 u). Eine alternative Erklärung der masoretischen Vokalisation wäre, daß die Masoreten aus dogmatischen Gründen die Pausalform des Adhortativs von שאל ansetzten („frage doch" vgl. Wildberger, BK.AT 10, 267). Jedenfalls muß man mit Aquila, Symmachus und Theodotion (εἰς ᾅδην, vgl. auch die Wiedergabe der Vulgata) שְׁאֹלָה vokalisieren (so auch z.B. App. BHS; HALAT, 1275; Wildberger, BK.AT 10, 267). Die LXX scheint hier wie in V.5 (s.o., 29, Anm. 9) den etwas komplizierten hebräischen Text zu vereinfachen und bietet: εἰς βάθος ἢ εἰς ὕψος („aus der Tiefe oder aus der Höhe").

20 Vgl. GK § 158 b.,

21 Vgl. HALAT, 578.

22 Zur Bedeutung des hebräischen עלמה s.HALAT, 790 und u., 56. Wenn die LXX hier ἡ παρθένος vorschlägt, liegt darin eine gewisse Steigerung für die messianische Würde des Kindes (vgl. Rösel, Jungfrauengeburt, 149), wie sie sich auch in der LXX-Wiedergabe von V.15 f niederschlägt. Allerdings impliziert das griechische παρθένος nicht zwingend Jungfräulichkeit im medizinischen Sinne (vgl. Menge, Großwörterbuch, 530; Rösel, Jungfrauengeburt, 145). Rösel sieht in dieser Wortwahl außerdem Einflüsse alexandrinischer Kulte (vgl. Jungfrauengeburt, 144 ff).

23 Zur Deutung der Verbform s. u., 55, Anm. 143.

24 So mit Wildberger, BK.AT 10, 268.

25 Das לְ ist temporal aufzufassen, vgl. HALAT, 483; Jenni, Lehrbuch, 294. Ein finales Verständnis des לְ (vgl. z.B. Wildberger, BK.AT 10, 268; Wagner, Gottes Herrschaft, 49) ist hier nicht sinnvoll, weil es suggeriert, der Immanuel würde durch seine Ernährung mit Butter und Honig ethisch mündig.

26 Es handelt sich hier um את II, vgl. HALAT, 97, anders Wildberger, BK.AT 10, 264 (את I, also die *nota accusativi*).

3.1.2 Abgrenzung und Gliederung

Jes 7,1–17 ist von seinem Kontext klar abgegrenzt.[27] Zum Beginn steht eine Datierung der folgenden Ereignisse: „Und es geschah in den Tagen des Ahas, des Sohnes Jotams, des Sohnes Usijas" (7,1). Die Datierung zur Zeit des Ahas macht deutlich, daß die Geschichte mindestens 5 Jahre später spielt als die vorangehende Berufung des Jesaja in Jes 6. Denn Ahas kam 741 an die Regierung, also etwa 5 Jahre nach dem Tod Usijas (ca. 736), und in diesem Jahr soll Jesaja berufen worden sein (Jes 6,1).[28] Außerdem spricht der Prophet Jesaja nicht mehr in der 1.com.sing. wie in Jes 6 (vgl. z. B. V.1.11), sondern es wird über ihn in der 3.masc. sing. gesprochen (vgl. z. B. V.3).[29] Die Abgrenzung nach hinten wird daran deutlich, daß in V.18 eine neue Einleitungsformel steht: „Und es wird geschehen an jenem Tag". Außerdem werden die Figuren aus Jes 7,1–17 Ahas und Schear-Jaschub ab V.18 namentlich nicht mehr erwähnt. Auch von einer aramäisch-nordisraelitischen Belagerung ist keine Rede mehr. Vielmehr folgt nun eine Kette von Einzelworten (V.18 f.20.21 f.23–25), die das Gericht näher ausmalen. Dabei treten Assur und Ägypten als Gegner auf (V.18).[30]

Jes 7,1–17 gliedert sich in eine Exposition (V.1 f), die Sendung des Jesaja zu König Ahas mit einem Gotteswort (V.3–9) und einen Dialog zwischen Jesaja und

---

27 Zur Debatte über die sogenannte Jesajadenkschrift als unmittelbarem Kontext von Jes 7,1–17 vgl. Werlitz, Studien, 104 ff; Blum, Testament, 552 ff; Höffken, Jesaja, 118 ff; de Jong, Isaiah, 54 f. Weil dieser Kontext so gut wie keine Auswirkungen auf Jes 7,9b hat, muß das Problem der Jesajadenkschrift hier nicht bearbeitet werden.
28 Zu diesen Daten s. Donner, Geschichte, 468.
29 Die Tatsache, daß Jes 7,1–17* ein Fremdbericht in der 3.masc.sing. ist, ist ein erstes Indiz gegen eine Herkunft vom Propheten Jesaja. Im Prinzip hat dies schon Duhm erkannt. Er vermutete in Jes 7,1–17* wegen der 3.masc.sing. ein stärkeres Eingreifen des Sammlers und eine sekundäre Umstellung der Erzählung in einen neuen Kontext (vgl. Duhm, Jesaja, 70 sowie Müller, Bleiben, 53, Anm. 5; Werner, Prophetenwort 2). An einer jesajanischen Grundlage hält er aber fest, denn „verschiedene Erscheinungen in c. 8, wo der Prophet selber berichtet, weisen darauf hin, daß er mehr über die syrische Krise erzählt hat, als was wir in c. 8 lesen" (Jesaja, 70). Als Fremdbericht hebt sich Jes 7,1–17 zugleich von anderen Texten der Jesajadenkschrift wie Jes 6 und 8,1–18 ab. Zur Debatte, ob es altorientalische Parallelen für solchen einen Wechsel von der 1. zur 3. Person in einem einheitlichen Text gibt, vgl. Werlitz, Studien, 114; Blum, Testament, 553 f, Anm. 22.
30 In der jüngeren Forschung ist die Abgrenzung von Jes 7,1–17 insgesamt vom Kontext unbestritten, vgl. z. B. Clements, NCB, 78 ff; Kaiser, ATD 17, 137; Bartelmus, Stilprinzip, 55 f; Deck, Gerichtsbotschaft, 55 ff; Höffken, NSK.AT 18/1, 82. In der älteren Forschung wurden auch V.16 oder V.25 als Abschlußverse vorgeschlagen, aber das konnte sich mit Recht nicht durchsetzen, vgl. Werlitz, Studien, 101, Anm. 1. In der jüngeren Forschung wird teilweise das ganze Kapitel Jes 7,1–25 als Sinneinheit interpretiert, s. z. B. Barthel, Prophetenwort, 155; Beuken, HThKAT, 190.207 ff. Zu Jes 7,18–25 vgl. die Kommentare z.St.

Ahas über ein Zeichen für diesen König (V.10–17).[31] In allen Teilen dieses Textes finden sich Widersprüche und Brüche, die durch Textwachstum zu erklären sind.

3.1.3 Die Exposition – Jes 7,1f

In der Einleitung Jes 7,1 f wird ein widersprüchliches Bild der Situation gezeichnet.[32] Zuerst geht es um einen Angriff gegen Jerusalem durch eine Koalition der Könige Rezin von Aram und Pekach, Sohn Remaljas, von Israel (7,1a)[33]. Doch gleich anschließend wird vermerkt, daß dieser Angriff scheitern werde (7,1b). Danach wird in 7,2 in einer recht vagen Formulierung festgehalten, daß Aram sich im Nordreich Ephraim niedergelassen habe (נוח Qal)[34]. „Aram" dürfte sich auf das aramäische Heer mit dem König beziehen, wie der militärische Kontext in V.1 nahelegt. Aus der Anwesenheit des aramäischen Heeres in Ephraim soll der Leser schließen, daß Aram dort nun ein gewichtiger Machtfaktor ist und die Politik bestimmen kann, ob Ephraim unterworfen wird[35] oder ob es Juniorpartner in einem Bündnis wird.[36]

Auf jeden Fall ist deutlich, daß in Jes 7,2 Aram allein handelt, während in 7,1 Aram *und* Ephraim aktiv sind. Damit steht 7,2 in Spannung zu dem, was Jahwe Jesaja in 7,3–9 zu sagen befiehlt, weil in dieser Rede vorausgesetzt wird, daß Ephraim und Aram Juda *gemeinsam* angreifen und deshalb *gemeinsam* scheitern (vgl. 7,4a.8a.9a). Mit der Anmerkung zu den Machtverhältnissen im Nordreich in 7,2 verschiebt sich gegenüber V.1 der Horizont der Erzählung. Während es in V.1 um Ereignisse „vor der Haustür" ging, beschreibt V.2 Entwicklungen in größerer Ferne. Weiter schildern V.1 und V.2 dublettenhaft die Hintergründe der folgenden Weissagung. Und nicht zuletzt widerspricht V.2 dem V.1a. Während V.1a

---

31 So auch Kaiser, ATD 17, 139.150; Höffken, NSK.AT 18/1, 82; Barthel, Prophetenwort, 125. Ähnlich Dietrich, Jesaja, 67.

32 Zur Forschungsdiskussion über diese beiden Verse vgl. Werlitz, Studien, 127 ff.

33 Im Folgenden werden „Ephraim" und „Israel" ausschließlich für das Nordreich verwendet. Dieses war schon lange untergegangen, als der Text entstand (s. u., 3.4). Auf eine Rede vom „ehemaligen Nordreich" wird trotzdem verzichtet, da das Nordreich in der Zeit, in der der Text spielt, noch bestand. Zum Problem der alttestamentlichen Termini „Ephraim" und „Israel" sowie ihrer Deutung vgl. Rudnig-Zelt, Hoseastudien, 48 ff.

34 S.o, 28, Anm. 5.

35 So auch Wildberger, BK.AT 10, 275.

36 In diesem Sinne deutet die LXX das Verb (συμφωνεῖν). Zur Intention dieser recht freien Wiedergabe s. Rösel, Jungfrauengeburt, 136. Weiter ebnet die LXX so die Spannung zwischen V.1 (Ephraim und Aram als gleichberechtigte Partner) und V.2 (Ephraim als Opfer Arams) ein (s. u., 33 ff).

Aram und Nordreich Israel als gleichberechtigt handelnd präsentiert, schildert V.2 plötzlich Israel als passiv und deutet an, daß es das Opfer der Aramäer ist. Dagegen handelt jetzt Aram allein. Aufgrund dieser Widersprüche ist klar, daß V.1 f nicht einheitlich sind. Dabei wird sich 7,1a als ältester Bestandteil erweisen.

Dafür sprechen folgende Beobachtungen: In 7,1 zeigen klare sprachliche Indizien, daß die zweite Vershälfte 7,1b ein Zusatz ist. Diesbezüglich fällt zuerst der Numeruswechsel zwischen 7,1a und 7,1b ins Auge. Obwohl in 7,1a das pluralische Subjekt bereits genannt ist („Rezin, König von Aram, und Pekach, Sohn Remaljas, König von Israel"), steht in V.7,1b das Verb im Singular.[37] Weiter ist das עליה („gegen es") am Ende von 7,1b eine Wiederaufnahme des עליה am Ende von 7,1a.[38] Dazu kommt eine inhaltliche Unstimmigkeit. Das לחם Niphal in 7,1b kann nicht anders übersetzt werden als mit „kämpfen".[39] Damit widerspricht 7,1b der ersten Vershälfte. Sie behauptet einen Kampf („zum Kampf gegen es"), aber 7,1b erklärt ihn für unmöglich („aber man konnte nicht gegen es kämpfen").[40] Außerdem widerspricht 7,1b der bedingten Heilsweissagung in 7,9b.[41] Die Rettung für Jerusalem und die Davididen steht in der Fassung mit 7,1b von vornherein fest, obwohl nach 7,9b das Bleiben der Davididen von ihrem Glauben abhängt. In einer Fassung von Jes 7,1–17* einschließlich 7,1b wäre die Bedingung von 7,9b wirkungslos, weil die Rettung für Jerusalem von Anfang an klar ist. Daraus folgt, daß Jes 7,1b sekundär ist.[42]

Eine weitere Spannung findet sich zwischen dem ursprünglichen 7,1a und 7,2[43]. Die alte Exposition 7,1a zeichnet eine akute Bedrohungssituation für Jerusalem und damit für die Davidsdynastie. Die Stadt wird von zwei feindlichen

---

37 Vgl. Lettinga § 65 o; Joüon-Muraoka § 150 pq. Die Versionen und 1QIsaᵃ lesen hier Plural. S. auch die Übersetzung o., 3.1.1.

38 Duhm bemerkt dazu: „Das zweimalige עליה hätte er [sc. der Verfasser von Jes 7,1] besser nicht hinzugesetzt" (HK.AT 3/1, 47).

39 Vgl. HALAT, 500; so auch Wildberger, BK.AT 10, 264 f.

40 Wildberger weicht diesem Widerspruch aus, indem er vermutet, למלחמה עליה („zum Kampf gegen es") 7,1a könnte eine Dittographie sein (BK.AT 10, 265), doch bezeugt keine antike Übersetzung einen Text ohne diese Worte.

41 Zu 7,9b als Teil des Grundbestandes und zur Deutung des Verses s. u., 3.1.4.

42 In der bisherigen Forschung wurde noch nie V.1b alleine als Nachtrag herausgenommen, aber öfter größere Anteile von V.1 (s. u., 35 f).

43 Die Suffixe 3.masc.sing. in 7,2b beziehen sich auf das maskuline בית („Haus") in 7,2a oder auf den in V.1 erwähnten Ahas (vgl. Dohmen, Verstockungsvollzug, 40). Weil בית näher an den Suffixen steht, ist es als Bezugswort vorzuziehen. Der doppeldeutige Bezug der Suffixe ist aber keinesfalls ein Indiz, daß V.2b ein Zusatz sein könnte (gegen Haag, Immanuelzeichen, 5). Weiter gibt es im Text keine Hinweise, daß לבית דוד („dem Haus Davids") nachträglich eingebaut wurde (gegen z. B. Deck, Gerichtsbotschaft, 171).

Königen angegriffen. In 7,2 wird dublettenhaft eine andere Gefährdung für die Davididen geschildert, die nicht zur Lagebeschreibung nach 7,1a paßt. Zunächst einmal wird in 7,2 der Bezug auf Jerusalem aufgegeben. Plötzlich geht es um Ereignisse in der Ferne; entsprechend müssen diese Ereignisse den Davididen erst mitgeteilt werden (7,2aα). Anders als der Autor von 7,1a legt der Verfasser von 7,2 dabei ganz offensichtlich keinen Wert auf eine präzise Lokalisierung. Er schreibt nicht, wo sich die Aramäer in Ephraim befinden. Weiter hat sich nach 7,2 in erster Linie das Nordreich mit dem aramäischen Heer auseinanderzusetzen. Ob Juda das nächste Opfer Arams wird, bleibt in 7,2 selbst offen. Ferner wird in 7,2 Aram allein als aktiv handelnd, als Täter präsentiert. In 7,2 wird also eine ganz andere militärische Operation geschildert als in 7,1a. Aram allein zieht ins Nordreich und dominiert dessen Politik. Dies könnte Auswirkungen auf die Davididen haben. In der Forschungsgeschichte hat man versucht, 7,1a und 7,2 so miteinander zu vereinbaren, daß 7,2 die Vorgeschichte zu dem Angriff von 7,1a erzählt.[44] Doch steht davon nichts im Text und auch nicht in dem Parallelbericht II Reg 16. Das spannungsreiche Nebeneinander beider Aussagen ist vielmehr durch Textwachstum zu erklären. 7,1a oder 7,2 müssen sekundär sein.

Mit seiner Sicht von Aram als alleinigem Initiator des Geschehens widerspricht 7,2 nicht nur der Sicht von 7,1a. Diese Alleinverantwortung Arams stößt sich auch mit den folgenden Worten des Jesaja, wo Aram und Ephraim parallel als machtlos charakterisiert werden (7,4a.8a.9a). Hier wird ein gemeinsames, gleichberechtigtes Handeln beider vorausgesetzt. Auf keinen Fall ist 7,2 mit 7,16 vereinbar, wo Jahwe das gleiche Unheilsgeschick für Aram und das Nordreich ankündigt, nämlich daß das Ackerland verlassen wird.[45] Wäre Ephraim selbst das Opfer Arams, wäre dies ausgesprochen ungerecht. Auf der Linie von 7,2 liegen in Jes 7,1–17 nur noch die Verse 7,5*[46].6. Der Text präsentiert also zwei Versionen des Ereignisses: 1) Aram und Nordreich greifen gemeinsam Juda an, und gehen gemeinsam unter (7,1a.4a.8a.9a.16). 2) Aram marschiert in das Nordreich (7,2) und wendet sich danach gegen Juda (7,5*.6).

In der Forschung hat man versucht, diese zwei widersprüchlichen Darstellungen miteinander zu vereinbaren, indem man Aram als den eigentlichen Anführer und Ephraim als den bloßen Mitläufer gedeutet hat.[47] Doch davon ist im Text nicht die Rede. Vielmehr muß dieses Problem literarkritisch gelöst werden. Nur eine dieser beiden Darstellungen des feindlichen Angriffs kann ursprünglich

---

44 So z. B. Wildberger, BK.AT 10, 274 f. Dagegen Werlitz, Studien, 129.
45 Zur Verortung und Deutung von Jes 7,4a.8a.9.16 s. u., 3.1.5.
46 In 7,5 sind die Worte „Ephraim und der Sohn Remaljas" nachgetragen, s. u., 38.
47 Vgl. z. B. Wildberger, BK.AT 10, 275; Blenkinsopp, AncB 19, 229 f.

sein. Weil die Worte des Jesaja für den Text unentbehrlich sind (7,4a.8a.9a.16) und hier Aram und Ephraim gemeinsam als Gegner gelten, spricht vieles dafür, daß die Verse über Arams alleiniges Handeln (7,2.5*.6) die Nachträge sind.[48]

Dies bestätigt ein weiterer inhaltlicher Unterschied zwischen 7,1a und einem Großteil des folgenden Kontexts auf der einen Seite und 7,2.5*[49].6 auf der anderen Seite. In V.7,2.5*.6 werden ganze Völker und Dynastien als Subjekte des politischen Handelns gezeigt. So werden die Davididen und ihr Volk mit den beiden Völkern Aram und Ephraim konfrontiert. Aram gilt in 7,2 als Initiator der Invasion, nicht der König Rezin. Nach 7,5*.6 schmiedet Aram als ganzes Pläne, nicht der Herrscher mit seinen Ratgebern. Sogar die Panik überfällt nach 7,2b nicht einzelne Menschen, sondern Kollektive, nämlich die Davidsdynastie und ihr Volk. Dagegen kommt es in 7,1a.3ff ganz überwiegend auf das Handeln von Einzelpersönlichkeiten an. Jesaja spricht Ahas allein an, und Ahas allein soll sich ein Zeichen fordern. Wo sich die Perspektive von Ahas auf seine gesamte Dynastie weitet, steht im Folgekontext die 2.masc.plur. (7,9b.13f), nicht die 3.masc.sing. wie in 7,2. Weiter paßt das ausgeprägte Interesse am judäischen Volk in 7,2 nicht zu der folgenden Erzählung, in der es schwerpunktmäßig um die Davididen geht. Entsprechend ist dort die enge Verbindung von Volk und Dynastie aus 7,2b nicht bekannt.[50] Auch dies legt nahe, daß 7,2.5*.6 nachgetragen wurden, weil die Konfrontation der Einzelpersonen Jesaja-Ahas nicht aus dem Text herausgelöst werden kann. Dies widerspricht aber der Sicht von 7,2.5*.6, nach der ganze Völker miteinander streiten.

In der bisherigen Forschung hat man die Spannung zwischen 7,1a und 7,2 gerne in der Weise aufgelöst, daß man in 7,1a nur die Zeitangabe als ursprünglich belassen hat: „und es geschah in den Tagen des Ahas, Sohn Jotams, Sohn Usijas, des Königs von Juda"[51] oder „und es geschah in den Tagen des Ahas".[52] Dies

---

48 S. auch u., 39ff. Für 7,2 als Zusatz plädieren auch Werlitz, Studien, 217f (nur V.2a); Clements, Immanuel Prophecy, 72.
49 Zur Verbindung von Jes 7,2 und 5f vgl. auch Werlitz, Studien, 216f.
50 7,17, wo wie in 7,2 עם mit einem auf die Davididen bezogenen Suffix steht, wird sich als Zusatz erweisen, s. u., 49f. Die Zusätze 7,4b.5b (ohne לאמר) versuchen, die Sicht von Grundschicht und 7,2.5*.6 miteinander zu vermitteln, indem sie Völker *und* einzelne als Subjekte des politischen Handelns nennen.
51 So z.B. Wildberger, BK.AT 10, 264f.268f; Barthel, Prophetenwort, 132f. Dietrich, Jesaja, 65ff; Vermeylen, Prophète, 202f und Dohmen, Vollstreckungsvollzug, 48 halten Jes 7,1f insgesamt für redaktionell. Allerdings ist die folgende Erzählung ohne die Exposition in 7,1a unverständlich. Es wäre beispielsweise völlig unklar, warum in 7,4a von *zwei* rauchenden Brennholzstummeln die Rede ist. Dietrich setzt voraus, daß sich Jes 7,1–17* an Zeitgenossen des Ahas richtete, die über die Ereignisse Bescheid wußten. Doch spricht der Sprachgebrauch von Jes 7,1–17* klar gegen eine solche frühe Datierung, s. u., 3.4.
52 So Kaiser, ATD 17,135ff; Werner, Prophetenwort, 16; Kilian, NEB, 51; Irsigler, Zeichen, 161;

fungierte dann als Einleitung für V.2. Doch kann eine solche Lösung nicht überzeugen. Erstens gibt es keine Indizien, daß die Fortsetzung der Datierung in 7,1a nachgetragen sein könnte. 7,1a ist insgesamt grammatikalisch korrekt. Zweitens wird diese herkömmliche These den Spannungen zwischen 7,2 und dem Folgekontext nicht gerecht, die gerade skizziert wurden. Die Rede des Jesaja beispielsweise setzt 7,1a voraus und nicht 7,2 (vgl. 7,4a.8a.9a). Und drittens ist 7,2 ohne den ganzen Halbvers 7,1a nicht nachvollziehbar. Die panische Reaktion der Davididen und der Judäer nach 7,2b erklärt sich nicht allein aus den Informationen in 7,2a, denn sie betreffen Entwicklungen im Norden, deren Konsequenzen für Juda in 7,2a selbst im Dunkeln bleiben. Nur wenn man 7,1a und 7,2 im Zusammenhang liest, leuchtet diese Angst ein.[53] Weiter ist die Information aus 7,2, daß sich Aram Ephraims bemächtigt hat, nur hilfreich, wenn man aus V.1a von ihrem gemeinsamen Agieren weiß. Da also Jes 7,2 ohne 7,1a nicht sinnvoll ist, scheidet die v. a. in der jüngeren Forschung beliebte These aus, Jes 7,2 habe alleine als Exposition von Jes 7,1–17* gedient.[54] Dagegen ist es offensichtlich das Anliegen des Zusatzes 7,2, Hintergründe zu dem Ereignis von 7,1a zu liefern. Dabei ist 7,1a als ganzer vorausgesetzt.[55]

3.1.4 Jahwes Rede an Jesaja – Jes 7,3–9

In diesem Textabschnitt lassen sich wie in der Exposition 7,1 f eine Reihe von Zusätzen ermitteln. Diese versuchen, historische Anspielungen zu verdeutlichen (7,4b.5b [außer לאמר „folgendermaßen"].8b), oder tragen wie 7,2 Hintergrundinformationen nach (7,5a [mit לאמר].6).

Haag, Immanuelzeichen, 5; Höffken, NSK.AT 18/1, 83; Blum, Testament, 553, Anm. 20; Barthel, Prophetenwort, 132 f; Berges, Buch, 106; Roberts, Context, 162 f.

53 So auch Oswald, Textwelt, 204. Die Exegeten, die die Informationen über ein Bündnis Nordreich-Damaskus aus 7,1a für Zusätze halten, setzen dieses Wissen in ihrer folgenden Deutung des Textes voraus. Beispielsweise spricht Haag, Immanuelzeichen, 9 davon, daß es in Jes 7,1–17* um ein Bündnis Aram-Israel gehe, obwohl er die entsprechenden Aussagen in V.1 für sekundär hält (Immanuelzeichen, 5; vgl. ähnlich Wagner, Gottes Herrschaft, 126; de Jong, Isaiah, 58 ff). Dies beweist, daß Jes 7,1–17* als Erzählung nur mit dem ganzen 7,1a funktioniert.

54 Vgl. z. B. Müller, Bleiben, 32 f; Deck, Gerichtsbotschaft, 58; Wagner, Gottes Herrschaft, 69 f; de Jong, Isaiah, 59.

55 Vgl. ähnlich Werlitz, Studien, 216 ff. Duhm versucht dem Rechnung zu tragen, indem er davon ausgeht, V.1 sei der Ersatz für eine ursprüngliche, verlorene Einleitung (vgl. Jesaja, 71). Es ist jedoch unnötig, in methodisch problematischer Weise mit Textverlust zu rechnen, weil 7,1a die Aufgabe der Einleitung perfekt erfüllt.

Folgende Beobachtungen sprechen für das gerade genannte literarkritische Ergebnis: Ich beginne mit den ursprünglichen 7,3.4a. V. 3 gehört als ganzer zum Grundbestand, weil es in dem Vers keinen literarischen Bruch gibt. Die mit Jes 36,2 übereinstimmende Ortsangabe „am Ende des Kanals des oberen Teiches, zur Straße des Walkerfelds" läßt sich nicht herauslösen.[56] Da Jes 7,3 als Einleitung der folgenden Jahwerede V.4 ff unentbehrlich ist, ist er als ganzer ursprünglich.[57]

7,4a enthält den Beginn des Jahweworts, das Jesaja dem judäischen König Ahas ausrichten soll (7,3). Hier steht eine sehr ausführliche Beruhigungsformel für Ahas persönlich (2.masc.sing.). Trotz ihrer Ausführlichkeit lassen sich in der Beruhigungsformel 7,4a keine Zusätze nachweisen, weil keine sprachlichen Spannungen vorliegen.[58] Ein Bild verdeutlicht am Ende von 7,4a, wovor Ahas sich nicht fürchten soll. Nordreich und Aram werden in diesem Bild mit zwei rauchenden Holzstummeln verglichen. Damit ist klar, daß beide früher einmal gefährlich waren, sozusagen als sie noch gebrannt haben. Aber das Rauchen, das man jetzt sieht, ist das Zeichen, daß das Feuer bald verlöschen wird. So soll gezeigt werden, daß Aram und Israel nur noch scheinbar bedrohlich sind. Ihr martia-

---

56 Gegen Werner, Prophetenwort, 17; Kilian, NEB, 52. Wie zuletzt Oswald gezeigt hat, ist hier Jes 7,3 von Jes 36,2 parallel II Reg 18,7 abhängig. Denn mit Oswald hat die Ortsangabe nur in den Jesajalegenden eine klare Funktion. Sie bezeichne den Ort, wo der Rabschake die Jerusalemer zur Kapitulation auffordert, und das müsse nahe genug an der Stadtmauer sein, damit die Verteidiger ihn hören könnten. In Jes 7,1–17 werde dagegen das Treffen mit Ahas nur von Gott verlangt, aber es werde nicht erzählt, daß es zustande komme. Folglich sei die Ortsangabe weniger wichtig, und ihre Aufgabe sei nur, auf Jes 36 parallel II Reg 18 anzuspielen (vgl. Textwelt, 210 f; vgl. auch Becker, Jesaja, 40 f).
57 So auch Wildberger, BK.AT 10, 276 f; Kaiser, ATD 17, 137 f; Becker, Jesaja, 40 f; Barthel, Prophetenwort, 134 f; Beuken, HThKAT, 195.
58 So auch z. B. Wildberger, BK.AT 10, 279 ff; Kaiser, ATD 17, 137 f; Irsigler, Zeichen, 167; Barthel, Prophetenwort, 135 ff; Becker, Jesaja, 37 ff. Einige Exegeten sehen in 7,4a Zusätze, z. B. Deck, Gerichtsbotschaft, 59 f; Haag, Immanuelzeichen, 5. Haag begründet allein mit dem Nebeneinander von Beruhigung und Warnung in 7,4a, daß hier zwei Schichten vorlägen. Doch kann dieses Nebeneinander genau die Intention von V.4a sein, s. u., 3.3.2. Deck hält ihrerseits die beiden Vetitive für sekundär und argumentiert damit, daß der erste asyndetisch stehe. Asyndese ist aber charakteristisch für Imperativreihen, und vor den Vetitiven stehen zwei Imperative (vgl. Joüon-Muraoka § 149 ae). Noch weiter gehen Werner, Pophetenwort, 19 und Kilian, NEB, 52, nach denen von V.4 allenfalls die einleitende Redeaufforderung אליו ואמרת („und sprich zu ihm") ursprünglich wäre. Allerdings argumentieren sie v. a. mit der Nähe von V.4 zu dtr. Kriegsansprachen (z. B. Dtn 20,3), und außer einer vorausgesetzten Zuschreibung an Jesaja spricht nichts dagegen, daß der Hintergrund der Grundschicht eben dtr. war (vgl. auch Jes 7,1a und II Reg 16,1.5, s. u., 3.3.1).

lisches Auftreten („Rauchen") ist ohne Substanz.[59] Das Bild unterstreicht so die beruhigende Absicht von 7,4a.

Im Widerspruch dazu wird in 7,4b die Situation als gefährlich gekennzeichnet. Denn hier ist von der Zornesglut Rezins, Arams und des Remaljasohnes die Rede. Außerdem fällt an dieser Stelle der präpositionale Anschluß mit ב auf.[60] Dagegen wurde das Bild in 7,4a mithilfe der Präposition מן an die Verben in 7,4a angefügt. Weiter ist merkwürdig, daß 7,4b als Täter sowohl Königsnamen als auch ein Volk nennt, nämlich Aram. Auf diese Weise vermittelt 7,4b zwischen der Grundschicht, die v. a. an den Taten von einzelnen interessiert ist (7,1a.3.4a.7.8a.9–14.16), und den Zusätzen 7,2.5*.[61]6, die mit dem Handeln von Völkern rechnen.[62] All diese inhaltlichen und sprachlichen Auffälligkeiten zeigen, daß 7,4b ein Nachtrag ist.[63]

Eine ähnliche Ergänzung wie 7,4b findet sich in 7,5b. In dem seinerseits sekundären 7,5a ist zunächst davon die Rede, daß Aram gegen Ahas Böses plant. Doch in 7,5b erscheinen nach dem Objekt רעה („Böses") unvermittelt zwei weitere Subjekte für das Verb יעץ („planen"), nämlich „Ephraim und der Sohn Remaljas". Eine solche Konstruktion ist grammatikalisch unmöglich. Die drei Worte אפרים ובן רמליהו („Ephraim und der Sohn Remaljas") wurden also später nachgetragen. Dagegen gehört das לאמר („folgendermaßen") am Ende von 7,5b zum Grundbestand der Zusätze V.5*.6 und leitet zur direkten Rede in V.6 über.[64]

Der Zusatz in 7,5b sucht wie 7,4b einen Kompromiß zwischen der Grundschicht (7,1a.3.4a.7.8a.9–14.16) und den Zusätzen 7,2.5*.6, was die Täter betrifft. Während die Grundschicht mit Individuen als Tätern rechnet und die Zusatz-

---

59 So auch Wildberger, BK.AT 10, 279; Kaiser, ATD 17, 140. Die Parallele Am 4,11 legt nahe, daß das Bild auf ein Jahwegericht gegen Aram und das Nordreich anspielt.

60 Die Verwendung der Präposition ב in Verbindung mit חרי ist geläufig. Alle Belege des Wortes werden mit ב angeschlossen, und immer folgt אף (vgl. Ex 11,8; I Sam 20,34; Jes 7,4; Thr 2,3; II Chr 25,10). Nur in Dtn 29,23 steht vor אף der Artikel. Allerdings fügt sich die Formulierung in den Belegen außer Jes 7,4 besser in den Kontext ein, weil das ב eine Darstellung der Begleitumstände einleitet, vgl. HALAT, 101. In Jes 7,4 wird somit eine geprägte Wendung zitiert, ohne deren Formulierung an den neuen Kontext anzupassen.

61 In 7,5 sind die Worte „Ephraim und der Sohn Remaljas" nachgetragen, s. u., 38.

62 S. o., 3.1.3 und u., 38 ff.

63 Darüber besteht in der Forschung weitgehend Übereinstimmung, vgl. z. B. Wildberger, BK.AT 10, 264 ff; Dietrich, Jesaja, 65; Kaiser, ATD 17, 138; Irsigler, Zeichen, 161 f; Werlitz, Studien, 219; Becker, Jesaja, 38 f; Barthel, Prophetenwort, 133 f; Wagner, Gottes Herrschaft, 70 f; Liss, Prophetie, 73. Zur Verortung des Zusatzes 7,4b s. u., 50.

64 In diesem Punkt herrscht in der Jes-Forschung ein breiter Konsens, s. z. B. Wildberger, BK.AT 10, 264 ff; Dietrich, Jesaja, 65; Höffken, Notizen, 329; Kaiser, ATD 17, 138; Irsigler, Zeichen, 162; Becker, Jesaja, 38; Blenkinsopp, AncB 19, 277. Dagegen Barthel, Prophetenwort, 134 und eher vorsichtig Beuken, HThKAT, 189.

schicht mit Völkern, werden hier ein einzelner, nämlich der Remaljasohn, und das Volk Ephraim genannt. Wegen der großen Ähnlichkeit von 7,4b und diesen drei sekundären Worten in 7,5b kann man davon ausgehen, daß beide Nachträge aus einer Hand stammen.[65]

7,5a (einschließlich לאמר; im folgenden V.5*) ist untrennbar mit 7,6 verbunden, weil die direkte Rede in V.6 ihre Einführung als bösen Plan Arams in V.5* voraussetzt. Dieser kurze Abschnitt bietet weitere Probleme, die literarkritisch gelöst werden müssen. Aufgrund der einleitenden Konjunktion יען כי („weil") handelt es sich bei 7,5*.6 um einen Kausalsatz. Damit stellt sich die Frage, auf welche vorherige oder folgende Aussage sich dieser Kausalsatz bezieht. Ein Anschluß an den vorangehenden 7,4a ist inhaltlich unmöglich. Denn 7,5*.6 beschreibt Arams Pläne, die Davididen abzusetzen und an ihrer Stelle den Sohn Tabe'els[66] in Jerusalem zum König zu machen. So kann man keine Beruhigungsformel an die Davididen begründen, wie sie in 7,4a steht. Weiter entspricht dies nicht dem Gebrauch von יען כי, das sich außer in Num 11,20 immer auf folgende Aussagen bezieht (I Reg 13,21; 21,29; Jer 3,16; Jes 8,6; 29,13).[67]

Außerdem wird in 7,5*.6 allein Aram die Initiative beim Vorgehen gegen Juda zugeschrieben. Von einer Mitwirkung Ephraims ist gar keine Rede. Die 1.com. plur. in V.6 erklärt sich daraus, daß schon die aramäischen Politiker, Heerführer und Soldaten eine größere Gruppe sind. Nur die Aramäer planen also, König Ahas durch den Sohn Tabe'els zu ersetzen. Dabei kann aus dem aramäischen Namen geschlossen werden, daß dieser Ben Tabe'el selbst Aramäer ist oder zumindest die aramäische Politik unterstützt.[68] Auf diese Weise widerspricht Jes 7,5*.6 sowohl Jes 7,1a als auch Jesajas Weissagung. Denn Jesaja soll ein gleiches Geschick für Ephraim und Aram verkünden (7,4a.8a.9a.16). Und dieses gleiche Geschick gründet in ihrem gleichen Handeln nach 7,1a. Handelte *de facto* Aram allein, so wäre nicht einsichtig, warum z. B. in 7,4a Aram *und* Ephraim mit rauchenden Brennholzstummeln verglichen werden. In 7,5*.6 soll ein älterer Bestand von Jes 7,1–17 so korrigiert werden, daß Aram belastet und das Nordreich entlastet wird. Im Grundbestand (7,1a.3.4a.7.8a.9–14.16) gelten dagegen Nordreich und Aram gleichermaßen als Feinde Judas.[69]

---

65 So auch z. B. Kaiser, ATD 17, 138; Werner, Prophetenwort, 19; Kilian, NEB, 53; Irsigler, Zeichen, 161 f; Becker, Jesaja, 38.

66 Zu dieser ursprünglichen Vokalisation des Namens, s. o., 3.1.1.

67 So auch Höffken, Notizen, 329; Wildberger, BK.AT 10, 266; Kaiser, ATD 17, 135; Bjørndalen, Einordnung, 261 ff; Barthel, Prophetenwort, 126.

68 So auch Wildberger, BK.AT 10, 266; Kaiser, ATD 17, 139.

69 Weiter fällt auf, daß ein Äquivalent für Jes 7,5*.6 in II Reg 16,5 ff fehlt, obwohl dieser Text als Vorbild für den Grundbestand von Jes 7,1–17 fungiert hat, s. u., 3.3.1.

Aus all dem folgt, daß Jes 7,5*.6 sekundär sind. Wahrscheinlich stammt die Aussage über Arams Pläne aus der gleichen Hand wie Jes 7,2. Denn an beiden Stellen geht es um Hintergrundinformation über die Belagerung Jerusalems aus 7,1a. Weiter kommt es in 7,2 und in 7,5*.6 darauf an, daß allein Aram für diese Belagerung verantwortlich ist. Auf diese Weise gilt Aram als gemeinsamer Gegner des Nordreichs Israel (V.2) und des Südreichs Juda (V.6). Außerdem zeigt sich sowohl in 7,2 als auch in 7,5*.6 eine Tendenz, die Angst Judas in den Mittelpunkt zu stellen (V.2b. קוץ I Hiphil „Furcht einjagen" in V.6)[70]. Davon ist sonst nicht die Rede.[71]

Diese Nachtragsschicht 7,2.5*.6[72] hat eine ganz spezifische Intention. Nach Ansicht ihres Verfassers gilt ein Bruderkrieg zwischen Juda und Ephraim als das größte Unglück. Die Schuld für dieses Unglück kann nach Ansicht dieses Theologen nicht beim Nordreich liegen. Vielmehr behauptet er, das Nordreich lasse sich nur auf den Bruderkrieg ein, weil es von Aram unter Druck gesetzt werde (7,2). Dagegen gelten in der Grundschicht (7,1.4a.7.8a.9–14.16)[73] Aram und Nordreich in gleicher Weise als Feinde Judas. Zwischen beiden wird in keiner Weise unterschieden, und das Problem eines Bruderkrieges zwischen Nord und Süd wird überhaupt nicht diskutiert.

Wenn nun Jes 7,5*.6 ein Zusatz ist, schloß V.7[74] ursprünglich direkt an 7,4a an. Diese Textfolge ist in sich stimmig. Auf die Beruhigungsformel aus 7,4a folgt so nämlich der Grund, warum Ahas sich keine Sorgen machen soll. Dieser Grund wird in V.7 mit der Botenspruchformel eingeführt. Darauf folgt die Ankündigung, daß der Kampf gegen Jerusalem aus 7,1a nicht zustande kommt (3.fem.sing. Impf. von היה und קום vgl. Jes 14,14). Dabei bezieht sich die 3.fem.sing. auf das feminine Stichwort מלחמה „Kampf" in 7,1a.[75]

Jes 7,8 f enthalten eine Reihe von Aussagen, die auf den ersten Blick nicht leicht verständlich sind. Um die Aussage dieser beiden Verse zu erhellen, ist als erster Schritt eine literarkritische Klärung erforderlich. Sie ergibt, daß es in Jes 7,8 f einen Zusatz gibt, nämlich 7,8b. Gegenüber 7,8a wechselt 7,8b nämlich

---

70 Die Wurzel קוץ hat der Verfasser von Jes 7,2.5*.6 aus dem ursprünglichen V.16 entnommen (s. u., 3.1.5). Dort geht es ganz in der Denkweise der Grundschicht um das Individuum Ahas und seine Angst, nicht um die Angst von ganzen Völkern.

71 Vgl. ähnlich Werlitz, Studien, 220 f.

72 Jes 7,17a wird sich als Abschluß dieser Schicht erweisen, s. u., 50 f.

73 S.u., 3.1.5.

74 Gegen Haag, Immanuelzeichen, 6 ist V.7 einheitlich. Haag nennt keine Argumente, warum 7a nachgetragen sein könnte. Außerdem ist V.7b ohne V.7a unverständlich.

75 Außerdem kann die feminine Verbform dadurch erklärt werden, daß hier eine unpersönliche Formulierung vorliegt („es soll nicht sein ...") vgl. Joüon-Muraoka § 152 c. Auch diese Aussage bezöge sich auf die Belagerung Jerusalems.

abrupt das Thema. Während 7,8a von Aram, seiner Hauptstadt und seinem König handelt, geht es in 7,8b plötzlich um Ephraim. 7,8a enthält einen Parallelismus membrorum, 7,8b ist Prosa. Die Sprache in 7,8a ist bildhaft („Haupt") und etwas verschlüsselt, V.8b kommt dagegen direkt auf den Punkt. Weiter fällt auf, daß 7,8a und 7,9a genau parallel formuliert sind. In V.9a folgt die gleiche Aussage für Aram wie in 7,8a für das Nordreich. V.8b stört den Zusammenhang zwischen diesen Halbversen.

In der älteren Forschung hat man versucht, das Problem durch eine Umstellung von V.8b hinter V.9a lösen. So stünden die beiden Aussagen über Ephraim direkt hintereinander.[76] Doch weil keine Textüberlieferung eine solche Abfolge V.8a.9a.8b stützt, ist ein solches Vorgehen aus methodischen Gründen nicht zulässig. Außerdem ergäbe auch diese Umstellung keinen glatten Text. Die sprachlichen und stilistischen Differenzen zwischen V.8a.9a und V.8b blieben bestehen, so der Wechsel zwischen Poesie in V.8a.9a und Prosa in V.8b, zwischen bildhafter Rede in V.8a.9a und einer direkten Aussagen in V.8b. Daraus folgt, daß V.8b ein Zusatz ist.[77]

Jes 7,9 ist dagegen einheitlich und gehört zum Grundbestand.[78] Zwar könnte man erwägen, ob V.9b nachgetragen ist. Aber insgesamt erweisen sich die Nachtragsindizien hier als nicht überzeugend. Für einen Zusatz in V.9b spricht vor allem der Numeruswechsel, der hier vollzogen wird.[79] Anders als zu Beginn der Prophetenrede in 7,4a steht hier nicht mehr die 2.masc.sing., sondern die 2.masc. plur. Auch scheint das Thema nach 7,8a.9a plötzlich zu wechseln. Nun geht es

76 Vgl. App. BHS. In jüngerer Zeit hat Roberts wieder einen Versuch unternommen, die Ursprünglichkeit von V.8b zu erweisen (vgl. Context, 165 ff). Er nimmt an, daß durch Haplographie das zweite Kolon zu V.8b verlorengegangen sei und der Halbvers deshalb jetzt im Text isoliert wirke. Folgt man jedoch Roberts Rekonstruktion des ursprünglichen Textes und des folgenden Textverlusts, müßte im jetzigen V.8b חמש („fünf") vor ששים („sechs"/"sechzig") stehen. Das ist nicht der Fall. Außerdem bleiben die stilistischen Differenzen zwischen V.8b und dem Kontext auch in Roberts Wiederherstellung bestehen.
77 Diesbezüglich besteht in der Jesajaforschung seit ca. 1900 eine sehr breite Übereinstimmung vgl. Duhm, BK.AT 3/1, 49 f; Wildberger, BK.AT 10, 283.299; Kaiser, ATD 17, 137; Haag, Immanuelzeichen, 6; Becker, Jesaja, 39; Barthel, Prophetenwort, 134; Blenkinsopp, AncB 19, 229; Beuken, HThKAT, 189; Wagner, Gottes Herrschaft, 71; de Jong, Isaiah, 60; Oswald, Textwelt, 205, Anm. 12.
78 Vgl. z. B. Duhm, Jesaja, 72 ff; Wildberger, BK.AT 10, 284; Kaiser, ATD 17, 139; Barthel, Prophetenwort, 138. Allerdings geht Barthel davon aus, daß in Jes 7,4–9 ein älteres Jesajawort enthalten sei. Zu diesem Wort habe V.9b noch nicht gehört (vgl. Prophetenwort, 151 ff).
79 So etwa Dohmen, Verstockungsvollzug, 44; Deck, Gerichtsbotschaft, 171; Haag, Immanuelzeichen, 6; Höffken, NSK.AT 86 f; de Jong, Isaiah, 60. Zu weiteren möglichen Argumenten vgl. Boehmer, Glaube, 86 ff; Clements, Immanuel Prophecy, 72.

nicht mehr um die Zustände in Aram und im Nordreich. Anstelle dessen wird Glauben gefordert.

Doch auf einer tieferen Ebene zeigt sich die Verwandtschaft von Jes 7,8a.9a und Jes 7,9b. So enthalten alle drei Halbverse einen Parallelismus membrorum und eine etwas dunkle, rätselhafte Redeweise. Diese zeigt sich in 7,8a.9a in der unklaren Rede vom Haupt (ראש), und in 7,9b in der absoluten Verwendung von אמן Hiphil. Weder wird deutlich gemacht, was genau „Haupt" hier bedeutet, noch wird klar, an wen oder was die Davididen glauben sollen. Daß die Glieder des Parallelismus in 7,9b kürzer sind, ist kein Nachtragsindiz. Es dient lediglich der Betonung von 7,9b. Dieser Halbvers ist der Höhepunkt der Rede, zu der Jesaja beauftragt wird.

Was den Numeruswechsel zwischen 7,4a und 7,9b betrifft, so ist er aus inhaltlichen Gründen erforderlich. Denn wäre 7,9b in der 2.masc.sing. abgefaßt, könnte man den Halbvers so deuten, daß es nur um den Fortbestand von Ahas persönlich geht. Nur durch eine 2.masc.plur. kann dagegen signalisiert werden, daß jetzt eine größere Gruppe betrachtet wird, nämlich die gesamte Dynastie des Ahas.[80] Ein vergleichbarer Numeruswechsel findet sich in Jes 7,11–13.[81] Damit ist deutlich, daß 7,8a.9a.9b ursprünglich zusammengehörten. Gemeinsam bilden sie die Fortsetzung von V.7.

Weiter ist zu klären, wie der כי-Satz V.8a.9a syntaktisch mit 7,7 zusammenhängt. In der Forschung wird diskutiert, ob die beiden Halbverse Subjektsätze zu 7,7 sind: „So spricht der Herr Jahwe: Es wird nicht zustandekommen und es wird nicht geschehen, daß Damaskus das Haupt von Aram ist ..."[82] Alternativ könnte das כי am Anfang von 7,8a als Einleitung eines Kausalsatzes aufgefaßt werden: „So spricht der Herr Jahwe: es wird nicht zustandekommen, und es wird nicht geschehen, weil Damaskus das Haupt von Aram ist ..."[83] Gegen den ersten Vorschlag hat Barthel zu Recht angeführt, daß im Alten Testament das Prädikat eines Subjektsatzes niemals im Femininum steht wie das תהיה und das תקום in V.7.[84] Außerdem gibt es im Kontext ein feminines Bezugswort, nämlich

---

80 S.u., 44 ff.
81 So auch Irsigler, Zeichen, 169; zum Zusammenhang von Jes 7,1–9* und 7,10–17* s.u., 3.1.5.
82 Vgl. z. B. Steck, Rettung, 172 ff; Kaiser, ATD 17, 136; Kilian, NEB, 53; Haag, Immanuelzeichen, 6; Becker, Jesaja, 40; Blenkinsopp, AncB 19, 227; Wagner, Gottes Herrschaft, 48.
83 Vgl. z. B. Duhm, Jesaja, 73; Wildberger, BK.AT 10, 282f; Barthel, Prophetenwort, 128 f. Eine dritte Möglichkeit wäre die Deutung von V.8a.9a als Konzessivsatz (vgl. HALAT, 449): „Es wird nicht zustandekommen, und es wird nicht geschehen, obwohl Damaskus das Haupt von Aram ist ..." (vgl. Vriezen, Notizen, 269). So kommt jedoch keine sinnvolle Aussage zustande, und deshalb ist diese These nicht plausibel.
84 Vgl. Barthel, Prophetenwort, 128 f.

מלחמה in 7,1a. Und in Jes wird קום niemals für die vergebliche Hoffnung verwendet, den eigenen Status zu behalten, wie das bei einer Deutung von V.8a.9a
als Subjektsätze der Fall wäre. Positiv für den ersten Vorschlag („Subjektsatz")
sprechen nur inhaltliche Argumente, und diese sind von einem Vorverständnis
der Aussage von Jes 7,1–17* geleitet. So wird moniert, daß Jesaja dem Nordreich
und Aram etwas Gutes zu sagen habe, wenn man V.8a.9a. als Kausalsatz deute.
Dann werde beiden nämlich das Fortbestehen angekündigt.[85] Allerdings wirkt
ein solches Vorgehen glättend. Außerdem darf das Vorverständnis grammatische
Entscheidungen nicht beeinflussen. Dagegen entspricht eine Übersetzung von כי
als „weil" dem gängigen alttestamentlichen Sprachgebrauch.[86] Deshalb ist diese
Lösung vorzuziehen.[87]

Nun ist zu fragen, ob 7,8a.9a als Kausalsätze wirklich eine positive Ankündi-
gung für Aram und das Nordreich enthalten. Dazu ist festzuhalten, daß beides
Nominalsätze sind. Im Hebräischen bestimmt in diesem Fall der Kontext über
die Wiedergabe der Zeitstufe.[88] Damit kann man die Sätze nicht auf die Aussage
festlegen, Aram und Ephraim hätten auch in Zukunft eine Hauptstadt und einen
König („denn das Haupt Arams wird Damaskus sein ..."). Weiter implizieren
Jes 7,8a.9a, daß der Angriff gegen Juda und Jerusalem scheitert (7,1a). Weder
Aram noch Israel werden ראש יהודה („Haupt Judas"). Insofern liegen 7,8a.9a auf
einer Linie mit 7,4a. Das Nordreich und Aram erweisen sich vor Jerusalem als ohnmächtig, als rauchende Brennholzstummel.[89] Und außerdem dürfte es in 7,8a.9a

---

85 So z. B. Kaiser, ATD 17, 136.

86 Vgl. HALAT, 448 f.

87 Becker, Jesaja, 39 f, schließt aus den Schwierigkeiten beim Anschluß von Jes 7,8a.9a, daß
beide Halbverse sekundär seien (so schon Irsigler, Zeichen, 166 f). Außerdem sei die Rede vom
Remaljasohn in V.9a in Jes 7,1–17 sonst nur in Zusätzen belegt, nämlich V.4b und dem Nachtrag
in V.5b. Die sekundären 7,8a.9a. sollten V.7 nachträglich konkretisieren und verschärfen zu einer
Untergangsansage für Aram und Ephraim. Gegen diese Lösung sprechen die Gemeinsamkeiten
von V.8a.9a und 9b, die zeigen, daß die drei Sätze eine ursprüngliche Einheit bilden. Weiter leisten V.8a.9a aufgrund ihrer vagen Formulierung gerade keine Ausdeutung oder Verschärfung
von 7,7.

88 Vgl. GK § 141 f; Bartelmus, Einführung, 46.

89 Auffällig ist, daß der Verfasser von 7,8a die Machtverhältnisse in Aram zur Zeit der assyrischen Westexpansion nicht korrekt wiedergibt. Die Bezeichnung „Haupt Arams" suggeriert hier,
Damaskus sei die Hauptstadt eines einzigen Aramäerstaats gewesen, so wie Samaria, das „Haupt
Ephraims" aus 7,9a, die Hauptstadt Israels war. Historisch gesehen war aber Damaskus nur der
mächtigste Aramäerstaat neben einer Reihe anderer, vgl. Veenhof, Geschichte, 245 ff. Dieser Fehler ist ein Indiz, daß der Verfasser von Jes 7,1–17* kein Zeitgenosse der assyrischen Eroberungen
in der zweiten Hälfte des 8. Jh. war. Vgl. auch Oswald, Textwelt, 207, wonach der Verfasser von
Jes 7,1–17* nicht einmal versucht, das Szenario des syrisch-ephraimitischen Krieges darzustellen.

vor allem darum gehen, Aram und Ephraim als rein profane Größen darzustellen.[90] Immerhin ist gerade für Ephraim auffällig, daß nur sein König und seine Hauptstadt als Haupt bezeichnet werden, aber nicht Jahwe (anders z. B. Mi 2,13; II Chr 29,11 sowie ferner Dtn 1,30; 20,4).[91] Es wird also angedeutet, daß es eine von Gott erwählte Hauptstadt und Dynastie ausschließlich in Juda gibt.

Dieser erwählungstheologische Hintergrund ist in V.9b manifest. Denn jetzt geht es ausdrücklich um die von Gott erwählte davidische Dynastie. Das wird durch das Stichwort אמן Niphal („bestehen") deutlich. Die Beleglage von אמן Niphal bezogen auf Gruppen zeigt nämlich, daß Jes 7,9b zu den Nachwirkungen von II Sam 7,16 am Abschluß der Nathansweissagung gehört.[92] Denn אמן Niphal wird als Eigenschaft einer Gruppe (s. die Rede in der 2.masc.plur. in Jes 7,9b) fast immer im Zusammenhang mit einer von Gott auserwählten Familie verwendet, der Gott dauerhaftes Bestehen schenkt.[93] Meistens steht dabei das Perfekt oder Partizip von אמן Niphal in Verbindung mit בית („beständiges Haus"). An zwei Stellen geht es um die Davididen: I Sam 25,28; II Sam 7,16.[94] An zwei weiteren Stellen wird einer anderen Familie ein beständiges Haus verheißen (I Sam 2,35; I Reg 11,38). In allen diesen Belegen von אמן Niphal wird auf die Verheißung an die Davididen aus II Sam 7,16 angespielt. So sind die Verheißungen an andere Familien Nachahmungen dieses Versprechens an Davids Nachkommen.[95] Schon

---

90 Vgl. Duhm, Jesaja, 72; Würthwein, Jesaja, 140 f; Wildberger, BK.AT 10, 282 f; Kilian, NEB, 53; Berges, Buch, 106; Beuken, HThKAT, 198 f; Roberts, Context, 168 f. Etwas vorsichtiger deutet Höffken V8a.9a so, daß die Verfasser auf Aram und Ephraim als Parvenus herunterschauten (vgl. NSK.AT 18/1, 86).

91 So auch Müller, Art. ראש, Sp. 711.

92 So auch Würthwein, Jesaja, 139; Vermeylen, Prophète, 207; Kaiser, ATD 17, 143; Kilian, NEB, 54; Deck, Gerichtsbotschaft, 57; Becker, Jesaja, 41.49 f; Beuken, HThKAT, 200; Wagner, Gottes Herrschaft, 139; de Jong, Isaiah, 60. Vorsichtiger Pietsch, Studien, 54 f, Anm. 271.

93 Ansonsten wird אמן Niphal nur selten auf eine Menschengruppe angewandt: Ps 78,8.37; Neh 13,13. Das Wort bezeichnet in diesen Fällen eine feste Gesinnung oder Treue (s. auch o., 2.1.3). Eine solche Deutung wäre in Jes 7,9b aber tautologisch, und deshalb nimmt der Halbvers keinen Bezug auf diese Belege. Nur in II Chr 20,20 wird Fortbestehen (אמן Niphal) nicht einer Familie, sondern Juda und Jerusalem verheißen. Doch ist diese Stelle von Jes 7,9b abhängig, so auch Becker, Jesaja, 52.

94 Außerdem wird in Ps 89,37 f der festgegründete Mond als Bild für die Stabilität des Davidshauses gebraucht.

95 Sowohl Stolz, ZBK.AT 9, 35 ff als auch Würthwein, ATD 11/1, 141 ff konstatieren eine dtr. Prägung in dem entsprechenden Textbereich, ohne die Frage nach einer Abhängigkeit der Verse von II Sam 7,16 zu stellen. Diese Abhängigkeit ist aber evident, denn sowohl in I Sam 2,35 als auch in I Reg 11,38 ist ohne jede Erklärung von בית נאמן die Rede. Diese Formulierung wird aber nur in der Nathansweissagung in II Sam 7,16 eingeführt und erläutert. In I Sam 2,35 und I Reg 11,38 wird II Sam 7,16 verallgemeinert (vgl. auch Pietsch, Studien, 34). Gott kann jeder wichtigen Fa-

wegen der Verwendung von אמן Niphal gehört also Jes 7,9b wie I Sam 2,35; 25,28; I Reg 11,38 zu den Nachwirkungen von II Sam 7,16 aus der Nathansweissagung. Dafür spricht ferner, daß in Jes 7,9b ein Davidide angesprochen wird, nämlich Ahas (vgl. die Genealogie in 7,1a).

In Jes 7,9b geht es über II Sam 7,16 hinaus um die Verpflichtung, die aus der Erwählung folgt.[96] Denn anders als das Vorbild II Sam 7,16 enthält Jes 7,9b keine unbedingte Verheißung an die Davididen. Vielmehr wird eine Bedingung für die beständige Existenz dieser Dynastie genannt.[97] Damit liegt Jes 7,9b auf der Linie des dtr. I Reg 11,38.[98] Dort ist der Gesetzesgehorsam Jerobeams I. Voraussetzung für eine dauerhafte Dynastie. Allerdings wird in Jes 7,9b eine andere Vorleistung für das Bestehen erwartet. Hier kommt es auf den Glauben an. Auf diese Weise wird in Jes 7,1–17* ein neues Herrscherideal präsentiert: eine Königsfamilie, die ganz aus dem Glauben lebt.

Man kann also folgendermaßen zusammenfassen, was Jesaja dem Ahas verkündigen soll: Ahas soll sich trotz der Attacke von Aram und Israel nicht ängstigen (7,4a), weil diese beiden, anders als er, sein Haus und seine Stadt, nicht von Gott erwählt sind und scheitern werden. Doch steht die Rettung für Ahas und seine Nachkommen unter der Bedingung des Glaubens (7,8a.9). Nur wenn sie glauben, wird sich die Verheißung ihres ewigen Bestandes erfüllen, die ihnen mit ihrer Erwählung gegeben wurde (II Sam 7,16).

Die Rede, die Jesaja dem Ahas weitergeben soll, erweist sich als fest mit ihrem Kontext verbunden. Dies spricht gegen eine These, die in der jüngeren Forschung v. a. von Barthel und de Jong vertreten wurde. Beide rechnen damit, daß in V.4–9a* älteres Gut erhalten sei. Während der Kontext dieser Rede nachjesajanisch sei, seien in V.4–9a* echte Jesajaworte erhalten.[99]

---

milie dauernden Bestand schenken. In I Reg 11,38 wird zudem das Versprechen von II Sam 7,16 zusätzlich unter eine Bedingung gestellt: Der Gründer der neuen Dynastie muß Jahwe gehorchen und das Gesetz halten. Auch I Sam 25,28 ist von II Sam 7,16 literarisch abhängig (so auch Pietsch, Studien, 27). Denn I Sam 25,28 faßt die ausführliche Verheißung aus II Sam 7,16 zusammen, indem in I Sam 25,28 knapp ein בית נאמן angekündigt wird. Außerdem wird die Verheißung über II Sam 7,16 hinaus mit Davids Rolle als Kämpfer von Jahwes Kriegen begründet. Und das Problem der Schuld aus dem Kontext von II Sam 7,16 klingt an, wenn Abigail hier David wünscht, es möge nichts Böses an ihm gefunden werden (vgl. II Sam 7,14).
96 Zur Konstruktion des Konditionalsatzes vgl. Meyer § 122 1b.
97 So auch Würthwein, Jesaja, 131.
98 S.u., 3.3.3.
99 Vgl. Barthel, Prophetenwort, 151 f; de Jong, Isaiah, 58 ff; ähnlich schon Irsigler, Zeichen, 193; Dohmen, Verstockungsvollzug, 54; Clements, Immanuel Prophecy, 67. Zum vorausgesetzten Bestand von V. 4–9a* vgl. Barthel, Prophetenwort, 133 ff; de Jong, 59.

Allerdings beziehen sich V.4–9a* in allen Wachstumsstadien auf ihren jetzigen Kontext und setzen ihn voraus.[100] Denn es wäre überhaupt nicht ersichtlich, warum Jesaja von zwei Brennholzstummeln reden sollte, wenn man nicht von den zwei Gegnern aus V.1a wüßte. Weiter sind die Pläne Arams gegen die Davididen in V.6 nur eine Bedrohung, wenn Aram sozusagen *ante portas* steht. Und auch die Beruhigungsformel aus V.4a wäre außerhalb einer Belagerungssituation überflüssig. Nicht zuletzt wüßte man ohne V.3 nicht, daß die 2.masc.sing., die in V.4a angesprochen wird, der König Ahas ist.

3.1.5 Der Dialog zwischen Jesaja und Ahas – Jes 7,10–17

Ob und inwiefern die Davididen glauben, wird in Jes 7,10–17 geklärt. Dabei wird sich herausstellen, daß der König selbst an der Forderung des Glaubens scheitert (V.12). Trotzdem wird die davidische Dynastie vorläufig gerettet (V.16).

Bevor die Frage geklärt werden kann, ob V.10–17 Zusätze enthält, ist auf den Zusammenhang zwischen Jes 7,1–9* und Jes 7,10–17* einzugehen. V.a. Kaiser hat sich dafür stark gemacht, 7,10–17* als Nachtrag zu 7,1–9* anzusehen.[101] Andere dagegen plädieren für die ursprüngliche Zusammengehörigkeit beider Teile.[102]

Tatsächlich haben 7,1–9* (d. h. 7,1a.3.4a.7.8a.9)[103] und 7,10–17* (d. h. 7,13 f.16)[104] eine Reihe von stilistischen und theologischen Merkmalen gemeinsam. Das spricht dafür, daß beide Teile von Jes 7,1–17* aus einer Hand stammen. So erscheint in beiden Abschnitten ein Junge mit einem Zeichennamen, der Schear-Jaschub in V.3 und der Immanuel in V.14. In beiden Textteilen dominiert das Interesse an den Davididen (V.9b.13 f), während das Schicksal des Volkes eher im Hintergrund steht.[105] Weiter enthält die Rede Jesajas in V.1–9* und in V.10–17* einen Numeruswechsel von der 2.masc.sing. zur 2.masc.plur. (V.9b.13). Was die politische Lage betrifft, so stimmen beide Teile darin überein, daß die Bedrohung durch Aram und das Nordreich nicht ernstzunehmen ist (V.4a.7.8a.9 und V.16). Und wie Bar-

---

100 Vgl. ähnlich Höffken, NSK.AT 18/1, 93; Beuken, HThKAT, 191.

101 Vgl. Kaiser, ATD 17, 150 ff. So auch Berges, Buch, 107.111.

102 So z. B. Wildberger, BK.AT 10, 268 f; Kilian, NEB, 54; Bartelmus, Stilprinzip, 55 f; Irsigler, Zeichen, 157 f; Haag, Immanuelzeichen, 4; Becker, Jesaja, 34; Barthel, Prophetenwort 129 f; Beuken, HThKAT, 188; de Jong, Isaiah, 58 f.

103 S.o., 3.1.3 f.

104 S.u., 48 ff.

105 So wird im Grundbestand von V.1–9 (V.1a.3.4a.7.8a.9) nur durch den Namen Schear-Jaschub angedeutet, daß das Volk eine große Katastrophe überlebt (vgl. z. B. Jes 37,4.31 f). Im Grundbestand von Jes 7,10–17 (ohne V.15.17) wird das Volk nicht erwähnt.

telmus und Werlitz richtig gesehen haben, fehlte für eine selbständige Einheit Jes 7,10–17 eine Exposition, die die Personen und den Hintergrund vorstellte.[106] Nicht zuletzt wird in beiden Abschnitten mit Vorliebe nicht alles klar ausgesprochen. So fehlt z. B. dem אמן Hiphil in 7,9b das Objekt, und in 7,14 wird nicht näher erläutert, wer die junge Frau ist (העלמה).

Außerdem wird in beiden Abschnitten in sehr ähnlicher Weise auf die Tora und die Frühzeit Israels angespielt. Beispielsweise verweisen sowohl das אמן Hiphil in 7,9b als auch das נסה Piel in 7,12 auf Israels Erfahrungen in der Wüste. So fordert Jesaja von Ahas und seiner Dynastie, sich zu verhalten wie das Volk nach dem Schilfmeerdurchzug (Ex 14,31). Allerdings wird mit dem Stichwort אמן Hiphil bereits in 7,9b angedeutet, daß Ahas an der Herausforderung des Glaubens scheitern könnte. Denn auch das Volk in der Wüste kann oft nicht glauben (vgl. Num 14,11; Dtn 1,32; 9,23; II Reg 17,14 sowie Num 20,12).[107] Weiter mißversteht Ahas in Jes 7,12 die Murrgeschichten, wenn er es als Versuchen Gottes wertet, sich ein Zeichen zu fordern (vgl. z. B. Ex 17,2.7; Num 14,22; Dtn 6,16; Ps 78,18.40–42.56; 106,13 f).[108] König und Prophet betätigen sich also in beiden Textteilen als Schriftausleger.

Nicht zuletzt ergeben sich auch aus einer Analyse des Überleitungsverses Jes 7,10 keine Hinweise auf einen Bruch zwischen V.1–9* und V.10–17*. Daß sich hier Jahwe zu Wort meldet, entspricht V.3. Wie in V.3–9* tritt die tatsächliche Übermittlung des Jahweworts durch Jesaja in den Hintergrund. In V.3–9* wird diese Übermittlung nicht eigens berichtet, und in V.10 wird sie übersprungen.[109] Deshalb ist in Jes 7,10 nur davon die Rede, daß Jahwe zu Ahas spricht. Auf diese Weise verschmelzen Jahwe und Prophet so eng miteinander, daß die Jahwerede zugleich als Prophetenrede gilt. In Jes 7,10 wird darüber hinaus Jes 8,5 nachgeahmt. Denn beide Verse stimmen fast wörtlich überein, und Jes 8,1–8 hat auch

---

106 Vgl. Bartelmus, Stilprinzip, 56; Werlitz, Studien, 104.

107 Zur Abhängigkeit von Jes 7,9b von diesen Texten s. u., 3.6.2; 4.4.3 f und Kaiser, ATD 17, 143; Becker, Jesaja, 51 f. Zu weiteren Parallelen zwischen Jes 7,1–17* und der Tora sowie dem sogenannten DtrG vgl. Kaiser, ATD 17, 143 ff.

108 Vgl. ähnlich Wildberger, BK.AT 10, 286 f; Beuken, HThKAT, 202. Gegen Bartelmus, Stilprinzip, 57 ff kann man nicht sagen, Ahas kenne die Jahwekriegstradition nicht. Zum einen spekuliert man so über den Wissensstand einer literarischen Figur, zum anderen setzt sich Jes 7,1–17* generell mit anderen Traditionen und Texten auseinander wie den Murrgeschichten und den Jesajalegenden Jes 36–39 parallel II Reg 18–20 (s. u., 3.2). Dagegen sind die sprachlichen Bezüge zu Jdc 6 gegen Bartelmus eher spärlich. So wird beispielsweise נסה Piel in Jdc 6,39 eher im profanen Sinne von „ausprobieren" verwendet (vgl. HALAT, 663), während es in Jes 7,12 ein theologischer Begriff ist: Gott versuchen (vgl. auch z. B. Num 14,22; Dtn 6,16; Ps 78,40–42; 95,8 f; 106,13 f).

109 So auch Oswald, Textwelt, 203. Gegen Irsigler, Zeichen, 159 f ist es nicht nötig, das Tetragramm in V.10 als Zusatz herauszunehmen. Außerdem gibt es in V.10 keine Spannungen.

in weiteren Aspekten als Vorbild für Jes 7,1–17* gedient. So ist das Immanuelszeichen in V.14.16 beeinflußt von der Geburtserzählung des Raubebald-Eilebeute in Jes 8,3 f.[110] Aus dem Vorbild Jes 8,5 erklärt sich, warum Jes 7,10 etwas ungeschickt formuliert ist.[111]

Der zweite Teil dieser Erzählung über die Begegnung von Jesaja und Ahas hat gegen Ende einige Zusätze erhalten: V.15 und V.17.[112] Deshalb sind diese Verse nun genauer zu betrachten.

Zuerst fällt auf, daß V.15b und V.16a inhaltlich identisch sind. Beide verbinden heilvolle Ereignisse mit dem Zeitpunkt, an dem der Immanuelknabe aus V.14 zwischen Gut und Böse unterscheiden kann. Weiter sind sie nahezu gleich formuliert. Nur das ידע („wissen, erkennen"), an das die Inf.abs. angeschlossen sind, zeigt eine je unterschiedliche Form: Inf.cs. mit Präposition ל („wenn") und Suffix in V.15 und Imperfekt mit Subjekt הנער („der Knabe") in V.16. Diese Dublette stört den Leseablauf. V.16 nennt hier nämlich den gleichen Zeitpunkt wie V.15. Dabei nimmt er aber in keiner Weise auf V.15 Bezug.

Dazu kommen inhaltliche Diskrepanzen. Zwar wird in V.16 und V.15 Heil verkündigt, aber die Art des Heils unterscheidet sich erheblich. Außerdem ist der Beginn des Heils auf unterschiedliche Weise mit der Entwicklung Immanuels verbunden. Nach V.15 beginnt die Heilszeit, wenn der Immanuelknabe Gut und Böse unterscheiden kann.[113] Dagegen setzt V.16 den Beginn der heilvollen Periode für Juda und der unheilvollen für seine Feinde bereits vorher an (בטרם, „bevor"). Weiter wird das Heil in V.15 und V.16 sehr unterschiedlich dargestellt. V.15a betrachtet es als Zeit eines übernatürlichen Wohlergehens. Denn hier werden Jes 7,21 f zitiert, und nach diesen Versen hat der Besitzer von nur einer Kuh und zwei Schafen soviel Milch, daß er sich allein von Butter und Honig ernähren kann.[114] Dagegen geht es in V.16 um das Heil in einem rein politischen Sinne. Hier wird der Untergang Arams und Ephraims angekündigt, und daraus folgt Heil für Juda.

---

110 So mit Kaiser, ATD 17, 177, Anm. 13; Levin, Verheißung, 236 f.
111 So auch Höffken, NSK.AT 18/1, 82; Becker, Jesaja, 42.54; Berges, Buch, 111.
112 Dabei ist V.17 sukzessive entstanden. Zuerst wurde V.17a ergänzt und später V.17b. S.u., 50. Dohmen und Deck halten außerdem V.13 für einen Zusatz (vgl. Dohmen, Verstockungsvollzug, 44 f; Deck, Gerichtsbotschaft, 171). Allerdings wird ohne V.13 nicht richtig klar, auf wen sich das Suffix der 2.masc.plur. in V.14 bezieht.
113 Temporales ל, vgl. HALAT, 483. S. auch o., 3.1.1.
114 Zu dieser Übersetzung von חמאה vgl. Wildberger, BK.AT 10, 267 f. Zu חמאה als Bestandteil eines Festmahls vgl. Gen 18,8; Jdc 5,25; Dtn 32,14; Hi 20,17; 29,6 (mit App. BHS). Anders Duhm, Jesaja, 75. Zur Deutung von 7,21 f vgl. Kaiser, ATD 17, 173.

Es ist also offensichtlich, daß V.15 oder V.16 ein Zusatz sein muß, und es spricht alles dafür, daß V.15 nachgetragen ist.[115] Denn V.15 im Imperfekt schließt schlecht an V.14 an, der im *perfectum consecutivum* endet. Dagegen kann der כי-Satz in V.16 problemlos auf V.14 folgen. Das unscharfe לדעתו („wenn er weiß") am Beginn von V.15b ist eine Imitation des präziseren בטרם ידע („bevor er weiß") am Anfang von V.16. Weiter setzt V.15 die Informationen aus V.16 voraus. Denn Juda kann die Heilszeit erst genießen, wenn die Feinde vernichtet sind, wie dies V.16 ankündigt.

Die nächste literarkritische Spannung findet sich zwischen V.16 und V.17. Die Aussagen von V.16 und V.17 widersprechen sich, weil es in V.16 um Heil für Juda geht als Folge des Unheils seiner Feinde und in V.17 um Unheil für Juda. Diese Deutung von V.17 geht aus dem Sprachgebrauch von בוא Hiphil mit der Präposition על („über jemanden bringen") klar hervor.[116] Dazu kommt, daß V.17 syntaktisch in der Luft hängt. Der Vers beginnt mit einem asyndetischen Imperfekt, dessen Anschluß an V.16 oder an eine rekonstruierte Vorform von V.16[117] oder an V.14 unklar bleibt.[118]

---

115 Darüber besteht in der Jes-Forschung große Übereinstimmung vgl. z. B. Duhm, Jesaja, 75 f; Vermeylen, Prophète, 210; Wildberger, BK.AT 10, 295 f; Kaiser, ATD 17, 150 ff; Blum, Testament, 553, Anm. 20; Becker, Jesaja, 40; Barthel, Prophetenwort, 142; Beuken, HThKAT, 190;Wagner, Gottes Herrschaft, 73; de Jong, Isaiah, 60 f. Anders Bartelmus, Stilprinzip, 61; Haag, Immanuel-zeichen, 7; Werlitz, Studien, 222.

116 Vgl. ähnlich Vermeylen, Prophète, 211. Fast immer, wenn בוא Hiphil mit על „über jemanden bringen" bedeutet, geht es um etwas Negatives, vgl. Gen 20,9; 26,10; 27,12; Ex 32,21. Dies gilt beson-ders, wenn wie in Jes 7,17a Jahwe Subjekt des Satzes ist. Dann geht es in der Regel um sein Straf-handeln, z. B. Ex 11,1; Lev 26,25; Dtn 29,26; I Reg 9,9 parallel II Chr 7,22; I Reg 21,12; 22,10 parallel II Chr 34,28; Jer 15,8; 17,8; 19,3; Ez 5,17; 11,8; 23,22. In einem positiven Sinne steht בוא Hiphil mit על mit Gott als Subjekt nur, wo es um das Eintreffen einer Verheißung geht (Gen 18,19; Jos 23,15; Jer 32,42). Deshalb steht in diesen Belegen die Wurzel דבר („sagen", „Worte" etc.) im Kontext. Das ist in Jes 7,17a nicht der Fall, und deshalb geht es hier klar um eine Gerichtsankündigung.

117 Die Rekonstruktion von älteren Vorformen des V.16 ist in der Forschung recht beliebt, vgl. z. B. Kilian, NEB, 55; Höffken, Grundfragen, 29; Haag, Immanuelzeichen, 7; Werlitz, Studien, 186 ff.222. Allerdings liegt in V.16 kein sprachlicher Bruch vor, der solche Maßnahmen rechtfer-tigen würde (so auch Irsigler, Zeichen, 167 f). Obwohl es auffällt, daß in diesem Vers vom Acker-land (sing.) zweier Könige die Rede ist, rechtfertigt eine solche Schwierigkeit keine literarkriti-schen Maßnahmen. Denn sie ist damit erklärbar, daß der Verfasser von Jes 7,1–17* das Ackerland von Aram und Israel als Einheit betrachtet, als bewohntes Land (so mit Irsigler, Zeichen, 168, Anm. 41). Dem entspricht, daß er in V.1a ihr gemeinsames Vorgehen erzählt und in V.4a.8a.9a ihre identische Schwäche aufzeigt. V.16 ist folglich einheitlich; so auch Steck, Beiträge, 190; Wildberger, BK.AT 10, 264 ff.296 f; Bartelmus, Stilprinzip, 60; Dohmen, Verstockungsvollzug, 47; Becker, Jesaja, 42; Barthel, Prophetenwort, 142 f; de Jong, Isaiah, 59.

118 Vgl. auch Wildberger, BK.AT 10, 297; Irsigler, Zeichen, 173 f. Weiter liegt in Jes 7,17 keiner der üblichen Fälle vor, in denen im Hebräischen Asyndese vorkommt wie ein Formverb oder

Dieser syntaktische Bruch zwischen V.16 und V.17 und der inhaltliche Widerspruch sind ein klares Indiz für Textwachstum. V.17 wurde nachträglich eingefügt.[119]

V.17 ist in sich nicht einheitlich. Die Forschung stimmt darin überein, daß V.17b ein Zusatz zu V.17a ist.[120] Dies überzeugt, denn eine Einbindung der drei Worte את מלך אשור („mit Hilfe des Königs von Assur")[121] gelingt nicht, egal ob man את als Präposition „mit" oder als *nota accusativi* übersetzt. Vermutlich stammt der kurze Zusatz aus der gleichen Hand wie 7,4b und „Ephraim und der Remaljasohn" in 7,5b.[122] Denn wie diese Nachträge ist 7,17b in den Satzbau des Kontexts ungeschickt eingefügt. Außerdem zeigt sich an allen diesen Stellen das Interesse, die bildhafte, offene Redeweise von Jes 7,1–17* durch Verweise auf den syrisch-ephraimitischen Krieg zu erläutern. In diesem Sinne kann man Jes 7,4b.5b(außer לאמר).17b als „historisierende Redaktion" bezeichnen.[123]

Nach V.17a kommen für Ahas, seine Dynastie und sein Volk so schlechte Tage, wie es sie seit der Reichstrennung nicht mehr gegeben hat. So wird die Reichstrennung, also ein Konflikt zwischen den Brudervölkern Israel und Juda, zur Urkatastrophe. Das erinnert an die kleine Zusatzschicht Jes 7,2.5*.6, in der ein Bruderkrieg zwischen Israel und Juda als großes Unglück gesehen wurde, das nur durch den Einfluß Arams erklärbar war.[124] Weiter geht es in V.6 um frevel-

---

der Imperativ (vgl. Joüon-Muraoka § 177). Der Schreiber von 1QIsa[a] reagiert auf diese Schwierigkeit, indem er vor dem Imperfekt ein Waw ergänzt. Gegen den Versuch von Irsigler, V.17 parallel zu V.16b an die Zeitbestimmung in V.16a anzuschließen, spricht, daß solche Konstruktionen im Hebräischen ungebräuchlich sind. Irsigler kann dafür keine einzige überzeugende Parallele nennen. Bartelmus, Stilprinzip, 55 möchte die Asyndese von V.17 sogar auf die „abgehackte, erregte Diktion des Propheten" (Stilprinzip, 55) zurückführen. Das widerspricht jedoch Bartelmus' eigenem Anliegen, sich weniger mit der *ipsissima vox* des Propheten als der literarischen Gestaltung der Texte zu beschäftigen (vgl. Stilprinzip, 53).

119 So auch Duhm, Jesaja, 76; Clements, Immanuel Prophecy, 75; Dohmen, Verstockungsvollzug, 47 f.

120 Vgl. z.B. Duhm, Jesaja, 76; Dietrich, Jesja, 64; Wildberger, BK.AT 10, 268; Kaiser, ATD 17, 168 f; Bartelmus, Stilprinzip, 51; Irsigler, Zeichen, 162; Becker, Jesaja, 38; Barthel, Prophetenwort, 139; Blenkinsopp, AncB 19, 229; Wagner, Gottes Herrschaft, 72; Liss, Prophetie, 73. Gegen z.B. Steck, Beiträge, 189 gibt es in V.17a keine weiteren Nachträge, so auch Bartelmus, Stilprinzip, 62 f.

121 Vgl. HALAT, 97.

122 S.o., 3.1.4.

123 Die neuere Forschung teilt diese These weitgehend, bestimmt aber den Umfang dieser Redaktion sehr unterschiedlich, s. z.B. Dietrich, Jesaja, 62 ff; Kaiser, ATD 17, 138.167 ff; Becker, Jesaja, 38; Barthel, Prophetenwort, 139 und den Überblick bei Höffken, Grundfragen, 30 f (Stand 1987).

124 S.o., 3.1.4.

hafte Pläne Arams gegen Jerusalem und die Davididen, V.17a spielt auf eine Zeit an, in der das Nordreich sich von beiden abwandte. Nicht zuletzt werden in V.17a wie in V.2.5*.6 ganze Völker kollektiv als geschichtlich Handelnde dargestellt. Es spricht also alles dafür, daß V.17a zur gleichen Schicht gehört und sie abschließt.

In V.14b.16 suchen Barthel und de Jong ebenso wie in V.4–9a* älteres, d. h. jesajanisches Textgut.[125] Allerdings kann auch dieser Textausschnitt nicht ohne seinen Kontext stehen.[126] Das betrifft besonders den Relativsatz in V.16.[127] Wieder taucht eine 2.masc.sing. auf, die durch V.3.10 als Ahas definiert werden muß. Außerdem bezieht sich dieser Relativsatz auf das Angriffsszenario in V.1a: Ahas graut sich vor den beiden Königen, weil sie seine Hauptstadt attackieren. Wenn aber V.16 auf V.1a angewiesen ist, der seinerseits II Reg 16,5aba voraussetzt,[128] kann es in V.16 nicht um ein altes Jesajawort handeln.

Insgesamt führt die Analyse somit zu folgendem Grundbestand: Jes 7,1a.3.4a.7.8a.9–14.16.

3.2 Die Rettung des ungläubigen Ahas.
Zur Intention von Jes 7,1–17*

In der ersten Fassung (Jes 7,1a.3.4a.7.8a.9–14.16) enthielt Jes 7,1–17 ein Heilswort für Ahas. Seine Feinde werden untergehen (V.4a.16). Allerdings gilt dieses Heils-wort nicht uneingeschränkt. Es steht unter der Bedingung des Glaubens (V.9b). Nun ist deutlich, daß die Ahasfigur aus dem Text diese Bedingung nicht erfüllt. Ahas läßt sich trotz des Heilswortes aus 7,4a, der Bedingung aus 7,9b und dem Zeichenangebot aus 7,11 nicht auf ein enges, persönliches Verhältnis zu Jahwe ein, wie es Jesaja ihm anbietet (מאת יהוה אלהיך „von Jahwe, deinem Gott" V.11). Er verweigert sich aus falsch verstandener Pietät und bleibt in einem formell kor-rekten, aber unpersönlichen Gottesverhältnis stecken (Jes 7,12 vgl. z. B. Dtn 6,16). Das manifestiert sich darin, daß er anders als Jesaja nicht von Jahwe als seinem Gott spricht (7,12f).[129] Aus Sicht des Textes ist eine solche, eher formelle Fröm-migkeit aber noch kein Glaube, wie die Kritik des Jesaja in V.13 zeigt. Die Jesaja-

---

125 Vgl. Barthel, Prophetenwort, 151 f; de Jong, Isaiah, 58 ff; ähnlich schon Irsigler, Zeichen, 193; Dohmen, Verstockungsvollzug, 54; Clements, Immanuel Prophecy, 67. Zu einer Auseinanderset-zung mit Barthels und de Jongs Sicht von V.4–9a* s. o., 45 f.

126 Vgl. ähnlich Höffken, NSK.AT 18/1, 93; Beuken, HThKAT, 191.

127 Trotzdem halten weder Barthel noch de Jong den Relativsatz für sekundär (vgl. Barthel, Prophetenwort, 142 f; de Jong, Isaiah, 61).

128 S.o., 3.1.3 und u., 3.3.1.

129 Vgl. ähnlich Beuken, HThKAT, 202.

gestalt bezeichnet dort diese eher distanziert-respektvolle Haltung als Ermüden Jahwes. Bartelmus bringt die Sicht des Textes auf den Punkt: „Das Problem ist nur, daß Jahwe von ihm [sc. Ahas] offenbar mehr als bloßes Verharren in vorgegebenen religiösen Denkmustern erwartet"[130]. Daraus, daß Ahas dazu nicht fähig ist, ergibt sich das große Rätsel dieses Textes: „Ahas hat nicht geglaubt und ist doch geblieben."[131] Es stellt sich die Frage, warum der Grundbestand des Textes mit voller Absicht ein solches Paradox präsentiert.

Fraglos entspricht der Text mit seinem heilvollen Ausgang V.16 den historischen Ereignissen in der zweiten Hälfte des 8. Jahrhunderts. Die Gegner Judas, Aram und Israel, mußten verheerende Niederlagen gegen Assur hinnehmen (vgl. II Reg 15,29; 16,9). Für Damaskus kam der Untergang schon mit der Niederlage 732, so daß der historische Ahas ihn noch miterleben konnte. Der Untergang weiterer Aramäerstaaten (Hamath 720; Karkemisch 712) sowie das Ende des Nordreichs 722 geschahen zu Lebzeiten seines Sohnes Hiskia (728–700).[132] Jesaja konnte also nur als wahrer Prophet, dessen Worte eintreffen (vgl. Dtn 18,15–22), dargestellt werden, wenn man ihm den Untergang der Aramäer und Nordisraeliten in den Mund legte. Insofern folgt der Verfasser von Jes 7,1–17* mit dem für Ahas positiven Ausgang einem historischen und theologischen Sachzwang.

Allerdings stellt sich die Frage, ob die Bedingung von Jes 7,9b durch die historischen Fakten so außer Kraft gesetzt werden konnte. Muß Ahas Unglaube nicht doch dadurch bestraft werden, daß sein Geschlecht keinen Bestand hat? Kaiser, Becker und Berges haben dieses Problem dadurch zu lösen versucht, daß sie

---

130 Bartelmus, Stilprinzip, 59. Berges findet die Situation des Ahas sogar tragisch, denn „der griechischen Tragödie und dem biblischen Bild des ersten Königs, Saul, vergleichbar, hat Ahas anscheinend keine faire Chance" (Buch, 111). Liss geht noch weiter: Ihrer Ansicht nach soll Ahas die Verheißungen des Jesaja weder verstehen noch akzeptieren können, weil es hier darum gehe, eine Konkretion des Verstockungsbefehls Jes 6,9f zu inszenieren (vgl. Prophetie, 78ff). Wenn man allerdings bei der Lektüre von Jes 7,1–17* den Bericht über Ahas aus II Reg 16 einbezieht, wird man die Situation des Ahas anders als Berges und Liss verstehen, und Jes 7,1–17* als eine scharfe Kritik von Ahas' distanzierter Religiosität lesen. Von II Reg 16 her wird Ahas in Jes 7,12f unterstellt, seine nur formelle Frömmigkeit führe zu der etwas anrüchigen Unterwerfung unter Assur (II Reg 16,7) und sogar zur Einführung von illegitimen Kultgeräten (II Reg 16,10ff). Eine solche Lektüre von Jes 7,12f ist von den Verfassern beabsichtigt, ahmt doch Jes 7,1a II Reg 16,5aba nach (s.u., 3.3.1). Es ist aber fraglich, ob man von II Reg 16 her Jes 7,1–17* so lesen kann, daß Ahas vorgeworfen wird, Jahwe zugunsten von Realpolitik zu vernachlässigen (vgl. z.B. Vermeylen, Prophète, 209; Kilian, NEB, 54). Eher wird seine konventionelle Frömmigkeit als viel zu lau kritisiert.
131 So Baumgartner, zitiert nach Smend, Ort des Staates, 182.
132 Vgl. dazu Donner, Geschichte, 307ff; Veenhof, Geschichte, 252ff.

Jes 7,1–17*[133] als Erklärung für den kommenden Untergang Jerusalems und der Davididen 587 v. Chr. gedeutet haben.[134] Doch sind die Anspielungen auf diese Katastrophe nicht sehr deutlich, wenn man der hier vertretenen Literarkritik folgt (Grundbestand: Jes 7,1a.3.4a.7.8a.9–14.16). Dann wird allein durch den Kindernamen Schear-Jaschub („ein Rest kehrt um") darauf hingewiesen, daß nur eine kleine Gruppe im Volk die künftige Katastrophe überleben wird (vgl. z. B. Jes 4,3; 10,10–22; 11,11.16; 17,6; 46,3). Allerdings wird in Jes selbst die Rede vom Rest, der eine Katastrophe übersteht, nicht nur auf die Ereignisse von 587 angewandt, sondern auch auf andere militärische Desaster.[135] Somit bleibt die Anspielung auf 587 durch den Namen Schear-Jaschub unspezifisch. Der Untergang Judas ist für den Verfasser von Jes 7,1–17* folglich kein zentrales Thema. Er betreibt dafür keine Ursachenforschung.

Viel wichtiger sind diesem Theologen die Ereignisse von 701. Denn wie Becker, Berges, Beuken, de Jong und Oswald richtig erkannt haben, ist Jes 7,1–17* mit dem Bericht darüber in Jes 36 f eng vernetzt.[136] So ähnelt sich der Beginn beider Erzählungen in Jes 7,1 und 36,1 stark. Nur hier findet sich in Jes eine Einleitung mit ויהי ב („und es geschah in"). Weiter trifft Jesaja Ahas an der gleichen Stelle (7,3), an der in Jes 36,2 der Rabschake steht und seine Herausforderungsrede an die Beamten Hiskias hält.[137] In dieser Herausforderungsrede thematisiert der Rabschake den

---

133 Zu ihrer Literarkritik, die von der These der Verfasserin abweicht, vgl. Kaiser, ATD 17, 137 ff.163 ff; Becker, Jesaja, 31 ff. Eine wesentliche Stütze für Kaisers und Beckers These ist natürlich V.17a, den sie als ursprünglich einstufen. Tatsächlich dürfte die dortige Ankündigung, daß Jahwe über Juda und die Davididen Tage bringt, wie sie seit der Reichstrennung nicht mehr gewesen sind, auf 587 anspielen (so auch de Jong, Isaiah, 67). Denn die Niederlage von 701 hatte keine so einschneidenden Folgen, daß eine solche Formulierung gerechtfertigt wäre (so aber Höffken, Grundfragen, 37 f; Barthel, Prophetenwort, 153 f; zu den Folgen von 701 s. Donner, Geschichte, 327 f).

134 Vgl. Kaiser, ATD 17, 147 ff; Becker, Jesaja, 50 ff; Berges, Buch, 112.

135 Vgl. z. B. Jes 37,4.31 über 701; Jes 17,3 über den Untergang Arams und des Nordreichs; Jes 14,22 über das Ende Babels; Jes 15,9 zum überlebenden Rest Moabs und Jes 24,6, der von den Übriggebliebenen einer universalen Katastrophe redet.

136 Vgl. Becker, Jesaja, 47 ff; Berges, Buch, 111; Beuken, HThKAT, 111.187; de Jong, Isaiah, 64 ff; Oswald, Textwelt, 210 ff. Dabei gehen Clements und Becker davon aus, Jes 7,1–17 sei von Jes 36–39 her verfaßt oder zumindest überarbeitet worden (vgl. Clements, Immanuel Prophecy, 74; Becker, Jesaja, 59 ff). Hardmeier rechnet dagegen mit einer umgekehrten relativen Chronologie (vgl. Prophetie, 438 f).

137 Vgl. Kaiser, ATD 17, 144; Werlitz, Studien, 225; Becker, Jesaja, 48; de Jong, Isaiah, 65; Oswald, Textwelt, 210 f. Duhm bemerkt diese Parallele, ohne die erforderlichen literargeschichtlichen Konsequenzen zu ziehen (vgl. HK 3/1, 47). Seine historisierende Deutung, Ahas inspiriere in 7,3 zu Beginn der Belagerung die Wasserleitung, ist unangemessen, denn auffälligerweise stehen in Jes 7,3 die Verteidiger an dieser Stelle, in Jes 36,2 aber die Angreifer. Wollte man das historisch

Untergang Samarias und einiger Aramäerstaaten (36,19). Genau dies wird in Jes 7,1–17* angekündigt (7,4a.16). Das Restthema, das in Jes 7,3 als Kindername aufgegriffen wird, spielt in der Anfrage Hiskias an Jesaja eine Rolle (37,4) und auch in der Antwort Jesajas (37,31). In dieser Antwort kündigt Jesaja außerdem dem Hiskia ein Zeichen an (37,30), und im Gegensatz zu Ahas läßt sich Hiskia offensichtlich darauf ein (vgl. auch Jes 38,7 ff). Dazu kommt noch die Zeichenforderung des Hiskia in der Reg-Fassung (II Reg 20,8 ff).[138] Wie in Jes 7,14 ist auch das Zeichen in Jes 37,30 kein Wunder, das das alltäglich Erfahrbare überbietet (anders II Reg 20,8 ff; Jes 38,8), sondern ein natürliches Geschehen.[139] Ackerbau und Schwangerschaft, die in Jes 7,14; 37,30 als Zeichen für Gottes Rettung gelten, kann man als Wunder wahrnehmen, aber es sind doch alltägliche Ereignisse. Offensichtlich will also der Verfasser von Jes 7,1–17* die assyrische Belagerung von 701 (Jes 36 f) und den aramäisch-israelitischen Feldzug gegen Jerusalem von 734/733 (Jes 7,1a)[140] parallelisieren. Beide laufen auf eine wunderbare Bewahrung Jerusalems und der Davididen hinaus (Jes 7,16; 37,36 ff). Folglich geht es in Jes 7,1–17* um Ursachenforschung für eine Errettung in höchster Not. Die Frage hinter dem Text lautet: Wieso ist Jerusalem 734/733 nicht untergegangen? Diese Frage würde sich auch stellen, wenn man diese Ereignisse aus dem Blickwinkel eines Tun-Ergehen-Zusammenhangs betrachtete. Die Rettung des Ahas, dessen Jahwetreue so offensichtlich zu wünschen übrig ließ (vgl. II Reg 16,1–4.7.10 ff), mußte Spätere in ähnlicher Weise herausfordern wie die lange Regierungszeit des Sünders Manasse (vgl. II Chr 33). Es mußte erklärt werden, wieso Jahwe einen König wie Ahas vor Aram und Ephraim bewahrte.

Nun ist mit 7,9b („Wenn ihr nicht glaubt, habt ihr keinen Bestand") deutlich, daß nur Glaube die Ursache der Bewahrung gewesen sein kann. Eine ähnliche Sicht wird in Jes 36 f vertreten, wo Hiskia keinen Moment daran zweifelt, daß Jahwe ihn und seine Stadt befreien kann (Jes 37,3 f.10 [בטח].15 ff). Aber ebenso

---

auswerten, könnte es nur bedeuten, daß die Assyrer in Jes 36,2 schon in die Stadt vorgedrungen sind. Das ist aber nicht der Fall, denn Jes 36,3 vermerkt, daß die Beamten Hiskias zum Rabschaken hinausgehen (יצא). Dagegen erkennt bereits Oswald richtig, daß es in Jes 7,1–17 gar nicht auf solche historischen Details ankommt und daß von einer Inspektionstour des Ahas keine Rede ist (vgl. Textwelt, 206 ff).

138 So auch Kaiser, ATD 17, 144; de Jong, Isaiah, 65. Gegen Kaiser, ATD 17, 144 bezieht sich Jes 7,1–17* aber nicht zwingend auf die Reg-Fassung, in der Hiskia anders als in Jes 36–39 explizit um ein Zeichen bittet (II Reg 20,8). Denn auch der Hiskia in Jes 36–39 lehnt die Zeichen anders als Ahas in Jes 7,1–17* nicht ab.

139 Vgl. auch Berges, Buch, 112 f.

140 Vgl. zu dieser Chronologie Donner, Geschichte, 311. Zur Rekonstruktion der Ereignisse s. auch Kaiser, ATD 17, 148 f.

klar ist, daß Ahas in Jes 7,1–17* diesen Glauben nicht aufgebracht hat, sondern auf der Ebene einer distanziert-respektvollen Gottesverehrung stehenblieb (V.11 f).[141] Anders als Hiskia reagiert er zu zurückhaltend auf die Verheißungen Gottes, obwohl er sie sogar ohne vorheriges Gebet erhält (anders Jes 37,14 ff). Damit stellt sich die Frage, woher in der Krise von Jes 7,1–17* der Glaube kam, auf den hin Jahwe Jerusalem und seine Könige erhielt.

Die Antwort gibt Jes 7,14. Denn der Name Immanuel ist unbestreitbar ein Vertrauensname. Wer ihn gibt, drückt damit seinen Glauben aus.[142] Wenn also die Mutter des Immanuel ihrem Kind diesen Namen gibt, glaubt sie.[143] Und ihr Glaube läßt sich ganz im Sinne von Jes 7,9b verstehen. Während Ahas sich die Verheißung aus II Sam 7,16, auf die Jes 7,9b anspielt, nicht zu eigen macht, greift die junge Frau ein Vertrauensbekenntnis aus dem Zionspsalm 46,8.12 auf (vgl. ferner II Sam 7,3; I Reg 8,57).[144] Sie bezieht also die Heilstraditionen Jerusalems und der Davididen auf sich. Damit hat sie die Bedingung aus Jes 7,9b erfüllt, und ihr Glaube rettet die Davididen mitsamt Juda und Jerusalem. Dies wird im Text auch daran deutlich, daß erst im Anschluß an V.14 mit der Aussage über die gläubige Frau in V.16 ein eindeutiges Heilswort folgt. Erst jetzt wird unmißverständlich die Vernichtung der Feinde angekündigt, wodurch Juda von dieser Bedrohung befreit ist. In V.8a.9a war die Situation dagegen noch ungeklärt. Zwar fehlte nach diesen Halbversen Ephraim und Damaskus die göttliche Legitimation, aber daraus folgte noch nicht ihr schnelles Ende. Der Glaube der Frau verändert die Lage somit entscheidend. Wegen dieses Glaubens wird aus dem möglichen Untergang der Feinde ein sicherer.

---

141 S.o., 51 f.

142 So auch Wildberger, BK.AT 10, 292 ff; Kaiser, ATD 17, 158.

143 So auch Kaiser, ATD 17, 161; Höffken, NSK.AT 18/1, 91. Zur Verbform und den sehr unterschiedlichen antiken Übersetzungen dieser Stelle s. App. BHS und Wildberger, BK.AT 10, 267. Das קראת kann man als Waw-Perfekt 3.fem.sing. vokalisieren (so MT) oder als Partizip fem.sing. Bei der Perfektform handelt es sich um eine Analogiebildung zu den III infirmae, s. GK § 74 g. Die einzige im Kontext sinnvolle Alternative wäre eine 2.masc.sing im *perfectum consecutivum*. So übersetzt die LXX im *Codex Alexandrinus*, und so rekonstruieren Barthel, Prophetenwort, 145; de Jong, Isaiah, 61 die ursprüngliche Fassung dieses Wortes. Die Vokalisation von MT ist hier aber klar *lectio difficilior* und deshalb vorzuziehen (so auch z.B. Irsigler, Zeichen, 171, Anm. 50; Höffken, NSK.AT 18/1, 91). Die Fassung des *Codex Alexandrinus* (Futur) rechnet damit, Ahas werde ähnlich wie der chronistische Manasse zum Glauben finden und das in der Benennung seines Sohnes äußern (anders Beuken, HThKAT, 205). An der Deutung von Jes 7,1–17* würde sich in dem Fall nichts Wesentliches ändern, denn dann hätte Ahas selbst die Bedingung aus V.9b erfüllt und würde zu Recht gerettet.

144 So auch Kaiser, ATD 17, 153.

Zu fragen ist nun, in welchem Verhältnis zur davidischen Dynastie die Frau steht, die im Text einfach als העלמה („die junge Frau") bezeichnet wird.[145] Die Frage nach der Identität dieser Frau ist sicher seit der Alten Kirche das am meisten diskutierte Problem im Text.[146] Aus den wenigen alttestamentlichen Belegen von עלמה läßt sich nur schließen, daß es um ein geschlechtsreifes Mädchen geht (Ps 46,1; 68,26; Prov 30,19; Cant 1,3; I Chr 15,20). Dieses kann noch unverheiratet sein (Moses Schwester Ex 2,8 [העלמה]) oder eine künftige Braut (die Anspielung auf Rebekka Gen 24,43 [העלמה]). Cant 6,8 handelt von den Mädchen im Harem.[147] Der Artikel in Jes 7,14 legt nahe, daß Ahas das Mädchen kennt. Denn immer, wenn im Alten Testament עלמה mit Artikel steht, geht es um eine bekannte Figur (Gen 24,43; Ex 2,8). Es ist also plausibel, daß Jes 7,14 von einer Frau in Ahas' Harem handelt.[148] Diese wird schwanger werden und Ahas einen Sohn gebären, wobei sie ihren Glauben in der Namensgebung äußert. Als Mutter eines Königssohnes und damit potentielle Königinmutter ist das Mädchen im weiteren Sinne ein Mitglied der davidischen Dynastie.[149] So kann sie die Bedingung von Jes 7,9b erfüllen, da dieser Vers ja von der Königsfamilie als ganzer Glauben fordert, damit sie überlebt.

Aber wieso kann diese junge Frau glauben, wenn Ahas als gesalbter König sich seinem Gott nicht öffnen kann? Eine Antwort liegt darin, daß der Glaube der Frau, aus dem heraus sie ihr Kind Immanuel nennt, zu dem Zeichen gehört, daß Jahwe den Davididen gibt (7,14).[150] Daraus folgt implizit, daß der Glaube der

---

145 Zu den Übersetzungsvorschlägen der griechischen Übersetzungen s. o., 3.1.1.

146 Zur Forschung vgl. Wildberger, BK.AT 10, 289 ff; Kaiser, ATD 17, 153 ff.

147 Vgl. HALAT, 790 f; ähnlich Engelken, Frauen, 47 ff.

148 So auch Wildberger, BK.AT 10, 291 ff; Beuken, HThKAT, 204; Dekker, Foundations, 92; ähnlich Engelken, Frauen, 50 ff. Dagegen Kaiser, ATD 17, 155 ff; Oswald, Textwelt, 214 ff. Zur Deutung des Immanuel und seiner Mutter wurden im Lauf der Forschungsgeschichte eine Reihe von Modellen entwickelt, die Höffken, NSK.AT 18/1, 90 f vorstellt und treffend bewertet. In jüngerer Zeit hat Berges die kollektive Deutung des Textes wiederbelebt und vorgeschlagen, die junge Frau sei Zion und der Immanuel stünde für die neue Gemeinde (vgl. Buch, 114 ff). Dagegen spricht, daß V.16a mit einem konkreten Kind rechnet, denn sonst könnte man nicht an dessen geistiger Entwicklung die Zeit bis zum Eintreffen des Heils ablesen (vgl. schon Höffken, NSK.AT 18/1, 919).

149 Vgl. die Rahmennotizen von Reg, wo für alle judäischen Könige ihre Mutter erwähnt wird (z. B. I Reg 15,2; 22,42; II Reg 12,2; 18,2).

150 Gegen Bartelmus, Stilprinzip, 63 gibt es in Jes 7,1–17* anders als in Ex 4,1–9; Jdc 6 keine Trennung zwischen dem Zeichen und dem Inhalt, für das es steht. Das Zeichen ist in Jes 7,1–17* kein Mirakel, das als solches nichts mit den Ereignissen zu tun hat, die es garantiert. Vielmehr gehen in Jes 7,-17* das Zeichen und die Ereignisse, die es beglaubigt, ineinander über. Es wird nicht klar, wo die Beschreibung des Zeichens endet. Man kann V.14.16 zur Beschreibung des Zeichens zählen und so deuten, daß das Zeichen nicht nur aus der Geburt des Kindes besteht, sondern auch aus dem Untergang der Feinde zum angekündigten Zeitpunkt (vgl. auch Berges, Buch, 112).

Frau eine Gabe Jahwes ist. Jahwe selbst sorgt also dafür, daß die Davididen seine Bedingung erfüllen und gerettet werden können.

Zusammenfassend kann man sagen, daß der Verfasser von Jes 7,1–17* mit seiner Erzählung zwei Ziele erreicht. Zum einen kann er erklären, warum Jerusalem 734/733 nicht untergegangen ist, obwohl dies im Sinne des Tun-Ergehen-Zusammenhangs erforderlich gewesen wäre. Denn König Ahas verweigert sich nicht nur Jahwes Angeboten und damit Jahwe selbst (Jes 7,11–13), sondern schon die ersten Leser werden auch seine Verstöße gegen die Kultreinheit aus II Reg 16,3 f.7.10 ff kennen.[151] Zum anderen vertritt der Verfasser von Jes 7,1–17* ein neues Ideal vom Königtum. Er fordert ein Königshaus, das allein aus Glauben lebt. Nur eine solche Dynastie hat eine Chance fortzubestehen. Die Rettung, die aus dem Glauben der jungen Frau folgt, soll die Königsfamilie, aber auch die Leser von Jes 7,1–17* zu einer solchen Existenz motivieren.

3.3 Die Vorlagen von Jes 7,1–17*

3.3.1 II Reg 16,5

Vergleicht man Jes 7,1a und II Reg 16,5abα, so ist sehr deutlich, daß II Reg 16,5abα als Vorlage für Jes 7,1a gedient hat.[152] Die Informationen und Formulierungen aus Jes 7,1a und II Reg 16,5abα stimmen im wesentlichen überein, was nur auf literarische Abhängigkeit zurückgehen kann. Und die kleinen Differenzen zwischen Jes 7,1a und II Reg 16,5abα erklären sich daraus, daß II Reg 16,5abα bei seiner Übernahme in einen neuen Kontext an diesen angepaßt wurde, wie gleich gezeigt werden wird. Daß II Reg 16,5 das Vorbild für Jes 7,1 war, ist in der Jesajaforschung folglich unbestritten.[153]

Für seine neue Verwendung in Jes 7,1a wurde II Reg 16,5abα in einigen Punkten abgeändert. Zuerst wurde das אז („damals") in II Reg 16,5abα durch folgende Datierung ersetzt: ויהי בימי אחז בן יותם בן עזיהו מלך יהודה („Es geschah in

---

151 S. u., 63 f.

152 Zu Jes 7,1b als Nachtrag in Jes 7,1 s. o., 3.1.3. II Reg 16,5bβ ist ein Zusatz in II Reg 16,5, weil dieser Vermerk „aber sie konnten nicht kämpfen" der direkt vorher beschriebenen Belagerung Jerusalems widerspricht. Außerdem wird in der folgenden Erzählung vorausgesetzt, daß Aram und Ephraim kämpfen können, sonst müßte Ahas sich nicht an Assur wenden (vgl. V. 7 ff; so auch Becker, Jesaja, 36).

153 So auch z. B. Dietrich, Jesaja, 66, Anm. 18; Wildberger, BK.AT 10, 268 f; Kaiser, ATD 17, 138; Haag, Immanuelzeichen, 4 f; Becker, Jesaja, 35 ff; Barthel, Prophetenwort, 155 f; de Jong, Isaiah, 63 f.

den Tagen des Ahas, Sohn Jotams, Sohn Usijas, des Königs von Juda"). Dies hängt zum einen damit zusammen, daß eine solche Zeitangabe für das Verständnis des Verses unverzichtbar ist. In II Reg 16 befindet sie sich in V.1.2a. Als II Reg 16,5abα in Jes 7,1a übernommen wurde, mußte diese Datierung aus II Reg 16,1.2a ersetzt werden. Sie wurde am Versbeginn anstelle des אז eingefügt. Zum anderen wurde durch die spezielle Formulierung dieser Datierung in Jes 7,1a ein Bezug zu Jes 36,1 hergestellt. Dies zeigt sich an der Einleitung ויהי ב verbunden mit einer Zeitangabe ("es geschah in ..."), die in Jes nur in diesen beiden Texten vorkommt. Dabei fehlt dieses ויהי in der Parallele II Reg 18,13. Dies ist ein Indiz, daß sich Jes 7,1a an Jes 36,1 orientiert, und nicht an der Reg-Parallele.[154]

Außerdem wurde II Reg 16,5abα in der Weise geändert, daß das Imperfekt von עלה ("hinaufgehen") nach אז in Jes 7,1a durch ein Perfekt ersetzt wurde. Dies ist sprachlich erforderlich, weil das Imperfekt ohne אז nicht mehr eindeutig eine Handlung in der Vergangenheit bezeichnen würde.[155] Bemerkenswert ist aber, daß ein Perfekt dem Narrativ vorgezogen wurde. Auf diese Weise wird wieder eine Entsprechung von Jes 7,1a und 36,1 erreicht. Denn auch in Jes 36,1 folgt auf die Zeitangabe ein Perfekt von עלה.[156]

Dann wurde in Jes 7,1a der Vermerk ויצרו על אחז ("und sie belagerten Ahas")[157] aus II Reg 16,5abα weggelassen. Anstelle dessen steht hinter dem למלחמה ("zum Kampf") in Jes 7,1a עליה ("gegen es"), das in II Reg 16,5abα fehlt. Das על aus II Reg 16,5abα wurde also in Jes 7,1a nach vorne zu למלחמה versetzt. Indem ein Suffix der 3.fem.sing. angefügt wurde, wurde klargestellt, daß Jerusalem Ziel des Angriffs ist, nicht der König Ahas wie in II Reg 16,5abα. Auf diese Weise wird in Jes 7,1a zionstheologisch zugespitzt.[158] Weiter entspricht die Fassung von Jes 7,1a besser Jes 36,1. Denn auch dort sind Städte das Angriffsziel Sanheribs, nicht der König Hiskia (vgl. auch II Reg 18,13; II Chr 32,1).

Bei der Übernahme nach Jes 7,1a wurde II Reg 16,5abα also erstens an den neuen Kontext ohne Reg-Rahmen angepaßt. Dies geschah v. a. dadurch, daß אז

---

154 Ähnlich Becker, Jesaja, 48; de Jong, Isaiah, 64 f. Die chr. Fassung II Chr 32,1 weicht so stark von Jes 7,1a; 36,1 und II Reg 18,13 ab, daß sie als Bezugstext für Jes 7,1a keinesfalls in Frage kommt.
155 S. Jenni, Lehrbuch, 265; Joüon-Muraoka § 113 h-k.
156 Ähnlich Becker, Jesaja, 48. In diesem Fall stimmt Jes 7,1a auch mit II Reg 18,13 überein, unterscheidet sich aber ebenfalls von II Chr 32,1, wo das Perfekt von בוא ("kommen") an dieser Stelle steht.
157 Würthwein, ATD 11/2, 385 harmonisiert Jes 7,1 und II Reg 16,5, indem er diesen Vermerk zu "und sie belagerten es" korrigiert. Dabei kann er sich allerdings nicht auf die Textüberlieferung berufen. Ohne solche Stütze ist aber ein solcher Eingriff in einen korrekten hebräischen Text nicht zu rechtfertigen.
158 Vgl. auch de Jong, Isaiah, 64.

durch eine Zeitangabe ersetzt wurde. Zweitens wurde II Reg 16,5abα an Jes 36,1 angeglichen. Und drittens wurde dieser Reg-Teilvers zionstheologisch zugespitzt.

Daraus folgt für die Datierung von Jes 7,1–17*, daß der Text frühestens nach einer ältesten Fassung des DtrG entstanden ist, die wahrscheinlich aus Sam und II Reg bestand.[159] Es ist viel zu hypothetisch anzunehmen, daß der Verfasser von Jes 7,1–17 auf die Quellen der Reg-Bücher zurückgreift.[160] Zwar ist denkbar, daß II Reg 16,5abα zu einer solchen Quelle gehörte.[161] Aber es ist völlig unklar, wie der Teilvers in dieser Quelle ausgesehen haben könnte. Schon die Einleitung mit אז („damals") weist darauf hin, daß der Text für die Einarbeitung in Reg möglicherweise umformuliert wurde. Denn mit dieser Einleitung bezieht sich II Reg 16,5abα auf den Reg-Rahmen in II Reg 16,1.2a.

3.3.2 Jes 7,1–17*, das Ahasbild aus II Reg 16 und die Kritik an der Hoffnung auf Hilfe aus dem Ausland in Jes (Jes 30,15 f; 31,1.3)

Jesajas Rede an Ahas beginnt in Jes 7,4a mit zwei Verben: שקט Hiphil („Ruhe halten")[162] und שמר Niphal („sich hüten"). Beide Verben sind ausgesprochen vieldeutig,[163] und beide Verben sind sehr wichtig, um zu verstehen, welche Haltung Jesaja von Ahas in seiner Rede fordert (Grundbestand: Jes 7,4a.7.8a.9). Aus ihrer Vieldeutigkeit folgt deshalb eine kontroverse Forschungsdiskussion. Meistens verstand man die Verben als die politische Forderung, passiv zu bleiben. Das kann bedeuten, daß Ahas trotz der Bedrohung durch Aram und Israel gar keine Verteidigungsmaßnahmen ergreifen soll (so z. B. von Rad, Kaiser, Albertz)[164] oder daß er zumindest Assur nicht um Hilfe bitten soll (z. B. Würthwein, Wild-

---

159 Zu dieser These zur Entstehung des DtrG vgl. Kratz, Komposition, 190 ff; Aurelius, Zukunft, 207. Würthwein, Erwägungen, 3 ff nimmt sogar an, die älteste Fassung von DtrG habe nur aus I und II Reg bestanden. Die Hypothese eines DtrG ist in der aktuellen Forschung zwar umstritten (s. u., 5.1.2.1–5.1.2.4). Das betrifft aber nicht Kratz' und Aurelius' Argumente für einen älteren Erzählzusammenhang aus Sam und Reg.
160 So aber Dietrich, Jesaja, 66, Anm. 18 für den historisierenden Redaktor, dem Dietrich die entsprechenden Anteile von Jes 7,1 zuschreibt.
161 So auch Würthwein, ATD 17, 387; Kratz, Komposition, 171; Becker, Jesaja, 46.
162 Vgl. HALAT, 1514.
163 Vgl. auch Liss, Prophetie, 75 ff. Allerdings übersieht Liss die Möglichkeit, die Bedeutung der Verben von ihrem sonstigen Gebrauch her zu erklären und kommt so zu dem Ergebnis, es handle sich um eine „formale Aufforderung" (Prophetie, 77). Ahas solle in Ruhe tun, was auch immer er vorhabe.
164 So z. B. von Rad, Krieg, 56 ff; Kaiser, ATD 17, 146; Albertz, Religionsgeschichte, 261 f; Barthel, Prophetenwort, 426.

berger, Kilian).[165] Vor allem Wong hat dem energisch widersprochen und eine theologische Deutung der Verben und der Rede des Jesaja vertreten. Nach Wong fordert Jesaja Vertrauen auf das verkündigte Jahwewort und kritisiert religiöse Heuchelei. Anstelle dessen solle man im Sinne von Jes 1,16f Gutes tun und für Recht und soziale Gerechtigkeit sorgen.[166]

Wie sich schon im Referat von Wongs These andeutet, kann man die beiden Verben שקט Hiphil und שמר Niphal nur von den Texten her erklären, auf die sie sich beziehen. Und zu diesen Texten gehört auch das Ahasbild in II Reg 16, wie sich im folgenden zeigen wird.

Besonders deutlich wird das im Fall von שקט Hiphil („Halte Ruhe!"). In seinem Kontext in Jes 7,1–17* ist dieses Verb schwer verständlich,[167] weil die Verbindung von שקט Hiphil als gefordertem Verhalten mit einer kriegerischen Situation ausgesprochen ungewöhnlich ist. Dieses Verb ist im Alten Testament nirgends sonst im Zusammenhang mit einer Beruhigungsformel belegt. Wo שקט Hiphil im Kontext von Krieg steht, geht es fast immer um die Ruhe vor den Feinden, die Jahwe schenkt, aber die der Mensch nicht selbst herstellen kann (Jes 32,17; Jer 49,23; Ez 16,49; vgl. auch Ps 94,12f). Wo שקט Hiphil dagegen das lobenswerte, besonnene Verhalten von Gerechten oder Weisen bezeichnet, spielt die Bedrohung durch Feinde keine Rolle (Jes 57,20; Prov 15,18). Nur ein Beleg außer Jes 7,4a fordert, in einer gefährlichen Lage (vgl. ישע Niphal „gerettet werden") Ruhe zu bewahren: Jes 30,15f.[168] Diese beiden Verse lauten:

---

165 So z. B. Würthwein, Jesaja, 134f; Wildberger, BK.AT 280f; Kilian, NEB, 53f.

166 Vgl. Wong, Faith, 542ff sowie ähnlich schon Steck, Rettung, 179ff. Auch Barthel, Prophetenwort, 422ff sieht prinzipiell, daß Jes 30,15–17 v. a. grundsätzliche Probleme behandele, aber legt sich am Ende doch auf eine politische Deutung fest (vgl. Prophetenwort, 426).

167 Dies wird recht deutlich bei Wildberger, BK.AT 10, 279. Zwar macht Perlitt, Jesaja, 142 zu Recht darauf aufmerksam, daß שקט Hiphil kein Indiz für sprachliche Einflüsse des Deuteronomismus auf Jes 7 ist, aber die Verbform ist im Kontext von Jes 7,1–17* ohne Kenntnis des dtr. II Reg 16 unverständlich.

168 Zur Verbindung von Jes 7,4a und 30,15f vgl. z. B. von Rad, Krieg, 57; Becker, Jesaja, 256. Es ist denkbar, daß Jes 30,17 die ursprüngliche Fortsetzung von 30,15f darstellt, so etwa Kaiser, ATD 18, 236f; Barthel, Prophetenwort, 407; Becker, Jesaja, 255. Allerdings ist Jes 30,17 sprachlich längst nicht so virtuos gestaltet wie 30,15f, und in 30,17aα unterbricht eine Bemerkung in der 3.masc. sing. den Zusammenhang, die meist als Zusatz betrachtet wird (vgl. App. BHS; Kaiser, ATD 18, 233; Deck, Gerichtsbotschaft, 125 [V.17a]; Becker, Jesaja, 311). Inhaltlich wiederholt 30,17 nur 30,16. Deshalb ist es möglich, daß 30,17 eine sekundäre Erläuterung von 30,15f darstellt (so auch Clements, NBC, 249). Für diese Untersuchung muß das nicht entschieden werden. Da nur V.16 für das Verständnis von V.15 erforderlich ist, wird hier von einem Zusammenhang Jes 30,15f ausgegangen. Eine andere Wachstumsgeschichte von Jes 30,15–17 vertritt de Jong, Isaiah, 84f. Seiner Ansicht nach stammt nur V.15a von Jesaja, und die Komposition V.15–17 sei erst exilisch (vgl. ähnlich Vermeylen, Prophète, 415f). Dagegen spricht, daß nach V.15a die Jahwerede endet, und der

V.15: So spricht der Herr Jahwe, der Heilige Israels: „Durch Umkehr[169] und Ruhe werdet ihr gerettet, in Ruhehalten (שקט Hiphil) und Vertrauen ist eure Stärke." Aber ihr habt nicht gewollt,
V.16: denn ihr sagtet: Nein, sondern auf Pferden wollen wir fliehen – deshalb werdet ihr fliehen![170]
Und auf Schnellen wollen wir reiten – deshalb werden sich eure Verfolger als schnell erweisen![171]

Folglich setzt Jes 7,4a die Prägung von שקט Hiphil aus Jes 30,15 f voraus. Noch in einer weiteren Hinsicht leisten Jes 30,15 f eine unverzichtbare Vorarbeit für Jes 7,4a. Der Verfasser von Jes 30,15 f stellt klar, daß die geforderte innere Ruhe nicht einfach die Gelassenheit des Weisen aus Prov 15,18 ist. Durch das Stichwort „Umkehr" (שובה) macht er vielmehr deutlich, daß wahre Ruhe nur durch Umkehr zu Jahwe erreicht wird.[172] Implizit wird auch das von Ahas in Jes 7,4a gefordert.

Explizit ist in Jes 30,15 f nicht davon die Rede, daß Umkehr, Ruhe und Gottvertrauen Kriegsvorbereitungen oder Bündnisse mit fremden Mächten ausschließen. Insofern scheint Jes 30,15 f Wongs theologische Deutung der Jesajarede in Jes 7 zu stützen.[173] Doch dagegen spricht, daß Jahwe in Jes 30,16 den Wunsch des Volkes zurückweist, auf Pferden davonzureiten. Denn Pferd (סוס) ist in Jes ein Signalwort. Der Wunsch nach Pferden steht im Jesajabuch dafür, daß Menschen sich von Gott abwenden und allein auf ihre eigene Stärke setzen (Jes 2,7; 31,1.3 sowie Jes 43,17, nach dem Jahwe allein über Pferd und Wagen verfügt). Dabei ist

---

Tempuswechsel von Imperfekt (V.15a) zu Perfekt (V.15b) deshalb nicht im Sinne eines literarkritischen Bruchs bewertet werden kann. Die Jahwerede in V.15a ist auf V.15b.16 abgestimmt, denn es wird erst von dem gegenteiligen Verhalten in V.16 her klar, was die Ruhe in V.15a bedeuten soll. Ob 30,15 f vom Propheten Jesaja stammen (vgl. z.B. Barthel, Prophetenwort, 408 [jesajanisch]; Becker, Jesaja, 255 f [von der Ungehorsamsredaktion]; Beuken, HThKAT, 165 f [jesajanisch]; de Jong, Isaiah, 85 [nur V.15a von Jesaja]; Kreuch, Unheil, 310 ff.498 [Erstausgabe des Assurzyklus]) und ob es in dem Textbereich sprachlich späte und v.a. dtr. Einflüsse gibt (dagegen Barthel, Prophetenwort, 408 ff; dafür Becker, Jesaja, 250 ff; de Jong, Isaiah, 85, Anm. 143 sowie die Andeutungen bei Höffken, NSK.AT 18/1, 211 ff), ist umstritten.
169 Das *hapax legomenon* שובה ist von der Wurzel שוב abzuleiten und als „Umkehr" zu übersetzen (so auch HALAT, 1332; Kaiser, ATD 18, 232 ff; Wildberger, BK.AT 10/3, 1181; Barthel, Prophetenwort, 423 f; Wong, Works, 239 ff; Beuken, HThKAT, 157; anders Deck, Gerichtsbotschaft, 125), weil dies von der hebräischen Nominalbildung her am besten zu erklären ist (so auch Wong, Works, 239). Zur Diskussion über dieses Problem s. Wong, Works, 238 ff.
170 Beide Belege von נוס werden hier gleich übersetzt, weil das dem üblichen Gebrauch des Verbs entspricht, vgl. HALAT, 643. Anders z.B. Kaiser, ATD 18, 232; Becker, Jesaja, 311; Beuken, HThKAT, 153.
171 Zu dieser Übersetzung von קל und קלל Niphal vgl. HALAT, 1028 ff.
172 So auch Wong, Works, 239.
173 Vgl. Wong, Faith, 537.

Jes 31,1.3[174] der entscheidende Bezugstext für Jes 30,15 f, weil hier etliche Lexeme mit Jes 30,15 f übereinstimmen (z. B. בטח [„vertrauen"]; קדש ישראל [„Heiliger Israels"]; סוס [„Pferd"]). Nach Jes 31,1.3 bemüht sich das Volk um ein Bündnis mit Ägypten, anstelle sich Jahwe zuzuwenden, weil es sich auf Pferde, Wagen und Reiter verläßt. Jes 30,15 f setzt diese Alternative „Vertrauen auf Jahwe-Bündnispolitik" voraus, abstrahiert sie weiter und verknüpft sie zusätzlich mit der Umkehrforderung. Somit ist Jes 30,15 f jünger als Jes 31,1.3.[175] Von Jes 31,1.3 her ist jedenfalls deutlich, daß sich Jes 30,15 f gegen Bündnisse mit fremden Mächten richtet. Durch dieses Bündnis sollen ja die Pferde beschafft werden, auf denen das Volk fliehen will.

Durch das Stichwort שקט Hiphil ist also klar, daß Jes 7,4a von Jes 30,15 f her gelesen werden soll.[176] Ahas soll laut Jes 7,4a Ruhe bewahren und sich Jahwe zuwenden. Weil sich Jes 30,15 f ihrerseits auf Jes 31,1.3 bezieht, erfährt der Leser außerdem, daß Ahas keine Hilfe bei fremden Mächten suchen soll. Damit hat sich die Interpretation von Würthwein, Wildberger und Kilian bestätigt. Allerdings ist

---

174 Die Literarkritik von Jes 31,1–3 ist in der Forschung stark umstritten. Eine ganze Reihe von Exegeten halten V.1bα für einen Zusatz (vgl. Deck, Gerichtsbotschaft, 216 [V.1abα]; Höffken, NSK.AT 18/1, 221; de Jong, Isaiah, 95 f). Allerdings kann man hier nicht mit dem Wechsel von Imperfekt in V.1aα zu Perfekt argumentieren, da auch V.1bβ im Perfekt verfaßt ist. Vielmehr scheint ein Wechsel von der Beschreibung einer grundsätzlichen Haltung im Imperfekt in V.1a zur Darstellung von Verfehlungen in der Vergangenheit im Perfekt in V.1b von Anfang an intendiert zu sein. Auch Jes 31,3 ist einheitlich (gegen z. B. Höffken, NSK.AT 18/1, 221; de Jong, Isaiah, 96 f [V.3b sekundär]). Denn ohne V.3b bliebe offen, wie Jahwe auf die Mißachtung durch Juda reagiert. Dagegen ist Jes 31,2 insgesamt ein späterer Zusatz, wie bereits der Einsatz mit וגם nahelegt. Außerdem wird hier die Argumentation von 31,1.3 durch Überlegungen zu Jahwes Handeln an Übeltätern unterbrochen (so auch Vermeylen, Prophète, 420 f; Kaiser, Tendenzkritik, 59 ff; Becker, Jesaja, 259; de Jong, Isaiah, 96 f). Es ist denkbar, daß es innerhalb von V.2 weitere Nachträge gibt, denn das Waw-Perfekt am Beginn von V.2b ist auffällig (vgl. z. B. Deck, Gerichtsbotschaft, 216 [V.2b]; Höffken, Bemerkungen, 232 f [V.2bα]). Allerdings kann dieses Waw-Perfekt auch durative Bedeutung haben (vgl. Joüon-Muraoka § 119 u). Gegen diese Überlegungen halten Clements, NBC, 255; Barthel, Prophetenwort, 434 ff; Wong, Opposition, 396 ff; Beuken, HThKAt, 209 Jes 31,1–3 für einheitlich. Gehört V.1bα zum Grundbestand, ist die Jesajanizität von Jes 31,1–3 kaum noch zu halten. Dieser Viertelvers bezieht sich nämlich auf Jes 36 f, v. a. Jes 36,9 parallel II Reg 18,24, und ist daraus gebildet (vgl. Becker, Jesaja, 260; de Jong, Isaiah, 95 f). Gegen Williamson kann man dagegen nicht einwenden, Jes 36 f könne nicht die Vorlage von Jes 31,1.3 gewesen sein, weil die Darstellungen des Jesaja sich widersprächen (vgl. Search, 198). Vielmehr folgt aus den Reden des Jesaja in Jes 37,6 f.22–35 implizit, daß man kein Bündnis mit Ägypten eingehen darf, weil Jahwe allein Jerusalem rettet (Jes 37,36). Das liegt genau auf der Linie von Jes 31,1.3.

175 Ähnlich auch Becker, Jesaja, 25. Anders Beuken, HThKAT, 207, wobei Beuken jedoch mit dem zeitgeschichtlichen Hintergrund von Jes 31,1–3 argumentiert. Allerdings paßt ein Abschnitt, der eine so grundsätzliche These vertritt, in viele Zeiten.

176 Ähnlich Kaiser, ATD 17, 146.

Jes 7,1–17* ein stark theologisch aufgeladener Text (z. B. Jes 7,9b.12), und schon die Abhängigkeit des ursprünglichen Jes 7,1a von II Reg 16,5abα zeigt, daß hier im Rückblick über die politischen Möglichkeiten der 730er Jahre und ihre theologischen Implikationen nachgedacht wird.[177] Die Aufforderung, keine fremden Völker zur Hilfe zu holen, ist also keine konkrete Handlungsanweisung an den König. Vielmehr geht es darum zu zeigen, wie sich ein gläubiger König in einer solchen Situation eigentlich hätte verhalten müssen. Insofern hat auch Wongs rein theologische Interpretation des Textes ihre Berechtigung.[178]

Weiter übersehen Würthwein, Wildberger und Kilian, daß gerade durch diese Kritik an Koalitionen ein Bezug zu II Reg 16,7–9 hergestellt wird.[179] Eine Lektüre von Jes 7,1–17* ohne Kenntnis dieses Reg-Kapitels würde zu Mißverständnissen führen, wie sich folgendermaßen zeigen läßt: In Jes 31,1.3 wird eine Zusammenarbeit mit Ägypten kritisiert. Kennte der Leser nur Jes 30,15 f; 31,1.3 als Hintergrund von Jes 7,4a, könnte er vermuten, daß Ahas an ägyptischer Unterstützung interessiert sei. Nur durch II Reg 16,7–9 kann er wissen, daß Ahas sich um Assurs Hilfe bemüht. Weiter kann der Leser II Reg 16,10 ff entnehmen, daß diese Unterwerfung sehr negative Folgen für den Jerusalemer Tempelkult gehabt haben soll. In II Reg 16,10 ff wird behauptet, Ahas habe einen neuen Altar nach ausländischem Vorbild eingeführt und die althergebrachten Kultgeräte vernachlässigt oder verändert. Nur vor diesem Hintergrund in II Reg 16,7–9.10 ff gewinnt die Mahnung aus Jes 7,4a, ruhig zu bleiben, ihre Dringlichkeit. Denn aus den Informationen von II Reg 16,7–9.10 ff kann man schließen: Wäre Ahas ruhig geblieben und hätte sich nicht mit Assur verbündet, hätte er auch nicht in unangemessener Weise in den Tempelkult eingegriffen. Ohne dieses Wissen bleibt das שקט Hiphil aus Jes 7,4a dagegen eine unbestimmte, unklare Aussage. Das weist klar darauf hin, daß in Jes 7,1–17* außer Jes 30,15 f; 31,1.3 ein großer Teil von II Reg 16 vorausgesetzt wird.

Jes 7,4a spielt sogar noch direkter auf die Verstöße des Ahas gegen die Kultreinheit an, von denen in II Reg 16,2b–4.10 ff die Rede ist.[180] Denn nur so erklärt sich, warum in Jes 7,4a gerade das Stichwort שמר Niphal („Hüte dich!") auftaucht. Der Begriff hat eine dtr. Vorgeschichte. Mit seiner Hilfe wird in dtr. und dtr. beeinflußten Texten häufig dazu ermahnt, an Jahwe und dem Bund mit ihm festzuhalten (Dtn 4,9; 6,12; 8,11; Jos 23,11; Mal 2,15 [?]), sowie keinen Fremdgötterkult

---

177 S.o., 3.3.1. Zu weiteren Indizien für die späte Herkunft von Jes 7,1–17* s. u., 3.3.3;3.4.
178 Vgl. auch Becker, Opposition, 39 ff.
179 So auch Hayes/Irvine, Isaiah, 125.
180 So auch Kilian, NEB, 52 f, wobei Kilian Jes 7,4 außer der Redeaufforderung zu Beginn für einen Zusatz hält.

zu üben (Ex 23,13; Dtn 4,23; 11,16) und keine kultischen Mißbräuche einreißen zu lassen (Dtn 12,13.30; Jer 17,21 [Sabbat]).[181] Der Ahas in Jes 7,1–17* soll durch שמר Niphal quasi an diese dtr. Befehle und Appelle erinnert werden und zur aufrechten Jahweverehrung und zum reinen Jahwekult zurückkehren. Das „Hüte dich" aus Jes 7,4a bleibt ohne den doppelten Hintergrund in II Reg 16,2b–4.10 ff und in den dtr. Mahnungen zum wahren Jahwedienst unspezifisch und entsprechend unverständlich.[182]

Schon in Jes 30,15 f; 31,1.3 ist das richtige Jahweverhältnis ein wichtiges Thema. Zwar stehen Umkehr, Ruhe, Ruhehalten und Vertrauen (בטחה) in 30,15b absolut, aber dadurch, daß es in V.16 wegen des Bezugstexts Jes 31,1[183] um ein falsches Vertrauen auf militärische Stärke geht, ist klar, daß Umkehr und Vertrauen Jahwe gelten müssen und daß die Ruhe sich auf ihn gründen soll.[184] Jes 31,1.3 als Vorlage von Jes 30,15 f macht unmißverständlich klar, daß Vertrauen auf die Hilfe einer ausländischen Macht im Gegensatz steht zur Orientierung an Jahwe (31,1). In beiden Texten wird also gefordert, an Jahwe festzuhalten und deshalb auf militärische Hilfe von außen zu verzichten. Allerdings wird nicht gesagt, worauf dieses Festhalten an Jahwe gründen soll.[185]

Genau das ändert sich in Jes 7,1–17*, und in diesem Zusammenhang fällt in V.9b der Begriff אמן Hiphil. In Jes 7,1–7* wird klar, daß Glaube auf Zusagen Gottes

---

181 Dies sind etwa die Hälfte aller Belege von שמר Niphal, die sich auf Gott, sein Gebot oder etwas Heiliges beziehen. Für Gehorsam gegenüber anderen Geboten steht שמר Niphal in Ex 19,12; 23,21; 34,12; Dtn 12,19; 15,9; 23,10; 24,8; Jdc 13,4.13. Schon Kaiser, ATD 17, 142 f merkt an, daß der absolute Gebrauch von שמר Niphal in Jes 7,4a die Prägung durch dtr. Literatur voraussetzt.

182 Dies belegen die Versuche in der Forschung, das שמר Niphal ohne Berücksichtigung dieses dtr. Hintergrundes zu verstehen. Von Rad, Krieg, 57 findet hier nur einen ganz allgemeinen Appell zur Wachsamkeit. Barthel, Prophetenwort, 127 schließt aus dem שמר Niphal lediglich, daß hier kein reines Heilswort vorliegt. Wildberger erkennt klar, wie schwierig שמר Niphal zu deuten ist. Eine Erklärung als Appell, keine militärischen Vorbereitungen zu treffen, könne nicht überzeugen. Wenn man aber das „Hüte dich" als Forderung betrachte, keine Hilfe von außen zu suchen, bleibe offen, warum das nicht explizit im Text stehe (BK.AT 10, 279 f). Wildberger bleibt nur die Auskunft: „Aber warum drückt sich Jesaja nicht deutlicher aus? Offenbar, weil er auf einen Umstand anspielt, über den jeder der Anwesenden im Bilde ist, über den man aber nicht offen diskutieren kann" (BK.AT 10, 280). Doch kann diese Auskunft nicht überzeugen, weil nicht einleuchtet, warum der Jesaja aus 7,10–17* nicht offen reden kann. Schließlich ist außer dem König und Jesajas Sohn Schear-Jaschub niemand anwesend.

183 S.o., 62.

184 So mit Wong, Works, 241.

185 Zwar ist im Kontext von Jes 30,15 f von der Tora Jahwes (V.9) und dem Jahwe- oder Prophetenwort (V.12: „dieses Wort") die Rede, aber es kann nicht ohne weiteres geschlossen werden, daß das auch in V.15 f im Hintergrund steht, da V.15 einen deutlichen Neuansatz markiert (so auch Clements, NBC, 248; Höffken, NSK.AT 18/1, 213).

wie 7,4a.9a gründen soll. So ermuntert Gott Ahas in V.4a sich nicht zu fürchten, weil die Gegner sich als kraftlos erweisen werden, und in V.9b wird auf die Verheißung einer ewigen Dynastie aus II Sam 7,16 angespielt. Auf diese Weise wird hier sehr viel deutlicher als in Jes 30,15 f; 31,1.3, daß Gott dem Menschen entgegen kommt, damit dieser beruhigt an ihm festhalten kann. Es wird allerdings genauso deutlich wie in Jes 30,15 f; 31,1.3, daß sich nicht jeder Mensch darauf einlassen kann (7,12–14).

Aus diesem Vergleich ergeben sich Einsichten, was einen Text mit dem Begriff אמן Hiphil von Texten unterscheidet, die ohne diesen Begriff von Gottvertrauen oder Festhalten an Gott handeln. Im Zusammenhang mit אמן Hiphil geht es dezidiert um die Grundlagen des Glaubens, im Fall von Jes 7,1–17* Gottes Zusage. Weiter geht es um das Problem, daß der Mensch sich wie Ahas vor Gott verschließen kann und daß Gott mit seinen Zusagen ihn dann nicht erreicht.

3.3.3 Jes 7,1–17* und I Reg 11,38

In Jes 7,9b wird das Fortbestehen der Davididen an eine Bedingung geknüpft, den Glauben. Dabei spielt Jes 7,9b mit אמן Niphal auf II Sam 7,16 in der Nathansverheißung an.[186] Diese Verheißung einer ewigen Dynastie erging ohne jede Bedingung, und genau das soll in Jes 7,9b korrigiert werden. Diese Korrektur hat ein Vorbild: I Reg 11,38.[187]

---

186 S.o., 44 f.

187 Die besondere Bedeutung von I Reg 11,38 sieht auch Wildberger, BK.AT 10/1, 293. I Reg 11,38 ist deutlich als Nachtrag in seinem Kontext zu erkennen (so auch Würthwein, ATD 11/1, 144). Dafür sprechen der Tempusmarker והיה am Versbeginn sowie eine inhaltliche Abweichung vom vorherigen Kontext. Denn während es in V.35.37 darum geht, daß Jerobeam selbst ohne jede Bedingung König von Israel wird, geht es in V.38 plötzlich um Bedingungen. Außerdem verschiebt sich das Interesse von Jerobeam auf seine Nachkommen. Und nicht zuletzt könnte man V.38bβ, der in der ältesten griechischen Übersetzung fehlt, als freie Wiederaufnahme von V.37b betrachten. Dabei ist I Reg 11,38 kaum zu der Gruppe von Zusätzen zu zählen, die die Strafe für die Davididen um Davids Willen einschränkt (V.32.33b.34bβ.36; vgl. dazu Dietrich, Prophetie, 15 ff; Würthwein, ATD 11/1, 139 ff). Denn in dieser Schicht spielt die Erwählung Jerusalems und Davids eine entscheidende Rolle, und genau das wird in I Reg 11,38 relativiert (ähnlich erwägungsweise Würthwein, ATD 11/1, 144). Dietrich, Prophetie, 28 kann zeigen, daß I Reg 11,38 mit I Reg 14,8 einen Vers von DtrN voraussetzt. I Reg 11,38 ist also als später Zusatz zu I Reg 11 zu bestimmen. Möglicherweise kann dieser Zusatz mit Dietrich, Prophetie, 87 DtrN zugewiesen werden. Weil die Aussage von I Reg 11,38 aber singulär ist, könnte es sich auch um einen Einzelzusatz unter dem Einfluß von DtrN handeln. Die Hypothese einer nomistischen dtr. Redaktion (DtrN) ist auch in einer veränderten Forschungslage in Dtn-II Reg sinnvoll. s.u. 5.1.2.1–5.1.2.4.

Daß I Reg 11,38 als Vorbild für Jes 7,9b gedient hat, läßt sich folgendermaßen zeigen: In I Reg 11,38 verspricht Ahija von Schilo Jerobeam I. eine beständige
Dynastie, wenn Jerobeam Jahwe gehorcht und das Gesetz hält. Dies ist der einzige
weitere Beleg für die bedingte Verheißung einer dauernden Dynastie außer
Jes 7,9b. Schon die Seltenheit des Gedankens legt nahe, daß seine beiden Belege
literarisch voneinander abhängen. Und I Reg 11,38 ist offensichtlich der Gebertext. Denn in I Reg 11,38 wird der Gedanke sehr viel ausführlicher und klarer dargestellt. Während in Jes 7,9b offenbleibt, an wen die Davididen glauben sollen
und was Glaube überhaupt ist, wird in I Reg 11,38 die als Bedingung geforderte
Gesetzesobservanz ausführlich beschrieben. Was Jahwes Handeln betrifft, wird
in I Reg 11,38 klargestellt, daß Gott durch sein Tun den Bestand des Königshauses
sichert (I Reg 11,38: „und ich werde dir ein beständiges Haus [בית נאמן] bauen").
Anstelle dessen steht אמן Niphal in Jes 7,9b im Imperfekt mit den Davididen als
Subjekt, und so wird Gottes Wirken zum Fortbestand der Davididen nicht mehr
direkt erwähnt. In Jes 7,9b wird die Aussage um des Wortspiels willen so knapp
präsentiert, daß sie schwer verständlich wird. Eine solche Verkürzung ist erst
möglich, wenn die Idee schon eingeführt wurde, daß eine beständige Dynastie
nur unter bestimmten Bedingungen von Gott gewährt wird, und das geschieht in
I Reg 11,38.

Außerdem wird I Reg 11,38 in Jes 7,9b weiter entwickelt. So wird I Reg 11,38
in Jes 7,9b insofern gesteigert, daß in Jes 7,9b nicht mehr nur der Stammvater die
Bedingung erfüllen muß. Vielmehr muß es nach Jes 7,9b in jeder Generation im
Haus Davids gläubige Männer und Frauen geben. Andererseits hat aber jeder
glaubende Davidide die Chance, in seiner Zeit die Dynastie vor dem Untergang zu
retten und so ihre ewige Existenz zu sichern.

Dagegen war nach I Reg 11,38 noch das Verhalten des Dynastiegründers ausreichend, um den Fortbestand der Nachkommen zu garantieren. Insofern liegt der
Vers prinzipiell auf der Linie von Aussagen über Davids stellvertretende Gerechtigkeit zum Wohle von dessen Nachfahren (vgl. z. B. I Reg 11,12 f; 15,3–5; II Reg 8,9).

Allerdings werden diese Aussagen über David in I Reg 11,38 in entscheidender
Weise modifiziert. In I Reg 11,38 kommt es letztlich zu einer Verallgemeinerung
der Nathansweissagung: Jeder, der ein neues Herrschergeschlecht etabliert, hat
die Chance, durch richtigen Wandel dessen Dauer zu sichern. Dies gilt für David
ebenso wie für den Rebellen Jerobeam I. So wird in I Reg 11,38 die Bedeutung der
göttlichen Erwählung für eine Königsfamilie relativiert zugunsten einer Schlüsselrolle für das Tun des Gründers, für seine Gesetzesobservanz.[188] Die Gesetzes-

---

188 Vgl. auch Pietsch, Studien, 47 f. Dies gilt auch, wenn der Verfasser von I Reg 11,38 davon
ausgeht, daß Jerobeam I. diese Bedingung nicht erfüllen kann, vgl. Dietrich, Prophetie, 19.

theologie zieht hier eine gewisse Demokratisierung nach sich. Das ist folgerichtig. Es liegt schließlich im Wesen einer solchen Theologie, daß der Gehorsam jedes Menschen gleich viel wert ist und die gleichen heilvollen Folgen zeitigt.

Jes 7,9b reagiert auf diese Ausweitung der Nathansweissagung auf eine abtrünnige Dynastie, indem der Verfasser die Anforderungen an alle Davididen steigert. Wenn es bei den Davididen in jeder Generation Gläubige gibt, sind sie anderen Königshäusern wie dem Geschlecht Jerobeams I. wieder überlegen. Deshalb geht die Verallgemeinerung der Nathansweissagung in Jes 7,9b in eine andere Richtung als in I Reg 11,38. Es wird nicht die Verheißung verallgemeinert, sondern die Bedingung. Die Verheißung bleibt auf die Davididen beschränkt, aber die Bedingung wird vom Stammvater auf alle Dynastiemitglieder ausgedehnt.

Aufgrund dieser ausgeweiteten Bedingung verhält sich Jes 7,9b kritisch zu den zahlreichen dtr. Notizen, daß die Davididen um Davids willen von Strafe verschont werden (z. B. I Reg 11,12 f.32.34.36; 15,3–5; II Reg 8,9; 19,34 parallel 20,6 parallel Jes 37,35; vgl. ferner Ps 132,10; II Chr 21,7)[189]. In Jes 7,9b wird gegen diese Stellen ausgeschlossen, daß sich die jüngeren Davididen auf Davids Lorbeeren ausruhen. Die Vorstellung, daß allein das Verhalten oder die Einstellung des Dynastiegründers den Bestand dieser Familien garantiert, wird in Jes 7,9b abgelehnt.

Der Verfasser von Jes 7,9b korrigiert so drei Tendenzen dtr. Theologie. Erstens äußert er sich gegen die Idee eines stellvertretend gerechten Stammvaters für eine Dynastie. Dagegen betont er, daß es in einer Königsfamilie immer wieder Gerechte geben muß. Zweitens widerspricht der Verfasser von Jes 7,1–17* den demokratisierenden Konsequenzen der Gesetzestheologie, wie sie sich in I Reg 11,38 abzeichnen. Gegen diese demokratisierende Tendenz definiert der Verfasser von Jes 7,9b die Sonderstellung der Davididen neu. Sie beruht nun auf dem festen Glauben der einzelnen Familienmitglieder.[190] Und nicht zuletzt wird das Gesetz selbst relativiert, wenn der Glaube als Bedingung für das Fortbestehen an die Stelle der Gesetzesobservanz tritt.

---

189 Vgl. Würthwein, ATD 11/1 und 11/2 z.St.; Aurelius, Zukunft, 197.
190 Obwohl Jes 7,9b in der 2.masc.plur. abgefaßt ist, wird der Leser hier nicht mitangesprochen (so aber Kaiser, ATD 17, 147; vorsichtiger Barthel, Prophetenworte, 138). Denn אמן Niphal im Sinne von „Fortbestehen einer Menschengruppe" ist nur für Dynastien gebräuchlich (s. o., 44 f). Für die Stabilität eines ganzen Volkes ist das Wort erst in II Chr 20,20 belegt. Und dieser Vers wird sich als Weiterentwicklung von Jes 7,9b erweisen (s. u., 3.4).

3.4 Zur Datierung von Jes 7,1–17*

Daß sich der Verfasser von Jes 7,1–17* in dieser Weise mit bereits vorliegenden Aussagen auseinandersetzt, hat Konsequenzen für die Datierung des Textes.[191] Eine vorexilische oder gar jesajanische Entstehung ist damit ausgeschlossen.

Dafür konnten folgende Indizien gesammelt werden. Da ist zuerst die Abhängigkeit von Jes 7,1a von II Reg 16,5abα und von Jes 7,9b von I Reg 11,38, weil diese Abhängigkeit gezeigt hat, daß der Verfasser von Jes 7,1–17* schon das DtrG kennt und sich mit dtr. Gedankengut auseinandersetzt. Das bestätigt die Verwendung von שמר Niphal („sich hüten"), denn sie verweist auf die Paranäse des Dtn-Rahmens und ihre Nachfolger.[192] Außerdem ist mehrfach der enge Zusammenhang zwischen Jes 7,1–17* und Jes 36 f aufgefallen; man denke etwa an die ähnlichen Einleitungen Jes 7,1a und 36,1 sowie den Treffpunkt in der Walkerfeldstraße (Jes 7,3; 36,2). Dabei hat sich herausgestellt, daß Jes 7,1–17* gezielt auf Jes 36 f abgestimmt wurde.[193] Da nun Jes 36–39 erst nachexilisch im Jes-Buch verankert wurde,[194] kann auch Jes 7,1–17* als eigens verfaßtes Äquivalent nicht älter sein. Ferner ist die Einleitung ויהי בימי verbunden mit einem Namen („und es geschah in den Tagen des ...") typisch für späte Erzähltexte. Sie ist als Beginn einer Erzählung sonst nur in Gen 14,1; Esth 1,1 belegt (ähnlich Ruth 1,1; vgl. Jer 1,3).

Nicht zuletzt ist die Abhängigkeit von Jes 7,9b von II Sam 7,16 ein gewichtiges Indiz für eine späte Datierung von Jes 7,1–17* insgesamt. Zwar sind die Entstehungsgeschichte von II Sam 7 und die Frage, ob V.16 zum Grundbestand gehörte, umstritten.[195] Aber schon zu Beginn des Textes liefert der unentbehrliche V.2

---

191 Daß in Jes 7,1–17* eine Fülle von Stichworten aus anderen Texten anklingt, wurde in der Forschung schon lange beobachtet, vgl. z.B. Wildberger, BK.AT 10, 270 ff. Allerdings hat man dieses Phänomen bisher meist formgeschichtlich zu erklären versucht und die Textberührungen lediglich auf Gattungseinflüsse zurückgeführt, vgl. z.B. Wildberger, BK.AT 10, 270 ff. Man kann so jedoch nicht erklären, wieso Jes 7,1–17* ohne Kenntnis der Parallelen nicht verstanden werden kann, s.o., 3.3.2.
192 S.o., 3.3.2. Man könnte hier außerdem auf die Abhängigkeit von Jes 7,4a von Dtn 20,3b verweisen (vgl. z.B. Kaiser, ATD 17, 142; Becker, Jesaja, 53) sowie auf נסה Piel in Jes 7,12 (vgl. Ex 17,2.7; Num 14,22; Dtn 6,16; Ps 78,18.41.56; 95,8 f; 106,13 f).
193 So auch Oswald, Textwelt, 218 f. S.o., 53 f.
194 Darüber besteht in der Forschung Konsens, vgl. z.B. Wildberger, BK.AT 10, 1575; Becker, Jesaja, 208 ff; Berges, Buch, 546; Williamson, Search, 184 f. Die These von Kaiser, nach der Jes 7,1–9 nur von II Reg 18–20 abhängig ist (vgl. ATD 17, 144), überzeugt dagegen nicht, weil die sprachlichen Berührungen zwischen Jes 7,1–17* und Jes 36–39 stärker sind (vgl. z.B. Jes 7,1a und Jes 36,1 sowie die abweichende Formulierung in II Reg 18,13).
195 Vgl. Dietrich/Naumann, EdF 287, 144 ff; Oswald, Nathan, 17 ff; Pietsch, Studien, 8 f; Rudnig, König, 6 ff.

klare Indizien, daß das Kapitel nicht alt sein kann.[196] In V.2 deutet David gegenüber Nathan den Wunsch an, Jahwe einen Tempel zu bauen und begründet das
mit dem unterschiedlichen „Lebensstandard" von Lade und König (vgl. ähnlich
Hag 1,4).[197] Während er in einem Zedernhaus wohne, befinde sich die Lade inmitten der Zeltdecke (בתוך היריעה), also in der Stiftshütte. V. 2 kann kein Nachtrag
sein, weil dieser Wunsch Davids der Auslöser für die folgende Zurückweisung des
Wunsches durch Jahwe, aber auch die Verheißung einer dauerhaften Dynastie ist
(V.5 ff). Und V.2 spielt auf eine bereits nachpriesterschriftliche Fassung des Stifts-
hüttengesetzes an. Denn das Wort יריעה („Zeltdecke") im Zusammenhang mit
einem Heiligtum ist außer in II Sam 7,2 und der Parallele I Chr 17,1 nur in Ex 26,1 ff;
36,8 ff; Num 4,25 belegt. Einige der entsprechenden Aussagen könnten vielleicht
noch zu PG gehören, auch wenn das nicht sicher ist. Aber daß die Lade in der
Stiftshütte steht, wurde in Ex 25–40 erst nachpriesterschriftlich ergänzt.[198] Damit
ist schon die Grundschicht von II Sam 7 von nachpriesterschriftlichen (nach-P)
Texten abhängig, und V.16 kann auf keinen Fall älter sein.[199] Folglich ist auch
Jes 7,1–17*, wo ja II Sam 7,16 aufgegriffen wird, nach-P.

---

196 Anders z. B. Pietsch, Studien, 22 ff, der in V.11b.12aαβb.14.15a.16 mit einem Dynastieorakel
aus dem 9. Jh. rechnet. Doch bliebe in einem solchen Text offen, wer wem warum eine Verheißung mitteilt (V.11b) und warum gerade der Nachkomme dieses Angesprochenen eine solche
Bedeutung hat (V.14.15a; vgl. auch Rudnig, König, 6). Außerdem paßt V.16 nicht in dieses rekonstruierte Königsorakel, weil es nach V.14.15a, der Verheißung an den Nachkommen in der
3. Person, wieder unvermittelt in die 2. Person wechselt und es nach den Verheißungen an den
Nachkommen wieder um den Angeredeten selbst geht. Und nicht zuletzt spricht gegen Pietsch'
frühe Datierung, daß er selbst zu der Beschreibung des Vater-Sohn-Verhältnisses in V.14 nur dtr.
und jüngere Parallelen nennt (vgl. Studien, 25).
197 Vgl. Hallaschka, Haggai, 315.
198 S.u., 5.4.1 und Porzig, Lade, 12 ff.
199 So auch Levin, Verheißung, 252; Porzig, Lade, 174; ähnlich Oswald, Nathan, 64. Levin und
Porzig weisen außerdem daraufhin, daß das ישב בתוך („wohnen unter") eine Parallele in PG
hat (Ex 25,8; 29,45 f; vgl. ähnlich u., 242, Anm. 16). Zwar steht in Ex 25,8; 29; 29,45 f שכן בתוך
(„wohnen unter"; vgl. auch z. B. Num 5,3; 35,34 [bis]; I Reg 6,13; Ez 43,7.9; vgl. Rudnig, König, 7).
Aber der Sprachgebrauch in I Sam 7,2 ist trotz des unterschiedlichen Verbs von diesen Texten
beeinflußt. Denn ישב בתוך steht ansonsten nur in Verbindung mit Menschen, nicht mit Gott (z. B.
Gen 23,10; Jer 9,5; 39,14; Ez 3,15; Sach 2,8; 5,7; Hi 2,8). Außer Gen 23,10 (PS vgl. Levin, Jahwist,
193; Kratz, Komposition, 242; anders Pola, Priesterschrift, 308 f [PG] und Blum, Vätergeschichte,
443 ff, aber auch mit nachexilischer Datierung) finden sich alle übrigen Belege in Jer, Ez, Sach
und Hiob, so daß auch dieser Sprachgebrauch kaum älter als PG sein dürfte. Zu weiteren Argumenten gegen ein hohes Alter von II Sam 7 vgl. Levin, Verheißung, 252 ff; Rudnig, König, 7 ff. Für
eine Grundschicht der Nathansweissagung aus der Zeit Davids votiert dagegen z. B. Hentschel,
NEB, 29 ff; ders., Gott, 58 ff. Diese Grundschicht umfaßt nach Hentschel V.1a.2 f (vgl. Gott, 58).

Was den *terminus ad quem* von Jes 7,1–17* betrifft, so ist dieser Text sicher älter als II Chr 20,20. Dieser Chr-Vers greift Gedanken und Termini aus der Immanuelperikope auf und ist eindeutig eine Erklärung von Jes 7,9b. Dazu wird der Parallelismus membrorum aus Jes 7,9b verdoppelt. אמן Hiphil („glauben") erscheint zweimal und erhält zwei mit ב angeschlossene Objekte. So bleibt anders als in Jes 7,9b nicht mehr in der Schwebe, an wen man glauben soll. Ganz klar sollen nach II Chr 20,20 Jahwe und seine Propheten Gegenstand des Glaubens sein. Das אמן Niphal („Bestand haben") wird mit צלח Hiphil („Erfolg haben") gleichgesetzt und so über Jes 7,9b hinaus gedeutet. Zugleich wird so der Bezug auf die Nathansweissagung gelockert, der Jes 7,9b prägt. Damit hängt zusammen, daß die Aussage von Jes 7,9b in II Chr 20,20 verallgemeinert wird. Jes 7,9b richtet sich in allererster Linie an die Davidische Dynastie. Ihr wird gesagt, daß sie nur als glaubendes Königshaus Bestand habe. II Chr 20,20 richtet sich dagegen an ganz Juda und ganz Jerusalem. Jeder muß im Jahwekrieg durch seinen Glauben zum Erfolg beitragen.[200]

Durch diese Untersuchungen hat sich Beckers Datierungsvorschlag für Jes 7,1–17* bestätigt. Der Text setzt dtr. und nachdtr. Literatur voraus, ist aber älter als Chr.[201]

Exkurs: der Wert von Jes 7,1–17 als historische Quelle*
Daß Jes 7,1–17* in dieser Weise von II Reg 16 und weiteren dtr. Texten abhängig ist, hat gravierende Folgen für den Wert des Textes als historische Quelle. Es erscheint sehr fraglich, ob Jes 7,1–17* von II Reg 16 unabhängige, historisch verwertbare Informationen enthält. Das Hauptanliegen des Verfassers von Jes 7,1–17* ist jedenfalls eher theologisch als historiographisch.[202]

---

200 Ähnlich Rudolph, HAT 21, 261; Kaiser, ATD 17, 138; Becker, Jesaja, 52. Zur Beziehung von Jes 7,9b zur Nathansweissagung und zur Ausrichtung des Textes auf die Dynastie s. o., 44 f. Weiter könnte sich die chr. Fassung von II Reg 18 f parallel Jes 36 f auf Jes 7,1–17 beziehen. Denn in II Chr 32,15 fordert der Rabschake Juda und Jerusalem auf, Hiskia nicht zu glauben. Dabei fällt das entscheidende Stichwort aus Jes 7,9b: אמן Hiphil. In II Reg 18 f und Jes 36 f ist dieses Verb nicht belegt, sondern בטח („vertrauen"). Durch die Verwendung von אמן Hiphil könnte der Verfasser von II Chr 32 somit auf Jes 7,1–17 als Schilderung einer ähnlichen Belagerungssituation anspielen.
201 So mit Becker, Jesaja, 59 f. Für eine nachjesajanische Entstehung der gesamten Einheit Jes 7,1–17* sprechen sich außerdem Höffken, NSK.AT 18/1, 93; Beuken, HThKAT, 191 (aus der Zeit Manasses); Oswald, Textwelt, 218 f aus. Auch Williamson hält die erste Hälfte des Kapitels für dtr. beeinflußt (vgl. Search, 185). Dagegen rechnen z. B. Vermeylen, Prophète, 204; Steck, Rettung, 184 f; ders., Beiträge, 186; Wildberger, BK.AT 10, 273; Kilian, NEB, 51; Berges, Buch, 110 (für Jes 7,1–9*); Wagner, Gottes Herrschaft, 292 mit einem jesajanischen Grundbestand.
202 Ähnlich auch Becker, Jesaja, 47 sowie Oswald, Textwelt, 202 ff, wobei Oswald sogar zu dem Ergebnis kommt, die „Textwelt" (Textwelt, 201) von Jes 7,1–17* habe mit den historischen Abläufen zur Zeit des syrisch-ephraimitischen Krieges kaum etwas zu tun.

Nur Jes 7,6 könnte über II Reg 16 hinaus historisch bedeutsame Informationen enthalten, weil dieser Vers kein Vorbild in II Reg 16 hat. Jes 7,6 gibt Auskunft über die Pläne Arams, König Ahas durch den Sohn Tabe'els zu ersetzen. Es ist zwar nicht ausgeschlossen, daß hinter Jes 7,6 zutreffende Erinnerungen oder eine mittlerweile verlorene Quelle stehen. Wahrscheinlich ist das aber nicht. Denn der Vers hat sich als Teil einer Zusatzschicht erwiesen, die den Bruderkrieg zwischen Nordreich und Südreich durch aramäische Anstiftung erklären will (V.2.5*.6.17a). Aram wird unterstellt, Nordreich (V.2) und Südreich (V.6) unter seine Kontrolle bringen zu wollen.[203] Folglich geht es in V.6 weniger darum, über die tatsächlichen Pläne des Angreifers zu informieren als darum, die drohende aramäische Herrschaft über Juda zu belegen. Deshalb trägt der Königskandidat der Aramäer den aramäischen Namen Tabe'el/Ṭabᵉˀel[204]. Er wird so als Ausländer gekennzeichnet. Nordreich und Südreich droht nach dieser Zusatzschicht eine Fremdherrschaft. Außerdem könnte es in 7,6 darum gehen, Aram einen Frevel gegen die von Gott erwählten Davididen zu unterstellen.[205] In diesem Fall könnte sich der Vers aus königstheologischen Motiven speisen wie z.B. der Vorstellung von feindlichen Fremdvölkern, die Jahwes Gesalbten und den Zion vergeblich angreifen (z.B. Ps 2,1–3; 46,7f; 48,5ff). Die Aussage von Jes 7,6 verdankt sich somit wahrscheinlicher den theologischen Intentionen des Verfassers als seinem Wissen über den syrisch-ephraimitischen Krieg.

Nach all dem ist es sehr unwahrscheinlich, daß die Begegnung von Jesaja und Ahas stattgefunden hat, die Jes 7,1–17* beschreibt. Hier wird vielmehr etwas beschrieben, was hätte geschehen sollen. Der Verfasser entwickelt in dieser Erzählung ein Bild davon, was seiner Ansicht nach die angemessene prophetische Antwort auf Ahas Haltung zu Gott gewesen wäre, die der Verfasser als zu indifferent beurteilt.[206]

3.5 Die Darstellung des Glaubens in Jes 7,1–17*

Der Grundbestand von Jes 7,1–17 (Jes 7,1a.3.4a.7.8a.9.10–14.16) hat sich nach allem als ein junger, nachpriesterschriftlicher Text erwiesen, der sich in vielfältiger Weise mit vorliegenden Texten in Jes (z.B. Jes 30,15f; 31,1.3; 36–39) und aus Sam und Reg (z.B. II Sam 7,16; I Reg 11,38; II Reg 16,5abα) auseinandersetzt. Außerdem werden Termini wie נסה Piel („versuchen" Jes 7,12 vgl. Ex 17,2.7; Num 14,22; Dtn 6,16; Ps 78,18.41.56; 95,8f; 106,13f) oder שמר Niphal (Jes 7,4a „sich hüten" z.B. Ex 23,13; Dtn 4,9; 6,12; 8,11; 11,16; 12,13; Jos 23,11; Jer 17,21 [Sabbat])verwendet, die sonst v.a. in dtr. und jüngerer Paränese und Geschichtsreflexion zuhause sind.

---

203 S.o., 3.1.3 und 38 ff.

204 Dieser Namen ist nur in Septuaginta, Peschitta und Vulgata in der ursprünglichen Vokalisation erhalten (vgl. App. BHS sowie Esr 4,7). Die Masoreten präsentieren hier eine Schandvokalisation: Ṭabᵉˀal – „Taugenichts", so auch Wildberger, BK.AT 10, 266.

205 Ähnlich Kaiser, ATD 17, 146 f. Weiter erwägt Kaiser, ob Jes 7,6 Probleme des nachexilischen Jerusalems widerspiegelt. So könnte mit dem Ben Tabe'el auf die ostjordanischen Tobiaden angespielt werden (vgl. ATD 17, 139.144 f; so auch Oswald, Textwelt, 218 f).

206 Ähnlich Kaiser, ATD 17, 145.

Mithilfe dieser vielfältigen Bezugstexte wird in Jes 7,1–17* ein Bild des Glaubens gezeichnet, das große Ansprüche an den Glaubenden stellt, aber auch Rettung aufgrund des Glaubens verspricht. Für Glauben in diesem Sinne steht אמן Hiphil (Jes 7,9b). Der Glauben fordert den Glaubenden vor allem deshalb, weil es ein Glaube ist, der menschliche Erwartungen und Vorstellungen sprengt. Nach menschlichem Ermessen ist nicht absehbar, daß es mit Ahas' Gegnern bald ein Ende haben wird (Jes 7,1a.4a), aber Ahas soll daran glauben, bevor er es erleben kann.[207] Und dieser Glaube ist ein so enges, persönliches Verhältnis zu Jahwe, das der Glaubende gegenüber Jahwe auf religiöse Konventionen keine Rücksicht nehmen darf, wenn Jahwe das fordert. So soll Ahas die Macht Gottes durch ein Wunderzeichen prüfen, obwohl gerade das im Alten Testament sonst als menschliche Widerspenstigkeit gegen Gott abgelehnt wird (z. B. Ps 78,40–42). Der Glauben sprengt also die menschlichen Vorstellungen des geschichtlich Möglichen und des religiös Angemessenen aus der Bindung an Jahwe heraus.

Angesichts dieser großen Bedeutung des Glaubens, stellt sich die Frage, wie der Mensch in eine solche Bindung zu Jahwe hineinkommen kann. Die Antwort darauf wird in Jes 7,1–17* nur angedeutet: es ist das Werk Jahwes selbst. Denn im Text wird neben dem ungläubigen Ahas die gläubige junge Frau präsentiert, die Mutter des Immanuel (Jes 7,14). Da deren Glauben ein Zeichen Jahwes ist, hat implizit Jahwe diesen Glauben gewirkt. Jes 7,1–17* konfrontiert den Leser also nicht nur mit großen Erwartungen an seinen Glauben, sondern verspricht ihm auch die Unterstützung Jahwes auf dem Weg zum Glauben.

Weiter ergibt sich die Frage, wie genau diese Bindung an Jahwe aussieht, die in Jes 7,9b mit אמן Hiphil bezeichnet wird. Das wird in Jes 7,1–17* alleine nicht richtig klar, sondern es ergibt sich vor allem aus anderen Texten, auf die sich Jes 7,1–17* bezieht. So zeigt sich erst im Vergleich mit Jes 30,15 f; 31,1.3, wo אמן Hiphil noch fehlt, daß Glaube mehr ist als ein unerschütterliches Festhalten an Jahwe.[208] Vielmehr reagiert Glaube auf Verheißungen Gottes, also auf Gottes Wort (z. B. Jes 7,4a sowie die Anspielung auf II Sam 7,16 in Jes 7,9b). Mit dieser Beobachtung stellt sich allerdings die Frage, ob אמן Hiphil in Jes 7,9b wirklich zum ersten Mal als theologischer Begriff gebraucht wird oder ob auch ältere theologische Texte mit אמן Hiphil wie Ex 14,31 oder Dtn 1,32 zur Deutung von Jes 7,1–17* herangezogen werden sollen. Das ist nun zu prüfen.

---

207 Das ist in der alttestamentlichen Rede vom Glauben mit אמן Hiphil ungewöhnlich. Normalerweise folgt Glauben auf das Sehen von Jahwes Geschichtstaten – oder sollte doch folgen (vgl. z. B. Ex 14,31; Dtn 1,32). S.u., 4.2.1; 7.1.2.
208 So aber Wildberger, BK.AT 10, 285. S. auch u., 4.1.1; 4.2.1.

3.6 Kann אמן Hiphil in Jes 7,9b der älteste theologische Beleg des Verbs sein?

3.6.1 Das Vorgehen: die Begriffsgeschichte als Schlüssel und als Kriterium

In der bisherigen Forschung zum ältesten Beleg von אמן Hiphil[209] hat die Begriffsgeschichte immer mehr an Bedeutung gewonnen. Das zeigt sich, wenn man Eichrodts und Smends Vorgehen vergleicht. Bei Eichrodt (1939) spielen begriffsgeschichtliche Überlegungen kaum eine Rolle, sondern er geht in der Hauptsache von anderweitig gewonnen literar- und redaktionskritischen Ergebnissen aus.[210] Diese sprechen nach Eichrodt dafür, daß der seiner Meinung nach älteste Beleg des theologischen אמן Hiphil Gen 15,6 vom Elohisten stamme und dieser habe im 9. Jahrhundert v. Chr. gewirkt. Aus dieser Verortung ergeben sich für Eichrodt die historischen Hintergründe von Gen 15,6 und die Anliegen, aufgrund derer der Glaubensbegriff geprägt werden mußte.[211] Dagegen argumentiert Smend (1967) immer wieder von Begriffs- und Diskussionsgeschichten[212] her. Beispielsweise erklärt er Gen 15,6 für nachjesajanisch, weil der Text von jüngeren Texten (Dtn 6,25; 24,13) beeinflußt sei.[213] Und auch für Jes 7,9b spielt bei Smend eine Diskussiongeschichte schon eine Rolle, und zwar die von אמן Niphal. In Auseinandersetzung mit Würthwein (1954) erklärte Smend statt des nachjesajanischen II Sam 7,16 die seiner Meinung nach jesajanischen Jes 1,21.26 zu Vorläufern von Jes 7,9b.[214]

Smend fand mit seinem Ergebnis, daß אמן Hiphil als Glaubensbegriff von Jesaja in Jes 7,9b eingeführt worden sei, einigen Anklang in der Forschung,[215] zumal 1967 die Jesajanizität von Jes 7,9b weitgehend unbestritten war.[216] Die Zweifel daran, daß Jes 7,9b ein echtes Jesajawort sei, verschärften sich aber seit

209 S. o., 2.2.
210 Zur Problematik dieses Vorgehens s. auch Wagner, Herrlichkeit, 51.
211 Vgl. Eichrodt, Theologie 2–3, 190 ff.
212 Zu diesen Termini s. o., 2.1.1 und 9, Anm. 29.
213 Vgl. Smend, Geschichte, 245 f.
214 Vgl. Würthwein, Jesaja,139; Smend, Geschichte, 246 f. Allerdings hat sich gegen Smend herausgestellt, daß Jes 7,9b von dem nachjesajanischen II Sam 7,16 abhängig ist (s. o., 44 f). Außerdem ist heute auch die Herkunft von Jes 1,21.26 vom historischen Jesaja umstritten (vgl. z. B. Kilian, EdF 200, 35 ff; Blum, Testament, 563 ff; Becker, Jesaja, 192 ff; Höffken, Jesaja, 120 ff).
215 Vgl. z. B. Müller, Bleiben, 25; Haacker, Bibel, 137 ff; Schmitt, Prophetie, 225 f.
216 Vgl. z. B. Wildberger, BK.AT 10, 268 ff; Kilian, EdF 200, 28 ff zur Mehrheitsmeinung Anfang der 1980er Jahre. Von beiden werden Einwände gegen die Echtheit von Jes 7,9b nicht einmal erwähnt. Vor Otto Kaiser in seinem ATD-Kommentar von 1981 hat v. a. Boehmer 1923 die Jesajanizität des Halbverses in Frage gestellt (vgl. Glaube, 86 ff).

Beginn der 1980er Jahre massiv. Und dabei spielten begriffsgeschichtliche Überlegungen eine Schlüsselrolle. So begründete Kaiser (1981) mit einer „begriffsgeschichtlichen Untersuchung"[217] von Jes 7,4.9 die Spätdatierung des Grundbestandes von Jes 7,1–9. Und dabei wurde אמן Hiphil einbezogen. Kaiser hielt אמן Hiphil
in Jes 7,9b für jünger als die Pentateuchbelege Ex 14,31; Num 14,11 und Dtn 1,32.
Da אמן Hiphil in Jes 7,9b absolut stehe, könne der Text nicht älter sein als die Pentateuchbelege, sondern deren Sprachgebrauch werde in ihm weiterentwickelt.[218]
Kaiser widersprach also Smend aufgrund der Begriffsgeschichte von אמן Hiphil.

Doch wurde die Begriffsgeschichte auch eingesetzt, um die Jesajanizität von
Jes 7,9b zu verteidigen. Perlitt (1989) und Barthel (1997) widersprachen Kaiser –
ebenfalls aufgrund der Begriffsgeschichte von אמן Hiphil. Gerade weil der absolute Gebrauch des Verbs in dtr. Literatur nicht vorkomme, sondern eine Parallele
in Jes 28,16bβ habe, könne man nicht behaupten, hier würde dtr. Sprache weiterentwickelt.[219]

Diese Einblicke in die Debatte um אמן Hiphil und Jes 7,9b verdeutlichen, daß
die Begriffsgeschichte grundsätzlich entscheidende Anhaltspunkte für Zuschrei-
bungen und Datierungen von alttestamentlichen Texten liefert.[220] Aber die
Begriffsgeschichte ist seit den frühen 1980er Jahren stark umstritten, wie die Kontroverse zwischen Kaiser und Perlitt sowie Barthel zeigt. Ursache für die Kontroversen könnten unklare Kriterien sein, welche Begriffe eher an den Anfang und
welche eher ans Ende einer Entwicklungsgeschichte gehören. Aus diesen Gründen
ist es erforderlich, sich nun intensiv mit der Begriffsgeschichte zu beschäftigen.
Zunächst sind die Kriterien zu klären und dann ist zu fragen, ob von ihnen aus
gesehen Jes 7,9b der älteste theologische Beleg von אמן Hiphil sein kann.

3.6.2 Begriffgeschichtliche Prüfung

Eine begriffsgeschichtliche Perspektive bedeutet, daß die Kriterien für das Alter
eines Belegs allein aus der Entwicklung des Begriffs gewonnen werden. Für den
ältesten Beleg ist das entscheidende Kriterium, daß er für Leser verständlich sein
muß, die diesen Begriff noch nicht kennen. Die jüngeren Belege müssen in eine
nachvollziehbare Weiterentwicklung des Begriffs eingeordnet werden können,

---

217 Kaiser, ATD 17, 141.
218 Vgl. Kaiser, ATD 17, 142 f sowie Becker, Jesaja, 51 f. Auch Smend sympathisiert 1982 mit einer
dtr. Verortung des Begriffs אמן Hiphil (vgl. Smend, Theologie, 83).
219 Vgl. Perlitt, Jesaja, 143 ff; Barthel, Prophetenwort, 138. So auch Berges, Buch, 106.
220 Ähnlich Williamson, Search, 191 ff.

in der sich meist die theologischen Anliegen und Probleme der Träger niedergeschlagen haben. Typisch für jüngere Belege ist z. B., daß schon vorliegende Gedanken gesteigert oder konsequenter ausgeführt werden oder daß mehrere vorliegende Ansätze zusammengefaßt werden.[221]

Wenn Jes 7,9b also der älteste Beleg von אמן Hiphil als „glauben" sein soll, muß ein Leser von Jes 7,9b verstehen, was von den Davididen verlangt wird, ohne אמן Hiphil im Sinne von „glauben" schon zu kennen. Es ist zu klären, ob das „glaubt ihr nicht (אמן Hiphil), so bleibt ihr nicht (אמן Niphal)" von Jes 7,9b das leistet.

Dagegen spricht schon, daß Jes 7,9b ein Wortspiel ist. Und ein Wortspiel kann nur funktionieren, wenn es auf Worte zurückgreift, die bei seinen Lesern oder Hörern bereits als feste Größen bekannt sind.[222] Weiter schließt Müller aus seiner Deutung von אמן Hiphil als „Sich-in-Festigkeit-Versetzen"[223]: „Insofern haftet dem Satz Jes. vii 9b etwas Tautologisches."[224] Auch die Tautologie ist ein Spiel mit geläufigen Worten. Weder mit einem Wortspiel noch mit einer Tautologie kann man neue Begriffe vorstellen. Schon die Formulierung von Jes 7,9b spricht also dagegen, daß hier der älteste Beleg vorliegt.

Ein zweites schwerwiegendes Problem für die Verständlichkeit von Jes 7,9 ist der absolute Gebrauch beider Verben, v. a. von אמן Hiphil.[225] Weil kein Objekt genannt wird, ist nicht klar, an wen oder an was die Davididen glauben sollen[226] – oder ob sie überhaupt im theologischen Sinne glauben und nicht einfach die richtige Politik machen sollen.[227] Zwar könnte der Leser dem Kontext von Jes 7,9b

---

221 Vgl. Rudnig-Zelt, Hoseastudien, 45 f.
222 Mit dieser Überlegung deutet schon Ebeling Bedenken dagegen an, daß Jes 7,9b der älteste Beleg von אמן Hiphil im theologischen Sinne sein könnte (vgl. WG 1, 215, Anm. 22). Smend, Geschichte, 288 f weist zwar die Bedenken Ebelings zurück, kann aber nicht erklären, wie ein Leser Jes 7,9b nachvollziehen kann, der אמן Hiphil zum ersten Mal in dieser theologischen Verwendung sieht.
223 Müller, Bleiben, 37. Dies kritisiert Beuken: Es „darf aus dem Fehlen eines Objekts nicht geschlossen werden, dieses Vertrauen beruhe auf sich selbst" (HThKAT, 200).
224 Müller, Bleiben, 36.
225 Absolut ist אמן Hiphil in theologischen Kontexten nur noch in Jes 28,16bβ und Ex 4,31 belegt. Dabei ist Jes 28,16bβ von Jes 7,9b abhängig, s. u., 103, Anm. 109. Der absolute Gebrauch wurde aus Jes 7,9b übernommen. In Ex 4,31 steht אמן Hiphil ohne Objekt nach einer langen Erzählung, in der das Verb mehrfach mit Objekt versehen ist (V.1.5.8.9). Hier dient also der Kontext zur Erläuterung. Zu den profanen Stellen mit absolutem אמן Hiphil s. u., 4.1.4; 4.1.6.
226 So auch Kaiser, ATD 17, 142 f; Pfeiffer, Glaube, 159 f; Beuken, HThKAT, 200 f.
227 Nach Irvine/Hayes steht אמן Hiphil ausschließlich für politische Vorsicht und Neutralität (Isaiah, 129), nach Schulte für innenpolitische Stabilität durch Solidarität (vgl. Jesaja, 29 f). Zu einer Kritik dieser Deutung von אמן Hiphil s. u., 4.1.7; 4.2.4.

einen Gegenstand des Glaubens entnehmen. Das könnte v. a. das Gotteswort
in V.4a sein.[228] Dann sprechen die vielen theologisch aufgeladenen Worte und
Begriffe in Jes 7,1–17* (z. B. der Kindername Schear-Jaschub „ein Rest kehrt um";
שמר Niphal „sich hüten"; אות „Zeichen"; נסה Piel „versuchen" mit Objekt Jahwe;
לאה „ermüden" mit Objekt „mein Gott") gegen eine rein politische Deutung des
Textes. Aber vollständige Klarheit kann der Leser allein aus dem Kontext nicht
gewinnen, sondern er ist auf weitere Texte angewiesen, die אמן Hiphil verwenden
und in denen die Bedeutung klarer ist.[229] Es ist jedenfalls sehr unwahrscheinlich,
daß ein neuer theologischer Begriff in einem so vieldeutigen und geradezu miß-
verständlichen Text wie Jes 7,9b eingeführt wird.

Der Überlegung, daß der absolute Gebrauch von אמן Hiphil in Jes 7,9b zu
vieldeutig ist, um so einen neuen, theologischen Begriff einzuführen, würde
Wildberger energisch widersprechen. Er würde dagegen halten, daß es in Jes 7,9b
auf die reine Haltung des Glaubens ankomme, auf die bloße Zuversicht in einer
bedrohlichen Situation.[230] Zwar sucht Wildberger nicht den ältesten theologischen אמן Hiphil-Text. Aber es klingt bei ihm an, daß Jes 7,9b gerade durch den
absoluten Gebrauch den profanen Belegen (Hi 29,24; 39,24) nahesteht, die laut
Wildberger den ältesten Gebrauch widerspiegeln. Denn auch diese verwenden
das Verb absolut.[231] Es ist allerdings die Frage, ob Wildbergers These einleuchtet. Sie muß am konkreten Sprachgebrauch von אמן Hiphil im Alten Testament

---

228 S.u., 4.4.3 f.

229 So auch z.B. Boehmer, Glaube, 12; Beuken, HThKAT, 201. Eine Sichtung des Sprachgebrauchs zeigt beispielsweise, daß אמן Hiphil sonst nie für politisches Handeln steht, so daß eine
solche Bedeutung in Jes 7,9b nicht plausibel ist (s. u., 4.1.7; 4.2.4). Schulte muß hier deshalb v. a.
von אמן *Niphal* aus argumentieren (vgl. Jesaja, 25 ff). Aber auch dieses Verb ist in dem entscheidenden Referenztext II Sam 7,16 (s. o., 44 f) stark theologisch gefärbt.

230 Vgl. Wildberger, „Glauben", 132; ders., Erwägungen, 377; ähnlich van Dorssen, Derivata, 27 f.
Dabei kommt es Wildberger darauf an, auszuschließen, daß der Glaube in Jes 7,9b als ein Werk
verstanden wird. Ginge es einfach um das Fürwahrhalten eines Prophetenwortes, könnte man
das als ein Werk auffassen (vgl. BK.AT, 284 f). Dagegen spricht jedoch, daß es im Alten Testament generell nicht darauf ankommt, Glauben und Fürwahrhalten strikt voneinander zu trennen
(s. u., 4.1.7; 4.2.4). Müller schließt sich der These Wildbergers entschieden an (vgl. Bleiben, 33 ff)
und steigert Wildbergers Deutung von Jes 7,9b noch einmal. Müller erwägt nämlich, ob Jes 7,9b
bewußt ein Stück weit tautologisch formuliert sei (vgl. Bleiben, 36 ff). Denn Müller versteht אמן
Hiphil als innerlich-faktitives Hiphil, d. h. das Subjekt selbst soll sich in den Zustand der Festigkeit versetzen (vgl. Bleiben, 35). Wenn also jemand אמן Hiphil vollzieht (nach Müller „sich
fest machen"), ist er in diesem Moment אמן Niphal („fest sein"). Damit droht trotz gewisser Ein-
schränkungen Müllers (vgl. Bleiben, 37 f) der Bezug des Glaubenden zur Außenwelt zu schwinden, und es stellt sich die Frage, ob das im Alten Testament schon denkbar ist. Wenn dort etwas
in dieser Art ausgedrückt wird (z. B. Jes 30,15a), geschieht es jedenfalls nicht mit אמן Hiphil.

231 Vgl. Wildberger, Erwägungen, 375 ff.

geprüft werden: spielt hier ein absoluter Glaube eine Rolle, eine bloße Haltung von Festigkeit und Zuversicht?[232] Und kann man wirklich eine einleuchtende Begriffsgeschichte rekonstruieren, wenn Hi 29,24; 39,24 die älteste Verwendungsweise bewahrt haben? Die späte Herkunft beider Texte ist unbestritten. Und außerdem sind beide Belege schwer verständlich und hochgradig deutungsbedürftig.[233]

Abgesehen von der Frage nach der Verständlichkeit gibt es weitere Bedenken gegen Jes 7,9b als ältesten theologischen Text mit אמן Hiphil. Immerhin fällt auf den ersten Blick auf, daß Glaube in Jes 7,9b ungleich wichtiger ist als in etlichen Pentateuchbelegen. Während in diesen Pentateuchtexten der Glaube auf die erlebte Rettung folgt oder doch folgen sollte (z. B. Ex 14,31; Num 14,11; Dtn 1,29–32*[234]), ist es in Jes 7,1–17* umgekehrt. Glaube muß vor der Rettung vorhanden sein, weil er Bedingung der Rettung ist (Jes 7,9b). Erst als die junge Frau ihren Glauben in der Benennung ihres Sohnes gezeigt hat (Jes 7,14), gehen die Feinde der Davididen und Judas unter (Jes 7,16).[235] Jes 7,9b steigert also die Glaubensauffassung der Pentateuchtexte. Und eine solche Steigerung ist charakteristisch für jüngere Texte.

Es sieht folglich nicht so aus, als könnte Jes 7,9b die Stelle sein, wo die theologische Verwendung von אמן Hiphil eingeführt wurde. Doch das muß im folgenden noch genauer untersucht werden. Dazu ist zuerst die Wortbedeutung von אמן Hiphil im profanen und theologischen Sinne zu klären, um die These Wildbergers zu prüfen, daß der absolute Gebrauch besonders alt und wichtig sei und daß es beim theologischen אמן Hiphil v. a. auf den Glauben als bloße Haltung ankomme. Danach wird noch einmal nach dem ältesten Beleg gefragt und von dort aus wird die Begriffsgeschichte des theologischen אמן Hiphil rekonstruiert.

---

232 S.u., 4.1.7; 4.2.4.

233 Vgl. die Kommentare z.St. und s.u., 94 und 89, Anm. 56.

234 Mit Veijola, ATD 8/1, 29.38f sind die V.30.31b und 32 dem Grundbestand zuzuweisen. In V.31a gehört nur ובמדבר („ und in der Wüste") zur ältesten Fassung; der Rest dieses Halbverses wurde später ergänzt. Zur Datierung und Herkunft von Dtn 1,30–32* s.u., 5.1.3; 5.5.

235 S.o., 3.2. Ähnlich auch Wildberger, „Glauben", 133. Er deutet dies als kritische Auseinandersetzung des historischen Jesaja mit der Heilsprophetie. Gegen eine Zuschreibung von Jes 7,1–17* an Jesaja s. o., 3.4.

4 Die Geschichte des theologischen Begriffs אמן Hiphil

4.1 Die Vorgeschichte: die innerweltliche Verwendung von אמן Hiphil

4.1.1 Die Forschungslage

Die Frage, was genau אמן Hiphil bedeutet, läßt sich auf den ersten Blick durch Überlegungen zur Derivation lösen: Wie verändert die Stammform Hiphil die Grundbedeutung der Wurzel אמן?[1] Eigentlich ist das eine hebraistische Standardoperation, aber für אמן gelingt sie nicht ohne weiteres. Denn die Grundbedeutung der Wurzel ist fraglich, weil sie nur selten im Grundstamm Qal belegt ist. Hier kommt sie nur als Partizip vor (Num 11,12; II Sam 4,4; II Reg 10,1.5; Jes 49,23; Ruth 4,16; Thr 4,5 [Partizip passiv]; Esth 2,7), und die Bedeutung „Betreuer, Betreuerin von Kindern"[2] oder „betreuen, versorgen" paßt nicht ohne weiteres zur Verwendung des Verbs im Hiphil (herkömmlich „Vertrauen gewinnen") und Niphal (meist „zuverlässig, treu sein"). Deshalb wird sogar diskutiert, ob die Qal-Belege zu einer anderen Wurzel (אמן II) gehören.[3] Zwar könnte die Interjektion „Amen" (אָמֵן) ein Verbaladjektiv der Wurzel אמן sein,[4] aber die Bedeutung dieser Interjektion „so geschehe es"[5] ist nicht mit der Bedeutung der Partizipia Qal („Betreuer" oder „versorgen") vereinbar. Folglich ist es nicht möglich, die

---

1 Zu weiteren Derivaten der Wurzel s. o., 2.1.3.
2 Vgl. Jepsen, Art. אמן, Sp. 315 f.
3 So etwa HALAT, 62; anders Gesenius[18], 73.
4 So z. B. Joüon-Muraoka § 105 f; Hamidović, Art. אמן, Sp. 217.
5 Amen wird in der Regel nach Flüchen (z. B. Num 5,22; Dtn 27,15 ff; Neh 5,13) oder nach Doxologien (z. B. Ps 41,14; 72,19; 106,48; Neh 8,6) gesagt und bedeutet meist die Zustimmung der Gemeinde, nur in Num 5,22 des Verfluchten selbst. In Qumran wird אמן אמן analog verwendet (vgl. Hamidović, Art. אמן, Sp. 217 ff). Die LXX gibt den Ausruf meist als γένοιτο („so geschehe es") wieder (vgl. Wildberger, Art. אמן, Sp. 194; etwas anders Gesenius[18], 74 [„gewiß!"]). Ob die Zustimmung zum Fluch eine Selbstverfluchung einschließt (so z. B. Wildberger, Art, אמן, Sp. 194 f; Wallis, Voraussetzungen, Sp. 4 ff), geht aus den Texten außer Num 5,22 nicht klar hervor. Nur einmal ist אָמֵן eindeutig als Adjektiv belegt (Sir 7,22) und bedeutet „zuverlässig". In Jes 65,16 wird Amen als Gottesprädikation verwendet (אלהי אמן). Das muß man entweder als „Gott des Amens" wiedergeben, so daß die liturgische Interjektion nun auf Gott übertragen würde („der Gott, der seine Worte geschehen läßt") oder man muß konjizieren (vgl. van Dorssen, Derivata, 39; Wildberger, Art. אמן, Sp. 195 f).

Grundbedeutung von אמן von „Amen" her aufzuhellen.[6] Eine weitere Schwierigkeit bei der Suche nach einer Grundbedeutung ist, daß die Wurzel in alten semitischen Sprachen wie dem Akkadischen oder dem Ugaritischen nicht belegt ist, sondern erst im Reichsaramäischen, dort aber selten vorkommt.[7] Trotz aller Probleme wurde in der Forschung meist für eine Grundbedeutung „fest sein" plädiert, wobei man sich v. a. auf syrische, aramäische und altsüdarabische Belege der Wurzel berief. Diese sind jedoch fast durchgehend nachalttestamentlich.[8] Folglich bleibt diese Grundbedeutung unsicher. Außerdem würde אמן so als ein Zustandsverb aufgefaßt. Aber dagegen spricht, daß das Verb im Qal ausschließlich im Partizip belegt ist, während Zustandsverben im strengen Sinne keine Partizipien bilden.[9]

Deshalb wurde in der Forschung eine Einordnung von אמן als Handlungsverb mit der Grundbedeutung „tragen" erwogen.[10] Doch scheitert das vor allem daran, daß diese Grundbedeutung kaum jemals belegt ist. Nur Thr 4,5 könnte man als Partizip passiv von ihr erklären. Ob in Jes 60,4 ein Niphal mit der Bedeutung „getragen werden" vorliegt, ist umstritten, weil die Form ungewöhnlich vokalisiert ist.[11] Letztlich muß man einsehen, daß man nicht einmal sicher sagen kann, ob אמן ein Handlungs- oder ein Zustandsverb ist. Denn um das zu entscheiden, müßte das Verb in einer eindeutigen Form belegt sein, v. a. einem a-Imperfekt oder einer 3.masc.sing. Perfekt Qal.

Außerdem ist deutlich, daß das Hiphil im Fall von אמן nicht die übliche, kausative Bedeutung hat.[12] Geht man von einer Grundbedeutung „fest sein" aus,

---

6 In der Forschung wurden solche Versuche denn auch nur selten unternommen, v. a. von Weiser und Wallis. Zu den Problemen s. u., 82.

7 So auch Jepsen, Art. אמן, Sp. 314 ff; Wildberger, Art. אמן; Sp. 178. Vgl. außerdem das Nomen אמנה „Obhut" (vgl. HALAT, 63), das nur einmal in Esth 2,20 vorkommt.

8 So z. B. HALAT, 61; Jacob, Genesis, 393; Gräßer, Hebräerbrief, 79; Wildberger, Erwägungen, 373; ders., Art. אמן, Sp. 178; Preuß, Theologie 2, 171; Disse, Glaubenserkenntnis, 25; Köckert, „Glaube", 421. Michel erwägt einen ursemitischen zweiradikaligen Stamm *mn, der im Ägyptischen noch als „fest sein" erhalten sein könnte (vgl. Begriffsuntersuchung, 119). Zwar bedeutet אמן auch in den Kausativstämmen z. B. im Arabischen, Äthiopischen und Syrischen „glauben", doch verdankt sich das Einflüssen des Alten Testaments und trägt dadurch für die Frage einer Grundbedeutung der Wurzel nichts aus (so auch Wildberger, Erwägungen, 373).

9 Allerdings gleichen sich Zustandsverben im Lauf der Sprachgeschichte tendenziell an die Handlungsverben an, und deshalb gibt es von einigen doch Partizipien (vgl. Joüon-Muraoka § 41 c).

10 Vgl. Zorell, Lexicon, 63; van Dorssen, Derivata, 89 f; Vriezen, Geloven, 12 f; ähnlich Hirsch, Genesis, 226 [„festmachen"].

11 Dafür z. B. van Dorssen, Derivata, 8; dagegen z. B. HALAT, 61; vgl. außerdem App. BHS.

12 Vgl. GK § 53 c; Joüon-Muraoka § 54.

wäre das „fest machen". In diesem oder einem ähnlichen Sinne wird אמן Hiphil aber nie verwendet. Also muß man fragen, ob hier eine Sonderbedeutung des Hiphils vorliegt. Das wären ein innerlich kausatives, intransitives Hiphil (d. h. der Beginn eines Zustands: „Festigkeit gewinnen, vertrauen")[13] oder ein sogenanntes Pseudo-Hiphil[14] oder ein deklarativ-ästimatives Hiphil („für zuverlässig oder wahr halten")[15]? Die bisherige Forschung hat meist für ein intransitives Hiphil votiert und eine Bedeutung von אמן Hiphil in der Richtung von „Vertrauen gewinnen", „Festigkeit gewinnen" vorgeschlagen.[16]

Für die Deutung des Hiphils von אמן als intransitives Hiphil („Festigkeit gewinnen") sprechen zwar philologische Überlegungen, v. a. daß die Alternative, ein deklarativ-ästimatives Hiphil, mit Akkusativ konstruiert werden müßte, was bei אמן Hiphil nur an einer schwierigen Stelle vorkommt (Jdc 11,20 sowie ähnlich Hi 15,22).[17]

---

13 Vgl. Bauer-Leander § 38 b‴; GKC § 53 e; Waltke-O'Connor, 27.2 f; Joüon-Muraoka § 54 e. Ein solches Hiphil ist beispielsweise das Hiphil von שמן (Qal: „fett sein"; Hiphil: „verfetten, Fett ansetzen").

14 Ein Pseudo-Hiphil ist ein i-Imperfekt eines Zustandsverbs im Qal, das später mit einem Hiphil verwechselt wurde, weil diese i-Imperfekte selten sind, vgl. Joüon-Muraoka § 54 f; Wildberger, Erwägungen, 389 f, Anm. 1.

15 Bauer-Leander § 38 r″u″; GKC § 53 c; Waltke-O'Connor, 27.2 e; Joüon-Muraoka § 54 d. Gute Beispiele dafür sind die Hiphilbildungen von צדק (Qal: „gerecht sein", Hiphil: „für gerecht erklären") und קלל (Qal: „klein, gering sein"; Hiphil: „als gering, verächtlich behandeln"). Das Hiphil von קלל zeigt sehr schön, wie ein hebräisches Hiphil zwei Handlungen in einem Wort zusammenfassen kann: 1) Man hält jemanden für verächtlich 2) man behandelt ihn so. Beim Hiphil von אמן verhält sich das ähnlich, s. u., 4.1.7; 4.2.4.

16 Z. B. van Dorssen, Derivata, 95; Barr, Bibelexegese, 180 f; Wildberger, Art. אמן, Sp. 188 ff; ders., Erwägungen, 384 ff; „Glauben", 132; Müller, Bleiben, 35 ff; Haacker, Art. Glaube II/2, 280; Beuken, HThKAT, 200; Neef, Abrams Glaube, 363; Hieke, Rede vom Glauben, 30; Köckert, „Glaube", 421. Dagegen z. B. Pfeiffer, Glaube, 152; Würthwein, Jesaja, 142. Würthwein und Pfeiffer rechnen mit einem deklarativ-ästimativen Hiphil.

17 Vgl. z. B. Barr, Bibelexegese, 180; Wildberger, Erwägungen, 374. In Jdc 11,20 bietet der hebräische Text eine Analogie zum lateinischen AcI: „Aber Sihon glaubte [אמן Hiphil] nicht, daß Israel (Akkusativ) durch sein Gebiet ziehen würde (Inf.cs.)" (vgl. GKC § 157 a, Anm. 2; König, Wörterbuch, 21). Diese Konstruktion ist im Hebräischen sehr selten (vgl. ähnlich noch Num 20,21; 21,23 sowie mit אמן Hiphil Hi 15,22). Die LXX liest in Jdc 11,20 für אמן Hiphil ἠθέλησεν, also Aorist von θέλειν, „wollen". MT ist beizubehalten, weil er eindeutig *lectio difficilior* ist. Außerdem ist eine hebräische Vorlage der LXX nicht ohne größere Eingriffe in den Konsonantentext von MT zu rekonstruieren, s. App. BHS. Die LXX-Übersetzer haben hier auf die ungewöhnliche Konstruktion von אמן Hiphil mit einer freieren Wiedergabe reagiert und außerdem Jdc 11,20 an die Parallele Dtn 2,30 (אבה „wollen") angeglichen. So auch Pfeiffer, Glaube, 162; dagegen van Dorssen, Derivata, 26 f; Wildberger, Erwägungen, 374.

Aber der Befund ist nicht eindeutig, denn אמן Hiphil kann wie ein *verbum dicendi* mit einem durch כי eingeleiteten Objektsatz stehen (vgl. Ex 4,5; Hi 9,16; Thr 4,12).[18]

Außerdem zeigt die Verwendung der Wurzel im Hiphil in innerweltlichen oder profanen Zusammenhängen, daß zusätzlich ein deklarativ-ästimativer Bedeutungsaspekt berücksichtigt werden muß. Denn für das Hiphil in profanen Kontexten ist eine enge Verbindung von Vertrauen und Urteilen charakteristisch, von Glauben und Fürwahrhalten (z. B. Gen 45,26; I Sam 27,12). Auch in theologischen Belegen des Wortes fällt auf, daß Glaubensinhalte durchaus von Gott selbst als überzeugend bewiesen werden können (z. B. Ex 4,1–9; Num 14,11). Die Verbindung von Glauben und Evidenz spielt hier ebenfalls eine wichtige Rolle.[19] Weiter ist zu bedenken, daß אמת, also eine Nominalbildung der Wurzel אמן, „Wahrheit" und „Zuverlässigkeit" bedeuten kann.[20] Die Annahme, bei אמן sei das Hiphil rein intransitiv, kann also nicht befriedigen. Die Frage muß erneut bearbeitet werden, und es ist deutlich geworden, daß dafür Überlegungen zur Derivation nicht ausreichen.

Vielmehr muß ein anderer Zugang gesucht werden, um die Bedeutung von אמן Hiphil zu klären, und das ist der konkrete Gebrauch des Verbs.[21] Denn grundsätzlich entscheidet die Verwendung über die Bedeutung eines Wortes. Sie ist der Derivation oder Etymologie als Zugang zur Wortbedeutung vorzuziehen, weil beides den Sprechern und Autoren nicht bewußt sein muß, wenn sie ein Wort gebrauchen. Und weiter wird ein solches Vorgehen den besonderen Problemen von אמן Hiphil am besten gerecht, vor allem der unklaren Grundbedeutung der Wurzel.[22]

---

18 Vgl. GKC § 157 a; Brockelmann, Hebräische Syntax § 160 a. Das kann auch Wildberger, Erwägungen, 383 nicht bestreiten. Außerdem haben die Präpositionen ב und ל, die meist auf אמן Hiphil folgen, eine Affinität zum Akkusativ (vgl. auch Brockelmann, Hebräische Syntax § 106 d). So fungiert ל im Aramäischen und späten Hebräisch als *nota accusativi* (vgl. Rosenthal, Biblical Aramaic, 65; Joüon-Muraoka § 125 k). Ebenso kann ב in der jüngeren Sprache anstelle des Akkusativs stehen (vgl. HALAT, 101).

19 S. u., 4.2.1; 7.1.2.

20 Vgl. HALAT, 66 f; Wildberger, Art. אמן, Sp. 201 ff; Hieke, Rede vom Glauben, 31. S. o., 2.1.3 und u., 90 f.

21 So auch van Dorssen, Derivata, 2; vgl. Jepsen, Art. אמן, Sp. 321 und ferner Lämmerhirt, Wahrheit, 6.

22 Außerdem trägt ein solches Vorgehen den grundsätzlichen Mahnungen Barrs Rechnung, die Etymologie bei der Erhellung von theologischen Termini nicht zu überschätzen. Anstelle dessen komme es auf den jeweiligen Kontext an (vgl. Barr, Bibelexegese, 233 f.244 ff; so auch Michel, Begriffsuntersuchung, 124 ff).

Exkurs: die Alternativthesen Bachs und Weisers

Neben der am weitesten verbreiteten These, bei אמן sei das Hiphil intransitiv, haben hauptsächlich Bach und Weiser in der ersten Hälfte des 20. Jh. andere Erklärungen von אמן Hiphil vorgeschlagen. Bach (1900) geht von der konkreten Verwendung des Wortes aus. Er behauptet, daß אמן
Hiphil für Lebensgefahr des jeweiligen Subjekts gebraucht werde. Tatsächlich trifft das für einige
profane und theologische Belege zu (z. B. Ex 14,31; Num 14,11; Dtn 1,32; 28,66; Jer 40,14; Hi 24,22).[23]
Nach Bach bedeutet Glauben zu gewinnen, sein Leben in einer gefährlichen Lage zu stabilisieren
und zu retten, während Unglaube zum Tod führe.[24] Allerdings kann Bach so eine ganze Reihe
von profanen Belegen nicht erklären, die davor warnen, sich voreilig auf Menschen zu verlassen
(Jer 12,6; Mi 7,5; Prov 26,25 vgl. ferner I Sam 27,12). Denn hier wäre nicht Unglauben lebensgefähr-
lich, sondern Glauben an die falschen Menschen. Weiter stirbt Gedalja in Jer 41,2 nicht an seinem
Unglauben, sondern durch den Mordanschlag, an dessen Existenz er nicht geglaubt hat (Jer 40,14).
Für das Überleben scheint es also eher darauf anzukommen, ob Glauben oder Unglauben auf
einem zuverlässigen Urteil über die Lage beruhen, als darauf, ob man glaubt oder nicht.[25]

Weiser (1935) sieht dagegen אמן als einen sogenannten Formalbegriff. Dieser drücke aus,
daß ein bestimmtes Subjekt die erwarteten Eigenschaften tatsächlich hat.[26] Semitistisch bleiben
dabei jedoch Fragen offen. So macht Weiser nicht klar, ob sich die Rede vom Formalbegriff auf
die Wurzel allgemein bezieht oder auf bestimmte Verbalstämme oder Nomina. Außerdem kann
er keine Formalbegriffe aus anderen semitischen Sprachen nennen.[27] Und weiter hält Weiser
seine eigene These nicht konsequent durch. So bestimmt er die Bedeutung von אמן Hiphil nicht
rein formal, sondern inhaltlich gefüllt als „Zu etw [sic!] Amen sagen mit allen Konseqenzen für
Obj und Subj. [Original gesperrt]"[28] Jedoch kann Weiser keinen einzigen alttestamentlichen Text
nennen, in dem אמן Hiphil und Amen tatsächlich im Zusammenhang stehen.[29]

---

23 Vgl. Bach, Glauben, 31 ff. Allerdings unterschätzt Bach die Möglichkeit rhetorischer Übertrei-
bung v. a. in Gen 45,26 und I Reg 10,7.
24 Vgl. Bach, Glauben, 49 f. Außerdem übersieht Bach, daß in seinen Paradebeispielen
Gen 45,26 und I Reg 10,7 körperlich-seelisches Wanken nicht immer aus Skepsis folgt. Vielmehr
schwinden der Königin von Saba die Sinne, als sie an die Berichte glaubt, an denen sie vorher
gezweifelt hat (I Reg 10,5–7).
25 Vgl. ähnlich van Dorssen, Derivata, 96.
26 Vgl. Weiser, Glauben, 89; ders., Begriff, 184.
27 Vgl. ähnlich Barr, Bibelexegese, 182 f.
28 Weiser, Begriff, 186. So auch Wallis, Voraussetzungen, 3 und ähnlich schon Hirsch, Genesis,
226. Hirsch bestimmt die Bedeutung von אמן Hiphil als „sich ganz Gott überlassen, sich Gott als
bildungsgefügigen Stoff hingeben" (Genesis, 226).
29 Vgl. auch Barr, Bibelexegese, 181 f, der Weisers Argumentation für rein assoziativ hält:
„Gewiß wird niemand annehmen, hä'ᵃmin sei in der Tat aus der Praxis des Amensagens entstanden, und wahrscheinlich meint Weiser das auch nicht" (Bibelexegese, 182 f). Zu den Problemen
von „Amen" s. Wildberger, Art. אמן Sp. 194 ff; Wallis, Voraussetzungen, 3 ff.

4.1.2 Zur Unterscheidung zwischen theologischem und innerweltlichen Gebrauch von אמן Hiphil

Das Verb אמן im Hiphil wird auf zwei Ebenen verwendet: einer profanen beziehungsweise innerweltlichen und einer theologischen.[30] Manchmal ist offensichtlich, ob man mit profanem oder theologischem Gebrauch zu tun hat. So ist אמן Hiphil als Reaktion auf eine Aussage von Menschen über Menschen (z. B. Gen 45,26) eindeutig weltlich und als Antwort auf eine Predigt über Gottes Taten in Gegenwart und Zukunft (z. B. Dtn 1,32) eindeutig theologisch. Für manche Texte ist eine solche Zuordnung jedoch schwieriger.[31] In ihnen kann man profanen und theologischen Gebrauch nicht alleine daran unterscheiden, ob von Gott die Rede ist oder nicht.[32]

Denn ginge man davon aus, daß in einem theologischen Text Gott Thema sein muß, müßte man Aussagen über den Glauben an Mose und an die Propheten der innerweltlichen Rede zuweisen (Ex 4,1–9; 14,31; 19,9; II Chr 20,20). Doch das ist nicht treffend. Betrachtet man die Texte genauer, stellt man fest, daß die Formulierungen zum Verwechseln denen in eindeutig theologischen Texten ähneln (z. B. אות „Zeichen" in Ex 4,8 f und Num 14,11; שמע בקולי „auf meine Stimme hören" in Ex 4,1 und II Reg 17,14). Folglich leuchtet nicht ein, daß diese Texte sich

---

30 Diese Unterscheidung ist in der Forschung geläufig (vgl. z. B. Smend, Geschichte, 244; Wildberger, Erwägungen, 375; anders van Dorssen, Derivata,18 ff; Jenni, Beth, 254 f). Vor allem in Lexikonartikeln wird sie so selbstverständlich vorausgesetzt, daß sie gar nicht mehr eingeführt oder begründet wird (vgl. Haacker, Art. Glaube II/2, 280; Kaiser, Art. Glaube II., Sp. 944; ebenso Pfeiffer, Glaube, 153 ff). Schon Bach, Glaube, 29, unterscheidet „gemeinen" und „heiligen" Sprachgebrauch. Die Rede vom heiligen Gebrauch leitet Bach vom hebräischen קדש „heilig" ab. Allerdings ist diese Wurzel im Zusammenhang mit אמן Hiphil nur einmal in Num 20,12 belegt. In der vorliegenden Arbeit wird deshalb gegen Bach die Rede vom theologischen Gebrauch bevorzugt, weil die entsprechenden Belege kein unmittelbarer Ausdruck religiösen Erlebens sind, sondern über das rechte Gottesverhältnis reflektieren (s. u., 4.2.4).
31 In der Forschung wurde das Problem bisher kaum behandelt. Die meisten Exegeten orientieren sich hier an der Liste von Bach, Glaube, 30 (z. B. Wildberger, Erwägungen, 375) oder sie klären das Problem gar nicht (z. B. Jepsen, Art. אמן; Pfeiffer, Glaube). Nur Smend, Geschichte, 244 f bringt ansatzweise eine Definition von theologischem und weltlichem Sprachgebrauch. Er trennt Belege, in denen Gott das Gegenüber von אמן ist, als theologischen Sprachgebrauch von den übrigen (= weltliche Verwendung). Diese Unterscheidung allein anhand des Gegenstands von אמן Hiphil wird aber den fließenden Übergängen zwischen Göttlichem und Weltlichem im Alten Testament nicht gerecht. So wird etwa Ex 4,1–9 von den meisten Exegeten ohne weitere Untersuchung dem profanen Sprachgebrauch zugewiesen (z. B. Smend, Geschichte, 244; Wildberger, Art. אמן, Sp. 190). Aber dabei wird übersehen, daß die Autorität des Mose, um die es hier geht, im Alten Testament ein theologisches Problem ist (s. u., 4.4.2).
32 So aber Smend, Geschichte, 244 f.

grundsätzlich unterscheiden sollen. Und in Jes 53,1; Hab 1,5 wird eine Aussage über Gott nach dem Maßstab der Glaubhaftigkeit beurteilt.[33] Das ist der gleiche Vorgang wie bei profanen Behauptungen (z. B. Gen 45,26; II Reg 10,7). Es stellt sich also die Frage, ob allein der theologische Aussageinhalt einen entscheidenden Unterschied macht. Weiter wird in Hi 4,18; 15,15 Gott selbst zum Subjekt von אמן Hiphil. Es ist davon die Rede, daß er seinen Dienern, Engeln und Heiligen mißtraut. Genauso wird aber אמן Hiphil sonst für menschliche Empfindungen gebraucht (z. B. Jer 12,6; Mi 7,5; Prov 26,25). Und kann man schon von einer anderen Verwendungsweise sprechen, allein weil Gott das Subjekt ist? Es ist also klar, daß man theologischen und profanen Sprachgebrauch nicht alleine daran unterscheiden kann, ob es um Gott geht. Das Kriterium muß vielmehr aus dem Gebrauch von אמן Hiphil im Alten Testament selbst heraus entwickelt werden.

Als ein solches Kriterium ist der deutlichste Unterschied zwischen beiden Verwendungsweisen im Alten Testament geeignet. Dieser liegt weniger im Glaubensinhalt als in der Bedeutung des Glaubens für den, der glaubt. Im innerweltlichen Sinne bezeichnet אמן Hiphil fast immer eine konkrete Meinung zu einer einzelnen Aussage (z. B. Gen 45,26) oder einem genau bezeichneten Menschen in einer bestimmten Situation (z. B. I Sam 27,12). Wenn beispielsweise Jakob in Gen 45,26 seinen Söhnen nicht glaubt, daß Joseph noch lebt, mißtraut er ihnen nicht grundsätzlich, sondern nur in diesem einen Fall.[34] Im theologischen Gebrauch geht es dagegen in der Regel um eine tiefe Bindung oder im Fall des Unglaubens um eine grundsätzliche Verweigerung.[35] So behauptet Dtn 1*[36] nicht nur, daß die Israeliten eine Aussage über Gott nicht für plausibel halten (1,32), sondern auch, daß sie sich Gott widersetzen (מרה Hiphil in Dtn 1,26.43). Ein Hiphil von אמן im theologischen Sinne entscheidet über die Identität dessen, der glaubt oder nicht glaubt (z. B. Jes 7,9). Ein אמן Hiphil im profanen Sinne betrifft die Identität nicht.

---

33 S. u., 4.1.4.
34 Dies trifft auch für Texte wie Jer 12,6; Mi 7,5 zu. Denn hier wird Mißtrauen gegen Menschen in einer bestimmten Unheilssituation empfohlen, nicht grundsätzlich. Und in Prov 26,25 geht es um Vorsicht gegenüber dem Hasser (V.24), also wieder um das Verhalten in einer bestimmten Lage. S. u., 4.1.5.
35 S. o., 2.1.2 f und u., 4.2.3. Jenni, Beth, 254 f erkennt grundsätzlich, daß אמן Hiphil für ein längerfristiges Vertrauen und für eine situationsbezogene Meinung verwendet werden kann. Allerdings kann man diesen Unterschied gegen Jenni nicht am Gebrauch der Präpositionen ל (für eine dauerhafte Haltung) und ב (für eine Meinung) festmachen. Denn Jenni kann so eine Reihe von Belegen mit ל nicht erklären, in denen es um eine grundsätzliche, dauerhafte Haltung geht: Ex 4,1.8; Jes 43,10; Ps 106,24 (vgl. den synonymen Ps 106,12 mit ב). Auch Dtn 9,23 (ל) ähnelt so stark Dtn 1,32 (ב), von dem Dtn 9,23 literarisch abhängig ist (s. u., 103, Anm. 109), daß es in beiden Texten um die grundsätzliche Haltung zu Gott geht (gegen Jenni, Beth, 254).
36 S. u., 5.1.3 zur Literarkritik.

Dazu kommt, daß אמן Hiphil-Belege, die eine solche tiefe Bindung ausdrücken, nur in Verbindung mit heiligen Größen stehen. Sie finden sich ausschließlich im Zusammenhang mit Gott selbst oder seinen Mittlern Mose (z. B. Ex 19,9) und den Propheten (II Chr 20,20).[37]

Wendet man dieses Kriterium auf die oben erwähnten Grenzfälle an, ergibt sich folgende Zuordnung: Wenn Hi 4,18; 15,15 von Gottes Mißtrauen gegenüber seinen Dienern, Engeln und Heiligen sprechen, so berührt das nicht das Wesen Gottes. Die Stellen gehören folglich zum innerweltlichen Gebrauch. Wenn den Hörern in Jes 53,1; Hab 1,5 nur eine bestimmte Aussage über Gott nicht einleuchtet, ohne daß sie sich Gott grundsätzlich verweigern, liegt gleichfalls profaner Gebrauch vor. Umgekehrt kommt es in Ex 4,1–9; 14,31; 19,9 auf eine grundlegende Bindung an Mose als Mittler Gottes an, und das gleiche gilt von den Propheten in II Chr 20,20. Diese Texte werden hier deshalb zur theologischen Verwendung von אמן Hiphil gezählt.[38]

Insgesamt werden aufgrund dieses Kriteriums folgende Texte zur profanen Verwendung von אמן Hiphil gerechnet: Gen 45,26; Dtn 28,66; Jdc 11,20; I Sam 27,12; I Reg 10,7 parallel II Chr 9,6; Jes 53,1; Jer 12,6; 40,14; Mi 7,5; Hab 1,5; Hi 4,18; 9,16; 15,15; 15,22; 15,31; 24,22; 29,24; 39,12; 39,24; Prov 14,15; 26,25; Thr 4,12; II Chr 32,15.[39] Die theologischen Belege lauten: Gen 15,6; Ex 4,1.5.8 (*bis*).9.31; 14,31; 19,9; Num 14,11; 20,12; Dtn 1,32; 9,23; II Reg 17,14; Jes 7,9b; 28,16bβ; 43,10; Jon 3,5; Ps 27,13; 78, 22.32; 106,12.24; 116,10; 119,66; II Chr 20,20 (*bis*). Dazu kommt der aramäische Vers Dan 6,24.[40]

---

37 S.u., 4.4.2.

38 Für Ex 4,5 ist das allerdings problematisch. Denn in diesem Vers geht es um eine Aussage über Mose, die das Volk nicht für plausibel halten könnte. Das entspricht eigentlich genau dem profanen Gebrauch (vgl. z. B. I Reg 10,7; Thr 4,12). Der Vers wird hier nur zum theologischen Gebrauch gezählt, weil die אמן Hiphil-Belege im Kontext theologisch sind (Ex 4,1.8 f) und es so in diesem Abschnitt um eine dauerhafte Glaubensbindung an Mose geht.

39 Die aramäischen Belege von אמן Haphel Dan 2,45; 6,5 entsprechen eher einem hebräischen אמן Niphal („treu, zuverlässig sein"). Auffälligerweise ist das hebräische אמן Hiphil im weltlichen Sinne sehr häufig in Hi belegt. Daraus kann man schließen, daß es eher in die gehobene, literarische Sprache gehört.

40 Ähnlich Smend, Geschichte, 243; anders Bach, Glaube, 30 und mit ihm Wildberger, Erwägungen, 375. In Jes 30,21 steht אמן Hiphil absolut, allerdings parallel zu שמאל Hiphil („nach links gehen") und im Zusammenhang damit, daß Jahwe das Volk auf dem rechten Weg leitet. Weil in diesem Kontext אמן Hiphil weder als „Fürwahrhalten" noch als „Festigkeit gewinnen" noch als „glauben" sinnvoll ist, wird das Verb in der Forschung übereinstimmend mit 1QIsaᵃ (vgl. auch LXX und Peschitta) zu ימן Hiphil („nach rechts gehen") korrigiert (so auch z. B. HALAT, 62; Wildberger, BK.AT 10/3, 1191; Beuken, HThKAT, 154 ff). Die Lesart von MT entstand wahrscheinlich, indem ימן Hiphil im Sinne von Jes 7,9b zu אמן Hiphil korrigiert wurde. Der zuständige Korrektor

Der alttestamentliche Gebrauch von אמן Hiphil wird in der LXX und in Qumran tendenziell fortgesetzt. Für die LXX sind dabei besonders die Apokryphen interessant, weil in ihnen wie in Qumran die Entwicklung des Sprachgebrauchs über die Texte des masoretischen Kanons hinaus greifbar wird. In den Apokryphen der LXX findet sich wie im Hebräischen Alten Testament eine Unterscheidung zwischen theologischem und profanem Gebrauch von πιστεύειν. So sind Tob 2,14; 5,2 (Sinaiticus); 10,8 (Sinaiticus); Sir 13,11; 19,15; 32,21.23; 36,31[41]; Dan Su 41.53; Dan Th Su 41; I Makk 1,30; 7,7; 8,16; 10,46; II Makk 3,12.22; IV Makk 4,7; 8,7 eindeutig profan, Tob 14,4 (Sinaiticus); Jud 14,10; SapSal 1,2; 12,2; 14,5; 16,26; 18,6; Sir 2,6.8.10.13; 11,21; 32,24; I Makk 2,59; IV Makk 5,25; 7,19.21 dagegen theologisch. Diese Unterscheidung ist auch in Qumran festzustellen.[42] Im folgenden wird sich immer wieder bestätigen, wie stark sich die nachalttestamentliche Verwendung von אמן Hiphil am alttestamentlichen Gebrauch orientiert.

4.1.3 Die profane Verwendung von אמן Hiphil als Vorgeschichte der theologischen

Die Verwendung von אמן Hiphil in innerweltlichen und zwischenmenschlichen Kontexten bildet den Ausgangspunkt für eine Untersuchung des theologischen Gebrauchs.[43] Denn der profane Gebrauch geht dem theologischen der Sache nach voran, und der theologische Gebrauch hat sich allmählich aus dem profanen heraus entwickelt. Dafür sprechen eine Reihe von Indizien.

Zuerst ist der profane Gebrauch älter. Er findet sich in einigen Texten, für die sich eine vorexilische Datierung nahelegt (Prov 14,15; 26,25) oder doch denkbar

---

wollte einbringen, daß man ohne Glauben nicht auf dem rechten Weg bleibt. Deshalb müßte Jes 30,21 zu den theologischen Belegen von אמן Hiphil gezählt werden, wird hier aber nicht weiter berücksichtigt, weil es sich so offensichtlich um eine späte Textkorrektur handelt.

41 So die Textfolge z. B. im Codex Vaticanus, vgl. Barthélemy/Rickenbacher, Konkordanz, 31.

42 Vgl. Hamidović, Art. אמן, Sp. 211 f.

43 So auch Wildberger, Erwägungen, 375 ff; vgl. Michel, Begriffsuntersuchung, 123 f). Wildberger berücksichtigt dabei aber nur die absoluten, profanen Belege von אמן Hiphil, weil er davon ausgeht, daß der absolute Gebrauch von אמן Hiphil der ursprüngliche ist (Erwägungen, 375 ff). Allerdings sind die profanen Belege, die Wildberger nach seiner Definition anführen kann, äußerst ungewöhnlich und spät: Hi 29,24; 39,24 (s. u., 4.1.4; 4.1.6). Sie sind folglich kaum dafür geeignet, die älteste Verwendung von אמן Hiphil zu eruieren (so auch Jepsen, Art. אמן, Sp. 324 für Hi 39,24). Deshalb muß Wildbergers These hinterfragt werden, daß der absolute Gebrauch der älteste ist. Es wird sich zeigen, daß dieser sich in weltlicher und theologischer Sprache erst allmählich entwickelt hat (s. u., 4.1.4; 4.1.6; 4.2.1 f).

ist (I Sam 27,12).[44] Dagegen kommt dies für keinen theologischen Beleg ernsthaft in Frage.[45] Zweitens hat die weltliche Verwendung erkennbar die religiöse beeinflußt. Dies zeigt sich an den Präpositionen, mit denen das Objekt an אמן Hiphil angeschlossen wird. Wenn man zuerst den theologischen Gebrauch betrachtet, fällt auf, daß die Präposition ב bevorzugt wird (13 hebräische Belege und der aramäische Text Dan 6,24). Nur viermal wird Gott oder sein Sprecher mit ל an אמן Hiphil angeschlossen (Ex 4,1.8 [Mose]; Dtn 9,23 [Jahwe]; Jes 43,10 [Jahwe]). Diese Bevorzugung von ב läßt sich nicht durch einen Bedeutungsunterschied zwischen den beiden Präpositionen ב und ל erklären.[46] Sie entspricht aber genau den Gepflogenheiten der weltlichen Rede, die hier als Vorbild gedient hat. Die Präposition ב ist nämlich typisch für die Variante der profanen Verwendung, die der theologischen am nächsten kommt: Vertrauen auf einen Menschen (z. B. I Sam 27,12; Prov 26,25 sowie die hebräische Version von Sir 36,31[47] und 1QpHab II,4.14). ל wird dagegen im innerweltlichen Sprachgebrauch meist dafür verwendet, daß jemandem eine Aussage einleuchtet (z. B. I Reg 10,7; Thr 4,12).[48] Das läßt sich nur schwer auf eine Rede von Gott übertragen, und entsprechend selten wird die Präposition religiös gebraucht. Drittens wird in den theologischen Texten nicht eigens erklärt, was אמן Hiphil bedeutet. Vielmehr wird vorausgesetzt, daß dem Leser der profane Sprachgebrauch geläufig ist, und dieser profane Gebrauch wird zunächst nur leicht abgewandelt.[49] Und viertens sind die weltlichen Belege von אמן Hi meist negiert (20 von 24 Vorkommen), handeln also von Skepsis gegenüber Aussagen (z. B. Gen 45,26) oder davon, daß man sich auf Menschen nicht verläßt (z. B. Mi 7,5). Diese bevorzugte profane Verwendung von אמן Hi für Zweifel an der Plausibilität von Aussagen und der Verläßlichkeit von Menschen könnte in

---

44 Zu I Sam 27,12 als möglicherweise vorexilischem Text vgl. Vermeylen, Loi, 161 ff.479 f; zur Datierung von Prov 14,15; 26,25 vgl. die Kommentare z.St.

45 S. dazu grundsätzlich u., 4.3.2; 5.5 sowie 103, Anm. 109. Für die theologischen Belege von אמן Hiphil im Pentateuch ist das in der Forschung seit den sechziger Jahren gesehen worden, vgl. Smend, Geschichte, 245 f; Schmitt, Prophetie, 224 ff; ders., Geschichtswerk, 270 ff.

46 So auch Bach, Glaube, 31; Smend, Geschichte, 244. Beide Präpositionen werden in HALAT, 100.483 im Zusammenhang mit אמן Hiphil gleich übersetzt. Auch van Dorssen, Derivata, 94 ff und Pfeiffer, Glaube, 153 können bei ihrer Untersuchung der Präpositionen ב und ל nach אמן Hiphil kaum einen klaren Unterschied benennen. Gegen Jennis jüngsten Versuch, an den Präpositionen ב und ל einen Bedeutungsunterschied festzumachen s. o., 84, Anm. 35. S.u., 106 zum Gebrauch der Präpositionen in theologischen Kontexten.

47 Vgl. Barthélemy/Rickenbacher, Konkordanz, 31. Im Masoretischen Kanon steht ב im profanen Gebrauch in Dtn 28,66; I Sam 27,12; Jer 12,6; Mi 7,5; Hi 4,18; 15,15.31; 24,22; 39,12; Prov 26,25.

48 ל ist im innerweltlichen Gebrauch in Gen 45,26; I Reg 10,7 parallel II Chr 9,6; Jes 53,1; Jer 40,14; Prov 14,15; II Chr 32,15 belegt.

49 S.u., 4.3.1 f.

den theologischen Gebrauch erst einmal übernommen worden sein. Deshalb war in den frühen Stadien der theologischen Rede אמן Hi meist das Thema, daß das Volk sich nicht auf Gott verläßt (v. a. Dtn 1,32).[50]

4.1.4 Profanes אמן Hiphil als Reaktion auf Aussagen

Charakteristisch für die profane Verwendung (und später für die theologische) ist, daß bei אמן Hiphil das Subjekt im Zentrum steht. Es geht vor allem um den oder die, dessen oder deren Vertrauen thematisiert wird. Erst in zweiter Linie interessiert das Gegenüber oder der Gegenstand des Vertrauens. Das kann in der weltlichen Rede eine Person oder eine Aussage sein. Dabei gehen Vertrauen und Urteilen ineinander über. In der Regel basiert das Vertrauen auf dem Urteil, daß die Person zuverlässig (z. B. I Sam 27,12 vgl. Dan LXX Su 41.53; Dan Th Su 41) oder die Aussage wahr ist (z. B. I Reg 10,7 vgl. I Makk 1,30; IV Makk 8,7).[51] Dieses Urteil kann seinerseits wahr (z. B. Jer 12,6) oder falsch (z. B. Jer 40,14) sein, aber die innere Haltung von Vertrauen oder Mißtrauen entspricht ihm auf jeden Fall. Man vertraut nicht, wenn man eine Aussagen für falsch hält, selbst wenn sich diese später als wahr erweisen sollte (z. B. Jer 40,14 ff). Deshalb ist das Urteil grundlegend für das Vertrauen.

Daß Urteilen die Basis von Vertrauen ist, wird besonders deutlich, wenn sich אמן Hiphil auf bestimmte Behauptungen bezieht. Entscheidend für Glauben und Unglauben ist hier die Plausibilität. Menschen mißtrauen im Alten Testament den Worten anderer, weil sie sie nicht für plausibel halten (Gen 45,26[52]; Jdc 11,20[53]; I Reg 10,7 parallel II Chr 9,6; Jes 53,1[54]; Jer 40,14; Hab 1,5[55]; Thr 4,12; Hi 9,16; 15,22;

---

50 Vgl. auch Bach, Glaube, 31 und s. u., 7.1.2.

51 Vgl. auch Bach, Glaube, 41. I Reg 10,7 kann hier eingeordnet werden, obwohl אמן Hiphil mit Negation steht. Denn die Königin von Saba glaubt die Berichte über Salomo nicht, weil sie sie nicht für wahr hält (vgl. אמת in V. 6).

52 So letztlich auch Wildberger, „Glauben", 153. An anderer Stelle versucht Wildberger, diese Deutung durch regelrechte Ausweichmanöver zu umgehen (vgl. Erwägungen, 381).

53 S. o., 80.

54 So auch van Dorssen, Derivata, 24; Wildberger, Erwägungen, 383.

55 In Hab 1,5 steht das אמן Hiphil absolut. Es bezieht sich dennoch deutlich auf eine Aussage, denn auf אמן Hiphil folgt ein kurzer כי-Satz. Dieser כי-Satz lautet: „wenn (es) erzählt wird". Damit ist klar, daß אמן Hiphil die Reaktion auf das Erzählte bezeichnet, nämlich daß es nicht als plausibel erscheint. Gegen Wildberger, Erwägungen, 374 f; Jepsen, Art. אמן, Sp. 325 kann man hier nicht an fehlendes Standhalten in der Katastrophe denken. Zu beachten ist ferner, daß bei ספר Pual das Subjekt, also das, was erzählt wird, im Verb enthalten ist. Es ist also ohne weiteres denkbar, daß dieses Subjekt zugleich das Objekt von אמן Hiphil ist. Der Leser muß dann ein dop-

29,24a [einem Lächeln][56]; vgl. Tob 2,14; 10,8 [S]; I Esr 4,28). Nur den Einfältigen überzeugt jedes Wort (Prov 14,15 vgl. Sir 19,15). Dabei steht oft die Präposition ל; meist für die Rede, die einleuchtet oder nicht (I Reg 10,7 parallel II Chr 9,6; Jer 53,1; Prov 14,15). Seltener folgen mit ל die Sprecher dieser Rede (Gen 45,26; Jer 40,14). Daneben gibt es Infinitivkonstruktionen (Jdc 11,20; Hi 15,22) und einen כי-Satz (Thr 4,12).

Wird eine angezweifelte Rede bewiesen, verliert sich die Skepsis, und die Menschen schenken ihr Glauben. Am klarsten zeigt sich dies in Gen 45,26–28; I Reg 10,6 f. Hier wird die Ursache für den Unglauben (negiertes אמן Hiphil) behoben. Dabei werden für die bezweifelte Aussage anschauliche Beweise vorgelegt. Es wird nicht ein Mensch zum Vertrauen ermutigt, sondern eine unglaubhafte Behauptung wird bewiesen. Nicht umsonst spielt in Gen 45,26–28 und I Reg 10,6 f das Verb ראה im Qal („sehen") eine entscheidende Rolle.

So zweifelt Jakob in Gen 45,26 an der Beteuerung seiner Söhne, daß Joseph noch lebt. Dann aber wiederholen diese vor Jakob Josephs Worte und er sieht (ראה) die Wagen, die Joseph geschickt hat (V.27). Das überzeugt Jakob, und er sagt: „Genug! Mein Sohn Joseph ist noch am Leben." (V.28). Genauso wenig glaubt die Königin von Saba den Berichten über Salomo, bis sie selbst nach Jerusalem kommt und Salomos Weisheit und Prunk mit eigenen Augen sieht (ותראינה עיני in I Reg 10,7). Deshalb kann sie sagen: „Als Wahrheit (אמת) hat sich das Wort erwiesen, das ich in meinem Land gehört habe." (I Reg 10,6).[57]

---

peltes „es" ergänzen: „ihr werdet (es) nicht glauben, wenn (es) erzählt wird" (so auch Marti, KHC 13, 338; Sellin, KAT 12, 388; Nowack, HK 3/4, 265; van Dorssen, Derivata, 24; Pfeiffer, Glaube, 156). In der Forschung wird dieser Satz meist als Irrealis übersetzt: „ihr würdet es nicht glauben ...." Doch ist das vom Kontext her nicht zwingend und nimmt der Stelle ihre Radikalität. Wildbergers grundsätzliche Einwände gegen eine Ellipse des Objekts von אמן Hiphil in Hab 1,5 (vgl. Erwägungen, 374) sind zirkulär: Weil er voraussetzt, daß אמן Hiphil kein Akkusativobjekt hat, lehnt er das auch für Hab 1,5 ab.

56 Hi 29,24a lautet: „Lächelte ich ihnen zu, glaubten sie es nicht." So auch Hölscher, KAT 17, 72; Budde, HK 2/1, 174; Fohrer, KAT 16, 401ff, wobei alle ohne einleuchtende Gründe die Negation tilgen. Zum Konditionalsatz ohne ו oder andere Konjunktionen vgl. Joüon-Muraoka § 167 a. Das Imperfekt ist in Hi 24,29a iterativ aufzufassen (vgl. Joüon-Muraoka § 113 e). Für die Deutung von Hi 24,29a als Bedingungssatz sprechen zahlreiche masoretische Handschriften, die vor לא ein ו ergänzen. Sie zeigen so eindeutiger als L, daß ein Konditionalgefüge vorliegt. Anders Pfeiffer, Glaube, 161; Wildberger, Erwägungen, 376; Strauß, BK.AT 16/2, 168. Zu dem schwierigen Hi 24,29b s. die Kommentare z.St.

57 Der Umschwung von Skepsis zu Vertrauen wird in Gen 45,26–28 mit allen physischen Details geschildert. Solange Joseph den guten Nachrichten nicht vertraut, bleibt sein Herz kalt. Als ihm die Beweise vorgeführt werden, lebt sein Geist auf. In ähnlicher Weise verschlägt das Staunen über Salomos Pracht der Königin von Saba in I Reg 10,5 den Atem.

אמן Hiphil als Reaktion auf Aussagen steht also für eine enge Verknüpfung von Fürwahrhalten und Vertrauen. Man glaubt einer Behauptung, weil man sie für wahr hält.[58] Für diese Deutung spricht, daß die Wurzel אמן des öfteren in Verbindung mit Lexemen für „Wahrheit" gebraucht wird. So kann das Nomen אמת, das von dieser Wurzel gebildet wurde, „Wahrheit" bedeuten (z. B. I Reg 17,24; 22,16; Dan 10,1).[59] In dem aramäischen Dan 2,45 wird mit dem Partizip von אמן Haphel eine zuverlässige, also wahre Traumdeutung beschrieben (ומהימן פשרה). Das hebräische אמן Niphal kommt der Bedeutung „wahr" nahe, wenn es in Verbindung mit Worten oder einem Zeugnis steht (z. B. I Reg 8,26; Hos 5,9; Ps 93,5; 111,7; I Chr 17,23).[60]

אמת als Verbindung von Wahrheit und Verläßlichkeit
Hinter dem Nomen אמת könnte sogar eine ähnliche Abfolge von Fürwahrhalten und Zutrauen stehen wie hinter אמן Hiphil: Weil etwas wahr ist, ist es auch zuverlässig. Dies wird an Stellen deutlich, an denen אמת wie אמן Hiphil (Gen 45,26–28; I Reg 10,6 f) dafür steht, daß eine Aussage anhand der Fakten überprüft wird oder werden soll (Gen 42,16; Dtn 13,15; 17,4; 22,10; I Reg 10,6; 17,24).[61] Wenn sich beispielsweise der Vorwurf des Abfalls von Jahwe als *wahr* erwiesen hat (Dtn 13,15; 17,4), ist dieser Vorwurf eine *zuverlässige* Aussage, aufgrund derer eine Strafe vollstreckt werden kann. Weiter ist so erklärbar, warum אמת immer wieder als „wahr" oder als „zuverlässig" übersetzt werden kann, und beide Übersetzungen sinnvoll sind (z. B. Gen 24,48; Jdc 9,15 f; II Sam 7,28; Jes 43,9; 59,14; Ps 45,5; 51,8; 119,143; Prov 23,23; Koh 12,10). Beispielsweise sind die דברי אמת, die ein berufener Prophet nach Jer 23,28 sprechen soll, sowohl wahr als

---

58 So auch Jepsen, Art. אמן, Sp. 324 f für Gen 45,26; I Reg 10,7; Jer 40,14.

59 So auch HALAT, 67; Gesenius[18], 78; Wildberger, Art. אמן, Sp. 201 ff und o., 2.1.3. Vgl. weiterhin die Partikeln אָמְנָם („wirklich, gewiß, wahrlich") in II Reg 19,7 parallel Jes 37,18; Hi 9,2; 12,2; 19,5; 34,12; 36,4; Ruth 3,12 (vgl. HALAT, 63; van Dorssen, Derivata, 39 ff.104 f), אֻמְנָם („wirklich") in Gen 18,13; Num 22,37; I Reg 8,27 parallel II Chr 6,18; Ps 58,2 (vgl. HALAT, 63; van Dorssen, Derivata, 41 f) und אמנה („wirklich") in Gen 20,12; Jos 7,20 (vgl. HALAT, 62; van Dorssen, Derivata, 42). Außerdem übersetzt van Dorssen אמונה in Prov 12,17 mit „waarheid" (Derivata, 88; vgl. auch Wildberger, Art. אמן, Sp. 197).

60 In Ps 93,5 übersetzt Gunkel אמן Niphal mit „wahrhaftig und treu" (Psalmen, 410), in Ps 111,7 mit „wahrhaftig" (Psalmen, 488). Auch Wildberger, Art. אמן, Sp. 183 konstatiert eine „Affinität von 'mn ni. zum Begriff der Wahrheit" (ebd.). Anders Jepsen, Art. אמן, Sp. 316 ff. Jepsen rechnet nur in Gen 42,20 mit einer Bedeutung „wahr" (so auch van Dorssen, Derivata, 8 ff).

61 Michel betont sehr stark, daß אמת für die Übereinstimmung von Aussage und Sache steht (vgl. Begriffsuntersuchung, 131 ff; dagegen Wildberger, Art. אמן, Sp. 201), übersieht aber, daß sich die Bedeutung „Zuverlässigkeit" daraus leicht ableiten läßt. Man kann sich auf eine Aussage, die im Sinne Michels stimmt, verlassen. Also ist diese Aussage nicht nur wahr, sondern auch zuverlässig. Wildberger, der für אמת die Bedeutung „Zuverlässigkeit" bevorzugt, formuliert das umgekehrt: „Worte sind zuverlässig und darum vertrauenswürdig, wenn sie einen Tatbestand richtig wiedergeben, und d. h., wenn sie wahr sind" (Art. אמן, Sp. 203). Der enge Zusammenhang von Wahrheit und Verläßlichkeit liegt also auf der Hand.

auch zuverlässig. Das gilt auch für die תורות אמת aus Neh 9,13 (vgl. auch Mal 2,16), und für ein משפט אמת (z. B. Ez 18,8; Sach 7,9).[62]

Aus diesen Überlegungen ergibt sich, daß beim Hiphil von אמן vom Gebrauch her eine deklarativ-ästimative Hiphil-Bedeutung offensichtlich eine Rolle spielt.[63] Andererseits zeigt das Überwiegen von Präpositionalkonstruktionen mit ב und ל,[64] daß hier kein reines ästimativ-deklaratives Hiphil vorliegt, sondern daß auch die intransitive Hiphilbedeutung berücksichtigt werden muß. Dafür spricht weiter, daß es darum geht, ob ein Vertrauensverhältnis beginnt oder nicht. Folglich kann man bei אמן Hiphil von einem fließenden Übergang von deklarativ-ästimativem und intransitivem Hiphil sprechen. Das Urteil „vertrauenswürdig" (deklarativ-ästimativ) und die Reaktion „Vertrauen" (intransitiv) fallen sozusagen zusammen und werden mit einem Wort ausgesprochen.[65]

Weiter manifestiert sich in der Verwendung von אמן Hiphil als Reaktion auf Behauptungen eine Art empirisches Denken. Der Mensch hält für wahr, wovon er sich durch den Augenschein überzeugen kann (Gen 45,26–28; I Reg 10,7; vgl. Tob [Sinaiticus] 5,2). Dieses Bedürfnis nach greifbarer Evidenz wird in den Texten nicht kritisiert. Es wird sich zeigen, daß ihm auch in theologischen Texten mit אמן Hiphil weiter Rechnung getragen wird.[66]

4.1.5 Profanes אמן Hiphil als Bewertung von Lebewesen und Abstrakta

Die zweite häufige profane Verwendung von אמן Hiphil bezeichnet das Vertrauen auf Engel, Menschen, Tiere oder Abstrakta. An folgenden Stellen geht es um Engel, Menschen und Tiere: I Sam 27,12; Jer 12,6; Mi 7,5; Hi 4,18; 15,15; 39,12; Prov 26,25; II Chr 32,15.[67] Einmal ist in der hebräischen Bibel Vertrauen auf ein

---

62 Vgl. Wildberger, Art. אמן, Sp. 203 f; Hultgren, Art. אמת, Sp. 228.
63 Anders die Mehrheit der Forschung, z. B. Wildberger, Art. אמן, Sp. 188. Jepsen, Art. אמן, Sp. 331 ff sieht zwar bei אמן Hiphil ein Moment des Urteilens, schließt aber ein deklarativ-ästimatives Hiphil trotzdem aus.
64 Im profanen Gebrauch (24 Belege) steht אמן Hiphil zweimal absolut (Hi 29,24; 39,24), zweimal mit einer Infinitivkonstruktion (Jdc 11,20; Hi 15,22) und einmal mit כי-Satz (Thr 4,12). Alle übrigen Belege sind Präpositionalkonstruktionen.
65 Vgl. Hieke, Rede vom Glauben, 34 und o., 80, Anm. 15.
66 S.u., 4.2.1; 7.1.2.
67 In den LXX-Apokryphen ist eine entsprechende Verwendung von πιστεύειν belegt (z. B. Sir 13,11; I Makk 10,46).Weiter wird in den Makkabäerbüchern ausgehend von dieser Verwendung von πιστεύειν eine neue, profane Gebrauchsweise entwickelt: der Tempel als zuverlässige Bank

Abstraktum Thema (שׁו „Nichtiges" in Hi 15,31)[68]. Daneben gibt es zwei Stellen, an denen אמן Hiphil die fehlende Zuversicht bezeichnet, am Leben zu bleiben (Dtn 28,66; Hi 24,22). An allen diesen Stellen wird das Objekt mit ב angeschlossen. Und wie beim Vertrauen auf Behauptungen sind auch hier Zutrauen und Urteil eng verknüpft. Dabei spielt es keine Rolle, ob dieses Urteil zutrifft (z. B. Jer 12,6; Mi 7,5) oder nicht (z. B. I Sam 27,12; II Chr 32,15). Wie beim Vertrauen auf Behauptungen entspricht Vertrauen oder Mißtrauen dem Urteilen, d. h. es baut darauf auf. Nur in wenigen Belegen kommt es allein auf den Vertrauensakt an, nicht auf die Einschätzung, die ihn begründet.

Zuerst zu אמן Hiphil in Verbindung mit Menschen: אמן Hiphil wird in diesem Zusammenhang häufig negiert verwendet. Dann geht es darum, daß jemand nicht vertraut, weil er Menschen nicht für verläßlich hält. In allen Fällen gibt es für das Mißtrauen gute Gründe. So wird in Mi 7,5 f zur Vorsicht gegen andere Menschen geraten, weil jeder jeden attackiert und selbst die Bindungen zwischen Eltern und Kindern nicht mehr zählen (Mi 7,6b: „Die Feinde eines Menschen sind die Leute seines Hauses"). In ähnlicher Weise wird Jeremia in Jer 12,6 davor gewarnt, seinen Verwandten zu trauen, wenn sie schöne Worte machen. Denn in Wirklichkeit handeln sie treulos ihm gegenüber (בגד). Sehr ähnlich wird in Prov 26,25 argumentiert. Wenn hier davon abgeraten wird, Zutrauen zum Hasser zu haben, wird das mit dessen falschen süßen Worten begründet (vgl. ähnlich Sir 13,11). Um trügerische Worte in einem anderen Sinne geht es in II Chr 32,15. In diesem Vers rät der assyrische Rabschake den Jerusalemern, sich nicht auf Hiskia zu verlassen, da dessen Behauptung nicht stimme, Jahwe werde das Volk vor den Assyrern retten (II Chr 32,11). Kein Gott irgendeines Volkes könne das. Man soll nach II Chr 32,15 dem vertrauen, der die Lage richtig beurteilt. Der Assyrer ist der Meinung, daß Hiskia das nicht kann. Mißtrauen gründet also auch hier auf einer Einschätzung dessen, dem man nicht traut.

Ähnlich ist das in dem positiven Beleg I Sam 27,12. Hier verläßt sich Achisch von Gat auf David, weil dieser sich bei seinem eigenen Volk unmöglich („stinkend") gemacht habe und deshalb für immer Achischs Untergebener bleiben

---

(II Makk 3,12.22; III Makk 3,21; IV Makk 4,7). Dieses Zutrauen ist gestützt von der Einschätzung des Tempels als vertrauenswürdig (II Makk 3,12).

68 Das *hapax legomenon* שׁו ist mit HALAT, 1323 als phonetische Schreibung von שׁוא zu deuten. Viele masoretische Handschriften lesen in Hi 15,31 gleich שׁוא (s. App. BHS). Dabei fällt Hi 15,31 mit der Mahnung, sich nicht auf Nichtiges zu verlassen, aus seinem Kontext heraus. Dieser handelt vom Untergang des Gottlosen (Hi 15,20 ff). Hi 15,31 ist ein Zusatz (so auch Budde, HK 2/1, 81; Hölscher, HAT 17, 39; Horst, BK.AT 16/1, 219 f.234 f; Fohrer, KAT 16, 264), der klarstellen soll, daß der Gottlose seinen Untergang durch kluges Handeln hätte vermeiden können. Er hätte sich nie auf Nichtiges verlassen sollen, weil er dafür nur Nichtiges eintauscht.

werde. Dabei übersieht Achisch allerdings, daß David weiter zugunsten Judas handelt (I Sam 27,8 ff).[69] Sein Verhalten gründet somit auf seiner falschen Einschätzung der Lage, auf einem Fehlurteil. Trotzdem ist dieses Fehlurteil grundlegend für die innere Haltung, in diesem Fall für Vertrauen.

Das Vertrauen auf einen Menschen basiert also auf einem Urteil über dessen Lage (I Sam 27,12), über das Verhalten, das von ihm zu erwarten ist (Jer 12,6; Mi 7,5; Prov. 26,25 vgl. Sir 13,11), oder über seine Fähigkeit zu Einsicht (II Chr 32,15). Insofern spielt hier eine deklarativ-ästimative Hiphil-Bedeutung eine Rolle. Diese verbindet sich mit einer intransitiven, weil es auch um den Beginn des Vertrauensakts geht. Wie bei אמן Hiphil in Verbindung mit Aussagen sind bei אמן Hiphil im Zusammenhang mit Menschen ein deklarativ-ästimatives Hiphil und ein intransitives Hiphil miteinander verschmolzen.

Diese enge Verbindung von deklarativ-ästimativem und intransitivem Hiphil kann auch beim Vertrauen auf Sachen und Abstrakta eine Rolle spielen. Wenn ein Mensch nicht darauf vertraut, am Leben zu bleiben, kann das auf seinem Urteil über die Lage beruhen. So entspricht in Dtn 28,66; Hi 24,22 dem fehlenden Vertrauen zu überleben eine lebensgefährliche Situation. Das Leben hängt in Dtn 28,66 sozusagen am seidenen Faden: „Dein Leben wird dir gegenüber aufgehängt sein" (Dtn 28,66a)[70]. Ähnlich ist das in Hi 24,22. Wenn Gott aufsteht zum Gericht, zweifelt der Frevler an seinem Leben.[71]

4.1.6 Intransitive profane Belege von אמן Hiphil

Bei der Verwendung von אמן Hiphil im Zusammenhang mit Mitmenschen, Engeln, Tieren oder Abstrakta kann der reine Vertrauensakt im Vordergrund stehen. Dann ist die intransitive Hiphil-Bedeutung bestimmender als die deklarativ-ästimative. Nun geht es alleine darum, ob jemand vertraut oder nicht. Ob das der Einschätzung des Wesens entspricht, auf das man sich verläßt, bleibt offen.

---

69 Nach Vermeylen, Loi, 479 f gehören I Sam 27,8–12 insgesamt zur ältesten Fassung des *récit* "David-Saül", die nach Vermeylen wahrscheinlich noch aus der Zeit Davids stammt (vgl. Loi, 497 ff).
70 So mit HALAT, 1599.
71 Zu dieser Deutung vgl. Hölscher, HAT 17, 60 ff. Anders Wildberger, Erwägungen, 379; Fohrer, KAT 16, 367 ff; Strauß, BK.AT 16/2, 84 ff. Umstritten zwischen Wildberger, Strauß, Fohrer auf der einen und Hölscher auf der anderen Seite ist, wer Subjekt von יקום („er steht auf") ist, Gott (Hölscher) oder der Frevler (Wildberger, Strauß, Fohrer). Für Hölschers Deutung spricht, daß Gott eindeutig Subjekt des vorangehenden Hi 24,22a ist („er packt [so mit HALAT, 610] die Starken durch seine Kraft") und daß es im Kontext um den Untergang des Frevlers geht (V.18 ff).

Auffälligerweise beschränken sich diese Belege auf den Redeteil des Buches Hi (Hi 3,1–42,6): Hi 4,18; 15,15; 39,12.24 (vgl. in der LXX Sir 36,31[72]; I Makk 7,7; 8,16). Dafür gibt es zwei mögliche Ursachen. Entweder es handelt sich um eine seltene, literarische Bedeutung des Wortes, die nur in den anspruchsvollen Hi-Reden zum Zuge kommt. Oder diese Entwicklung gehört in ein sehr spätes Stadium des Hebräischen.

Im folgenden werden die Belege im einzelnen vorgestellt. In Hi 39,12 richtet Gott an Hiob die rhetorische Frage, ob er auf den Wildstier (רים in V.9) als Nutztier bei der Ernte vertrauen würde. Es wird nicht gesagt, warum auf diese Frage ein Nein als Antwort zu erwarten ist. Es ist aber klar, daß dieses Nein auf einer realistischen Einschätzung dieses wilden Tieres beruht.[73] Ganz ähnlich wird in Sir 36,31[74] die rhetorische Frage gestellt, ob man dem heimatlosen Räuber vertrauen kann. Und in I Makk 7,7; 8,16 geht es um das berechtigte Vertrauen zu Gesandten oder zur eigenen Regierung.

Darüber hinaus gibt es in Hi zwei Stellen, in denen das Mißtrauen geradezu im Gegensatz zu einer sachgemäßen Beurteilung der Lage steht. Wenn Gott seinen Engeln und Heiligen nicht traut (Hi 4,18; 15,15), hat das keine Grundlage in deren Verhalten oder Wesen. Hier hat sich das Schenken oder Verweigern von Vertrauen völlig vom Urteilen gelöst. Die intransitive Hiphil-Bedeutung dominiert.

Nicht zuletzt findet sich in Hi die einzige Verwendung von אמן Hiphil für eine körperliche Bewegung, nämlich das Stillstehen. In Hi 39,24 wird mit אמן Hiphil beschrieben, daß ein Schlachtroß nicht stillhalten kann, wenn es das Schopharsignal hört.[75] Hier ist die intransitive Verwendung des Hiphils noch ausgeprägter. אמן bedeutet hier nur den Beginn eines Zustands von Festigkeit, d. h. Stillhalten oder Feststehen (vgl. אמן Niphal im Sinne von „fest sein" in Jes 22,23.25).

---

72 So die Textfolge z. B. im Codex Vaticanus, vgl. Barthélemy/Rickenbacher, Konkordanz, 31.
73 Vgl. Hölscher, HAT 17, 97 f. Wird das akkadische Äquivalent *rêmu* oder *rîmu* mit Gottesdeterminativ DINGIR geschrieben, bezeichnet das Wort sogar ein mythologisches Tier (vgl. Concise Dictionary of Akkadian, 305).
74 So die Textfolge z. B. im Codex Vaticanus, vgl. Barthélemy/Rickenbacher, Konkordanz, 31.
75 So auch van Dorssen, Derivata, 18.93 f; Wildberger, Erwägungen, 376; Strauß, BK.AT 16/2, 333 ff. Fohrer, KAT 16, 490 ff schlägt für אמן Hiphil die Bedeutung „sich halten lassen" vor. Gegen Hölscher, HAT 17, 92 f darf hier nicht ימן Hiphil („nach rechts gehen") konjiziert werden (vgl. auch Bach, Glaube, 48), denn der masoretische Text ist verständlich. Zur Debatte über diese Stelle vgl. Wildberger, Erwägungen, 376.

4.1.7 Fazit

Es hat sich also ergeben, daß das Hiphil von אמן sowohl ein deklarativ-ästimatives als auch ein intransitives Hiphil ist. Man kann sich das Zusammenspiel beider Hiphil-Bedeutungen an einem konstruierten Beispielsatz klarmachen, der die Struktur fast aller profanen Belege wiedergibt: „Ich vertraue (intransitives Hiphil) auf etwas oder auf jemanden, weil ich ihn oder es für zuverlässig halte (deklarativ-ästimatives Hiphil)."[76] Nur in einigen späten Belegen herrscht die intransitive Verwendung eindeutig vor: Hi 4,18; 15,15; 39,12 vgl. auch 39,24. Weiter hat die Sichtung der profanen Belege von אמן Hiphil gezeigt, daß hier keine Festlegung der Bedeutung im Sinne einer Begriffsbildung stattfindet.[77]

In profanen Zusammenhängen steht אמן Hiphil oft verbunden mit einer Negation: von 24 Belegen sind 15 mit לא verbunden und 5 mit אל. Dazu kommen zwei Fragesätze (Jes 53,1; Hi 39,12). Von ihnen ist Hi 39,12 deutlich eine rhetorische Frage, auf die „nein" als Antwort erwartet wird. Daran erkennt man, daß dem Menschen das אמן Hiphil-Vertrauen nicht leichtfällt. Das kann sogar dazu führen, daß einer wahren Aussage mißtraut wird (z. B. Gen 45,26; I Reg 10,7; Jer 40,14). Im Fall von Jer 40,14 hat diese falsche Skepsis fatale Folgen. Gedalja wird ermordet, weil er sich nicht auf die Berichte über Mordpläne verläßt (Jer 41,1–3). Daß der Mensch nicht leicht vertrauen kann, steht auch im Hintergrund der theologischen Belege von אמן Hiphil. Es muß bei ihrer Auswertung beachtet werden.[78]

Nur zwei profane Stellen bieten eine positive Aussage: I Sam 27,12; Prov 14,15. In beiden geht es aber um getäuschtes, voreiliges Vertrauen. Daraus kann man folgern, daß man ein mit אמן Hiphil bezeichnetes Vertrauen nicht leichtfertig verschenken sollte. Wie es Prov 14,15 formuliert: „Ein Einfältiger glaubt (אמן Hiphil) jedes Wort, aber ein Kluger achtet auf (בין ל) seinen Schritt." Skepsis gilt in der innerweltlichen Rede als legitim. Das wird sich im theologischen Gebrauch ins Gegenteil verkehren. Hier ist Unglaube in aller Regel Schuld (z. B. Dtn 9,23; II Reg 17,14).[79]

---

[76] Dabei spielt es keine Rolle, ob sich diese Einschätzung bewährt (z. B. Dtn 28,66; Jer 12,6; Mi 7,5) oder nicht (z. B. I Sam 27,12). Es kommt allein darauf an, daß das Vertrauen oder Mißtrauen auf einer solchen Beurteilung aufbaut.

[77] S.o., 2.1.1.

[78] So geht beispielsweise Jepsen, Art. אמן, Sp. 325 f bei seiner Deutung von Ex 4 vor: Weil Mißtrauen häufig und normal sei, mache Gott dies Israel hier nicht zum Vorwurf.

[79] Zu den negativen Konnotationen von Mißtrauen und getäuschtem Vertrauen, die mit אמן Hiphil verbunden sind vgl. auch Jepsen, Art. אמן, Sp. 322 ff.

Im profanen Gebrauch beschreibt אמן Hiphil eine konkrete Haltung zu einer bestimmten Person oder Aussage in einer klar umrissenen Lage. Es geht hier nicht um eine grundsätzliche Haltung von Zutrauen oder Skepsis. Man kann deshalb das Mißtrauen gegenüber einer Behauptung leicht aufgeben, wenn Beweise vorgelegt werden (z. B. Gen 45,26–28). Niemals wird ein grundsätzliches Ablehnen von Reden anderer Menschen empfohlen. Vielmehr geht es stets um bestimmte Aussagen bestimmter Menschen, denen man nicht traut (z. B. Jdc 11,20; Jer 40,14; Thr 4,12). So fordern Jer 12,6; Mi 7,5 nicht eine generelle Vorsicht vor Mitmenschen, sondern in einer Krisensituation. Auch in Dtn 28,66; Hi 24,22 geht es nicht um allgemeine Lebensangst, sondern um Angst vor dem Tod in Gottes Strafgericht, also einer konkreten Situation. Und die Leichtgläubigkeit des Einfältigen in Prov 14,15 zeigt sich in einer Fülle von falschen Einzelentscheidungen („ein Einfältiger glaubt *jedes Wort*"). Selbst die Warnung in Hi 15,31, sich nicht auf Nichtiges zu verlassen, setzt voraus, daß dieses Nichtige in jeder Situation neu erkannt und entsprechend entschieden wird. Mit einer Grundhaltung des Mißtrauens kann man diesen Rat nicht befolgen.

4.2 Der theologische Gebrauch von אמן Hiphil

Die Verwendung von אמן in theologischen Kontexten ist vom profanen Gebrauch des Verbs geprägt, der von der Sache her dem theologischen vorangeht.[80] Wesentliche Charakteristika dieser weltlichen Verwendung finden sich ganz ähnlich in theologischen Texten. So bleibt insbesondere die Verbindung einer deklarativ-ästimativen und einer intransitiven Hiphil-Bedeutung erhalten. Auch in theologischen Aussagen schenkt man Vertrauen und glaubt, weil man allen Grund hat, positiv zu urteilen – oder man sollte das tun.[81]

Allerdings kommt es in der theologischen Rede darüber hinaus zu deutlichen Veränderungen im Sprachgebrauch. Beispielsweise begegnen mehr rein intransitive Hiphil-Stellen als in der profanen Rede, und mehr Aussagen sprechen von einem vorhandenen Glauben (9 positive theologische Belege neben 2 profanen). Weiter ist für die Verfasser der Texte völlig undenkbar, daß Gott Vertrauen enttäuscht. Folglich reden sie nicht von einem voreilig verschenkten Vertrauen

---

80 Außerdem sind einige profane Belege (I Sam 27,12; Prov 14,15; 26,25) wahrscheinlich älter als die theologischen (s. o., 4.1.3). Allerdings ist das kein Automatismus, und einige profane Belege wie die in den Hi-Dialogen (z. B. Hi 15,22.31) können jünger sein als die ältesten theologischen Belege.
81 Ähnlich Disse, Glaubenserkenntnis, 30 ff; Hieke, Rede vom Glauben, 34.

(anders die profanen I Sam 27,12; Prov 14,15). An dieser und ähnlichen Verschie-
bungen werden sich im folgenden wesentliche Anliegen einer alttestamentlichen
Rede vom Glauben mit dem Begriff אמן Hiphil ablesen lassen.

4.2.1 Die Verbindung von deklarativ-ästimativer und intransitiver Hiphil-Bedeutung in den theologischen Belegen

Viele theologische Belege von אמן Hiphil lassen sich der gleichen Struktur
zuordnen wie die Mehrheit der profanen. Diese Struktur lautete für die profanen
Belege: „Ich vertraue auf jemanden oder etwas, weil ich ihn oder es für zuverlässig
halte."[82] Man kann sie für die entsprechenden theologischen Belege folgendermaßen abwandeln: „Ich glaube an Gott, weil ich ihn für zuverlässig halte." Diese
Grundstruktur wird sich in folgenden theologischen Texten zeigen: Gen 15,4 f.6[83];
Ex 4,1.5.8(*bis*).9.31; 14,31; Num 14,11; Dtn 1,32; Jes 7,1–17* (vgl. V.9b.11.14.16); 43,10;
Ps 78,22.32; 106,11 f. Auch in ihnen gehören Glauben und Urteilen zusammen. Das
positive Urteil über Jahwes Verläßlichkeit soll auf seinen Geschichtstaten basieren.[84] Aus dem Sehen dieser Taten soll das Urteil folgen, daß Gott zuverlässig ist,
und damit soll sich Glauben zeigen.[85]

---

82 S.o., 4.1.4.

83 Gen 15,6 ist ein sehr später Zusatz zu Gen 15 (s. u., 4.4.5).

84 Meistens geht es in diesen Texten um Gottes Taten in der Vergangenheit, v. a. in der Wüstenzeit. In Jes 43,10 soll dagegen Gottes Handeln im weitesten Sinne seine Gottheit erweisen (V.9).
Dabei bleibt offen, wie genau diese Taten aussehen, ob es um erfüllte Weissagungen oder um
sein Rettungshandeln geht. Vom Kontext her (V.2 f.5–7.13) könnte man an Hilfe für das Gottesvolk
denken, v. a. die Sammlung der Zerstreuten (V.5 f; vgl. auch das Stichwort ישע Hiphil, „retten" in
V.3.13). Hier geht es wohl um zukünftige Taten (V.7 f); vgl. ähnlich Kratz, Kyros, 156, etwas anders
Berges, HThKAT, 278 ff. Im Lauf der Begriffsgeschichte von אמן Hiphil wird ein Glaube, der auf
dem Sehen von Gottes Rettungstaten beruht, in vielfältiger Weise problematisiert. So steht in
Gen 15,6; Jes 7,9b der Glaube vor dem Sehen der Rettung, d. h. der Mensch glaubt oder soll glauben, bevor er Gottes Macht sehen konnte.

85 Vgl. Vriezen, Geloven, 14 für Ex 4,31; 14,31; 19,9. Damit erweist sich Bubers Unterscheidung
zwischen einem Glauben, der etwas als wahr anerkennt und darauf beruht, und einem Vertrauensglauben, der aus der ungebrochenen Gottesbeziehung erwächst, als zu einfach (vgl. Buber,
Zwei Glaubensweisen, 9 ff; s. dagegen schon Vriezen, Geloven, 8 ff; Haacker, Art. Glaube II/1,
278). Erst recht ist es gegen Buber unmöglich, einen Glauben im Sinne der Annahme von Wahr-
heiten v. a. auf das Neue Testament zu beschränken und auf den Einfluß griechischen Denkens
zurückzuführen (vgl. Buber, Zwei Glaubensweisen, 13 ff).

So glauben die Israeliten nach Ex 14,31 an Gott und Mose, weil sie Gottes Machttat[86] (היד הגדלה) gesehen haben (ראה).[87] Zu beachten ist, daß für diese Evidenz
schon in profanen Belegen die Wurzel ראה steht (Gen 45,26–28; I Reg 10,6 f).
Ähnlich argumentieren Num 14,11 (אות); Ps 78,22 (ישעה).32 (בנפלאותיו); Ps 106,11 f;
Dtn 1,32, und in den LXX-Apokryphen Jud 14,10[88]. In Jes 43,10 wird aus dieser Verknüpfung von Evidenz und Glauben eine enge Verbindung von Glauben und Verstehen (ידע; בין).[89] Hier wird das Volk als Jahwes erwählter Knecht[90] zu Jahwes
zuverlässigen Zeugen, damit (למען) es durch Jahwes Tun (V. 2 f.5–7.13) weiß (ידע),
an Jahwe glaubt (אמן Hiphil) und versteht (בין), daß er der einzige Gott ist.[91] Diese
Verbindung von Glauben und Verstand steigert sich in IV Makk 7,21 zur Harmonie von Glauben und Philosophie.[92] Auch in Qumran kann אמן Hiphil in Verbindung mit der Anerkennung der Offenbarung und der wahren Lehre stehen. Sonst
könnte man in 1QpHab II,3–10 den Ungläubigen nicht bescheinigen, nicht an den
Bund Gottes und die Weissagungen für die Zukunft zu glauben.[93]

Ein Einklang von Urteilen und Glauben zeigt sich im hebräischen Alten Testament außerdem, wenn Jahwe das Volk von der Autorität des Mose überzeugt.
Nach Ex 19,9 soll das Volk für immer Mose vertrauen, weil es Gottes Reden mit
ihm gehört hat. Gott selbst beweist dem Volk anschaulich, daß Mose sein Mittler
ist. Darauf soll das Volk mit der entsprechenden Erkenntnis und mit Glauben
reagieren. In ähnlicher Weise erweisen die Wunderzeichen in Ex 4,4 ff, daß

---

86 So die Übersetzung von Noth, ATD 5, 82.

87 Auf diese Weise wird das Murren der Israeliten aus V.11 f überwunden. Auch entstehungsgeschichtlich hängen V.11 f und V.31 zusammen vgl. Schmitt, Meerwunderbericht, 30 und u., 105,
Anm. 113.

88 Jud 14,10 bietet darüber hinaus eine Annäherung an den modernen Gebrauch von „glauben" im Sinne des Bekenntnisses zu einer bestimmten Religion. Hier sieht der Ammoniter Achior
(ὁράειν), was Gott Israel getan hat, glaubt an Gott – und konvertiert zum Judentum, indem er
sich beschneiden läßt. Diese Entwicklung beschränkt sich nicht auf die klar hellenistisch beeinflußte LXX, sondern sie manifestiert sich auch in Qumran. In ähnlicher Weise wird im Ha-
bakukkommentar aus Qumran die Menschheit in Gläubige und Ungläubige eingeteilt. Zu den
Gläubigen gehören nur die Angehörigen der Qumrangruppe, zu den Ungläubigen alle übrigen
Menschen, sowohl andersdenkende Juden und als auch Griechen (1QpHab II,3–10.14 f; VIII,1–4).

89 So auch Wildberger, „Glauben", 155.

90 So mit Kratz, Kyros, 109. Nach Berges, HThKAT, 278 f steht der Knecht für die Mitglieder des
Gottesvolks, die sich allmählich Gottes wunderbarem Handeln öffnen.

91 Vgl. Berges, HThKAT, 278 f.284 f. Anders Wildberger, „Glauben", 155.

92 In IV Makk findet sich außerdem eine Verbindung von πιστεύειν und Lehrsätzen (IV
Makk 5,25; 7,19). Das kommt sonst im Alten Testament nicht vor, weder im masoretischen Text
noch in der LXX.

93 Vgl. Hamidović, Art. אמן, Sp. 213.215.

Jahwe hinter Mose steht und das Volk an ihn glauben soll.[94] Nach Ex 4,31 hat das Erfolg.

Natürlich gibt es im Alten Testament ein Bewußtsein dafür, daß der Mensch kein Recht hat, Gottes Macht zu überprüfen (z. B. Ex 17,2.7; Dtn 6,16 mit נסה Piel). Aber in den אמן Hiphil-Texten ist das kein Thema. Im Gegenteil wird dort die einzige entsprechende Aussage negativ bewertet. Dies ist die Reaktion des Ahas (Jes 7,12) auf das Zeichenangebot Gottes (Jes 7,11). Ahas weigert sich, ein Zeichen zu fordern, weil er Gott nicht auf die Probe stellen will (נסה Piel). Doch wird dieser Respekt vor Gottes Hoheit von Gott selbst zurückgewiesen (V.13). Gott überbietet die Scheu des Ahas vor der Zeichenforderung durch ein Zeichen, nämlich den Immanuel und seine Mutter, die ihren Glauben in dem Vertrauensnamen für ihren Sohn ausdrückt (V.14).[95] Gott läßt sich in den אמן Hiphil-Texten auf das menschliche Bedürfnis ein, vor dem Glauben zu sehen. In Ex 4,1–9 geht das sogar so weit, daß Gott die Skepsis der Israeliten gegenüber Mose nicht verurteilt. Er ist bereit, sich dem zu stellen, indem er das Mißtrauen durch Zeichen widerlegen will.[96]

In den theologischen אמן Hiphil-Texten kommt also Gott dem menschlichen Bedürfnis nach gesichertem Wissen über ihn entgegen und läßt den Menschen seine Macht sehen. Folglich kann es nach diesen Texten nicht die Ursache des Unglaubens sein, daß der Mensch zu wenig von Gott weiß. Vielmehr muß diese Ursache im Menschen liegen. So konstatieren etliche אמן Hiphil-Texte, das Volk habe in der Wüstenzeit den Glauben verweigert, obwohl es Gottes Taten vor Augen hatte (Num 14,11; Dtn 1,32; Ps 78,22.32).[97] Der Mensch widersetzt sich in diesen Texten dem, was er selbst vor Augen hat. Dieser Unglaube erscheint als nicht nachvollziehbar und vollkommen willkürlich.[98] Bezeichnenderweise findet sich in den profanen Belegen von אמן Hiphil nichts Vergleichbares. Dort kommt es niemals vor, daß sich ein Mensch gegen die Evidenz dessen wehrt, was vor Augen liegt. Insofern wird mithilfe der Wurzel אמן Hiphil im Alten Testament das Rätsel des Unglaubens thematisiert. Es wird klargestellt, daß nicht Gottes

---

94 Mit Wildberger, Erwägungen, 328 f geht es hier um Glauben auf Zeichen hin, nicht um Glauben an Zeichen.
95 S.o., 3.2.
96 So auch Jepsen, Art. אמן, Sp. 325 f.
97 Umso mehr fällt auf, daß das nach dem Schilfmeerdurchzug anders ist. Nach Ex 14,31 soll dieses Ereignis tatsächlich Glaube bewirkt haben (vgl. auch Ex 4,31). Ps 106,11 ff korrigiert Ex 14,31 und paßt dessen Aussage an die folgenden Murrgeschichten (Ex 16 f) an. Zwar habe Israel nach dem Schilfmeerdurchzug geglaubt (V.11 f), aber danach habe es Gottes Taten schnell vergessen (מהר Piel in V.13).
98 Zur Reflexion über den Unglauben in Dtn 1 im Anschluß an Num 13 f s. u., 5.1.5; 5.3.1.

Verborgenheit oder Transzendenz die Ursache dafür ist, sondern der Mensch.[99] Damit stellt sich die Frage, was im Alten Testament darüber entscheidet, ob der Mensch glaubt oder nicht glaubt. Offensichtlich gibt nicht den Ausschlag, ob der Mensch Beweise für Gottes Macht hat, denn solche Beweise führen eben nicht zwingend zum Glauben (Num 14,11; Dtn 1,32; Ps 78,22.32). Eine Reihe weiterer alttestamentlicher Texte redet deshalb vom Glauben oder Unglauben, ohne daß ein vorheriges Wissen um Gott oder seine Taten erwähnt wird.

4.2.2 Intransitive Hiphil-Belege von אמן im theologischen Gebrauch

Wie im profanen[100] gibt es auch im theologischen Gebrauch Texte, in denen die deklarativ-ästimative Hiphil-Bedeutung nur eine geringe Rolle spielt. Hier dominiert die intransitive Bedeutung; אמן Hiphil bezeichnet den Glaubensakt. Evidenz oder Urteilen als seine Grundlage werden nicht erwähnt. Dabei handelt es sich um folgende Texte: Num 20,12; Dtn 9,23; II Reg 17,14; Jes 28,16bβ; Ps 27,13; 116,10; 119,66; II Chr 20,20. Diese Belege sind, verglichen mit dem innerweltlichen Gebrauch (Hi 4,18; 15,15; 24,22; 39,12 vgl. auch 39,24), häufiger und weiter verbreitet. Während sich das profane intransitive אמן Hiphil nur in Hi findet, stehen theologische Texte im Pentateuch (Num; Dtn), im Jes-Buch (Jes 28,16bβ), in den Psalmen (Ps 27,13; 116,10; 119,66) und in den Schriften (II Chr 20,20). Ganz offensichtlich ist also der rein intransitive Gebrauch in der theologischen Sprache bestimmender als in der profanen. Er könnte auch älter sein, so daß hier die theologische Sprache die profane beeinflußt hätte. In den Apokryphen der LXX ist eine derartige Verwendung von πιστεύειν recht häufig und findet sich in SapSal 12,2; 16,26; Sir 2,6.8.10; 11,21; 32,24; I Makk 2,59.

---

99 In der protestantischen Theologie des 20. Jh. wurde v. a. von Pannenberg ein enger Zusammenhang von Glauben und Geschichtsereignissen als Beleg für den Glauben gesehen: „Das gläubige Vertrauen wird hiernach [*sc.* nach Ex 14,31] durch die Evidenz der heilschaffenden und darin Jahwes Macht und Gottheit offenbarenden Geschichtstatsachen bewirkt." (Dogmatische Thesen, 91). Doch kommt bei Pannenberg das Rätsel, daß Menschen trotz dieser Ereignisse nicht glauben, sehr viel weniger zum Tragen als im Alten Testament. Er kann nur fordern, daß diese Menschen zur Vernunft gebracht werden müßten (vgl. Dogmatische Thesen, 99 f). Rendtorffs Interpretation von Ex 14,31 folgt Pannenbergs Sicht etwas zu konsequent (vgl. Offenbarungsvorstellungen, 54). Er deutet den Vers ausschließlich im Sinne von Gotteserkenntnis und übersieht, daß dort kein Verb wie ידע („wissen") oder בין („verstehen") steht, sondern eben אמן Hiphil und ירא („fürchten").
100 S.o., 4.1.6.

Wie sich oben gezeigt hat, ist die Verbindung von deklarativ-ästimativer und intransitiver Hiphil-Bedeutung typisch für Geschichtsreflexion. Alle Belege (Gen 15,4 f.6; Ex 4,1.5.8(bis).9.31; Num 14,11; Dtn 1,32; Jes 7,9 (vgl. V.11); 43,10; Ps 78,22.32; 106,11 f) stehen in entsprechenden Kontexten. Der rein intransitive Gebrauch ist darauf nicht festgelegt. Ps 116,10 und Ps 119,66 beschäftigen sich mit dem Erleben des Glaubenden ohne Bezug auf die Geschichte. In Jes 28,16bβ ist dieser Bezug recht vage. In den Texten mit rein intransitivem Hiphil geht es weniger um Glauben als Reaktion auf Jahwes eindrucksvolles Tun in der Geschichte als um den Glauben als solchen oder um seine Festigkeit. Ob dieser Glaube auf Anschauung oder Einsicht gegründet ist, spielt keine Rolle. Es kommt in erster Linie auf die Haltung des Glaubens an. Die Entstehungsgeschichte des Glaubens interessiert nicht. Deshalb kann nun sogar ein Glaube gegen den Augenschein gedacht werden (Ps 27,13; 116,10).[101]

So bekennt der Beter in Ps 119,66 allein seinen Glauben an Jahwes Befehle (במצותיך). Er erzählt nicht, wie es zu diesem Glauben gekommen ist. Umgekehrt wird in Num 20,12; Dtn 9,23; II Reg 17,14 einfach konstatiert, daß Glaube fehlt. Man diskutiert nicht, woher er hätte kommen sollen. In diesem Sinne kann König Joschafat in II Chr 20,20 ohne weitere Argumentation zum Glauben an Jahwe und seine Propheten auffordern: „Glaubt an Jahwe, euren Gott, damit ihr Bestand habt, und glaubt an seine Propheten, damit es euch gelingt!" Glaube gilt hier als etwas, das Gott zusteht, ohne daß er die Menschen überzeugen müßte. Dieser Glaube ist in II Chr 20,20 Voraussetzung für den Erfolg im Jahwekrieg („damit es euch gelingt" II Chr 20,20, vgl. auch II Chr 20,1 f.22 ff).

In der kurzen Bemerkung in Jes 28,16bβ geht es allein um die Wirkung des Glaubens: „Der Glaubende eilt nicht"[102]. Warum und an wen dieser Glaubende glaubt, interessiert hier nicht. Der intransitive Hiphil-Gebrauch erlaubt, sich ganz auf die Folgen des Glaubens zu konzentrieren, in diesem Fall die Gelassenheit.

---

101 So auch Wildberger, „Glauben", 137 f. Wildberger rechnet in diesen Psalmen mit einem Heilsorakel als Grundlage des Glaubens. Dieses Heilsorakel sei im Rahmen des Kultes ergangen. Gegen Wildberger findet sich aber im Text des jeweiligen Psalms keine Spur dieses Orakels.

102 Zu dieser gängigen Übersetzung von חוש Hiphil vgl. HALAT, 288. Sie ist für Jes 28,16bβ zu wählen, weil so der Bezug zu dem Kindernamen „Raubebald-Eilebeute" (nach Luther) in Jes 8,1.3 (חוש Qal) deutlich wird (vgl. auch Buber, Zwei Glaubensweisen, 24; Barthel, Prophetenwort, 306; Beuken, HThKAT, 42.45). Außerdem steht das Verhalten des Glaubenden im Gegensatz zum Vorgehen Jahwes. Jahwe wird sein Werk eilig herbeiführen (חוש Hiphil in Jes 5,19; 60,22, vgl. Boehmer, Glaube, 11), aber der Glaubende soll nicht eilen, sondern geduldig warten. Für die in der Forschung speziell für Jes 28,16bβ oft angenommene Übersetzung „weichen" fehlen dagegen einleuchtende Argumente (vgl. z. B. Duhm, Jesaja, 200 f; Wildberger, BK.AT 10, 1067 f; Becker, Jesaja, 232). Letztlich handelt es sich nur um eine weitere Ausdeutung von „eilen".

Ps 27,13 und 116,10 kann man sogar so deuten, daß es hier um ein zuversicht-liches Festhalten an Gott gegen den Augenschein geht. Ps 27,13 enthält einen erregten Ausruf des Beters in Einsamkeit und Bedrängnis (V.10 ff): „Hätte ich nicht geglaubt,[103] daß ich Jahwes Güte im Land der Lebendigen schauen würde!" Ohne seinen Glauben wäre der Beter in dem Elend untergegangen.[104] In ähnlicher Weise spricht Ps 116,10 vom Glauben in widrigsten Umständen: „Ich glaube, auch wenn[105] ich sage: ‚Ich bin sehr elend[106].'"

Beim intransitiven Hiphil von אמן im theologischen Sinne geht es also anders als bei den stärker deklarativ-ästimativen Belegen nicht um die Entstehungs-geschichte des Glaubens. Es wird nur konstatiert, daß Glaube vorhanden ist oder fehlt, oder es wird ohne jede weitere Begründung zum Glauben aufgefordert. Glaube gilt implizit als die menschliche Haltung, die seinem Verhältnis zu Gott angemessen ist.[107] Dementsprechend wird in Num 20,12 Glauben damit gleichge-setzt, Gott als heilig zu behandeln (קדש Hiphil)[108].

Schon ein kurzer Überblick über diese hauptsächlich intransitiven theologi-schen Hiphil-Belege (Num 20,12; Dtn 9,23; II Reg 17,14; Jes 28,16bβ; Ps 27,13; 116,10; 119,66; II Chr 20,20) zeigt, daß sie in der Regel jünger sind als diejenigen theolo-gischen Hiphilstellen, die zusätzlich einen deklarativ-ästimativen Aspekt haben

---

103 Die Irrealispartikel לולא bereitet hier Schwierigkeiten, weil eine Fortsetzung des irrealen Satzgefüges fehlt. Die Masoreten haben sie deshalb mit *puncta extraordinaria* markiert; die Par-tikel sollte also ihrer Meinung nach getilgt werden (vgl. Tov, Handbuch, 44 f). Die LXX übersetzt ein ἑαυτῇ am Ende von V.12. Die Übersetzer haben ein לו an dieser Stelle gelesen oder לולא so gedeutet (so App. BHS). Da mit ἀδικία („Ungerechtigkeit") ein feminines Wort als Äquivalent zu חמס („Unrecht") gewählt wurde, mußte das reflexive Personalpronomen eine Femininendung bekommen, obwohl hebräisch לו maskulin ist. Aquila, Symmachus und die Peschitta bieten da-gegen wie Hieronymus im *Psalterium iuxta Hebraeos* ein „aber" (zur Peschitta vgl. Compendious Syriac Dictionary, 90). Hier muß der masoretische Text mit Irrealispartikel als *lectio difficilior* beibehalten werden. Er ist als elliptisches Satzgefüge zu deuten (so auch Gunkel, Psalmen, 117 f; Wildberger, „Glauben", 137; anders Hossfeld/Zenger, NEB, 173 ff).
104 So auch Gunkel, Psalmen, 117 f.
105 Zur konzessiven Bedeutung des כי vgl. HALAT, 449; Joüon-Muraoka § 173 l; so auch Wildber-ger, „Glauben", 137; ders., Erwägungen, 376 f; Jepsen, Art. אמן, Sp. 327; Hossfeld/Zenger, HThKAT, 292.298. Auf diese Weise schließt sich Ps 116,10 gut an Ps 116,7 ff an. Dort ermahnt der Beter sich zur Ruhe und spricht von seiner Hoffnung. Zugleich leitete Ps 116,10 in dieser Übersetzung über zur Klage in V.11. Die Übersetzung dieses Psalmverses ist trotzdem sehr umstritten. Gunkel faßt das כי nicht konzessiv auf und muß dann statt אדבר („ich sage") אעבר („ich schwinde dahin") konjizieren (vgl. Psalmen, 503): „Einst glaubt ich, ich führe dahin ..."(Psalmen, 500). So ent-spricht die Aussage von V.10 der von V.11. In beiden ginge es um Angst.
106 Vgl. HALAT, 807.
107 So auch Wildberger, „Glauben", 146.
108 Zu dieser Übersetzung vgl. HALAT, 1004.

(Gen 15,4 f.6; Ex 4,1.5.8(*bis*).9.31; Num 14,11; Dtn 1,32; Jes 7,9b (vgl. V.11.14.16); 43,10; Ps 78,22.32; 106,11 f).[109] Deshalb zeichnet sich folgende Begriffsgeschichte für אמן Hiphil ab. Zuerst gilt Glauben als angemessene Reaktion auf Jahwes Rettungshandeln (z. B. Ex 14,31; Dtn 1,32). Hier dominiert eine deklarativ-ästimative Hiphil-Bedeutung. Man glaubt oder müßte doch glauben, weil man Jahwes Taten gesehen hat und ihn deshalb für zuverlässig hält. In den jüngeren Texten geht es dagegen um ein אמן Hiphil ohne solche Grundlegung im Wissen um Gott (z. B. Jes 28,16bβ; II Chr 20,20). Glauben wird nun als angemessene Haltung des Menschen vor Gott verstanden, für die Gott nicht mit Großtaten werben muß. Nun herrscht ein intransitives Hiphil vor. אמן Hiphil heißt einfach: „zum Glauben kommen", „Vertrauen gewinnen".[110]

Wenn aber in Texten wie Num 20,12 klar ist, daß der Mensch nur mit Glauben richtig auf Gott reagiert, stellt sich umso mehr die Frage, wie der Mensch zum Glauben kommen kann. Um die alttestamentliche Sicht dieses Problems zu erkennen, müssen die theologischen אמן Hiphil-Texte noch einmal betrachtet werden. Es wird sich zeigen, daß die Grundhaltung des Menschen zu Gott über Glauben und Unglauben entscheidet.

---

109 So ist II Chr 20,20 eine Neuinterpretation von Jes 7,9b s. o., 3.4. Das gleiche gilt für Jes 28,16bβ, denn die Aussage „wer glaubt, eilt nicht", faßt Jes 7,9b und Jes 7,4a zusammen (s.o, 3.1.4 und vgl. Barthel, Prophetenwort, 325; Becker, Jesaja, 232; Beuken, HThKAT, 78 f). Von daher ist eine jesajanische Herkunft von 28,16bβ kaum plausibel (so auch z. B. Kaiser, ATD 18, 199; Kilian, EdF 200, 63; Deck, Gerichtsbotschaft, 248; Becker, Jesaja, 232 f.284 f), auch wenn sie in der Forschung noch vertreten wird (vgl. v. a. Barthel, Prophetenwort, 315 ff; de Jong, Isaiah, 168; Dekker, Foundations, 83 ff). Dtn 9,23; II Reg 17,14 enthalten das nachdtr. Motiv, daß das Volk seit der Wüstenzeit immer widerspenstig gewesen sei, vgl. Veijola, ATD 8/1, 238 f. Dabei ist Dtn 9,23 aus Dtn 1 heraus entwickelt worden. Denn Dtn 9,23 greift mit שלח (z. B. Dtn 1,22), עלה (z. B. Dtn 1,24), מרה Hi mit *nota accusativi* und פי יהוה (Dtn 1,26) zentrale Stichworte aus diesem Kapitel auf und bündelt sie (vgl. auch Aurelius, Fürbitter, 14 f.18; Boorer, Promise, 398 f; Sénéchal, Rétribution, 398 f). II Reg 17,14 faßt wiederum Dtn 1,26,32 und 9,23 zusammen, indem hier behauptet wird, die Väter seien grundsätzlich ungläubig gewesen. Nach Gunkel, Psalmen, 502 ist Ps 116 spät; vgl. auch Smend, Geschichte, 244. Ps 119 ist nach allgemeiner Übereinstimmung einer der spätesten Psalmen überhaupt (vgl. Gunkel, Psalmen, 516; Hossfeld/Zenger, HThKAT, 357). Für Ps 27 legt sich Gunkel bei der Datierung nicht fest (vgl. Psalmen, 117; so auch Hossfeld/Zenger, NEB, 172). Smend, Geschichte, 244 rechnet auch für Ps 27,13 mit nachexilischer Entstehung. Nihan hält aufgrund der Darstellung des Mose fest, daß Num 20,12 jünger sein muß als Ex 4 (vgl. Mort, 167 f.173 ff).

110 Damit hat sich Wildbergers These, אמן Hiphil stünde in den theologisch gehaltvollsten Texten für eine reine Haltung des Glaubens, als zu einseitig erwiesen (vgl. Wildberger, Erwägungen, 375 ff; „Glauben", 154 ff). Wildberger unterschätzt vielmehr die Bedeutung eines deklarativ-ästimativen Hiphils von אמן, und er berücksichtigt nicht, wie stark Jahwes Geschichtstaten in den älteren theologischen Belegen von אמן Hiphil als Stützen des Glaubens gesehen werden.

4.2.3 אמן Hiphil im Kontext von Beschreibungen der Grundhaltung zu Gott

Im Kontext der theologischen Verwendung von אמן Hiphil zeigt sich sowohl in eher deklarativ-ästimativen und als auch rein transitiven Belegen die Tendenz, die grundsätzliche Einstellung von Menschen zu Gott zu beschreiben. Es geht um Offenheit oder Verschlossenheit gegenüber Gott.[111]

Das läßt sich besonders für die negativen Aussagen in Schuldaufweisen zeigen. Unglaube wird hier oft mit einer Gott ablehnenden Grundhaltung des Menschen erklärt. Wer nicht glaubt, verhält sich nach Ansicht dieser Texte auch sonst Gott gegenüber aufsässig. Im Kontext des negierten אמן Hiphil finden sich sehr oft entsprechende Verben. Dies gilt sowohl für deklarativ-ästimativ getönte Hiphil-Belege (Dtn 1,32 [vgl. מרה Hiphil in V.26]; Num 14,11 [vgl. לון Niphal in V.2]; Jes 7,1–17* [vgl. לאה Hiphil in V.13]; Ps 78,22.32 [vgl. z. B. מרה und חטא Qal in V.17 und נסה Piel in V.18]) als auch für rein intransitive (z. B. Ps 106,24 im Kontext von Ps 106,13–33; Dtn 9,23 [z. B. מרה Hiphil im gleichen Vers]).

In den positiven Belegen von אמן Hiphil zeigt sich dagegen die Offenheit für Gott bei den Glaubenden, indem auf den Glauben sofort Gebet oder Lobpreis folgen (Ex 4,31; II Chr 20,20 f sowie Ex 15 nach Ex 14,31). Und in Jon 3,5 ff ist der Glaube der Niniviten verbunden mit ihrem Vertrauen auf Gottes Gnade und ihrem Gehorsam. Dieselbe Beobachtung trifft für Ps 119 zu. Dort hängt der Glaube an Gottes Befehle (V.66) mit einer innigen Liebe zum Gesetz zusammen (z. B. V.11.20.97). Glaube kann also entstehen, wenn Menschen bereit sind, sich Gott anzuvertrauen. Er beruht auf einer Grundhaltung von Offenheit für Gott.

Im Alten Testament entscheidet also die Grundhaltung des Menschen gegenüber Gott darüber, ob er glaubt oder nicht. Nur so läßt sich z. B. erklären, wieso Wissen um Gottes Taten manchmal Glauben bewirkt (z.B: Ex 4,31; 14,31) und manchmal nicht (z. B. Num 14,11; Dtn 1,32). Denn diese Grundhaltung beeinflußt das menschliche Urteil gegenüber Gottes Geschichtstaten. In Texten, in denen das Gottesvolk von vornherein widerspenstig ist, läßt es sich von Gottes Handeln nicht beeindrucken (z. B. Num 14,2.11; Dtn 1,26.32). Wo es dagegen kein Anzeichen für Verschlossenheit gegenüber Gott gibt, führen die Wunderzeichen, die Gott Mose zur Verfügung stellt, sofort zum Glauben (Ex 4,1–9.31). Weiter liegt es an dieser Grundhaltung, ob ein Mensch auf eine Verheißung Gottes angemessen reagieren kann. Sind Menschen offen für Gott wie die Niniviten, glauben sie sogar auf eine hoffnungslose Unheilspredigt hin (Jon 3,5 ff). Umgekehrt ist der Ahas

---

111 S.o., 4.2.1 f. Gewisse Ausnahmen sind Jer 53,1; Hab 1,5. Dort werden konkrete Aussagen über Gott nicht geglaubt, ohne daß die Hörer deshalb grundsätzlich von Gott abfallen.

aus Jes 7 wegen seiner falschen Grundhaltung sogar mit einer Heilsweissagung überfordert (Jes 7,3a.4a.11–13).

In den meisten theologischen אמן Hiphil-Texten ändert sich diese Grundhaltung des Menschen nicht. So ist der Abraham in Gen 15 immer bereit, auf Gott zu vertrauen. Trotz seiner zweifelnden Fragen (V.2 f.8) läßt er sich sofort auf Gottes Verheißung ein (V.4 f.6) oder befolgt die Befehle zur Vorbereitung des Gotteseids, durch den ihm Gott seine Zweifel an der Verläßlichkeit der Landverheißung nehmen will (V.9 f.17b.18). In Num 13 f mangelt es dagegen dem Volk im gesamten Text an Zutrauen zu Gott. Allerdings wird die Grundhaltung des Menschen nicht in allen theologischen אמן Hiphil-Texten für unveränderlich gehalten. So folgt auf den Unglauben des Volkes in der Kundschaftergeschichte Dtn 1 der vorbildliche Gehorsam auf dem Zug nach Moab in Dtn 2f, d. h. aus der Verschlossenheit gegenüber Gott ist Offenheit geworden.[112] Und in Ex 14 wird aus dem Murren in V.11 f der Glaube in V.31.[113]

In der Frage, was die Veränderung der Grundhaltung bewirkt, vertreten Ex 14 und Dtn 1–3 unterschiedliche Positionen. In Dtn 1–3 wird das nicht ganz klar. Am wahrscheinlichsten ist, daß das Trauma der Niederlage gegen die Amoriter die Ursache ist, nach der das Volk erleben mußte, daß Jahwe nicht auf es hört (Dtn 1,45 f).[114] Denn danach ändert sich plötzlich das Verhalten des Volkes, und es gehorcht ohne jeden Vorbehalt den Jahwebefehlen, die Mose weitergibt (Dtn 2f). Folglich hat sich nun die Grundhaltung des Volkes gedreht: Aus Verschlossenheit gegenüber Gott ist Offenheit geworden. Für Ex 14,11 f.31 dürfte dagegen die Größe des Wunders den Sinneswandel bewirkt haben, weil in V.31 vor der Erwähnung von Gottesfurcht und Glauben ausdrücklich davon die Rede ist, daß das Volk die große Machttat Jahwes gesehen habe. Ob und wodurch sich also die

---

112 Die Literarkritik wird u., 5.1.4 erweisen, daß Dtn 1 von Anfang an eine Fortsetzung in Dtn 2 f hatte, daß es also von Anfang an darum ging, Ablehnung Gottes und Offenheit für ihn zu zeigen.
113 Etliche neuere Analysen kommen zu dem Ergebnis, daß die Zusätze Ex 14,31 (s. u., 112, Anm. 137) und 14,11 f aus einer Hand stammen (vgl. Levin, Jahwist, 346; ders., Source Criticism, 44 f; Gertz, Tradition, 225; Kratz, Komposition, 290, Anm. 80). Dafür spricht, daß sich die Vorwürfe in V.11 f dezidiert gegen Mose richten, der dann in V.31 zum Gegenstand des Glaubens wird.
114 Dtn 1,45 f gehörte größtenteils schon zum Grundbestand von Dtn 1–3. Nur das בשעיר („in Seïr") in V.44 wurde später ergänzt (s. u., 160). In Dtn 1–3* ist keine Rede davon, daß die Murrgeneration tatsächlich ausstirbt, wie Gott das in 1,35*.39* als Strafe verhängt. Vielmehr spricht Mose ganz selbstverständlich zu den Augenzeugen des Sinaiaufenthalts, obwohl diese nach Dtn 1,35*.39* zum Zeitpunkt von Moses Rede in Dtn längst tot sein müßten (vgl. z. B. Dtn 1,6). Der Verfasser von Dtn 1–3* leistet sich diese Inkonsequenz, um vom inneren Wandel der Exodusgeneration erzählen zu können. Dtn 2,14.16, die vom Tod der Exodusgeneration berichten, sind Zusätze (s. u., 163, Anm. 168).

Grundhaltung des Menschen zu Gott wandeln kann, bleibt im Alten Testament umstritten.[115]

Exkurs: die Verwendung der Präpositionen im theologischen Gebrauch von אמן Hiphil
Im theologischen Gebrauch steht אמן Hiphil meist mit der Präposition ב. Diese ist in der profanen Rede typisch für das Vertrauen oder Mißtrauen gegenüber Personen.[116] In der theologischen Sprechweise wird mit ב in der Regel Gott eingeführt als der, an den man glaubt oder nicht. Seltener bezieht sich ב auf Jahwes Handeln (Ps 78,32), auf sein Wort (Ps 119,66 [במצותיך]; 106,12 [בדבריו]) oder auf Mose als Jahwes Mittler (Ex 14,31; 19,9) oder auf Jahwes Propheten (II Chr 20,20). Dagegen wurde die profane Redeweise, in der sich אמן Hiphil mit der Präposition ל auf eine mehr oder weniger plausible Aussage bezieht, nicht übernommen.[117] Anstelle dessen wird ל im theologischen Sprachgebrauch synonym mit ב verwendet. Es bezieht sich ebenso auf Gott (Dtn 9,23; Jes 43,10), Gottes Wort (Ps 106,24), Gottes Zeichen und Taten (Ex 4,8 f; Ps 27,13) und auf Mose als Mittler (Ex 4,1.8). In theologischen Texten verwischt sich also die Unterscheidung zwischen den Präpositionen ל und ב.[118] Dies hängt damit zusammen, daß Gott letztlich das einzige Gegenüber des Glaubens ist, daß sich also auch Glauben an eine Aussage über Gott eigentlich auf Gott bezieht. Für Ps 119,66 kann man erwägen, ob nicht die grammatische Konstruktion (mit Präposition ב) zeigt, daß das Gesetz an die Stelle Gottes getreten ist (vgl. z. B. Gen 15,6; Ex 14,31; Num 14,11; Dtn 1,32; II Reg 17,14). Auf diese Weise könnten Gott und die Tora als sein Wort nahezu eins geworden sein.

4.2.4 Fazit

Es hat sich gezeigt, daß der profane Gebrauch von אמן Hiphil v. a. von der Sache her vorgängig ist und den theologischen Gebrauch stark beeinflußt hat.[119] Dabei ähneln sich beide Sprechweisen vor allem darin, daß Vertrauen oder Glauben und Urteilen miteinander verbunden sind. Das Vertrauen auf Menschen und der Glaube an Gott können darauf beruhen, daß Gott oder diese Menschen als zuverlässig angesehen werden.

Trotzdem wird Gott im theologischen Gebrauch von אמן Hiphil nicht einem Menschen gleichgesetzt: Seine Transzendenz und seine Verläßlichkeit als Gott Israels werden von den alttestamentlichen Autoren berücksichtigt. Dies wird besonders an der Darstellung des Unglaubens deutlich, also in negierten, theologischen Belegen von אמן Hiphil (Num 14,11; 20,12; Dtn 1,32; 9,23; II Reg 17,14;

---

115 S. auch u., 4.4.4; 5.5; 7.1.2.
116 S.o., 4.1.5.
117 S.o., 4.1.4.
118 Dabei kommt Ps 27,13 der weltlichen Sprechweise sehr nahe, weil hier mit ל sozusagen der Glaubensinhalt angefügt wird: Der Beter wird Gottes Güte sehen.
119 S.o., 4.2; 4.2.1.

Ps 78,22.32; 106,24). Unglaube ist hier niemals die legitime Ablehnung eines Gottes, der Menschen falsche Versprechungen macht oder ihnen nicht helfen kann. Vielmehr zeigt sich darin das menschliche Widerstreben gegen Gott.

Ein Ziel der vorliegenden Arbeit ist die Suche nach den Fragen, die damals im Rahmen der Begriffsgeschichte des theologischen אמן Hiphil geklärt werden sollten. Diese Fragen forderten dazu heraus, immer neue Texte mit אמן Hiphil zu verfassen, um sie immer treffender zu beantworten.[120] In der Suche nach diesen Fragen zeichnet sich ab, daß in den theologischen אמן Hiphil-Texten um die angemessene Einstellung des Menschen vor Gott gerungen wird. Diese Einstellung ist v. a. in den älteren Belegen eine Verbindung von positivem Urteil über Gott und Vertrauen auf ihn, also Glauben.[121] Das positive Urteil soll im Alten Testament prinzipiell auf dem Wissen um Jahwes Geschichtstaten in der Vergangenheit beruhen (z. B. Ex 14,31; Num 14,11; Dtn 1,32; Ps 106,11 f). Aber in vielen Texten wird das Problem angesprochen, daß Menschen nicht glauben, obwohl sie Gottes Hilfe gesehen haben (z. B. Num 14,11; Dtn 1,32; Ps 78,22.32). Selbst ein festes Wissen um Gottes Macht reicht nicht aus, um Glauben auszulösen. Vielmehr scheint sich nach Ansicht der alttestamentlichen Theologen im Glauben oder Unglauben die Grundhaltung des Menschen zu Gott zu zeigen. Sind Menschen offen für Gott, glauben sie an ihn (z. B. Jon 3), haben sie sich vor Gott verschlossen, ist Unglaube die Folge (z. B. Dtn 1). Eine wichtige Frage hinter dem theologischen אמן Hiphil ist also die Frage, mit welcher Einstellung der Mensch Gott gegenübertreten soll und aus welcher Grundhaltung diese Einstellung erwächst. Im Hintergrund der Frage scheint ein Konflikt zu stehen: Der Mensch sieht sich von Gott her mit der Forderung konfrontiert, auch dann an ihm festzuhalten, wenn es so scheint, als könne oder wolle Gott seine Verheißungen nicht wahrmachen (z. B. Dtn 1,27). Aber in so einer Lage kann der Mensch nicht ohne weiteres auf Gott setzen(z. B. Dtn 1,32). So sucht der Mensch nach den Voraussetzungen, unter denen ein Vertrauen auf Gott trotz aller Zweifel Bestand haben könnte, also nach einer Gott gegenüber offenen Grundhaltung.

Nachdem erste Ergebnisse zur Verwendung von אמן Hiphil gewonnen wurden, ist weiter zu fragen, was der älteste Beleg gewesen sein kann. Dazu muß als erstes überlegt werden, was die Kennzeichen eines solchen ältesten Belegs sind.

---

120 S. o., 2.1.1.
121 S. o., 4.2.1.

4.3 Der Weg zum ältesten theologischen Beleg von אמן Hiphil

4.3.1 Das Kriterium für den ältesten theologischen אמן Hiphil-Beleg

Überblickt man die Belege von אמן Hiphil in theologischen Kontexten,[122] so fällt auf, daß nie explizit erklärt wird, welche Haltung zu Gott אמן Hiphil bezeichnet. Dies ist umso auffälliger, als das Wort im theologischen Sinne nicht häufig vorkommt (27 hebräische Belege). Es ist also kein gängiger Terminus für die menschliche Gottesbeziehung und müßte eigentlich erläutert werden.[123] Ohne solche Erläuterung kann אמן Hiphil als theologischer Begriff nur eingeführt werden, wenn seine Bedeutung ursprünglich der profanen ähnelte. So konnten die Leser die ersten theologischen Belege des Wortes vom weltlichen Gebrauch her verstehen, der ihnen vertraut war. Man kann also als Kriterium für den ältesten theologischen אמן Hiphil-Beleg festhalten: Er muß von der profanen Verwendung des Wortes her verständlich sein. Dazu muß er dieser profanen Verwendung ähneln. Zugleich sollte aber deutlich werden, daß „glauben" im theologischen Sinne etwas anderes ist als im innerweltlichen.

4.3.2 Dtn 1,32 als der älteste Text mit dem theologischen Begriff אמן Hiphil

Dtn 1,32 erfüllt dieses Kriterium sehr viel besser als alle übrigen theologischen אמן Hiphil-Texte. Denn dieser Vers steht dem profanen Gebrauch von אמן Hiphil sehr nahe, entwickelt diesen aber auch theologisch weiter (s. unten, 4.3.3).[124]

Darüber hinaus gibt es weitere Indizien, daß Dtn 1,32 der älteste theologische Beleg ist. Der Kontext von Dtn 1,32 ist die Dtn-Fassung der Kundschaftergeschichte (vgl. Num 13f). In diesem Text wird in großer Eindringlichkeit über

---

122 Es handelt sich um folgende Texte: Gen 15,6; Ex 4,1.5.8 (*bis*).9.31; Ex 19,9; 14,31; Num 14,11; 20,12; Dtn 1,32; 9,23; II Reg 17,14; Jes 7,9b; 28,16bβ; 43,10; Jon 3,5; Ps 27,13; 78,22.32; 106,12.24; 116,10; 119,66; II Chr 20,20 (*bis*). Dazu kommt der aramäische Dan 6,24. Zur Unterscheidung zwischen theologischem und profanem Gebrauch s. o., 4.1.2.

123 Man könnte eher erwägen, ob בטח („vertrauen") oder ירא („fürchten") geläufige Termini für die Gottesbeziehung waren (s. o., 2.1.2), da sie viel häufiger sind als אמן Hiphil (vgl. Weiser, Begriff, 183) und außerdem akkadische Parallelen haben (*takālu, raḫāṣu* II, *palāḫu*).

124 Auch Ex 4,5 ähnelt stark dem profanen Gebrauch von אמן Hiphil, weil es um die Glaubhaftigkeit einer Aussage geht (s. o., 4.1.2, v. a. 85, Anm. 38). Allerdings fehlt hier jede Weiterentwicklung zu einem theologischen Terminus. Der Beleg wäre ohne seinen Kontext und die klar theologischen אמן Hiphil in Ex 4,1.8f als profan zu bewerten. Ex 4,1.8f setzen ihrerseits schon die Prägung von אמן Hiphil als theologischen Begriff voraus, sonst würden sie nicht klar.

die Psychologie des Unglaubens nachgedacht. Folglich liegt es nahe, dafür ein eigenes Wort zu prägen, eben ein negiertes אמן Hiphil.[125] Außerdem finden sich in Dtn 1,32 *in nuce* viele Gedanken, die für die spätere theologische Rede mit אמן Hiphil wichtig sind. Die Verfasser jüngerer Texte wurden durch diese Gedanken angeregt, die in Dtn 1,32 nur angerissen wurden. Sie griffen sie auf und entfalteten sie.[126]

4.3.3 Die Nähe von Dtn 1,32 zum profanen אמן Hiphil

Im folgenden soll zuerst erläutert werden, inwieweit in Dtn 1,32 die innerweltliche Verwendung von אמן Hiphil aufgegriffen wird. Dtn 1,32 lautet: „Doch[127] auf (ב) dieses Wort[128] hin glaubet ihr nicht (Partizip אמן Hiphil, verneint mit אין) an Jahwe, euren Gott[129]." Der Satz folgt auf eine Rede des Mose (Dtn 1,29–32*)[130]. Der Kontext ist die Dtn-Fassung der Kundschaftergeschichte (vgl. Num 13f.). In diesem Kontext soll diese Rede das murrende Volk (V.26f) ermutigen (V.29), das die Einnahme des amoritischen Gebirges verweigert (V.20). Sie soll das Volk moti-

---

125 S.u., 5.3.1; 5.5. Vgl. ähnlich Gertz, Tradition, 224, wobei Gertz fälschlich Jes 7,9b; 28,16bβ als Vorbilder betrachtet (vgl. auch Achenbach, Landnahme, 72, s. dagegen o., 3.6.2 und u., 4.4.3f).
126 S.u., 4.4.1–4.4.4.
127 Mit Perlitt BK.AT 5/2, 110 ist das ו adversativ zu übersetzen.
128 Ähnlich die LXX und Driver, ICC, 25; Perlitt, BK.AT 5/2, 82. Das ב ist als ב *instrumenti* aufzufassen, vgl. HALAT, 101. Veijola, ATD 8/1, 29 übersetzt diese Wendung בדבר הזה als „trotzdem" (ähnlich Lohfink, Unglaube, 43). Doch wird בדבר הזה im Alten Testament niemals in diesem Sinne verwendet. Für „trotzdem" steht eher בכל זאת o.ä. (vgl. HALAT, 100). Der Verfasser von Dtn 1,32 hat vielmehr דבר bewußt als Terminus mit doppelter Bedeutung verwendet. Bekanntlich kann דבר sowohl „Sache, Angelegenheit" als auch „Wort" bedeuten (vgl. HALAT, 202f; Rose, ZBK.AT 5, 482f). Zum einen bezieht sich דבר in Dtn 1,32 auf die gerade gehaltene Moserede (Dtn 1,29–32*). Dem entspricht die von der Verfasserin gewählte Übersetzung mit „Wort" (vgl. auch Jes 30,12; Dtn 32,47). Zum anderen meint דבר hier die Inhalte der Moserede, und dem trüge eine Übersetzung mit „Sache" Rechnung (so Perlitt, BK.AT 5/2, 82; Rose, ZBK.AT 5, 483). Weil diese Inhalte aber in einer Rede vermittelt werden, kommt es in erster Linie auf die Rede an. Deshalb bevorzugt die Verfasserin die Übersetzung „Wort". Zu einem weiteren Wortspiel im Text mit ב s. u., 110.
129 Ein Teil der LXX-Überlieferung (*Codices Vaticanus* und *Basiliano-Vaticanus* sowie die Minuskel 963 und weitere Minuskeln) liest hier „unseren Gott". Das ist mit Perlitt, BK.AT 5/2, 84 als Itazismus zu erklären.
130 Mit Veijola, ATD 8/1, 29 ff; Perlitt, BK.AT 5/2, 82.109 ist in V.31a nur ובמדבר („und in der Wüste") alt. V.31b gehört dagegen ganz zur Grundschicht. Die Aussage über Jahwes väterliche Fürsorge in 1,31a ist somit ein Zusatz; in der ältesten Fassung von Dtn 1,29–32* ging es nur um Jahwes Kampf für das Volk (לחם Niphal in V.30).

vieren, den Widerstand gegen Jahwes Befehl rechtzeitig aufzugeben. Zu diesem
Zweck kündigt Mose an, daß Jahwe mit dem Volk sein werde und für es kämpfen
werde, wie er es bereits in Ägypten (V.30) und in der Wüste (V.31*) getan habe.
Doch Moses Bemühen scheitert, und dies drückt V.32 aus. Die Israeliten glauben
trotz des Moseworts und seiner Inhalte nicht an Jahwe und widersetzen sich
weiter Jahwes Anordnung. Jahwes Strafe (V.34ff*) ist so unvermeidlich.[131]

Dtn 1,32 ist sehr sorgfältig formuliert. Der Verfasser spielt geschickt mit der
doppelten Bedeutung sowohl von דבר und als auch von der Präposition ב. So
bezieht sich דבר am Satzanfang sowohl auf die Moserede selbst als auch auf die
Inhalte dieser Rede, entsprechend der doppelten Bedeutung von דבר als „Wort"
und „Sache/Angelegenheit". Weder die Rede noch ihr Sachgehalt löst nach
Dtn 1,32 Glauben aus. Die Präposition ב erscheint im Satz zweimal, zum erstenmal als ב *instrumenti* am Satzanfang (בדבר הזה „auf dieses Wort hin"),[132] zum
zweitenmal, um das Objekt an אמן Hiphil anzuschließen (ביהוה אלהיכם „an
Jahwe, euren Gott"). Durch dieses doppelte ב wird der Leser angeregt, בדבר הזה
ebenfalls als Objekt zu אמן Hiphil zu ziehen im Sinne von: „An dieses Wort glaub-
tet ihr nicht".[133] Auf diese Weise wird unterstrichen, daß zwischen dem Fürwahrhalten der Moserede über Jahwes Taten und dem Glauben an Jahwe ein enger
Zusammenhang besteht.

Die Verwandtschaft des theologischen אמן Hiphil in Dtn 1,32 mit der profanen Verwendung des Wortes zeigt sich gerade an diesem engen Bezug von אמן
Hiphil zur vorangehenden Moserede. Der Unglaube hat damit zu tun, daß den
Israeliten die Rede des Mose nicht einleuchtet, daß sie sich also nicht als geeig-
netes Mittel (ב *instrumenti*) erweist, um Glauben auszulösen. Und dies entspricht
der weitverbreiteten profanen Verwendung eines negierten אמן Hiphil dafür, daß
jemand eine Aussage nicht für plausibel hält (z. B. Gen 45,26; I Reg 10,7 parallel II
Chr 9,6; Thr 4,12).[134] So ist Dtn 1,32 vom weltlichen Gebrauch von אמן Hiphil her
verständlich.

Doch wird diese innerweltliche Redeweise in Dtn 1,32 abgewandelt und so
in ihrer Bedeutung vertieft. Denn der Unglaube bezieht sich hier weniger auf die

---

131 Zur Literarkritik von Dtn 1–3 sowie Num 13 f und zu den Abhängigkeitsverhältnissen zwischen beiden Texten s. u., 5.1.3 f; 5.2.1; 5.3.1–5.3.4.
132 S.o., 109 f und 109, Anm. 128.
133 Die Verbindung von אמן Hiphil und einer Aussage mit ב ist im profanen Sprachgebrauch
ungebräuchlich (s.o., 4.1.3), aber in einem solchen Spiel mit sprachlichen Möglichkeiten denkbar (s. auch Ps 106,12). Außerdem ist in Dtn 1,32 ein anderer profaner Gebrauch bestimmend,
nämlich die Verbindung von אמן Hiphil mit Personen. Dabei steht regelmäßig ב. S.o., 4.1.3; 4.1.5.
Vgl. ferner Oeming, Beleg, 190 f zu den vielen Nuancen der Präposition ב.
134 S.o., 4.1.4.

Worte des Mose als auf Jahwe selbst. Hinter dieser Vertiefung steht eine weitere gängige profane Verwendungsweise von אמן Hiphil: das Vertrauen auf einen Menschen oder die Skepsis ihm gegenüber (z. B. z. B. I Sam 27,12; Prov 26,25; Jer 12,6). Wie in diesen profanen Belegen wird in Dtn 1,32 das Objekt zu אמן Hiphil mit ב angeschlossen. Es werden also zwei profane Verwendungsweisen von אמן Hiphil kombiniert, um einen neuen, theologischen Gebrauch zu schaffen! Dieser neue Gebrauch verbindet die Skepsis gegenüber einer Rede über Jahwe mit dem Mißtrauen gegen Jahwe selbst: Wer eine Rede nicht für glaubhaft hält, die Jahwes gegenwärtiges und zukünftiges Handeln bezeugt, glaubt Jahwe selbst nicht. Auch diese Vertiefung ist von der profanen Verwendung von אמן Hiphil her verständlich. Denn sie wird erreicht, indem zwei profane Sprechweisen miteinander verknüpft werden: Vertrauen auf Menschen und Vertrauen auf Behauptungen.

Ein zweiter Grund, warum Dtn 1,32 der älteste theologische Belege von אמן Hiphil sein dürfte, liegt darin, daß hier viele Gedanken anklingen, die in den jüngeren theologischen אמן Hiphil-Texten ausgebaut werden. Dtn 1,32 hat so die anderen Texte geprägt und muß älter sein. Im folgenden soll gezeigt werden, welche dieser Vorstellungen in Dtn 1,32 angerissen werden. Danach soll ihre weitere Entwicklung in den jüngeren Texten skizziert werden.

4.4 Die Begriffsgeschichte des theologischen אמן Hiphil als Entfaltung von Dtn 1,32

4.4.1 Unglaube als Verstockung

Die Verbindung von Unglauben und Widerstand gegen Gott (מרה Hiphil in Dtn 1,26 sowie die nahezu blasphemische Anklage Gottes in 1,27) wird in einer ganzen Reihe jüngerer Texte aufgegriffen und verstärkt. In ihnen gilt Unglaube, d. h. das negierte אמן Hiphil als Symptom von Verstockung seit der Wüstenzeit: Dtn 9,23; II Reg 17,14; Ps 78,22.32; 106,24.[135] Für sie alle hat Dtn 1,32 als Auslöser gedient.

---

135 Ähnlich Wildberger, Art. אמן, Sp. 192 f; Veijola, ATD 8/1, 239 f und o., 103, Anm. 109. Ps 78,29 spielt mit dem Stichwort תאוה „Begierde" deutlich auf Num 11,4 an (אוה Hitpael „sich begierig zeigen", so auch Gunkel, Psalmen, 345), und es gibt klare Indizien, daß Num 11 nachpriesterschriftlich ist (s. u., 5.3.3.1). Auch Ex 16 als zweite mögliche Vorlage von Ps 78,20 ff, entstand erst nach P (s. u., 5.4.1; 5.4.3).

4.4.2 Der Glaube an den Mittler

Weiter deutet sich in Dtn 1,32 ein Zusammenhang an zwischen Unglaube an Gott und dem Mittler Mose, der Gottes Handeln verkündigt. Denn der Unglaube manifestiert sich als Ablehnung einer Moserede. Dieser Zusammenhang wird so weitergedacht, daß die Bedeutung des Mittlers für den Glauben gesteigert wird. Die Mittlergestalt wird in sehr jungen Texten selbst zum Gegenüber des Glaubens: Ex 4,1–9[136]; 14,31[137]; 19,9[138]; II Chr 20,20. Allerdings erhalten nur sehr wenige Mittler eine derart herausragende Stellung. Meist wird Mose selbst so zum Gegen-

---

136 אמן Hiphil ist in Ex 4,1–9 in den Versen 1.5.8(*bis*).9 belegt. Der Text könnte einige Ergänzungen enthalten, v. a. im Bereich von V.8 f (vgl. Gertz, Tradition, 307 f zur Forschungsdiskussion). Doch ist das für die Geschichte von אמן Hiphil nicht wichtig, weil die potentiellen Zusätze V.5.8 f inhaltlich nicht vom Grundbestand abweichen (so auch Schmitt, Prophetie, 225). Von der Datierung her ist der Text klar nach-P, weil er die Wunderzeichen den Anteilen der Plagen entnommen hat, die herkömmlich P zugewiesen werden (vgl. Gertz, Tradition, 313 ff und s. u., 255 f; anders Noth, ATD 5, 23). Gertz selbst rechnet Ex 4 zur Endredaktion (vgl. Tradition, 305 ff; vgl. ähnlich schon Schmitt, Prophetie, 232 f).
137 Der Vers ist zweifellos ein Zusatz zu der Erzählung vom Schilfmeerwunder, wie man schon an der Wiederholung des Anfangs von V.30b am Versbeginn von V.31 erkennt. Man kann mit Berner erwägen, ob 14,31 noch einmal in sich geschichtet ist, da nach 14,31aα Numerus (Plural statt Singular) und Subjekt („das Volk" statt „Israel") wechseln (vgl. Berner, Exoduserzählung, 382). Allerdings entspricht der Sprachgebrauch von 14,31aα genau V.30, der hier imitiert wird. Deshalb ist wahrscheinlicher, daß 14,31 einheitlich ist. Vom Sprachgebrauch her ist der Vers jung (vgl. Gertz, Tradition, 222 ff). Denn wenn er das Schilfmeerwunder als die große Hand Gottes (היד הגדלה) bezeichnet, entwickelt er die dtr. Rede von Jahwes starker Hand (יד חזקה vgl. z. B. Dtn 4,34; 5,15; 6,21; 7,8; 9,26; 26,8; I Reg 8,42) weiter. Was dort in der Regel für Jahwes Hilfe während des gesamten Exodus steht, bezeichnet hier eine einzige Tat, die Rettung am Schilfmeer. Da die wunderbare Tat Jahwes so hervorgehoben wird, ist es wahrscheinlich, daß Ex 14,31 schon die Einarbeitung der P-Anteile im Schilfmeerwunder voraussetzt (Ex 14,1f*.9*. 15f*.21*.23.26.27*.28.29 vgl. Gertz, Tradition, 195 ff; Kratz, Komposition, 244, Anm. 24; Schmitt, Geschichtsverständnis, 109; Levin, Source Criticism, 52; Berner, Meerwunderbericht, 20 f und u., 269, Anm. 632; vgl. ähnlich Krüger, Erwägungen, 528 f). Denn in diesen Versen sind die wunderhaften Züge stärker als in der nicht-P Erzählung, indem Jahwe erst das Schilfmeer teilt (V.21aα¹.b) und das Wasser dann über die Ägypter bringt (V.28*). In dem nicht-P Faden dagegen treibt Jahwe das Wasser mit dem Ostwind vorübergehend weg (V.21aα²) und bringt Panik über die Ägypter (V.24* vgl. Gertz, Tradition, 206 ff; Levin, Source Criticism, 55). Hier werden also eher natürliche Phänomene als Tat Jahwes gedeutet.
138 Daß Ex 19,9 kein alter Text ist, hat schon Noth erkannt. Er sieht in Ex 19,3–9 einen Zusatz im dtr. Stil (vgl. Überlieferungsgeschichte, 33, Anm. 112). Dem sind Blum, Studien, 104 und Schmitt, Geschichtswerk, 270 ff gefolgt, allerdings rechnen sie weit über Noth hinaus mit einer regelrechten dtr. Redaktion von Gen–II Reg (s. u., 5.1.2.3). In der jüngeren Diskussion stellt sich immer mehr heraus, daß Ex 19,9 ein noch jüngerer Zusatz sein muß, wofür etwa die inhaltliche Wiederaufnahme von V.8b in V.9b spricht (vgl. Oswald, Gottesberg, 229 ff; Gertz, Tradition, 226 ff).

stand des Glaubens (Ex 4,1–9; 14,31; 19,9). Nur in einem Text haben Jahwes Propheten einen solchen Status: II Chr 20,20.[139]

Wenn Mose in Ex 4,1–9; 14,31; 19,9 zum Gegenüber des Glaubens wird, führt das zu einer Aufwertung der Mosegeschichte, also des Erzählzusammenhangs von der Geburt des Mose (Ex 2) bis zu seinem Tod (Dtn 34). Dieser Textbereich gewinnt so eine ganz besondere Autorität, und er ist wiederum ein zentraler Bestandteil des Pentateuchs. Das ist ein Hinweis auf die literargeschichtlichen Hintergründe von Ex 4,1–9; 14,31; 19,9: Es geht darum, die Sonderstellung des Pentateuch, der fünf Bücher Mose, klarzumachen. Sie sollen gegenüber den übrigen Geschichtsbüchern Jos-II Reg hervorgehoben werden. Das weist darauf hin, daß diese Einträge über die Sonderrolle des Mose im Zusammenhang mit einer Tendenz entstanden, den Pentateuch aus einem Großgeschichtswerk Gen-II Reg herauszulösen.[140]

Obwohl in Ex 4,1–9; 14,31; 19,9; II Chr 20,20 ein Mensch zum Gegenstand des Glaubens werden kann, stellen die Texte auf verschiedene Weise klar, daß dieser Mensch Jahwe untergeordnet bleibt. Nach Ex 4,1–9 und 19,9 sorgt Jahwe dafür, daß das Volk an Mose glaubt, indem er Mose Wunderzeichen zur Verfügung stellt (Ex 4,5.8 f) oder vor den Ohren des Volk mit ihm spricht (Ex 19,9). Jahwe selbst setzt so Mose als seinen Sprecher ein und fordert den Glauben an ihn. Ohne Jahwes Unterstützung würde das Volk nicht an Mose glauben. So ist gesichert, daß niemand unabhängig von Jahwe an Mose glaubt.

In anderen Texten wird der Glaube an Jahwe und der an seine(n) Vermittler so verbunden, daß beides parallel zueinander steht (Ex 14,31; II Chr 20,20)[141]. Damit werden Glauben an den Mittler und Glauben an Jahwe gleichgesetzt. Auch so wird verhindert, daß sich der Glaube an den Mittler verselbständigt und ein Mensch allein zum Gegenstand des Glaubens wird. Denn wer an den Mittler glaubt, glaubt zugleich an Jahwe.

---

139 Dies entspricht der Vorstellung einer *successio mosaica*, in der die Propheten als Nachfolger des Mose auftreten (z. B. Dtn 18,18; Hos 12,13 f vgl. dazu Rudnig-Zelt, Hoseastudien, 269 ff sowie Groß, Glaube, 61). Als Nachfolger des Mose können die Propheten wie er Glauben beanspruchen. Ähnlich Wildberger, Erwägungen, 380.

140 S.u., 5.1.2.3 und Schmid, Pentateuchredaktor, 189 ff. In der bisherigen Forschung wurde das v. a. für Ex 19,9 vorgeschlagen (vgl. Oswald, Gottesberg, 229 ff; ders. Staatstheorie, 80). Es ist aber auch für die anderen Texte naheliegend, zumal es unabhängig davon Indizien für ihre späte Entstehung gibt (s. o., 112, Anm. 136). Mit Berner, Exoduserzählung, 383 ff ist davon auszugehen, daß Exodus 4,1–9.31; 14,31 und 19,9 nicht aus einer Hand stammen, sondern sukzessive eingearbeitet wurde.

141 Ähnlich Wildberger, „Glauben", 131. Gegen ders., Erwägungen, 378 geht es in II Chr 20,20 nicht um Glauben an das Wort Gottes, da davon im Text nicht die Rede ist.

Im Alten Testament kann also im theologischen Sinne an einen Menschen geglaubt werden, wenn Gott dies will. Dabei bleibt dieser Mensch Gott eindeutig untergeordnet und kann keinesfalls die Stellung Gottes beanspruchen.

4.4.3 אמן Hiphil und die Verkündigung von Gottes zukünftigen Taten (Gen 15,4 f.6; Jes 7,1–17*; Jon 3,5)

In Dtn 1,32 ist Unglaube die Reaktion des Volkes auf eine Rede des Mose, in der Gottes Hilfe bei der Eroberung des amoritischen Gebirges (vgl. V.20) angekündigt wird (Dtn 1,30aβ: „er selbst (*sc.* Jahwe) wird für euch kämpfen"). Hier wird folglich ein Zusammenhang von Glauben und der Verkündigung von Gottes zukünftigen Taten angedeutet. Folgende jüngeren Texte gehen von diesem Zusammenhang aus und stellen ihn in den Mittelpunkt: Gen 15,4 f.6[142]; Jes 7,1–17* und Jon 3,5. Dabei wird in Jon 3,5 aus der Moserede in Dtn 1,32 eine Prophetenrede. Der Prophet Jona verkündigt den Niniviten ihr künftiges Unheilsgeschick (Jon 3,4) und aktiviert so ihren Glauben an Gott (Jon 3,5ff). In Gen 15,4 f.6 und Jes 7,1–17* spricht Gott selbst über sein Heilshandeln in der Zukunft, wobei in Jes 7,1–17* Jesaja als prophetischer Mittler diese Verkündigung an König Ahas weitergeben soll (Jes 7,3.4a). Verheißen wird in Jes 7,4a.7.8 f das Scheitern von Jerusalems Feinden Aram und Nordisrael.[143] In Gen 15,4 f verspricht Gott dem Abraham ein leibliches Kind und so viele Nachkommen wie Sterne am Himmel.

In Dtn 1,32 wird erwartet, daß das Volk die Ankündigung von Gottes zukünftigem Handeln für plausibel hält. Immerhin entspricht es Gottes Handeln in der Vergangenheit (1,30f*), und deshalb könnte das Volk es erwarten. Folglich ist der geforderte Glaube in Dtn 1,29–32* im Einklang mit dem menschlichen Urteilsvermögen. Da das Volk nicht glaubt, verweigert es sich nicht nur Gott, sondern auch der eigenen Denkfähigkeit.

In Gen 15,4 f.6; Jes 7,1–17* besteht diese Harmonie zwischen Glauben und menschlichem Urteil nicht mehr. Denn das geweissagte Heil ist etwas Unwahrscheinliches, das weder Abraham noch Ahas aufgrund von Erfahrungen in der Vergangenheit erwarten könnten. Der kinderlose Abraham kann nicht damit rechnen, noch zu einem Sohn zu kommen, geschweige denn zu zahlreichen Nachkommen (vgl. z. B. Gen 11,30; 15,2f). Und Ahas wird von den Heeren der zwei Reiche Damaskus und Nordisrael angegriffen (Jes 7,1a). Eine Rettung vor diesen überlegenen Angreifern ist unwahrscheinlich. In Gen 15,4 f.6; Jes 7,1–17* wird so

---

142 Gen 15,6 ist ein sehr später Zusatz zu Gen 15 (s. u., 4.4.5).
143 So auch Boehmer, Glaube, 92; Blum, Testament 2, 17; Wong, Faith, 542. S. ferner o., 3.1.4; 3.2.

deutlich gemacht, daß an Gott andere Maßstäbe angelegt werden müssen als an Menschen. Eine angekündigte Rettungstat Gottes muß als plausibel gelten, selbst wenn sie nach menschlichen Kriterien nicht zu erwarten ist, weil sie eine Tat Gottes ist.[144] Hier wird deutlich gemacht, daß das menschliche Urteilsvermögen davon überfordert wäre, Gottes Hilfe vorherzusehen. Deshalb darf der Glaube nicht davon abhängen.

In Jon 3,5 schließlich spielt gar keine Rolle mehr, ob die Ankündigung für die Zukunft für die Niniviten plausibel ist. Der Glaube der Niniviten wird zwar durch die Unheilsansage des Jona geweckt, aber er ist sehr viel mehr als die Meinung, daß Gott dieses Unheil tatsächlich herbeiführen wird.[145] Er ist vielmehr die richtige Einstellung zu Gott. Und deshalb wissen die Niniviten in Jon 3 ohne weitere Belehrung, was zu tun ist. Sie unterziehen sich verschiedenen Bußübungen wie einem radikalen Fasten (V.7b) und kehren um von ihren bösen Taten (V.8b). Außerdem vertrauen sie trotz der Unheilsansage weiter auf Gottes Erbarmen, indem sie hoffen, daß Gott von seinem Zorn gegen sie abläßt (V.9). Im Vergleich mit Gen 15,4 f.6; Jes 7,1–17* ist also der Inhalt der Weissagung in Jon 3,5 völlig in den Hintergrund getreten. Folglich wird Glaube in keiner Weise mehr als Fürwahrhalten dieser Weissagung verstanden, und das menschliche Urteilen spielt keine Rolle mehr. Glaube gilt nun ausschließlich als die richtige Haltung des Frommen zu Gott.

4.4.4 Glaube und Zeichen (Gen 15,4 f.6; Ex 4,4 ff; Jes 7,1–17*)

In Dtn 1,30f* verweist Mose auf Jahwes Rettungshandeln in der Vergangenheit, um das Volk zum Glauben an Gottes zukünftige Hilfe zu ermuntern (Dtn 1,30aβb: „er selbst (sc. Jahwe) wird für euch kämpfen, wie alles, was er bei euch getan hat in Ägypten, vor euren Augen"). Gottes Rettung in der Geschichte wird so zu einem Argument für den Glauben. Dieses Motiv wird in der Folgezeit zuerst klarer herausgearbeitet und dann kritisiert.

Dabei erscheinen zunächst die Geschichtstaten Gottes als etwas, das bei den Augenzeugen Glauben auslöst (Ex 14,31; Jes 43,10; Ps 106,11 f) oder doch auslösen sollte (Num 14,11; Ps 78,22.32). Geschichtstaten in diesem Sinne sind Zeichen

---

144 Gegen Disse, Glaubenserkenntnis, 25 f geht es in Gen 15,4 f.6 nicht um einen reinen Vertrauensglauben, sondern um das Fürwahrhalten einer Verheißung gegen das eigene Urteil. Und Irsigler, Zeichen, 181 übersieht, daß eine Aussage nur Glaubensgrund werden und Festigkeit bewirken kann, wenn man sie für wahr hält.

145 Anders van Dorssen, Derivata, 23.

(Num 14,11b: „Wie lange glauben sie nicht an mich trotz der *Zeichen*, die ich in seiner Mitte (*sc.* des Volkes) getan habe?"). In einem nächsten Schritt verselbständigt sich das Motiv des Glaubenszeichens. In Ex 4 werden Mose so drei Wunderzeichen von Gott zur Verfügung gestellt, um das Volk zum Glauben an Mose zu bringen (vgl. auch Ex 19,9). So will Gott die Einwände des Mose gegen seine Berufung ausräumen (vgl. z. B. Ex 3,11 f; 4,1.10.13). In allen diesen Zeichen werden die Naturgesetze durchbrochen. So wird beispielsweise Moses Stab in eine Schlange verwandelt und dann wieder in einen Stab (Ex 4,3 f). Gerade weil diese Zeichen unter normalen Umständen nicht vorkommen können, beweisen sie anschaulich, daß Gott hinter Mose steht (vgl. ein ähnliches Erweiswunder in Jes 38,4–8). In Ex 4 wird keinesfalls kritisiert, daß das Volk der Berufung des Mose zunächst skeptisch gegenüber stehen könnte und erst auf Zeichen hin glaubt.[146] Vielmehr wird Gottes Bereitschaft betont, seine Macht grenzenlos unter Beweis zu stellen.

In anderen Texten wird dagegen gefordert, daß der Mensch ohne Unterstützung durch ein Mirakel Gott und seiner Verheißung vertrauen soll. Das ist in Gen 15,4 f.6 und Jes 7,1–17* der Fall. Denn hier sind die Zeichen, die zum Glauben an die Verheißung ermutigen sollen, natürliche Phänomene, der bestirnte Nachthimmel in Gen 15,5 und die Geburt und Benennung eines Kindes in Jes 7,14.[147] Sie werden nur von einem als Glaubenszeichen erkannt, der von der Grundhaltung her für Gott offen[148] und insofern auf dem Weg zum Glauben ist oder sogar schon latent glaubt.

In Jes 7,1–17* werden mirakelhafte Erweiswunder sogar karrikiert. Gott geht in Jes 7,11 in seinem Zeichenangebot nämlich noch weiter als in Ex 4,1–9 oder Jes 38,4–8. Ahas darf sich ein beliebiges Wunder aussuchen. Aber Ahas ist davon überfordert. Er betrachtet Gottes eigenes Angebot unlogischerweise als blasphemisch und weicht davor zurück (V.13). Ein ungläubiger Mensch ist also nach Ansicht des Verfasser von Jes 7,1–17* einem handgreiflichen Gottesbeweis gar nicht gewachsen – und ein gläubiger braucht ihn nicht.

Weiter wird in Jes 7,1–17* Glauben gefordert, bevor Gott seine Verheißung in die Tat umgesetzt hat. Glaube ist nach Jes 7,9b die Bedingung, daß Jahwe die Davididen rettet, wie er es ihnen verheißen hat (vgl. Jes 7,4a.7.8a). Gen 15,4 f.6 geht hier noch einen Schritt weiter als Jes 7,1–17*, so daß die jetzige Fassung dieser drei

---

146 So auch Jepsen, Art. אמן, Sp. 325 f. Zu dem Problem, daß ganz ähnliche Zeichen wie in Ex 4,1–9 nur wenig später beim Pharao keinen Glauben auslösen (z. B. Ex 6,14–25; 7,8–13), s. u., 268 f.
147 Vgl. auch Berges, Buch, 112 f sowie die Parallele Jes 37,30, wo ebenfalls ein natürliches Phänomen zum Zeichen wird, nämlich der Wiederbeginn des Ackerbaus nach einem Krieg.
148 S.o., 4.2.3.

Verse jünger sein dürfte.[149] Denn hier wird diese Forderung von Abraham selbstverständlich erfüllt.[150] Das muß ihm nicht einmal gesagt werden. Abraham glaubt sofort gegen den Augenschein an die Sohnes- und Mehrungsverheißung, obwohl bis zur Geburt des verheißenen Erben Isaak noch viel Zeit vergeht (Gen 21,1–7)[151] und obwohl Abraham die großartige Mehrung seiner Nachkommen in Ägypten (z. B. Ex 1,7) nicht mehr erleben kann. In Gen 15,4 f.6; Jes 7,1–17* soll sich also der Mensch allein auf Gottes Zusage verlassen, ohne daß diese durch sein Handeln oder ein Wunderzeichen bestätigt wird.[152] Gegenüber Gott kommt es entscheidend auf den Akt des Vertrauens an. Darauf hat Gott ohne weitere Beweise Anspruch. Verglichen mit Ex 4,1–9.31; 14,31; Num 14,11 liegt hier somit ein gesteigerter Anspruch an den Glauben vor. Dies zeigt, daß Gen 15,4 f.6; Jes 7,1–17* jünger sind als Ex 4,1–9.31; 14,31; 19,9; Num 14,11.

Abraham überwindet also nach Gen 15,6 auf Jahwes Zuwendung und Zuspruch hin sofort seine Verzagtheit und glaubt an Jahwe. In der nachalttestamentlichen Rezeption von Gen 15,6 wird diese Sicht der Glaubens beibehalten. Der Vers spielt v.a in Jub (Jub 14,6) und 4Q 225 eine Rolle. 4Q 225 ist ein Jub sprachlich und inhaltlich ähnlicher Qumrantext.[153] In 4Q 225 wird von den Abrahamgeschichten v. a. Gen 15 und Gen 22 ausführlicher wiedergegeben,[154] Jub 14 enthält eine ausführliche Version von Gen 15, die recht dicht am masoretischen Text ist, und eine knappe Fassung von Gen 16.

Jub 14,6 ist nur in der äthiopischen Fassung des Jubiläenbuchs erhalten, einer Tochterübersetzung der griechischen Version, sowie als Referat der griechischen Fassung bei Syncellus.[155] Rückschlüsse auf die ursprüngliche, hebräische Gestalt des Verses sind deshalb schwierig. Doch hat es den Anschein, daß Jub 14,6 eng am alttestamentlichen Text von Gen 15,6 bleibt und die Abweichungen eher mit einer anderen hebräischen Vorlage zu tun haben als dem masoretischen Text. Denn nur die Anrechnung des Glaubens wurde in Jub 14,6 wie in der LXX und 4Q 225 I 7 f im *passivum divinum* formuliert.[156]

---

149 So auch z. B. Schmid, Erzväter, 184 f. Zu dem Nachtrag Gen 15,6 s. u., 4.4.5.
150 So auch Heidland, Anrechnung, 78; Feldmeier/Spieckermann, Gott, 294.
151 Zur Schichtung von Gen 21,1–7 vgl. die Kommentare und Levin, Jahwist, z.St.
152 Vgl. ähnlich schon Hirsch, Genesis, 225.
153 Vgl. DJD 8, 142. Zur Debatte über das Verhältnis von 4 Q225 und Jub vgl. Puech, Midrash, 169 f (Anm. 3).206 ff.
154 In den als Pseudojubiläen bezeichneten 4Q 217, 4Q 225–228 sowie Mas 1 j (vgl. Hamidović, Traditions, 188 ff) kommt Gen 15 sonst nicht vor. Auf Gen 22 wird nur noch einmal in 4Q 226 7 1 f angespielt (s. o., 17, Anm. 66).
155 Vgl. Vanderkam, Book of Jubilees, VIff.
156 Vgl. van Ruiten, Abraham, 123.

Da 4Q 225 ein hebräischer Text ist, sind die Formulierungsunterschiede zum masoretischen Text sehr viel besser greifbar als in Jub. Die Wiedergabe von Gen 15,6 in 4Q 225 2 I 7 f erscheint zu Beginn sprachlich etwas geglättet. Anstelle des irregulären Waw-Perfekts steht ein Narrativ. In der zweiten Vershälfte findet sich חשב im Niphal (vgl. Jub 14,6 und die LXX), nicht im Qal wie im masoretischen Text.[157] Weiter vermeidet 4Q 225 tendenziell das Tetragramm,[158] so daß nicht Jahwe, sondern Gott als Gegenüber von Abrahams Glauben erscheint (באלו[ה]י[ם)[159]. Und Abraham soll in 4Q 225 2 i 5–7 nicht nur wie in Gen 15,5 zu den Sternen blicken, sondern auch versuchen, den Sand am Meer und den Staub der Erde zu zählen (vgl. etwa Gen 13,16).[160] Keine dieser Veränderungen berührt das Verständnis von Glauben als nahezu spontaner Reaktion auf die Zuwendung Jahwes.

Das Glaubensverständnis ändert sich also durch die Umformulierungen in Jub und 4Q 225 nicht grundlegend. Wie im masoretischen Text kommt es in Jub und 4Q 225 darauf an, daß Abraham ohne ein übernatürliches Wunderzeichen sofort glaubt. Eine größere Abweichung vom masoretischem Text gibt es dagegen bei der Frage nach der Anrechnung des Glaubens durch das *passivum divinum* in Jub und 4Q 225. Darauf wird im folgenden näher eingegangen, nachdem die Frage der Literarkritik von Gen 15 geklärt wurde.

4.4.5 Gen 15,6

Gen 15,6 ist ein sehr später Zusatz zu Gen 15.[161] Dafür sprechen eine Reihe von Beobachtungen. Zunächst steht Gen 15,6 inhaltlich in einer deutlichen Spannung zur Darstellung Abrahams im Kontext. Nach Gen 15,6 glaubt Abraham ohne weitere Fragen an Jahwe, nachdem er den Sternhimmels als Beglaubigung der Mehrungsverheißung gesehen hat.[162] Von einem solchen Glauben Abrahams ist

---

157 Vgl. DJD 8, 145 ff; Puech, Midrash, 171 f.176. S.u., 4.4.5. Laut Hamidović, Traditions, 276 ff benutzte der Verfasser von 4Q 225 Gen 15,6MT und Jub 14,6 als Vorlage. Da die entscheidende Gemeinsamkeit von 4Q 225 und Jub 14,6, חשב im Niphal, außerdem von der LXX bestätigt wird, ist das jedoch nicht sicher zu entscheiden. Es ist auch möglich, daß 4Q 225 und Jub 14,6 eine von MT abweichende hebräische Tradition von Gen 15,6 zugrunde lag.
158 Vgl. Hamidović, Traditions, 291 ff.
159 Puech, Midrash, 171.
160 Vgl. Hamidović, Traditions, 214; Puech, Midrash, 176 f.
161 So auch Levin, Dialog, 246 f und erwägungsweise Hoffmann, Affirmativkonjugation, 86; etwas anders Schmidt, Gen XV, 261 ff.
162 S.o., 4.4.4 und u., 120 ff.

sonst nicht die Rede. Vielmehr reagiert Abraham eher zweifelnd auf Verheißungen (V.2.8).[163] Laut V. 2 klagt Abraham nach der Verheißung großen Lohns (V.1), dieser Lohn könne ihm als kinderlosem Mann nicht viel nützen. In V.8 folgt auf die Landverheißung (V.7) sogar eine ausgesprochen skeptische Frage: „Wodurch weiß ich, daß ich es [sc. das Land] einnehmen werde?"[164]

Außerdem unterscheidet sich Gen 15,6 dadurch von seinem Umfeld, daß in diesem Vers grundsätzlich über die Haltung Abrahams und Jahwes reflektiert wird und diese Haltung auf den Begriff „Glaube" für Abraham gebracht wird. Für Jahwe erscheint die abstrakte theologische Formulierung „Anrechnen zur Gerechtigkeit"[165]. Nach von Rad hat der Vers „fast den Charakter eines allgemeinen theologischen Lehrsatzes"[166]. Im Kontext wird dagegen die Einstellung beider überwiegend indirekt durch Reden (z. B. V.2.7 f) oder durch Taten (z. B. V. 10.17 f) ausgedrückt. Formulierungen, die man mit „Anrechnen zur Gerechtigkeit" und dem Begriff אמן Hiphil vergleichen könnte, gibt es sonst in Gen 15 nicht.[167]

Auch das Tempus am Beginn von Gen 15,6 indiziert eine literarkritisch relevante Spannung im Text. Denn der Vers beginnt mit einem irregulären Waw-Perfekt.[168] Hier kann kein *perfectum consecutivum* mit frequentativer Bedeutung vorliegen, weil sich das an eine Verbform oder einen Nominalsatz anschließen müßte, die deutlich machen, daß die Handlung in die Vergangenheit gehört.[169] Ein solcher Anschluß ist für V.6 aber nicht ersichtlich, weil in V.5 eine Verheißung im Imperfekt steht.[170]

---

163 Zu Vorbehalten Abrahams gegenüber Verheißungen in vor-p Texten s. u., 5.4.5.

164 Diese Spannung unterschätzt Köckert, „Glaube", 420 f, wenn er Gen 15,6 als „Gelenk" („Glaube", 421) zwischen Gen 15,1–5 und Gen 15,7 ff betrachtet und zum Grundbestand des Kapitels rechnet.

165 S.u., 122 f.

166 Von Rad, ATD 2/4, 143 f.

167 Vgl. Levin, Dialog, 246.

168 So mit Joüon-Muraoka § 119 z. Anders z. B. Gunkel, HK 1/1, 180; Köckert, Vätergott, 210 ff; Schmid, Erzväter, 175 ff; Mühling, Identifikationsfigur, 54. Zur bisherigen Diskussion, ob והאמין ein irreguläres Waw-Perfekt/*perfectum copulativum* oder ein frequentativ aufzufassendes *perfectum consecutivum* darstellt, s. Köckert, „Glaube", 421 ff. Bezeichnenderweise hat 4Q 225 2 i 7 f hier einen Narrativ.

169 Vgl. Joüon-Muraoka § 119 v.

170 Ina Willi-Plein hat sich dafür stark gemacht, V.6 als Fortsetzung des Imperfekts aus V.5 und somit als regelgerechtes *perfectum consecutivum* zu deuten. Folglich ginge es in V.6 um den Glauben von Abrahams Nachkommen (vgl. Gen 15,6, 396). Dagegen spricht jedoch, daß es in V.5 nur auf die Menge der Nachkommen ankommt, nicht auf deren Gottesbeziehung. Das Zeichen, der bestirnte Nachthimmel, illustriert nur die große Zahl der Nachkommen, nicht ihren Glauben (vgl. ähnlich Köckert, „Glaube", 424). Willi-Plein räumt denn auch selbst ein, daß schon die Masoreten Gen 15,6 anders gedeutet haben müßten, wenn sie V.5 und V.6 als getrennte Verse

Gen 15,6 wurde also später ergänzt, um klarzustellen, daß Abraham seine in
V.2 geäußerten Vorbehalte gegen die Verheißung eines großen Lohns nach dem
Anblick des Sternhimmels und der erneuten Ankündigung zahlreicher Nachkommen überwunden hat. Damit wird ein Weg von der Verzagtheit zum Glauben
gezeichnet, den Gen 15 ursprünglich nicht kannte. Vielmehr folgte vor der Ergänzung von V.6 auf das Zeichen „Sternhimmel" (V.5) die Landverheißung (V.7) und
die skeptische Frage Abrahams in V.8 nach einer Beglaubigung der Verheißung.
Vor der Ergänzung von V.6 steigerten sich somit Abrahams Vorbehalte gegenüber Gott von der klagenden Frage nach dem Nutzen einer Verheißung (V.2) zum
Zweifel an Gottes Fähigkeit, eine Verheißung wahrzumachen (V.8).

Während schon in der antiken Rezeption (4Q 225 und Jub) unstrittig ist,
daß es in Gen 15,6a um Abrahams Glauben an Gott geht, kann Gen 15,6b
(ויחשבה לו צדקה) auf mehrere Weisen erklärt werden. Deutet man Gen 15,6b mit
Paulus, antwortet Gott auf den Glauben Abrahams, indem er ihm diesen Glauben
zur Gerechtigkeit anrechnet (λογίξεσθαι Röm 4,3 ff; Gal 3,6 ff).[171] Diese Deutung
von Gen 15,6b ist in der jüngeren exegetischen Diskussion in Frage gestellt
worden.[172] Die Grundlage für diese Anfragen ist die Vieldeutigkeit von Gen 15,6b,
die jedes einzelne Wort betrifft. So kann Nomen צדקה „Gerechtigkeit" oder „eine
gerechte Tat" bedeuten und das Subjekt der Narrativform ויחשבה („und er rechnete es an") ist unbestimmt. Dieses Subjekt könnte Gott sein[173] – oder Abraham
selbst[174]. Ebenfalls deutungsoffen ist das Suffix der 3.masc.sing. an der Präposition ל. Man kann das Suffix auf Abraham oder auf Gott beziehen. Im Zusammenhang mit der Frage nach dem Subjekt von ויחשבה und dem Bezug des Suffi-

---

auffaßten (vgl. Gen 15,6, 397). In jüngster Zeit deutet Köckert im Anschluß an Blum das והאמן
zu Beginn von V.6 als Imperfektiv, d.h. als Ausdruck der Gleichzeitigkeit (vgl. „Glaube", 424ff).
Blum entwickelt die Hypothese des Imperfektivs ausgehend vom arabischen Umstandssatz
(vgl. Verbalsystem, 124ff). Er berücksichtigt dabei jedoch nicht, daß das Arabische keine Folge-
tempora kennt, so daß der Gebrauch der Tempora im Arabischen und Hebräischen nicht ohne
weiteres vergleichbar ist (vgl. Brockelmann, Arabische Grammatik, § 90). Eine doppeldeutige
we-qatal-Form wie das והאמן kann es im Arabischen gar nicht geben. Köckert nennt eine ganze
Reihe weiterer möglicher Imperfektive in Gen (vgl. „Glaube", 425), doch nur Gen 21,24 f ist wirklich mit Gen 15,5 f vergleichbar. Denn nur in diesen beiden Fällen steht vor der strittigen *we-qatal*-
Form eine direkte Rede im Imperfekt. Doch betrachtet Joüon-Muraoka Gen 21,25 wie Gen 15,6 als
irreguläres Waw-Perfekt (vgl. § 119 z), und wie Gen 21,24 auch Gen 21,25 ein Zusatz (vgl. Gunkel,
HK 1/1, 233; Levin, Jahwist, 174 f).
171 Vgl. Zimmermann, Gott, 59 f.
172 Vgl. Köckert, „Glaube", 426 ff.
173 Vgl. z.B. Hirsch, Genesis, 227; Behrens, Vorverständnis, 330 f; Neef, Abrams Glaube, 369 f.
174 So z.B. Oeming, Beleg, 191 ff; Mosis, „Glauben", 232 ff; Ziemer, Abram, 191.

xes wurde auch debattiert, ob חשב wirklich „anrechnen" bedeutet.[175] Und nicht zuletzt steht an ויחשבה ein Suffix der 3.fem.sg., dessen Bezug geklärt werden muß. Es könnte sich auf den Glauben Abrahams in V.6a beziehen – oder einen weiter vorne erwähnten Sachverhalt wie die Verheißung in V.5.

Ausgehend von diesen Problemen, hat in den letzten Jahren hauptsächlich Manfred Oeming eine alternative Deutungsmöglichkeiten neben der paulinischen herausgearbeitet. Seinem ersten Vorschlag (1983) nach achtete Abraham die Mehrungsverheißung als Erweis von Gottes צדקה im Sinne von Gottes Gemeinschaftstreue.[176] Abraham wäre also Subjekt von ויחשבה, das im Sinne von „achten" übersetzt werden müsse,[177] das Suffix an ל bezöge sich auf Gott und das Suffix an ויחשבה auf die Mehrungsverheißung in V.5. Paulinisch gesprochen würde Abraham Gott die Verheißung zur Gerechtigkeit anrechnen. Mosis und Rottzoll haben Oemings These etwas abgewandelt. Mosis deutet Gen 15,6b so, daß Abraham für sich selbst die Verheißung als gerechte Tat Jahwes betrachtet. Oeming hat sich dieser Deutung mittlerweile angeschlossen.[178] Wieder wäre Abraham Subjekt von ויחשבה, aber diesmal wäre das Suffix an ל reflexiv aufzufassen und bezöge sich ebenfalls auf Abraham. Nach Rottzoll schließlich rechnet sich Abraham selbst seinen eigenen Glauben zur Gerechtigkeit an.[179] Rottzoll ändert gegenüber Mosis v. a. die Deutung des Suffix an ויחשבה. Er bezieht es – wie auch die paulinische Deutung – auf Abrahams Glauben in V.6a.

In dieser Diskussion über Gen 15,6b wurde unterschätzt, daß es mit Ps 106,31 eine Parallelstelle gibt, die für die Deutung von Gen 15,6b wichtige Anhaltspunkte liefert. Gen 15,6b und Ps 106,31 müssen im Zusammenhang gesehen werden, weil nur an diesen beiden Stellen das Verb חשב in Verbindung mit צדקה belegt ist. Ps 106,31 hat wahrscheinlich als Vorbild für Gen 15,6b gedient, denn in Gen 15,6b wird der Sprachgebrauch aus Ps 106,31 theologisch weiter aufgeladen.[180] So steht in Ps 106,31 חשב in der 3.fem.sing. Narrativ Niphal („es wurde angerech-

---

175 Vgl. Köckert, „Glaube", 426 ff.

176 Vgl. Oeming, Beleg, 192 ff; so auch Ziemer, Abram, 190 ff, wobei Ziemer an der Bedeutung „anrechnen" für חשב festhält.

177 Oeming beruft sich für diese Übersetzung auf Mal 3,16 (vgl. Beleg, 192), wo diejenigen erwähnt werden, die Jahwes Namen achten (לחשבי שמו). Allerdings berücksichtigt Oeming nicht, daß Mal 3,16 ganz anders formuliert ist als Gen 15,6b. Insbesondere fehlt die Präposition ל mit dem Suffix dessen, der von der Einschätzung betroffen ist. Deshalb ist der Gebrauch des Verbs in Mal 3,16 und Gen 15,6b nicht vergleichbar, und die Deutung von Gen 15,6b kann nicht von Mal 3,16 her abgeleitet werden (vgl. auch Köckert, „Glaube", 428).

178 Vgl. Mosis, „Glaube", 253 ff; Oeming, Glaube, 79.

179 Vgl. Rottzoll, Werkgerechtigkeit, 25.

180 Diese relative Chronologie vertritt auch Michel, Ansehen, 113; anders Heidland, Anrechnung, 82 ff; Mosis, „Glauben", 255 f.

net"; so auch die LXX-Wiedergabe von Gen 15,6b; Jub 14,6 und 4Q 225 2 i 8). In Gen 15,6b wird daraus Qal, um zu zeigen, daß Anrechnen immer ein persönlicher Akt ist (vgl. II Sam 19,20; Ps 32,2; 40,18 [?]). Weiter wird צדקה in Gen 15,6b in einer abstrakteren Weise benutzt als in Ps 106,31. Während für Ps 106,31 die Bedeutung „einzelne gerechte Tat" noch denkbar ist (s. Ps 106,30), geht es in Gen 15,6 schon um die grundsätzliche Gerechtigkeit Abrahams, die nicht mehr nur auf einer Einzeltat beruht.[181]

Die Beziehung zwischen Gen 15,6b und Ps 106,31 spricht dafür, daß nicht Abraham,[182] sondern Jahwe Subjekt von חשב ist.[183] Im Vorbild Ps 106,31 ist ganz klar, daß einem Menschen etwas angerechnet wird, da es nur um die Tat eines Menschen, nicht um die Tat Gottes geht. Also ist das auch in Gen 15,6b der Fall: Nicht Abraham rechnet Gott etwas an, sondern umgekehrt Gott Abraham.

Für diese Sicht spricht außerdem der Gebrauch von חשב. Wenn das Verb im Qal oder Niphal irgend etwas mit der Einschätzung einer Sache oder Tat zu tun hat und wie in Gen 15,6b die Präposition ל mit einem Suffix steht, das sich auf den von der Einschätzung Betroffenen bezieht, geht es niemals darum, daß der Niedrigere etwas zugunsten oder zuungunsten des Höheren einschätzt oder anrechnet. Vielmehr handelt es sich bei den Niphal-Belegen meist um ein *passivum divinum* oder die Beurteilung von Opfern durch die Priester (Lev 7,18; 17,4; Num 18,27.30; Ps 106,31; Prov 27,14). Erscheint das Verb im Qal wie in Gen 15,6b, geht es immer darum, daß der Höhere dem Niedrigeren etwas anrechnet (II Sam 19,20 [der König dem Schimi]; Ps 32,2 [Jahwe dem Beter]; 40,18 [Jahwe dem Beter]). Aufgrund der Qal-Belege ist für Gen 15,6 an der herkömmlichen Deutung festzuhalten: Jahwe rechnet Abraham seinen Glauben an.[184]

Was die Bedeutung von צדקה betrifft, bezeichnet צדקה als *nomen actionis/unitatis* der Wurzel צדק öfters eine einzelne gerechte Tat oder „Gerechtigkeitstat"[185], was man auch daran erkennt, daß es zu diesem Nomen Pluralformen gibt.[186] Aber das allein wird dem Gebrauch des Wortes nicht gerecht. Vielmehr zeigt sich, daß צדקה immer wieder im umfassenderen Sinne die Gerechtigkeit eines Men-

---

181 S.u., 122 f.

182 So z. B. Oeming, Beleg, 191 ff; Mosis, „Glauben", 232 ff; Ziemer, Abram, 191.

183 So auch z. B. Hirsch, Genesis, 227; Behrens, Vorverständnis, 330 f; Michel, Ansehen, 107; Neef, Abrams Glaube, 369 f; Brandscheidt, Abraham, 124 f.

184 Vgl. ähnlich Ha, Genesis 15, 23 ff; Köckert, „Glaube", 429 ff; Kratz, Friend, 100. Wenn Michel hier חשב als „halten für" übersetzt, läuft das *de facto* auf das paulinische Verständnis des Verses hinaus (vgl. Ansehen, 108 f).

185 Michel, Begriffsuntersuchung, 19.

186 Vgl. Michel, Begriffsuntersuchung, 19 ff; Mosis, „Glauben", 247 ff; Rottzoll, Werkgerechtigkeit, 26.

schen bezeichnet, wobei diese Gerechtigkeit nicht nur auf eine einzelne gerechte Tat zurückgehen kann (z. B. Dtn 6,25[187]; 9,4–9; II Sam 22,21.25; I Reg 8,32 parallel II Chr 6,32; Ez 14,14.20; Prov 16,12.31; 21,21).[188] Weiter ist Glauben eine Haltung und keine Einzeltat.[189] Wenn in Gen 15,6b eine solche Haltung als צדקה angerechnet wird, ergibt sich eine Dynamik hin zu einer umfassenderen Bedeutung von צדקה als „Gerechtigkeit".[190] Es geht hier eher darum, daß Gott Abraham als Gerechten annimmt, als darum, daß Gott eine einzelne, gerechte Tat anerkennt. Man sollte also Gen 15,6 mit Paulus deuten: Gott rechnet Abraham seinen Glauben zur Gerechtigkeit an.[191]

Schon o. wurde klargestellt, daß Gen 15,6 zusammen mit Jes 7,1–17* einen höheren Anspruch an den Glaubenden stellt als ältere Texte. Ein Glaubender soll hier so offen für Gott sein, daß er auch unwahrscheinlichen Verheißungen sofort glauben kann. Wenn der Glaubende in Gen 15,6 mehr gefordert ist als in älteren Texten, liegt nahe, daß der Glauben auch mehr Anerkennung verdient. So ist denkbar, daß Abraham in Gen 15,6 durch seinen Glauben Gerechtigkeit vor Gott erlangte. Die paulinische Deutung des Verses ist trotz der Probleme der zweiten Vershälfte die plausibelste.

4.4.6 Ausblick: Abrahams Glaube außerhalb des Pentateuchs, in der LXX und in Qumran

In der vielfältigen Wirkungsgeschichte Abrahams außerhalb des Pentateuchs spielt Gen 15,6 vor Paulus nur in Jub und 4Q 225 eine größere Rolle. Den meisten späteren Lesern der Vätergeschichten kam es auf etwas anderes an als auf Abrahams Haltung zu Gott. So kann es um seine Berufung gehen (Jos 24,2f; Jes 29,22; 51,2; vgl. die Bekehrung Abrahams in Jub 12), um Abraham als Besitzer der Landes

---

187 So etwa Veijola, ATD 8/1, 193.

188 Vgl. auch Koch, Art. צדק, Sp. 507 f.518 ff; HALAT, 943 f; Braulik, Entstehung, 12. Besonders deutlich ist das in Dtn 6,25. Dort wird צדקה bestimmt als das Tun von כל המצוה הזאת, also von „diesem ganzen Gesetz". Man kann das ganze Gesetz nicht durch eine Einzeltat umsetzen. Michels Versuch, צדקה in Dtn 6,25 als „Rechterweis" oder „Rechttun" zu übersetzen (vgl. Ansehen, 104), zeigt denn auch gegen Michels Absichten, daß Dtn 6,25 auf eine allgemeinere Auffassung von צדקה hinausläuft. Weder „Rechterweis" noch „Rechttun" kann auf einer einzelnen Tat basieren. Genauso wenig kann Israel in Dtn 9,4 vermuten, Gott habe es wegen einer einzelnen gerechten Tat auserwählt (so aber Michel, Begriffsuntersuchung, 66). Weiter kann kein Thron durch eine einzelne Gerechtigkeitstat fest stehen (Prov 16,12, so aber Michel, Begriffsuntersuchung, 64).

189 Vgl. auch Mosis, „Glauben", 237 ff.

190 Vgl. Behrens, Vorverständnis, 332 f.

191 Etwas anders Feldmeier/Spieckermann, Gott, 294.

(Ez 33,24; Tob 14,7[nach Sinaiticus]) oder um den Bundesschluß (Ps 105,9; in II Reg 13,23 und II Makk 1,2 im Rahmen der Vätertrias), ohne daß Abrahams Gottesverhältnis thematisiert wird. Außerdem gilt Abraham lange Zeit Vater des Volkes (z. B. Jes 51,2; Ps 105,6; I Makk 12,21; dagegen Jes 63,12), aber diese Würde wird nicht auf seine Bindung an Gott zurückgeführt.

Wo Abrahams Gottesbeziehung oder seine innere Haltung im Mittelpunkt stehen, geht es außer in Gen 15,6 und in 4Q 225 2 i 7 f weder im Alten Testament noch in den Apokryphen der LXX oder in Qumran um seinen Glauben (אמן Hiphil/πιστεύειν). Ebenfalls selten sind explizite Aussagen über seinen Gesetzesgehorsam (Gen 26,5; Sir 44,20; CD III:2 f).[192] Dagegen wird gerne Abrahams feste, zuverlässige Haltung gerühmt, sein Standhalten in der Versuchung (Neh 9,8; 4Q 225 2 ii 8; 4Q 226 7,1 [(אמן Niphal] vgl. II Esr 19,8 [πιστός]; Jud 8,25 f; I Makk 2,52 [πιστός]; IV Makk 14,20; 15,28 [καρτερία]; 16,20; Sir 44,20 [πιστός]). In all diesen Texten wird auf Gen 22,1–19 angespielt, wobei oft das Stichwort „Versuchung" (πειρασμός; πειράζειν) fällt.[193] Die beiden für Gen 15,6LXX zentralen Begriffe δικαιοσύνη und λογίζεσθαι spielen kaum eine Rolle. Sie erscheinen in den Apokryphen im Zusammenhang mit Abraham nur in I Makk 2,52,

Der Hintergrund für dieses Bild vom unbeugsamen Abraham in den Spätschriften der LXX wird in Jud 8 deutlich. Judith ermahnt in diesem Kapitel die Ältesten der belagerten Stadt Bethulia, die Stadt nicht nach 5 Tagen an die Assyrer mit ihrem Feldherrn Holophernes zu übergeben, denn das hieße, Gott zu versuchen (8,12). Vielmehr sollten sie Gott preisen, der „uns versucht wie auch unsere Väter" (8,25). Die hellenistisch[194]-jüdischen Trägerkreise sahen also in der Situation der Versuchung die entscheidende Gemeinsamkeit mit den Vätern und mit Abraham. Abraham war ihnen in dieser Lage ein Vorbild an Standhaftigkeit

---

192 Kratz' These, der Titel Abrahams als אהב („Freund") Gottes (Jes 41,8; II Chr 20,7) schließe seinen Gesetzesgehorsam ein (vgl. Friend, 82 ff), überzeugt v. a. für Jes 41,8 nicht, weil das Gesetz im Kontext keine Rolle spielt. Zwar tauchen in Jes 42,3 f die Stichworte משפט („Recht") und תורה („Gesetz, „Weisung") auf, aber משפט wird mit einem sehr breiten Bedeutungsspektrum gebraucht (vgl. HALAT, 615 f), und תורה steht mit einem Suffix der 3.masc.sing., das sich auf den Gottesknecht bezieht („seine Weisung"). Es kann sich somit kaum um die Tora handeln. Auch in II Chr 20 selbst geht es nicht um das Gesetz, und Abraham wird nicht mit dem Gesetz in Verbindung gebracht. Zur Diskussion, ob Jes 41,8 auf die Liebe Gottes zu Abraham zu deuten sei s. Höffken, Abraham, 139 f.145
193 Zu Gen 22,1–19 s. u., Kap. 6. Auch IV Makk 14,20; 15,28 und 16,20 haben eindeutig Gen 22 vor Augen, kommen aber ohne das Stichwort „Versuchung" aus und formulieren freier. In Jud 8,26 wird Gen 22 als Versuchung Isaaks gedeutet.
194 Hengel stellt mit Recht heraus, daß sich auch dem Hellenismus gegenüber kritische Kreise der griechischen Sprache und Bildung bedienten und so in gewisser Weise selbst hellenistisch waren (vgl. Judentum, 143 ff.191 ff).

und Treue zu Gott. Besonders deutlich wird diese Vorbildfunktion in IV Makk. Die Märtyrer werden hier pointiert als Kinder Abrahams bezeichnet (6,17.22; 9,21; 14,20), die bereit sein sollen, ohne unziemliches Theater zu sterben (6,17). Wenn die Mutter der sieben zu Tode gefolterten Jünglinge sich nicht vom Mitleid für ihre Kinder bewegen läßt, ist sie nicht nur eine Tochter Abrahams, sondern sogar seine Seelenverwandte (ὁμόψυχος 14,20). Die Konfrontation mit dem Hellenismus, insbesondere im Zusammenhang mit den Konflikten unter Antiochos IV. Epiphanes, wurde also als Versuchung erlebt, in der man Gott und der Tora unverbrüchlich die Treue halten wollte (I Makk 2,50).[195]

In dieser Situation kam es offensichtlich nicht darauf an, das richtige Gottesverhältnis präzise zu beschreiben und festzulegen, ob Glaube oder Gesetzesgehorsam wichtiger seien. Es zählte allein Verläßlichkeit, die gerne mit πιστός auf den Begriff gebracht wurde. Diese Situation war eine völlig andere als die, in der im Alten Testament אמן Hiphil als Glaubensbegriff geprägt wurde. Es wird sich zeigen, daß man versuchte, mit diesem Begriff auf eine Krise des Gottesverhältnis zu antworten, darauf, daß Gottes Macht zweifelhaft war.[196] Diese Anfragen kamen von innen, aus der eigenen Religion, während die hellenistisch-jüdischen Texte auf Herausforderungen oder eben Versuchungen von außen reagieren.

4.5 Fazit und literargeschichtliche Rückschlüsse

Es hat sich herausgestellt, daß der theologische Begriff אמן Hiphil wahrscheinlich in Dtn 1,32 eingeführt wurde. Dieser Vers erzählt, wie das Volk trotz einer Rede des Mose über Jahwes Taten in Ägypten und während der Wüstenwanderung (Dtn 1,29–31*) nicht an Jahwe glaubt: „Doch auf dieses Wort hin [sc. die Moserede] glaubet ihr nicht an Jahwe, euren Gott."

Dtn 1,32 ist der Text, in dem das theologische אמן Hiphil erstmals gebraucht wurde, weil sich dieser Text eng an den profanen Gebrauch anlehnt und ihn zugleich theologisch vertieft. Deshalb ist Dtn 1,32 für Leser verständlich, die אמן Hiphil noch nie in theologischer Bedeutung gesehen haben. Auch von der weiteren Entwicklungsgeschichte des theologischen Begriffs אמן Hiphil her ist wahrscheinlich, daß der Begriff in Dtn 1,32 zum ersten Mal verwendet wurde. Denn in vielen jüngeren theologischen אמן Hiphil-Texten werden Motive aus Dtn 1,32 weiterentwickelt. Das gilt erstens für die Verbindung von Unglauben und Verstockung (Dtn 9,23; II Reg 17,14; Ps 78, 22.32; 106,24).

---

195 Zur Entstehung dieser Vorbehalte gegen den Hellenismus vgl. Hengel, Judentum, 58 ff.
196 S.u., 7.2.

Zweitens spielt schon in Dtn 1,32 der Mittler Mose eine wichtige Rolle, weil er ja die Rede hält, auf die das Volk mit Unglauben reagiert. In jüngeren Texten wird das so gesteigert, daß Mose selbst zum Gegenüber des Glaubens wird (Ex 4,1–9; 14,31; 19,9).

Drittens geht es in der Moserede Dtn 1,29–31*, auf die in V.32 der Unglaube folgt, um zukünftige Taten Gottes: Gott verspricht dem Volk, in Zukunft für es zu kämpfen, so wie er es in der Vergangenheit getan hat. Auf diese Moserede hin zu glauben, würde implizit bedeuten, die Ankündigung für plausibel zu halten und Gott diese Hilfe zuzutrauen. Der Glaube ist in Dtn 1,32 noch im Einklang mit einer vernünftigen, menschlichen Prognose für die Zukunft, weil Gottes zukünftiges Handeln genauso aussieht wie sein vergangenes und deshalb erwartet werden kann. Diese Harmonie von Glauben und Kalkül wird in den jüngeren Texten Gen 15,4 f.6; Jes 7,1–17* mit V.9b und Jon 3,5 korrigiert. In Gen 15,4 f.6; Jes 7,1–17* kommt es darauf an, im Glauben eine Hilfe von Gott zu erwarten, die nach menschlichem Ermessen unmöglich wäre. Damit ist klar, daß Gottes Möglichkeiten nicht menschlichen Berechnungen unterliegen und daß auch der Glaube nicht von ihnen abhängen darf. Und in Jon 3,5 löst die hoffnungslose Unheilspredigt des Jona bei den Niniviten Glauben aus. Dieser Glauben hat nur noch am Rande damit zu tun, daß die Niniviten Gott zutrauen, sie zu vernichten. Viel wichtiger ist, daß sie trotzdem auf Gottes Erbarmen hoffen (Jon 3,9). Damit wird Glaube in erster Linie als richtige Einstellung zu Gott gesehen. Er beruht nicht mehr darauf, daß man Gottes Ankündigungen für die Zukunft für plausibel hält.

Und viertens argumentiert Mose in Dtn 1,30f* mit Gottes Rettungshandeln in der Vergangenheit, um das Volk zum Glauben zu ermutigen. Daß das Sehen von Gottes Taten Glauben bewirken soll, spielt in der weiteren Entwicklungsgeschichte von אמן Hiphil eine große Rolle (Ex 14,31; Num 14,11; Jes 43,10; Ps 78, 22.32; 106,11 f). In Ex 4,1–9 wird dieses Motiv in der Weise gesteigert, daß aus den Geschichtstaten Wunderzeichen werden, in denen die Naturgesetze außer Kraft gesetzt werden. Gott stellt diese Wunder Mose zur Verfügung, damit die Israeliten an ihn glauben. In Gen 15,4 f.6 und Jes 7,1–17* wird dagegen dieser Glaube auf Wunderzeichen hin kritisiert. Zwar kommen auch in diesen Texten Zeichen vor, aber diese Zeichen (der bestirnte Nachthimmel in Gen 15,5 und die Geburt und Benennung eines Kindes in Jes 7,14) sind ganz im Rahmen des natürlich Möglichen. Sie sind nur noch für jemanden als Glaubenszeichen erkennbar, der schon von seiner Grundhaltung her für Gott offen ist. Außerdem kritisieren Jes 7,1–17* und Gen 15,4 f.6 einen Glauben, der auf das Sehen von Jahwes großen Taten folgt, wie das z. B. in Ex 14,31 der Fall ist. Denn Gen 15,4 f.6 und Jes 7,1–17 geht es um Glauben *vor* dem Erfahren von Jahwes Hilfe. In Jes 7,9b wird das gefordert, in Gen 15,6 ist das Abrahams spontane Reaktion auf die Verheißung.

Diese Übersicht über die Entwicklungsgeschichte von אמן Hiphil nach Dtn 1,32 bestätigt, daß sich im Zusammenhang mit diesem Begriff lebhafte theologische Diskussionen abgespielt haben. Und es hat sich gezeigt, daß es neben der Suche nach der angemessenen Haltung zu Gott und ihren Wurzeln[197] eine zweite Frage gab, die die Begriffsgeschichte antreibt. Das ist das Bestreben, das Verhältnis von Glauben und menschlichem Urteilsvermögen zu bestimmen. Wurden Glauben und Urteilen in den Anfangsstadien der Begriffsgeschichte noch in Harmonie gesehen, wurde später immer klarer erkannt, daß der Glaube sich nicht vom Urteilsvermögen abhängig machen darf.

Außerdem hat sich im Rahmen dieser Durchsicht der Begriffsgeschichte von אמן Hiphil erwiesen, daß die Belege in Gen-II Reg (Gen 15,6; Ex 4,1.5.8 (*bis*).9.31; 14,31; 19,9; Num 14,11; 20,12; Dtn 1,32; 9,23; II Reg 17,14) in unterschiedliche Phasen dieser Entwicklungsgeschichte gehören. Vor allem Gen 15,6 hebt sich durch seine Kritik eines Glaubens als Antwort auf Jahwes Wunder oder mächtige Geschichtstaten von den übrigen Belegen ab.[198] Folglich können diese Texte nicht aus einer Hand oder einem Redaktorenkreis stammen. Das hat Auswirkungen für ihre literargeschichtliche Verortung. Denn es ist ein Indiz gegen die These von H.-C. Schmitt, diese Texte seien Teil einer spätdtr. Redaktionsschicht, durch die ein Geschichtswerk von Gen-II Reg geschaffen worden sei.[199] Vielmehr hat sich aus der Begriffsgeschichte ergeben, daß diese Texte sukzessive über einen längeren Zeitraum eingearbeitet wurden und daß ihre Verfasser unterschiedliche Intentionen verfolgten. Es dürfte sich also eher um punktuelle Zusätze handeln als um Teile einer Redaktionsschicht.[200]

Die Frage ist, ab wann diese Einzelzusätze eingearbeitet wurden. Um dafür einen *terminus a quo* zu gewinnen, ist das Alter des frühesten Belegs Dtn 1,32 zu ermitteln. Außerdem ermöglicht gerade dieser älteste Beleg weitere Einsichten, die für die Begriffsgeschichte von אמן Hiphil wichtig sind. Denn aus ihm kann erschlossen werden, aus welchen Gründen אמן Hiphil überhaupt als theologischer Begriff geprägt wurde.[201]

---

197 S.o., 4.2.4.

198 S.o., 4.4.4.

199 Vgl. Schmitt, Prophetie, 224ff; ders., Geschichtswerk, 270ff. Auch Blum rechnet einige Texte mit theologischem אמן Hiphil (Gen 15,6; Ex 4,1–9.31; 14,31; 19,9; Num 14,11) zu seiner dtr. Kompositonsschicht KD (vgl. Studien, 104). Zu der Diskussion über ein Großgeschichtswerk von Gen-II Reg in der aktuellen Pentateuchforschung s. u., 5.1.2.3.

200 Vgl. ähnlich Berner, Exoduserzählung, 383ff zu Ex 4,1–9.31; 14,31, 19,9 und Lohfink, Unglaube, 55ff.

201 S.o., 2.2 zu den wichtigsten Forschungspositionen über den ältesten theologischen Beleg von אמן Hiphil.

5 Die Wüstenzeit als Schule des Glaubens – Dtn 1–3 und Num 13f

5.1 Dtn 1,32 in seinem ursprünglichen Zusammenhang

5.1.1 Dtn 1,32 in seinem Kontext Dtn 1–11

Dtn 1,32 schildert die skeptische Reaktion des Volkes auf eine kurze Rede des Mose (Dtn 1,29–31*)[1]. Diese Rede gehört in die Dtn-Fassung der Kundschaftergeschichte (Dtn 1,6–8.19–45)[2]. Mose verheißt in dieser Rede, daß Jahwe mit dem Volk sein und für es kämpfen werde, so wie er das in Ägypten und in der Wüste vor den Augen des Volkes getan habe. So will Mose das Volk davon überzeugen, rechtzeitig den Widerstand gegen Gott aufzugeben (V.26 f) und wie befohlen das Gebirge der Amoriter einzunehmen (V.20).

Doch Moses Bemühen scheitert. Das Volk glaubt nicht an Jahwe, obwohl Mose es an Gottes Geschichtstaten erinnert, die es selbst gesehen hat (V.30f*). So ist die Strafe unvermeidlich (V.34.35*.39*)[3]. Die, die sich Gott widersetzt haben und ihm die Rettung vor Feinden nicht zugetraut haben (V.27), werden das Land nicht sehen (V.35*).

Die Dtn-Fassung der Kundschaftererzählung bildet ihrerseits den Anfang einer längeren Rede des Mose in Dtn 1–3.[4] In dieser Rede blickt Mose zurück auf die gemeinsame Geschichte mit dem Volk vom Aufbruch vom Horeb (1,6) bis zur Ankunft im Ostjordanland im Tal gegenüber Bet-Peor (3,29 vgl. 4,46aα; 34,6). Dabei erzählt Mose außer der Kundschaftergeschichte (Dtn 1,6–8.19–45) von der Einsetzung von Richtern am Horeb (1,9–18), vom Zug durch die Wüste und von Gebieten, die nicht erobert werden durften (2,1–23), sowie von erfolgreichen Jahwekriegen gegen Sihon von Heschbon (2,24–37) und Og von Baschan (3,1–7). Anschließend beschreibt Mose die eroberten Gebiete und ihre Verteilung an die ostjordanischen Stämme (3,8–20). Zuletzt wendet Mose sich der bevorstehenden Landnahme des Westjordanlands zu. Er ermutigt Josua (3,21 f) und schildert, wie er selbst vergeblich Gott angefleht hat, mit ins Land zu kommen (3,23–28).

---

1 In Dtn 1,31a ist nur ובמדבר („und in der Wüste") ursprünglich, so auch Veijola, ATD 8/1, 29 ff.

2 Der Bericht über die Einsetzung von Richtern Dtn 1,9–18 ist ein Zusatz, s. u., 5.1.3.

3 Zur Literarkritik s. u., 156 ff.

4 Dabei ist Dtn 4 durch eine eigene Höraufforderung in Dtn 4,1 von Dtn 1–3 abgegrenzt. Weiter zeigen sich deutliche stilistische und theologische Differenzen, vgl. MacDonald, Criticism, 207 f. Veijola, ATD 8/1, 96 betrachtet Dtn 4 deshalb als eigene Einheit.

Diese Moserede ist wiederum Teil des vorderen Dtn-Rahmens (Dtn 1–11). Dieser besteht aus einer Abfolge von Mosereden. Das sind nach den Gliederungsmarkern der Endgestalt: Dtn 1–3; 4,1–40; 4,44–49; 5; 6–8 und 9–11.[5]

Dtn 1–3 weist gegenüber den folgenden Mosereden (4,1–40; 4,44–49; 5; 6–8; 9–11) ein sehr eigenes Profil auf. So fehlt die charakteristische Mahnung zum Gesetzesgehorsam, die sogenannte Paränese (z.B. 4,1–40; 6,1–3.16–25; 7,7–29; 8,1–20; 9,1–29; 10,1–5.10–22; 11,1–25). In Dtn 1–3 findet keine solche Vorbereitung auf die Gesetzesverkündigung in Dtn 12ff statt. So wird das Gesetz nur in einem Zusatz direkt erwähnt (Dtn 1,5: התורה הזאת „diese Tora").[6] Ansonsten steht hauptsächlich das Kriegsgesetz Dtn 20 deutlich im Hintergrund. Dieses Gesetz wird in Dtn 1–3 befolgt, ohne daß es genannt wird. So hält beispielsweise Mose in Dtn 1,29–31a*(nur ובמדבר).b eine Kriegsansprache wie der Priester in Dtn 20,2b–4, und Mose macht Sihon von Heschbon ein Friedensangebot (Dtn 2,26–29), wie es in Dtn 20,10f vorgeschrieben wird.[7] Aber anders als in der typischen dtr. Paränese werden Wert und Bedeutung des Gesetzes nicht thematisiert.[8]

---

5 Die Gliederung des Dtn-Rahmens ist in der Forschung umstritten (vgl. z.B. Seitz, Studien, 23; Braulik, NEB, 5; Veijola, ATD 8/1, z.St.). In der vorliegenden Arbeit wird strikt nach formalen Kriterien vorgegangen, und alle gewichtigen Einleitungsmarker werden berücksichtigt. Deshalb werden Überschriften nach dem Muster „Diese sind ..." (z.B. Dtn 1,1a; 4,45) oder „Dieses ist ..." (Dtn 4,44; 6,1) ebenso als Einschnitt gewertet wie Höraufforderungen im Imperativ mit und ohne Redeeinleitung (z.B. 4,1; 5,1). Denn auch in Prophetenbüchern steht die Höraufforderung öfter, um neue Einheiten einzuleiten (vgl. Rudnig-Zelt, Hoseastudien, 108ff). Dtn 4; 5; 9–11 beginnen mit einer neuen Höraufforderung in Dtn 4,1; 5,1; 9,1, sind also als eigene Einheiten zu werten (so auch z.B. Seitz, Studien, 23 für 4,1). Dagegen beginnen Dtn 1–3; 4,44–49 und 6–8 mit einer Überschrift in der Art von „Diese sind ..." (1,1a) oder „Dieses ist ..." (4,44; 6,1). Beim Übergang von Kap. 4 zu Kap. 5 häufen sich die Überschriften und Höraufforderungen (4,44.45; 5,1). Dies dürfte am Textwachstum liegen (vgl. Kratz, Headings, 38ff und die Kommentare z.St.). Außerdem gibt es hier einen kleinen narrativen Einschub in 4,41–43.

6 Zum Zusatzcharakter von Dtn 1,5 s.u., 148f.

7 Vgl. jedoch die unterschiedlichen Verfahrensweisen beim Bann. Nach Dtn 20,13f darf man Frauen und Kinder aus der eroberten Stadt als Beute mitnehmen, in Dtn 2,34b.35; 3,6f werden alle Einwohner getötet. Von Dtn 1,29–31*; 2,26–29; 2,34b.35; 3,6f gehört nur 1,29–31* zum Grundbestand s.u., 145f. Zu Dtn 20,2b–4 als Vorlage von Dtn 1,29–31* s.u., 205, Anm. 356.

8 Dies spricht klar gegen Noths These, daß Dtn 1–3 vom gleichen Verfasser stamme wie die dtr. Reden in Jos-Reg, z.B. Jos 23; I Sam 12; I Reg 8; II Reg 17, nämlich dem Deuteronomisten, der das Deuteronomistische Geschichtswerk zusammengestellt habe (vgl. Studien, 3ff). Denn in diesen Reden geht es immer wieder um das Gesetz und den Gehorsam ihm gegenüber (z.B. Jos 23,6; II Reg 17,13 vgl. Noth, Studien, 103). Zur Differenz von Dtn 1–3 zu den übrigen dtr. Reden vgl. auch MacDonald, Criticism, 209.

Aus diesem Grund hat v. a. Noth vermutet, der Verfasser von Dtn 1–3 habe ein starkes historisches Interesse, und es komme ihm auf eine Zusammenfassung des Weges vom Gottesberg Horeb (1,6) bis ins Tal gegenüber von Bet-Peor an (3,29).[9] Doch stellt sich die Frage, ob Noth die theologischen Anliegen der Verfasser nicht unterschätzt. Immerhin enthält Dtn 1–3 beredte Beispiele, daß Ungehorsame bestraft (Dtn 1,35 ff) und Gehorsame belohnt werden (Dtn 2f). Man kann von einer indirekten Paränese sprechen, und das legt nahe, daß der Verfasser von Dtn 1–3 weniger historische, als vor allem theologische Intentionen hatte. Es ist zu fragen, wie sie aussehen und wie sie sich zur Gesetzesparänese im Kontext verhalten. Nun gehen die Intentionen des ursprünglichen Verfassers allein aus dem Grundbestand von Dtn 1–3 hervor, und dieser Text hat zahlreiche Zusätze erhalten. Deshalb soll zuerst der Grundbestand ermittelt werden. Das kann nur vor dem Hintergrund der aktuellen Forschung zum Dtn sowie zu Gen-Num und Jos-II Reg geschehen, in die im folgenden kurz eingeführt werden soll.

5.1.2 Zur aktuellen Diskussion über Gen-Num, Dtn und Jos-II Reg

Das Buch Deuteronomium (Dtn) steht zwischen dem Tetrateuch (Gen-Num) und den folgenden Geschichtsbüchern Jos-II Reg.[10] Es kann mit dem Tetrateuch verbunden werden, und so ergäben sich der Pentateuch oder die fünf Bücher Mose. Verbände man das Dtn aber mit den Geschichtsbüchern Jos-II Reg, käme man zu einem Geschichtswerk von Dtn-II Reg, was der klassischen Hypothese eines dtr. Geschichtswerks (DtrG) entspricht.[11] In jeder dieser Buchgruppen hätte das Dtn eine Sonderstellung inne und höbe sich von den übrigen Büchern ab. Das liegt daran, daß das Dtn zwar zu Gen-Num und zu Jos-II Reg Beziehungen hat, sich aber zugleich von beiden Textzusammenhängen unterscheidet.

---

9 Dieses historische Interesse betont Noth, Studien, 14. Er meint, „daß hier die Geschichte der Mosezeit nicht wie teilweise in Dtn. 5–11 als Anschauungsmaterial für allerlei Mahnungen und Warnungen erscheint, sondern offenkundig um der berichteten Ereignisse und Vorgänge selbst willen erzählt wird" (Studien, 14). Wenn es in Dtn 1–3 überhaupt ein Interesse an Geschichte um ihrer selbst willen gibt, so spiegeln es die zahlreichen antiquarischen Notizen wider, die sich im Lauf der Zeit an Dtn 1–3* angelagert haben (z. B. Dtn 2,10–12.20–23). Diese sind schon lange als Nachträge anerkannt, s. die Kommentare z.St. Perlitt rechnet ebenfalls mit einem gewissen historischen Interesse des Verfassers von Dtn 1–3*. Er sieht in diesen Kapitel eine Verbindung von Historiographie und Paränese (BK.AT 5/1, 87 ff). Zur Diskussion über die theologischen Anliegen des ältesten Deuteronomisten DtrH (s. u., 132, Anm. 22) vgl. z. B. Smend, Entstehung, 123 ff.
10 Vgl. Kratz, Hexateuch, 295.
11 S.u., 5.1.2.1.

Da das Dtn als Moserede stilisiert ist (vgl. z. B. Dtn 1,1a; 5,1)[12] ist es eng mit dem Tetrateuch verknüpft, hauptsächlich mit Ex-Num. Denn der Leser des Dtn muß wissen, woher Mose das Recht hat, dem Volk die Gesetze in Dtn 12–26 zu verkündigen, und das erfährt er in den Moseerzählungen ab Ex 2.[13] Weiter bildet der Tod des Mose in Dtn 34 den Abschluß dieser Mosegeschichte. Dagegen trennt der Stil das Dtn eher von der Mehrheit der Tetrateuchtexte. Beispielsweise hat die Predigtsprache (die sogenannte Paränese) des vorderen Dtn-Rahmens mit ihrem typischen Sprachgebrauch[14] dort kein echtes Gegenstück.[15] Ähnliche Reden oder Predigten finden sich eher in Jos-II Reg (z. B. Jos 24; I Sam 12; II Reg 17), und das weist eher auf eine Verbindung zu den folgenden Büchern Jos-II Reg hin. Dazu kommt das Thema der Kultzentralisation. Sie wird in Dtn 12 gefordert und in II Reg 22f von Josia umgesetzt.[16] Andererseits spielt das Dtn in der Wüste vor der Landnahme (vgl. z. B. Dtn 1,1a), während Jos-II Reg Ereignisse im Land behandeln. Dementsprechend steht in Dtn Mose im Mittelpunkt, der ab Jdc nur noch

---

12 Kratz, Ort, 114 ff zeigt mit guten Argumenten, daß das Dtn von Anfang an als Moserede gestaltet war. Zu Bedenken dagegen s. Schmid, Deuteronomy, 16. Wenn man mit Kratz Dtn 5,1 als eine ältere Einleitung des Dtn sieht, setzt sie einen Hexateuchfaden voraus, zu dem Kratz Num 25,1 und 27,12 f zählt (vgl. Headings, 42 f). Zur Frage nach der ursprünglichen Selbständigkeit von Dtn s. auch u., 5.1.2.5.

13 Gegen die Vermutung, die Exoduserzählung könnte allgemein bekannt gewesen sein s. Kratz, Headings, 40. Ein weiteres Element, das das Dtn mit dem Tetrateuch verknüpft, ist die Zentralisationsformel z. B. in Dtn 12,14, denn sie setzt das Szenario der Wüstenwanderung voraus, das im Tetrateuch eingeführt wird (vgl. Kratz, Headings, 45 f). Dazu kommt der doppelte Dekalog in Ex 20 und Dtn 5, wobei Dtn 5 im Lesefluß als Auslegung von Ex 20 erscheint (vgl. Schmid, Deuteronomy, 14 ff).

14 Einen guten Überblick über diesen Sprachgebrauch bietet die sogenannte „Weinfeldliste" (vgl. Weinfeld, Deuteronomy, 320 ff). Vgl. auch Römer, Construction, 28. Selbstverständlich läßt allein dieser Sprachgebrauch noch nicht auf dtr. Autorschaft schließen (vgl. Schmid, Deuteronomy, 10 f).

15 Das schließt nicht aus, daß es in Gen-Num Texte gibt, in denen einzelne dtr. Floskeln auftauchen (z. B. Gen 18,19 mit שמר „bewahren" für Gebotsgehorsam, vgl. Weinfeld, Deuteronomy, 336; Ex 4,1 mit שמע בקולי „auf meine Stimme hören", vgl. Weinfeld, Deuteronomy, 337). Aber es fehlen eben die längeren Reden. Pakkala macht außerdem darauf aufmerksam, daß die Kritik an fremden Kulten im Tetrateuch anders aussieht als in Dtn und Reg (vgl. Deuteronomy, 153 ff).

16 Dies ist seit de Wette der klassische Fixpunkt, um das Dtn in die Josiazeit zu datieren (vgl. z. B. Smend, Entstehung, 77 ff; Kaiser, Grundriß Bd. 1, 92; Römer, Pentateuch, 156 f). Allerdings wird diese These auch in Frage gestellt, weil nicht klar ist, inwieweit II Reg 22 f tatsächlich die Ereignisse unter Josia widerspiegelt. Die beiden Kapitel könnten auch verfaßt worden sein, um das Dtn als Gesetzbuch zu legitimieren (vgl. z. B. Gertz, Tora, 256; Pakkala, Oldest Edition, 390 f). Ob die Königsbeurteilungen in Reg Dtn 12 voraussetzen, ist umstritten. Schmid stellt das in Frage, Pakkala bekräftigt es trotz der Differenzen in den Formulierungen (vgl. Deuteronomy, 23.27 f; dagegen Pakkala, Deuteronomy, 136).

sporadisch und überwiegend in späten Zusätzen erwähnt wird (Jdc 1,16.20; 3,4; 4,11; I Sam 12,6.8; I Reg 2,3; 8,9.53.56; II Reg 14,6; 18,4.6.12; 21,8; 23,25)[17].

Wie die alttestamentliche Wissenschaft generell[18] ist auch die Forschung zu Gen-Num, Dtn und Jos-II Reg seit etwa 1980 von heftigen Kontroversen und Umbrüchen geprägt.[19] Dabei wurde nahezu das gesamte klassische Modell, wie es federführend von Wellhausen und Noth entwickelt wurde,[20] zuerst in Frage gestellt und dann umgestoßen.

5.1.2.1 Das klassische Modell zu Gen-Num und Dtn-II Reg

Das klassische Modell umfaßt die Neuere Urkundenhypothese v. a. für den Tetrateuch[21] und die Hypothese des Deuteronomistischen Geschichtswerks (DtrG) für Dtn-II Reg.[22] Es beruht auf zwei Grundannahmen:

---

17 Vgl. zu Jdc Smend, Enstehung, 116 f; Rake, Untersuchungen, 82.88 f; zu Sam Stoebe, KAT 8/1, z.St. und zu Reg Würthwein, ATD 11/1 und 11/2 z.St.

18 Vgl. Höffken, Jesaja, 19 ff zur Jesajaforschung und K.-F. Pohlmann, Ezechiel, 209 ff zur Ezechielforschung.

19 Der folgende Überblick vereinfacht die sehr komplizierte Diskussionslage etwas, um die Strukturen klarer herauszuarbeiten und deutlich zu machen, auf welchen Textbefunden die unterschiedlichen Thesen beruhen. So werden die Gemeinsamkeiten zwischen den unterschiedlichen Modellen deutlicher. Beispielsweise stehen Blums KP (priesterliche Kompositionsschicht) ebenso wie Schmids und Gertz' Annäherung an eine Grundschrift P (s. u., 5.1.2.2) für eine Aufwertung der priesterschriftlichen und verwandten Texte (vgl. auch Blum, Studien, 221). Dieses Verfahren soll v. a. Fachfremden die Lektüre der folgenden Textanalysen erleichtern.

20 Vgl. z. B. Zenger, Theorien, 92; Gertz, Tora, 205.

21 Die Sonderrolle des Dtn sorgte schon im klassischen Modell für Probleme. Wegen der sprachlichen Unterschiede zwischen Dtn und Gen-Num war es für die Anhänger der Neueren Urkundenhypothese immer sehr schwierig, hier ihre Quellen wiederzufinden. Das kam allenfalls für P in Frage. P wurde v. a. in Dtn 1,3; 32,48–52; 34,1a.7–9 gesucht (vgl. z. B. Driver, ICC, 7; Perlitt, Priesterschrift, 123; Frevel, Blick, 290 ff). Allerdings hat Perlitt, Priesterschrift, 125 ff diese These einleuchtend widerlegt.

22 Vgl. Kratz, Ort, 101; Schmid, Deuteronomium, 193 ff. Die klassische Darstellung der herkömmlichen Modelle, die bis in die neunziger Jahre Examenslernstoff war, findet sich bei W. H. Schmidt in seiner Einführung in das Alte Testament (vgl. Einführung, 40 ff; Zenger, Theorien, 92 ff). S. außerdem die sehr gelungene Schilderung der traditionellen Hypothesen bei Smend, Entstehung, 33 ff, die jedoch schon einige Korrekturen enthält und die jetzige Forschungslage teilweise vorbereitet. Selbstverständlich gab es bereits im Rahmen des klassischen Modells einige Kontroversen, so etwa ob die Quelle E einmal existiert habe (vgl. Kaiser, Grundriß Bd. 1, 70 f, s. u., 5.1.2.2; 6.3.1.1; 6.3.1.4) oder ob es priesterschriftliche Anteile im Dtn gebe (s. o., 132, Anm. 21) oder in Jos (vgl. Kaiser, Grundriß Bd. 1, 106, Noort, EdF 292, 173 ff). Diskutiert wurde außerdem, wieviele dtr. Redaktionen am DtrG beteiligt waren (vgl. z. B. Lohfink, Kerygmata, 125 f; Gertz, Tora, 251), wobei Smend, Entstehung, 110 ff das sogenannte Göttinger Modell vertritt. Diesem

1) Die Bücher Dtn-II Reg bildeten ursprünglich eine eigene Einheit, das DtrG. Folglich muß ihre Geschichte getrennt von den Büchern Gen-Num untersucht werden. Als Hauptargument für diese These nennt Noth eine dtr. Überarbeitung, die Jos-II Reg geprägt habe. Diese sei eng mit dem Dtn verwandt, ganz besonders mit den Predigten in seinem Rahmen. Dagegen fehle eine solche Bearbeitung in Gen-Num.[23]

2) In Gen-Num wurden mehrere, ursprünglich selbständige Quellen miteinander verknüpft, nämlich Jahwist (J), Elohist (E) und Priesterschrift (P). Begründet wurde dies zunächst damit, daß einige Erzählungen v. a. in Gen mehrfach vorkommen (z. B. die Gefährdung der Ahnfrau Gen 12 [J]; 20 [E]; 26 [E] oder die Vertreibung Ismaels in Gen 16 [J und P]; 21 [E])[24] Außerdem seien etliche Erzählungen aus mehreren Parallelfassungen zusammengesetzt (z. B. Gen 6–9 [J und P][25]; Ex 3 [J und E][26]; Ex 14 [J, P und E-Fragmente]).[27] Das bekannteste Indiz für mehrere Quellenfäden ist der Wechsel zwischen dem Gottesnamen Jahwe und der Gottesbezeichnung Elohim (=Gott) v. a. in Gen. Dieses Indiz ist für das klassische Modell so wichtig, um die einzelnen Quellenanteile zu unterscheiden, daß zwei dieser Quellen sogar nach dem verwendeten Gottesnamen benannt wurden: der Jahwist (J) mit dem Gottesnamen Jahwe und der Elohist (E) mit Elohim.[28] Dagegen gibt es in der dritten erschlossenen Quelle, der Priesterschrift P, so viele sprachliche und stilistische Merkmale, daß der Gottesname nie zum entscheidenden Kriterium wurde.[29]

Klassisch werden insbesondere J und E sehr früh datiert. Man sah J als Produkt der sogenannten Salomonischen Aufklärung, während E aus dem Nord-

---

Modell zufolge gab es nach dem dtr. Historiker (DtrH) mehrere weitere dtr. Redaktionen, v. a. den nomistischen Deuteronomisten (DtrN). Diese Reaktionen bewähren sich auch in einem aktuellen Gesamtmodell für die Entstehung des Enneateuchs (s. u., 5.1.2.4). Eine gewichtige Gegenthese ist das sogenannte Blockmodell, v. a. von Weippert und Cross. Hier ist die grundlegende Annahme, es habe eine erste Fassung des DtrG aus der Josiazeit gegeben. Diese endete mit der Josianischen Reform II Reg 23 (vgl. Kaiser, Grundriß Bd. 1, 87 f).

23 Vgl. Noth, Studien, 3 ff.13 f sowie Gertz, Tora, 203 ff.

24 Vgl. Smend, Entstehung, 82 ff. Wurde das Dtn in die Neuere Urkundenhypothese einbezogen, wurde es wie eine weitere Quelle D behandelt, die vor oder nach P ergänzt wurde (vgl. Kaiser, Grundriß Bd. 1, 51 ff).

25 Vgl. von Rad, ATD 2/4, 83 ff.

26 Vgl. z. B. Wellhausen, Composition, 70.

27 Vgl. Wellhausen, Composition, 75 ff; Noth, ATD 5, 80 ff.

28 Vgl. Smend, Entstehung, 37 ff; Zenger, Theorien, 76 ff.

29 Vgl. Smend, Entstehung, 49. Auch diese stilistischen Kriterien sind aber nicht ganz eindeutig, sondern der P-Stil konnte von Jüngeren imitiert werden (s. u., 5.4). Was den Gottesnamen betrifft, vertritt P eine Theorie der gestuften Offenbarung. Bis zur Berufung des Mose in Ex 6,2 ff spricht P von Elohim in verschiedenen Varianten, danach von Jahwe (vgl. Ex 6,2.6).

reich stammen und im 8. Jh. v. Chr. entstanden sein soll.[30] Vor allem die sehr
frühe J-Datierung wurde seit den 1970er Jahren angezweifelt. So gibt Smend zu
bedenken, J müsse eine Vorgeschichte gehabt haben, und diese könne nicht ganz
in die vorstaatliche Zeit gefallen sein.[31] Dazu kommen sprachliche und theologische, aber auch archäologische Indizien gegen einen frühen J. So zeigen Gra-
bungsergebnisse, daß eine Neugründung von Städten in Juda erst im 9. Jh. v. Chr.
einsetzte. Erst dann wurden Verwaltungsgebäude gebaut. Beides legt nahe, daß
sich erst jetzt, also etwa 100 Jahre nach David und Salomo, überhaupt ein Staat
bildete.[32] Damit ist kaum plausibel, daß Juda und Jerusalem vorher das Zentrum
eines Großreichs waren. Außerdem wird dieses Großreich in außerbiblischen
Zeugnissen nie erwähnt. Aber ohne das Großreich fehlte der sogenannten „Salomonischen Aufklärung" ihre politische und materielle Grundlage.

Weil also die „Salomonische Aufklärung" nicht stattgefunden hat und weil
bei einer so frühen Datierung von J zu wenig Zeit für seine Vorgeschichte bliebe,
wurde schon öfter für eine spätere Entstehung von J plädiert. Smend geht etwa
davon aus, daß J sukzessive in der gesamten Königszeit entstand; Levin rechnet
mit einer exilischen Enstehung.[33] Auch E wird gegenwärtig von den meisten, die
an einer entsprechenden Quelle oder Schicht festhalten, ins 7. Jh. datiert.[34]

In der Frage der P-Datierung gab es weniger Bewegung. Diese Quelle wird
klassisch exilisch datiert. Diese Option wird immer noch diskutiert, allerdings
mehren sich die Stimmen für eine etwas spätere Datierung ca. 520–450 v. Chr.[35]

Während von Anfang an klar war, daß E höchstens fragmentarisch in Gen
und Ex erhalten war,[36] nahm man an, daß sowohl J (Gen 2,4b–3,24)[37] als auch P
(Gen 1,1–2,4a*)[38] mit der Schöpfung in Gen begannen. Das Ende beider Quellenfä-

---

30 Vgl. z. B. Schmidt, Einführung, 47.
31 Vgl. Smend, Entstehung, 93.
32 Vgl. Finkelstein/Silberman, Bible, 149 ff.340 ff; Berlejung, Geschichte, 101 ff.
33 Vgl. z. B. Smend, Entstehung, 93 f; Schmid, Jahwist, 167 ff; Soggin, Geschichte, 62 ff; Levin, Jahwist, 430 ff.
34 Vgl. Zimmer, Elohist, 307; Schmitt, Arbeitsbuch, 228. Außerdem wird E von Schmitt und Zimmer als Redaktionsschicht gesehen (s. u., 6.3.1.1; 6.3.1.4).
35 Vgl. z. B. Schmidt, Einführung, 47; Smend, Entstehung, 57 ff; Römer, Narrative, 158. S. u., 258 f.
36 Vgl. z. B. Noth, Überlieferungsgeschichte, 255 f; Schmidt, Einführung, 72 f; Kaiser, Grundriß Bd. 1, 71 f; anders neuerdings Yoreh, Book, 257 ff. Weil von E bestenfalls Fragmente erhalten sind, unterschied Wellhausen meist nicht zwischen J und E, sondern ging bereits von ihrer Verbindung zu JE aus (vgl. z. B. Composition, 2.7 f)
37 Es ist umstritten, ob Gen 2,4b zu J (so etwa Gunkel, HK 1/1, 4) oder zur Endredaktion gehörte (so z. B. Levin, Jahwist, 89; s. u., 140 f zum Begriff „Endredaktion").
38 Die Zusätze im priesterschriftlichen Schöpfungsbericht diskutiert Weimar, Studien, 91 ff.

den war immer umstritten. Man stimmte lange darin überein, daß P mit dem Tod des Mose in Dtn 34,1a.7–9 endet, doch hat Perlitt diese These noch auf dem Boden des klassischen Modells widerlegt.[39]

Das Ende von J war schwieriger zu bestimmen. Hier fand man nie zu einem Konsens. Hauptsächlich diskutiert wurden ein Ende in der Bileamperikope Num 22–24[40] oder in einer Landnahmeerzählung, die aber verlorengegangen sei.[41]

5.1.2.2 Die Kritik an den Pentateuchquellen J und E und das Ende der Neueren Urkundenhypothese

Die Suche nach dem Ende von J ist symptomatisch für das Problem dieser Quellenschrift. Und dieses Problem war ein Faktor, der zum Ende des klassischen Modells erheblich beitrug. Es besteht darin, daß sich keine klaren Kriterien benennen lassen, ob ein Text zu J gehören kann oder nicht. Das betrifft den Stil und die Theologie der potentiellen J-Texte. Ein markantes theologisches J-Profil findet sich allenfalls in Gen in der Schöpfungsgeschichte und in der Vätergeschichte,[42] obwohl zu erwarten ist, daß ein Literaturwerk von dieser Bedeutung theologisch eine klare, in sich einheitliche Aussage transportiert.[43] Spätestens ab Num unter-

---

39 Vgl. Perlitt, Priesterschrift, 133 ff. Zum Stand der Diskussion s. Römer, Narrative, 159 ff.

40 Vgl. Levin, Jahwist, 415; Schmitt, Arbeitsbuch, 209 f.

41 Vgl. z. B. Noth, Überlieferungsgeschichte, 77 f; Smend, Entstehung, 86 f. Dagegen rechnete Wellhausen mit einer Fortsetzung von JE in Jos (vgl. Composition, 61). Die Frage, ob die Landverheißungen, die älter sind als P (z. B. Ex 3,8aα vgl. Levin, Jahwist, 326; Kratz, Komposition, 289, Anm. 77; anders Blum, Studien, 20 ff; Oswald, Staatstheorie, 87.125), auf eine Erfüllung in einer Landnahmeerzählung hin angelegt waren, ist noch in der heutigen Forschung umstritten. Vor allem Kratz und Berner plädieren dafür, Achenbach, Otto und Römer dagegen (s. u., 5.1.2.5).

42 Vgl. Gertz, Tora, 209 f. Auch Levin, Jahwist, 415 räumt ein, daß in Num von J nur ein dünnes Itinerar und die Bileamerzählungen vorliegen. Damit bereitet Levin Kratz' These vor, vor der Priesterschrift habe es einen dünnen Hexateuchfaden von Ex-Jos gegeben (vgl. Kratz, Komposition, 301 ff.308 ff). Die Beispieltexte für die Theologie seines Jahwisten muß Levin meist der Gen entnehmen (vgl. Jahwist, 415 ff; vgl. auch Römer, Périphérie, 4). Siehe aber Gertz, Tora, 263 f zu den Differenzen zwischen Urgeschichte und Vätergeschichte, die auch hier einen vor-P Zusammenhang problematisch machen.

43 So findet man beispielsweise im Grundbestand der Quelle P ein klares inhaltliches Profil (s. u., 5.4.1; 5.4.4.3). Verzichtet man dagegen auf die Grundannahme, eine Quellenschrift sei an ihrem markanten Profil zu erkennen, hat man kein Kriterium, welche Texte zu ihr gehört haben und welche nicht. Auf Quellen ohne klare Konturen kann man jedoch keine sinnvollen Hypothesen aufbauen. So rechnet z. B. Baden damit, daß P eine sehr heterogene Größe war, in der widersprüchliche Texte standen. Allerdings steht für P nach Baden fest, daß das Gesetz erst am Sinai gegeben wurde, und alle P-Texte müßten das vertreten (vgl. Stratum, 18 ff). Mit diesem vagen Kriterium kann Baden aber nicht mehr begründen, warum man nicht nahezu das gesamte

scheidet sich die Theologie der traditionell für J veranschlagten Texte deutlich etwa von der Vätergeschichte.[44] Sprachlich gibt es nur den Gottesnamen Jahwe als positives Quellenkriterium.[45] Dieses Kriterium ist aber zu unspezifisch, weil der Gottesname auch in nicht-J Texten vorkommt wie Gen 22,11.14[46]. Da man kein klares theologisches Profil von J bestimmen oder einen typischen J-Sprachgebrauch beschreiben kann, fehlt die Basis für eine Entscheidung, welche Texte zu J gehören können. Deshalb gehen die meisten Exegeten in der aktuellen Pentateuchforschung nicht mehr von einer Quelle J aus. Stattdessen spricht man von nichtpriesterschriftlichen Texten (nicht-P),[47] eine Terminologie, die in der vorliegenden Arbeit übernommen wird.

Zu der fehlenden theologischen und sprachlichen Einheitlichkeit von J kommen weitere Schwierigkeiten. In etlichen der Texte, die bisher als Verbindung zweier Quellenfäden erklärt wurden, lassen sich beim genauen Hinsehen keine zwei vollständigen Fäden rekonstruieren. Vielmehr greift hier eine Ergänzungshypothese, d. h. die Annahme, daß ein schmaler Grundbestand durch viele

---

Buch Gen P zuschreiben sollte. Damit wäre P für Gen keine Quellenschrift mehr, sondern mehr oder weniger mit dem Endtext identisch. Allerdings wäre eine solche P-Hypothese keine Hilfe, um die Spannungen in Gen zu erklären.

44 Vgl. schon Rendtorff, Problem, 109 ff. Beispielsweise rechnet man herkömmlich einen Faden in den Murrgeschichten ab Num 11 zu J. Allerdings werden dort menschliche Zweifel an Gottes Verheißungen ganz anders beurteilt als in den Teilen der Vätergeschichte, die für J in Frage kommen. So wird z. B. in dem von Schmidt rekonstuierten J-Faden von Num 13 f das Weinen des Volkes angesichts der Schwierigkeiten der Landnahme (Num 14,1*) hart bestraft (ein nicht rekonstruierbarer Kern von Num 14,11–25; vgl. Schmidt, ATD 7/2, 40, ähnlich schon Noth, ATD 7, 90 ff. S.u., 5.2.2 zu den Problemen). In dem potentiellen J-Faden von Num 13 f toleriert Jahwe also keine Zweifel an seiner Fähigkeit zu helfen, wie sie sich in diesem Weinen ausdrücken. Dann erstaunt aber, daß Jahwe Zweifel in den möglichen J-Anteilen der Vätergeschichte nicht ahndet. So bestraft er das skeptische Lachen Saras über seine Sohnesverheißung in Gen 18,12–14* nicht (vgl. Levin, Jahwist, 153 ff), ohne daß einleuchtet, warum das Weinen in Num 13 f so viel schlimmer ist als dieses Lachen. In zwei möglichen J-Texten in Gen 18,12 ff und Num 13 ff werden also gegensätzliche Bewertungen des Zweifels präsentiert, ohne daß dieser Gegensatz erklärt wird. Deshalb ist sehr unwahrscheinlich, daß diese Texte auf einen Verfasser zurückgehen. Außerdem hat Nihan erkannt, daß die Texte, die in Num 11 ff für J in Frage kommen, schon P oder nach-P Aussagen voraussetzen (vgl. Mort, 147 ff).

45 Zu dem positiven Kriterium des Gottesnamens Jahwe kommen zwei negative: das Fehlen von priesterschriftlichem und deuteronomistischem Stil (s. o., 131 f). Vgl. z. B. Schmitt, Arbeitsbuch, 208. Diese Kriterien sind ebenfalls zu allgemein, weil auch nicht-J Texte wie Gen 14 (vgl. Gunkel, HK 1/1, 288 ff; Blum, Vätergeschichte, 462 ff, Anm. 5) sie erfüllen.

46 S.u., 6.1.2; 6.3.1.1.

47 Vgl. z. B. Kratz, Komposition, 249 ff; Gertz, Tora, 208 ff.284 ff; dagegen aber Levin, Abschied, 344. Außer Levin halten z. B. L. Schmidt und Seebass an der Hypothese einer Quellenschrift J fest (vgl. Schmidt, ATD 7/2, 2 ff; Seebass, Buch, 252 ff).

Einzelzusätze erweitert worden sei (z. B. Gen 6–9; Ex 3; Num 13 f).[48] Auch das mehrfache Vorkommen der gleichen Erzählung in der Vätergeschichte (z. B. die Vertreibung Isaaks Gen 16; 21) muß nicht zwingend dadurch erklärt werden, daß jede Version aus einer anderen Quelle stammt. Es kann auch daran liegen, daß später eine zweite, aus Sicht ihrer Verfasser bessere Fassung eingestellt wurde.[49] Und sogar das klassische Kriterium, der Wechsel der Gottesnamen, erweist sich nicht immer als zuverlässig. Es gibt Texte, in denen ein einziger Verfasser aus literarischen und theologischen Gründen Jahwe *und* Elohim verwendet (z. B. Gen 22,1–19*).[50] Diese neuen Einsichten haben dazu geführt, daß besonders die Hypothese einer Quelle E kaum noch glaubwürdig ist. Denn der ohnehin schon dünne E-Bestand wurde noch weiter reduziert. Die Quelle verliert so zentrale Texte wie Gen 22 und den E-Anteil in Ex 3.[51] Deshalb rechnen die meisten aktuellen Ansätze nicht mehr mit ihrer Existenz.[52]

Vor allem zwischen zwei Themen, die herkömmlich einer Quellenschrift J von der Schöpfung bis zur Wüstenzeit/Landnahme zugeordnet wurden, hat man in der jüngeren Diskussion einen tiefen Bruch gesehen. Dies sind die Vätererzäh-

---

48 S.u., 5.2.1 f zu Num 13 f und Bosshard-Nepustil, Sintflut, 76 ff zu Gen 6–9. In Ex 3 scheitert die Quellenscheidung v. a. daran, daß sich in V.1 keine zwei Expositionen für jeden der Quellenfäden J und E rekonstruieren lassen, die beide verständlich wären. Die Exegeten, die von einem E-Faden im Text ausgehen, sehen Ex 3,1bβ* als dessen Einleitung: ויבא אל הר האלהים („und er ging zum Gottesberg", vgl. Noth, ATD 5, 22; Schmidt, BK.AT 2/1, 121 f). Aber hier fehlt der Name der Hauptperson, und deshalb wäre dieser Text als Beginn einer Erzählung unverständlich. Außerdem gibt es in Ex 3,1b keine Brüche im Text, die es rechtfertigten, 3,1bα und bβ als Bestandteile zweier Fäden zu trennen (vgl. Gertz, Tradition, 262 f). Auch die Dubletten in Ex 3,7–10 lassen sich im Sinne einer Ergänzungshypothese erklären (vgl. Gertz, Tradition, 281 ff). Deshalb wird Ex 3 in der jüngeren Diskussion mehrheitlich mithilfe einer Ergänzungshypothese erklärt (vgl. Levin, Jahwist, 326 ff; Kratz, Komposition, 289, Anm. 76 f; Gertz, Tradition, 261 ff), oder der Text gilt als größtenteils einheitlich (vgl. Blum, Studien, 20 ff; Schmid, Erzväter, 190 f).
49 So z. B. Kratz, Komposition, 263 f. Siehe auch u., 6.3.1.3 zu Gen 21,8–21.
50 Vgl. auch van Seters, Pentateuch, 84. Ähnlich wird das in der Forschung für Ex 3 gesehen, ob man den Text für einheitlich hält (vgl. Blum, Studien, 20 ff) oder für gewachsen (vgl. Gertz, Tradition, 269).In jüngster Zeit hat Yoreh versucht, den Gebrauch des Gottesnamen als Indiz für die Quellenscheidung zu verteidigen (s. Book, 14 f). Er fordert, wenn man den Gottesnamen als ein solches Indiz ablehne, müsse man zeigen, daß Jahwe und Elohim völlig synonym verwendet würden. Genau das ist in Gen 22,1–19a* der Fall (s. u., 6.1.2).
51 S.u., 6.3.1.1; 6.3.1.4 zu Gen 22,1–19* und o., 137, Anm. 48 zu Ex 3.
52 Vgl. z. B. Kratz, Komposition, 250; Gertz, Tora, 208; Zenger, Theorien, 96 ff; Achenbach, Pentateuch, 225 ff. Eine Ausnahme machen v. a. H.-C. Schmitt und seine Schüler. Sie sehen aber E nicht mehr als Quelle, sondern als Redaktionsschicht (vgl. Zimmer, Elohist, 295 ff; Schmitt, Arbeitsbuch, 223 f; Römer, Construction, 16). Mit elohistischen Fragmenten in Num rechnet außerdem Seebass, Buch, 255.

lungen in Gen 12 ff und die Exodusgeschichte in Ex 1 ff. Denn hier werden zwei
gegensätzliche Vorstellungen davon vertreten, wie Israel in Palästina seßhaft
wurde und dort leben soll. Der erste große Unterschied ist, daß die Vätergeschichte von Familien handelt, die Exoduserzählung aber von einem Volk. Weiter
unterscheidet sich die Art der Landnahme. Zunächst fällt auf, daß die Landverheißung der Vätergeschichte immer schon erfüllt ist, weil sich Abraham schon
im verheißenen Land aufhält (Gen 12,6), als es ihm das erste Mal explizit zuge-
sagt ist (Gen 12,7).[53] Dagegen liegt zwischen der Landverheißung in der Moseberufung (Ex 3,8aα) („Und ich stieg[54] herab, um es [sc. das Volk] aus der Hand
Ägyptens zu retten und um es heraufzuführen aus jenem Land in ein gutes und
weites Land.")[55] und der Landnahme, die frühestens ab den Eroberungen im Ostjordanland (Num 21) beginnt, eine lange Wüstenwanderung.[56] Außerdem sieht
die Existenz im Land bei den Erzvätern und beim Exodusvolk vollkommen unterschiedlich aus. Die Väter haben im Land keinen festen Wohnsitz (z. B. Gen 12,6–
8). Sie müssen sich auf vielfältige Weise mit den Vorbewohnern arrangieren (z. B.
Gen 21; 26). Der Weg Abrahams führt so aus der Heimat (Gen 12,1) ins Ungewisse.
Die Vätergeschichte beschreibt ein Leben im Land ohne eigenen Staat, sozusagen
eine nachstaatliche Existenz.[57] In der Exodusgeschichte ist es genau umgekehrt.
Der Weg führt von der Knechtschaft in Ägypten in das gute Land (z. B. Ex 2,11f[58];
3,7f*). Dieses Land wird zum dauerhaften Wohnsitz des Volkes, aus dem es die
Vorbewohner vertreibt (z. B. Jos 6,15 ff). Von einer Verständigung mit ihnen kann
keine Rede sein. Letztlich läuft der Exodus so auf die selbständige Existenz im

---

53 So auch Schmid, Erzväter, 65.93 f. Zu Gen 12,6 f als nicht-P vgl. bereits Gunkel, HK 1/1, 163 ff;
Levin, Jahwist, 133 ff.
54 MT punktiert hier einen Narrativ, was der Samaritanus zu einem Imperfekt mit *waw copulativum* korrigiert (vgl. App. BHS). Die LXX bestätigt MT, und damit ist MT als *lectio difficilior*
beizubehalten, so auch z. B. Kohata, Jahwist, 25 f; Schmidt, BK.AT 2/1, 101 ff.
55 Vgl. Kohata, Jahwist, 24 ff (J); Schmidt, BK.AT 2/1, 120 (J); Levin, Jahwist, 326 (J); Kratz, Komposition, 289, Anm. 77; Berner, Exoduserzählung, 68. Dagegen Schmid, Erzväter, 193 ff. Nach
Schmid gehört Ex 3 nicht zum ältesten Exodusfaden, sondern ist jünger als die Priesterschrift. Zu
einer Übersicht über die Debatte zu Ex 3 vgl. Schmitt, Erzvätergeschichte, 250 ff.
56 Es wird sogar erwogen, daß die Landverheißung in Ex 3,8aα in älteren Gestalten des werdenden Pentateuchs ohne Erfüllung blieb. Das ist der Fall bei Levins Jahwist, der mit Num 22–24
endet (vgl. Levin, Jahwist, 415). Es ist ebenso der Fall im Modell von Achenbach, Otto und Römer.
Sie rechnen mit einem Textblock von Gen-Lev, der von P bestimmt war. Demnach endete P ursprünglich mit dem Sinaiaufenthalt und enthielt keine Landnahme (s. u., 243).
57 Vgl. auch Oswald, Staatstheorie, 166 ff.
58 Vgl. z. B. Schmidt, BK.AT 2/1, 88 (J); Levin, Jahwist, 323 f (J); Kratz, Komposition, 289; Oswald,
Staatstheorie, 73 ff.

Land hinaus, auf die Eigenstaatlichkeit.[59] Es ist unwahrscheinlich, daß so verschiedene Ansichten vom Leben im Land und von der Bedeutung eines eigenen Staates von einem Redaktor oder Redaktorenkreis vertreten wurden. Folglich wurden Vätergeschichte und Exoduserzählung einige Zeit getrennt überliefert. Für die neuere Pentateuchforschung spielt deshalb die Hypothese einer Exoduserzählung eine große Rolle, die erst in Ex 1 oder 2 begann und keine Vätergeschichte enthielt.[60]

Die Sonderstellung der priesterschriftlichen Texte ist dagegen in den neueren Debatten unumstritten, eben weil sich diese Texte durch ihren Stil so deutlich abheben.[61] Diese Texte umfassen v. a. den ersten Schöpfungsbericht (Gen 1,1–2,4a*), die Genealogie von Adam bis Noah in Gen 5, einen Faden in der Flutgeschichte Gen 6–9, eine kurze Form der Vätergeschichte einschließlich des Bundesschlusses mit Abraham in Gen 17, die Bedrückung des Volkes in Ägypten (Ex 1,13)[62], sein Schreien (Ex 2,23aβ–25*)[63], die Beauftragung des Mose Ex 6,2 f.6 f, den Aufbruch aus Ägypten (Ex 12,40), die Rettung am Schilfmeer und den Sinai-

---

59 Vgl. Zenger, Theorien, 84; Gertz, Tora, 215. Schmid, Erzväter, 56 ff weist darüber hinaus nach, daß alle Texte, die eine Verbindung zwischen Vätergeschichte und Exoduserzählung herstellen, priesterschriftlich oder jünger seien. Vgl. auch Rendtorff, Problem, 111 f; Blum, Verbindung, 130 ff. In jüngster Zeit hat H.-C. Schmitt versucht, anhand von gemeinsamen Strukturen (z. B. die Abfolge der menschlichen Antwort „Hier bin ich" Gen 46,2; Ex 3,4 und der Selbstvorstellung Gottes als Gott des Vaters Gen 46,3; Ex 3,6) nachzuweisen, daß Erzväter- und Exoduserzählung schon vorpriesterschriftlich miteinander verbunden gewesen seien (vgl. Erzvätergeschichte, 253 ff). Aber Schmitt kann die großen theologischen Unterschiede zwischen Erzväter- und Exoduserzählung nicht erklären.

60 Vgl. z. B. Kratz, Komposition, 289 ff; Gertz, Tora, 215 ff; Schmid, Literaturgeschichte, 86 ff; Oswald, Staatstheorie, 73 ff; Römer, Narrative, 158; Schmitt, Erzvätergeschichte, 248 f. Auch Blum hat seine bisherige Hypothese entsprechend modifiziert. Er nimmt jetzt an, daß seine vorpriesterschriftliche, dtr. Redaktionsschicht KD zwischen Ex 1 und Dtn 34 nachweisbar ist (vgl. Verbindung, 154 f). Dagegen rechnen Zenger und Berner mit einer vor-P Einbeziehung von Gen. Zengers Exilisches Geschichtswerk beginnt in Gen 2,4b (vgl. Pentateuchtexte, 176 ff), und für Berner ist die Josephsgeschichte ein vor-P Scharnier zwischen Väter- und Exodusgeschichte (vgl. Exoduserzählung, 17 ff sowie ferner Yoreh, Book, 16). Römer, Achenbach und Otto äußern sich weniger zu dieser Frage, weil für sie die Rekonstruktion so früher Textstadien eine eher geringe Rolle spielt (z. B. Achenbach, Numeri, 123 f).

61 Vgl. Blum, Studien, 221; Gertz, Tradition, 389 f; van Seters, Pentateuch, 80; Gertz/Schmid/Witte, Vorwort, VI; Gertz, Tora, 236 ff; Schmid, Literaturgeschichte, 146; Kratz, Hexateuch, 295; Berner, Exoduserzählung, 2; Otto, HThKAT, 248 ff; dagegen Rendtorff, Problem, 112 ff; Levin, Abschied, 343 f.

62 Etwas anders Berner, Exoduserzählung, 14 ff. Zu Gen 1,1–2,4a* s. Weimar, Studien, 91 ff.

63 Vgl. Gertz, Tradition, 439. Gegen Gertz sind aber die Namen der drei Erzväter in Ex 2,24bβ ein Zusatz, weil sie stark nachklappen.

aufenthalt (z. B. Ex 24,16.18aα; 29,45 f; 40,34b).[64] Diese Übersicht zeigt, daß bereits in der ältesten Fassung von P (die Priestergrundschrift P[G]) die Themen „Schöpfung", „Vätergeschichte" und „Exodus" miteinander verbunden waren.[65] Hier gibt es anders als bei den vor-P Texten keine Gegensätze zwischen dem Leben der Väter im Land und der staatlichen Existenz des Volkes, da es in P[G] noch keine Landnahmeerzählung gab. Vielmehr endete P ursprünglich am Sinai mit dem Einzug des Kabod in das Heiligtum (Ex 40,34b).[66] Weiter finden sich hier Texte, die eine Beziehung zwischen den Vätern und dem Exodusvolk herstellen (z. B. Ex 6,2 f.6 f).

Wahrscheinlich ist dieser Gesamtentwurf von P[G] die erste Verbindung der Themen „Schöpfung", „Vätergeschichte" und „Exodusgeschichte", die vorher noch getrennt waren.[67] Damit wird P in Gen-Ex zur „eigentliche[n] Grundschrift"[68], in die die nicht-P Fassungen von Väter- und Exodusgeschichte sukzessive einge-arbeitet wurden. An die Stelle der Neueren Urkundenhypothese tritt so eine Form der Ergänzungshypothese: In den P-Zusammenhang wurden nacheinander ältere Erzählzusammenhänge eingearbeitet. Diesen Prozeß bezeichnet man gerne als

---

64 S.u., 5.4.1; 5.4.4; 5.4.4.1–3. Vgl. auch Elliger, Sinn, 147 f. Im einzelnen ist hier vieles umstritten, v. a. die Unterscheidung zwischen einer ältesten Schicht priesterschriftlicher Texte (die Priester-grundschrift P[G]) und jüngeren Imitationen dieses Stils, herkömmlich P[S] (s. u., 5.4). Elligers P[G]-Be-stand (vgl. Sinn, 147 f) dürfte erheblich zu reduzieren sein. Trotzdem ist deutlich, daß es einen P[G]-Schöpfungsbericht und eine P[G]-Exodusgeschichte gab. Etwas schwieriger ist die Rekonstruktion von P[G] im Bereich der Vätergeschichte, aber auch hier findet sich ein dünner Faden (s.u, 5.4.1; 5.4.4.1–3). Außerdem wird diskutiert, ob P[G] ursprünglich selbständig existiert hat oder eine Re-daktionsschicht war (vgl. Carr, Fractures, 114 f; Gertz, Tora, 240; Römer, Narrative, 158 f). Für eine Redaktionsschicht aus priesterschriftlichen Texten (KP) plädieren v. a. Blum, Oswald (vgl. z. B. Studien, 221 ff; so auch Oswald, Staatstheorie, 185 ff) und in jüngster Zeit Berner (vgl. Exoduser-zählung, 435 ff). Allerdings beobachtet auch Berner ein markantes theologisches Profil in einer Phase seiner P-Redaktionen und schlägt für die entsprechende Schicht das Siglum P[G] vor, das sonst v. a. von den Vertretern einer ursprünglich selbständigen Priesterschrift verwendet wird. Weiter spricht für eine ursprüngliche Selbständigkeit der Priesterschrift, daß die Periodisierung der Offenbarung laut Ex 6,3 nur in einem selbständigen P funktioniert (vgl. Römer, Pentateuch, 118 f). Daß Ex 6,3 zu P[G] gehörte, ist unbestritten, s. z. B. Pola, Priesterschrift, 104 ff; Gertz, Tra-dition, 241 ff; Kratz, Komposition, 244; Zenger, Werk, 168). Nach Ex 6,3 hat sich Jahwe in der Zeit vor Mose nicht mit seinem Namen offenbart. Dieses Szenario wird durch die nicht-P Texte gestört, weil schon vor Mose Jahwe unter seinem Namen verehrt wird (vgl. etwa Gen 4,26; 12,7 f).
65 Das ist Konsens, soweit eine ursprüngliche Unabhängigkeit von P[G] vertreten wird (vgl. z. B. Kratz, Komposition, 247 f; Zenger, Werk, 159 ff; Gertz, Tora, 240; Schmid, Literaturgeschichte, 146 ff).
66 S.u., 243.
67 So auch z. B. Köckert, Geschichte, 123; Schmid, Literaturgeschichte, 146 ff; Gertz, Tora, 237; dagegen Levin, Abschied, 343 f; Berner, Exoduserzählung, 17 ff.
68 Schmid, Literaturgeschichte, 146.

„Endredaktion".[69] Der Begriff ist der Neueren Urkundenhypothese entlehnt, die so die Verbindung von JE (die schon vorher verknüpften J und E) und P bezeichnete. Es gibt aber deutliche Hinweise, daß diese Verbindung von nicht-P Stoffen und P-Faden längst nicht das Ende der literarischen Arbeit am Pentateuch war.[70] Im Gegenteil: Diese Verbindung erwies sich als ausgesprochen inspirierend und regte eine Fülle von weiteren Ergänzungen an. Man nennt solche Zusätze etwas paradox „nachendredaktionell".[71] Damit ist von den drei Quellen J, E und P, mit denen die Neuere Urkundenhypothese arbeitete, nur noch P übriggeblieben. Die Entstehung der nicht-P Texte kann nicht mehr mit Hilfe von Quellenschriften erklärt werden. Vielmehr wurden diese Texte sukzessive ergänzt.

5.1.2.3 Die Kritik an der Trennung zwischen Gen-Num und Dtn-II Reg und der Weg zu den Enneateuchhypothesen

Die Trennung zwischen Gen-Num und Dtn-II Reg wurde schon im Rahmen des klassischen Modells in Frage gestellt. Smend erkannte Ende der 1960er Jahre, daß es in Gen-Num dtr. beeinflußte Texte gibt (z. B. Ex 14,31 und seine Berührungen mit Dtn 3,24; 11,2; 34,12),[72] was Noth bei seiner Hypothese des DtrG von Dtn-II Reg unterschätzt hatte.[73] Diese Texte wurden von Smend mit den Anteilen der dtr. Redaktionen in Dtn-II Reg in Verbindung gebracht, auch wenn die Texte in Gen-Num viel kürzer sind als die typischen dtr. Reden in Dtn-II Reg (z. B. Dtn 4; Jos 24; I Sam 12; II Reg 17). Damit lag es auf der Hand, die Entstehung von Gen-Num und Dtn-II Reg im Zusammenhang zu sehen. Smend hielt es folglich für wahrscheinlich, daß es eine vor-priesterschriftliche dtr. Redaktion gab, die v. a. Gen 15,6; Ex 4,1.5.8 f.31; 14,31; 19,9 einbrachte und zu deren Zeit Gen-Num und Dtn-II Reg miteinander verknüpft waren.[74] Inhaltliche Überlegungen bestätigen, daß man Gen-Num, Dtn und Jos-II Reg nicht voneinander trennen darf. Eine Verheißung wie Ex 3,8aα ist erst erfüllt, wenn das Volk im Land angekommen ist, und das ist im eigentlichen Sinne erst in Jos der Fall (vgl. z. B. Jos 21,43–

69 Vgl. Schmid, Pentateuchredaktor, 183 f, wobei Schmid die Probleme des Begriffs „Endredaktion" aufzeigt.
70 Vgl.auch Blum, Studien, 361 ff; Schmid, Schriftauslegung, 13.
71 So auch Köckert, Geschichte, 128; Berner, Exoduserzählung, 2 ff.
72 Vgl. Smend, Geschichte, 244 ff; Blum, Studien, 39 f.
73 Vgl. Noth, Studien, 13.
74 Vgl. Smend, Geschichte, 244 ff; ders., Entstehung, 63; H.-C. Schmitt entwickelte Smends These zu der einer spätdtr., nach-priesterschriftlichen Redaktion weiter, die das DtrG (Dtn-II Reg) und den Tetrateuch (Gen-Num) verbunden habe (vgl. Schmitt, Geschichtswerk, 270 ff und schon ders., Prophetie, 224 ff).

45)[75]. Auch die Bedrückung des Volkes in Ägypten (z. B. Ex 2,11) ist erst wirklich zu Ende, wenn das Volk im Land eine neue Heimat gefunden hat. Genau das hat schon die ältere Forschung gesehen, wenn sie darauf bestand, daß eine J-Landnahmegeschichte verlorengegangen sei.[76] Und Sam-II Reg setzen die Landnahmegeschichte fort, indem sie erklären, warum das Volk sein Land nicht behalten durfte (z. B. II Reg 17,7 ff; 21,10 ff). Zugleich bieten gerade die Verheißungen und Bundesschlüsse aus Gen dem Volk nach dem Untergang Jerusalems (II Reg 25) eine neue Perspektive.[77] Aus diesen Gründen wird heute die Hypothese eines Großgeschichtswerks von Gen-II Reg in unterschiedlichen Modifikationen von den meisten Exegeten vertreten.[78] Die Abtrennung des Pentateuch aus diesem großen Zusammenhang und erst recht die Trennung der Einzelbücher erscheinen demgegenüber als späte Entwicklungen.[79]

5.1.2.4 Fazit: die neuen Grundannahmen der Pentateuchforschung

In der bisherigen Darstellung hat sich gezeigt, daß es in der aktuellen Pentateuchforschung deutliche Übereinstimmungen zwischen den verschiedenen Modellen gibt. Das erlaubt, neue Grundannahmen der Pentateuchforschung zu formulieren:

1) Die Priesterschrift ist die einzige Quellenschrift, deren Existenz noch angenommen werden kann, und sie spielt eine entscheidende Rolle beim Verbinden der Themen „Schöpfung", „Väter" und „Exodus" zu einer Erzählung.

---

75 Mit Römer, Väter, 358 ff.571 beziehen sich die Väter in Jos 21,43–45 nicht auf die Erzväter, sondern auf die Vorfahren in Ägypten.
76 S.o., 135. Vgl. auch die älteren Hexateuchhypothesen, z. B. Wellhausen, Composition, 61.116 ff; Kaiser, Grundriß Bd. 1, 54.
77 Vgl. Aurelius, Zukunft, 190 ff.
78 Vgl. z. B. das Exilische Geschichtswerk von Gen 2,4b-II Reg 25* bei Zenger und Weimar (vgl. Zenger, Pentateuchtexte, 176 ff). Dagegen nimmt die Mehrheit der Forschung einen ursprünglichen Zusammenhang von Ex-II Reg an, der nachträglich durch die Gen erweitert wurde (vgl. z. B. Kratz, Komposition, 221 ff; Schmid, Erzväter, 162 ff; Blum, Verbindung, 151 ff; Oswald, Staatstheorie, 121 ff; Gertz, Tora, 288 ff; Schmid, Literaturgeschichte, 158 f; Deuteronomy, 28). Anders sehen das v. a. Achenbach und Otto, nach denen es vor dem Hexateuch (Gen-Jos) in der 2. Hälfte des 5. Jh. kein umfangreiches Erzählwerk gab, sondern nur kleinere Einheiten wie die dtr. Landnahmeerzählung DtrL von Dtn-Jos (vgl. z. B. Achenbach, Vollendung, 629 ff; ders., Hexateuch, 126 ff; ders., Pentateuch, 225 ff und u., 5.1.2.5). Pakkala hat in jüngster Zeit anhand der Kultkritik vorgeschlagen, Dtn und Reg in einem engen entstehungsgeschichtlichen Zusammenhang zu sehen. Diese Werke seien erst später mit Jos-II Sam und dem Tetrateuch verbunden worden (vgl. Deuteronomy, 161 f).
79 Vgl. z. B. Kratz, Komposition, 224 f; Oswald, Staatstheorie, 219 ff; Römer, Construction, 22 f; Schmid, Literaturgeschichte, 174 ff.

2) Es muß damit gerechnet werden, daß Pentateuchtexte für ein Großgeschichtswerk Gen-II Reg verfaßt wurden und vor diesem Horizont gelesen werden
sollen.

3) Klärungsbedarf gibt es v. a. bei der Entstehung der nicht-P Texte. Hier muß
man immer wieder die Ergänzungshypothese anwenden, d. h. davon ausgehen,
daß sie sukzessive in den P-Faden eingebaut wurden. Allerdings dürften die
nicht-P Texte nicht nur kleine Fragmente gewesen sein. Hier könnte es durchaus schon größere Erzählzusammenhänge gegeben haben. Wie diese ausgesehen haben könnten, ist in der gegenwärtigen Forschung umstritten. Vor allem
eine dieser Streitfragen ist für Dtn 1–3 relevant und soll deshalb unten vorgestellt
werden.[80]

Alle diese Grundannahmen basieren auf literar- und redaktionskritischer
Arbeit. Daneben gibt es eine Reihe von Untersuchungen, die literaturwissen-
schaftlich arbeiten und so einen ganz anderen Blick auf die Texte haben (z. B.
Polzin und Taschner zum Dtn).[81] Ihre Verfasser interessiert z. B. der Wechsel der
Erzählperspektive in Dtn 1–3, d. h. ob Gott oder Mose oder ein auktorialer Erzähler
der Sprecher ist.[82] Dabei werden die Texte sehr stark als Einheit gelesen, und die
traditionellen Pentateuchhypothesen, die ja darauf beruhen, in einem Text die
unterschiedlichen Stimmen verschiedener Quellen oder Fragmente zu erkennen,
spielen kaum noch eine Rolle.[83] Bei diesem literaturwissenschaftlichen Vorgehen besteht allerdings die Gefahr, daß die theologischen und sprachlichen Differenzen und Entwicklungen in den Texten zu wenig beachtet werden. Deshalb
werden diese Positionen im folgenden eher im Hintergrund stehen.

5.1.2.5 Dtn 1–3 und die aktuelle Pentateuchforschung

Für Dtn 1–3 ist in der neuesten Pentateuchdiskussion v. a. eine Frage umstritten:
Entstand der Text als Zusatz für einen Hexateuchfaden (zuerst Ex-Jos; später
Gen-Jos), der seit der assyrischen Zeit langsam anwuchs (so z. B. Kratz, Berner),
oder war er selbst der Anfang eines eigenen Erzählwerks, nämlich der DtrL (dtr.

---

80 S.u., 5.1.2.5.

81 S. Polzin, Mose und Taschner, Mosereden. Einen Überblick über diese literaturwissenschaft-
lich orientierte Dtn-Exegese bietet Otto, HThKAT, 186 ff.

82 Allerdings kritisiert Sénéchal mit Recht, diese Suche nach Erzählperspektiven sei eher moderner Literatur angemessen als antiken Texten (vgl. Rétribution, 146, Anm. 49).

83 Vgl. z. B. Polzin, Moses, 36 ff; Lohfink, Analyse, 59 ff. Zu diesen Methoden vgl. Becker, Exegese, 44 ff. Einen Überblick über die literaturwissenschaftliche Forschung zum Dtn bietet
Taschner, Mosereden, 18 ff. Ein gutes Beispiel für eine solche Analyse von Dtn 1,6–3,29 ist Lohfink, Analyse, 59 ff.

Landnahmeerzählung Dtn-Jos; so z. B. Achenbach und Otto)[84] oder des DtrG (dtr. Geschichtswerk Dtn-II Reg; so die klassische Hypothese Noths und neuerdings Römer). Dabei geht es letztlich um die Frage, ob die Exoduserzählung von Anfang an mit der Landnahme endete. Dies ist der Fall, wenn vom Exodus am Anfang eines Hexateuchfadens die Rede war; es ist nicht der Fall, wenn mit Dtn 1–3 ein neues Geschichtswerk begann. Denn dann stünden ja die zentralen Landnahmetexte in Jos ursprünglich getrennt von der Exodusgeschichte.

Der prominenteste Vertreter der These eines Hexateuchfadens ist Kratz. Er nimmt an, ein Grundbestand der Exoduserzählung habe zu einem dünnen Erzählfaden gehört, dessen Wachstum nach dem Untergang des Nordreichs 722 v. Chr. durch die Assyrer begann.[85] In der ältesten Fassung habe dieser Faden mit der Geburt des Mose begonnen (Ex 2,1–10*) und dann von Moses Flucht nach Midian (Ex 2,11–24*), seiner Berufung (Ex 3*), dem Exodus (Ex 12,37), dem Schilfmeerdurchzug (der Grundbestand des nicht-P Fadens in Ex 13 f) und der Wüstenwanderung (Ex 15,22a; Num 20,1aβb) zunächst nach Schittim im Ostjordanland (Num 25,1a) erzählt. Dort stirbt Mose (Dtn 34,5 f) und von dort aus erfolgt in Jos zuerst die Jordanüberquerung (Jos 3,1) und dann die Landnahme des Westjordanlands (Jos 6*; 8*).[86] Dieser Faden wurde nach Kratz sukzessive bis in nachexilische Zeit aufgefüllt, z. B. mit dem Sinaiaufenthalt (zuerst Ex 16,1aα; 19,2.3a; 24,18b [Mose begegnet Gott auf einem namenlosen Berg in der Wüste Sinai und verweilt dort 40 Tage], später die Gesetze, und zwar als erstes das Bundesbuch).[87] Auch das Dtn sei nichts anderes als eine Erweiterung dieses Fadens.[88] Gegen die Mehrheit der aktuellen Forschung[89] habe das Dtn nie selbständig existiert,

---

84 In jüngster Zeit schreibt Otto die Verbindung von Dtn und Jos der Moabredaktion zu, wobei beide Bücher schon vorher dtr. überarbeitet waren (vgl. HThKAT, 244 ff). Für diese Redaktion kommt es darauf an, daß erst mit den Kindern der Exodusgeneration in Moab der Bund geschlossen wurde und sie das Gesetz erhielten. Die Exodusgeneration selbst dagegen, mit der Gott am Horeb einen Bund geschlossen hatte, mußte in der Wüste sterben.

85 Vgl. Kratz, Komposition, 294 ff.

86 Vgl. Kratz, Komposition, 289 ff und ähnlich Schmid, Literaturgeschichte, 88 ff; Gertz, Tora, 288 ff; Berner, Exoduserzählung, 430 ff. Zur Ausweitung des Hexateuchfadens zu einem Großzusammenhang Ex-II Reg und später Gen-II Reg vgl. Kratz, Komposition, 221 ff; Schmid, Literaturgeschichte, 158 ff; Gertz, Tora, 214 ff.

87 Vgl. Kratz, Komposition, 153 f.290 f.

88 Vgl. Kratz, Komposition, 154. In jüngster Zeit zieht Kratz stärker in Erwägung, eine ältere Fassung des Dtn könnte selbständig existiert haben (vgl. Headings, 45 f). Doch weist jede Fassung des Buches starke Verbindungen in den Tetrateuch und v. a. zu Reg auf, wie etwa die Zentralisationsformel zeigt (z. B. Dtn 12,14 vgl. Headings, 45 f und s. o., 5.1.1).

89 Vgl. z. B. Veijola, ATD 8/1, 2 f; Schmid, Deuteronomium, 197; Otto, Deuteronomiumstudien I, 105; Römer, Construction, 27.

sondern sei als Ergänzung des Faden gezielt geschaffen worden. Dieses Auffüllen des Exodus-Landnahmefadens habe nicht aufgehört, nachdem eine schon erweiterte Fassung des Fadens mit P verbunden worden war. So seien in Num 11 f große Textpartien nach-P hinter den Aufbruch vom Sinai Num 10,11 f eingestellt worden. Num 13 f selbst als Vorlage von Dtn 1–3 gehöre zu diesen nach-P Ergänzungen.[90]

Ein Vorteil von Kratz' Modell ist, daß es die Zwischenstellung des Dtn zwischen Gen-Num und Jos-II Reg[91] sehr gut erklären kann, weil das Dtn ja dann genau für eine solche Position geschrieben wurde. Weiter kann Kratz das disparate und vielfältige Textwachstum gut in sein Modell integrieren. Und nicht zuletzt leuchtet ein, daß so die Landverheißung Ex 3,8aα von Anfang an auf eine Erfüllung angelegt war.[92]

Probleme zeigen sich dagegen in Num. Hier erweist sich ein Großteil des Textbestandes als nach-P, wie Kratz ja selbst einräumt.[93] Läßt sich trotzdem ein alter Faden rekonstruieren, wovon Kratz ausgeht?

In dem alternativen Modell von Achenbach, Otto und Römer steht Dtn 1–3 an ungleich exponierterer Stelle. Hier wird diese Fassung der Kundschaftergeschichte zum Anfang einer ursprünglich selbständigen dtr. Landnahmeerzählung von Dtn-Jos (DtrL, so Achenbach und Otto)[94] oder gar des DtrG in der Nachfolge Noths (so Römer).[95] Neben DtrL oder DtrG habe es v. a. die von P geprägte Buchgruppe Gen-Lev gegeben.[96] Achenbach und Otto datieren Gen-Lev und DtrL exilisch oder frühnachexilisch; auch Römer hält die erste Fassung eines DtrG von

---

90 Vgl. Kratz, Komposition, 105 ff und u., 5.3.4; 5.5.
91 Vgl. Kratz, Ort, 116 ff und o., 5.1.2.
92 Vgl. ähnlich Witte, Segen, 196.
93 Vgl. Kratz, Komposition, 105 ff.301; Gertz, Tora, 292; Römer, Périphérie, 22 ff.
94 Vgl. z. B. Achenbach, Pentateuch, 225. Außerdem rechnen Lohfink, Analyse, 109 und Braulik, NEB, 11 f mit DtrL, und Lohfink hat diese Hypothese sogar erstmals 1981 vertreten (vgl. Kerygmata, 132 ff). Man kann die DtrL-Hypothesen von Braulik/Lohfink und Achenbach/Otto jedoch nicht gleichsetzen, denn Lohfinks und Brauliks DtrL stammt noch aus der Josiazeit und gehört in erster Linie zur Vorgeschichte des DtrG (vgl. Braulik, Theorien, 199; Lohfink, Kerymata, 135 ff). Braulik wehrt sich folglich gegen die Übernahme des Siglums DtrL durch Otto: „*E.Otto* hat später diese Bezeichnung okkupiert und sie zur Etikette einer exilisch-dtr Schicht umdefiniert" (Theorien, 199).
95 Vgl. Römer, Construction, 27 ff; ders., Pentateuch, 256 f. S.o., 5.1.2.1 zu Noths Hypothese. Eine ganze Reihe weiterer Dtn-Exegeten sieht Dtn 1–3 nach wie vor als Beginn des DtrG, z. B. Perlitt, Deuteronomium 1–3, 117 ff; Veijola, ATD 8/1, 3 ff. Von ihnen denkt besonders Veijola im Rahmen des Göttinger Modells (s. o., 132, Anm. 22), das er wesentlich mit entwickelt hat (vgl. Smend, Entstehung, 119 ff), und schreibt Dtn 1–3 dem ersten Redaktor des DtrG zu, dem dtr. Historiker (DtrH).
96 Vgl. Achenbach, Numeri, 124; Römer, Buch, 222 f; ders., Construction, 28 f.

Dtn-II Reg für exilisch.[97] Beide Erzählblöcke seien erst sehr spät durch die Erzählungen von der Wüstenwanderung in Num verbunden worden. Numeri wird so gewissermaßen „un livre-pont"[98], ein Brückenbuch.[99]

Die Stärke des Modells ist zweifellos, daß es gut erklären kann, wieso so viele Texte in Num jung sind.[100] Was das Dtn betrifft, überwiegen jedoch die Probleme. Charakteristisch für dieses Buch ist ja gerade die Stellung zwischen Gen-Num und Jos-II Reg. Und im Modell von Achenbach, Otto und Römer werden alle Verbindungen des Dtn nach vorne zu Gen-Num zum Problem.[101] So würde Mose als Sprecher großer Teile des Dtn nicht eingeführt und legitimiert, wenn Dtn nicht in irgendeinem Zusammenhang mit Ex stünde. Auch die These eines Erzählblocks Gen-Lev ist nicht ohne Schwierigkeiten. Denn so bliebe die Landverheißung Ex 3,8aα bis zur Verbindung mit DtrL oder DtrG ohne Erfüllung, und das Volk hätte nach dem Exodus kein neues Zuhause.

Für Dtn 1–3 ist also zu klären, ob der Text als Einschub in einen langsam wachsenden Hexateuchfaden verfaßt wurde (so Kratz) oder ob es sich um die Eröffnung einer Landnahmeerzählung (DtrL, so Achenbach und Otto) oder gar des DtrG (so Römer und schon Noth) handelt. Für eine Entscheidung zwischen diesen beiden Möglichkeiten muß man bedenken, daß fast alle Episoden in Dtn 1–3 eine Parallele in Num haben, z. B. die Kundschaftergeschichte (Dtn 1,19–46) in Num 13 f und der Sieg über Sihon von Heschbon (Dtn 2,24–36) in Num 21,21–24. Es ist die Frage, wie sich Dtn 1–3 zu diesen Num-Parallelen verhält.

Für Achenbach, Otto und Römer gilt hier grundsätzlich: Num ist ein Brückentext zwischen Gen-Lev und Dtn-Jos/II Reg. Folglich können Num-Texte nicht älter sein als Dtn 1–3. Es ist zu prüfen, ob sich diese Annahme bei den Textanalysen bewähren läßt. Hat Dtn 1–3 mit den Num-Parallelen allenfalls den Stoff gemeinsam und ist nicht von ihren jetzigen schriftlichen Fassungen abhängig, könnten

---

97 Vgl. Otto, Deuteronomium, 128 f; Achenbach, Pentateuch, 225; Römer, History, 124. Dagegen datieren Lohfink und Braulik DtrL in die Josiazeit (vgl. Lohfink, Kerygmata, 135; Braulik, NEB, 11).
98 Römer, Périphérie, 22.
99 Nach Achenbach und Otto entstammt die Grundschicht von Num der Hexateuchredaktion aus der 2. Hälfte des 5. Jh., die dabei allerdings ältere Stoffe verwertete (vgl. Achenbach, Vollendung, 629 ff; ders., Pentateuch, 225 ff; Otto, Deuteronomium, 243 f). Zur Vorgeschichte des Dtn vor der Einfügung von Dtn 1–3 in diesem Modell vgl. Otto, Deuteronomiumstudien I, 105 ff. Zur Intention von Dtn 1–3 s. Otto, Deuteronomium, 240 f; ders., Deuteronomiumstudien I, 99.107 ff.139 f.
100 Vgl. Römer, Périphérie, 22 ff.
101 Für Veijola und Perlitt, für die Dtn 1–3 ebenfalls die Eröffnung von DtrG darstellen, sind die Verbindungen von Dtn 1–3 nach vorne zu Num ein geringeres Problem als für Achenbach, Otto und Römer. Denn Perlitt und Veijola sehen Num nach wie vor entsprechend dem klassischen Modell (s. o., 5.1.2.1) und finden dort einen J-Faden (vgl. Veijola, ATD 8/1, 31 f und recht vorsichtig Perlitt, BK.AT 5/2, 89 f). Diesen habe DtrH (Veijola) oder ein älterer dtr. Autor (Perlitt) benutzt.

Dtn 1–3 tatsächlich älter sein als Num.[102] Das spräche für die These von Achenbach, Otto und Römer. Sind aber Dtn 1–3 von den jetzt vorliegenden Fassungen der Num-Texte literarisch abhängig, so müssen diese älter sein. Dieser Befund spräche gegen den Vorschlag von Achenbach, Otto und Römer. Denn – um das Bild vom „livre-pont" aufzugreifen – dann wäre die Brücke Num älter als das Ufer Dtn, das sie erreichen soll.

Ein solches Ergebnis wäre im Rahmen von Kratz' Modell besser erklärbar. Dtn 1–3 erwiesen sich so als Zusatz zu einem Hexateuchfaden, der ältere Texte aus diesem Faden umdeutet. Die entscheidende Frage lautet also: Ist Dtn 1–3 älter als die Parallelen in Num, oder ist es eine Nacherzählung der jetzt vorliegenden Num-Texte?

Zwar soll es im Rahmen dieser Arbeit über Glauben im Alten Testament v. a. darum gehen, den ältesten theologischen Beleg von אמן Hiphil Dtn 1,32 literargeschichtlich zu verorten und zu datieren. Das ist aber nicht möglich, ohne das Verhältnis von Dtn 1–3 zu Num zu klären. So werden sich Indizien ergeben, um zu entscheiden, ob Dtn 1–3 der Beginn einer ursprünglich selbständigen Landnahmegeschichte von Dtn-Jos/II Reg waren (Achenbach, Otto, Römer) oder eher ein Zusatz zu einem Hexateuchfaden (Kratz). Bevor nach den Abhängigkeiten zwischen Dtn 1–3 und Num gefragt werden kann, muß aber in einem ersten Schritt die Wachstumsgeschichte von Dtn 1–3 eruiert werden. Nur das ermöglicht außerdem, das ursprüngliche theologische Profil des Textes zu erfassen und so den Zusammenhang zu greifen, in dem wahrscheinlich das erste Mal אמן Hiphil für „Glauben" verwendet wurde.

5.1.3 Das Wachstum von Dtn 1

Dtn 1 enthält etliche Zusätze. So ist die Erzählung über die Einsetzung von Richtern (Dtn 1,9–18) eindeutig sekundär.[103] Denn dieser Bericht unterbricht den Befehl, vom Horeb aufzubrechen (Dtn 1,6–8), und dessen Durchführung (Dtn 1,19).

---

102 In diese Richtung dachten bereits Rose und van Seters, nur daß sie das Problem noch stärker literargeschichtlich zuspitzen. Ihrer Ansicht nach sind die Num-Parallelen jünger und von den Dtn-Fassungen literarisch abhängig (vgl. z. B. Rose, Deuteronomist, 323 ff; van Seters, Life, 363 ff). **103** So auch Plöger, Untersuchungen, 31 f; Braulik, NEB, 24; Rose, Deuteronomist, 231.238; ders., ZKB, 376.471 ff; Nielsen, HAT 1/6, 25; Veijola, ATD 8/1, 21 ff; Römer, History, 124, Anm. 30. Vorsichtiger Lohfink, Darstellungskunst, 16 f, Anm. 9; Perlitt, BK.AT 5/1, 58 ff; Rüterswörden, NSK.AT 4, 29. Dagegen z. B. Noth, Studien, 30 f; Preuß, EdF 164, 80; Otto, Deuteronomiumstudien I, 132; Oswald, Staatstheorie, 96. Zum Wachstum von Dtn 1,9–18 s. die Kommentare und Mittmann, Deuteronomium, z. St.

Weiter findet sich hier gehäuft die Einleitung בעת ההוא („in jener Zeit" V.9.16.18),
die in Dtn 1–3 typisch für Nachträge ist (z. B. 3,4.8.12.21.23; vgl. ferner z. B. Dtn 5,5;
9,20; Jos 5,2)[104]. Und während im Grundbestand alle Episoden an klar bestimmten Orten spielen (z. B. Dtn 1,19: Kadesch-Barnea; 2,13: am Bach Sered)[105], wird
nicht festgelegt, wo die Handlung von 1,9–18 stattfinden soll.[106] Und der Nachtrag
Dtn 1,9–18 hat ein anderes theologisches Profil als sein älterer Kontext. Denn hier
geht es um keinen Jahwebefehl (z. B. Dtn 1,6.42; 2,24*), sondern um eine Initiative
des Mose (1,9; vgl. ähnlich den sekundären 3,1).[107] Da es in Dtn 1–3* ganz entscheidend darauf ankommt, zum Gehorsam gegenüber Jahwebefehlen aufzuru-
fen, fällt Dtn 1,9–18 so theologisch aus dem Rahmen.[108]

Die Überschrift Dtn 1,1–5 wurde stark überarbeitet, wie man an den dublettenhaften Zeit- (V.3.4) und Ortsangaben (V.1.2.5a) sieht. Auch die Rede des Mose
wird mehrfach eingeleitet (V.1a.3b.5). Perlitt bringt die Lage auf den Punkt: „Das
so entstandene literarische Gebilde hat mehr Verfasser als Verse."[109]

Besonders nachtragsverdächtig sind die V.3–5. In V.3 fällt die Zeitangabe
in P-Terminologie auf (z. B. Gen 7,11; 8,13). Gegen V.1a (כל ישראל „ganz Israel")
werden die Israeliten hier als בני ישראל („Israeliten") bezeichnet. Beides zeigt,
daß V.3 ein Nachtrag ist.[110] Dtn 1,4 bezieht sich auf die nachgetragene Zeitangabe in 1,3. Doch kann das אחרי („danach, nachdem") zu Beginn von V.4 trotzdem nicht richtig an 1,3 angeschlossen werden. Außerdem liegt V.4 ganz auf der
Linie der singularischen, auf Mose bezogenen Zusätze in Dtn 1–3 (z. B. 2,24 [ab
„Arnon"]-29.31; 3,2; so auch Jos 13,21). Diese Texte und Dtn 1,4 erwähnen nur
Mose als Sieger über die beiden Könige Sihon und Og. Das Volk wird übergangen.

---

104 S.u., 165 ff. Zum *qᵉre perpetuum* in dieser Formel vgl. Joüon-Muraoka § 16 f.

105 S.u., 167.

106 Der Leser soll natürlich an den Gottesberg als Ort der Handlung denken, weil dort die Parallele Ex 18 spielt (anders Num 11). Aus diesem Grund wurde Dtn 1,9–18 vor 1,19 eingeschoben, der
den Aufbruch vom Gottesberg erzählt.

107 S.u., 170 ff.

108 S.u., 5.1.5.

109 Perlitt, Priesterschrift, 126.

110 So mit Mittmann, Deuteronomium, 12; Perlitt, BK.AT 5/1, 15 ff; Nielsen, HAT 1/6, 19 f; Veijola,
ATD 8/1, 11 f; Hardmeier, Kohärenz, 225 f; dagegen Noth, Studien, 29, Anm. 1. Zu בני ישראל als P-
Sprachgebrauch vgl. Smend, Entstehung, 49. Anders als in den typischen Zeitangaben im P-Stil
wird aber in Dtn 1,3 nicht klargemacht, von wann ab diese 40 Jahre gezählt werden (anders z. B.
Gen 7,11; Ex 16,1; 19,1; Num 1,1; 9,1; 33,38, vgl. auch Rose, Anfang, 229). Deshalb ist zu vermuten,
daß diese Angaben in P-Sprache hier imitiert werden. Weiterhin hat Perlitt gezeigt, daß es sowohl für die 40 Jahre als auch für andere Formulierungen dtr. Parallelen gibt (vgl. Priesterschrift,
126 ff). Deshalb kann man in Dtn 1,3 keinen Bestandteil eines P-Fadens wiederfinden (so aber
v. a. die ältere Forschung, z. B. Driver, ICC, 7; Steuernagel, HK 3/1, 49 und Frevel, Blick, 303 ff).

Im Grundbestand von Dtn 1–3 dagegen handeln Mose und das Volk gemeinsam (z. B. 2,33). Das Anliegen von Dtn 1,4, den singularischen Zusätzen über Mose in Dtn 1–3 sowie von Jos 13,21 ist es also, die Sonderrolle des Mose zu betonen.[111] V.5a wiederholt schließlich die Ortsangabe aus Dtn 1,1a (בעבר הירדן „jenseits des Jordans"); darauf folgt in V.5b eine erneute Redeeinleitung der Moserede (vgl. 1a.3b). Schon diese Dubletten zeigen, daß 1,5 sekundär ist.[112] Die Intention des Zusatzes zeigt sich darin, daß das Reden des Mose als Auslegen dieser Tora (באר Piel)[113] definiert wird. Mit „dieser Tora" sind nach dem Sprachgebrauch des Dtn die Gesetze dieses Buches gemeint (z. B. Dtn 4,8; 31,9). Durch 1,5 wird so klargestellt, daß Mose diese Gesetze nicht nur mitteilt, sondern zugleich erklärt, daß also das Jahwegesetz immer erklärungsbedürftig ist.[114] Darüber hinaus wäre zu fragen, inwieweit sich die Rede von „dieser Tora" hier auch auf die vorangegangene Sinaigesetzgebung bezieht. Denn nach der Darstellung des Dtn wird das dtn. Gesetz ja erst später ab Dtn 12 verkündigt, aber wenn man Dtn im Anschluß an Ex-Num liest, liegt die Sinaigesetzgebung schon vor (vgl. z. B. Dtn 5,2.5.31). Dann könnte man Dtn 1,5 so verstehen, daß das Verhältnis von Sinaigesetzgebung und dtn. Gesetz geklärt werden soll.[115] Durch Dtn 1,5 würde das dtn. Gesetz als Auslegung definiert und so der Sinaigesetzgebung untergeordnet.

Somit bleibt die Überschrift mit Ortsangabe in Dtn 1,1 f als möglicher Grundbestand. Doch sind diese beiden Verse nicht einheitlich. Denn die Ortsangabe in Dtn 1,1b.2 ist überfüllt und enthält eine Reihe von Spannungen. Offensichtlich wurden hier Ortsnamen aus dem Kontext zu einem disparaten Potpourri zusammengestellt. Dies betrifft zunächst die Orte in 1,1b. Sie werden teilweise schon in Num erwähnt (z. B. Paran in Num 10,12; 12,16b; 13,3.26), aber ergeben in dieser Kombination keine sinnvolle Lokalisierung. Weiter stört die Abfolge von במדבר („in der Wüste") und בערבה („in der Steppe") zu Beginn von 1,1b. Und nicht

---

111 Deshalb wäre zu erwägen, ob diese Texte im Zusammenhang mit Zusätzen im Tetrateuch stehen, die die besondere Würde des Mose hervorheben, z. B. Ex 19,9; 20,20, s. o., 4.4.2 und u., 325. Für Dtn 1,4 als Zusatz votieren auch Mittmann, Deuteronomium, 12 f; Perlitt, BK.AT 5/1, 17 ff; Veijola, ATD 8/1, 10 f; Hardmeier, Kohärenz, 225 f; anders Otto, Deuteronomiumstudien I, 212. Zu den singularischen Zusätzen und Dtn 2,33 s. u., 153 f.157 f.163 ff.
112 So auch Mittmann, Deuteronomium, 13 ff; Perlitt, BK.AT 5/1, 22 f; Veijola, ATD 8/1, 9 f. Dagegen Seitz, Studien, 27 ff; Nielsen, HAT 1/6, 19 f; Heckl, Vermächtnis, 68 ff.
113 So mit HALAT, 102; Weinfeld, AncB 5, 128 f; Schmid, Deuteronomium, 200, Anm. 27; Otto, Deuteronomiumstudien I, 206; gegen Mittmann, Deuteronomium, 13 ff. Zur Kritik an Mittmann vgl. auch Perlitt, BK.AT 5/1, 22. Die alternativen Vorschläge von Perlitt, BK.AT 5/1, 22 f („deutlich lehren", so auch Blum, Pentateuch, 86) und Gertz, Funktion, 116 f („deutlich darlegen") können nicht überzeugen. Zu dem ebenfalls schwierigen יאל Hiphil s. die Kommentare z.St.
114 Ähnlich Veijola, ATD 8/1, 10.
115 Vgl. auch Otto, Deuteronomiumstudien I, 207 f.

zuletzt widerspricht die Lokalisierung der Moserede nach 1,1b an einem diffusen Ort in der südlichen Wüste der Angabe in 3,29 aus dem Grundbestand von Dtn 1–3. Denn dieser Vers lokalisiert die Rede des Mose im moabitischen Gebiet, im Tal gegenüber Bet-Peor (vgl. auch 4,46; 34,6). Der Halbvers 1,1b ist folglich ein Nachtrag.[116] V.2 merkt an, vom Horeb seien es 11 Tagereisen nach Kadesch-Barnea (z. B. Dtn 1,19) auf der Straße ins Gebirge Seïr (z. B. Dtn 2,1).[117] Diese Angabe läßt sich in den jetzigen Kontext der Überschrift kaum sinnvoll integrieren. Sie nimmt die Ankunft des Volkes in Kadesch-Barnea sehr ungeschickt vorweg, die erst in Dtn 1,19 erzählt wird. Als Information über Gegebenheiten, die für den Gang der Handlung nicht relevant sind, erinnert sie an die nachgetragenen antiquarischen Notizen in Dtn 2 f (z. B. Dtn 2,10–12). Deshalb ist auch 1,2 ein Nachtrag.[118] Ursprünglich wurde also die Kundschaftererzählung nur von Dtn 1,1a eingeleitet.[119] Diese Überschrift fungierte gleichzeitig als Redeeinleitung für die folgende Rede des Mose über seine Erlebnisse mit Israel vom Horeb bis nach Bet-Peor (3,29).

Auf die Überschrift 1,1a folgte somit ursprünglich unmittelbar die Rede des Mose in 1,6 ff.[120] Auch die ersten Verse dieser Rede Dtn 1,6–8 sind stark gewachsen. Denn hier fällt auf den ersten Blick ein Widerspruch auf zwischen dem Befehl zu Beginn von 1,7a, ins Gebirge der Amoriter zu ziehen, und der Zielbeschreibung im übrigen V.7. Hier wird dem Volk ein riesiges Gebiet als Ziel genannt, das Verheißungsland vom Mittelmeer bis zum Euphrat. Auch sprachlich zeigen sich hier Spannungen. Das amoritische Gebirge wurde im *accusativus loci* angeschlossen, das große Territorium dagegen v. a. mit den Präpositionen ב und אל. Dabei ist nur die Anweisung, ins amoritische Gebirge zu ziehen, ursprünglich, da nur dies der folgenden Kundschaftergeschichte entspricht, in der es in Dtn um die verweigerte Eroberung des amoritischen Gebirges geht (Dtn 1,20).[121] Und gegen 1,1a („jenseits

---

116 So mit Steuernagel, HK 3/1, 49; Perlitt, BK.AT 5/1, 10 ff; Veijola, ATD 8/1, 12 f; Hardmeier, Kohärenz, 225 f. Etwas anders Mittmann, Deuteronomium, 8 ff. Zu 3,29 und der Lage von Bet-Peor s. u.,167 und 162, Anm. 164.
117 Gegen Mittmann, Deuteronomium, 11, gibt es keine Indizien, daß 1,2b innerhalb von 1,2 nochmal sekundär ist. So auch Perlitt, BK.AT 5/1, 14.
118 So auch Steuernagel, HK 3/1, 49; Perlitt, BK.AT 5/1, 14 f; Veijola, ATD 8/1, 14 f. Die Intention dieses Zusatzes hat Perlitt erkannt. Der Nachtrag soll klarstellen, daß der Horeb nichts mit Seïr und dem edomitischen Gebiet zu tun hat (vgl. Perlitt, Sinai, 42). Dieses Vermeiden aller Bezüge zu Edom führt schon in der Grundschicht von Dtn 1–3* dazu, daß man den Gottesberg Horeb statt Sinai nennt (vgl. Perlitt, Sinai, 39 ff).
119 So auch Kratz, Headings, 35.
120 Vgl. auch Rose, Anfang, 231, der aus literaturwissenschaftlicher Perspektive den engen Zusammenhang von V.1 und V.6 beobachtet.
121 So auch Mittmann, Deuteronomium, 18; Perlitt, BK.AT 5/1, 36 f; Veijola, ATD 8/1, 16 ff; Otto, Deuteronomiumstudien I, 129; ders. HThKAT, 333.

des Jordan") setzt die nachgetragene Grenzbeschreibung von 1,7 eindeutig einen Zug ins Westjordanland voraus. Denn wie sonst sollte das Volk den Negev, die Schephela oder die Küste des Meeres erreichen? Außerdem zeigt die merkwürdige Rede von den Nachbarvölkern (שכניו)[122] in der Araba, dem Gebirge und dem Negev mit Veijola einen Wechsel der Perspektive. Während es vorher allein um eine Landschaft ging, eben das Amoritergebirge, spielen plötzlich die Bewohner der Landschaften eine Rolle.[123]

Diese ausführliche Ortsangabe in Dtn 1,7 wurde ergänzt, um Dtn 1–3* und Num 13 f miteinander zu harmonieren. Denn in Num 13 f geht es von Anfang an eindeutig um die Landnahme des Verheißungslands Kanaan (Num 13,2a).[124]

In Dtn 1–3* ist dagegen auf den ersten Blick die Landnahme des Gebirges der Amoriter oder des amoritischen Gebirges Thema. Dieses Gebiet ist kaum sicher zu lokalisieren.[125] Von der Sihon-Episode her kann man an eine ostjordanische Gegend denken (Dtn 2,24ff*[126]; Num 21,21–24; Jos 12,1–3), weil diese Episode klar östlich des Jordans spielt, und weil Sihon oft mit den Amoritern in Verbindung gebracht wird. Er ist geradezu das Paradebeispiel eines Amoriterkönigs (z. B. Num 21,21; Dtn 4,46; 31,4; Jos 2,10; 12,2; Jdc 11,19; Ps 135,11; 136,19). Da Num 21,21–24a*[127] und Jos 12,1–3 im Ostjordanland lokalisiert sind und in Dtn 1–3* als Vorbilder verwendet wurden, sollte der Anschein erweckt werden, es ginge um ein

---

122 Dabei bezieht sich das Suffix wahrscheinlich auf die Amoriter im Sinne eines kollektiven Singulars, nicht auf das Gebirge. Denn die Nachbarvölker sind genauso wie die Amoriter eine Menschengruppe, und so würde in dem gesamten Zusatz auf der Ebene von Ethnien gedacht. So auch Veijola, ATD 8/1, 20.
123 Vgl. Veijola, ATD 8/1, 20; Kratz, Ort, 105. Auch Achenbach, Landnahme, 62 rechnet mit einem solchen Grundbestand Dtn 1,1a.6.7*(bis האמרי „der Amoriter"). Allerdings wird nicht ganz klar, wie Achenbach V.8 einordnet.
124 S.u., 5.2.1. Zum Wachstum des Nachtrags in Dtn 1,7 s. Mittmann, Deuteronomium, 18 f.
125 Zur Offenheit des Terminus „Amoriter" s. Perlitt, BK.AT 5/1, 42 f; Achenbach, Landnahme, 62.
126 S.u., 5.1.4.
127 Num 21,21–24 enthält ein paar Zusätze. Am auffälligsten ist der Numeruswechsel in der Botenrede V.22. Die Rede beginnt in der 1.com.*sing.* („ich will dein Gebiet durchqueren"), wird dann aber in der 1.com.*plur.* fortgesetzt (zu den Nivellierungsversuchen der Versionen, v. a. des Samaritanus vgl. App BHS und Seebass, BK.AT 4/2, 346 f). Nur die singularische Rede aus Num 21,22 wird im folgenden Vers vorausgesetzt, wo es heißt: „Aber Sihon erlaubte nicht, daß Israel sein Gebiet durchquerte." Dagegen liefern die Pluralanteile von V.22 überflüssige Details zur Art des Durchzugs. Deshalb ist in V.22 nur die Rede in der 1.com.sing. ursprünglich, das sind die ersten beiden Worte des Verses. In V.24 sind die Grenzangaben in der zweiten Vershälfte nachgetragen (so mit Wüst, Untersuchungen, 10 f; Levin, Jahwist, 380; Kratz, Komposition, 291).

nicht näher definierbares Gebiet östlich des Jordans.[128] Und nur wenn das amoritische Gebirge irgendwo im Ostjordanland ist, liegt das auf der Linie von 1,1a. Dieser verortet nämlich das ganze Dtn „jenseits des Jordans".

Allerdings fungiert das Gebirge der Amoriter darüber hinaus in Dtn 1* als Chiffre für das Westjordanland. Das erkennt man daran, wie in der Kundschaftergeschichte ab V.19 von dieser Region geredet wird. Sie wird dreimal in der Grundschicht als הארץ („das Land") bezeichnet (1,22abα.25.35*). Und an den jeweiligen Stellen ist klar das ganze verheißene Land Thema, also hauptsächlich das Westjordanland: Das Volk will etwas über das ganze Land wissen (1,22abα), die Kundschafter berichten über das ganze Land (1,25), und zur Strafe dürfen die Murrer das ganze verheißene Land nicht sehen (1,35*).[129] Zu bedenken ist ferner, daß gelegentlich auch Amoriter westlich des Jordans erwähnt werden (z. B. Jos 5,1; 7,7; 10,5 f). Damit hat die Rede vom Gebirge der Amoriter in Dtn 1* eine doppelte Funktion. Auf der einen Seite soll der explizite Bezug auf das Westjordanland verschleiert werden, um Dtn 1,1a („jenseits des Jordans") gerecht zu werden. Auf der anderen Seite soll aber durchscheinen, daß es eigentlich doch um das verheißene Land v. a. westlich des Jordans geht.[130]

---

128 Dafür spricht, daß Num 21,21–24a* (s. o., 151, Anm. 127) und Jos 12,1–3 nichts von einer Beteiligung des Mose an der Schlacht gegen Sihon von Heschbon wissen. Dort besiegt allein Israel den König. Da der Krieg dort noch nicht als Jahwekrieg dargestellt ist, dürften diese Texte die ältesten Fassungen der Überlieferung von dem Sieg sein (so auch z. B. Perlitt, BK.AT 5/3, 200 f; Veijola, ATD 8/1, 57; Rüterswörden, NSK.AT 4, 38; anders Albertz, Buch, 177 f). Die Anspielungen auf jüngere Zusätze von Dtn 2, nämlich die Modalitäten eines friedlichen Durchzugs, in den pluralischen Anteilen von Num 21,22 sind sekundär (s. o., 151, Anm. 127). Zur Möglichkeit, Num 21,21–24a* in einen alten Hexateuchfaden im Sinne Kratz' einzuordnen s. u., 220 f, Anm. 416.421. Otto, Deuteronomiumstudien I, 184 und Achenbach, Vollendung, 358 ff rechnen damit, die Autoren von Dtn 1–3* kennten eine ältere, nicht erhaltene Fassung von Num 21,21–24a*. Achenbach will das damit belegen, daß Dtn 2,27 f anders formuliert seien als Num 21,21 (vgl. Vollendung, 360 f). Doch sind Dtn 2,27 f sekundär (s. u., 163 f). Die ursprünglichen Dtn 2,30a.32 ähneln dagegen sehr Num 21,23, sind also wohl von Num 21,23 abhängig. Daß in Dtn 2,30a אבה („wollen") anstelle von נתן („erlauben") steht, ist eine Angleichung an Dtn 1,26 und entspricht der Intention von Dtn 1–3* (s. u., 5.1.5). Außerdem hat der Verfasser von Dtn 1–3* Num 21,23 etwas gekürzt und vereinfacht. Dagegen sind Num 21,13–15.25.31; 32,29 wohl jünger als Dtn 1 f*, vgl. Achenbach, Vollendung, z.St. und u., 169, Anm. 198. Daß die Verfasser von Num 21,13–15 die vorliegenden Dtn 1–3* ausgewertet haben, erkennt man daran, daß alle Ortsnamen des Grundbestandes außer Bet-Peor dort auftauchen: das amoritische Gebiet, der Arnon und der Bach Sered. Zur Bedeutung des amoritischen Gebirges vgl. außerdem u., 202 ff.
129 Zum Wachstum dieser Verse und zu ihrer Zugehörigkeit zum Grundbestand s. u., 154 ff.
130 Ähnlich Perlitt, BK.AT 5/1, 43. Noth und Veijola übersehen diese Doppelstrategie, wenn sie das Gebirge der Amoriter in Dtn 1* einfach mit dem Westjordanland oder sogar einem noch größeren Verheißungsland bis zum Euphrat gleichsetzen (vgl. Noth, Studien, 29 f; Veijola, ATD

Folglich kann man Dtn 1–3* auf zwei Weisen lesen. Man kann von einer ostjordanischen Geschichte ausgehen. Dann nimmt man an, daß Jahwe dem Volk auch Land östlich des Jordans geben wollte, nämlich das ostjordanische Amoritergebirge (1,7*.20). Aber weil das Volk ungehorsam war, konnte es von dieser Gabe nicht profitieren und wurde erst westlich des Jordans seßhaft. Auf diese Weise erreicht der Verfasser von Dtn 1* eine gute Abstimmung mit dem folgenden Buch Jos: Dtn spielt im Ostjordanland. Dort wurde kein Land erobert, sondern eine Gesetzespredigt gehört (3,29; 4,44–46). Die zentrale Figur ist der Gesetzesprediger Mose. In Jos 1 beginnt dagegen mit der Vorbereitung zur Jordanüberquerung die Geschichte der Eroberungen. Jetzt steht der Feldherr Josua im Zentrum. Dem entspricht, daß zu Beginn von Jos in 1,2 ein ähnlicher Befehl zur Ortsveränderung steht wie Dtn 1,6.7*(bis „Amoriter"). Und in Jos 1,2 geht es um die Jordanüberschreitung als Beginn einer neuen Epoche.[131]

Auf der anderen Seite kann man Dtn 1* als eine Geschichte über das Westjordanland lesen. Dann geht es darum, daß das Volk mit dem verheißenen Land Jahwes entscheidende Gabe verschmäht. Und nur im Rahmen dieser Leseweise wird klar, wie verwerflich der Ungehorsam des Volkes ist. Er betrifft nicht irgendeine ostjordanische Region, sondern das Land, durch das Jahwe sein Volk versorgen will. So macht der Verfasser von Dtn 1* klar, daß Ungehorsam bedeutet, sich grundlos der Fürsorge Jahwes zu verweigern. Und das ist neben der klaren Abgrenzung von Dtn und Jos das zweite zentrale Anliegen für den Verfasser von Dtn 1*.[132] Folglich ist für ihn zwingend erforderlich, daß man Dtn 1* auf doppelte Weise lesen kann, als Text über das Ost- oder über das Westjordanland. Dtn 1* soll diesbezüglich changieren.

Dtn 1,8 liegt auf der Linie der Zusätze in Dtn 1,7. Auch hier fordert Gott explizit auf, das ganze Verheißungsland in Besitz zu nehmen, wie er es Abraham, Isaak und Jakob geschworen hat, also (auch) das Westjordanland. Damit wird das bewußte Changieren des Grundbestands zwischen Ost- und Westjordanland als erkundetem Gebiet aufgegeben. Abgesehen von diesem Widerspruch zu 1,7* fällt

---

8/1, 18). Aber so können sie nicht erklären, wieso im Text nicht durchgehend הארץ steht. Auch in dem jüngeren Dtn 9,23 wird die Doppelstrategie nicht mehr berücksichtigt. Hier wird das Land wie in Dtn 1,22abα.25.35* und Num 13 f einfach als הארץ bezeichnet, und das Gebirge der Amoriter als Deckbegriff spielt keine Rolle mehr. Zu Dtn 9,22 f als jüngerer Kommentierung von Dtn 1–3 und von den Murrgeschichten in Num 11 s. o., 103, Anm. 109 und u., 216 f.

131 Auch Veijola, ATD 8/1, 18 erkennt, daß Dtn 1–3* und Jos zwei Geschichtsepochen darstellen sollen, selbst wenn er diese anders beschreibt. Nach Veijola soll es in Dtn 1–3* um die Eroberung des Ostjordanlands gehen, in Jos um die Eroberung des Westjordanlands. Doch bemerkt Veijola nicht, daß im Grundbestand von Dtn 1–3 gar keine Eroberungen erzählt werden (s. u., 5.1.4 f).

132 Zu diesen theologischen Anliegen s. auch u., 5.1.5; 5.3.1.

auf, daß in der Beschreibung des Vätereids in V.8bβ Jahwe in der Jahwerede in dritter Person steht. Das kommt im Grundbestand von Dtn 1–3 sonst nicht vor. Ungewöhnlich ist weiter der Anfang von V.8 mit einem Imperativ 2.masc.sing. von ראה („Sieh!"). Dieser singularische Imperativ könnte zwar eine erstarrte Form sein,[133] ist aber sonst nur in singularischen Zusätzen belegt (Dtn 1,21; 2,24; 2,31; 3,27)[134]. Und nicht zuletzt sind Anspielungen auf die Erzväter auch sonst in Dtn 1–3 Zusätze (s. Dtn 2,4f.8a.9b).[135] Folglich ist Dtn 1,8 sekundär.[136] Und wie in den Nachträgen in 1,7 geht es auch hier darum, Dtn 1–3 und Num 13f aneinander anzugleichen, indem Dtn 1–3 eindeutig zu einem Eroberungsversuch des Westjordanlands umgestaltet wurde.

In Dtn 1,19 beginnt nun die Kundschaftergeschichte im eigentlichen Sinne. Bis zum Beginn von Jahwes Strafrede in V.35 hat dieser Text nur wenige, punktuelle Zusätze erhalten.[137] In Übereinstimmung mit der Mehrheit der Forschung sind V.21.24b nachgetragen. Dabei ist V.21 der erste der charakteristischen singularischen Zusätze in Dtn 1–3 (vgl. z.B. auch Dtn 2,24[ab „Arnon"]-29; ähnlich 1,4). In 1,24b ist das Nachtragsindiz ein Suffix in der 3.fem.sing., für das im Text kein Bezugswort steht.[138] Ebenfalls ein Zusatz ist Dtn 1,22bβγ, weil sich diese zwei

---

133 Vgl. Steuernagel, HK 3/1, 51; BHQ, 49*.

134 S.u., 5.1.4.

135 S.u., 5.1.4. Vgl. auch Rüterswörden, NSK.AT 4, 36. Dtn 1,8 spielt eine wichtige Rolle in Römers Dissertation über die dtr. Verweise auf die Väter. Römer hat erkannt, daß sich die Rede von den Vätern in aller Regel auf die Generation in Ägypten bezieht, nicht auf die Erzväter. Die ausdrückliche Nennung der Vätertrias Abraham, Isaak und Jakob gehört laut Römer in eine jüngere Schicht (vgl. Römer, Väter, 568ff; darauf aufbauend Schmid, Pentateuchredaktor, 185f). Für Dtn 1,8 nimmt Römer an, die Namen der drei Erzväter seien hier nachgetragen (vgl. Väter, 200f; dagegen Lohfink, Väter, 28f). Wenn Dtn 1,8 insgesamt ein Nachtrag ist, spricht das nicht gegen Römers These zur Deutung der Väterverweise.

136 So auch Mittmann, Deuteronomium, 19f; Kratz, Ort, 105. Siehe Mittmann, Deuteronomium, 19f zum internen Wachstum von Dtn 1,8. Dagegen rechnen Veijola, ATD 8/1, 16ff und Otto, HThKAT, 333 Dtn 1,8a zur Grundschicht, weil, so Otto, nur in V.8b ein Sprecherwechsel vorliege. Nach Perlitt, BK.AT 5/1, 35ff und Rüterswörden, NSK.AT 4, 26 ist V.8 sogar ganz ursprünglich.

137 Gegen Otto, Deuteronomium, 19; ders., Deuteronomiumstudien I, 137; Perlitt, BK.AT 5/2, 92ff; Kratz, Ort, 105; Rose, ZBK.AT 5, 376f; Achenbach, Landnahme, 62ff; Rüterswörden, NSK.AT 4, 30 ist Dtn 1,19 einheitlich, weil kein sprachlicher Bruch vorliegt (so auch Schmidt, Kundschaftererzählung, 51; Veijola, ATD 8/1, 34). Achenbach, Otto und Rüterswörden nehmen hauptsächlich Anstoß an der Lokalisierung der Erzählung in Kadesch-Barnea. Dies widerspräche v.a. der Lokalisierung des Gebirges der Amoriter. Dieses Gebirge kann jedoch gar nicht genau verortet werden (s.o., 151ff), und folglich ist das keine Grundlage für literarkritische Operationen.

138 So mit Noth, Studien, 31, Anm. 2; Boorer, Promise, 317; Perlitt, BK.AT 5/2, 95f.99; Nielsen, HAT 1/6, 28f; Veijola, ATD 8/1, 34ff; Kratz, Ort, 105; Rüterswörden, NSK.AT 4, 30; BHQ, 51*; dagegen van Seters, Life, 371; Rose, ZBK.AT 5, 478; Otto, Deuteronomium, 20f; Achenbach, Land-

Akkusative mit je einem Relativsatz syntaktisch nicht einordnen lassen. Denn das vorangehende Verb שוב Hiphil („bringen") hat bereits דבר („Wort", „Nachricht") als Akkusativobjekt, und die beiden weiteren Akkusative werden zu diesem ersten Objekt nicht in Beziehung gesetzt.[139] Vorbild für diese Präzisierung des Kundschafterauftrags in 1,22bβγ ist Num 13,19, so daß hier eine nachträgliche Angleichung an den viel umfangreicheren Kundschafterauftrag Num 13,17–20 vorliegt. Außerdem wird so der ebenfalls nachgetragene Dtn 1,28 vorbereitet.[140] Denn in Dtn 1,28 wird von befestigten Städten berichtet, und Dtn 1,22bγ bereitet das durch die Frage nach Städten vor.

Anders als in Num 13,27–29 ist der Bericht der Kundschafter im Grundbestand von Dtn positiv ohne Wenn und Aber (Dtn 1,25).[141] Umso mehr überrascht die folgende Reaktion des Volkes: „Aber ihr wolltet nicht hinaufgehen, und ihr wart widerspenstig (מרה Hiphil) gegen den Befehl Jahwes, eures Gottes" (1,26 vgl. 2,30a). Das Volk murrt und unterstellt Jahwe in blasphemischer Weise (vgl. z. B. Ex 32,12), er habe es nur aus Ägypten herausgeführt, um es den Amoritern zur Ausrottung auszuliefern (Dtn 1,27).

Dabei kommt es in der Dtn-Fassung der Kundschaftergeschichte entscheidend darauf an, daß der Widerstand gegen Gott vollkommen unerklärlich und willkürlich ist. Er hat keine Grundlage in einem Bericht der Kundschafter, sondern das Volk kommt unabhängig davon auf die Idee, daß es in einem guten Land starke Einwohner geben muß, die es vernichten werden.

---

nahme 64 ff. Die grundsätzliche Bedeutung des Numeruswechsels als literarkritisches Kriterium im Dtn-Rahmen behandeln Steuernagel, HK 3/1, 50; Preuß, EdF 164, 83; Veijola, Principal Observations, 23 ff. Achenbach sieht seinerseits in 1,23b einen Zusatz, der jedoch bruchlos im Text verankert sei (ähnlich Otto, Deuteronomiumstudien I, 138 f). Doch hat Achenbach dafür keine Argumente, außer daß die Vorstellung von 12 Stämmen jung sei. Folglich argumentiert er zirkulär. Er hält einen Text für sekundär, der seine vorausgesetzte Datierung stört (vgl. auch Berners Kritik an Otto, s. Exoduserzählung, 3). Anstelle dessen ist aus der Erwähnung der 12 Stämme die Konsequenz zu ziehen, daß Dtn 1–3* ein später Text ist (s. u., 5.5).
139 So auch Veijola, ATD 8/1, 35; Kratz, Ort, 105. Perlitt, BK.AT 5/2, 97 f erwägt diese Möglichkeit. In Dtn 1,25 fehlen die drei Worte וישבו אתנו דבר („und sie brachten uns Nachricht") in der LXX außer in der lukianischen Rezension und in der Vulgata (vgl. App. BHS). Mit Achenbach, Landnahme, 67 f ist dies jedoch kein Indiz für eine ältere hebräische Textfassung ohne diesen Satz. Es handelt sich vielmehr um eine Kürzung der LXX. Anders Nielsen, HAT 1/6, 29.
140 S. u., 156.
141 Schon im Grundbestand von Num 13 f spielt ein böses Gerede eine entscheidende Rolle, das die Kundschafter über das Land verbreiten (13,32abα s. u., 182 und 176, Anm. 225). Später wurde dies sukzessive zu einem positiven Votum über das Land mit der Schattenseite der starken Landesbewohner korrigiert (Num 13,27–29). Zum Wachstum von Num 13,27 ff s. u., 5.2.1; v. a. 182, Anm. 253.

Dagegen ist das Murren in Dtn 1,28 nachgetragen. Denn in diesem Vers jammert das Volk, die Kundschafter hätten sein Herz zerfließen machen (מסס Hiphil) durch Berichte von großen und starken Landesbewohnern und ihren großen, extrem befestigten Städten. Diese Unterstellung widerspricht dem uneingeschränkt positiven Votum in Dtn 1,25. Außerdem kommt es gegenüber 1,27 zu einem terminologischen Wechsel. Während in 1,27 von האמרי („die Amoriter") die Rede ist, heißt es hier עם („ein Volk").[142]

Mose reagiert auf die Vorwürfe des Volkes mit einer beruhigenden Ansprache (Dtn 1,29–31). Hier ist V.31a ab ובמדבר („und in der Wüste") ein Zusatz in der 2.masc.sing; V.31b gehört zum Grundbestand.[143] Gegen den Vorwurf des Volkes, Jahwe habe es aus Haß aus Ägypten herausgeführt (1,27), setzt Mose die Erinnerung an Jahwes Taten in Ägypten und in der Wüste. Jahwe werde genauso zukünftig vor dem Volk herziehen und für es kämpfen (V.31f*). Durch die Stichworte מצרים („Ägypten"), מדבר („Wüste") und לחם Niphal („kämpfen") knüpft Mose dabei an die Vorwürfe in 1,27 an. Er widerlegt 1,27 in allen Einzelheiten: Jahwe hat sein Volk nicht aus Haß aus *Ägypten* geführt, und er will es nicht Fremdvölkern preisgeben, weil er seit *Ägypten* für dieses Volk *gekämpft* und sich in der *Wüste* für

---

142 So auch Perlitt, BK.AT 5/2, 105; Achenbach, Landnahme, 69 f. Dagegen van Seters, Life, 371; Veijola, ATD 8/1, 37 f; Schmidt, Kundschaftererzählung, 52 f; Otto, Deuteronomiumstudien I, 138. מסס steht nur hier im Alten Testament im Hiphil. Das Verb dürfte aus Jos 2,11; 5,1 übernommen worden sein. Dort bezeichnet es die Panik der Völker vor Jahwes Macht (vgl. auch Jes 13,7; Ez 21,12). Weil die Völker aus Angst vor Jahwe handlungsunfähig werden, ist klar, daß Israel überhaupt nicht an Jahwe glaubt, wenn es seinerseits in Angst vor den Völkern zerfließt (vgl. ähnlich Lohfink, Darstellungskunst, 20). Innerhalb von Dtn 1,28 dürfte die zweite Vershälfte 28b noch einmal nachgetragen sein (mit Perlitt, BK.AT 5/2, 107; gegen Schmidt, Kundschaftererzählung, 52; Veijola, ATD 8/1, 37 f). Denn hier fällt zum einen der Anschluß mit וגם auf, zum anderen wird nur hier ein anderer Text nahezu zitiert, nämlich Num 13,28bβ. Weiter wird durch die Anakiter nachträglich konkretisiert, was „hochgewachsener als wir" in 1,28a bedeutet: Riesen! Gegen Veijola und Schmidt kann die Aussage in 1,28a ohne das Verb aus 1,28b stehen. Es handelt sich dann um zwei Nominalsätze mit ausgelassenem Subjektpronomen „sie" (vgl. Joüon-Muraoka § 154 c) oder um eine Aufzählung des Gesehenen (so Perlitt, BK.AT 5/2, 81 f). Dtn 1,28 insgesamt könnte wiederum die antiquarischen Notizen 2,10.21 augelöst haben, wo ebenfalls die Stichworte רם („hochgewachsen"), גדול („groß"), עם („Volk") und „Anakiter" erscheinen.
143 So auch Perlitt, BK.AT 5/1, 109 f; Schmidt, Kundschaftererzählung, 53; Veijola, ATD 8/1, 38 f. Perlitt entdeckt richtig einen mit dem Nachtrag in 1,31 verwandten singularischen Zusatz in Dtn 2,7 (BK.AT 5/2, 146). Noth, Studien, 31, Anm. 2; Nielsen, HAT 1/6, 29 und Rüterswörden, NSK.AT 4, 30 halten dagegen den ganzen V.31a für einen Nachtrag. Aber ohne das „und in der Wüste" aus V.31a fehlt der Ansatzpunkt für die zweite Vershälfte V.31b.

es eingesetzt hat. Das wird er auch weiterhin tun.[144] Das Suffix der 3.masc.plur. in V.29 bezieht sich auf die Amoriter in V.27, so daß hier der Zusatz 1,28 nicht vorausgesetzt wird. Ähnlich wie in 1,44 wird hier eine *constructio ad sensum* verwendet, und deshalb steht das Suffix für die Amoriter im Plural.[145] Folglich gehören 1,29–31* zum Grundbestand von Dtn 1, ebenso wie das Ergebnis in Dtn 1,32: Das Volk glaubt trotz der Rede nicht an Jahwe.[146] Dagegen ist in der Forschung schon lange erkannt worden, daß 1,33 sekundär ist.[147]

Weil das Volk trotz der Rede des Mose nicht glaubt, ist sein Schicksal besiegelt. Nun reagiert Jahwe zornig auf Widerspenstigkeit (V.26), Blasphemie (V.27) und Unglauben des Volkes (V.32).[148] Er schwört, daß diese Männer nicht ins Land kommen würden (V.35–40).

Die entsprechende Rede Jahwes (V.35–40) wurde stark überarbeitet. Dabei wurden hauptsächlich Ausnahmen für Josua und Kaleb nachgetragen (V.36.38) sowie die Klarstellung, daß Mose selbst nicht in das Land kommen wird (V.37 vgl.

---

144 Ähnlich Schmidt, Kundschaftererzählung, 53. Im folgenden Kontext beweist Jahwe tatkräftig, daß er weiter für Israel gegen Fremdvölker kämpft, indem er Sihon von Heschbon dem Volk in die Hand gibt (2,33).
145 Auch 1,44 gehört zum Grundbestand, s. u., 160.
146 Das Hören Jahwes in Dtn 1,34 bezieht sich auf V.32, da sich der Unglaube des Volkes durch Reden geäußert haben muß, auch wenn diese nicht referiert werden. Für die Ursprünglichkeit von Dtn 1,29–32* votieren auch Schmidt, Kundschaftererzählung, 52 f und Veijola, ATD 8/1, 38 f. Gegen Perlitt, BK.AT 5/2, 107 ff; van Seters, Life, 371 f (mindestens V.30b–33 als sekundär); Otto, Deuteronomium, 21 f; ders., Deuteronomiumstudien I, 140 f; ders., HThKAT, 379; Achenbach, Landnahme, 68 f; Kratz, Ort, 105; Rüterswörden, NSK.AT 4, 31; Oswald, Staatstheorie, 96.
147 So z. B. mit Steuernagel, HK 3/1, 54; Noth, Studien, 31, Anm. 2; Plöger, Untersuchungen, 42; Perlitt, BK.AT 5/2, 111 ff; Nielsen, HAT 1/6, 29; Veijola, ATD 8/1, 38 f; anders Rose, ZBK.AT 5, 483. Denn diese verwickelte Partizipialkonstruktion klappt nach V.32 deutlich nach. Sie gehört eigentlich noch in die Moserede V.29–31*. Obwohl Perlitt hier wegen der ungeschickten Formulierung von einer „Brockensammlung" (BK.AT 5/2, 111) spricht, kombiniert der Verfasser sehr originell die Kundschaftererzählungen Num 13 f und Dtn 1–3 mit der Vorstellung, daß Jahwe als Feuer und Wolke vor seinem Volk herzieht (vgl. Ex 13,21; Num 14,14). So erscheint Jahwe als der eigentliche Kundschafter (vgl. das Stichwort תור aus Num 13,2.16 f.21.25.32; 14,6 f.34.36.38). Die Einsetzung menschlicher Kundschafter ist folglich ein Akt des Mißtrauens und des Unglaubens ihm gegenüber (ähnlich Veijola, ATD 8/1, 39). Auf diese Weise wird das dtr. Argument gegen das Königtum, durch einen menschlichen König werde der eigentliche König Jahwe verworfen (z. B. Jdc 8,22 f; I Sam 8,7), auf die Kundschafter angewandt. Gegen Achenbach, Landnahme, 72 f ist es aufgrund dieser sehr eigenen Theologie von Dtn 1,33 unplausibel, daß der Vers aus der gleichen Hand wie 1,29–32* stammt.
148 Gegen Perlitt, BK.AT 5/2, 114 schließt Dtn 1,34 trotz des Stichworts „eure Worte" nicht unmittelbar an V.27 an, sondern an V.32. Denn obwohl hier keine Antwort der ungläubigen Israeliten zitiert wird, müssen sie ihren Unglauben in irgendwelchen Worten artikuliert haben. Diese hörte wiederum Jahwe (V.34).

Dtn 3,23–28).[149] V.37 über Mose erweist sich schon durch den Anschluß mit וגם
und die dublettenhafte Erwähnung des Zornes Jahwes als Zusatz. Außerdem paßt
Jahwes Zürnen gegen Mose nicht zu dessen Verhalten in Dtn 1*. Mose hatte dort
schließlich unermüdlich um den Glauben des Volkes geworben (1,29–31*). Hier
wird offensichtlich ein Ausgleich vollzogen mit bereits vorliegenden Texten über
den Tod des Mose vor der Landnahme (Dtn 31,1.2a.7 f; 34,5 f).[150] Weil Mose selbst
kein Fehlverhalten vorgeworfen werden kann, muß er als Verantwortlicher für
das Volk dessen Schuld tragen.[151]

Was Josua und Kaleb betrifft (V.36.38) fehlt in Dtn 1–3 jede Begründung,
warum Kaleb und Josua überleben sollen (anders Num 13,30, 14,6–9). Sie werden
in Dtn 1–3 sonst weder eingeführt noch erwähnt, und das spricht dafür, daß diese
Verse sekundär sind. Außerdem fällt auf, daß V.38 über Josua in der 2.masc.sing.
abgefaßt ist und so den singularischen Zusätzen an Mose gleicht (z. B. Dtn 2,24[ab
„Arnon"]-29). Bezüglich Kaleb geht es hier um eine Anpassung an Num 13 f. Das
wird schon daran deutlich, daß die Bewahrung des Kaleb mit dessen Loyalität zu Jahwe begründet wird. Und die hatte er in Num 13,30 bewiesen (vgl. z. B.
Num 14,24; 32,11 f; Jos 14,14).[152] Der Vers über Josua begründet dessen Verscho-

---

149 So mit Steuernagel, HK 3/1, 54 f; Perlitt, BK.AT 5/2, 116 f; van Seters, Life, 372; Nielsen, HAT
1/6, 29; Veijola, ATD 8/1, 46 f; Otto, Deuteronomium, 22 f; ders., Deuteronomiumstudien I, 142 ff;
Sénéchal, Rétribution, 147 ff. Anders Lohfink, Darstellungskunst, 16 f, Anm. 9.13.
150 Zur dtr. Grundschicht von Dtn 31 s. Gertz, Funktion, 109; zur ältesten Fassung von Dtn 34
vgl. Kratz, Komposition, 129 f. Dabei läßt sich beobachten, wie die Ursache, warum Mose nicht
mit ins Land kommt, immer stärker theologisch aufgeladen wurde. Im ältesten Text Num 25,1a;
Dtn 34,5 f (so mit Kratz, Komposition, 301 ff) wird das gar nicht begründet. Die früheste Begründung steht in Dtn 31,2a und lautet: hohes Alter. In einem nächsten Reflexionsschritt mußte Mose
wie der Wächter in Ez 3; 33 die Schuld des Volkes tragen (ähnlich Braulik, NEB, 28; Nihan, Mort,
165; etwas anders Lohfink, Analyse, 104 f; Sénéchal, Rétribution, 151 f; vgl. Pohlmann, ATD 22/1,
68 ff zu diesem Motiv in Ez; weitere Parallelen nennt Achenbach, Landnahme, 74). Auf diese
Stufe gehören Dtn 1,37; 3,26 (zu diesem Zusatz in Dtn 1–3 s. u., 165 ff); 4,21. Erst in noch jüngeren
Texten geht es um eine eigene Schuld des Mose, um seine Widerspenstigkeit, seinen Unglauben
und darum, daß er Jahwe nicht geheiligt hat (Num 20,12; 27,14; Dtn 32,51). Den Endpunkt der
Entwicklung dürfte Dtn 34,7 bilden. Hier wird Mose wieder entlastet. Sein Tod mit 120 Jahren
entspricht der Begrenzung des menschlichen Lebens nach Gen 6,3, hat also nichts mit Verschulden zu tun, sondern ist gewissermaßen ein natürliches Ende (vgl. Schmid, Pentateuchredaktor,
192 ff; Frevel, Abschied, 223).
151 Ähnlich Perlitt, BK.AT 5/2, 119 f; Veijola, ATD 8/1, 41; Achenbach, Landnahme, 73 f.
152 In den möglicherweise älteren Texten über Kaleb (Jos 15,13–15; Jdc 1,12–15) erscheint er zwar
als besonderer Held bei der Landnahme, aber nicht als eine Figur aus der Wüstenzeit. Ganz offensichtlich ist in Jos 15,13 die Kundschaftergeschichte noch unbekannt, denn hier ist davon die
Rede, daß Jahwe Josua befohlen habe, Kaleb ein bestimmtes Landstück zu geben, ohne daß das
irgendwie mit Kalebs Verhalten in der Landnahmegeschichte begründet wird. Weiter spielt Mose

nung anders als der Kalebvers (36b) nicht mit Josuas Verhalten. Josua wird wegen seiner künftigen Aufgabe bei der Landnahme ohne eigenen Verdienst bewahrt. Dies dürfte ein Indiz sein, daß der zuständige Verfasser Num 14,6–9 noch nicht kannte.[153]

Somit bleiben als potentieller Grundbestand der Jahwerede die V.35.39.40. Dabei sind V.35 und V.39 ebenfalls gewachsen. In V.39 sieht man das gleich an einer Dublette. Die Kinder, die das Land sehen sollen, werden hier zweimal erwähnt: „Und eure Kinder [וטפכם], von denen ihr sagtet: ‚Zur Beute werden sie.'" (39aα¹) sowie „Und eure Kinder [ובניכם], die heute nicht gut und böse kennen." (39aα²).[154] Das Zitat des Volkes über seine Kinder in Dtn 1,39aα¹ kommt im vorangehenden Kontext nicht vor, sondern in Num 14,3. Außerdem entspricht Dtn 1,39aα¹ wörtlich der Bezugnahme auf Num 14,3 in Num 14,31a. Daraus kann man schließen, daß in Dtn 1,39aα¹ nachträglich Num 14,31a zitiert wurde, um beide Fassungen der Kundschaftergeschichte aneinander anzugleichen. Dtn 1,39aα¹ ist ein Zusatz.[155]

Dtn 1,35 enthält zwei Subjekte, also ebenfalls eine Dublette: „einer unter diesen Männern" (V.35aα²) und „diese böse Generation" (V.35bβ). Dabei fehlt V. 35bβ in großen Teilen der LXX-Überlieferung. Hier handelt es sich um eine nachträgliche Präzisierung der etwas ungenauen Angabe „einer unter diesen Männern".[156] Denn der Leser könnte mit Num 14,37 vermuten, daß sich „diese

---

hier überhaupt keine Rolle. Der Erzählung von der Landgabe an Kaleb Jos 14,6–15 ist dagegen jünger als Dtn 1, so auch van Seters, Life, 377; Veijola, ATD 8/1, 41; Otto, Deuteronomiumstudien I, 147 ff. Noth, Studien, 31 f übergeht dagegen alle Probleme von Dtn 1,36, weil er unbedingt daran festhalten will, daß hier Jos 14,6–14 vorbereitet werden.
153 So mit Veijola, ATD 8/1, 41 f; Achenbach, Landnahme, 82 und erwägungsweise Perlitt, BK.AT 5/2, 120 f. Es ist denkbar, daß der Zusatz in Dtn 1,38 seinerseits die nachgetragene Rede von Josua und Kaleb in Num 14,6–9.10a ausgelöst hat (s. u., 184.193 f), die der Rede des Kaleb allein in Num 13,30 entspricht. Denn so konnte nachträglich gezeigt werden, daß Josua genauso wie Kaleb wegen seiner Verdienste bewahrt worden war.
154 Zur Kurzfassung des Verses in großen Teilen der LXX-Überlieferung und zur Frage, auf welche hebräische Vorlage das zurückgeht vgl. Perlitt, BK.AT 5/2, 86.
155 So auch Steuernagel, HK 3/1, 55; Noth, Studien, 31, Anm. 2; Lohfink, Darstellungskunst, 16 f, Anm. 9; van Seters, Life, 372; Boorer, Promise, 371; Perlitt, BK.AT 5/2, 121 f; Veijola, ATD 8/1, 39 f; Otto, Deuteronomium, 22; Achenbach, Landnahme, 75.
156 So auch Steuernagel, HK 3/1, 55; Noth, Studien, 31, Anm. 2; Perlitt, BK.AT 5/2, 82 ff; Nielsen, HAT 1/6, 29; Veijola, ATD 8/1, 30; Achenbach, Landnahme, 73. Vgl. Perlitt, BK.AT 5/2, 85 zur Korrektur von App. BHS an dieser Stelle; dagegen van der Meer, Textual Moves, 408 f. Außerdem fehlt in Dtn 1,35 לתת („um zu geben") in einigen Masoretischen Handschriften, allen LXX-Majuskeln, dem Samaritanus und der Vulgata (vgl. App. BHS). Doch weil hier in der Fassung des Leningradensis keine Nachtragsindizien vorliegen, könnte es sich bei dieser Kürzung auch um eine sekundäre Angleichung an den eng verwandten Num 14,23a handeln. Deshalb ist לתת wahrscheinlich kein Zusatz (so auch Veijola, ATD 8/1, 30; gegen Perlitt, BK.AT 5/2, 85).

Männer" nur auf die Kundschafter bezieht. Außerdem soll so von Dtn 1,39* her klargestellt werden, daß wirklich nur die Kinder ins Land kommen, weil die gesamte Elterngeneration ausgestorben ist. Die Jahwerede über den Tod der Widerspenstigen bestand also ursprünglich aus Dtn 1,35*.39*.40.

Als die Israeliten von dieser schrecklichen Strafe erfahren haben, bereuen sie, aber verstricken sich noch tiefer in Schuld und Strafe (Dtn 1,41–46). Denn sie verweigern ausgerechnet aus Reue Jahwe ein zweites Mal den Gehorsam. Obwohl Jahwe nun die Rückkehr in die Wüste befiehlt (V.40), versuchen die Israeliten entsprechend dem ursprünglichen Jahwebefehl (V.20) eine Eroberung des amoritischen Gebirges (V.41). Mose warnt sie vergeblich davor (V.41 f.). So werden die Israeliten von den Amoritern vernichtend geschlagen (V.44), und Jahwe hört ihre Klage darüber nicht (V.45).

Dieser Schlußabschnitt enthält nur wenige Zusätze, nämlich בשעיר („in Seïr") in V.44 und den ganzen V.46.[157] Beide fallen durch eine Störung des geographischen Szenarios auf. Das Seïr in V.44 nimmt die Ankunft in dieser Gegend in 2,1 vorweg. Und von Kadesch wie in V.46 ist im Dtn sonst nicht die Rede, sondern immer von Kadesch-Barnea (vgl. Dtn 1,2.19; 2,14; 9,23). Perlitt hat den Zweck des Zusatzes 1,46 richtig erkannt: Hier soll die Notiz über das Wohnen in Kadesch aus Num 20,1aβ eingebracht werden.[158]

5.1.4 Die Entstehung von Dtn 2f

Mit Dtn 1,44f*(ohne בשעיר; „in Seïr") ist der erste Landnahmeversuch im amoritischen Gebirge[159] kläglich gescheitert. Für die theologische Intention des Grundbestandes von Dtn 1–3 ist höchst relevant, ob es dabei bleibt oder ob von Anfang an in Dtn 2f ein Bericht von Siegen und Eroberungen folgte. Im jetzigen Text geht es für das Volk positiv weiter: Weil es nun Jahwe gehorcht (z. B. 2,1.13), kann es die Königreiche von Sihon von Heschbon und Og von Baschan erobern und verteilen (2,24 ff). Nur wenn ein Grundbestand dieser Erzählungen von Anfang an zu Dtn 1–3 gehörte, war dieser Text immer schon als narrative Paränese über Gehorsam und Ungehorsam mit negativem *und* positivem Beispiel konzipiert.

---

157 So auch Perlitt, BK.AT 5/2, 130 ff; Veijola, ATD 8/1, 43 f. Außerdem macht die Präposition ב vor שעיר erhebliche Probleme, auf die die Textüberlieferung teilweise reagiert hat (vgl. Perlitt, BK.AT 5/2, 87.130). Dagegen halten Steuernagel, HK 3/1, 55; van Seters, Life, 372 und Nielsen, HAT 1/6, 29 nur V.46 für einen Zusatz.
158 Vgl. Perlitt, BK.AT 5/2, 132 f.
159 Zur Deutung dieser Region s. o., 151 ff und u., 202 ff.

Und das ist keineswegs sicher. Denn in Dtn 2 f sind viel größere Partien nachgetragen als in Dtn 1. So fehlten ursprünglich alle Aussagen über nichteroberte Gebiete östlich des Jordans, und besonders ab Dtn 2,33 häufen sich die Anzeichen für großflächige Texterweiterungen.[160] Deshalb überrascht es kaum, daß Mittmann hier von einem deutlich kürzeren Grundbestand ausgeht. Dieser führt seiner Meinung nach von 2,8b direkt zu 3,29 und enthält nur einen knappen Bericht von der Reise von Kadesch-Barnea nach Bet-Peor. Zu diesem Grundbestand sollen in Dtn 2 f gehören: Dtn 2,1–3.8b; 3,29.[161] Eine solche Fassung von Dtn 1–3 böte theologisch nur eine Warnung vor Ungehorsam. Allerdings übersieht Mittmann, daß etliche Verse in Dtn 2,9 ff stilistisch und theologisch ganz auf der Linie des Grundbestands von Dtn 1 liegen. Auch dort findet sich der charakteristische Wir-Bericht, und auch dort geht es um Jahwebefehle, die man befolgen muß (z. B. 2,13). Weiter ähnelt 2,30a mit der Weigerung des Königs Sihon genau 1,26 mit der Weigerung des Volkes. Deshalb verwundert nicht, daß in der neueren Forschung meist von einem sehr viel umfangreicheren Grundbestand in Dtn 2 f ausgegangen wird, der mindestens die Eroberungen von Sihons und Ogs Reich sowie die Verteilung dieses Gebiets umfaßt.[162] Jedoch stellt sich hier die Frage, ob alle Nachtragsindizien ernst genommen wurden. So gehen beispielsweise weder Perlitt noch Veijola auf das gehäufte בעת ההוא („in jener Zeit") ab 2,34 ein (2,34; 3,4.8.12.18.21.23).[163] Die Frage nach der ursprünglichen Fortsetzung von Dtn 1,1a.6.7*(bis „Amoriter").19 f.22abα.23.24a.25–27.29–30.31a*(nur „und in der Wüste")b.32.34.35*(ohne „diese böse Generation").39*(ab „und eure Kinder /ובניכם").40–43.44*(ohne „in Seïr").45 ist also offen.

Weil es in der vorliegenden Arbeit vor allem auf das theologische Profil der ältesten Fassung von Dtn 1–3 ankommt, müssen insbesondere 2,1–3,7 betrachtet werden. Denn hier entscheidet sich, ob der Text von Anfang an ein Positivbeispiel für Erfolg bei Gehorsam enthielt. Die Erzählung in 3,8 ff über die Landverteilung im Ostjordanland und das weitere Schicksal von Josua und Mose ist dagegen für die theologische Botschaft von Dtn 1–3* weniger wichtig. Dieser Abschnitt muß deshalb nicht eigens untersucht werden. Es werden sich jedoch

---

160 S.u., 165 ff.

161 Vgl. Mittmann, Deuteronomium, 64 ff.164 ff. Auch Kratz, Ort, 106 erwägt einen deutlich kürzeren Grundbestand für Dtn 1–3, der nur den Weg ins amoritische Gebirge (1,6.7a.19a.20) und die Schlachten gegen Sihon von Heschbon und Og von Baschan (2,26–3,11) enthalten habe. Doch nennt er dafür keine literarkritischen Indizien.

162 S. z. B. die Kommentare von Perlitt und Veijola z. St.

163 Auch literaturwissenschaftliche Ansätze gehen auf dieses „in jener Zeit" nicht ein, vgl. z. B. Polzin, Moses, 36 ff; Taschner, Mosereden, 206 ff.

Indizien ergeben, daß dieser ganze Textbereich außer 3,29 sukzessive ergänzt wurde.[164]

In Dtn 2,1–3,7 sind die sogenannten antiquarischen Notizen (Dtn 2,10–12.20–23) anerkanntermaßen Zusätze.[165] Ebenfalls nachgetragen sind mit Nielsen und Veijola alle Aussagen über nicht eroberte Gebiete (2,4–7.8a.9[die singularische Rede].18 f)[166]. Damit erinnerte Mose ursprünglich die Israeliten an ihren Weg ins Gebirge Seïr (2,1 f) und von dort aus nach Norden (2,3) auf die Wüste Moab zu (2,8b). Dabei überquerten sie auf Befehl Jahwes den Bach Sered (2,9aα[die Redeeinleitung vgl. 2,2].13) als Grenze zwischen Edom, also Seïr, und Moab.[167] Es folgt

---

164 3,29 kommt nach 3,23–28 mit der abschließenden Beschreibung von Josuas Aufgabe sehr plötzlich. Ohne Übergang springt der Text von der Jahwe- (V.26–28) in die Moserede (V.29). Das zeigt, daß zwischen 3,28 und 3,29 ein literarischer Bruch liegt. Weiter entspricht 3,29 stilistisch dem Grundbestand, weil wie dort eine Rede in der 1.com.sing. vorliegt und die Handlung lokalisiert wird (s. u., 166 f). Und nicht zuletzt ist 3,29 ein unverzichtbarer Abschluß für den Bericht über den Zug nach Moab in Dtn 1–3*. Aus all diesen Gründen gehört 3,29 zum Grundbestand von Dtn 1–3*; so auch z. B. Mittmann, Deuteronomium, 93 ff; Veijola, ATD 8/1, 88 ff; Otto, Deuteronomiumstudien I, 204.

165 So auch Steuernagel, HK 3/1, 50; Braulik, NEB, 31; Perlitt, BK.AT 5/2,145 f; Nielsen, HAT 1/6, 36; Veijola, ATD 8/1, 46; Heckl, Vermächtnis, 262 ff; Oswald, Staatstheorie, 96.

166 Daß die Vermerke über nicht eroberte Gebiete sekundär sind, zeigt sich besonders deutlich daran, daß erhebliche Teile davon (Dtn 2,9.18 f) in der 2.masc.sing. abgefaßt sind wie beispielsweise auch die sekundären Dtn 1,4.21 (s. o., 148 f.154). Der pluralische Abschnitt Dtn 2,4–6 klappt nach. Erst nachdem Jahwe in 2,3 zum Aufbruch vom Gebirge Seïr aufgefordert hat, befiehlt er hier durch Mose dem Volk, daß es dieses Gebiet nicht einnehmen darf. Außerdem wird so der Zusammenhang von Befehl in 2,3 und Ausführung in 2,8b unterbrochen. Auffällig ist weiter die Inversion zu Beginn von 2,4. Vgl. zu weiteren Argumenten Nielsen, HAT 1/6, 33 ff; Veijola, ATD 8/1,49 ff. Nach Mittmann, Deuteronomium, 64 ff sind Dtn 2,4–8a.9–17 insgesamt ein ineinander geschachteltes Konglomerat von Zusätzen. Perlitt, BK.AT 5/2, 146 ff hält dagegen 2,4–6.8a für einen Teil des Grundbestandes (vgl. auch Otto, Deuteronomiumstudien I, 158 f). Dabei beruft Perlitt sich v. a. auf die Parallele in Num 20,14–21. Doch ist dieser Text nicht alt und könnte Dtn 2 nachgebildet sein (s. u., 220, Anm. 416). Bezüglich Dtn 2 stimmt die Forschung darin überein, daß der singularische 2,7 sekundär ist (vgl. z. B. Steuernagel, HK 3/1, 56; Mittmann, Deuteronomium, 66; Perlitt, BK.AT 5/2, 146; Veijola, ATD 8/1, 51 f)

167 Vgl. Rüger, Art. Seir, Sp.1760; Schwarzenbach, Art. Weidenbach, Sp.2148. Die Frage, ob V.9aα¹ und V.13 zum Grundbestand von Dtn 2 gehören, ist in der Forschung heiß umstritten. Sowohl Mittmann (vgl. Deuteronomium, 68 f) als auch Perlitt (vgl. BK.AT 5/2, 149 f) halten V.13 für einen späten Zusatz. Beide argumentieren damit, daß die Aufforderung, den Sered als Grenze zwischen Edom und Moab zu überschreiten, die singularische Aufforderung in V.9 voraussetzt, Moab nicht zu erobern. Das ist aber nicht der Fall. Mittmann und Perlitt übersehen, daß der Sered als Südgrenze Moabs überschritten werden mußte, wenn das Volk aus Seïr im Süden kam (Dtn 2,1–3). Gegen Mittmann folgt aus dem קום („aufstehen") in 2,13 nicht zwingend, daß vorher ein Zwischenhalt stattgefunden hat. Die Redeeinleitung 2,9aα¹ ist gegen Mittmann im Grundbestand von Dtn 2 nicht singularisch, sondern hat eine Parallele in 2,2 (ähnlich Veijola, ATD 8/1, 47 f).

der Jahwebefehl, einen weiteren Bach (נחל wie in 2,13) zu überqueren, nämlich den Arnon (2,17.24[bis „Arnon"]).[168]

In 2,24 ist ab „Arnon" ein markanter Personwechsel in die 2.masc.sing. zu erkennen. Weiter taucht in diesem Versteil von V.24 mit גרה Hitpael („sich auf Streit einlassen") ein Stichwort auf aus den sekundären Partien über nicht eroberte Gebiete (vgl. 2,2.5.19). Dieser zweite Teil von V.24 ähnelt außerdem den Nachträgen 1,8.21 mit der Abfolge eines Imperativ sing. von ראה („Sieh!"), einem Perfekt von נתן („geben") und einem erneuten Imperativ von ירש („in Besitz nehmen"). Folglich ist V.24 ab „Arnon" sekundär. Der Vers enthielt ursprünglich nur eine Aufforderung, den Arnon zu überqueren, keine Übergabeformel für Sihon von Heschbon und sein Land.[169]

Nach dem Nachtrag in V.24 kommt ein großer sekundärer Abschnitt bis V.29. Am deutlichsten ist der Zusatzcharakter an der 2.masc.sing. zu erkennen.[170] Hier handelt und verhandelt Mose quasi alleine, und verkehrt mit Sihon wie ein König mit dem anderen (V.26–29). Besonders stört, daß Mose sogar den geplanten

---

Für eine Textfolge 2,9aα[1].13 votieren auch Steuernagel, HK 3/1, 57 f; Noth, Studien, 34 (allerdings ohne עתה „jetzt" in V.13, vgl. Noth, Studien, 34, Anm. 5); Nielsen, HAT 1/6, 36. Dagegen nimmt Kratz, Ort, 105 an, auf 2,9aα[1] sei ursprünglich direkt 2,24aα gefolgt.

168 Gegen Nielsen, HAT 1/6, 35f; Veijola, ATD 8/1, 48f gehört V.14 nicht zum Grundbestand von Dtn 2 (so auch Mittmann, Deuteronomium, 68 ff; Perlitt, BK.AT 5/3, 169 f; Otto, Deuteronomiumstudien I, 170). Denn der Verfasser dieser ältesten Fassung interessiert sich sonst überhaupt nicht für Zeitangaben (vgl. den ebenfalls nachgetragenen 1,3, s. o., 148). Weiter fällt die Inversion zu Versbeginn auf. Und die Rede von den Männern, die sterben müssen, wird gegen 1,35* als „Kriegsmänner aus der Mitte des Lagers" spezifiziert (אנשי המלחמה מקרב המחנה). Diese Worte spielen sonst in Dtn 1–3 im Grundbestand keine Rolle, nur in dem ebenfalls sekundären 2,16. In 1,35*.39* kommt es entscheidend darauf an, daß alle Murrer außer den Kindern sterben. Dem widerspricht 2,14, wenn hier nur vom Tod der Kriegsmänner berichtet wird. Dtn 2,14 paßt jedoch zu Jos 5,6 mit der Vorstellung, daß nach 40 Jahren alle schuldigen Kriegsmänner ausgestorben sind (vgl. auch Jos 5,4). Deshalb dürfte Jos 5,6 hier als Vorlage gedient haben. Der Ergänzer hat jedoch die Zahl 40 aus Jos 5,6 korrigiert, um vor der Landnahme des Westjordanlands ein Zeitfenster für die Eroberung des Ostjordanlands zu schaffen. Mit Veijola, ATD 8/1, 48, Anm. 227 wurde הדור („die Generation") später in Dtn 2,14 eingetragen, um den Widerspruch zu 1,35* einzuebnen. Mit Perlitt und Mittmann sind Dtn 2,15f ebenfalls Nachträge (Mittmann, Deuteronomium, 69 f; Perlitt, BK.AT 5/3, 171 f). Denn V.15 ist eine mit וגם eingeleitete, nachklappende Zusatzinformation. Und V.16 ist erstens eine Dublette zu V.14 und widerspricht zweitens ebenfalls 1,35*.

169 So auch Mittmann, Deuteronomium, 79; Perlitt, BK.AT 5/3, 204; Nielsen, HAT 1/6, 36; Veijola, ATD 8/1, 57 f. Anders Otto, Deuteronomiumstudien I, 181. S. o., 5.1.3 zu 1,18.21 und 162 f zu 2,2.5.19.

170 Die 1.com.plur. in 2,29bβ ist eine nachträgliche Angleichung an den folgenden 2,30a aus der Grundschicht (s. u., 164; so auch Mittmann, Deuteronomium, 80). Zu weiteren, möglichen Ergänzungen in 2,29 s. die Kommentare z.St.

Durchzug durch Sihons Gebiet in der 1.com.sing. formuliert (2,27 f; anders z. B. 2,1–3.30a). Außerdem findet sich in 2,28 eine Bezugnahme auf die nachgetragene Anweisung zum friedlichen Durchzug durch Seïr, nämlich 2,6. Zu den sekundären Befehlen, Edom und Moab nicht zu behelligen (2,4–6; 2,9 [sing.]), ergänzt 2,29 noch einmal nachträglich die Ausführung. Auffällig ist weiter, daß Mose in V.26 aus eigenem Antrieb mit Sihon verhandelt. Wo Mose dagegen im Grundbestand alleine agiert, tut er das im Auftrag Jahwes (z. B. 1,43) oder des Volkes (1,23).[171]

In den folgenden V.30 f dominieren wieder singularische Zusätze (V.30b.31). Der Grundbestand zeigt sich hier nur in V.30a.[172] Dort erzählt Mose, daß Sihon nicht wollte (אבה), daß das Volk den Arnon überquert.[173] Hier erscheint wieder der typische Wir-Bericht (vgl. z. B. 1,19; 2,1–3). Weiter berührt sich V.30a sprachlich eng mit 1,26. An beiden Stellen folgt auf ein ולא ("aber nicht") eine Perfektform von אבה ("wollen"), und an beiden Stellen geht es um menschlichen Widerstand gegen Gottes Willen.[174] Allerdings widersetzt sich Sihon einem göttlichen Plan, den er als heidnischer König nicht kennt, aber Israel verweigert sich einem Befehl seines eigenen Gottes.[175]

---

171 So auch Mittmann, Deuteronomium, 70 f.79 f; Veijola, ATD 8/1, 65 f. Dagegen Steuernagel, HK 3/1, 59 (Zusätze in V.29bβ.30b.37); Perlitt, BK.AT 5/3, 191 ff (nur V.29b.30b sekundär); Heckl, Vermächtnis, 289 ff (keine Zusätze). Zu erwägen ist, inwieweit V.24Ende–29 in sich geschichtet sind. Denn hier fällt eine Spannung auf zwischen Sihons unausweichlicher Niederlage im Jahwekrieg in V.24Ende–25 und den Friedensverhandlungen in V.26–29. Doch könnte sich das so erklären, daß Mose nur *pro forma* verhandelt, um das Kriegsgesetz Dtn 20,10–12 zu erfüllen (vgl. Perlitt, BK.AT 5/3, 211). Außerdem werden Friedensverhandlungen auch in der Vorlage Num 21,21–24a* erwähnt, vgl. Perlitt, BK.AT 5/3, 210; s. o., 151, Anm. 127.

172 So auch Mittmann, Deuteronomium, 80, allerdings für eine Zusatzschicht und Nielsen, HAT 1/6, 40 f; Otto, Deuteronomiumstudien I, 182; ders. HThKAT, 449 f. Daß Dtn 2,30b sekundär ist, ist in der Forschung anerkannt (vgl. z. B. Perlitt, BK.AT 5/3, 216 ff; Veijola, ATD 8/1, 64). Jedoch unternehmen sowohl Perlitt als auch Veijola einen Versuch, V.31 für die Grundschicht zu „retten" (Perlitt, BK.AT 5/3, 218; Veijola, ATD 8/1, 59). Das kann aber nicht überzeugen, weil V.31 den sonstigen singularischen Zusätzen in 1,21; 2,24Ende so ähnelt. Entsprechend muß Perlitt einräumen, daß eine Erzählung ohne V.31 sinnvoll wäre. Er kann hier nur höchst allgemein mit dem theologischen Profil von Dtn 1–3* argumentieren und behaupten, eine Fassung ohne 2,31 wäre zu profan. Sie ist allerdings durch die Fortsetzung 2,33 (s. u., 165) immer noch theologischer als die Vorlage in Num 21,21–24a*, in der von keinem Eingreifen Jahwes die Rede ist (s.o., 151, Anm. 127).

173 Da Dtn 2,30a ursprünglich unmittelbar auf 2,24*(bis „Arnon") folgte, bezieht sich das Suffix 3.masc.sing. am Ende des Halbverses auf diesen Fluß (vgl. Joüon-Muraoka § 134 f). Dagegen beziehen Perlitt, BK.AT 5/3, 194; Veijola, ATD 8/1, 55 das Suffix auf Sihon selbst („bei sich").

174 Ähnlich Heckl, Vermächtnis, 277. Der Verfasser von Dtn 1–3* hat hier seine Vorlage Num 21,23 (s.o., 151, Anm. 127) nach Dtn 1,26 umformuliert. In Num 21,23 hieß es nämlich ohne alle Assoziationen eines Aufbegehrens gegen Gott, daß Sihon den Durchzug nicht erlaubt habe (לא נתן).

175 Vgl. ähnlich Braulik, NEB, 30 ff.

Nun fragt sich der Leser, welche Folgen dieser Widerstand für Sihon hat. Dies erfährt er aus Dtn 2,32f, die beide zum Grundbestand gehören, was man an der Rede in der 1.com.plur wie in V.30a erkennt.[176] Sihon zieht demnach dem Volk entgegen, aber Jahwe liefert ihn Israel aus, und das schlägt ihn vernichtend. Also endet Sihons Widerstand gegen Jahwe genau wie der Israels in einer verheerenden militärischen Niederlage (vgl. 1,45). Auffällig ist, daß der Aufmarsch Sihons mit den gleichen Worten erzählt wird wie der Aufmarsch der Amoriter in 1,44 (Narrativ von יצא ["hinausziehen"] mit suffigiertem לקראת ["entgegen"]). So wird deutlich, daß 2,24*.30a.32f gezielt als Pendant und Gegenbeispiel zu Dtn 1,26–45* gestaltet sind. Erst widersetzt sich das Volk Jahwes Anordnung und wird deshalb von seinen Feinden besiegt, dann verweigert sich ein Ausländer Jahwes Plan und wird deshalb einem gehorsamen Israel ausgeliefert. Auf diese Weise wird klar, daß niemand auf die Dauer existieren kann, wenn er sich nicht Jahwes Plänen beugt und seinen Anweisungen gehorcht.

Außerdem wird durch 2,24*.30a.32f das Murren des Volkes in 1,27 widerlegt und die aufmunternde Rede des Mose in 1,29–31a(nur „und in der Wüste").b bestätigt. Denn durch Sihons Angriff geraten die Israeliten genau in die Situation, vor der sie sich in 1,27 gefürchtet haben. Sie sind mit kämpferischen Landesbewohnern konfrontiert. Dies wird im Text dadurch verdeutlicht, daß der amoritische Angriff in 1,44 und Sihons Attacke in 2,32 sehr ähnlich formuliert sind. Und durch Israels Sieg bewahrheitet sich die Verheißung des Mose, daß Jahwe mit dem Volk sein und für es kämpfen werde (1,30a). Die Sihon-Erzählung ist also in allen Einzelheiten auf Dtn 1* abgestimmt. Ihr Grundbestand gehörte immer schon zu Dtn 1–3.

In den folgenden Dtn 2,34–3,29 fällt eine Häufung der Zeitangaben בעת ההוא („in jener Zeit") auf:[177] Dtn 2,34; 3,4.8.12.18.21.23 (vgl. ferner z. B. Dtn 4,14; 5,5; 9,20; 10,1.8). Sie steht gerne am Beginn einer neuen Erzähleinheit, so etwa der Verteilung der eroberten Gebiete (Dtn 3,12ff) oder der Bitte des Mose, ins Land ziehen zu dürfen (Dtn 3,23ff). In 3,8 leitet sie ein Fazit ein. An allen Stellen ist die Formel eigentlich überflüssig, weil die zeitliche Verortung der jeweiligen Geschichte ohne sie klar ist. Weiter erscheint sie in Dtn 1,1–2,32 niemals im Grundbestand, auch nicht, wenn neue Abschnitte eingeleitet werden (z. B. 1,41; 2,1; 2,17). Sie ist also keine charakteristische Formulierung für diese älteste Fassung. Dagegen ist sie in Dtn 1,1–2,32* typisch für sekundäre Anteile. Mit ihrer Hilfe wird die nachgetragene Episode über die Einsetzung von Richtern eingeführt (Dtn 1,9),

---

176 So auch Mittmann, Deuteronomium, 80; Perlitt, BK.AT 5/3, 219ff; Nielsen, HAT 1/6, 41; Veijola, ATD 8/1, 59f.

177 Zum *q*ᵉ*re perpetuum* in dieser Formel vgl. Joüon-Muraoka § 16f.

und sie erscheint noch zweimal am Ende dieses Einschubs (Dtn 1,16.18).[178] Auch im folgenden Kontext ist die Formel typisch für jüngere Texte als Dtn 1–3* (z. B. Dtn 4,14; 10,1)[179] oder für nachträglich eingehängte Episoden (z. B. Dtn 5,5; 9,20; Jos 5,2; 6,26)[180].

Daraus folgt ein starker Verdacht, daß mit בעת ההוא eingeleitete Verse und Erzählungen in Dtn 2,34 ff nicht ursprünglich sind.[181] Das betrifft das Bannvollstrecken an Sihon (2,34 f)[182], die Eroberung von Ogs Städten (3,4), das Schlußfazit über das eroberte Terrain (3,8), seine Verteilung (3,12–17), die Ermahnung der ostjordanischen Stämme zur Heeresfolge (3,18–20)[183], die Ermutigung Josuas (3,21 f)[184] und das vergebliche Flehen des Mose zu Jahwe, ins verheißene Westjordanland zu dürfen (3,23–28)[185]. Die älteste Fassung von Dtn 1–3 war somit deutlich kürzer. Sie enthielt nur die verpatzte Landnahme des amoritischen Gebirges, die an der Angst des Volkes vor den Landesbewohnern scheiterte (Dtn 1*), den Zug Richtung Moab (Dtn 2,1–24*) und den Sieg des Volkes gegen einen Landesbewohner, nämlich Sihon von Heschbon (Dtn 2,32 f).[186] Auf 2,33 folgte ursprünglich direkt 3,29.

---

178 S.o., 147 f. Dabei markiert die Formel in 1,16.18 wohl jeweils den Einsatz eines weiteren Zusatzes, in 1,16 f ein Richterethos und in V.19 eine Überleitung zum Dtn insgesamt als Anweisung des Mose; ähnlich Mittmann, Deuteronomium, 26 ff. Anders Perlitt, BK.AT 5/1, 54 ff.

179 Vgl. Mittmann, Deuteronomium, 124.171 f; Veijola, ATD 8/1, 93 ff.127. Dabei ist gegen Veijola, ATD 8/1, 99 zu erwägen, ob Dtn 4,14 nicht doch ein Zusatz ist, weil der Vers nach 4,13 nachklappt und wie eine sekundäre Angleichung an 4,1 aussieht.

180 Vgl. Mittmann, Deuteronomium, 132 ff; Veijola, ATD 8/1, 125 ff. Jos 5,2 leitet die Geschichte von der Beschneidung in Gilgal ein, Jos 6,26 den Fluch Josuas über den, der Jericho wieder aufbaut. Beide Texte stellen einen Bezug in größere literarische Kontexte her, und das legt nahe, daß sie von vornherein für einen Enneateuchkontext geschaffen wurden (s. o., 5.1.2.3), also nicht alt sein können (vgl. z. B. Kratz, Komposition, 291 ff; Gertz, Tora, 288 ff). Weiter könnte die Geschichte von der Beschneidung in Gilgal Jos 5,2–9 die entsprechenden nach-P Vorschriften in Gen 17,9 ff voraussetzen (s. u., Anm. 252, Anm.555).

181 Überlegungen in diese Richtung äußert v. a. Weinfeld, AncB 5, 139 ff. So nennt er die Formulierung eine „opening formula of intrusive nature" (AncB 5, 139). Dagegen kann Otto, Deuteronomiumstudien I, 205 das „in jener Zeit" nicht sinnvoll erklären. Denn wenn diese Zeitbestimmung mit Otto dazu diente, den Abstand zwischen der Erzählzeit und der erzählten Zeit herauszustellen, müßte sie im Text viel gleichmäßiger verteilt sein.

182 So auch Nielsen, HAT 1/6, 41.

183 So auch Nielsen, HAT 1/6, 50.

184 So auch Nielsen, HAT 1/6, 50.

185 So auch Nielsen, HAT 1/6, 52.

186 Außer Dtn 2,34–37 ist auch der Sieg gegen Og von Baschan (Dtn 3,1–7) ein Zusatz, s. u., 170 ff. Vgl. ferner Otto, Deuteronomiumstudien I, 196, wonach der Grundbestand von Dtn 1–3 in Dtn 3,8a endete.

Das geographische Szenario des Textes bestätigt, daß die בעת ההוא-Episoden tatsächlich Nachträge sind. Denn am Ende des Weges in Dtn 1–3 befindet sich Israel im Tal gegenüber von Bet-Peor, also in Moab (Dtn 3,29; vgl. Dtn 34,6).[187] Das schließt sich sehr gut an den Befehl zur Arnon-Überquerung Dtn 2,24*(bis „Arnon") und die Schlacht in dieser Region in Jahaz Dtn 2,32 an. Wenn Israel am Arnon ist (2,24*), ist es in Moab angekommen und kann in diesem Gebiet verweilen (Dtn 3,29). Alle weiteren Episoden in Dtn 3,1–28 führen von Moab weg. So wandert Israel nach Dtn 3,1 nach Baschan, und in Dtn 3,8 ff hält es sich irgendwo in einem riesigen Gebiet östlich des Jordans auf. Nirgends wird erzählt, wie Israel von dort zurück nach Moab und in die Nähe von Bet-Peor wandert, wo es sich ja nach Dtn 3,29 aufhält. Der Grundbestand enthielt dagegen ein einigermaßen konsequentes Itinerar: Horeb (1,6) – Kadesch-Barnea (1,19) – Seïr (2,1–3) – moabitisches Gebiet östlich des Toten Meeres mit Sered (2,13), Arnon (2,24*), Jahaz (2,32)[188] und die Umgebung von Bet-Peor (3,29). Dieses Itinerar bricht zwischen 2,33 und 3,29 ab, und das zeigt, daß 2,34–3,28 nachgetragen sind.[189]

Das Abbrechen des Itinerars in Dtn 3 zeigt sich an einer weiteren Auffälligkeit. Keine der Episoden in 3,8–28 ist in irgendeiner Weise lokalisiert. Der Leser erfährt weder, wo Mose das Land verteilt, noch, wo er darum fleht, mit ins Land zu kommen. Das war in Dtn 1,1–2,33* anders. Dort wurde jedes Ereignis einem bestimmten Ort zugeordnet. So wurde die gescheiterte Landnahme in Kadesch-Barnea verortet (Dtn 1,19) und die Schlacht gegen Sihon in Jahaz (Dtn 2,32). Auf diese Weise unterscheiden sich 3,8–28 stilistisch deutlich vom Grundbestand, und das bekräftigt, daß 3,8 ff Zusätze sind.[190]

Und nicht zuletzt spiegelt Dtn 4,46 eine Fassung von Dtn 1–3 wider, die nur von einem Sieg gegen Sihon von Heschbon erzählte. Diese erste Erweiterung von Dtn 4,45[191] vermerkt lediglich, daß Israel und Mose den Amoriter Sihon von Heschbon besiegt hätten und verortet die Dekalogverkündigung im Tal gegenüber Bet-Peor (vgl. Dtn 3,29; 34,6). Von einer Einnahme von Sihons Land ist auf-

187 Vgl. Wallis, Art. Beth Peor, Sp. 228.
188 Vgl. Bernhardt, Art. Jahza, Sp. 796; Perlitt, BK.AT 5/3, 219 f.
189 Ähnlich Nielsen, HAT 1/6, 52; anders Perlitt, Deuteronomium 1–3, 120 f. Schon Noth, Studien, 32 f betont das besondere Interesse am Itinerar in Dtn 1–3*. Umso erstaunlicher ist, daß er übersieht, daß dieses Itinerar ab 2,32 gestört ist (vgl. Studien, 35 ff).
190 Dagegen wurde die ebenfalls nachgetragene Og-Geschichte in 3,1–7 nach dem Vorbild des Grundbestands örtlich fixiert. Die Schlacht gegen Og soll in Edreï stattgefunden haben. S. u., 170 ff.
191 Zur Diskussion über Dtn 4,45 vgl. Seitz, Studien, 35 ff; Mittmann, Deuteronomium, 128 ff.166; Kratz, Ort, 116, Anm. 64; Lohfink, Väter, 102; Veijola, ATD 8/1, 123; Gertz, Funktion, 118; Hardmeier, Kohärenz, 222 ff.

fälligerweise nicht die Rede und auch nicht von einer weiteren Schlacht gegen Og. Dies ist ein Indiz für eine ältere Fassung von Dtn 1–3, in der auf 2,33 direkt 3,29 folgte. Auf diese älteste Fassung reagierte der Ergänzer von 4,46.[192]

Wenn das Bannvollstrecken an Sihon (2,34 f), die Eroberung von Ogs Städten (3,4), das Schlußfazit über das eroberte Terrain (3,8), seine Verteilung (3,12–17), die Ermahnung der ostjordanischen Stämme zur Heeresfolge (3,18–20), die Ermutigung Josuas (3,21 f) und das vergebliche Flehen des Mose zu Jahwe, ins verheißene Westjordanland zu dürfen (3,23–28), Nachträge sind, so hat das Folgen dafür, wie sich Dtn 1–3* zu seinem vorderen Kontext in Gen-Num und zu seinem hinteren Kontext in Dtn-II Reg verhält. Es zeigt sich nämlich, daß alle Elemente, die Jos-II Reg vorbereiten wie etwa der Tod des Mose und die Ermutigung Josuas (Dtn 3,21 f), Nachträge sind. Folglich war Dtn 1–3 ursprünglich v. a. nach vorne ins Buch Num ausgerichtet. Das aber spricht eher dagegen, diese drei Kapitel als ursprüngliche Einleitung einer Landnahmeerzählung DtrL (so v. a. Achenbach und Otto) oder gar des DtrG zu sehen (so v. a. Noth, Veijola und Römer).[193]

Zum Wachstum der Sihonerzählung (Dtn 2,32–37) im einzelnen: Außer dem בעת ההוא („in jener Zeit“) in V.34 finden sich dort weitere Indizien für Nachträge. Am auffälligsten ist 2,37, wo entsprechend dem singularischen Zusatz 2,18 f berichtet wird, daß Israel das Ammonitergebiet nicht betritt. Hier erscheint in der ersten Vershälfte wieder der Wechsel in die 2.masc.sing., wie er für Zusätze in Dtn 1–3 typisch ist (vgl. z. B. Dtn 1,21; 2,18 f; 2,24[ab „Arnon"].26–29.31)[194] Außerdem wird mit קרבת („du nähertest dich") der sekundäre Vers 2,19 aufgegriffen. Und die Geographie weicht von 1,1–2,33 signifikant ab, indem nun vom Jabbok die Rede ist. Und der liegt ein ganzes Stück weiter nördlich als Sered und Arnon. Folglich ist 2,37 ein Zusatz.[195]

Aber auch 2,32–36 sind nicht aus einem Guß. So gibt es über das auffällige בעת ההוא hinaus eine Reihe weiterer Indizien, daß V.34–36 sekundär sind. Hier zeigt sich zuerst eine Spannung zwischen der Feldschlacht Sihons gegen Israel

---

192 Die Wiederaufnahme des Endes von V.45 am Ende von V.46 (בצאתם ממצרים „als sie aus Ägypten auszogen") zeigt, daß V.46 als ganzer ein Zusatz zu V.45 ist. V.47 mit der Erwähnung der Landnahme von Sihons Gebiet und der Schlacht gegen Og ist ein jüngerer Nachtrag, weil er nach der Wiederaufnahme am Ende von V.46 steht, so auch Veijola, ATD 8/1, 123 ff; anders Seitz, Studien, 26 f; Mittmann, Deuteronomium, 129 f. Zur 4,45 als einer zusätzlichen Dekalogeinleitung s. o., 129, Anm. 5 und Kratz, Headings, 39 ff.

193 S.o., 5.1.2.5.

194 S.o., 154 ff.

195 So auch App. BHS; Mittmann, Deuteronomium, 81; Perlitt, BK.AT 5/3, 227 ff; Veijola, ATD 8/1, 61 ff.

(V.32) und der Eroberung von Sihons Städten (V.34a mit בעת ההוא.36). Damit hängt zusammen, daß die Tötung der besiegten Gegner zweimal berichtet wird, zum erstenmal im Zusammenhang mit der Feldschlacht (V.33) und zum zweitenmal bei der Einnahme der Städte (V.34). Denn schon in V.32f signalisiert der Verfasser, daß Israel die Bevölkerung in Sihons Gebiet tötet. Dieser Autor hat dort bewußt zwei Termini gewählt, die in einem sehr weiten Sinn verstanden werden können. עם kann „Kriegsvolk, Heer" bedeuten, aber dabei steht mehr oder weniger deutlich die Bevölkerung im Hintergrund, aus der sich dieses Kriegsvolk rekrutiert. Nicht umsonst ist in Dtn 2,32f betont davon die Rede, daß Sihon mit seinem *ganzen* Volk (וכל עמו) gegen Israel auszog und daß sein *ganzes* Volk (כל עמו) getötet wird.[196] Ebenso kann נכה Hiphil in V.33 im umfassenderen Sinne für das Bannvollstrecken stehen (z. B. Num 21,24a.35; Jos 8,22; Jdc 18,27; 21,10).[197] Folglich signalisiert schon Dtn 2,33, daß Sihons Volk ausgerottet wird. Der Bann nach der Eroberung der Städte V.34–36 ist demgegenüber eine Dublette.[198]

Weiter ist nur die Feldschlacht gegen Sihon V.32f fest im Grundbestand von Dtn 2 verankert. Denn nur sie entspricht dem Anlaß des Krieges: Sihon hindert Israel daran, den Arnon zu überqueren und so Jahwes Befehl zu gehorchen (Dtn 2,30a.32). Dafür muß er gestraft werden, und das ist mit einer Niederlage erfolgt.[199] Dagegen hat Israel kein Recht, sich Sihons Land anzueignen. Denn

---

196 Vgl. Jos 8,14 sowie Hulst, Art. גוי/עם, Sp. 301 f.

197 Vgl. Conrad, Art. נכה, Sp. 449.

198 Eine vergleichbare Wachstumsspur findet sich in dem Parallelbericht Num 21,21ff* (s. o., 151, Anm. 127) in V.24f. Dort ist zuerst in V.24a (Grundbestand mit Wüst, Untersuchungen, 10f; Levin, Jahwist, 380; Kratz, Komposition, 291) davon die Rede, daß Israel Sihon schlug und bannte (נכה Hiphil mit לפי חרב „mit der Schärfe des Schwertes", vgl. Conrad Art. נכה, Sp. 449). Schon V.24b mit der Einnahme von Sihons Land ist ein Zusatz. Und danach erst wird nachklappend und dublettenhaft in V.25 erzählt, daß Israel Sihons Städte eroberte. In der Erzählung vom Sieg gegen Og von Baschan in der Fassung von Num 21,33–35 fehlt die Eroberung der Städte gänzlich. Dort heißt es nur in V.35: „und sie [sc. Israel] schlugen ihn [sc. Og von Baschan] und seine Söhne und sein ganzes Volk, bis ihm kein Entronnener übrig blieb, und sie eroberten sein Land" (so auch Jdc 11,21). Ein Bann gegen Sihons und Ogs Städte kommt in Num 21 gar nicht vor. Daraus folgt, daß die Eroberung der Städte und der Bann gegen sie ein sehr junges Motiv ist. Der Bann der Städte fehlte in Num 21,21–24a* als älterer Vorlage für den Sieg gegen Sihon Dtn 1,32f, und auch die Einnahme der Städte wurde dort erst sekundär eingebracht (Num 21,25). Weiter wurde die Og-Geschichte aus Dtn 3 nach Num 21,33–35 übernommen, bevor die Bann-Notiz Dtn 3,6f eingebaut worden war (s. u., 172f). Num 21,35b weicht in der Num-Fassung auffällig von Dtn 3,3 ab und erwähnt pauschal die Eroberung von Ogs Gebiet. Möglicherweise war das der Auslöser für Zusätze über Eroberung und Bann in Dtn 3,1–7.

199 Schon vorher hat Israel den Arnon überquert, denn sonst wäre es gar nicht am Ort der Schlacht in Jahaz nördlich des Arnon angekommen. Diese Flußüberquerung wird zwar nicht eigens erzählt, aber aus den Ortsnamen Jahaz und Bet-Peor geht hervor, daß sie stattgefunden

Jahwe hat Israel hier keine Landnahme aufgetragen (anders Dtn 1,20). Folglich wäre Israel ungehorsam, würde es Sihons Gebiet erobern und sich dort niederlassen.[200]

All dies zeigt, daß die mit בעת ההוא eingeleiteten V.34–36 Zusätze sind. Ursprünglich ging es in der Sihon-Geschichte nur um einen Sieg gegen diesen König und die anschließende Tötung seines Volkes (Dtn 2,30a.32f).[201]

Die in 3,1–7 folgende Geschichte vom Kampf gegen Og von Baschan ist insgesamt ein Zusatz. Denn sie weicht theologisch stark vom Grundbestand ab. Dies erkennt man daran, daß ein Jahwebefehl fehlt, nach Baschan zu gehen. Ein solcher Befehl ist aber charakteristisch für den Grundbestand, weil so Jahwe im ältesten Text die Wanderung seines Volkes steuert (Dtn 1,6.7*[bis „Gebirge der Amoriter"].40; 2,2.13a.24*[bis „Arnon"]). Sobald das Volk sich eigenmächtig ohne Jahwebefehl in eine bestimmte Richtung bewegt, mißlingt das (Dtn 1,41–43.44*[ohne „in Seïr"].45). Gehorcht das Volk dagegen, rettet Jahwe es vor Angreifern (Dtn 2,24*.30a.32). Auf diese Weise schärft der Verfasser von Dtn 1–3* ein, daß Gehorsam die Voraussetzung für Israels Bestehen ist. Dtn 3,1–7 stört dieses gehorsamstheologische Profil erheblich, weil das Volk auf eigene Initiative nach Baschan zieht und siegt, ohne daß dieser Sieg ein Lohn für Gehorsam ist.[202] Auf diese Weise schwächt 3,1–7 die zentrale Aussage von Dtn 1–3* stark ab. Israels

---

hat, weil beide nördlich des Arnon liegen (vgl. Bernhardt, Art. Jahza, Sp. 796; Wallis, Art. Beth Peor, Sp. 228).

200 Vgl. auch Rüterswörden, NSK.AT 4,38. Erst der sekundäre 2,31 (s. o., 164) stellt den Befehl zur Landnahme vor die Schlacht gegen Sihon. Und selbst dieser Zusatz formuliert das sehr vorsichtig. Er spricht lediglich davon, daß Jahwe begonnen habe (חלל Hiphil), Sihon und sein Land Israel auszuliefern und daß Israel deshalb beginnen solle, das Land einzunehmen.

201 In der Forschung ist die Differenz zwischen einer Schlacht, um den Arnonübergang zu erzwingen, und einer Eroberung von Sihons Land und damit der Nachtragscharaker von Dtn 2,34 f bisher übersehen worden. Nur ganz im Ansatz registriert das Mittmann, Deuteronomium, 81. Der Zusatz V.34–36 ist in sich nicht einheitlich, wie man an der Dublette V.34a und V.36 erkennt. In beiden wird die Eroberung von Sihons Städten berichtet. Dabei wurde wahrscheinlich V.36 als Zusammenfassung noch später ergänzt. Denn wie in dem ebenfalls ergänzten 3,8 (s. o., 165 ff) manifestiert sich hier eine Tendenz, die eroberte Fläche im Nachhinein zu vergrößern. Deshalb wird in 2,36 behauptet, Sihons Gebiet reiche bis Gilead. So auch erwägungsweise Mittmann, Deuteronomium, 80 f; dagegen Veijola, ATD 8/1, 59 f. Perlitt betrachtet nur V.36a als Zusatz (BK. AT 5/3, 224 ff). Allerdings wäre V.36b unmittelbar nach V.35 mißverständlich, denn man wüßte nicht, auf was sich הכל („das Ganze") in 36b bezieht, auf das erbeutete Vieh (V.35) oder die Städte (V.34). Deshalb ist V.36b ohne V.36a unklar und muß genauso sekundär sein. Zu den weiteren Problemen von 2,36 vgl. Perlitt, BK.AT 5/3, 224 ff.

202 Dabei ist zu beachten, daß die Übergabeformel gegen Og in 3,2 ein singularischer Zusatz ist wie auch 2,31 (s. o., 164). Dafür spricht außer dem Wechsel in die 2.masc.sing., daß Sihon in der zweiten Vershälfte noch einmal eigens vorgestellt wird. Dabei wird er anders als in 2,30a

Gehorsam spielt hier gar keine Rolle. Anstelle dessen könnte man die Aussage von 3,1–7 so zusammenfassen: Wenn Israel von einem Fremdvolk angegriffen wird (Dtn 3,1b), hilft Jahwe auf jeden Fall. Das widerspricht ganz klar Dtn 1,40–45*(ohne „in Seïr" in V.44) aus dem Grundbestand. Denn dort wird Israel wegen seines Ungehorsams von den Amoritern geschlagen. Deshalb sind Dtn 3,1–7 insgesamt sekundär.

Weitere Unstimmigkeiten bestätigen das. Zunächst fehlt anders als im Fall Sihons von Heschbons (Dtn 2,30a) ein konkreter Anlaß für Feindseligkeiten zwischen Israel und Og (Dtn 3,1). Og scheint zu wissen, daß Israel ihm sein Gebiet wegnehmen will. Damit wird selbstverständlich vorausgesetzt, daß Israel die Landnahme im Ostjordanland zusteht. Das widerspricht dem Grundbestand, wo Jahwe die Übergabe des amoritischen Gebirges oder des Verheißungslandes wegen Ungehorsams rückgängig macht (Dtn 1,20.41–43.44[ohne „in Seïr"].45).[203] Außerdem stört der Weg nach Baschan die geographische Konzeption des Grundbestands. Denn nach ihm endet Israels Wanderung vom Horeb „im Tal gegenüber Bet-Peor" (Dtn 3,29; vgl. Dtn 34,6; ähnlich Num 36,13), also im moabitischen Gebiet östlich des Toten Meeres. Baschan liegt viel nördlicher am Jarmuk, d.h. fast auf der Höhe des See Genezareth.[204] Es wird aber nicht erzählt, wie Israel von dort aus zurück nach Bet-Peor in Moab kommt, wo ja die Reise nach Dtn 3,29 enden muß.

Dtn 3,1–7 mit der Einnahme Baschans liegt auf der Linie von etlichen Zusätzen in Dtn 1–3, die Israels Eroberung sekundär ins nördliche Ostjordanland ausdehnen. So behauptet der ebenfalls nachgetragene 2,36, daß Sihons Gebiet bis Gilead reiche.[205] Der Zusatz Dtn 3,8 schreibt Israel sogar Eroberungen bis zum Hermon zu, also ein großes Stück nördlich des See Genezareth.[206] Vorbild für diese Ausdehnungstendenz und auch für Dtn 3,1–7* sind insbesondere Jos 12,1–5.[207] Der Grundbestand von Dtn 1–3 hatte daran noch kein Interesse, sondern kannte

---

(Grundbestand) als Amoriter bezeichnet. So auch Mittmann, Deuteronomium, 81 f; Veijola, ATD 8/1, 70 f; dagegen Perlitt, BK.AT 5/3, 230 ff.
203 S.o., 5.1.3.
204 Vgl. Boecker, Art. Basan, Sp. 203 f.
205 S.o., 165 ff.
206 Daß Dtn 3,8 ein Zusatz ist, zeigt sich erstens an der Einleitungsformel בעת ההוא. Zweitens wird die sekundäre Og-Geschichte in Dtn 3,1–7 vorausgesetzt. Und drittens werden Og und Sihon anders als im Grundbestand als Amoriter bezeichnet. Zum Problem des Hermon in Dtn 3,8 s. auch Perlitt, BK.AT 5/3, 236. In der bisherigen Forschung wurde Dtn 3,8 trotzdem zum Grundbestand gezählt, vgl. Perlitt, BK.AT 5/3, 192 ff; Veijola, ATD 8/1, 73 ff.
207 So auch Wüst, Untersuchungen, 16 ff. Vgl. außerdem Perlitt, BK.AT 5/3, 236 für Dtn 3,8 und Veijola, ATD 8/1, 69 für Dtn 3,1–7.

nur ein Herumziehen Israels in Moab und östlich des Toten Meers (so auch z. B. Dtn 34,5 f; Num 36,13).

Daß Dtn 3,1–7 ein Zusatz ist, bestätigt ein Blick in die Parallelfassung Num 21. Während in Num 21,21–24a* die Vorlage für die Sihon-Geschichte steht, ist die Geschichte von Og in Num 21,33–35 nach Dtn 3,1–7 nachgetragen.[208] Der Verfasser von Dtn 1–3* konnte also einer seiner wichtigsten Vorlagen Num 21 keine Nachrichten über Og entnehmen. Weiter setzt die Bezugnahme auf Dtn 1–3* in Dtn 4,46 noch eine Fassung von Dtn 1–3* voraus, in der Og nicht vorkam. Aus all dem folgt, daß die Geschichte vom Sieg gegen Og von Baschan nicht zum Grundbestand von Dtn 1–3 gehörte.[209]

Exkurs: das Wachstum von Dtn 3,1–7
Dtn 3,1–7 sind nicht einheitlich. Zuerst fällt der singularische Zusatz Dtn 3,2 ins Auge.[210] Weiter wurden hier wie in der Sihon-Geschichte (Dtn 2,34–36)[211] die Eroberung der Städte und der Bann sukzessive ergänzt (Dtn 3,4–7). Sie fehlen noch in der Fassung von Dtn 3,1–7, die in Num 21,33–35 aufgenommen wurde.[212] Das älteste Stadium dieser Ergänzungen ist 3,4aα, eine schlichte Notiz, daß Ogs Städte eingenommen wurden. Sie wurde zuerst durch 4aβb weiter ausgemalt. Während 4aα von Og in der 3.masc.sing. spricht, ist in 4aβb von Ogs Volk in der 3.masc.plur. die Rede. Der bereits erweiterte V.4 wurde sukzessive durch V.5–7 ausgebaut und so an die Endgestalt von Dtn 2,33–36 angeglichen.[213] Gegen Veijola läßt sich keine Fassung von V.6a über den Bann rekonstruieren, die zur Grundschicht gehört haben kann. Denn V.6a spricht von Ogs Volk in der 3.masc. plur. wie der sekundäre 4aβ. Die entsprechende *nota accusativi* mit Suffix der 3.masc.plur. läßt sich gegen Veijola nicht literarkritisch aus dem Text herausnehmen.[214] Folglich setzt schon 3,6a den Zusatz 3,4aβ voraus. Außerdem fällt in Dtn 3,1–7 noch stärker als in Dtn 2,33–35 auf, daß das Bannvollstrecken (3,6a; 3,6b.7) eine Dublette zur Tötung des Volkes in der Schlacht ist (3,3). Denn in Dtn 3,3 wurde ausdrücklich gesagt, daß es nach der Schlacht keine Überlebenden gab: „Und sie schlugen es [*sc.* Ogs Volk], bis ihm [*sc.* Og] kein Entronnener übrig blieb." Damit stellt sich die Frage, wer beim Bann eigentlich noch getötet wurde. Insbesondere dürfte es gegen 3,6b fast keine lebenden Männer mehr gegeben haben. Wegen des Suffix', das sich unmittelbar auf

208 So auch Steuernagel, HK 3/1, 60; Wüst, Untersuchungen, 25; Braulik, NEB, 35; Perlitt, BK.AT 5/3, 202 ff; Kratz, Komposition, 291; Veijola, ATD 8/1, 68 f; Otto, Deuteronomiumstudien I, 191; dagegen Weinfeld, AncB 5, 181. Die älteste Nachricht vom Kampf gegen Og ist Jos 12,4 f (so auch Veijola, ATD 8/1, 69). Dabei enthielt die Fassung von Dtn 3,1–7, die der Verfasser von Num 21,33–35 benutzte, bereits den singularischen Zusatz Dtn 3,2 (s. u., 172). Die Bemerkungen über die Eroberungen von Ogs Städten und über den Bann Dtn 3,4–7 fehlten dagegen noch (s. o., 165 ff und u. 172).
209 So auch Mittmann, Deuteronomium, 82.
210 So auch Mittmann, Deuteronomium, 80 f; Veijola, ATD 8/1, 70 f; dagegen Perlitt, BK.AT 5/3, 233; Nielsen, HAT 1/6, 44.
211 S. o., 165 ff und 170, Anm. 201.
212 So auch Nielsen, HAT 1/6, 44 und s. o., 169, Anm. 198.
213 Ähnlich Mittmann, Deuteronomium, 82.
214 Vgl. Veijola, ATD 8/1, 68 ff.

3,4aβ bezieht, dürfte 3,6a die älteste Ergänzung von 3,4aβb sein. 3,6a wurde seinerseits durch 3,6b.7 erweitert. Dies erkennt man an dem Beginn von 3,6b mit einem Inf.abs. und daran, daß die Detailinformationen über die Modalitäten des Banns aus 3,6b.7 eigentlich überflüssig sind. Denn wie dabei verfahren wird, war schon durch 3,6a klar, wo es hieß, daß Israel an Ogs Volk genauso den Bann vollstreckt wie an Sihon.

5.1.5 Fazit

Moses Bericht von Israels Wanderung vom Horeb ins Ostjordanland (Dtn 1–3) hat sich als stark gewachsener Text erwiesen. Der Grundbestand war deutlich kürzer. Er begann mit dem Zug vom Horeb nach Kadesch-Barnea (Dtn 1,1a.6.7*[bis „Gebirge der Amoriter"].19). Obwohl Jahwe dem Volk das amoritische Gebirge oder das Verheißungsland geben will (1,7*.20) und obwohl die Kundschafter nur Gutes davon berichten (1,25), scheitert der Landnahmeversuch, weil das Volk nicht an Jahwes Hilfe gegen die Amoriter glaubt (1,20.22abα.23.24a.25–27.29 f.31a* [nur „und in der Wüste"]b.32.34.35*[ohne „diese böse Generation"].39*[ab ובניכם].40–43.44*[ohne „in Seïr"].45). Das Volk zieht nun auf Jahwes Befehl hin in die Gegend von Seïr und bewegt sich dann nach seinen Anweisungen östlich des Toten Meeres nach Norden bis zum Arnon (Dtn 2,1–3.8b.9*[bis „zu mir"].13.17.24*[bis „Arnon"]). Weil der König Sihon von Heschbon gegen Jahwes Plan nicht will (2,30a), daß Israel den Arnon überquert, kommt es zur Schlacht in Jahaz (Dtn 2,32), also schon nördlich des Arnon. Sihon wird vernichtend geschlagen und sein Volk getötet (Dtn 2,33). Israel bleibt im moabitischen Gebiet östlich des Toten Meeres und lagert in Bet-Peor (Dtn 3,29). Damit ist der Ort erreicht, wo die weiteren Ereignisse spielen, von denen in Dtn die Rede ist. Hier kann Mose das Gesetz verkündigen (4,46), und in der Nähe von Bet-Peor wird er begraben (Dtn 34,6).[215]

Das theologische Anliegen von Dtn 1–3* ist eine narrative Paränese. Anhand von Beispielen aus der Geschichte soll das Volk zum Gehorsam ermutigt und

---

215 Zu Dtn 4,46; 34,6 s.o., 167 f. Dtn 1–3* ist ebenso wie Dtn 4,46; 34,6 ein Indiz dafür, daß es eine ältere Fassung des Dtn ohne eine Eroberung des Ostjordanlands gab. In dieser Version war das Ostjordanland der Ort der Gesetzespredigt; das Westjordanland war das verheißene Land, in dem Israel wohnen und das Gesetz praktizieren sollte. Eine Reihe weiterer Texte scheint eine solche Dtn-Fassung widerzuspiegeln, z. B. Num 36,13; Dtn 1,1a; 4,1; 4,21 f; 11,31 f; 12,10–12; 27,2 ff; 30,15–18. Die theologische Sonderstellung von Dtn 1–3* bestätigt die Überlegungen von Kratz, Dtn 1–3* seien wie Dtn 4 erst später in Dtn eingefügt worden (vgl. Headings, 40 ff). Kratz weist darauf hin, daß ab Dtn 5 anders auf die Vorgeschichte am Gottesberg und in der Wüste zurückgegriffen werde als in Dtn 1–3. Ab Dtn 5 gehe es um beispielhafte Einzelereignisse, nicht um einen Erzählverlauf, und diese Einzelereignisse würden stärker paränetisch ausgewertet (vgl. Headings, 41).

vor Ungehorsam und Unglauben gewarnt werden. Der militärische Erfolg gegen Fremdvölker hängt nach Dtn 1–3* von Gehorsam und Glauben des Volkes ab. Weil das Volk Jahwe zweimal nicht gehorcht (1,26 f.43) und nicht an Jahwe glaubt (1,32), wird es von den Amoritern vernichtend geschlagen (1,44*). Als es aber ohne Bedenken genau der Route folgt, die Jahwe anordnet (1,40; 2,1–3.8b.9*.13), gelingt ein großer Sieg gegen den König Sihon von Heschbon (2,33). Dieser hatte sich seinerseits Jahwes Plan widersetzt (Dtn 1,30a). Mit dieser Gehorsamstheologie liegt Dtn 1–3* grundsätzlich auf der Linie der folgenden Paränese in Dtn 4–11.

Es gibt jedoch einen gravierenden Unterschied zwischen Dtn 1–3* und Dtn 4–11. In Dtn 1–3* wird zwar das Gesetz selbstverständlich befolgt.[216] Aber dennoch wird es stark relativiert. Denn es kommt in diesem Text nicht in erster Linie auf Gesetzesgehorsam an, sondern Israel soll vor allem den unmittelbaren Anweisungen Jahwes gehorchen. Diese ergehen immer neu für die jeweilige Situation.[217] Das erfordert eine andere innere Haltung als das Beachten eines schriftlich fixierten Gesetzes. Man muß offen und vertrauensvoll die unvorhersehbaren und unverfügbaren Befehle Jahwes erwarten. Außerdem haben in Dtn 1–3* die Erinnerung an Jahwes Geschichtstaten (Dtn 1,29–31*) größeres Gewicht als etwa das Gesetzesstudium, weil der Glaube durch das Wissen um diese Taten geweckt werden soll und nicht durch Beschäftigung mit dem Gesetz.[218]

Man kann also sagen, daß in Dtn 1–3* das zentrale dtr. Motiv des Gesetzesgehorsams weiterentwickelt wird. Reine Gesetzesobservanz reicht nicht mehr aus, sondern es kommt auf die persönliche Bindung an Gott an.[219] In Dtn 1* folgt auf

---

216 So hält beispielsweise Mose in Dtn 1,29–32* entsprechend dem Kriegsgesetz Dtn 20,2b–4 eine ermutigende Ansprache an das Volk. Deshalb überzeugt Veijolas Vorschlag nicht (so auch Kratz, Ort, 110 ff; Otto, Deuteronomiumstudien I, 90), aus dem vermeintlichen Fehlen des Gesetzes in Dtn 1–3 auf eine ältere Fassung des DtrG zu schließen, die das dtn. Gesetz noch nicht enthalten habe (vgl. Principal Observations, 28 ff). Veijola verwickelt sich mit dieser These außerdem in Schwierigkeiten. Er kann nicht leugnen, daß DtrH als sein Autor von Dtn 1–3*das Gesetz kannte und behauptet sogar, dieser habe Teile des Gesetzes bearbeitet (vgl. Principal Observations, 30). Dann aber leuchtet nicht ein, wieso das dtn. Gesetz noch getrennt vom DtrG existiert haben soll.
217 Ähnlich MacDonald, Criticism, 221. Dies unterschätzt Rose, Deuteronomist, 288 f, wenn er annimmt, die Vorstellung des Jahwewillens in Dtn 1–3 entspräche dem Gesetz.
218 In den Zusätzen Dtn 1,33; 2,7 wird diese Rückschau auf die Geschichte mit noch größerer innerer Beteiligung des Autors und des Leser betrieben. S.o., 157.162 f.
219 Durch diese Relativierung des Gesetzes unterscheiden sich Dtn 1–3* deutlich von der folgenden Gesetzesparänese Dtn 4. Keiner der Zusätze zu Dtn 1–3 ebnet diesen Unterschied ein. Folglich ist das Problem, wie Dtn 1–3 mit Dtn 4 verbunden sind, nicht so dringend, wie MacDonald annimmt (vgl. Criticism, 210 ff). Dtn 4 ist vermutlich jünger als Dtn 1–3*, weil in Dtn 4 nur auf Zusätze in Dtn 1–3 Bezug genommen wird, wie den Tod des Mose in Dtn 3,23–28 und 4,21 f

das Fehlen dieser Bindung die Strafe. Deshalb wird eindringlich dargestellt, wie sich das Volk nicht an Gott binden kann, weil es sich vor Gott verschlossen hat. Die Verschlossenheit zeichnet sich ab, als das Volk das verheißene Land vor der Eroberung besichtigen lassen will (Dtn 1,22abα), macht sich als Blasphemie Luft (Dtn 1,27) und mündet in Unglauben (אמן Hiphil in 1,32). Dieser Unglaube wird schließlich von Gott bestraft (Dtn 1,35*.39*).

Mit einer solchen Darstellung der Verschlossenheit für Gott ist zugleich implizit gesagt, wie Offenheit für Gott aussehen würde. Sie würde sich als Glauben äußern und Glauben hieße, im Wissen um Jahwes vergangene Hilfe an ihm festzuhalten (1,30b.31a*[nur „und in der Wüste"].b) und sein künftiges Rettungshandeln zuversichtlich zu erwarten. So wäre die Anfechtung überwunden, daß Gottes Macht nicht immer sichtbar ist, während die Überlegenheit von Gegnern nur allzu deutlich sein kann (Dtn 1,27). Und aus diesem Festhalten an Gott heraus könnte man seinen immer neuen Befehlen gehorchen.

Die Relativierung des Gesetzes in Dtn 1–3* betrifft v. a. das Sinaigesetz. Dieses Gesetz hat sich nach Dtn 1–3* nicht bewährt. Implizit haben weder seine Verkündung am Sinai (vgl. Dtn 1,6) noch die Existenz mit dem Gesetz in der Wüste einen derart bleibenden Eindruck hinterlassen, daß das Volk von nun an unbeirrbar glaubte. Dagegen zeigen sich gewisse Sympathien gegenüber dem dtn. Gesetz (Dtn 12–26). Denn das Volk ist nach Darstellung von Dtn 1–3* durch den Gehorsam, den es unabhängig von Gesetzesobservanz auf der Wüstenwanderung gelernt hat, gut darauf vorbereitet, sich an dieses Gesetz zu halten.

Auch für die literargeschichtlichen Fragen zu Dtn 1–3 gibt es ein erstes Ergebnis. Es sollte geklärt werden, ob Dtn 1–3 ursprünglich eher ein Einschub in einen Hexateuchfaden waren (so v. a. Kratz) oder die Eröffnung einer dtr. Landnahmeerzählung DtrL (so v. a. Achenbach und Otto) oder des dtr. Geschichtswerks DtrG (so v. a. Noth, Veijola, und Römer). Bezüge zu Jos-II Reg in Dtn 1–3, also z. B. die Ermutigung Josuas für seine zukünftige Aufgabe in Dtn 3,21f, könnten ein Argument dafür sein, daß dieser Text für den Anfang des DtrG konzipiert wurde. Im Lauf der Analyse hat sich aber herausgestellt, daß einige Motive, die Jos-II Reg besonders deutlich vorbereiten wie etwa der Hinweis auf den Tod des Mose und die Ermutigung Josuas (Dtn 3,21ff), Nachträge sind. Anstelle dessen sind die Bezugnahmen auf Num fest im Grundbestand verankert.[220] Das spricht eher

---

(s. o., 165 ff). Dann würde die Relativierung des Gesetzes in Dtn 1–3 nachträglich durch Dtn 4 korrigiert, indem erneut Gesetzesgehorsam eingeschärft würde.

220 S. o., 5.1.3 f. Es gibt jedoch in Dtn 1* etliche Bezüge zu Jos, z. B. die Lokalisierung der Handlung in Kadesch-Barnea (vgl. Jos 10,41), denn der Verfasser von Dtn 1* hat das Anliegen, die Abfolge Dtn-Jos klarer zu gestalten (s. u., 201 f).

dagegen, diese drei Kapitel als ursprüngliche Einleitung einer Landnahmeerzählung DtrL oder gar des DtrG zu sehen. Aber im Rahmen eines Hexateuchfadens ist dieser Befund gut erklärbar.

Nachdem sich gezeigt hat, daß die Bezüge von Dtn 1–3* nach vorne zu Num von Anfang an gezielt gesetzt wurden, müssen sie näher untersucht werden. Es muß geklärt werden, wie sich Dtn 1–3* literargeschichtlich zu den Num-Parallelen verhält: Hat einer dieser Texte für Dtn 1–3* als Vorlage gedient?[221]

Weiter muß es darum gehen, Dtn 1–3* mit dem ältesten theologischen Beleg für אמן Hiphil in 1,32 zu datieren. Auch dafür sind die Num-Parallelen wichtig, denn wenn sie als Vorlagen gedient haben, bieten sie einen *terminus post quem*. Außerdem geben sie Aufschluß über die theologischen Fragen und Anliegen, vor deren Hintergrund אמן Hiphil als Glaubensbegriff geprägt wurde.

Von den verschiedenen Num-Parallelen[222] wird hier nur die Kundschaftergeschichte in Num 13 f im einzelnen untersucht. Denn zum einen wird diese Parallele in Dtn 1–3* am ausführlichsten wiedergegeben (Dtn 1,19–45*). Und zum anderen steht im Kontext der Auseinandersetzung mit Num 13 f das erste Mal אמן Hiphil für „Glauben" (Dtn 1,32). Dabei ist zu bedenken, daß auch Num 13 f ein komplexes Wachstum hinter sich hat. Wenn also dieser Text Vorbild für Dtn 1,19–45* war, in welchem Wachstumsstadium war das der Fall? Um das zu klären, muß zuerst die Entstehungsgeschichte von Num 13 f untersucht werden.

5.2 Die Entstehungsgeschichte von Num 13f

Num 13 f sind offensichtlich nicht aus einem Guß. Die vielen Unstimmigkeiten und Dubletten sind kaum zu übersehen und stören den Lesefluß.[223] So berichten die Kundschafter zuerst eingeschränkt positiv über das besichtigte Land (13,26–28)[224], doch danach verbreiten sie ein böses Gerede über dieses Land, das mit ihrem Bericht gar nichts zu tun hat (13,32abα)[225]. Zweimal wird das Volk ermutigt,

---

221 Nur so kann man weitere Indizien finden, um zwischen Kratz' Hexateuchfaden und Achenbachs, Ottos und Römers DtrL/DtrG zu entscheiden (s. o., 5.1.2.5). Denn Achenbach, Otto und Römer nehmen an, daß Num in der jetzigen Fassung jünger ist als Dtn 1–3*. Wenn sie Recht haben, können diese Texte in ihrer jetzigen Version nicht die Vorlage für Dtn 1–3* gewesen sein. Sollte sich herausstellen, daß dies dennoch der Fall ist, wäre es ein Argument gegen sie. Im Rahmen von Kratz' These könnte ein solches Ergebnis dagegen gut erklärt werden.
222 S. etwa o., 151 f und 169, Anm. 198.
223 Vgl. Artus, Etudes, 82.
224 Zum Wachstum in diesem Bereich s. u., 182, Anm. 253.
225 Der Viertelvers 13,32bβ ist ein Zusatz, denn er widerspricht dem Rest des Verses: Wie können

eine Eroberung des Landes zu wagen, einmal von Kaleb (13,30) und einmal von Kaleb und Josua gemeinsam (14,6–9).[226] Und zweimal teilt Jahwe dem Volk seine Strafe mit (14,11–25.26–35).[227]

Diese Dubletten haben in der Forschungsgeschichte immer wieder zu Versuchen geführt, Num 13f als zwei zusammengearbeitete Erzählfäden zu erklären. Meist wurden diese Fäden mit den Pentateuchquellen J und P identifiziert.[228] Allerdings scheitert dieser Lösungsansatz vor allem daran, daß nur ein Faden vollständig rekonstruiert werden kann. Dieser wurde der Priesterschrift zugeordnet (P[G] oder P[S]; hier „P")[229]. In einem zweiten Faden (traditionell J; hier bezeichnet als Nicht-P[230]) fehlen zentrale Bestandteile, etwa der Anfang[231] oder ein wirkliches Aufbegehren der Israeliten. Außerdem lassen sich die Textanteile, die sich von dem einen rekonstruierbaren Faden abheben („P"), nicht sinnvoll untereinander verbinden. So ergibt sich kein zweiter nicht-P Faden. Beispielsweise soll Num 14,40 zu dem zweiten nicht-P Faden gehören.[232] Doch dieser Vers setzt einen Jahwebefehl voraus, auf einen Berg zu gehen. Von diesem Befehl ist aber in Num 13f vorher nie die Rede, weder in den „P"- noch in den nicht-P Anteilen noch in

---

die Landesbewohner hochgewachsen sein (אנשי מדות), wenn das Land sie frißt? Weiter fällt ein terminologischer Wechsel bei der Bezeichnung für die Ureinwohner des Landes auf. In V.32abα heißen sie „Bewohner" (Partizip von ישב), in 32bβ dagegen „das ganze Volk" (כל העם). 13,33 ist ein weiterer Zusatz, wie man an der Wiederholung von ראינו („wir sahen") erkennt. Hier wird das Motiv weiter gesteigert: Aus hochgewachsenen Menschen werden Riesen. In 13,33b wird nachträglich die Perspektive der Ureinwohner berücksichtigt, die die Kundschafter für Heuschrecken halten. Diese Perspektive spielt in Num 13f sonst keine Rolle. Sie widerspricht außerdem einem entscheidenden Anliegen von 13,26–14,9 insgesamt, nämlich daß Israel sich im Vergleich mit den Landesbewohnern unterschätzt. In 13,33b wird dagegen Israels schlechte Selbsteinschätzung bestätigt. So auch Levin, Jahwist, 375; zu sprachlichen Spannungen in 13,32 s. auch Artus, Etudes, 116ff. Dagegen Mittmann, Deuteronomium, 44; Schmidt, ATD 7/2, 45. Offensichtlich ist weiter das Ende von 13,33a („die Söhne Anak von den Riesen") ein Zusatz, weil dieses Stück in der ältesten griechischen Übersetzung noch fehlt (vgl. z.B. App. BHS; Schmidt, ATD 7/2, 45; Artus, Etudes, 120).

226 Zur Entstehungsgeschichte dieser Texte s. u., 184.193 ff. und 182, Anm. 254.
227 Zur Wachstumsgeschichte vgl. Mittmann, Deuteronomium, 49 ff; Levin, Jahwist, 376 f; Schmidt, ATD 7/2, 49 f; Artus, Etudes, 133 ff. Siehe außerdem u., 185.194 f und 184, Anm. 266.
228 S.o., 5.1.2.1. So z.B. Mittmann, Deuteronomium 53 ff; Aurelius, Fürbitter, 130 f; Schmidt, ATD 7/2, 39 ff; Veijola, ATD 8/1, 31; Seebass, BK.AT 4/2, 76 ff. Artus, Etudes, 153 ff.244 ff unterscheidet zwischen P (*récit sacerdotal*) und einer alten Erzählung (*récit ancien* oder *récit non-sacerdotal*). Er verzichtet jedoch darauf, die alte Erzählung einer Quelle zuzuordnen.
229 Zu den Argumenten für eine Zuordnung zu P[G] s. u., 5.4 und zur Definition von „P" s. u., 178.
230 S.o., 5.1.2.1.
231 S.u., 180f.
232 S.u., 186ff zu Num 14,39–45.

den Zusätzen im P-Stil.[233] Aus diesen Gründen wird hier eine Ergänzungshypothese vorgeschlagen: Ein relativ knapper ältester Faden wurde sukzessive aufgefüllt. Dieser Faden entspricht in etwa dem, was herkömmlich als P-Anteil der Geschichte bestimmt wurde.[234] Die Dubletten erklären sich daraus, daß Jüngere die ältere Version korrigieren wollten. Dies taten sie, indem sie die entsprechende Episode noch einmal in ihrem Sinne erzählten.

Im folgenden soll nun zuerst der älteste Faden („P") in Num 13 f rekonstruiert werden. Dieser älteste Faden wird als „P" bezeichnet, weil es sich um einen nachpriesterschriftlichen Text handelt, dessen Verfasser sich an Stil und Theologoumena von P orientiert, aber beides weiterentwickelt. „P" wird sich als sehr junger Text erweisen, der die Verbindung von P[G] und einem nicht-P Faden schon voraussetzt.[235] Danach soll dargelegt werden, warum es keine zweite ursprünglich selbständige Fassung der Geschichte gab. Anschließend wird gezeigt, daß eine etwas erweiterte Fassung von „P" in Num 13 f das Vorbild von Dtn 1* war.[236] Dazu muß geklärt werden, nach welchen theologischen Prinzipien der Verfasser von Dtn 1* seine Vorlage abwandelte. Zuletzt soll es um eine redaktionelle Verortung des ältesten Fadens in Num 13 f gehen („P"). Daraus können Rückschlüsse auf die Datierung des davon abhängigen Dtn 1* gezogen werden. In diesem Zusammenhang werden Überlegungen zu der theologiegeschichtlichen Situation angestellt, in der אמן Hiphil in Dtn 1,32 als Teil des Grundbestand von Dtn 1 das erste Mal im theologischen Sinne verwendet wurde.

---

233 Ausführlich werden die Argumente gegen einen zweiten Erzählfaden in Num 13 f u., 5.2.2 dargestellt.

234 So auch Levin, Jahwist, 375 ff; Rabe, Gerücht, 428 ff.

235 S.u., 5.5. Festzuhalten ist, daß nicht alle Nachahmungen des P-Stils aus einer Hand stammen, sondern daß sich eine ganze Reihe von Ergänzern dieser Sprache bedienten (vgl. ähnlich schon Olson, Death, 51). Man erkennt solche nachpriesterschriftlichen Imitationen von P an typischen Termini und Stileigentümlichkeiten von P wie Datierungen (z. B. Ex 19,1 [P[G]]; vgl. z. B. Levin, Jahwist und Kratz, Komposition, z.St.) oder dem Kabod als zentraler Erscheinungsform Jahwes (z. B. Ex 24,16 [P[G]]; vgl. u., 238, Anm. 501). Zugleich werden diese P-Motive gegenüber P[G] weiterentwickelt (s. u., 5.4.1 zu einer solchen Modifikation der Kabod-Konzeption).

236 Weil nur Dtn 1* von Num 13 f abhängig sein könnte, kann man sich hier auf diesen Text beschränken. Man muß natürlich im Blick behalten, daß Dtn 1* von Anfang an eine Fortsetzung in Dtn 2f* hatte (s. o., 5.1.4).

5.2.1 Der älteste Erzählfaden in Num 13f

Die älteste Fassung von Num 13 f („P")[237] beginnt mit dem Auftrag Jahwes an Mose, das Land Kanaan auskundschaften zu lassen (13,1.2a).[238] Die Ausführung dieses Jahweauftrags wird in 13,3a, dem Relativsatz 13,16aβ und in 13,17 erzählt. Nur eine dieser Fassungen kann ursprünglich sein, und zwar 13,3a.[239] Denn sowohl 13,16aβ als auch 13,17 beziehen sich zurück auf 13,3a und dienen der Verankerung der Kundschafterliste in 13,4–16a.[240] Dabei bildet die erste Hälfte von V.17 eine

---

237 Im folgenden wird im Haupttext vor allem das Ergebnis präsentiert, um die Lektüre zu erleichtern. Die Argumente finden sich in den Fußnoten. Außerdem bieten die Fußnoten Überlegungen zum Wachstum innerhalb der nachgetragenen Stellen.

238 Daß Num 13,1.2a Einleitung der „P"-Fassung von Num 13 f sind, wird in der Forschung häufiger vertreten, z.B. Mittmann, Deuteronomium, 42; Levin, Jahwist, 375; Rabe, Gerücht, 41.351; Artus, Etudes, 98; anders Wagner, Herrlichkeit, 61. 13,2b weicht deutlich von 13,2a ab und kann folglich nicht aus der gleichen Hand stammen. Dabei fällt vor allem der Numeruswechsel von der 2.masc.sing. in 2a in die 2.masc.plur. in 2b auf (vgl. App. BHS). Anstelle von Mose in 2a wird in 2b völlig unvorbereitet das Volk angeredet. Außerdem klappt die Anweisung in 2b nach, je einen Mann pro „Stamm seiner Väter" zu nehmen. In der folgenden Ausführung (13,3.17) wird von einem solchen Auswahlverfahren nichts erzählt. Das Vorbild für Num 13,2b könnten Dtn 1,22abα.23 (zum Wachstum s.o., 154 f) gewesen sein, weil das den Numeruswechsel zwischen Num 13,2a und 2b erklärt. In Dtn 1,22f* geht nämlich die Initiative für die Aussendung der Kundschafter vom Volk aus und dem entspricht die 2.masc.plur in Num 13,2b. Außerdem ist in Num 13,2b und in Dtn 1,23 davon die Rede, daß אחד איש („ein Mann") je einen Stamm vertreten soll.

239 So auch Artus, Etudes, 97 f; anders Seebass, BK.AT 4/2, 86. In Num 13,3b folgt auf den flüssigen Verbalsatz in 13,3a ein syntaktisch ungeschickter Nominalsatz. Dieser Nominalsatz liefert wie der sekundäre 13,2b nachklappende Informationen über den sozialen Status der Kundschafter, die im folgenden keine Rolle spielen. Dagegen Rabe, Gerücht, 351. Gegen Rabe ist 13,3b keine nötige Klärung, daß sich das Suffix in 13,3a (אתם) nicht auf die Söhne Israel in dem Relativsatz in 13,2a bezieht. Denn es ist nicht zwingend, daß sich das Suffix auf das letzte Nomen im gleichen Genus und Numerus bezieht, schon gar nicht, wenn dieses in einem Relativsatz steht. Keinesfalls kann man deshalb mit 13,3b dagegen argumentieren, daß 13,3a die älteste Fortsetzung von 13,2a war (so aber Mittmann, Deuteronomium, 42).

240 So auch Achenbach, Landnahme für 13,16aβ. In der Forschung herrscht weitgehend Konsens, daß diese Liste ein Zusatz ist (vgl. z.B. McEvenue, Style, 90 f, Anm. 2; Schmidt, ATD 7/2, 43; Artus, Etudes, 97 f; Achenbach, Landnahme, 79 f; anders Seebass, BK.AT 4/2, 86 mit problematischer Literarkritik). Es ist aber umstritten, ob sie schon zu einem noch selbständigen P (so z.B. Schmidt, ATD 7/2, 43) ergänzt wurde oder später dazukam. Die Bezeichnung des Josua bin Nun als Hosea bin Nun in 13,8 und seine Umbenennung in 13,16 spricht dafür, daß die Liste sehr jung ist. Denn Josua ist nur noch einmal in der sehr späten Glosse Dtn 32,44b als Hosea belegt (vgl. Kratz, Komposition, 134 ff). Und offensichtlich soll die Liste Num 13,4–16 einen Ausgleich schaffen zwischen dem Hosea bin Nun in Dtn 32,44 und dem gängigen Josua bin Nun. Weiter setzt noch der Zusatz Num 14,6–9 (s.u., 184) mit der Aufmunterungsrede von Josua und Kaleb eine Fassung des Textes ohne Kundschafterliste voraus. Denn hier werden die beiden Männer

regelrechte Wiederaufnahme von V.3a.[241] Die älteste Fassung der Kundschaftererzählung enthielt keine weiteren Anweisungen des Mose an die Kundschafter
(13,17–20), sondern beschreibt, daß sie das ganze Land erkunden (13,21).[242]

Exkurs: zur Einheitlichkeit von Num 13,17
Num 13,17–20 enthalten eine sukzessiv gewachsene Rede des Mose,[243] in der er den Kundschaftern
nähere Instruktionen erteilt. In der bisherigen Forschung war man sich sicher, daß V.17 nicht einheitlich ist, sondern daß in V.17b ein Fragment vom Anfang des zweiten Erzählfadens (meist J
zugeschrieben) erhalten blieb.[244] Allerdings ist V.17 mit Levin einheitlich; V.17a und 17b stammen
aus einer Hand.[245] Folglich ist in Num 13 f kein Anfang für einen zweiten Erzählfaden nachweisbar.
    Die Trennung von V.17a und V.17b ist in der Forschung schon so etabliert, daß sie kaum
noch begründet wird. Artus setzt sie sogar in seiner Gliederung voraus.[246] Allerdings weist V.17
syntaktisch keinerlei Spannungen auf.[247] Beide Vershälften sind gleichförmig aufgebaut. Auf je
einen Narrativ folgt eine nähere Erläuterung dieses Narrativs: in V.17a durch eine Infinitivkon-

---

mit Filiation neu eingeführt. Und nicht zuletzt weist Achenbach, Landnahme, 79 f mit Recht auf
die Berührungen der Liste in Num 13 mit der späten Liste Num 1,4.5–16 hin. Dagegen spricht
sich zwar Seebass, BK.AT 4/2, 102 f aus, doch muß er selbst einräumen, daß sich die Liste in
Num 13,4–16 mit chronistischen Texten berührt (z. B. I Chr 12,24–37).
241 So auch Achenbach, Landnahme, 79. Für 13,3a als älteste Version der Kundschafteraus-
sendung spricht mit Artus weiter, daß V.3a im Gegensatz zu V.17 neue Informationen enthält,
nämlich den Gehorsam des Mose und die Verortung der Handlung in der Wüste Paran (vgl. Etudes, 98 f). Letzteres paßt zu der nachpriesterschriftlichen Wegbeschreibung im P-Stil, nach der
das Volk von der Wüste Sinai in die Wüste Paran zog (Num 10,12; 12,16, vgl. Levin, Jahwist, 373;
Schmidt, ATD 7/2, 13.31).
242 So auch Mittmann, Deuteronomium, 44; Rabe, Gerücht, 325 f; Artus, Etudes, 105; Schmidt,
ATD 7/2, 39.43 f; anders Levin, Jahwist, 375. Num 13,21b („von der Wüste Zin bis nach Rehob, nach
Lebo-Hamat") beschreibt die maximale Nord-Süd-Ausdehnung des Landes (vgl. z. B. Mittmann,
Deuteronomium, 44; Schmidt, ATD 7/2, 44; zum Ortsnamen Lebo-Hamat vgl. Artus, Etudes, 100,
Anm. 51; anders Seebass, BK.AT 4/2, 79.106). Gegen Achenbach, Landnahme, 84 zeigt das Verb
עלה in 13,21 nicht, daß der Verfasser eine ältere nicht-P-Erzählung kennt, in der nur das Gebirge
und der Negev erkundet wurden. Vielmehr ist עלה der gängige Terminus für den Weg aus Ägypten oder aus der Wüste ins Land (vgl. Wehmeier, Art. עלה, Sp. 274 f).
243 Zum Wachstum vgl. Mittmann, Deuteronomium, 43 f. Zum Nachtragscharakter dieser Moserede s. Mittmann, Deuteronomium, 43; Rabe, Gerücht, 353 ff. Das sukzessive Herauswachsen von
Num 13,17–20 aus einem erweiterten „P"-Bestand wird u., 189 ff vorgeführt.
244 S.o., 5.2. Vgl. z. B. Noth, ATD 7, 92 f; Schmidt, ATD 7/2, 43; Artus, Etudes, 97 ff; Seebass, BK.AT
4/2, 94; Baden, Redaction, 114 f.
245 So mit Levin, Jahwist, 376; anders Mittmann, Deuteronomium, 43; Artus, Etudes, 97 ff;
Schmidt, ATD 7/2, 38 ff. Man beachte die vielen Anfragen, die Schart, Konflikt, 86 gegen eine Trennung von V.17a und V.17b vorbringt, obwohl er sich am Ende der Mehrheitsmeinung anschließt.
246 Vgl. Artus, Etudes, 88 ff. Mit ähnlicher Selbstverständlichkeit geht Seebass, BK.AT 4/2, 86
von diesem Bruch aus. Anders noch Noth, ATD 7, 92.
247 So auch Schart, Konflikt, 86; Levin, Jahwist, 376.

struktion, in V.17b durch eine direkte Rede. Dann ist V.17b ohne V.17a unverständlich, denn in V.17b ist kein eigenes Subjekt für den Narrativ in der 3.masc.sing. genannt. Das Subjekt steht aber in V.17a („Mose"). Und auch inhaltlich widersprechen sich V.17a und V.17b nicht. Gegen die breite Mehrheit der Forschung bedeutet die Aufforderung in V.17b, hinaufzugehen in den Negev und auf das Gebirge, nicht, daß die Kundschafter nur ein Teilgebiet des Landes erforschen sollen.[248] Vielmehr stehen Negev und Gebirge als *partes pro toto* für das ganze Land.[249]

Noch dazu ist V.17b als Anfang einer eigenständigen Kundschaftererzählung ungeeignet. So kann kein nicht-P-Faden begonnen haben. Denn V.17b enthält nicht nur ein Verb, dessen Subjekt in V.17a definiert werden muß (ויאמר „und er sagte"), sondern auch ein undefiniertes Suffix der 3.masc.plur. Das bezieht sich zurück auf die Kundschafter in 13,2f, also auf Verse, die zu „P" und den Zusätzen zu „P" gehören.[250] In der Forschung hat man deshalb meist behauptet, der Beginn der nicht-P Parallelerzählung sei verlorengegangen.[251] Doch kann eine solche Lösung nicht überzeugen. Sie ist grundsätzlich hochproblematisch, weil Argumentationen mit Textausfall fast zwangsläufig zirkulär werden. Schließlich wird man sich den ausgefallenen Text genau so vorstellen, daß er zu den eigenen Thesen paßt. Weiter wäre so nicht zu erklären, wieso Num 13,17b genau den vorhandenen 13,2f.17a entspricht. Es ließe sich kein besserer Kontext für 13,17b denken.

Und nicht zuletzt sind auch die weiteren Argumente für einen zweiten Erzählfäden in Num 13f mit Beginn in V.17b nicht überzeugend. So läßt sich beispielsweise nicht nachweisen, daß in einer zweiten Version (Nicht-P) nur der Süden des Landes erkundet wurde. Alle entsprechenden Aussagen (13,22.23f) lassen sich wie 13,17b als *partes pro toto* deuten. Bei der Episode über die Riesentraube aus dem Tal Eschkol (13,23f) und dem Bericht von den Anakitern in Hebron handelt es sich um Ereignisse während einer Besichtigung des ganzen Landes, nicht um eine eigenständige Erkundung des Südens.[252]

---

248 So aber z.B. Noth, ATD 7, 92; Mittmann, Deuteronomium, 43; Artus, Etudes, 101f; Achenbach, Landnahme, 83.
249 So auch Rabe, Gerücht, 353.
250 S.o., 179f. Van Seters, Life, 367ff rechnet zwar mit V.3 als Beginn der J-Fassung, aber dazu muß er ohne Begründung in V.3 konjizieren.
251 Vgl. z.B. Mittmann, Deuteronomium, 53; Schmidt, ATD 7/2, 40.
252 So auch Levin, Jahwist, 376; Rabe, Gerücht, 354ff. Trotzdem gehören 13,22–24 nicht zum Grundbestand, weil sie nach V.21 nachklappen. Außerdem sind sie in sich nicht einheitlich. Der Anakiterbericht in V.22 ist ein Nachtrag; in V.22 sind nur die ersten beiden Worte ursprünglich (ויעלו בנגב „und sie gingen hinauf in den Negev"). Denn danach wechselt der Numerus von der 3.masc.plur. zur 3.masc.sing. (vgl. auch App. BHS). Mit Achenbach, Landnahme, 85f bezieht sich diese sekundäre 3.masc.sing. auf Kaleb. Als Vorlage diente Jos 15,14. Diesem Text wurde auch die Erwähnung der Anakiter entnommen. V.22f begannen also im Grundbestand: „und sie gingen hinauf in den Negev und kamen bis zum Tal Eschkol ..." (so auch Rabe, Gerücht, 287; Achenbach, Landnahme, 85; etwas anders Artus, Etudes, 108; Schmidt, ATD 7/2, 44). Dies wird von Dtn 1,24a bestätigt, der von Num 13,22f* abhängig ist und eine ganz ähnliche Formulierung bietet (s.o., 154f und u., 5.3.3.3). V.23b ist mit Mittmann, Deuteronomium, 44; Schmidt, ATD 7/2, 44 ebenfalls ein Nachtrag, weil das Abschneiden weiterer Früchte hier nachklappt. Außerdem läßt sich V.23b syntaktisch nicht integrieren. Die hier erwähnten Früchte müßten Objekt zu dem נשא am Ende von V.23a sein, aber dies hat bereits ein Objekt, nämlich das Suffix 3.masc.

Nach dieser ältesten Fassung kehren die Kundschafter zurück, nachdem sie das Land erforscht haben (13,25). Sie verbreiten sofort ein böses Gerede über das Land (13,32abα)[253]. Das Volk reagiert auf das Gerücht der Kundschafter mit Klagen und Aufbegehren (14,1–4).[254]

14,1–4 sind keinesfalls einheitlich. Denn hier fällt auf, daß überflüssigerweise immer wieder das Volk als Subjekt der Handlung genannt wird. Außerdem werden dabei eine Fülle unterschiedlicher Volksbezeichnungen verwendet. Die Murrenden heißen כל העדה („die ganze Gemeinde" 14,1a.2b), העם („das Volk" 14,1b) und כל בני ישראל („alle Israeliten" 14,2a). Dabei entspricht nur das כל בני ישראל in 14,2a den Gepflogenheiten des Grundbestandes. Denn wo das Volk hier auftritt, heißt es immer בני ישראל (13,2a.32abα; s. auch 14,10b).[255] Folglich gehört

---

sing. Man könnte überlegen, ob die Volksetymologie des Tals Eschkol in V.24 auch sekundär ist, da wieder ein Numeruswechsel in die 3.masc.sing. stattfindet (so etwa Artus, Etudes, 107 f; Schmidt, ATD 7/2, 44). Doch ist das nicht sicher, weil gerade in einer solchen Namensätiologie eine 3.masc.sing. als unpersönliches Subjekt passend wäre (so etwa Mittmann, Deuteronomium, 53). Außerdem dürfte der Name „Tal Eschkol" nur um der Etymologie willen gebildet sein, weil er sonst nirgends vorkommt (so Görg, Art. Eschkol, Sp. 596 und andeutungsweise Perlitt, BK.AT 5/2, 99). Num 13,24 ist deshalb wahrscheinlich ein ursprünglicher Bestandteil des Nachtrags Num 13,22*.23a.24.

253 Zu diesem Grundbestand s. o., 176, Anm. 25. Der Bericht der Kundschafter in 13,26–29 kann nicht aus der gleichen Hand stammen wie die Behauptung, sie hätten ein böses Gerede verbreitet, weil beides sich widerspricht. Selbst eine älteste Fassung des Berichts, die nur aus V.26* bestünde (so etwa Rabe, Gerücht, 176 f.292 f.410 f), wäre verhalten positiv. Das Vorzeigen der Früchte (13,26b) würde die Fruchtbarkeit des Landes belegen. Und dieses Vorzeigen der Früchte kann kein Zusatz in V.26 sein. Gegen Levin, Jahwist, 376 kann keine solche Fassung von 13,26 rekonstruiert werden, weil der Vers ohne das nachklappende קדשה und das überflüssige Akkusativobjekt ואת כל העדה eine bruchlose Narrativkette bildet. Ein solcher positiver Bericht in 13,26* widerspräche aber dem Gerücht in 13,32abα, ja, das Gerücht wäre nach diesem Bericht überhaupt nicht mehr glaubhaft. Ähnlich Mittmann, Deuteronomium, 44; Schmidt, ATD 7/2, 39.44 f. Die Verse 26–31 sind äußerst komplex gewachsen. Dabei sind V.26*.27.28abα als Grundbestand zu bestimmen (vgl. Artus, Etudes, 113 zu V.28). Gegen Artus ist V.27 einheitlich, vgl. Mittmann, Deuteronomium, 44 ff und Seebass, BK.AT 4/2, 111. Denn ohne das „und es fließt sogar von Milch und Honig" (וגם זבת חלב ודבש הוא) fehlt in V.27 jede Aussage über das Land.

254 Der Beschwichtigungsversuch des Kaleb in 13,30 ist ein Zusatz mitsamt dem folgenden Widerspruch der Kundschafter in 13,31 (s. u., Anm. 195, Anm. 318). Denn Kalebs Behauptung, daß das Volk über das Land obsiegen würde (so mit HALAT, 393), setzt den sekundären Kundschafterbericht in 13,27–29 voraus, mindestens dessen Grundbestand V.27.28abα (s. o., 182, Anm. 253). Kalebs Aussage ist nämlich nur sinnvoll, wenn vorher von starken Gegnern die Rede war. Weiter kommt seine Rede zu früh. Sie reagiert auf die Unruhe im Volk, die erst in 14,1–4 erzählt wird. Zur Entwicklung des Kalebmotivs s. u., 195 und 221, Anm. 420; 230, Anm. 460.

255 S. o., Anm. 176, Anm. 225 und u., 183. Zu den Termini קהל („Versammlung"), עדה („Gemeinde") und בני ישראל („Israeliten") vgl. Pola, Priesterschrift, 301 f.

allein 14,2a zur Grundschicht. Das Volk murrt, aber es äußert keine konkreten Vorwürfe. In 14,2a wird Aaron neu als Gegenüber des Volkes eingeführt (vgl. die Fortsetzung in 14,5a), während Mose allein für die Aussendung der Kundschafter zuständig ist (13,2a.3a). Das ist kein Indiz für Textwachstum, sondern hängt mit dem Szenenwechsel zwischen Num 13* und Num 14* zusammen.[256]

Mose und Aaron reagieren im Grundbestand auf das Aufbegehren des Volkes, indem sie sich niederwerfen (14,5a). Daraufhin erscheint die Herrlichkeit Jahwes (14,10b). 14,5b–10a sind Zusätze.[257] Dafür sprechen folgende Indizien: Der erste Zusatz, nämlich 14,5b, ist überfüllt. Das Volk wird in einer dreifachen Konstruktusverbindung als כל קהל עדת בני ישראל („die ganze Gemeinde der Versammlung der Israeliten") bezeichnet. Dabei heißt das Volk im Grundbestand sonst (כל) בני ישראל (vgl. 13,2a.32abα; 14,2a.10b). Und solche komplexen Konstruktusverbindungen wie 14,5b kommen dort nicht vor. Offensichtlich sollen in dem sekundären Num 14,5b die beiden Volksbezeichnungen aus Num 13 f בני ישראל und (ה)עדה (vgl. 14,1a.10a.26.35 f) miteinander verknüpft werden (vgl. ähnlich der ebenfalls sekundäre 14,7). Dabei ist (ה)עדה besonders wichtig, um die nachgetragene zweite Strafrede Jahwes mit ihren Folgen 14,26–36.38 vorzubereiten.[258] Denn dort steht v. a. die Volksbezeichnung (כל) העדה הרעה הזאת („diese [ganze] böse Gemeinde" 14,26.35). Der Nachtrag 14,5b dient also dazu, die unterschiedlichen Schichten in Num 13 f miteinander zu harmonisieren. Außerdem wird der Terminus קהל („Versammlung") eingeführt, um zusätzlich eine Angleichung an den Kontext zu erreichen (z. B. Num 15,5; 16,3.33; 17,12).[259]

---

256 Dagegen rechnet die Mehrheit der Forschung den ganzen 14,2 zu „P" (vgl. z. B. Levin, Jahwist, 375; Artus, Etudes, 132; Schmidt, ATD 7/2, 45). Mittmann schlägt vor, 14,2 ganz P zuzuordnen, aber die abweichende Volkbezeichnung כל העדה, den neu eingeführten Aaron und אלהם („zu ihnen") als Nachträge herauszunehmen (vgl. Deuteronomium, 47). Doch gibt es dafür zu wenig sprachliche Indizien, und eine solche Lösung wäre glättend. Daß das Murren im Grundbestand nicht weiter beschrieben wird, hängt damit zusammen, daß das Volk hier eher eine Nebenrolle spielt. Dem entspricht, daß am Ende nicht das Volk bestraft wird, sondern nur die Kundschafter (s. u., 184 ff). Die Vorwürfe des Volkes in 14,2b–4 sind sukzessive hinzugesetzt worden. Dabei dürfte 14,2b der älteste Zusatz sein. Denn nur 14,2b setzt noch nicht den Kundschafterbericht von den starken Landesbewohnern 13,28abα voraus, der ja seinerseits sekundär ist (s. o., 182, Anm. 253).
257 Ähnlich Levin, Jahwist, 375; Artus, Etudes, 132. Anders Rabe, Gerücht, 411 ff; Schmidt, ATD 7/2, 45 f. Mittmann zählt 14,2* (s. o., 183, Anm. 256) und 10b zu P, hat aber keine Argumente, um 5a auszuscheiden (Deuteronomium, 47 ff).
258 S. u., 184 ff.
259 Vgl. Artus, Etudes, 127. Gegen 14,5b als Nachtrag spricht sich Rabe, Gerücht, 310 aus. Auch Levin, Jahwist, 375 und Artus, Etudes, 132 halten 14,5 insgesamt für einen Teil des Grundbestands bzw. einen Teil von „P".

Die Rede von Josua und Kaleb (14,6–9) mit der negativen Reaktion des Volkes (14,10a) ist insgesamt ein Zusatz.[260] Das ist nicht nur an der Inversion am Anfang von 14,6 erkennbar, sondern auch daran, daß Josua und Kaleb erst jetzt als Kundschafter mit Filiation eingeführt werden. Eine solche Vorstellung der beiden kommt viel zu spät. Sie wäre bei der Aussendung der Kundschafter zu erwarten (13,1.2a.3a).[261] Gegen eine Zugehörigkeit von 14,6–9 zum Grundbestand spricht weiter, daß das Volk als כל עדת בני ישראל bezeichnet wird (14,7), was von der Sprachregelung des Grundbestands abweicht (בני ישראל vgl. 13,2a.32abα; 14,2a.10b).[262] Außerdem bezieht sich die Rede von Josua und Kaleb auf eine Reihe von Nachträgen in Num 13,26 ff. So wird die Nachricht von den starken Landesbewohnern in 13,28abα vorausgesetzt. Weiter wird die sekundäre Rede Kalebs aus 13,30 in 14,9* verbessert.[263] Kaleb hatte einfach behauptet, daß das Volk über das Land obsiegen würde[264]. Hier in 14,9* wird diese Behauptung begründet und gesteigert, indem die Landesbewohner „unser [sc. Israels] Brot" genannt werden. Sie sind also ihrem Feind, den Israeliten, hilflos ausgeliefert.[265] Nicht zuletzt steht in 14,9* über 13,30 hinaus die Beruhigungsformel.

In der ältesten Fassung von Num 13 f folgte auf das Erscheinen der Herrlichkeit Jahwes in der Stiftshütte (14,10b) sofort die Strafe für die Kundschafter (14,37). Weil sie ein böses Gerede über das Land verbreitet haben, sterben sie durch eine große Plage. Das Volk wird trotz seines Murrens in dieser ältesten Fassung verschont. Beide Redegänge zwischen Mose und Jahwe über eine Strafe für das ganze Volk sind Zusätze (14,11–25; 14,26–35).[266]

---

260 Dieser Zusatz ist in sich gewachsen. So ist V.8b ein Zusatz, weil er nach V.7b eine Dublette ist. Die Rede vom Land, das von Milch und Honig fließt, in 14,8b, ist eine sekundäre Angleichung an 13,27, wo die gleiche Formel auftaucht (so auch Seebass, BK.AT 4/2, 114). In 14,9a markiert die Inversion ואתם אל תיראו („ihr aber, fürchtet euch nicht") den ursprünglichen Beginn. Weiter ist 14,9b ein Nachtrag, denn an seinem Ende steht eine Abwandlung dieser Formulierung aus 14,9a als Wiederaufnahme (אל תיראם). 14,9* lautete also: „Ihr aber, fürchtet das Volk des Landes nicht, denn sie sind unser Brot." Etwas anders Schmidt, ATD 7/2, 46; Mittmann, Deuteronomium, 48; dagegen Noth, ATD 7, 96. Noth weist Num 14,6–9 außer V.9aα P zu.

261 Offensichtlich setzt Num 14,6–9* die Kundschafterliste in 13,4–15 mit der Umbenennung Hoseas bin Nun zu Josua bin Nun 13,16 noch nicht voraus. Denn nach dieser Liste wäre es überflüssig, Josua und Kaleb noch einmal mit ihrem Vaternamen zu präsentieren.

262 S.o., 179 ff.

263 S.o., 182, Anm. 253 zu Num 13,28abα; o., 182, Anm. 254 zu Num 13,30 und o., 184, Anm. 260 zu Num 14,9*.

264 So mit HALAT, 393; anders Seebass, BK.AT 4/2, 79.

265 Zu den Parallelen mit אכל „essen" vgl. Artus, Etudes, 129.

266 So auch Levin, Jahwist, 376. In der Forschung wird dagegen meist ein Grundbestand des zweiten Redegangs zur ältesten Fassung bzw. zu „P" gezählt, z. B. McEvenue, Style, 90 f; Mitt-

Es gibt eine Reihe von Gründen dafür, daß der Tod der Kundschafter Num 14,37 und die Strafrede Num 14,26–35 nicht aus einer Hand stammen können. Das beginnt mit der logischen Spannung zwischem dem Tod allein der Kundschafter in 14,37 und dem Tod aller Erwachsenen im Volk in 14,29–35: Eigentlich schließt der Tod aller Erwachsenen das Sterben der Kundschafter ein. Deshalb erstaunt bei einer Lektüre des jetzigen Texts, daß ihr Ende in 14,37 noch einmal extra erzählt wird. Weiter wird diese besondere Strafe für die Kundschafter in der Jahwerede 14,26 ff nicht angekündigt. Und die Strafen unterscheiden sich. Die Kundschafter und das Volk sterben unterschiedlich. Das Volk soll durch natürliche Ursachen in der Wüste zugrunde gehen (14,29.32), die Kundschafter aber erliegen einer großen Plage (14,37), also einer gezielten Strafaktion Jahwes.[267] Num 14,37 ist älter als die Strafrede, weil sich der Vers zu ihr sperrig verhält und in keiner Weise auf sie eingeht.

Weiter steht vor Num 14,37 mit V.36 ein auffälliger Überleitungsvers. Offensichtlich soll dieser den bereits vorliegenden V.37 mit der Rede V.26–35 sekundär verklammern.[268] Und schon in der ältesten Fassung der ersten Jahwerede (14,26*[269].27b.28.29*[bis פגריכם „eure Leichen"])[270] bezieht sich die Strafansage

---

mann, Deuteronomium, 53; Artus, Etudes, 151; Schmidt, ATD 7/2, 39. Dagegen ist anerkannt, daß der erste Redegang (14,11–25) zum größten Teil sekundär ist. Man hat hier mit einem kleinen Grundbestand gerechnet (in etwa 11a.23–25*) und ihn dem nicht-P Faden zugewiesen, so z. B. Noth, ATD 7, 96 f; Mittmann, Deuteronomium, 49 f; Artus, Etudes, 145 f; Schmidt, ATD 7/2, 46 ff. Das ist aber nicht plausibel, weil in V.11 kein Bruch vorliegt (so auch Schart, Konflikt, 81 f; s. u., 194 f). Und V. 23ff* können nicht alleine stehen, denn hier fehlt jede Bezugsgröße für die 3.masc. plur. in V.23, und der Sprecher ist nicht klar. Deshalb erklären Schart und Levin mit Recht 14,11 25 für einen nachgetragenen, theologischen Kommentar zu 14,26–35 (Schart, Konflikt, 81; Levin, Jahwist, 376 f).

267 Daß die Spannung zwischen dem Tod aller und dem Tod allein der Kundschafter schon früh wahrgenommen wurde, zeigt sich daran, daß die Dtn-Fassung nur den Untergang aller in der Wüste übernommen hat (Dtn 1,35*.39*; s. o., 159 f). Hier wurde die Spezialstrafe für die Kundschafter ausgelassen.

268 Zu den Problemen von 14,36 vgl. Mittmann, Deuteronomium, 52.

269 Ohne „und zu Aaron", weil im ebenfalls ursprünglichen 14,28 ein Imperativ sing. steht (so auch Seebass, BK.AT 4/2, 122).

270 Vgl. ähnlich Wellhausen, Composition, 110; McEvenue, Style, 90 f; Levin, Jahwist, 376. Etwas anders votieren Mittmann, Deuteronomium, 50 f; Schmidt, ATD 7/2, 50. Sie sehen einen ähnlichen Grundbestand in V.26–29, aber sie finden dessen Fortsetzung in 14,30 ff. Dagegen spricht aber, daß der Gotteseid in 14,30–35 (zur Schichtung s. Levin, Jahwist, 376) eine Dublette zu 14,27–29* ist. Auch nach Noth, ATD 7, 98 sind V.30–32 Zusätze. Wenn hier gesagt wird, daß das Volk das Land nicht sieht, ist das eine Wiederholung des Untergangs in der Wüste in 14,27–29*. Außerdem ist V.32 eine Wiederaufnahme von V.29* (so auch Seebass, BK.AT 4/2, 87). Den Zweck der in sich gewachsenen V.30–35 hat Levin richtig gesehen. 14,27–29* kennen keine Ausnahme für die Kin-

14,26–29* („in dieser Wüste werden eure Leichen fallen" [V.29*]) auf den sekundären Todeswunsch der Israeliten in 14,2b („[...] wenn wir doch in Ägypten oder in dieser Wüste gestorben wären").[271]

Mit 14,37 endete die älteste Version der Kundschaftergeschichte; 14,38.39–45 sind sämtlich sekundär.[272] Num 14,38 trägt nach, daß die Kundschafter Josua und Kaleb den Untergang ihrer Gefährten überleben (vgl. 14,6: „aber Josua, der Sohn Nuns, und Kaleb, der Sohn Jefunnes, von denen, die das Land erkundet haben ..."). In diesem Vers wird 14,37 nach den Zusätzen in 14,6–10a korrigiert. Außerdem fällt die umständliche und überflüssige Partizipialkonstruktion in 14,38bβ aus dem Rahmen, und der gesamte 14,38 klappt nach. 14,39 fungiert als Überleitung zu 14,40–45 und ist im Zusammenhang damit zu betrachten.

In 14,39–45 werden Informationen vorausgesetzt, die im Grundbestand von Num 13 f nicht vorkommen – und auch nicht in den Zusätzen.[273] Das zeigt sich an dem unverzichtbaren 14,40. Hier steigt das Volk auf den Berg oder das Gebirge (אל ראש ההר), weil Jahwe ihm das befohlen hat (so auch Num 14,44). Aber in Num 13 f findet sich keine Spur eines entsprechenden Kommandos an das ganze Volk, und Berge spielen eher eine marginale Rolle (z. B. 13,29).[274]

---

der. Das mußte aber ergänzt werden, um zu verhindern, daß das Volk in der Wüste ausstirbt (vgl. Jahwist, 376). Vermutlich hat für diese Korrektur Dtn 1,35*.39* als Vorbild fungiert, s. u., 204 f.

271 S.o., 182 f.

272 So auch Mittmann, Deuteronomium, 52 f; Levin, Jahwist, 376 f; Artus, Etudes, 154 ff. Dagegen zählt Schmidt, ATD 7/2, 50 ff den V.38 zu „P", also zum Grundbestand.

273 Daran scheitert die in der Forschung beliebte Lösung, Num 14,39–45* der nicht-P Fassung zuzuordnen, vgl. z. B. Noth, ATD 7, 98 f; Mittmann, Deuteronomium, 45 f; Artus, Etudes, 153; Schmidt, ATD 7/2, 51 f. Gegen Frevel, Blick, 130 ff kann der Berg nicht mit dem Sinai identifiziert werden. Nach Frevel will nämlich das Volk in Num 14,39–45* zum Sinai zurückkehren und um Vergebung bitten. Allerdings ist in diesem Abschnitt keine Rede von Vergebung. Weiter spricht gegen die Gleichsetzung des Berges mit dem Sinai, daß die Amalekiter und Kanaanäer als Bewohner des Berges gelten (V.45 הישב בהר ההוא [„die auf jenem Berg wohnen"], vgl. auch den sekundären V.43; s. u., 187, Anm. 275). Frevels Versuch, die Amalekiter mit Verweis auf Ex 17,8 ff (die Schlacht gegen Amalek) zu erklären, überzeugt nicht, weil diese Schlacht nicht am Sinai stattfindet, sondern in Refidim (Ex 17,8). Nicht zuletzt sind die sprachlichen Bezüge zur Sinaiperikope, die Frevel nennt, unspezifisch. So ist z. B. die Verbindung von שכם Hiphil und בבקר („früh aufstehen") aus Num 14,40 im Alten Testament weit verbreitet (vgl. HALAT, 1383) und stellt deshalb keinen Bezug zu Ex 24,4 und 34,4 her.

274 הר in Num 13 f vor 14,40 ff nur in 13,17b.29 belegt. Für den Befehl könnte man höchstens an 13,17b denken. Aber das ist kein Jahwebefehl, und der Halbvers richtet sich auch nicht an das ganze Volk. Vielmehr steht hier die nachgetragene Aufforderung des Mose an die Kundschafter (s. o., 179 ff), in den Negev und ins Gebirge zu gehen. 13,29 ist ein Zusatz (s. o., 182, Anm. 253), und die Stelle über den Berg in diesem Vers (והאמרי יושב בהר „und die Amoriter wohnten im Gebirge") ist ein Zitat aus Dtn 1,44.

Damit stellt sich die Frage, woher der Verfasser von Num 14,40.44 wußte, daß der Ort, zu dem das Volk gehen sollte, auf einem Berg oder in einem Gebirge lag. Die Antwort ist einfach: aus Dtn 1. Denn dort spielt der Befehl eine entscheidende Rolle, ins Gebirge der Amoriter zu gehen (הר האמרי; Dtn 1,20). Der Abschnitt Num 14,39–45*[275] setzt genau diese Aufforderung in Dtn 1,20 voraus, ist also von Dtn 1 abhängig. Der Abschnitt über den gescheiterten Landnahmeversuch in Dtn 1,41–43.44*(ohne „in Seïr").45[276] war Vorbild für Num 14,39–45* (39–41a.42.44 f).[277]

---

275 Der Abschnitt Num 14,39–45 hat nur wenige Zusätze erhalten. So wurde die Rede des Mose um die dublettenhaften V.41b.43 erweitert. Dagegen wird in der Forschung meist V.42 für einen Zusatz gehalten und V.43 für ursprünglich (z.B. Mittmann, Deuteronomium, 52; Schmidt, ATD 7/2, 51). Doch wurde dabei nicht beachtet, daß ohne V. 42 kein klares Verbot geäußert wird, auf den Berg zu ziehen. Die Textfolge V.41.43 ergäbe nur eine Warnung, die auf Berechnung der Kräfte Israels und der ortsansässigen Völker beruht. Das paßt nicht zu der Einleitung in V. 41a, die immerhin vor Übertretung eines Jahwebefehls warnt. Außerdem erklärt sich V. 43 gut als sekundäre Erläuterung des איביכם („eure Feinde") in V. 42. Alle Bedenken gegen V.42 gründen im Sprachgebrauch des Verses. So sei etwa קרב außerhalb von V.42.44 nur in den nachgetragenen Num 14,11–25 belegt (V.11b.13 f; vgl. Mittmann, Deuteronomium, 52 f). Doch ist das kein zulässiges Argument für den Nachtragscharakter eines Verses. Weiter sind Informationen über die feindlichen Völker wie in Num 14,43 auch sonst in Num 13 f Zusätze (13,29; 14,25a s. z.B. Schmidt, ATD 7/2, 45.48).

276 S.o., 160. Die Jahwerede aus Dtn 1,42 wurde in Num 14,41a.42 zu einer Moserede, um den Text zu kürzen. Denn auch in Dtn 1,43 gibt Mose die Jahwerede an das Volk weiter. Das wird in Num 14,41a.42 zu einer Moserede zusammengefaßt. Weiter ist Num 14,39–45* nicht die einzige Stelle in Num 13 f, die nach dem Vorbild von Dtn 1 gestaltet wurde. Auch Num 14,25b entspricht dem Vorbild Dtn 1,40 (so auch Aurelius, Fürbitter, 134; Schmidt, ATD 7/2, 49; van Seters, Life, 379; dagegen Seebass, BK.AT 4/2, 121). Denn die Verbindung der Imperative von פנה und נסע ist typisch für Dtn 1–3* (z.B. 1,7.40; 2,1.3), kommt aber in Num 13 f sonst nicht vor. Außerdem spielt der Befehl, zurück zum Schilfmeer zu gehen, in Dtn 1–3*, eine wichtige Rolle, denn er leitet über zum Weg von Seïr nach Moab in Dtn 2f* (s.o., 5.1.4). Dagegen wird in Num eine solcher Umweg in südlicher Richtung nicht erzählt (vgl. den Kadesch-Aufenthalt in Num 20 und den folgenden Zug nach Moab Num 21,10 f).

277 So auch Aurelius, Fürbitter, 135, Anm. 29; van Seters, Life, 379 f; dagegen Seebass, BK.AT 4/2, 94. Von der bisherigen Forschung wurde diese Abhängigkeit größtenteils übersehen (vgl. z.B. Mittmann, Deuteronomium, 52 ff; Schmidt, ATD 7/2, 51; Artus, Etudes, 151 ff). Nur Achenbach, Landnahme, 75 ff berücksichtigt die engen Berührungen zwischen Dtn 1,40–45 und Num 14,39–45. Doch geht er ohne weitere Begründung davon aus, daß sich diese Berührungen aus einer gemeinsamen Vorlage erklären, die in beiden Texten benutzt wurde (vgl. Landnahme, 75). Da eine solche Vorlage nicht erhalten ist, bleibt dieses Verfahren sehr hypothetisch. Weiter ist es im einzelnen nicht plausibel. So setzt Dtn 1,41 keine Übermittlung eines Gerichtsworts voraus, die nach Achenbach in einer älteren Vorlage gestanden habe und in Num 14,39 erhalten sei (so aber Achenbach, Landnahme, 76). Die Reue des Volkes in Dtn 1,41 ist in ihrem jetzigen Kontext ohne weiteres sinnvoll. Sie paßt sehr gut als Antwort auf den Befehl, zurück zum Schilfmeer zu

Dies läßt sich durch eine Fülle weiterer sprachlicher Berührungen von Num 14,39–41.42.44 f mit Dtn 1,41–45* erhärten.[278] So findet sich in Num 14,40 das Verb חטא („sündigen") für den Ungehorsam des Volkes. Die gleiche Formulierung steht in Dtn 1,41, und das Verb ist sonst in Num 13 f nicht belegt. In Num 14,40 und in Dtn 1,41 steht dieses Verb im Perfekt und in der 1.com.plur. Weiter werden die Feinde in Dtn 1,44 und in Num 14,45 als הישב בהר ההוא beschrieben („die in jenem Gebirge wohnen"). In Num 14,45 steht das Partizip wie in Dtn 1,44 im Singular, obwohl es sich anders als in Dtn 1,44 auf zwei Völker bezieht.[279] Und in Dtn 1,42 und in Num 14,42 wird mit ganz ähnlichen Worten gesagt, daß Jahwe nicht mit dem Volk ist. Beide Male taucht בקרבכם („in eurer Mitte") auf, in Dtn 1,42 in einer Jahwerede und in Num 14,42 in einer Rede des Mose über Jahwe. Davor steht in beiden Versen ein Imperfekt 2.masc.plur. von עלה, als Vetitiv in Num 14,42 und als Prohibitiv in Dtn 1,42 („geht nicht hinauf!").

Es wurde also folgender Grundbestand für Num 13 f gefunden: Num 13,1.2a.3a.21.25.32abα; 14,2a.5a.10b.37. Nun ist zu klären, ob dieser Grundbestand mit einigen Erweiterungen das Vorbild für Dtn 1* war oder ob dazu ein zweiter, älterer Erzählfaden in Num 13 f diente (Nicht-P/J).[280] Dazu muß als erstes geklärt werden, ob es eine solche ältere Fassung überhaupt gab.

---

ziehen (Dtn 1,40). Denn es leuchtet auch ohne Übermittlung einer Gerichtsrede wie in Num 14,39 ein, daß in Dtn 1,40 der Exodus widerrufen wird und daß das eine Strafe ist. Außerdem sollen die Murrer nach Dtn 1,35* in der Wüste sterben. Reue ist da die logische Konsequenz. Allerdings hat Achenbach richtig erkannt, daß Dtn 1,40–45 durchwegs die ältere Fassung ist (Landnahme, 75 ff). Der Abschnitt steht nur nicht näher an einer verlorenen Vorlage, sondern er ist selbst diese ältere Vorlage für Num 14,39–45.

278 Vgl. auch Harvey, Retelling, 9.

279 Dabei werden die Amoriter aus Dtn 1* in Num 14,45 durch die gängigeren Kanaanäer und Amalekiter ersetzt, vgl. Achenbach, Landnahme, 77, v. a. Anm. 93.

280 Dies ist die Auffassung, die die Mehrheit der Forscher vertritt, vgl. z. B. Noth, ATD 7, 91; Mittmann, Deuteronomium, 57; Schmidt, ATD 7/2, 41; Veijola, ATD 8/1, 31 f vgl. auch Wagner, Herrlichkeit, 61. Eine Variante dieser Lösung vertreten Achenbach und Otto, indem sie davon ausgehen, eine schon schriftliche Grunderzählung (GE) sei von dem Verfasser von Dtn 1 und vom Verfasser von Num 13f* rezipiert worden. In eine ähnliche Richtung gehen die Überlegungen von Gertz, Funktion, 112, Anm. 32. Später seien nach Otto und Achenbach die werdenden Num 13 f entsprechend Dtn 1 und GE redigiert worden (vgl. Otto, Deuteronomium, 62 ff; ders., HThKAT, 381 ff; Achenbach, Landnahme, 60 f). Zwischen Achenbach und Otto ist umstritten, ob GE aus Num 13 f rekonstruiert werden kann (so *de facto* Otto, Deuteronomium, 62) oder aus Num 13 f und Dtn 1 (so Achenbach, 60 ff).

5.2.2 Ist in Num 13 f ein zweiter Erzählfaden (Nicht-P) nachweisbar?

Es wird sich zeigen, daß der Grundbestand Num 13,1.2a.3a.21.25.32abα; 14,2a.5a.10b.37 der einzige vollständige Erzählfaden in Num 13 f ist. Alle übrigen Stücke sind Zusätze zu dieser Erzählung. Das läßt sich folgendermaßen begründen:[281] Zentrale Stücke eines potentiellen nicht-P Fadens[282] sind deutlich aus den von P beeinflußten oder noch jüngeren Stücken herausgewachsen und auf sie angewiesen.[283] Dies betrifft den Moseauftrag an die Kundschafter 13,17–18a, den Bericht der Kundschafter in 13,26.27.28abα, das Murren des Volkes 14,1.2b–5[284] sowie jegliche Fassung von Jahwes Strafrede (14,11–25 und 14,26–35).[285] Ebenso gilt dies vom Einwurf Josuas und Kalebs 14,6–10a. Deshalb bereitet es größte Schwierigkeiten, überhaupt zu sagen, wo echtes Nicht-P, also ein Text ohne jede Spur von P, in Num 13 f zu finden ist.[286]

Nun ist im einzelnen zu zeigen, wie die nicht-P Stücke aus dem „P"-Grundbestand und Ergänzungen im Stil von P herausgewachsen sind. Wir beginnen mit Num 13,17–18a. Denn dieser Moseauftrag an die Kundschafter ist für eine eigenständige nicht-P Erzählung unverzichtbar. Ohne ihn hingen die folgenden Ausführungen über den Weg der Kundschafter ins Tal Eschkol (Grundbestand:

---

281 Zu ähnlichen Ergebnissen kommt Witte bei seiner Untersuchung von Num 22–24. Auch in diesem Textbereich erweisen sich wichtige Stücke, die vorher J zugesprochen wurden, als Zusatzschicht in einem nach-P Grundbestand (vgl. Segen, 208 ff).

282 Als „nicht-P" werden im folgenden Textanteile bezeichnet, die sprachlich weder mit P^G noch mit P^S verwandt sind (s. u., 5.4). Zu der traditionellen Zuordnung des nicht-P Fadens in Num 13 f zu J bemerkt schon Mittmann: „Signifikante Kriterien der Zuordnung [*sc.* zum Jahwisten] lassen sich freilich aus der Erzählung selbst nicht gewinnen" (Deuteronomium, 55). Schmidt ordnet die nicht-P Erzählung nur J zu, weil Dtn 1* davon abhängig sei und seinerseits von DtrH stamme (vgl. ATD 7/2, 42). Eine solche Hypothesenverkettung ist jedoch sehr problematisch. Weil es in Num 13 f selbst also keine Indizien für einen J-Faden gibt, kann hier auf Überlegungen in diese Richtung verzichtet werden. Zu den grundsätzlichen Problemen der Hypothese einer Quellenschrift J, s. o., 5.1.2.2.

283 So auch Rabe, Gerücht, 413 ff; Knipping, Kundschaftergeschichte, 497 ff. Die Tendenz hat schon Levin klar gesehen, vgl. Jahwist, 376.

284 V.2a gehört zu „P".

285 Zur Literargeschichte s. o., 185 f und 184, Anm. 266; 185, Anm. 270. Zu Num 13,17 vgl. den Exkurs o., 180 f.

286 Man könnte erwägen, ob der Weg nach Hebron und ins Tal Eschkol in Num 13,22–24 frei von P-Einflüssen ist. Aber das ist zweifelhaft, da dort mit עלה („hinausgehen") und בוא („kommen") Stichworte auftauchen, die sonst in dem „P"-Vers 13,21 und in dem von P beeinflußten 13,27 stehen (s. o., 180 und u., 190 f). Außerdem könnte man an die kurze Rede des Kaleb Num 13,30 denken. Aber dies setzt die aus 13,26* herausgewachsenen 13,27f* voraus, und in 13,26* zeigt sich P-Einfluß (s. u., 191 f).

Num 13,22*[nur „und sie gingen hinauf in den Negev"].23a.24)[287], über ihren Bericht, Kalebs Appell, das Murren des Volkes und die göttliche Strafe dafür in der Luft.[288] Nun hat sich 13,17 als einheitlich erwiesen,[289] und 13,17a enthält mit תור ein typisches Stichwort des „P"-Grundbestands und der von „P" beeinflußten Nachträge (Num 13,2.16 f.21.32; 14,6 f.34.36.38). Außerdem hat sich Num 13,17 als Wiederaufnahme nach der Kundschafterliste 13,4–16 erwiesen,[290] und diese wird traditionell mit P in Verbindung gebracht, ist aber noch deutlich jünger.[291]

Weiter sind 13,17–18a offensichtlich auf 13,21 aus dem „P"-Grundbestand hin verfaßt. Denn Mose fordert in V. 18a die Kundschafter auf, sich das Land (הארץ) anzusehen und zu sagen, wie es ist. Diesen Auftrag können die Kundschafter nicht erfüllen, wenn sie mit dem nicht-P Text 13,22–24* nur bis ins Tal Eschkol kommen und eine Traube abschneiden (Grundbestand: Num 13,22*[nur „und sie gingen hinauf in den Negev"].23a.24). Vielmehr müssen sie dazu das ganze Land sehen. Und das steht in 13,21 aus dem „P"-Faden. Folglich setzen 13,17–18a den „P"-Vers 13,21 voraus.[292]

Das gleiche gilt für den nicht-P Kundschafterbericht mit dem Grundbestand 13,27.28abα.[293] Wieder ist 13,21 („P") vorausgesetzt. Denn die Kundschafter könnten nicht über den Zustand des ganzen Landes berichten, wenn sie nur

---

287 S.o., 181, Anm. 252.

288 Der Weg der Kundschafter ins Tal Eschkol (Num 13,22–24*) hat dagegen auch ohne V.17.18a eine Einleitung, wenn man wie in der vorliegenden Arbeit von einer Ergänzungshypothese ausgeht. Denn dann steht immer schon die „P"-Einleitung 13,1.2a.3a zur Verfügung, durch die die Aufgabe der Kundschafter klar ist. Folglich können im Rahmen einer Ergänzungshypothese 13,22–24* älter sein als 13,17.18a, eben weil 13,22–24* dann an 13,1.2a.3a.21 anschlossen und so einen sinnvollen Kontext hatten.

289 S. den Exkurs o., 180 f.

290 S.o., 179 f.

291 Vgl. Schmidt, ATD 7/2, 43; Achenbach, Landnahme, 79 f.

292 Das gilt noch mehr für die sukzessive angewachsenen Num 13,18b–20. Denn diese detaillierten Fragen über die Stärke der Landesbewohner, die Qualität des Landes und die Befestigung der Städte können die Kundschafter nur beantworten, wenn sie sich das ganze Land angesehen haben. Dazu reicht es nicht, mit der Endgestalt von Num 13,22–24 im Negev, in Hebron und im Tal Eschkol gewesen zu sein. Weiter spielen die Stadtmauern von Hebron auffälligerweise in 13,22 gar keine Rolle. Es wird nicht erwähnt, daß sich die Kundschafter dafür interessieren. Dies zeigt, wie schlecht die Nicht-P-Anteile in Num 13 f aufeinander abgestimmt sind. Auch in Dtn 1* steht Num 13,21 implizit im Hintergrund. Denn auch hier erwartet das Volk eine Besichtigung des ganzen Landes (Dtn 1,22*), und die Kundschafter beurteilen das ganze Land positiv (1,25), müssen es also gesehen haben. Num 13,21 wurde in der Dtn-Version aber ausgelassen, um eine Jordanüberschreitung vor Jos 3 f zu vermeiden. Dies ist ein zentrales Anliegen des Verfassers von Dtn 1–3*, s. u., 202 ff.

293 Zur Wachstumsgeschichte s. o., 182, Anm. 253.

einen kleinen Ausschnitt um das Tal Eschkol gesehen hätten. Die Kundschafter sagen in 13,27 sogar selbst, daß sie im ganzen Land waren: „Wir kamen in das Land, in das du uns geschickt hast (שלחתנו)". Hier wird außerdem mit שלח Qal ein typisches Stichwort aus dem „P"-Grundbestand (13,2a.3a) und entsprechenden Nachträgen (13,2b.16.17; 14,36) verwendet, da diese Wurzel in Num 13f sonst nicht belegt ist.[294] Die Aussage der Kundschafter bezieht sich am wahrscheinlichsten auf 13,3a aus dem „P"-Grundbestand, wo Mose die Kundschafter losschickt.[295]

Außerdem ist Num 13,27 auf einen Grundbestand des vorangehenden V.26 angewiesen. Denn sonst wäre nicht klar, daß sich das Suffix der 3.masc.sing. zu Beginn von V.27 (ויספרו לו „und sie erzählten ihm") auf Mose bezieht.[296] In 13,26 kann aber kein Grundbestand ohne den Terminus עדה („Gemeinde") rekonstruiert werden.[297] Und dieser ist charakteristisch für P und v. a. für P[s].[298] Daraus folgt, daß Num 13,26* offensichtlich unter dem Einfluß priesterschriftlicher und jünge-

---

294 Der Konsequenz, daß der Verfasser von 13,27 die „P"-Anteile kennt, kann Artus nur ausweichen, indem er behauptet, das שלח stamme aus alter Tradition, weil es auch in Dtn 1,22 vorkomme (vgl. Etudes, 113). Doch liegt hier eine andere Lösung viel näher als das Argumentieren mit nichterhaltenem Text: Dtn 1,22 ist ebenfalls von „P" in Num 13f abhängig. S.u., 5.3.3.3. Die Beobachtung, daß Num 13,27 auf Num 13,1.2a.3a Bezug nimmt, spricht weiter gegen Achenbachs These, Num 13,1.2a seien erst spät in die werdenden Num 13f eingearbeitet worden und hätten einen älteren Erzählanfang verdrängt (vgl. Landnahme, 78f und 123, Anm. 313).
295 Dies erkennt man in Dtn 1*. Die Darstellung der entsprechenden Szenen in Dtn 1,22*.23.24a.25 spiegelt eine Textfolge Num 13,1.2a.3a.21.22–24*.26.27f* wider (s.u., 5.3.3.2f), wie man etwa daran erkennt, daß Mose den Kundschaftern in Dtn 1,23 wie in Num 13,3a nicht in direkter Rede sagt, was sie anschauen sollen (anders Num 13,17–18a). Was die Kundschafter erkunden sollen, steht in dieser rekonstruierten Fassung von Num 13f* und in Dtn 1* in dem Auftrag an Mose, Kundschafter loszuschicken (Num 13,2a; Dtn 1,22*). Außerdem entsprechen sich die Elemente „Weg ins Tal Eschkol", „Bringen der Früchte aus eigenem Antrieb" und „Bericht an Mose, Aaron und das Volk" (אתנו „uns" in Dtn 1,25) in Num 13,22–27 in der o. dargestellten Fassung und in Dtn 1,22–25*. Nur Aaron wurde in Dtn 1* gestrichen (s.u., 205f).
296 So auch Mittmann, Deuteronomium, 46. Die Versuche der bisherigen Forschung, einen nicht-P Faden ohne V.26 zu rekonstruieren, leuchten nicht ein. Denn so kann nicht erklärt werden, wieso das Suffix 3.masc.sing. am Versbeginn unbestimmt bleibt. Noth, ATD 7, 94f muß hier mit Textausfall rechnen. McEvenue beschreibt lediglich die Lage. Daß z.B. die Nomina, auf die sich die Suffixe in V.17b (s.o., 181) und V.27 beziehen, in seinem JE-Faden fehlen, nennt er die *lacunae* von JE. Sie seien entstanden, als JE-Stücke bei der Verbindung von P und JE gestrichen worden seien (vgl. Style, 100).
297 In Num 13,26 sind nur die überflüssige Ortsangabe קדשה („nach Kadesch") und ואת כל העדה („und die ganze Gemeinde") in V.26b nachgetragen. ואת כל העדה kann syntaktisch nicht eingeordnet werden (so auch Mittmann, Deuteronomium, 46). Die Ortsangabe „Kadesch" ist eine sekundäre Angleichung an Num 20 und Dtn 1,46, s.o, 160 und u., 5.3.3.2. Ähnlich auch Schart, Konflikt, 87; Artus, Etudes, 111.
298 Vgl. Pola, Priesterschrift, 170.301f.

rer Texte steht.[299] Und damit ist klar, daß der vermeintliche nicht-P Kundschafterbericht in 13,27f* zwei Verse aus dem „P"-Grundbestand voraussetzt (13,3a.21)
und einen Nachtrag in P-Sprache (13,26*). 13,27f* sind also aus einem erweiterten
„P"-Text herausgewachsen.

Das gleiche Phänomen begegnet in dem Bericht über das Murren 14,1.2b–5
(V.2a gehört zu „P"). Es liegt auf der Hand, daß es sehr schwer ist, hier eine nicht-P
Fassung zu finden. Denn in diesen Versen häufen sich Volksbezeichnungen, die
üblicherweise mit P und Zusätzen im Stil von P verbunden werden: העדה („die
Gemeinde"), הקהל („die Versammlung"), בני ישראל („die Israeliten") und sogar
eine Kombination dieser drei in 14,5b. Nur in 14,1b steht eine potentielle Nicht-
P-Volksbezeichnung, nämlich העם („das Volk").[300] Folglich kommt allein 14,1b
für einen nicht-P Faden in Frage.[301] 14,1b lautet: „Und das Volk weinte in jener
Nacht." Doch diese Aussage ist sehr unspezifisch. Wer weint, begehrt in der Regel
nicht gegen Jahwe auf, sondern beklagt etwas.[302] Folglich wäre es ungerecht,
wenn Jahwe das Volk allein für sein Weinen mit dem Tod fast aller strafen würde
(14,11–25.26–36).[303] Das Weinen in 14,1b muß demnach durch eine der Aussagen
in 14,2b–4 ergänzt werden. Der nicht-P Faden muß nach 14,1b in 14,2b–4 fortgesetzt werden.[304] Aber eine solche Fortsetzung kann literarkritisch nicht ermittelt
werden. Denn die gesamte Rede 14,2b–4 hängt von dem Redebeginn in 14,2b ab.

---

299 Noth und Artus ziehen daraus die richtige Konsequenz und rechnen 13,26 zu P (Noth, ATD 7,
94; Artus, Etudes, 111f.118). Nur das קדשה hält Noth für einen Rest der alten J-Fassung, den ein
Redaktor in den P-Text eingebaut habe. Das überzeugt nicht. Artus betrachtet das Wort mit Recht
als späten, harmonisierenden Nachtrag. Die Versuche der jüngeren Forschung, in 13,26 einen
nicht-P Kern zu finden, überzeugen aufgrund ihrer Literarkritik nicht (vgl. z.B. Schmidt, ATD 7/2,
35.44). Denn Schmidt scheidet in 13,26a ohne Begründung genau die Elemente aus, die gegen eine
Zuordnung zu J sprechen: „Aaron", „die ganze Gemeinde" und die Ortsangabe „Wüste Paran". So
bleiben nur 13,26a* („und sie gingen und kamen zu Mose nach Kadesch"). Das ist zirkulär!
300 Vgl. Pola, Priesterschrift, 170.300ff.
301 Dazu paßt, daß Baden ohne viel Federlesen den gesamten Abschnitt 14,1–10 außer V.1b P
zuschreibt (vgl. Redaction, 116f). Noth, Mittmann und Schmidt rechnen außer 14,1b noch 14,1aβ
zu Nicht-P/J (vgl. Noth, ATD 7, 95; Mittmann, Deuteronomium, 47; Schmidt, ATD 7/2, 45). Dagegen
spricht, daß der Numerus- und Personwechsel in Num 14,1a keinen literarischen Bruch anzeigt.
Es ist durchaus üblich, daß ein Verb vor einer Volksbezeichnung im femininen Singular steht
und danach im Plural (vgl. Joüon-Muraoka § 150 e; so auch Artus, Etudes, 124).
302 Vgl. Stolz, Art. בכה, Sp.313ff. Zur einzigen Parallele von בכה in einer Murrgeschichte
(Num 11), s.u., 5.3.3.1; 5.5.
303 So aber Schmidt, ATD 7/2, 45.
304 Davon geht die Mehrheit der Forschung aus. Dabei betrachten Noth, Aurelius und Artus 14,4
als Nicht-P-Fortsetzung (vgl. Noth, ATD 7, 95; Aurelius, Fürbitter, 131; Artus, Etudes, 124). Mittmann dagegen sieht sie in 14,2 (vgl. Deuteronomium, 47). Struppe, Herrlichkeit, 152 betrachtet
sogar V.3f insgesamt als diese Weiterführung.

14,3 knüpft an 14,2b an. Das zeigt schon das ו („und") vor למה („warum"). Weiter ist die Behauptung in 14,3, daß der Exodus nur zum Untergang des Volkes führt, eine Begründung für den Todeswunsch in 14,2b. Und der Vorschlag in 14,4, ein anderes Oberhaupt als Mose einzusetzen und nach Ägypten zurückzukehren, ist eine Schlußfolgerung aus 14,3.[305] Weil nach 14,3 die Landnahme zum Untergang des Volkes führt, ist es besser, zurück nach Ägypten zu gehen.[306] Die ganze Rede 14,2b–4 ist also aus 14,2b herausgewachsen.[307]

In 14,2 insgesamt sind die P-Einflüsse manifest. Sie zeigen sich an den Volksbezeichnungen בני ישראל („Israeliten") und כל העדה („die ganze Gemeinde") sowie an dem Todeswunsch in 14,2b. Denn ein Todeswunsch mit מות Qal („sterben") findet sich in den Murrgeschichten nur noch in Ex 16,3, und auch hier wird P imitiert.[308]

Der Halbvers in Nicht-P-Sprache 14,1b ist also deutlich auf die sukzessive gewachsene Rede 14,2b–4 hin komponiert, deren älteste Anteile in 14,2b von P-Sprache geprägt sind (14,2a gehört zu „P"). Daß Num 14,1b auf die folgende Rede unter P-Einfluß angewiesen ist, bestätigt die einzige weitere Verwendung von בכה („weinen") in einer Murrgeschichte. Es handelt sich um den nicht-P Text Num 11.[309] Dort steht בכה in V.4.10.13.18.20. Aber hier ist בכה außer in V.10 immer von einer Form von אמר („sagen", vgl. Num 14,2b) und einem Zitat des Murrens begleitet. בכה erfordert also in einer Murrgeschichte immer eine Wiedergabe der entsprechenden Aussagen. Dies findet sich in Num 14 in der nach-P Rede V. 2b–4, die noch dazu wie die Murrzitate in Num 11 von einer Form von אמר eingeleitet wird (14,2b). Das zeigt, daß Num 14,1b von Anfang an mit Blick auf die Rede 14,2b–4 hin verfaßt wurde. Es handelt sich um eine Angleichung an Num 11,4.10.13.18.20, die eben diese nach-P Rede voraussetzt. Der vermeintliche Nicht-P-Bestand 14,1b ist also eindeutig ein Zusatz zu einem nach-P Text (14,2b).

In der Rede Josuas und Kalebs 14,6–10a läßt sich dagegen eine Stilmischung beobachten. Hier erscheinen Stilelemente von P und nach-P Texten zusammen mit nicht-P Stil schon in der Grundschicht dieser Verse. Es kann kein stilreiner P- oder Nicht-P-Grundbestand mehr rekonstruiert werden. So beginnt der

---

305 Anders Noth, ATD 7, 95.

306 So auch Mittmann, Deuteronomium, 47.

307 Zur Literargeschichte läßt sich sagen, daß 14,2a zur Grundschicht gehört (s. o., 182f). 14,2b ist der älteste Nachtrag und der Ausgangspunkt für das sukzessive Wachstum der Rede (s. o., 183, Anm. 256).

308 So auch Schmidt, ATD 7/2, 45; Struppe, Herrlichkeit, 152. Allerdings rechnen Struppe und Schmidt mit P^G in Ex 16. Siehe dagegen u., 5.4.1.

309 Vgl. Noth, ATD 7, 75; Schmidt, ATD 7/2, 19 ff.

Appell Josuas und Kalebs mit einer Redeeinleitung unter P-Einfluß (14,6.7a). Diesen Einfluß erkennt man an dem Verb תור sowie an der Volksbezeichnung כל עדת בני ישראל ("die ganze Gemeinde der Israeliten").[310] Doch darauf folgt eine Rede (Grundbestand: 14.7.8a.9a*[ab „ihr aber"])[311], die an den ermutigenden Appell des Kaleb aus 13,30 angelehnt ist. Und dieser Appell zeigt keinerlei P-Spuren, ist also eher zu den nicht-P Texten zu zählen.[312] Es kann weder die P-Redeeinleitung in 14,6.7a noch die nicht-P Rede in 14,7–9* alleine stehen. Folglich hat der zuständige Verfasser gezielt P- und Nicht-P-Sprache kombiniert.[313]

In der ersten Strafrede Jahwes 14,11–25 kann ebenfalls kein Grundbestand rekonstruiert werden, der nicht von später Sprache geprägt ist. Diese späten Einflüsse zeigen sich etwa daran, daß Ex 32 und 34 aufgegriffen (vgl. Num 14,12 und Ex 32,10 sowie Num 14,18 und Ex 34,6) und mit dem dtr. ירש Hiphil kombiniert („vertreiben" Num 14,12, vgl. z. B. Dtn 11,23; Jos 23,5; Jdc 1,27 ff; II Reg 17,8) werden. In der Forschung ist deshalb schon lange anerkannt, daß Num 14,11b–22 spät sind.[314] Trotzdem wird von einigen in V.11a.23–25* ein älterer nicht-P Faden gesucht. Das gelingt aber nicht. Denn in 14,11 liegt kein literarischer Bruch vor, sondern aus rhetorischen Gründen fragt Jahwe zweimal עד אנה („wie lange").[315] Weiter bezieht sich die adverbiale Bestimmung am Ende von 14,11b („trotz all der Zeichen, die ich in seiner [sc. des Volkes] Mitte getan habe") auf die beiden Fragen in 11a und in 11b und verbindet diese. Dann besteht sprachlich kein Unterschied zwischen 14,11a und 14,12ff, der ein viel höheres Alter von 14,11a rechtfertigen könnte. In 14,11a und in 14,13.14–16.19 erscheint beispielsweise die Volksbe-

---

310 S.o., 5.2.1 sowie Struppe, Herrlichkeit, 156; Smend, Entstehung, 49.

311 S.o., 184, Anm. 260.

312 Vgl. Mittmann, Deuteronomium, 53; Artus, Etudes, 118; Schmidt, ATD 7/2, 45.

313 So auch Mittmann, Deuteronomium, 48; Artus, Etudes, 130 ff. Wegen dieser Stilmischung kann man 14,6–9* gegen Schmidt, ATD 7/2, 46 keinesfalls zu P rechnen. Und weil die Redeeinleitung in 14,6.7a unverzichtbar ist, ist in V.8 f gegen Wellhausen, Composition, 101 nichts von JE nachweisbar. Für die zweite Jahwerede 14,26–35 ist in der Forschung anerkannt, daß kein älteres Material darin enthalten ist. Wellhausen und wenige andere suchen zwar in 14,30–33 ein kurzes Stück aus JE, können aber nur mit der Parallele in Dtn 1 argumentieren (Composition, 101; vgl. Artus, Etudes, 149 zu weiteren Befürwortern dieser These). Das entscheidende Argument gegen diese These ist, daß 14,30–33 nicht ohne die von P beeinflußten 14,26–30* stehen können, denn sonst sind Sprecher und Adressaten nicht klar. Deshalb werden 14,26–35* insgesamt heute meist P zugeschlagen (vgl. Noth, ATD 7, 97 f; Mittmann, Deuteronomium, 50 ff; Artus, Etudes, 149 ff; Schmidt, ATD 7/2, 50). Zur Frage, ob 14,26–35* zum „P"-Grundbestand gehörten s. o., 184 ff.

314 Vgl. Noth, ATD 7, 96 f; Mittmann, Deuteronomium, 49 f; Schmidt, ATD 7/2, 48 f; Boorer, Promise, 337 f.356 ff; Artus, Etudes, 139 ff.

315 So auch Schart, Konflikt, 81; dagegen z. B. Mittmann, Deuteronomium, 49 f; ähnlich Boorer, Promise, 334.

zeichnung הזה העם sowie eine psychologisch raffinierte theologische Argumentation. Wenn aber 14,11 einheitlich und spät ist, fehlt einer potentiellen nicht-P Fassung die Einleitung. Ohne einen älteren Bestand aus 14,11 ist nicht klar, wer in 14,23–25* spricht. Und auch sonst kann keine Fassung von 14,23–25 ohne den vorherigen Kontext stehen. Denn V.23 beginnt mit einer undefinierten 3.masc. plur. Diese muß sich auf הזה העם in 14,11ff beziehen oder auf „alle Männer" in 14,22. Sowohl in 14,11 als auch in 14,22 finden sich aber späte Termini, etwa נאץ in 14,11 („verschmähen") und נסה Piel („erproben") in 14,22.[316] Daraus folgt, daß in 14,11–25 keine Spuren älterer Texte nachweisbar sind. Vielmehr liegt ein sukzessive gewachsener, junger Zusatz vor.[317]

Exkurs: die Verschonung Kalebs (Num 14,24)
Wenn 14,11–25 insgesamt sekundär und sehr jung sind, folgt daraus, daß die Rede des Kaleb in 13,30 und seine Verschonung in 14,24 nicht aus einer Hand stammen. Das bestätigen stilistische Differenzen zwischen 13,30 und 14,24. So behauptet Kaleb in 13,30 ohne theologische Argumente, das Volk würde über das Land obsiegen. In 14,24 lobt dagegen Jahwe Kalebs Verhalten hochtheologisch und verleiht ihm sogar den Titel „mein Knecht" (vgl. z. B. Gen 26,24; Num 12,7f; Jos 1,2). Wenn nun 14,24 viel jünger ist als 13,30, folgt daraus im Rahmen einer Ergänzungshypothese nicht, daß Kaleb trotz seines Einsatzes sterben mußte. Vielmehr ist davon auszugehen, daß Kaleb in 13,30 ein Mitglied des Volkes war, kein Kundschafter. Schließlich wird Kaleb in 13,30 nicht als Kundschafter eingeführt. Und 13,4–16 und 14,6–10a, die Kaleb unter die Kundschafter einreihen, standen noch nicht im Text. Dasselbe gilt für 13,31, nach dem Kalebs Mitkundschafter ihm widersprechen.[318] Vor der Ergänzung der zweiten Jahwerede 14,26–35* mußten nach 14,37 nur die Kundschafter sterben (s. o., 5.2.1). Wenn also 13,30 vor 14,26–35* ergänzt wurde, blieb Kaleb sowieso am Leben, weil er kein Kundschafter war und kein böses Gerede verbreitet hatte. Dafür, daß 13,30 älter als 14,26–35* ist, sprechen die sehr einfache Argumentation in 13,30 und daß in Kalebs Rede nur die älteste Fassung des Kundschafterberichts 13,27.28abα[319] vorausgesetzt wird. Num 13,30 wurde demnach ziemlich früh in die werdenden Num 13f aufgenommen, um die besonderen Erfolge Kalebs bei der Landnahme (vgl. Jdc 1,12–15) durch einen Vermerk über sein Vertrauen zu Jahwe zu ergänzen.[320]

---

316 Vgl. Artus, Etudes, 139ff und o., 47, Anm. 108.

317 So auch Aurelius, Fürbitter, 132ff; Levin, Jahwist, 376f. Bereits die Überlegungen von Wellhausen gehen in diese Richtung. Er betrachtet Num 14,11–25 als ein Produkt von JE, das einen nicht erhaltenen, kurzen Kern aus J ersetzt habe (vgl. Composition, 102).

318 In 13,31 fällt die Inversion zu Versbeginn auf. Außerdem wird die seltenere Verwendung von יכל („können") im Sinne von „obsiegen" aus 13,30 hier nachträglich vereinfacht und erklärt (13,31: „wir können nicht hinaufgehen"; vgl. HALAT, 392f). Und nicht zuletzt paßt 13,31 nicht zu dem vorherigen Kundschafterbericht in 13,27.28abα. Dort ist lediglich von der Stärke der Landesbewohner die Rede, nicht aber wie in 13,31 davon, daß sie Israel überlegen seien. 13,31 wurde nachgetragen, um einen besseren Übergang zwischen 13,30 und 13,32abα aus dem Grundbestand („P") zu schaffen.

319 S.o. 182, Anm. 253.

320 Noch der Zusatz Dtn 1,36 weiß nicht, daß Kaleb Kundschafter war. Jos 14,6–15, die von Ka-

Fazit: Es hat sich also erwiesen, daß in Num 13 f kein zweiter, nicht-P Erzählfaden rekonstruiert werden kann. Zentrale Stücke, die sprachlich nicht von P beeinflußt sind, haben sich als Zusätze erwiesen, die aus dem „P"-Grundbestand oder Nachträgen zu diesem Grundbestand herausgewachsen sind. Dies betrifft den Moseauftrag in 13,17–18a, den Kundschafterbericht 13,26 f.28abα, das Murren in 14,1.2b–5, die Rede Josuas und Kalebs in 14,6–10a sowie die erste Jahwerede in 14,11–25. Die Rede Kalebs in 13,30 setzt 13,26 f.28abα voraus.

Scheinbar geht die Lösung von Otto auf das Problem ein, daß alle Stücke ohne P-Sprache nicht ohne die Teile unter P-Einfluß („P" und entsprechende Nachträge) stehen können. Er nimmt an, der Verfasser von „P" habe eine ältere Fassung (die Grunderzählung GE) eingebaut.[321] So kann Otto zwar erklären, warum die nicht-P Zusätze die von P beeinflußten Texte voraussetzen. Aber gegen seine These spricht, daß die Zusätze nicht auf einmal eingebaut wurden, sondern sukzessive. So ist Num 13,30 über Kaleb älter als die Jahwerede in 14,11–25.[322] Folglich kann der Verfasser von „P" nicht allein für dieses Einarbeiten zuständig gewesen sein. Weiter berücksichtigt Otto nicht ausreichend, daß die Zusätze in Num 13 f nicht zu einer sinnvollen Geschichte zusammengebaut werden können, also nicht auf eine gemeinsame ältere Fassung oder Tradition zurückgehen.[323] So passen die Anweisungen des Mose in 13,17–20, was die Kundschafter klären sollen, nicht zu dem, was sie sich tatsächlich ansehen (13,22*[bis „Negev"].23.24a[?]). Mose wünscht detaillierte Informationen über Bodenbeschaffenheit, Bewohner und Städte, v. a. deren Befestigung (Num 13,17–20), aber die Kundschafter besuchen als einzige Stadt Hebron und kümmern sich nicht um deren Stadtmauern (13,22–24*). In 13,27.28abα folgt die nächste Unstimmigkeit: Die Kundschafter berichten von befestigten Städten, obwohl sie nach 13,22–24* eigentlich gar nichts dazu sagen könnten. Und in dem nicht-P Schluß Num 14,39–41a.42.44 f geht das Volk zur Landnahme auf einen Berg, der vorher nicht eingeführt wurde.[324] Die Zusätze in Num 13 f lassen sich also viel besser als Einzelergänzungen *ad hoc* erklären als als Spuren einer älteren Fassung der Geschichte.

Das hat wiederum Folgen für die Frage nach den Num-Bezügen von Dtn 1–3*. Oben wurde die These von Achenbach, Otto und Römer vorgestellt, daß Num ein

---

lebs Kundschaftertätigkeit ausgehen, sind eine späte Kombination von Num 13 f und Dtn 1 (s. u., 221, Anm. 420).

321 Vgl. Otto, Deuteronomium, 55 f; ähnlich Achenbach, Landnahme, 123, Anm. 313. Siehe auch u., 5.3.

322 S.o., 195.

323 So auch Rabe, Gerücht, 429. Otto erkennt das Problem nur ansatzweise (vgl. Deuteronomium, 62).

324 S.o., 186.

Brückenbuch sei, das jünger sei als Dtn 1–3* und die Blöcke Gen-Lev mit Dtn-Jos (so Achenbach und Otto) oder Dtn-II Reg (so Römer) verbände. Das kommt aber nur in Frage, wenn Dtn 1–3* *nicht* von der jetzigen Fassung der Kundschaftergeschichte in Num 13 f abhängig sind, sondern von einer Vorform, sei das J oder eine andere, nicht erhaltene alte Fassung.[325] Nun hat sich aber herausgestellt, daß es weder einen J-Faden noch eine andere ältere Form der Kundschaftergeschichte gegeben hat. Das spricht gegen die These von Achenbach, Otto und Römer. Nun ist zu klären, inwieweit Dtn 1–3* von einem erweiterten „P"-Faden in Num abhängig sind. Sollte das der Fall sein, ist die Hypothese von Num als Brückenbuch zwischen Gen-Lev und Dtn-Jos nicht mehr haltbar, denn dann existierte ja zum Zeitpunkt der Entstehung von Dtn 1–3* schon ein beträchtlicher Anteil von Num. Und gegen Dtn 1–3* als Anfang von DtrL oder DtrG spräche die enge Verbindung mit Num als einem Buch außerhalb dieser Geschichtswerke. Wollte man trotzdem an der Hypothese festhalten, daß DtrL oder DtrG mit Dtn 1–3* begonnen haben, müßte man diese Erzählwerke deutlich später datieren, als das bisher vorgeschlagen wurde.[326] Sie könnten erst nach P entstanden sein, und setzten die Verbindung von P und Nicht-P im Pentateuch voraus.[327]

5.3 Das Verhältnis von Num 13 f und Dtn 1

Da im Fall von Num 13 f und Dtn 1 zwei Texte verglichen werden müssen, die ihrerseits gewachsen sind, ist klar, daß es sich um ein ausgesprochen kompliziertes Problem handelt. Denn es steht weder fest, daß der Verfasser des jüngeren Textes den älteren in seiner Endfassung ausgewertet hat, noch daß er den ältesten Kern seines Vorbilds benutzt hat. Vielmehr muß geklärt werden, von welchem Wachstumsstadium der Vorlage dieser Verfasser abhängig ist. Weiter ist damit zu rechnen, daß beide Texte nachträglich durch harmonisierende Zusätze aneinander angeglichen wurden. Und nicht zuletzt muß man klären, ob sich der Verfasser des jüngeren Texts genau an sein Vorbild gehalten hat oder ob er es abgewandelt hat.

---

325 S.o., 5.1.2.5.

326 S.o., 145 f.

327 Vgl. auch Schmid, Deuteronomium, 196 f sowie die Vorschläge von Sénéchal zur Modifikation von Ottos und Achenbachs These zu Dtn 1–3. Nach Sénéchal kann man das Problem der Num-Bezüge von Dtn 1–3 so entschärfen, daß entweder DtrL den Tetrateuch kannte oder daß Dtn 1–3 vom Hexateuch- oder vom Pentateuchredaktor stammen (vgl. Sénéchal, Rétribution, 29).

In der bisherigen Forschung bestand trotz aller Probleme nahezu Konsens, daß Dtn 1*[328] von einer vorpriesterschriftlichen Fassung der Kundschafterge- schichte in Num 13 f abhängig ist.[329] Meistens wurde davon ausgegangen, daß der Verfasser von Dtn 1* den nicht-P Faden aus Num 13 f kannte, und dieser Faden wurde dem Jahwisten zugeschrieben.[330]

Doch ist diese etablierte Lösung hochproblematisch, weil eben kein nicht-P Faden rekonstruiert werden kann. Alle nicht-P Anteile sind deutlich aus dem „P"-Grundbestand herausgewachsen oder aus Zusätzen dazu. Sie haben also nie ohne „P" und dessen Nachträge existiert.[331] Man könnte versuchen, dieses Problem zu lösen, indem man annimmt, die ältere Vorlage sei nicht erhalten. So gehen Achenbach und Otto von einer nicht erhaltenen, aber schon schriftlichen Fassung der Kundschaftergeschichte aus, der Grunderzählung (GE). Diese sei nach Otto zuerst vom Verfasser des jüngeren Fadens in Num 13 f („P") rezipiert worden, und danach vom Verfasser von Dtn 1*.[332] Doch spricht gegen diese Modi-

---

328 Im folgenden ist von Dtn 1* die Rede, weil sich die Untersuchung auf dieses Kapitel kon- zentrieren wird. Dabei ist aber zu beachten, daß Dtn 1* eine ursprüngliche Fortsetzung in Dtn 2,1–3.8b.9*(bis „zu mir").13.17.24*(bis „Arnon").30a.32 f; 3,29 hatte. S.o., 5.1.4.

329 Über alle bisherigen Modelle im Rahmen der Neueren Urkundenhypothese hinaus meint Baden sogar nachweisen zu können, dem Vf. von Dtn 1–3* seien J und E noch getrennt vorgele- gen und er habe in Dtn 2,2–3,11 ausschließlich E verwendet (vgl. Redaction, 130 ff.305 f). Für lite- raturwissenschaftliche Ansätze spielt das Problem von möglichen literarischen Abhängigkeiten in Dtn 1–3 keine Rolle (vgl. z. B. Taschner, Mosereden, 18 ff.190 ff).

330 Vgl. z. B. Wellhausen, Composition, 193.196 ff; Driver, ICC, 9 f (ganz allgemein JE in Ex-Num); Mittmann, Deuteronomium, 55 ff (J und dtr. Erweiterungen zu J); Lohfink, Darstellungskunst, 16 f; Braulik, NEB, 25 (JE); Perlitt, BK.AT 5/2, 89 f; Veijola, ATD 8/1, 31 ff; Schmidt, ATD 7/2, 41 f. Noth, Studien, 27 ff rechnet damit, daß der Verfasser von Dtn 1–3* außer nicht näher bestimm- baren alten Teilen von Num 13 f sonst nicht erhaltene, alte Überlieferungen verarbeitet hat. So stellt sich Noth ansatzweise der Schwierigkeit, überhaupt altes Textgut in Num 13 f zu finden. Vor allem in der angelsächsischen Forschung zeichnet sich dagegen eine Tendenz ab, ohne literar- kritische Differenzierung zu behaupten, Dtn 1 sei von Num 13 f abhängig. Dabei werden Anteile aus allen Schichten in Num 13 f als Vorbilder für Dtn 1 gesehen, einschließlich des „P"-Grund- bestands und der Zusätze im P-Stil (vgl. z. B. Weinfeld, AncB 5, 144; Harvey, Retelling, 10.99; Houtman, Fortschreibung, 2 f).

331 Aurelius, Fürbitter, 132 ff sieht dieses Problem in aller Klarheit für Num 14,11–25 (anders Boorer, Promise, 386). Allerdings findet Aurelius noch keine plausible Alternative zur herkömm- lichen Lösung. So erwägt er entweder, Rose zu folgen und Dtn 1 für den Gebertext zu halten oder allein in Num 13 die Vorlage für Dtn 1 zu suchen (vgl. Fürbitter, 134 f). Einem nicht-P Faden allein aus Num 13 fehlte nicht nur der Anfang, weil dieser Faden bei 13,17b abrupt einsetzen müßte (s.o, 180 f). Er enthielte auch nicht das Murren und die Strafe, da beide erst in Num 14 erzählt werden. Damit gibt Aurelius den nicht-P Faden *de facto* auf, und das geht in die richtige Richtung.

332 Vgl. Otto, Deuteronomium, 62 ff; ders. Deuteronomiumstudien I, 113.150 ff. In eine prinzi- piell ähnliche Richtung gehen die Überlegungen von von Rad, ATD 8, 27 f; Gertz, Funktion, 112,

fikation der herkömmlichen These, daß die nicht-P Anteile von Num 13 f nicht zu einer schlüssigen Geschichte zusammengesetzt werden können, also nicht auf eine gemeinsame Quelle zurückgehen.[333]

Vielmehr ist davon auszugehen, daß es vor der „P"-Grundschicht gar keine Kundschaftergeschichte gegeben hat. „P" (13,1.2a.3a.21.25.32abα; 14,2a.5a.10b.37) ist die älteste Fassung des Stoffes. Dafür spricht auch die theologische Entwicklung im Lauf der Entstehungsgeschichte von Num 13 f und Dtn 1. In der „P"-Grundschicht sind die Fragen angelegt, die die Zusätze zu P und Dtn 1* dann klarer herausarbeiten. So ist „P" als älteste Version der Kundschaftergeschichte noch keine Geschichte über Glauben und Unglauben, aber es ist schon deutlich, daß diese Erzählung einmal dazu werden muß. Denn die Frage nach Glauben und Unglauben ist in der „P"-Version angelegt, auch wenn sie noch nicht ausgesprochen wird. In „P" geht es hauptsächlich um die Undankbarkeit der Kundschafter, die das Land als Gabe Jahwes verschmähen und leichtfertig ein böses Gerede darüber verbreiten (13,32abα). Dafür werden sie mit dem Tod bestraft (14,37). Das Volk hat in dieser Fassung nur eine Nebenrolle. Sein Murren illustriert (14,2a), wie gefährlich das Gerücht der Kundschafter war. Entsprechend wird das Volk in dieser ältesten Version nicht bestraft.[334]

Die Grundschicht von Num 13 f („P") fordert zu der Frage heraus, warum sich das Volk auf das Gerede der Kundschafter einließ, auch wenn in ihr diese Frage noch nicht diskutiert wird. Und diese Frage ist der Auslöser für die weitere Entwicklung. Sie ist der Anstoß, daß aus Num 13 f sukzessive eine Glaubensgeschichte wurde oder besser gesagt eine Unglaubensgeschichte. Dtn 1* und die Zusätze zu Num 13f* kreisen genau um diese Frage, wieso das Volk sich von den Kundschaftern aufwiegeln ließ. Lag es an den tatsächlichen Gefahren der Landnahme (z. B. Num 13,27.28abα; 14,3; Dtn 1,27)? Oder war das Volk aufsässig und damit letztlich ungläubig (Num 14,11; Dtn 1,26.32)? Wie konnte das Volk so gestimmt sein, obwohl es doch Jahwes bisherige Hilfe mit eigenen Augen gesehen

---

Anm. 32; Römer, Sojourn, 441; ders., Buch, 128; ders., Périphérie, 31. Abweichend von Otto versucht Achenbach, GE aus Num 13 f und aus Dtn 1 zu rekonstruieren (vgl. Landnahme, 60 ff). Doch geht Achenbach sehr thetisch vor. Außerdem datiert er den erhaltenen Beginn von Num 13 f in V.1.2a sehr spät (vgl. Landnahme, 60.78 ff.123, Anm. 313). Er nimmt an, daß die Erzählung sehr lange mit einem anderen als dem heutigen Anfang existiert habe und daß dieser ursprüngliche Beginn nicht erhalten sei. Dagegen spricht aber, daß Num 13,27 mit dem Stichwort שלח („senden") auf den jetzt vorliegenden Beginn in Num 13,1.2a Bezug nimmt. Achenbach übergeht dieses Problem (vgl. Landnahme, 94 ff).

333 S.o., 196.

334 S.o., 5.2.1 zur „P"-Grundschicht.

hatte (Num 14,11.22; Dtn 1,30)?[335] Geht man so der Frage nach, warum das Volk sich von den Kundschaftern beirren ließ, muß man letztlich nach seiner Haltung zu Gott fragen, und damit ist man auf dem Weg zur Frage nach seinem Glauben.

Wenn nun der „P"-Faden die älteste Fassung der Kundschaftergeschichte ist, stellt sich die Frage nach dem Verhältnis von „P" in Num 13f und Dtn 1*(Dtn 1,1a.6.7*[bis „Gebirge der Amoriter"].19.20.22abα.23.24a.25–27.29f.31a* [nur „und in der Wüste"]b.32.34.35*[ohne „diese böse Generation"].39*[ab ובניכם].40–43.44*[ohne „in Seïr"].45) neu. Es muß geklärt werden, inwieweit Dtn 1* nicht doch auf die „P"-Version der Geschichte reagiert.[336]

Tatsächlich gibt es einige signifikante Gemeinsamkeiten zwischen Dtn 1* und einem erweiterten „P"-Faden von Num 13f („P":13,1.2a.3a.21.25.32abα; 14,2a.5a.10b.37 mit den Erweiterungen 13,22*[nur „sie gingen hinauf in den Negev"].23a.24; 13,26*.27.28abα; 13,30; 14,2b.3; 14,26*[ohne „und zu Aaron"].27b.28.29*[bis „eure Leichen"]). So fällt etwa auf, daß Mose in Dtn 1* und in dieser Fassung von Num 13f die Kundschafter ohne explizite Fragen über das Land losschickt (Num 13,1.2a.3a.21; Dtn 1,22abα). In beiden Texten wird das mit שלח („senden") formuliert (Num 13,2a.3a; Dtn 1,22abα). Und am Ende der Geschichte stimmt die Reihenfolge folgender Handlungselemente überein:

---

335 Sobald das Murren des Volkes als Schuld betrachtet wurde, mußte natürlich das Volk wie die Kundschafter bestraft werden. Dabei entspann sich zwischen Num 13f und Dtn 1 eine Debatte, ob alle getötet wurden (Num 14,26–29*, s.o., 182, Anm. 253) oder ob die Kinder überleben (Num 14,22f; 14,30–32; Dtn 1,35*.39*). Weiter wurde darüber nachgedacht, ob es im Volk positive Ausnahmen gab, so die älteste Version von Kalebs Einspruch Num 13,30 (s.o., 184.195). Später wurde überlegt, ob das Land nicht doch wenigstens die Kundschafter Josua und Kaleb überzeugte, so daß sie zum Vertrauen auf Jahwe aufriefen (Num 14,6–10a). Und wenn man erst einmal annahm, einzelne im Volk oder unter den Kundschaftern hätten zum Vertrauen auf Jahwes Hilfe ermutigt, mußte klargestellt werden, daß diese einzelnen von der Strafe verschont blieben (Num 14,24.38; Dtn 1,36.38 s.o., 157ff.184ff).
336 Zu Tendenzen v.a. in der angelsächsischen Forschung, in Dtn 1–3 auch Abhängigkeiten zu priesterschriftlich beeinflußten Texten in Num 13f wahrzunehmen, s.o., 198, Anm. 330. Tatsächlich sind Spuren von P und Zusätzen im P-Stil auch sonst im Dtn-Rahmen nachweisbar (vgl. auch Lohfink, Väter, 108f). So kommt in Dtn 10,3 Akazienholz (עצי שטים) als Material der Lade vor, und das verweist auf die entsprechenden Aussagen im Stiftshüttengesetz (Ex 25,10) und in dessen Ausführung (Ex 37,1) (so schon Nöldeke, vgl. Wellhausen, Composition, 195; Owczarek, 171f; Achenbach, Vollendung, 192). Die jüngste Diskussion hat ergeben, daß Ex 25,10 und damit auch 37,1 zu P^s gehören (vgl. Pola, Priesterschrift, 262ff; Porzig, Lade, 12ff). Ebenfalls verdächtig in bezug auf P-Einflüsse ist das Wort מסע („Aufbruch") in Dtn 10,11, weil es sonst nur in P- und Nach-P-Stellen belegt ist (Gen 13,3; Ex 17,1; 40,36.38; Num 10,2.6.12.28; 33,1f). Gen 13,3 ist nachendredaktionell, vgl. Levin, Jahwist, 145. Zu den Num-Stellen s. Achenbach, Vollendung, z.St.; zu Ex 17,1 vgl. Levin, Jahwist, 357 und u., 214f, v.a. Anm. 389; zu Ex 40,36.38 s. Pola, Priesterschrift, 226ff; Kratz, Komposition, 106f; Porzig, Lade, 19 und u., 214, Anm. 393.

„Jahwe hört das Murren" (Num 14,27b; Dtn 1,34) – „Gotteseid" (Num 14,28; Dtn 1,35*[ohne „diese böse Generation"] – „Strafankündigung" (Num 14,29*; Dtn 1,35*). Das kommt in den Murrgeschichten sonst so nicht vor.[337]

5.3.1 Die theologischen Anliegen des Verfassers von Dtn 1*
und ihre Umsetzung bei der Verarbeitung seiner Vorlage aus Num 13f

Bevor die Gemeinsamkeiten zwischen Dtn 1* und einem erweiterten „P"-Faden von Num 13 f im einzelnen untersucht und geprüft werden können, muß man sich vergegenwärtigen, nach welchen Prinzipien der Verfasser von Dtn 1* seine Vorlage bearbeitet hat. Denn er ist sehr frei mit seiner Textvorlage umgegangen.[338] Er hat sein Vorbild in Num 13 f entsprechend seinen theologischen Intentionen umgestaltet und gerne ausgelassen, was ihnen widerspricht.[339] Um also zurück- schließen zu können, was ihm genau vorlag, muß man diese Grundsätze berück- sichtigen. Die Umgestaltungen betreffen das „P"- und das Nicht-P-Gut in Num 13 f. Um dem Verdacht zirkulärer Argumentation zuvorzukommen, sollen die Veränderungen im folgenden v. a. anhand der nicht-P Vorlagen erläutert werden.

In der Hauptsache arbeitet der Verfasser von Dtn 1* nach zwei Grundsätzen. Erstens versucht er, die ihm vorliegende Textfolge Dtn-Jos klarer zu ordnen. Dabei unterscheidet er streng zwischen der Moserede in Dtn und der Landnahme in Jos. Er sieht die Geschichte so, daß das Volk im Ostjordanland (vgl. z. B. Dtn 1,1a) Moses Mahnrede und das Gesetz hört, aber kein Land erobert (vgl. Dtn 2f*). Die

---

337 Es ist auch in Num 14,11–25 nicht der Fall, wo herkömmlich die nicht-P Fassung von Jah- wes Strafrede gesucht wird (zum Problem s. o., 194 f und 184, Anm. 266). Hier fehlt nämlich der Vermerk, daß Jahwe das Murren hört, und anstelle dessen steht ein viel reflektierterer Schuld- aufweis (Num 14,11.22). Aurelius beobachtet richtig, daß vollkommen unerklärlich ist, wie der Verfasser von Dtn 1* diesen Schuldaufweis vernachlässigen konnte – es sei denn, er lag ihm noch nicht vor (vgl. Fürbitter, 133). Zu weiteren wichtigen Elementen aus Num 14,11–25, die in Dtn 1* ohne Grund fehlen, vgl. Aurelius, Fürbitter, 132 ff. Zum Verhältnis der Kundschafterliste Num 13,4–16 und Dtn 1,23 s. u., 206, Anm. 358.
338 Das ist in der Forschung Konsens, denn die Veränderungen bei den Übernahmen aus dem nicht-P Bestand in Num 13 f wurden natürlich schon lange beobachtet. Vgl. z. B. Wellhausen, Composition, 197 f; Noth, Studien, 31; Mittmann, Deuteronomium, 57 ff; Perlitt, BK.AT 5/2, 88; Weinfeld, AncB 5, 145; Schmidt, ATD 7/2, 47; Veijola, ATD 8/1, 32. Mit Recht weist Lohfink, Darstel- lungskunst, 19 darauf hin, daß der Verfasser von Dtn 1–3* damit rechnete, daß seine Leser Num 13 f kannten (so auch Kratz, Ort, 109). Folglich ist jede Ähnlichkeit, aber auch jede Veränderung gegenüber diesem Text ein Signal für den Leser.
339 Dies betrifft etwa Nebenfiguren wie den Kaleb aus Num 13,30 (nicht-P) und den Aaron aus 13,26 (Zusatz unter P-Einfluß). S. u., 205 f.

Landnahme gehört nach Ansicht dieses Verfassers ausschließlich in das ihm vorliegende Buch Jos, und folglich gibt es seiner Meinung nach keine Eroberungen vor der Jordanüberquerung.[340] Zweitens will der Verfasser von Dtn 1* eine Beispielgeschichte erzählen über die Wurzeln des Unglaubens in einer grundsätzlichen Verschlossenheit des Menschen vor Gott, über die Folgen des Unglaubens und über die Schwierigkeit, ihn zu überwinden.[341]

Zum ersten Prinzip: Was die Geographie betrifft, legt der Verfasser von Dtn 1* großen Wert darauf, daß das Westjordanland erst in Jos betreten wird (vgl. Dtn 1,1a sowie Jos 1,2.11 aus anderer Hand).[342] Die Kundschafter in Dtn 1* dürfen ihren Kollegen in Jos 2 nicht zuvorkommen, und das Volk muß bis zur Jordanüberquerung in Jos 3 f warten. Deshalb wird in Dtn 1* die Handlung soweit wie möglich ins Ostjordanland verlegt. Bezüge auf das Westjordanland, wo die Geschichte in Num 13 f spielt (z. B. Num 13,2a.22*[nur „und sie gingen hinauf in den Negev"].23a), werden verschleiert. Sie bleiben nur erhalten, wo der Verfasser von Dtn 1* klarmachen will, daß das Volk das verheißene Land nicht will (z. B. Dtn 1,25 f).[343]

Diese Tendenz wird deutlich, wenn man vergleicht, wie in Num 13 f und in Dtn 1* der Weg ins Tal Eschkol geschildert wird (Num 13,22*[nur „und sie gingen hinauf in den Negev"].23a; Dtn 1,24a).[344] Die Formulierung ist so ähnlich, daß die literarische Abhängigkeit von Dtn 1,24a von Num 13,22f* auf der Hand liegt.[345] In beiden Stücken beginnt die Erzählung über den Weg der Kundschafter mit ‏ויעלו‎ („und sie gingen hinauf") und einer Ortsangabe. Dies wird fortgesetzt mit

---

340 Vgl. ähnlich Otto, Deuteronomiumstudien I, 196. Der Verfasser von Dtn 1* liegt damit auf einer Linie mit den meisten Texten in Dtn (z. B. Dtn 5,31; 12,1; 15,4; 17,14; 19,2). Diese Dtn-Texte stammen aus ganz unterschiedlichen Händen, vgl. Veijola, ATD 8/1, z.St. In Dtn 2 f wird die Unterscheidung zwischen Predigt im Ostjordanland und Landnahme im Westjordanland erst sekundär aufgegeben, indem nun von Landeroberungen im Ostjordanland die Rede ist (Dtn 2,34–37; 3,1–7; 3,8–17; s.o., 5.1.4). Dies steht in Spannung zu den Vermerken im Gesetzescorpus wie Dtn 12,1; 17,14, daß das Gesetz erst in dem Land eingehalten werden soll, das das Volk in Zukunft erobern wird. Diese Texte scheinen noch keine Vermerke über die Eroberung des Ostjordanlands in Dtn 2 f zu kennen. Zum Alter der Ortsangaben in Dtn 34,1.6 vgl. Perlitt, Priesterschrift, 139 ff.
341 S.o., 5.1.5.
342 Bezeichnenderweise dient mit Jos 7,7 ausgerechnet eine Klage Josuas über die Jordanüberquerung als Vorbild für die Infragestellung des Exodus in Dtn 1,27. S. dazu u., 208, Anm. 365.
343 S. auch u., 204.
344 Num 13,22f* ist nicht-P, s.o, 189, Anm. 286 sowie die Kommentare z.St.
345 So auch Perlitt, BK.AT 5/2, 98 f; Veijola, ATD 8/1, 35; Otto, Deuteronomiumstudien I, 155. Anders Plöger, Untersuchungen, 46 f; van Seters, Life, 374. Rose, Deuteronomist, 282 versucht, die sprachliche Übereinstimmung durch eine ältere Überlieferung zu erklären, die Dtn 1,24a und Num 13,23a unabhängig voneinander ausgewertet hätten. Das ist erstens zu hypothetisch, da es nicht an Texten nachprüfbar ist. Zweitens übersieht Rose, daß Dtn 1,24a auch von Nummer 13,22* („und sie gingen hinauf in den Negev") literarisch abhängt.

ויבאו עד נחל אשכל („und sie kamen bis zum Tal Eschkol"). Nur die Ortsangabe hinter ויעלו unterscheidet sich. Hier steht in Num 13,22* בנגב („in den Negev") und in Dtn 1,24a ההרה („ins Gebirge"). Offensichtlich wurde also die Ortsangabe „in den Negev" durch „ins Gebirge" ersetzt. Und das kann nur einen Sinn haben: Der Negev liegt westlich des Jordans. Wird also explizit gesagt, daß die Kundschafter durch den Negev ziehen, haben sie das Westjordanland betreten. Ersetzt man dagegen diesen Ortsnamen durch „ins Gebirge", ist nicht mehr klar, ob sich die Kundschafter östlich oder westlich des Jordans aufhalten. Der Bezug aufs Westjordanland aus der Vorlage Num 13 f wurde so erfolgreich verdunkelt.[346]

Weiter bezieht sich ההרה aus Dtn 1,24a auf das Gebirge der Amoriter (הר האמרי), das nach Dtn 1,7*(bis „Gebirge der Amoriter")[347].20 dem Volk gegeben wird. Mit Hilfe dieses Gebirgsnamens kann der Verfasser von Dtn 1* oft vermeiden, direkt vom verheißenen Land selbst, also dem Westjordanland, zu reden. Anstelle dessen deutet er an, daß die Kundschaftergeschichte eigentlich im Ostjordanland spielt.

Dafür ist die Ortsangabe „Gebirge der Amoriter" vorzüglich geeignet. Denn dieses Gebirge ist im Alten Testament nirgends sonst belegt und somit örtlich nicht fixierbar. Es könnte östlich oder westlich des Jordans liegen.[348] In vielen alttestamentlichen Texten über die Amoriter bleibt völlig offen, wo sie leben (z. B. Gen 15,16; I Reg 21,26; Ez 16,3.45; Am 2,9 f).[349] Wo etwas über den Wohnort der Amoriter gesagt wird, werden sie mal westlich des Jordans (z. B. Jos 5,1; 7,7; 10,5 f) und mal östlich des Jordans angesiedelt (z. B. Num 21,13.25 f.31 f; Jdc 10,8; 11,22). Geht es um Amoriter im Gebirge, kann dieses Gebirge westlich des Jordans liegen (Jos 10,5 f) oder seine Lage wird nicht geklärt (Jos 11,3).

---

346 Das obskure Tal Eschkol machte offensichtlich keine solchen Probleme. Das Tal ist nur in Num 13 f und Dtn 1 belegt und nicht lokalisierbar (so auch Seebass, BK.AT 5/2, 109). Möglicherweise hat es nie existiert, sondern der Name wurde um der Volksetymologie in Num 13,24 willen entwickelt (so Görg, Art. Eschkol, Sp. 596 und andeutungsweise Perlitt, BK.AT 5/2, 99). Jedenfalls konnte der Leser es je nach Vorgabe des Kontextes verorten, also in Num 13 f im Negev und in Dtn 1* irgendwo im Gebirge der Amoriter, d. h. vielleicht ostjordanisch (so auch Otto, Deuteronomiumstudien I, 155 und s. u., 203 f). Auch andere unspezifische Ortsnamen können durch den jeweiligen Kontext in ganz unterschiedliche Regionen verlegt werden. So wird die Wüste Paran mal nahe Ägypten (Gen 21,21; I Reg 11,18), mal nördlich des Sinai (z. B. Num 10,12; 12,26) verortet. S. u., 218, Anm. 413.
347 Zur Literarkritik s. o., 150 f.
348 Vgl. Perlitt, BK.AT 5/1, 41 ff zur Beleglage im Alten Testament und im Alten Orient. Erst in dem jüngeren Jos 14,12 (s. u., 221, Anm. 420 über Jos 14,6–15) wird das Gebirge aus Dtn 1* auf die Region um Hebron eingeschränkt.
349 Dies gilt auch für alle Völkerlisten, in denen Amoriter auftauchen, z. B. Gen 15,21; Ex 3,8.17; 23,23; Dtn 7,1; 20,17.

Tendenziell für eine ostjordanische Lage des Gebirges der Amoriter spricht die Erwähnung Sihons. Denn Sihon ist Ostjordanier, und er wird immer wieder als Amoriterkönig bezeichnet (z. B. Num 21,21; Dtn 4,46; 31,4; Jos 2,10; 12,2; Jdc 11,19; Ps 135,11; 136,19). Und genau dieser Sihon wird in der Fortsetzung von Dtn 1* besiegt (Dtn 2,32 f). Dies ist ein gewisser Hinweis darauf, daß der Verfasser von Dtn 1* das Gebirge der Amoriter eher ostjordanisch sucht. Er deutet also auf der einen Seite an, daß Israel mit dem Gebirge der Amoriter eine ostjordanische Region erkunden läßt und verschmäht. Auf der anderen Seite kann der Leser nicht ausschließen, daß das „Gebirge der Amoriter" doch im Westjordanland liegt. So entspricht es den Stellen, wo das Volk in Dtn 1* das verheißene Land, d. h. das Westjordanland, nicht will (z. B. Dtn 1,25 f). Also erfüllt die Formulierung den Zweck des Autors von Dtn 1* in idealer Weise. Es ist eher vom Ost- als vom Westjordanland die Rede, aber es scheint durch, daß auch das verheißene Land westlich des Jordans eine Rolle spielen könnte.

Der Bezug auf die Fortsetzung in Jos ist weiter der Grund, daß in Dtn 1* erstmals in der Entwicklung der Kundschaftergeschichte explizit sichergestellt wurde, daß die Kinder des murrenden Volkes überleben. Denn sie müssen in Jos die eigentliche Landnahme durchführen (vgl. die Verbindung von נתן „geben" und ירש „in Besitz nehmen" in Dtn 1,39*[ab ובניכם „eure Kinder"] und aus anderer Hand z. B. Dtn 11,29; 12,1; 26,1; Jos 1,11.15; 18,3). In Num 13 f spielt das lange Zeit keine Rolle. Nach dem Zusatz im P-Stil Num 14,26*(ohne „und zu Aaron").27b.28.29*(bis „eure Leichen") stirbt das ganze Volk einschließlich der Kinder. In dem späten nicht-P Nachtrag Num 14,22 f fehlt eine klare Aussage zu ihrem Schicksal. Man könnte allenfalls daraus Schlüsse ziehen, daß האנשים („die Männer") umkommen sollen. Aus der Formulierung könnte folgen, daß die Kinder am Leben bleiben. Erst der sehr junge Nachtrag zu Num 14,26–29* in 14,30–32 stellt ausdrücklich klar, daß die Kinder nicht sterben (14,31). Doch sind diese Verse jünger als Dtn 1*, weil die gemeinsame Rede von Kaleb und Josua in Num 14,6–10a vorausgesetzt wird. Auf dieser Rede beruht nämlich, daß nach Num 14,30b Kaleb und Josua verschont werden. Num 14,6–10a sind ihrerseits jünger als Dtn 1*, weil selbst der Zusatz Dtn 1,38 noch kein solches Verdienst Josuas als Grund für seine Bewahrung kennt.[350] Weiter fällt auf, daß in Num 14,31 gesagt wird, die Kinder sollten das Land kennenlernen (ידע). Dieses Verb taucht

---

350 So auch Veijola, ATD 8/1, 41 f; Achenbach, Landnahme, 82 und erwägungsweise Perlitt, BK.AT 5/2, 120. Num 14,6–10a wurden eingeführt, um noch ein Verdienst Josuas einzubringen und so die Aussage über seine Verschonung in Dtn 1,38 nachträglich zu untermauern. Außerdem kam der zuständige Verfasser Zweifeln an der Autorität des Mose zuvor, indem er nicht Mose wie in Dtn 1,29–31*, sondern Josua und Kaleb vergeblich an das Volk appellieren läßt.

auch bei der Verschonung der Kinder in Dtn 1,39* auf. Deshalb könnte Num 14,31 von Dtn 1,39* abhängig sein. Es spricht also alles dafür, daß die Bewahrung der Kinder eine Innovation des Autors von Dtn 1* ist. Der Anlaß ist die Fortsetzung in Jos.[351]

Zum zweiten Prinzip: Der Verfasser von Dtn 1* will eine Beispielgeschichte erzählen über Unglauben, Ungehorsam und Gehorsam. Er will zeigen, wie tief der Unglauben das menschliche Verhalten prägen kann, und wie er folglich den Menschen beherrschen kann.[352] Dieses Prinzip führt zu großen Veränderungen gegenüber der Vorlage in Num 13 f.

Zunächst verschiebt sich die Konstellation der handelnden Personen. In Dtn 1* steht das Verhältnis von Jahwe und Volk im Mittelpunkt.[353] Mose fungiert als Anführer des Volkes (z. B. Dtn 1,23) und als Vermittler des Jahwewillens (Dtn 1,42 f). Auf diese Weise entsteht eine Dreiecksbeziehung „Volk-Mose-Jahwe". Diese Dreierkonstellation wird durch keine weiteren Figuren gestört. Außer Mose wird im Grundbestand von Dtn 1 dementsprechend kein Mensch namentlich erwähnt.[354]

Vielmehr strich der Verfasser von Dtn 1* die Nebenfiguren aus seiner Vorlage Num 13 f. Es gab keinen Platz mehr für den Kaleb aus Num 13,30.[355] Seine Rede wurde Mose in den Mund gelegt, weil Mose in Dtn 1* das Volk führt. Ihm wurde die Rolle des Priesters aus dem Kriegsgesetz Dtn 20,2b–4 zugeteilt, und deshalb mußte er dem Volk eine Ermutigungsrede halten.[356] Ebenso mußte der Aaron aus Num 13,26* (Zusatz zu „P", aber für den nicht-P Vers 13,27 unentbehrlich)

---

351 Eine ganze Reihe von Motiven und Stichworten in Dtn 1* wurde Jos entnommen, so der Orts-name Kadesch-Barnea und רפח als Terminus für das Erkunden. S. u., 5.3.3.2 und 225, Anm. 438.

352 Das ist in der Forschung anerkannt, vgl. z. B. Mittmann, Deuteronomium, 57 ff; Braulik, NEB, 25; Perlitt, BK.AT 5/2, 90 f; Otto, Deuteronomium, 63; Veijola, ATD 8/1, 32 ff; Houtman, Fort-schreibungen, 9 f. Siehe auch o., 5.1.5.

353 Ähnlich Lohfink, Darstellungskunst, 20; Veijola, ATD 8/1, 32. Allerdings nimmt die Bedeu-tung des Volkes im Laufe der Wachstumsgeschichte von Num 13 f zu. Während es in der „P"-Grundschicht ganz im Hintergrund steht und nicht einmal etwas sagt, steuern die Zusätze seine Reaktionen und seine Redebeiträge bei (s. o., 5.2.1, v. a.182 f).

354 S. o., 5.1.3.

355 So auch Mittmann, Deuteronomium, 58; Schmidt, ATD 7/2, 41; Veijola, ATD 8/1, 32. Zu Num 13,30 als Teil der Vorlage von Dtn 1* vgl. Mittmann, Deuteronomium, 58; Schmidt, ATD 7/2, 40 f; Veijola, ATD 8/1, 32.

356 Dtn 20,3 f hat als Vorbild von Dtn 1,29 f gedient, wie die zahlreichen sprachlichen Berüh-rungen zeigen: ערץ („sich fürchten"); לחם Niphal („kämpfen") sowie ההלך אלהיכם יהוה („Jahwe, euer Gott, der geht"). Dtn 1,29 f ist jünger, weil über Dtn 20,3 f hinaus ein Bezug auf Exodus und Wüstenwanderung eingebracht wird. In dieser Zeit hat Israel das Kämpfen Gottes gesehen, und deshalb soll es jetzt zuversichtlich damit rechnen. So auch Oswald, Staatstheorie, 98.

und 14,5a („P")[357] „verschwinden". Weil der Verfasser von Dtn 1* grundsätzlich alle Nebenfiguren wegläßt, ist das Fehlen Aarons in Dtn 1* kein Indiz dafür, daß diesem Verfasser „P" unbekannt war. Und weiter verlieren die Kundschafter in Dtn 1* jede Eigeninitiative. Deshalb wurde ihr böses Gerede (Num 13,32abα „P") genauso ausgelassen wie ihre gesonderte Strafe (14,37 „P"). Dafür führt der Verfasser von Dtn 1* neu ein, daß jeder Stamm einen Kundschafter losschickt (Dtn 1,23).[358] Auf diese Weise werden die Kundschafter zu Repräsentanten des Volkes. So werden sie in das Dreieck „Volk-Mose-Jahwe" integriert.

Außerdem wird in Dtn 1* mit großer Konsequenz über den Ungehorsam und Unglauben des Volkes nachgedacht. Ungehorsam und Unglauben gelten als Symptome einer vor Gott verschlossenen Grundhaltung,[359] wobei Unglauben das wichtigste dieser Symptome ist. Und Unglauben ist in Dtn 1* die Sünde, durch die das Volk der Strafe Gottes verfällt (Dtn 1,32.34.35*.39*). So manifestiert sich eine Tendenz zur Verinnerlichung. Sie wird deutlich, wenn man etwa Jos 7 und Dtn 1* vergleicht, weil Jos 7,7 eine der Vorlagen für Dtn 1,27 ist.[360] In Jos 7,7 klagt Josua über die Folgen einer Tatsünde: Achan hat sich etwas von dem Gebannten angeeignet (Jos 7,1.11 ff.). Achans Motiv war dabei keine Aufsässigkeit gegen Gott, sondern Gier nach der kostbaren Beute (ואחמדם). In Dtn 1* dagegen ist die Schuld allein eine Haltung: Verweigerung gegenüber Jahwe. Diese Haltung manifestiert sich vor allem in Worten (Dtn 1,22abα.[361]27.41), weniger in Taten (Dtn 1,42–44). Wenn das Volk in Dtn 1,41 bekennt: „Wir haben gegen Jahwe gesündigt" (חטאנו ליהוה), bezieht sich das auf Ungehorsam, nicht auf aktives Handeln gegen einen Jahwebefehl. Offensichtlich ist also das Jahweverhältnis des Volkes in Dtn 1* der entscheidende Punkt. Das Volk sündigt, wenn es sich vor Gott verschließt und in der Folge nicht an ihn glaubt, selbst wenn es noch gar nichts getan hat, was einem Jahwebefehl zuwiderliefe. Aufgrund dieses Interesses an den seelischen Hintergründen des Unglaubens ist es folgerichtig, wenn der Autor von Dtn 1* das erste Mal ein eigenes Wort für Glauben verwendet: אמן

---

357 S.o., 183.

358 Der Autor von Dtn 1* dürfte diese Idee dem Jos-Buch entnommen haben, vgl. Jos 3,12; 4,8 (vgl. Achenbach, Landnahme, 65 f; ähnlich Perlitt, BK.AT 5/2, 98), so daß sich hier wieder zeigt, wie sehr Dtn 1* auf Jos hin gestaltet wurde. Nöldeke vermutet dagegen, Dtn 1,23 sei von der Kundschafterliste Num 13,4–16 beeinflußt (vgl. Wellhausen, Composition, 198 f). Doch ist diese Liste jünger als die Rede von Josua und Kaleb Num 14,6–10a, die schon jünger als Dtn 1* ist (vgl. Achenbach, Landnahme, 79 ff). Deshalb ist diese Liste in Num eine nachträgliche Entfaltung von Dtn 1,23.

359 S.o., 4.2.3.

360 S.u., 208, Anm. 365.

361 S.o., 5.1.3.

Hiphil (Dtn 1,32).[362] Allerdings ist dieser erste Beleg negativ. Er bezeichnet den Unglauben, die Verweigerung gegenüber Gott.

Dieser Unglauben erscheint in Dtn 1* derart unwiderstehlich und zugleich unerklärlich, daß das an ein „non posse non peccare" erinnert. In Dtn 1* wird mit großer Intensität über die Entstehung des Unglaubens nachgedacht. Der zuständige Verfasser versucht, die Wurzeln des Unglaubens zu erfassen. Die Reflexion über den Unglauben und seine Wurzeln führt zu einer ganzen Reihe von Korrekturen und Auslassungen im Vergleich mit der Vorlage Num 13f.

Anders als in Num 13,26* (Nachtrag in P-Sprache).27.28abα (nicht-P) ist der Kundschafterbericht in Dtn 1,25 positiv ohne Wenn und Aber: „Gut ist das Land, das Jahwe, unser Gott, uns gibt." Deshalb kommt in Dtn 1,26 die Widerspenstigkeit des Volkes vollkommen überraschend und willkürlich, anders als das Murren in Num 14,1–5 („P" mit Ergänzungen). Dort stand ja der ambivalente Bericht der Kundschafter im Raum (13,26*.27.28abα). Dazu kam noch ihr böses Gerede (Num 13,32abα) aus der Grundschicht „P".[363] Das hat der Verfasser von Dtn 1* ausgelassen, und den ambivalenten Bericht hat er korrigiert, denn er will ein grundloses Aufbegehren zeigen. So verdeutlicht er, daß der Mensch sich von Gott abwendet, obwohl Gott gut für ihn sorgt. Es gibt keinen nachvollziehbaren Grund für den Unglauben.[364] Vielmehr wurzelt er darin, daß sich ein Mensch von seiner Grundhaltung her vor Gott verschlossen hat. Nur das erklärt, warum der Mensch einen Bericht, der Gottes Fürsorge bestätigt, gar nicht erst an sich heranläßt und regelrecht überhört.

Es liegt ganz auf dieser Linie, daß das Volk nach Dtn 1* aus der eigenen Erfahrung mit Gott nicht die richtigen Schlüsse zieht. Mose erinnert es an diese

---

362 S.o., 4.3.2f.
363 S.o., 176, Anm. 225; 182, Anm. 253.
364 So auch von Rad, ATD 8, 29; Braulik, NEB, 27; Perlitt, BK.AT 5/2, 100; Veijola, ATD 8/1, 36f; Rüterswörden, NSK.AT 4, 31f. Sprachlich orientiert sich der Verfasser von Dtn 1* hier an späten Reflexionen über mangelndes Gottvertrauen in Jes und anderen Prophetenbüchern. Von dort übernimmt er die Wurzel מרה (s.z.B. מרה Hiphil in Jes 3,8; Qal in Jer 4,17; 5,23). Eine besondere Rolle spielt dabei Jes 30,15, vgl. Perlitt, Jesaja, 133f; Veijola, ATD 8/1, 36f. Zur Datierung von Jes 30,15 s.o., 3.3.2. Ottos Überlegung, das Murren müßte in Dtn 1 erwähnt werden, um eine Legitimation für die Ausrottung der Exodusgeneration zu haben, klingt ausgesprochen zynisch (vgl. Deuteronomiumstudien I, 139.157). Weiter übersieht Otto, daß sich Mose in Dtn 29,1 erneut an die Exodusgeneration wendet (Dtn 29,1b: „Ihr habt alles gesehen, was Jahwe vor euren Augen im Land Ägypten am Pharao und an allen seinen Knechten und an seinem ganzen Land getan hat."), also mit ihr den Moabbund schließt (so auch Veijola, Deuteronomium, 381). Dieser Bund soll folglich gegen Otto nicht mit der zweiten Generation nach dem Exodus geschlossen werden. Vielmehr wird das Aussterben der Exodusgeneration trotz Dtn 1,35*.39* im Dtn offensichtlich nicht konsequent umgesetzt (s. auch u., 232f).

Erfahrung, um es zu ermutigen (Dtn 1,29 f.31a*[nur „und in der Wüste"].b). Aber das Volk glaubt trotzdem nicht an Jahwe (1,32). Dieses Argumentieren mit Jahwes Hilfe in der bisherigen Geschichte hat kein Vorbild in Num 13 f. Es ist eine Neuerung des Autors von Dtn 1*, ebenso wie die ablehnende Reaktion des Volkes auf diese Predigt. Nach Dtn 1* kümmert sich Jahwe verläßlich um sein Volk, aber es verweigert sich gegen die eigene Erfahrung, geradezu gegen den Augenschein. So zeigt sich, daß selbst die eigene Anschauung nichts gegen die vor Gott verschlossene Grundhaltung vermag.

Dieser Verweigerungshaltung entspricht, daß das Murren in Dtn 1* viel aggressiver ist als in Num 14,1–4. In Num 14,3 fragt das Volk: „Und warum bringt uns Jahwe in dieses Land, daß wir durch das Schwert fallen ...?" Diese Frage wird in Dtn 1,27 blasphemisch: „Weil Jahwe uns haßt, hat er uns aus Ägypten herausgeführt, um uns in die Hand der Amoriter zu geben, daß sie uns vernichten". Num 14,3 wird also deutlich gesteigert und darauf zugespitzt, daß das Volk Gott unterstellt, er hasse es.[365]

Der Mensch kann diese Verweigerungshaltung nicht ohne weiteres überwinden; auch das zeigt der Verfasser von Dtn 1*. Deshalb entwickelt er erstmals das Motiv der verfehlten Umkehr (Dtn 1,41–43.44*[ohne „in Seïr"].45). Es fehlt noch in der Num-Vorlage.[366] Dieses neue Motiv sieht folgendermaßen aus: Als das Volk von der Strafe erfährt, erkennt es, daß sein Ungehorsam sündhaft war. Scheinbar folgerichtig will es nun Jahwe doch noch gehorchen. Aber ein solcher

---

365 Vgl. Perlitt, BK.AT 5/2, 102 f; Veijola, ATD 8/1, 37. Ein weiteres Vorbild von Dtn 1,27 findet sich in Jos, nämlich Jos 7,7 (vgl. auch Seebass, BK.AT 4/2, 127 zur thematischen Nähe der Kundschaftergeschichte zu Jos 7). Nur hier im Alten Testament steht nämlich eine Übergabeformel, nach der Israel den Amoritern ausgeliefert wird. Diese Formel ist in Jos 7,7 und Dtn 1,27 sehr ähnlich formuliert. In beiden Versen steht לתת אתנו ביד האמרי („um uns in die Hand der Amoriter zu geben"), gefolgt von einem Inf.cs. Hiphil mit Suffix der 1.com.plur. und ל (Dtn 1,27: להשמידנו „daß sie uns vernichten"; Jos 7,7: להאבידנו „daß sie uns ausrotten"). Es wird jeweils eine Heilstat Jahwes mit Hilfe dieser Formulierung infrage gestellt, in Dtn 1,27 der Exodus und in Jos 7,7 die Jordanüberquerung. Aber in Jos 7,7 wird Jahwe noch keine böse Absicht unterstellt wie in Dtn 1,27. Diese Steigerung zeigt, daß Dtn 1,27 der jüngere Text ist. Das Vorbild für die Unterstellung, der Exodus sei aus böser Absicht geschehen, steht in Ex 32,12. Wieder ähnelt die Formulierung Dtn 1,27. Am Anfang steht ב mit der negativen Haltung Jahwes (Ex 32,12 ברעה „aus Boshheit"), später folgt die Präpositon ל mit einem Inf.cs. von einem Tötungsverb (Ex 32,12: להרג אתם „um sie zu ermorden"). Ex 32,12 ist älter, weil hier noch ein Fremdvolk, nämlich die Ägypter, damit rechnet, Jahwe habe sein Volk aus Boshheit aus ihrem Land geführt. Wenn das in Dtn 1,27 den Israeliten selbst in den Mund gelegt wird, zeigt das, daß sie wie die Fremdvölker denken. In Dtn 1,27 werden also Jos 7,7 und Ex 32,12 kombiniert, um klarzumachen, wie wenig das Volk seinen eigenen Gott kennt und wie sehr es sich ihm verweigert.

366 Num 14,39–45* sind Dtn 1,41–45* nachgebildet, s. o., 5.2.1.

Gehorsam im Nachhinein ist nicht möglich, ja, er wird sogar zum Ungehorsam. Denn so übertritt das Volk den jetzt aktuellen Jahwebefehl, zurück in die Wüste zu ziehen (1,40.42). Neben der eindrücklichen Darstellung der Verweigerungshaltung macht der Autor von Dtn 1* so klar, daß es darauf ankommt, jederzeit für neue Jahwebefehle offen zu sein. Man muß diesen aktuellen Befehlen gehorchen, nicht denen aus der Vergangenheit.[367]

Die Verweigerungshaltung ist nach Dtn 1* schon latent vorhanden, bevor es zum offenen Ungehorsam und Unglauben kommt. Sie ist die Grundhaltung gegenüber Gott. Das wird daran deutlich, daß in Dtn 1* der Vorschlag, das Land vor der Eroberung zu erkunden, vom Volk kommt (Dtn 1,22abα). Dieser Vorschlag zeigt bereits das Mißtrauen des Volkes gegenüber seinem Gott. Perlitt formuliert das treffend: „Die Kinder Israel wollen dem geschenkten Gaul zuerst ins Maul schauen."[368] Um diese Wirkung zu erreichen, verändert der Verfasser von Dtn 1* den Jahwebefehl aus seiner Vorlage (Num 13,1.2a „P") zu einer Initiative des Volkes. Diese Veränderung entspricht genau seiner Theologie: Weil Jahwe zuverlässig für sein Volk sorgt, ist jede Kontrolle dieser Versorgung Ausdruck der falschen, vor Gott verschlossenen Grundhaltung. In Num 13 f wird dagegen noch kein derart rückhaltloses Gottvertrauen gefordert. Deshalb unterstützt es Jahwe, daß die Menschen eine Landnahme durch Kundschafter vorbereiten.[369] Weiter wird Jahwe durch die Korrektur in Dtn 1* entlastet. Er steht nicht mehr als der da, dessen Befehl Auslöser von Schuld und Strafe wurde.[370]

---

367 Vgl. Perlitt, BK.AT 5/2, 123; Veijola, ATD 8/1, 42 f. Gegen Rüterswörden, NSK.AT 4, 33 geht es hier nicht um Heuchelei, Egoismus oder das Wählen des Gotteswortes nach den eigenen Interessen.

368 Perlitt, Jesaja, 133.

369 So auch Weinfeld, AncB 5, 144 f; Houtman, Fortschreibung, 10 f.

370 Gegen Perlitt, BK.AT 5/2, 97 ist es also keinesfalls undenkbar, einen Gottesbefehl zu einem Vorschlag des Volkes zu machen. Für eine solche Entlastung Gottes gibt es in der späten Erzählliteratur etliche Parallelen, wie die Geschichte von der Tenne Araunas (II Sam 24 parallel I Chr 21). Nach II Sam 24,1 stiftet Jahwe David zur Volkszählung an (סות Hiphil). Aus der Formulierung in II Sam 24,1b ויסת את דוד בהם לאמר לך מנה את ישראל ואת יהודה, kann der Leser sogar schließen, daß Jahwe selbst David die sündige Idee eingegeben hat. Dies kommt in der Übersetzung Stoebes schön zum Ausdruck: „und er [sc. Jahwe] stiftete David damit gegen sie an, daß er ihm eingab ..." (KAT 8/2, 515). In I Chr 21,1 übernimmt der Satan diese Aufgabe: „und er [sc. der Satan] stiftete David an, Israel zu zählen." Theologisch liegen Dtn 1* und II Sam 24 insofern auf einer Linie, als es in beiden Texten sündig ist, Jahwes Heilsgaben zu überprüfen, sei es durch eine Erkundung des gegebenen Landes oder sei es durch eine Zählung des Volkes, das Jahwe vermehrt hat (II Sam 24,3 parallel I Chr 21,3 vgl. Stoebe, KAT 8/2, 519). Zur literargeschichtlichen Verortung von II Sam 24 vgl. Kratz, Komposition, 192.

5.3.2 Fazit und Folgerungen

Es hat sich ergeben, daß zwei Prinzipien bestimmen, wie der Verfasser von Dtn 1*
mit der Fassung von Num 13f umging, die ihm vorlag.[371] Diese sind erstens die
strikte Unterscheidung zwischen der Fortsetzung der Wüstenzeit in Dtn und der
Landnahme in Jos. Das Dtn soll nach dem Wunsch dieses Verfassers soweit wie
möglich im Ostjordanland spielen, so daß das Westjordanland erst in Jos betreten würde. Deshalb hat der Verfasser von Dtn 1* alle Signale aus Num 13f verwischt, die dort schon auf das Westjordanland verweisen. Entsprechende, ein-
deutige Ortsnamen der Vorlage wurden ausgelassen, und die Rede von הארץ
(„das Land") wurde weitgehend vermieden. הארץ wurde vielmehr an markanten Stellen wie 1,7*(bis „Gebirge der Amoriter")[372] durch הר האמרי („Gebirge der
Amoriter") ersetzt.[373]

Zweitens schreibt der Verfasser von Dtn 1* eine Lehrerzählung über eine vor
Gott verschlossene Grundhaltung als Wurzel des Unglaubens und seine Strafe
sowie über den Gehorsam und seinen Lohn.[374] Dabei hat er ein gegenüber den
werdenden Kapiteln Num 13f stark vertieftes Verständnis von Unglauben als Ausdruck einer fundamentalen Verweigerungshaltung des Menschen gegenüber Gott:
Der Mensch nimmt aus dieser Haltung heraus die Güte Gottes einfach nicht wahr.[375]

Dieses Prinzip bedingt erhebliche Modifikationen der Vorlage in Num 13f, so
etwa die Korrektur des Kundschafterberichts zu einem eindeutig positiven Votum
(Dtn 1,25). Denn nur so kann man zeigen, daß sich der Unglaube Gott verweigert und nicht durch die Situation erklärt werden kann. Wenn das Volk wie in
Num 14,1–4 murrt, nachdem es von überlegenen Landesbewohnern gehört hat
(13,28abα), ist das nachvollziehbar. Will es aber ein gutes Land nicht nehmen
(Dtn 1,26f), ist das unverständlich, und es tut dem Gott Unrecht, der dem Volk
dieses gute Land gibt (Dtn 1,7*[bis „Gebirge der Amoriter"].19).[376]

---

371 Zu dieser Fassung s. u., 5.3.4.
372 S. o., 150 f.
373 S. o., 151 ff.203 f.
374 Der Gehorsam und seine Belohnung werden in der Fortsetzung von Dtn 1* thematisiert,
d. h. in Dtn 2,1–3.8b.9*(bis „zu mir").13.17.24*(bis „Arnon").30a.32 f; 3,29. Dabei läßt der zuständige Verfasser bewußt in der Schwebe, wie aus dem ungläubigen und mißtrauischen Volk in Dtn
1* das vertrauensvoll gehorsame in Dtn 2f* werden konnte.
375 In Num 13f wird dieser Gedanke erst in den sehr späten Versen Num 14,11.22 eingebracht.
Diese sind jünger als Dtn 1* (s. o., 201, Anm. 337; so auch Aurelius, Fürbitter, 133 f). Num 14,11.22
bieten eine Zusammenfassung und Steigerung von Dtn 1*, vor allem Dtn 1,32: So ungläubig wie
in Dtn 1,32 verhält sich das Volk während der ganzen Wüstenwanderung.
376 S. o., 206 ff. Siehe dort auch zu weiteren Beispielen für diese Umgestaltung.

Wenn im folgenden geklärt wird, welche Teile von Num 13 f Vorbild für Dtn 1* waren, sind diese beiden Prinzipien in der Weise zu berücksichtigen, daß alle Abweichungen von der Num-Vorlage in Dtn 1* mit ihnen erklärt werden müssen. Dies gilt v. a. für Textauslassungen. Aus dem Fehlen von Figuren und Motiven aus dem Num-Vorbild folgt nicht, daß der Autor von Dtn 1* sie nicht kannte – wenn ihr Fehlen seinen Prinzipien entspricht. So kann man beispielsweise daraus, daß Aaron in Dtn 1* nicht erscheint, nicht schließen, der zuständige Verfasser habe von Num 13,26*[377]; 14,2.5 („P" und Zusätze zu „P") nichts gewußt.[378] Denn es entspricht seiner Tendenz, Nebenfiguren zu streichen, um sich auf die Dynamik zwischen Jahwe und Volk und damit auf das Problem des Unglaubens konzentrieren zu können. Genauso passiert es mit der nicht-P Gestalt Kaleb (Num 13,30). Das gleiche gilt für das böse Gerede aus Num 13,32abα („P"). Sein Fehlen entspricht der Tendenz, alle Hinweise auszumerzen, daß die Landnahme für das Volk gefährlich werden könnte, damit der Unglaube des Volkes nur aus der Verweigerungshaltung gegenüber Gott erklärt werden kann. Genauso verfährt der Autor von Dtn 1* mit dem ambivalenten Kundschafterbericht Num 13,27.28abα (nicht-P, aber abhängig von Num 13,26* als Zusatz zu „P"). Auch er wurde ausgelassen.

Fehlt dagegen ein Stück aus Num 13 f, das theologisch auf der Linie von Dtn 1* liegt, so war es wahrscheinlich noch nicht vorhanden, als Dtn 1* entstand. Dies gilt etwa für die genauen Anweisungen des Mose, was die Kundschafter im Land herausfinden sollen (Num 13,17 ff; Grundbestand 13,17.18a).[379] Denn Mose spielt in Dtn 1* als Anführer des Volkes eine wichtige Rolle (z. B. Dtn 1,29–31a*[nur „in der Wüste"]b.43), und deshalb wäre es nicht sinnvoll, seinen Text zu kürzen. Außerdem würde die Frage aus Num 13,18a, wie das Land sei, in Dtn 1,25 beantwortet. Der Verfasser von Dtn 1* mußte hier also nicht kürzen, um eine sinnvolle Geschichte zu bekommen. Deshalb lagen Num 13,17 ff dem Verfasser von Dtn 1* wahrscheinlich noch nicht vor. Das gilt noch mehr für die Fürbitte des Mose in Num 14,13–19. Sie würde der Mittlerrolle des Mose in Dtn 1* sehr gut entsprechen (vgl. Dtn 1,42 f). Außerdem ließe sich die Verschonung der Kinder in Dtn 1,39* bestens mit einer erfolgreichen Fürbitte des Mose begründen. Noch besser würden die Bemerkungen über den fortgesetzten Unglauben trotz Jahwes Geschichtstaten in Num 14,11.22 zu Dtn 1* passen, wie Aurelius richtig gesehen hat.[380] Denn in Dtn 1,29–31* wird

---

377 S.o., 182, Anm. 253; 192, Anm. 299.
378 S.o., 182 ff.
379 S.o., 189 f.
380 Vgl. Aurelius, Fürbitte, 133.137; anders Taschner, Mosereden, 212. Aber gegen Taschner würde eine Fürbitte des Mose nicht der Intention von Dtn 1* widersprechen, ein möglichst radikales Verschulden des Volkes zu zeigen.

wie in Num 14,11.22 mit Jahwes Geschichtstaten argumentiert. Also wäre gar nicht einzusehen, wieso die Gottesrede in Dtn 1,35*.39* unmittelbar mit dem Gotteseid beginnt, wenn der Verfasser von Dtn 1* den Schuldaufweis in Num 14,11 gekannt hätte.[381] Deshalb sind Num 14,11–25 insgesamt jünger als Dtn 1*.

Weiter sind die beiden Grundtendenzen zu beachten, wenn es um Veränderungen von Motiven geht. Solche Veränderungen können dazu führen, daß ein Erzählelement aus Num 13f in Dtn 1* nur schwer wiederzuerkennen ist. Wieder gilt: Wenn diese Modifikation den Prinzipien von Dtn 1* entspricht, kann das entsprechende Stück in Num 13f trotzdem als Vorbild gedient haben. Das ist beispielsweise der Fall, wenn der Jahwebefehl aus Num 13,1.2a zu einer Idee des Volkes wird (Dtn 1,22abα). Denn so läßt sich zeigen, daß sich das Volk von Anfang vor Jahwe verschlossen hat und ihm mißtraut. Das gleiche Phänomen steckt dahinter, wenn der ambivalente Kundschafterbericht Num 13,27.28abα in Dtn 1,25 eindeutig positiv wird. So kann der zuständige Verfasser nämlich verdeutlichen, daß das mangelnde Vertrauen auf Jahwe keine Grundlage in der Realität hat. Trotz allem sind aber gewisse sprachliche Gemeinsamkeiten zu erwarten. So steht in Num 13,1.2a und in Dtn 1,22* שלח („senden"). Und Num 13,27f* und Dtn 1,25 verbindet die Rede von den פרי הארץ, den Früchten des Landes.

Im folgenden ist nun anhand der beiden theologischen Prinzipien nachzuvollziehen, welche Stücke aus Num 13f* und seinem Kontext in Num (Num 10,11f) der Verfasser von Dtn 1* verarbeitet hat. Dazu sollen die entsprechenden Ausschnitte aus Dtn und Num verglichen werden. So wird sich zeigen, daß der Verfasser von Dtn 1* die „P"-Grundschicht von Num 13f mit einigen Zusätzen voraussetzt. Vor allem die Grundlinien der Handlung in Dtn 1* entsprechen „P" und Zusätzen in P-Sprache in Num 13f. Außerdem kennt der Autor von Dtn 1* weitere späte Texte im priesterschriftlichen Stil in Num, v. a. Num 10,11f.

5.3.3 Die Vorlagen von Dtn 1* in Num 10,11f; 13f

Gegen die bisherige Forschungsmeinung lassen sich in Dtn 1* etliche signifikante Bezüge zu dem „P"-Bestand in Num 13f und weiteren späten Texten unter priesterschriftlichem Einfluß nachweisen. Daran erkennt man, daß diese priesterschriftlich beeinflußten Texte als Vorbild fungiert haben. Dies wird deutlich,

---

381 Viel mehr entspricht die Abfolge von „Hören des Murrens" und „Gotteseid mit Strafankündigung" genau dem Zusatz zu „P" Num 14,26*(ohne „und zu Aaron").27b.28.29*(bis „eure Leichen"). Dieser Text hat denn auch als Vorbild gedient, s. u., 5.3.3.4.

wenn man Dtn 1* mit seinen Parallelen in Num 10,11 f; 13 f vergleicht und die theologischen Prinzipien von Dtn 1* berücksichtigt.

5.3.3.1 Der Aufbruch vom Sinai/Horeb

Dtn 1,1a.6.7*(bis „Gebirge der Amoriter").19:[382]

> 1a: Dies sind die Worte, die Mose zu ganz Israel sprach jenseits des Jordans:
> 6: „Jahwe, unser Gott, hat zu uns am Horeb folgendermaßen gesprochen: ,Lange genug habt ihr an diesem Berg verweilt.
> 7*: Geht weiter,[383] brecht auf und geht ins Gebirge der Amoriter!'"
> 19: Und wir brachen auf (נסע מן) vom Horeb und gingen durch jene ganze große und furchtbare Wüste, die ihr gesehen habt, auf dem Weg zum Gebirge der Amoriter,[384] wie Jahwe, unser Gott, uns befohlen hatte, und wir kamen bis Kadesch-Barnea (Ort der Kundschaftergeschichte).

Num 10,11 f:

> 11: Und es geschah im zweiten Jahr, im zweiten Monat, am zwanzigsten des Monats, da erhob sich die Wolke von der Wohnung des Zeugnisses (משכן העדת).
> 12: Und die Israeliten brachen auf (נסע מן) nach ihrer Aufbruchsordnung (למסעיהם) aus der Wüste Sinai (vgl. Num 1,1), und die Wolke wohnte in der Wüste Paran (Ort der Kundschaftergeschichte).

Zu Beginn werden in Dtn 1* der Aufbruch vom Horeb und der Weg nach Kadesch-Barnea berichtet (Dtn 1,1a.6.7*[bis „Gebirge der Amoriter"])[385]. Dabei fällt auf, daß es zwischen dem Horeb, also dem Sinai,[386] und Kadesch-Barnea keine Zwischen-

---

382 Vgl. die Literarkritik o., 5.1.3.

383 So mit HALAT, 885; anders Perlitt, BK.AT 5/1, 35; Veijola, ATD 8/1, 15.

384 So mit Perlitt, BK.AT 5/2, 81 ff; Veijola, ATD 8/1, 29.

385 Der Aufbruchsbefehl vom Horeb erscheint innerhalb des Dtn-Rahmens noch einmal in Dtn 10,11. Dabei handelt es sich um eine jüngere Korrektur von Dtn 1,6f* (so im Prinzip auch Veijola, ATD 8/1, 233; dagegen Achenbach, Landnahme, 62; ders., Vollendung, 174 ff). Denn die singularische Formulierung von Dtn 10,11a zeigt eine Hervorhebung des Mose als Anführer, wie sie in Dtn 1–3* für die Nachträge typisch ist (z. B. Dtn 2,24 [ab ראה „Siehe"]-29, s. o., 5.1.3 f, v. a.148 f). Weiter wird in Dtn 10,11 gegenüber Dtn 1,6f* eine Angleichung an die konventionellen Landnahmeszenarien vollzogen. Während in Dtn 1,6f* das Gebirge der Amoriter als Ziel bestimmt wird, ist es in Dtn 10,11 das Land, das Gott den Vätern zugeschworen hat. Dtn 10,11 ist seinerseits die Vorlage für den Zusatz Dtn 1,8.

386 Der Wechsel von „Sinai" oder „Wüste Sinai" (vgl. z. B. Ex 19,1 f; davon 19,1 P^G, vgl. z. B. Levin, Jahwist, 365; Kratz, Komposition, 103; V.2 vor-P, vgl. Levin, Jahwist, 365; Kratz, Komposition, 142) zu „Horeb" in Dtn 1,6 entspricht den Gepflogenheiten des Dtn, vgl. Dtn 4,10.15; 5,2; 18,16; 28,69

stationen und keine weiteren Ereignisse gibt. Das entspricht genau Num 10,11 f: Auch hier führt der Weg vom Sinai[387] direkt in die Wüste Paran[388], und dort findet die Kundschaftererzählung statt (Num 13,3a, „P"). Weiter wird in beiden Texten der Aufbruch durch das Verb נסע mit der Präposition מן ausgedrückt.

Die Textfolge Num 10,11 f zeigt einen (nach)-priesterschriftlichen Sprachgebrauch.[389] Deshalb wird sie in der Forschung P[390] oder Zusätzen zu P zugewiesen.[391] Sowohl die Terminologie (משכן העדת [„Wohnung des Zeugnisses"]; למסעיהם [„entsprechend ihrer Aufbruchsordnung"])[392] als auch das Motiv der führenden Wolke[393] sprechen für einen nach-P Text im Stil von P.[394]

(so im Prinzip auch Otto, Deuteronomiumstudien I, 114, Anm. 36). Die geographische Bezeichnung „Sinai" ist dagegen im Dtn nicht belegt, weder als Gottesberg noch als Wüste (so auch Noth, Studien, 29). Weiter stellt Noth klar, daß der Verfasser von Dtn 1–3* den Horeb auf der Sinaihalbinsel verortet, also in der Nähe des Sinai (vgl. Studien, 32, Anm. 2). Den Gründen für den terminologischen Wechsel von Sinai zu Horeb ist Perlitt nachgegangen. Er rechnet nicht mit einer alten Horebtradition als Ursache, sondern mit theologischen Gründen: „Der Name Sinai muß zu dieser Zeit [sc. der des terminologischen Wechsels] ‚stinkend' geworden sein" (Sinai, 39). So könne der Name Sinai an den Mondgott Sin erinnert haben. Außerdem könne anstößig geworden sein, daß der Sinai im Ausland lag und daß die Theophanie von dort und vom Seïr vermuten ließ, Jahwe habe mit Edom zu tun. Und das sei angesichts der exilisch-nachexilischen Edomfeindschaft nicht mehr akzeptabel gewesen (vgl. Perlitt, Sinai, 39 ff; ähnlich Braulik, NEB, 21).
387 Zur Umschreibung des Gottesbergs mit „Wüste Sinai" in Num 10,12 vgl. Römer, Buch, 224 f.
388 Zum Wechsel vom Ortsnamen „Wüste Paran" in Num 10,12 und 13,3a zu „Kadesch-Barnea" in Dtn 1* (z. B. V.19) s. u., 5.3.3.2.
389 Zu מסעיהם („ihre Aufbruchsordnung", so mit Seebass, BK.AT 4/2, 3 f) vgl. z. B. Ex 17,1; 40,36.38; Num 33,1 f; zur Verbindung von ענן („Wolke") und שכן („wohnen") s. Ex 40,35 f; Num 9,17 f.22.
390 Vgl. z. B. Noth, ATD 7, 69; Levin, Jahwist, 373; Schmidt, ATD 7/2, 13.
391 Vgl. z. B. Pola, Priesterschrift, 90 ff; Kratz, Komposition, 104 f; Achenbach, Vollendung, 198; Nihan, Priestly Torah, 73.
392 Vgl. Pola, Priesterschrift, 91 f.
393 Die Vorstellung, daß die Wolke das Volk führt, indem sie sich von der Stiftshütte erhebt und am neuen Lagerplatz niederläßt, ist nur in nach-P Texten belegt, vgl. Num 9,15–22 (s. Kratz, Komposition, 106 f; Nihan, Priestly Torah, 73); Ex 40,36 f (vgl. Kratz, Komposition, 105; Nihan, Priestly Torah, 57; Achenbach, Vollendung, 206; Porzig, Lade, 19). Diese Konzeption unterscheidet sich deutlich von der priesterschriftlichen Darstellung von Herrlichkeit Jahwes (כבוד) und Wolke. In P^G (Ex 24,16.18aα, s. u., 238, Anm. 501; Ex 40,43b, s. u., 239, Anm. 502) verhüllt die Wolke die Herrlichkeit. Das ist ihre einzige Aufgabe. Sie kann sich folglich nicht selbständig fortbewegen, sondern nur im Zusammenhang mit der Herrlichkeit. Dieser ist sie streng untergeordnet. Deshalb wäre die „P^G-Wolke" gar nicht in der Lage, das Volk zu führen. Vielmehr ist die Idee, daß die Wolke das Volk führt, eine Weiterentwicklung der P^G-Konzeption, um eine Gottespräsenz nach dem Sinaiaufenthalt zu ermöglichen.
394 Schmidt kann Num 10,11 f nur P zuordnen, indem er V.11b mit משכן העדת ausscheidet. Zusätzlich nimmt er V.12b mit der führenden Wolke heraus (vgl. Schmidt, ATD 7/2, 13; ähnlich

Die Ähnlichkeiten zwischen Dtn 1,1a.6.7* und Num 10,11 f legen nahe, daß der Verfasser von Dtn 1* sich an diesem nachpriesterschriftlichen Text orientiert.[395] Wie in Num 10,11f[396] wird auch in Dtn 1,1a.6.7* davon ausgegangen, daß die Kundschaftergeschichte unmittelbar auf den Aufbruch am Sinai folgt und daß sie an der ersten Station danach geschieht.

Die nicht-P Episoden Num 10,29–12,16[397] spielen dagegen in Dtn 1* gar keine Rolle. Das wäre nur für einen Teil dieser Erzählungen mit einer bewußten Auslassung erklärbar. So hat der Verfasser von Dtn 1* die Tendenz, prominente Figuren außer Mose zu streichen.[398] Damit könnte man begründen, warum Num 10,29–32 über Moses Schwager/Schwiegervater Hobab[399] und Num 12 über Miriam und Aaron weggelassen wurden. Aber die Murrgeschichten in Num 11 liegen theologisch genau auf der Linie von Dtn 1*. Denn hier geht es wie in Dtn 1* darum, daß das Volk unzufrieden damit ist, wie Jahwe es versorgt. So beklagt es sich hier ganz allgemein (Num 11,1.10) und konkret über das Manna (Num 11,4 ff). Mit der Geschichte in Num 11 könnte der Verfasser von Dtn 1* seine Anklage untermauern und radikalisieren. Er könnte behaupten, daß das Volk während der gesamten Wüstenwanderung an Jahwes Fähigkeit, für es zu sorgen, gezweifelt hat und mit keinem Beweis seiner Fürsorge zufrieden war. Das entspricht genau seiner Tendenz, ein möglichst drastisches Bild von Israels Verweigerungshaltung gegenüber Gott zu zeichnen.[400] Folglich gibt es nur einen Grund,

---

Weimar, Studien, 37, Anm. 54). Für beides gibt es keine literarkritischen Indizien (s. auch Pola, Priesterschrift, 92; Achenbach, Vollendung, 197). Für Levin gehören V.11.12b ganz zu P (vgl. Jahwist, 373), die Probleme im Sprachgebrauch berücksichtigt er nicht.

395 Dagegen vermutet Achenbach, daß der direkte Weg vom Gottesberg ins amoritische Gebirge einer alten Tradition entspricht (vgl. Vollendung, 197). Als einziges Indiz dafür kann Achenbach auf Dtn 10,10 f verweisen. Doch enthält Dtn 10,11 das Wort מסע, das auf P-Einfluß hindeuten könnte (s. o., 200, Anm. 336). Außerdem sind Dtn 10,10 f eher ein jüngeres Echo auf Dtn 1* (s. o., 213, Anm. 385). Und nicht zuletzt entspricht die Tradition, die Achenbach postuliert, sehr genau Num 10,11 f. In einer solchen Situation ist es schon aus methodischen Gründen vorzuziehen, vom erhaltenen Text auszugehen, also von Num 10,11 f.

396 Daß Num 10,11f nachpriesterschriftlich sind, ist zugleich ein erstes Indiz, daß der „P"-Grundbestand in Num 13 f ebenfalls in diese Zeit datiert werden muß. Denn die Lokalisierung „Wüste Paran" in Num 13,3a setzt Num 10,11 f voraus.

397 Zur nach-dtr. Datierung ihrer Verschriftung in Num vgl. Achenbach, Vollendung, 181 ff; Römer, Buch, 224 ff.

398 S. o., 205 f.

399 Vgl. Noth, ATD 7, 70.

400 Interessanterweise vollziehen Texte, die später als Dtn 1* entstanden sind, genau diesen Schritt. In ihnen wird aus dem Unglauben allein im Zusammenhang mit der Kundschaftergeschichte ein Unglauben auf dem gesamten Wüstenzug (s. z. B. Num 14,11.22; Dtn 9,22–24 [vgl. Aurelius, Fürbitter, 14 f; s. o., 103, Anm. 109; 4.4.1]). Dabei tauchen in Dtn 9,22 mit Tabera

warum er die Murrgeschichten in Num 11 nicht berücksichtigt hat: Er kannte sie nicht.

Die einzige Differenz zwischen Dtn 1,6.7*(bis „Gebirge der Amoriter") und Num 10,11 f ist dagegen durch eine der Haupttendenzen des Verfassers von Dtn 1* erklärbar. Die beiden Texte unterscheiden sich durch die Art und Weise, in der dem Volk der Aufbruch zum Sinai befohlen wird.

In Dtn 1,6f* befiehlt Jahwe direkt dem ganzen Volk, vom Gottesberg wegzuziehen in das Gebirge der Amoriter. Dies erfolgt in Num 10,11 f indirekt durch die Bewegung der Wolke (vgl. Ex 40,36 f). Dabei entspricht der direkte Jahwebefehl in Dtn 1,6f* der Tendenz in Dtn 1*, eine Unglaubensgeschichte zu erzählen und deshalb eine direkte Konfrontation von Volk und Gott zu zeigen. Mose ist hier der einzige Mittler.

Alle weiteren Größen, die einen Kontakt von Gott und Volk vermitteln könnten, werden gestrichen. Dies betrifft Aaron aus Num 13,26* ebenso wie die Wolke aus Num 10,11 f.[401]

Aus all dem folgt, daß der Verfasser von Dtn 1* den direkten Weg vom Sinai zum Ort der Kundschaftergeschichte einem nach-P Itinerar in P-Sprache entnommen hat: Num 10,11 f. Von den nicht-P Texten in Num 10–12 kannte er dagegen entscheidende Stücke nicht. Er ist hier also von nach-P Texten abhängig, nicht von den nicht-P Anteilen.

Exkurs: das Wachstum von Num 10,11–12,16
Möglicherweise spiegelt Dtn 1* eine ältere Fassung von Num 10–12 wider, in der auf Num 10,11 f; 12,16b(?)[402] direkt die „P"-Kundschaftergeschichte folgte (13,1.2a.3a.21.25.32abα; 14,2a.5a.10b.37).

Dafür gibt es eine Reihe von Indizien. Zuerst fällt auf, daß die Namen Tabera und Kibrot-Hattaawa/die Lustgräber aus Num 11,3.34 f in Dtn erst in dem jungen Zusatz Dtn 9,22 auftauchen.[403] Dann werden die Geschichten über das Murren und Klagen aus Num 11 in Dtn 1* nicht erwähnt, obwohl sie theologisch dazu passen. Ferner lenkt Num 12,16b nach Num 10,13–12,16a zurück zu Num 10,11 f. Erst Num 12,16b vermerkt, daß das Volk in der Wüste Paran lagert, obwohl die Wolke schon in Num 10,12 dort angekommen war. Eigentlich müßte das Volk der Wolke sofort folgen (vgl. Ex 40,36 f). Der Umweg in Num 11 f über Tabera (Num 11,3), Kibrot-Hattaawa (Num 11,34 f) und Hazerot (Num 11,35; 12,16a) ist von Num 10,11 f; 12,16b her unerklärlich. Auf jeden Fall müßte sich das Volk dem Jahwebefehl in Num 10,12 verweigern, wenn es nicht gleich nach Paran geht und dort bleibt.

---

und den Lustgräbern/Kibrot-Hattaawa zwei Ortsnamen aus der Murrgeschichte Num 11 auf (Num 11,3.34 f). Hier ist Num 11 also bekannt und wird ausgewertet (so auch Achenbach, Vollendung, 203).

401 S.o., 205 f. Zum Aufbruchsbefehl Dtn 10,11 s. o., 213, Anm. 385.
402 S.u., 217, Anm. 405.
403 Vgl. Achenbach, Vollendung, 203 und o., 103, Anm. 109; 4.4.1.

Diese Überlegung trifft ebenfalls zu, wenn man annimmt, das Volk sei in Num 10,12 schon in der Wüste Paran angekommen. Dann müßte es ohne Jahwebefehl noch einmal zu dem Umweg in Num 11 f aufbrechen. Sie stimmt auch, wenn man vermutet, das Volk sei vor der Ankunft in der Wüste Paran Num 12,16b an diesen Orten gewesen.[404] Dieses Problem stellt sich aber gar nicht erst, wenn man von einer älteren Textfolge Num 10,11 f; 12,16b(?)[405]; 13,1ff* ausgeht. Eine solche ältere Fassung von Num 10–14 könnte also allein aus einem nach-P Faden in P-Sprache bestanden haben, der in diesem Bereich die Grundschrift bildete.[406]

5.3.3.2 Der Schauplatz der Kundschaftererzählung: die Wüste Paran (Num 13,3a) und Kadesch-Barnea (Dtn 1,19)

Dtn 1,19:

> Und wir brachen auf vom Horeb und gingen durch jene ganze große und furchtbare Wüste, die ihr gesehen habt, auf dem Weg zum Gebirge der Amoriter,[407] wie Jahwe, unser Gott, uns befohlen hatte, und wir kamen bis Kadesch-Barnea.

Num 13,3a:

> Und Mose sandte sie (*sc.* die Kundschafter) aus von der Wüste Paran aus entsprechend dem Befehl Jahwes.

---

404 Vgl. ähnlich Römer, Périphérie, 25. Auch Seebass, BK.AT 4/2, 96 f fällt auf, daß der Übergang von Num 11 f zu 13 f sehr abrupt ist und daß in Num 13 f zumindest die Geschichte von den 70 Ältesten (Num 11,4 ff) unbekannt ist. Dies spricht gegen die Überlegung Achenbachs, Num 10,11 f seien eine nachgetragene jüngere Rahmung, die den älteren 12,16 aufgriffe (Vollendung, 196 ff). Denn mit einer solchen Rahmung würde man sich in theologische und sachliche Probleme verstricken, ohne etwas zu erreichen. Gegen Seebass, BK.AT 4/2, 6 kann man den Umweg ohne Jahwebefehl in Num 11 f nicht dadurch erklären, daß das Lager in Num 13 f das erste offizielle sei. Denn schon Num 11 f setzen die Lagersituation voraus (vgl. z. B. 11,10.34; 12,4).

405 Es stellt sich die Frage, ob Num 12,16b die ursprüngliche Fortsetzung von Num 10,11 f war (so Schmidt, ATD 7/2, 13). Dafür spräche, daß die Abfolge von Ankunft der Wolke (10,12) und Lagern der Israeliten (12,16b) erzähltechnisch und theologisch schlüssig ist. 10,11 f läuft ohnehin implizit darauf hinaus, daß das Volk mit der Wolke in die Wüste Paran zieht. Auf der anderen Seite kommt es so zu einem übergangslosen Numerus- und Subjektwechsel. Num 12,16b in der 3.masc.plur. müßte unmittelbar an Num 10,12b anschließen, wo die Wolke Subjekt war (3.masc. sing.). Ein solcher Wechsel wäre möglich, aber sehr hart. Plausibler ist deshalb, daß Num 12,16b verfaßt wurde, um nach den Episoden in Num 10,13–12,15 wieder an Num 10,12 anzuknüpfen. Auf dieser Linie liegt, daß Noth, ATD 7, 86 den Vers 12,16 für redaktionell hält. Levin, Jahwist, 375 schreibt ihn der Endredaktion zu. Kratz, Komposition, 104, Anm. 5; ders. Ort, 108, Anm. 32 betrachtet 12,16b sogar als eine Wiederaufnahme von 10,12. Doch unterscheiden sich die Formulierungen in 10,12 und 12,16b zu stark für eine solche Erklärung.

406 So auch Kratz, Komposition, 108 ff; ders., Ort, 108, Anm. 32.

407 So mit Perlitt, BK.AT 5/2, 81 ff; Veijola, ATD 8/1, 29.

In der bisherigen Forschung galt die Lokalisierung von Dtn 1* in Kadesch-Barnea (vgl. Dtn 1,19 sowie die sekundären 1,2; 2,14)[408] als Indiz dafür, daß der Verfasser von Dtn 1* hier auf eine vor-P Kundschaftergeschichte zurückgriff. Denn man ging davon aus, daß diese vor-P Version in Kadesch spielte. Doch konnte man sich dafür nur auf Num 13,26 berufen. Sonst ist weder Kadesch noch Kadesch-Barnea in Num 13 f belegt. Und die Erwähnung in Num 13,26 ist ein Nachtrag in einem seinerseits sekundären Vers.[409] Aus Num 13 f läßt sich folglich keine ältere Kundschaftergeschichte in Kadesch rekonstruieren.[410]

Wenn der Verfasser von Dtn 1* die Ortslage Kadesch(-Barnea)[411] also keiner älteren Fassung der Kundschaftererzählung entnehmen konnte, stellt sich die Frage, wie er dazu kam. Weiter ist zu klären, wie sich das zu der „P"-Lokalisierung der Geschichte in der Wüste Paran verhält. Diese ist in Num 13 f sehr viel fester verankert als Kadesch (13,3a [„P"-Grundbestand].26*[Zusatz in P-Sprache]).

Was das Verhältnis der Verortung in Kadesch zu der „P"-Lokalisierung (Wüste Paran) betrifft, so kann man nicht einfach behaupten: „Kadesch [...] liegt nicht in der Wüste Paran"[412]. Selbst wenn das für die historische Ortslage Paran stimmte, hätte es keine Auswirkungen auf die Deutung der Belege in Num 13 f.[413]

---

408 S.o., 149 f.154.163 und 163, Anm. 168.

409 S.o., 182, Anm. 253; 192, Anm. 299.

410 Anders z. B. Schmidt, ATD 7/2, 40. In der älteren Forschung wurde aus der vermeintlichen Lokalisierung der vor-P Kundschaftergeschichte in Kadesch sogar auf eine wichtige Kadeschtradition geschlossen. Doch ist dies nach den Einwänden von Noth, Perlitt und Rüterswörden widerlegt (vgl. Noth, Überlieferungsgeschichte, 181 f; Perlitt, BK.AT 5/2, 93; Rüterswörden, NSK.AT 4, 30). Trotzdem rechnet Achenbach, Landnahme, 64 mit einer alten Kadeschtradition, die sich in Num 13 f und Jos 14,6–15 niedergeschlagen habe (ähnlich Rose, ZBK.AT 5, 377). Aber Jos 14,6–15 sind eine junge Kombination von Num 13 f und Dtn 1, in der beide Geschichten midraschartig ausgebaut werden. S.u., 231, Anm. 420.

411 Zu dem Beinamen „Barnea" s. u., 220 f.

412 Achenbach, Landnahme, 63.

413 Aus den Stellen im Alten Testament über Paran läßt sich keine klare Ortslage erschließen. Sie stimmen nur darin überein, daß Paran irgendwo auf der Sinaihalbinsel zu suchen ist (vgl. auch Seebass, BK.AT 4/2, 13 f sowie die Sinaikarte des Tübinger Bibelatlas'). Dabei bezeichnet Paran meist eine Wüste (מדבר פארן), aber zweimal auch einen Berg (הר פארן Dtn 33,2; Hab 3,3). Einmal ist von El-Paran die Rede (איל פארן Gen 14,6). Was die Lage betrifft, lassen sich drei Lokalisierungen unterscheiden: bei Seïr, nahe Ägypten und zwischen Sinai und Land. Die Verortung bei Seïr ist typisch für Theophanietexte, ebenso wie die Rede vom Berg Paran. Diese Lokalisierung findet sich darüber hinaus in Gen 14,6 für El-Paran. Das würde für eine Lage südlich des Toten Meeres sprechen. Dazu paßt, daß David nach I Sam 25,1MT von En-Gedi (I Sam 24,1) aus dorthin geht (vgl. Stoebe, KAT 8/1, 446 zur Textkritik von I Sam 25,1 und der üblichen Lesart „Maon" mit *Codex Vaticanus*). Dagegen kennen nach-P Texte in Num eine Wüste Paran zwischen Sinai und Kadesch (Num 10,12; 12,16b; 13,3a.26; zu Kadesch als nächster Station nach Paran vgl.

Denn hierüber entscheidet allein das geographische Szenario, das der Kontext herstellt. Und nach diesem Szenario liegen Kadesch(-Barnea) und die Wüste Paran eng beieinander. Der Reiseweg von Num 10,12; 12,16b(?); 13,3a.26; 20,1aβb[414] führt nämlich vom Sinai über die Wüste Paran nach Kadesch. Die Wüste Paran wird hier zwischen Sinai und Kadesch situiert, ob das ihrer tatsächlichen Lage entspricht oder nicht.[415] Kadesch(-Barnea) und die Wüste Paran des Num-Itinerars liegen also in derselben Gegend: im Süden, zwischen dem Sinai und dem Verheißungsland.

Daraus folgt, daß der Verfasser von Dtn 1* keine Kadeschtradition kennen mußte, um seine Geschichte in Kadesch-Barnea anzusiedeln. Er konnte viel-

---

Num 20,1aβb, s. u., 219, Anm. 414). Wieder andere Belege (Gen 21,21; Dtn 1,1b; I Reg 11,18) rechnen mit einem Paran zwischen Midian und Ägypten (zu dem nach-dtr. I Reg 11,18 s. Würthwein, ATD 11/1, 130). Knauf hält I Reg 11,18 für den einzigen geographisch verläßlichen Beleg (vgl. Ismael, 23, Anm. 98). Gen 21,21 dürfte eine Wüste Paran in der Nähe Ägyptens meinen, weil Ismael dort eine ägyptische Frau bekommt (s. u., 6.3.1.3 zu Gen 21,8 ff und vgl. Jacob, Genesis, 485). Auch in dem sekundären Dtn 1,1b scheint es um diese Region zu gehen (so mit Veijola, ATD 8/1, 12).

414 In Num 15–19 zieht das Volk nicht weiter. Diese Kapitel haben also keinen Einfluß auf das geographische Szenario von Num, wie auch immer sie literargeschichtlich zu verorten sind. Für einen literarischen Bruch in Num 20,1 spricht der terminologische Wechsel von בני ישראל כל העדה in 1aα zu העם in 1aβ. Außerdem wird zweimal Israels Ankunft erzählt, einmal in der Wüste Zin (1aα), einmal in Kadesch (1aβ). Dabei erweist sich 1aβb als sperrig gegenüber der folgenden Murrgeschichte. Dort wird auf den Tod der Miriam in 1b kein Bezug mehr genommen, und das wasserreiche Kadesch ist kein passender Ort für Murren über Wassermangel (V.2.4). Deshalb dürfte V.1aβb ursprünglich sein, vielleicht ist er sogar ein Hinweis auf vor-P Anteile in Num (vgl. Kratz, Komposition, 291, Anm. 84; Artus, Etudes, 218 ff; anders Levin, Jahwist, 378; Frevel, Blick, 308; Nihan, Mort, 164). Zur literargeschichtlichen Herkunft der Ortsangaben in Num 10,11 f; 12,16b; 13,3a.26 s. o., 5.3.3.1.

415 Interessanterweise folgt die Sinaikarte des Tübinger Bibelatlas' diesen Num-Texten und verortet die Wüste Paran so, daß Kadesch an ihrem Rand liegt. Die Ortslage Kadesch(-Barnea) läßt sich etwas sicherer bestimmen als die Lage der Wüste Paran. Wo weitere Ortsnamen genannt werden und so Rückschlüsse erlauben, liegt der Ort südlich des Negev (z. B. Gen 20,1; Jos 10,41; 15,3). Dafür spricht außerdem, daß sich der Name dort in der Oasenbezeichnung ʿĒn qdēs erhalten haben könnte (vgl. K. Elliger, Art. Kades, Sp. 97; Perlitt, BK.AT 5/2, 94; Achenbach, Landnahme, 62 f, Anm. 33; Veijola, ATD 8/1, 34; Rüterswörden, NSK.AT 4, 30 sowie Seebass, BK.AT 4/2, 110 zur Debatte darüber). Allerdings steht Rose, ZBK.AT 5, 376 f einer Lokalisierung von Kadesch sehr skeptisch gegenüber. Die Verbindung von Kadesch mit der Wüste Zin (Num 20,1aα; Num 33,36) ist dagegen sekundär (s. o., 219, Anm. 414 zu Num 20,1aα und Achenbach, Vollendung, 623 zu Num 33,36; dagegen Frevel, Blick, 308; Seebass, BK.AT 4/2, 106.110). Auch die Vorstellung, daß Kadesch in der Nähe Edoms liegt (Num 20,14.16; 33,37), verdankt sich erst späterem Textwachstum (vgl. Perlitt, BK.AT 5/2, 94; Kratz, Komposition, 291; Achenbach, Vollendung, 339). Kadesch und Kadesch-Barnea bezeichnen denselben Ort. Es ist signifikant, daß der Beiname „Barnea" typisch für die Belege in Dtn und Jos ist (vgl. Perlitt, BK.AT 5/2, 94). Dies zeigt, daß sich der Verfasser von Dtn 1* auf Jos bezieht, wenn er von Kadesch-Barnea spricht.

mehr auf den Reiseweg aus Num 10,12; 12,16b(?); 13,3a.26; 20,1aβb zurückgreifen. Nach diesem Itinerar spielt die Kundschaftergeschichte ohnehin in der Nähe von Kadesch (Num 20,1aβb). Also lag es nahe, sie gleich nach Kadesch zu verlegen. Außerdem war so ein Problem des Num-Itinerars gelöst, in dem der Weg von der Wüste Paran (Num 10,11 f; 12,16b[?];13f*) nach Kadesch (Num 20,1aβb) ja nicht beschrieben wurde. Für dieses Num-Itinerar als Vorbild für Dtn 1* spricht weiter, daß sich an den Kadeschaufenthalt in Num 20 die Sihon-Episode anschließt (Num 21,21–24a*).[416] Diese war Vorbild für einen wichtigen Teil der Fortsetzung von Dtn 1*. Auch hier wird der Sieg gegen Sihon erzählt (Dtn 2,24*[bis „Arnon"].30a.32 f).[417] Wenn der Verfasser von Dtn 1* die Kundschaftergeschichte also von der Wüste Paran nach Kadesch-Barnea verlegt, gelingt ihm eine deutliche Vereinfachung der Geschichte, wie sie in Num vorliegt. Außerdem erreicht er eine geographische Präzisierung, weil die Lage von Kadesch-Barnea klarer ist als die der Wüste Paran.[418] Das paßt dazu, daß in Dtn 1* und seiner Fortsetzung in Dtn 2f* ein einfaches, aber schlüssiges Itinerar geboten wird (Kadesch-Barnea, Sëir, Arnon, Heschbon, Bet-Peor).[419]

Weiter wird so ein Bezug zu Jos hergestellt, und das gehört zu den Zielen von Dtn 1*. Der Autor von Dtn 1* hat nämlich den Beinamen „Barnea" dem Schlacht-

---

416 Möglicherweise ist nach Num 20,1aβb (s. o., 219, Anm. 414) die Sihon-Episode in Num 21,21–24a* (s. o., 151, Anm. 127 zur Literarkritik) ein weiteres altes Stück, das ursprünglich direkt an Num 20,1aβb anschloß (vgl. Kratz, Komposition, 301 ff). Num 21,21–24a* wirken sehr altertümlich, weil hier jegliche Stilisierung als Jahwekrieg fehlt und weil Mose keine Rolle spielt. In der Parallelgeschichte von den Verhandlungen Israels mit Edom über einen Durchzug durch Edoms Land (Num 20,14–21) ist die Lage dagegen komplizierter. Zwar findet sich dort eine Unterredung zwischen Israel und Edom ohne Vermittlung des Mose (Num 20,19–21), aber diese kann nicht alleine stehen, da die Subjekte unklar bleiben. Es könnte sich ebenso um sekundäre Angleichungen an Num 21,21–23* handeln. Kratz kann für Num 20,14 ff keinen älteren Grundbestand ohne diese Verse Num 20,14a.17–18.21 rekonstruieren (vgl. Komposition, 291; ähnlich Achenbach, Vollendung, 341), weil weder innerhalb von V.14 noch zwischen V.16 und V.17 ein Bruch besteht. Folglich kann Kratz die Rede des Mose mit ihrem Geschichtsrückblick nicht aus dem Text herauslösen. Und daraus würde folgen, daß Num 20,14 ff jünger sind als Num 21,21–24a*. Dagegen kann man nicht wie Kratz argumentieren, die Edom-Episode schlösse von der Geographie her besser an Num 20,1abβ an als die Sihon-Geschichte in Num 21,21–24a*, sei also älter (vgl. Komposition, 291). Denn auch von Kadesch nach Edom muß ein großer Sprung nach Osten gemacht werden, der in Num 20 nicht erzählt wird. Weil dieser Sprung nicht erklärt wird, suggeriert der Text ja fälschlich, Edom liege in der Nähe von Kadesch (Num 20,16). Vielmehr könnte die schon vorhandene Sihon-Erzählung der Anlaß für den Einbau von 20,14–21 gewesen sein, denn durch diesen Umweg über Edom konnte man sie besser in den Erzählfaden integrieren.

417 S. o., 162 ff.

418 S. o., 218, Anm. 413.

419 S. o., 5.1.4.

summar Jos 10,40–43 entnommen (Kadesch-Barnea in 10,41 für die Niederlage der Ureinwohner von Kadesch-Barnea bis Gaza). Hier geht es wie in der Moserede Dtn 1,29–31a*(nur „und in der Wüste").b um Jahwes Kampf für sein Volk (Jos 10,42; jeweils לחם Niphal „kämpfen"). Jos 10,40–43 und Dtn 1* sind die einzigen Stellen im Alten Testament, wo ein Kämpfen Jahwes in irgendeiner Weise mit Kadesch-Barnea verbunden wird.[420]

Wenn der Verfasser von Dtn 1* durch den Beinamen „Barnea" einen Bezug zu Jos 10, 40–43 herstellt, erreicht er mehr als nur eine Verbindung von Dtn 1* mit Jos. Zugleich sind Jos 10 und vor allem die Verse 40–43 ein Beweis für die Moserede in Dtn 1,29–31*. Mose behauptet in dieser Rede, daß Jahwe für sein Volk kämpfen werde, wie er das schon in Ägypten getan hat (1,30). Und Jos 10 bestätigt, daß Mose recht hat: Jahwe handelt tatsächlich so (10,14.42). Denn hier führt Jahwe eine regelrechte Großoffensive gegen die Könige im Süden des Landes und setzt sogar Wunder ein, um die Feinde zu vernichten (10,11–14). Durch diese Verbindung von Jos 10 und Dtn 1* erscheint die verweigerte Landnahme in Dtn 1* also als vollkommen unbegründet. Es wird klargestellt, daß das Volk Jahwes Macht zu helfen nicht sieht. Das entspricht genau dem zweiten Anliegen von Dtn 1*, eine Geschichte über die Verweigerungshaltung gegenüber Gott zu erzählen. Durch den Beinamen „Barnea" kann der Verfasser von Dtn 1* also seine beiden Hauptziele erreichen, den Zusammenhang von Dtn und Jos zu klären und die Verschlossenheit vor Jahwe drastisch darzustellen.

Fazit: Der Verfasser von Dtn 1* lokalisiert seine Geschichte nicht in Kadesch-Barnea, weil er irgendeine alte Kadeschtradition kannte. Vielmehr kombiniert er das Kadesch aus dem Reiseweg Num 10,11 f; 12,16b(?); 13,3a.26; 20,1abβ[421] mit

---

420 לחם Niphal mit Gott als Subjekt o. ä. steht sonst in Ex 14,14.25; Dtn 3,22; 20,4; Jos 10,14.42; 23,3.10; Neh 4,14, vgl. HALAT, 500. Über die Erwähnung Kadesch-Barneas in Jos 10,41 hinaus könnte für Dtn 1* eine Rolle gespielt haben, daß in Jos 15 ein Kadesch-Barnea an der Südgrenze Judas erwähnt wird (Jos 15,3, vgl. Num 34,4). Die übrigen Belege von Kadesch-Barnea sind alle jüngere Bezugnahmen auf die Kundschaftergeschichte: Num 32,8; Dtn 9,23; Jos 14,6 f. Dabei kennen Num 32,8–15 und Jos 14,6–15 schon die beiden Fassungen in Num 13 f und in Dtn 1 (so auch Mittmann, Deuteronomium, 62; Knipping, Kundschaftergeschichte, 265 ff zu Jos 14,6–15). Sie sind bestrebt, beide miteinander zu verbinden. Deshalb ist in beiden Kadesch-Barnea der Ausgangspunkt so wie in Dtn 1, aber die Kundschafter ängstigen das Volk mit ihrem Bericht wie in Num 27.28abα.32abα (Num 32,9; Jos 14,8). In Jos 14,7 wird die Kalebrede aus Num 13,30 in der Sprache von Dtn 1 erzählt (שוב דבר Hiphil, vgl. Dtn 1,22abα.25). Deshalb kann man gegen Otto, Deuteronomium, 20 den Ortsnamen Kadesch-Barnea in Dtn 1,19 nicht auf die vorliegenden Jos 14,6–15 zurückführen. Zu Dtn 9,23 als jungem Text vgl. Aurelius, Fürbitter, 14 f; Veijola, ATD 8/2, 238 f.

421 Zu diesem Reiseweg s. o., 5.3.3.1. Literargeschichtlich gesehen besteht er aus einer alten Itinerarnotiz Num 20,1aβb (vgl. Kratz, Komposition, 291 ff). Diese Notiz wurde durch die nach-

dem Kadesch-Barnea in Jos 10,41. Auch hier greift also der Autor von Dtn 1* nicht auf vor-P Traditionen oder einen vor-P Num-Bestand zurück, sondern auf eine Fassung von Num, die schon nach-P Zusätze wie Num 10,11f[422] enthielt. Aber es gab in dieser Num-Fassung auch vor-P Stücke wie Num 20,1aβb.[423]

5.3.3.3 Die Aussendung in das Land und seine Erkundung
Dtn 1,20.22abα.23.24a.25:[424]

> 20: Und ich sprach zu euch: „Ihr seid bis zum Gebirge der Amoriter gekommen, das Jahwe, unser Gott, uns geben will (נתן ל)."
> 22abα: Aber ihr nähertet euch alle zu mir und sagtet: „Wir wollen Männer vor uns aussenden (שלח), damit sie für uns das Land auskundschaften und uns Bericht erstatten (שוב Hiphil und דבר)."
> 23: Die Sache gefiel mir, und ich nahm von euch zwölf Männer, einen für jeden Stamm.
> 24a: Und sie wandten sich um und gingen hinauf ins Gebirge und kamen bis ins Tal Eschkol.
> 25: Sie nahmen mit ihren Händen von den Früchten des Landes und brachten sie hinunter zu uns. Dann erstatteten sie uns Bericht (שוב Hiphil und דבר) und sprachen: „Gut ist das Land, das Jahwe, unser Gott, uns geben will."

Num 13,1.2a.3a.21.22*.23a.24a.25.26*.27.28abα („P"-Grundbestand kursiv):[425]

> 1: *Und Jahwe sprach zu Mose folgendermaßen:*
> 2a: *„Sende doch Männer aus (שלח), damit sie das Land Kanaan erkunden, das ich den Israeliten geben will (נתן ל)!"*
> 3a: *Und Mose sandte sie aus (שלח) von der Wüste Paran auf Befehl Jahwes.*

P Stücke Num 10,11 f; 12,16b(?); 13,3a mit dem Sinaiaufenthalt verknüpft, und die „P"-Fassung der Kundschaftergeschichte wurde eingeschaltet (Num 13,1.2a.3a.21.25.32abα; 14,2a.5a.10b.37). Diese älteste Fassung der Kundschaftergeschichte ist ihrerseits nach-P (s. u., 5.4.5; 5.5). Sie wurde sukzessive ergänzt, z. B. durch 13,26*. In einer bereits ergänzten Fassung war sie Vorbild für Dtn 1* (s. u., 5.3.4). Außerdem nimmt Dtn 1* Bezug auf Num 21,21–24a* (s. o., 151, Anm. 127). Es wäre zu erwägen, ob das den Rückschluß auf eine ältere Num-Fassung erlaubt, in der auf Num 13f* direkt Num 20,1aβb; 21,21–24a* folgten (vgl. ähnlich Kratz, Komposition, 110 ff). Allein von Dtn 1* her ist das jedoch schwer zu entscheiden. Denn entsprechend der Prinzipien von Dtn 1* („Klärung der Abfolge Dtn-Jos" und „Unglaubensgeschichte" s. o., 5.3.1) wäre es ebenso nachvollziehbar, wenn der zuständige Verfasser die Geschichte über Moses Konkurrenten in Num 16 f und die Gesetze in Num 15; 18 f ausläßt. Unerklärlich ist nur, warum er auf die Murrgeschichte Num 20,1–13 verzichtet. Diese kannte er also wohl noch nicht.

422 S. o., 5.3.3.1.
423 S. o., 219, Anm. 414.
424 Zur Literarkritik s. o., 154 ff.
425 Die Literarkritik findet sich o., 179 ff.

21: *Und sie gingen hinauf, und sie erkundeten das Land von der Wüste Zin bis nach Rechob bei Lebo-Hamat.*[426]

22*: Und sie gingen hinauf in den Negev

13,23a: und kamen zum Tal Eschkol. Und sie schnitten von dort eine Rebe und eine einzige Traube von Weinbeeren ab. Und sie trugen sie zu zweit auf der Stange.

24a: Jenen Ort nennt man das Tal Eschkol (=Traubental).

25: *Dann kehrten sie zurück vom Erkunden des Landes nach vierzig Tagen.*

26*: Und sie gingen und kamen zu Mose und zu Aaron und zur ganzen Gemeinde der Israeliten in die Wüste Paran, und sie erstatteten ihnen Bericht (שוב Hiphil und דבר) und zeigten ihnen die Früchte des Landes.

27: Und sie berichteten ihm und sagten: „Wir kamen in das Land, wohin du uns gesandt hast (שלח), und es fließt sogar von Milch und Honig. Und dies sind seine Früchte.

28abα: Nur das Volk, das in dem Land wohnt, ist stark, und die Städte sind befestigt (und) sehr groß.“

In Dtn 1,20 gibt Mose dem Volk den Befehl, ins Gebirge der Amoriter zu gehen.[427] Dieser Befehl löst in Dtn 1* die Kundschaftergeschichte im eigentlichen Sinne aus. Das Volk will vor der Eroberung Kundschafter ins Land schicken (1,22abα), und Mose läßt sich auf diesen Vorschlag ein (1,23). Darauf erkunden die Kundschafter das Land und erstatten dem Volk einen sehr positiven Bericht (1,25).

In diesem Bereich findet sich eine markante Berührung von Dtn 1* und einem nicht-P Zusatz in Num 13 f. Das betrifft den Weg ins Tal Eschkol (Num 13,22*[nur „und sie gingen hinauf in den Negev"].23a; Dtn 1,24a). Aus den deutlichen Übereinstimmungen in der Formulierung folgt zweifellos, daß Dtn 1,24a von Num 13,22f* abhängig ist.[428] Doch hat man in der bisherigen Forschung voreilig aus dieser Abhängigkeit ein Argument dafür gemacht, daß Dtn 1* eine vor-P Version von Num 13 f auswertet.[429]

Allerdings gibt es in diesem Bereich von Dtn 1* auch eine ganze Reihe von Bezügen auf die „P"-Schicht in Num 13 f und auf Nachträge im P-Stil. Diese wurden von der Forschung bis jetzt übersehen. Zunächst geht es in Dtn 1* wie in der „P"-Fassung von Num 13 f um eine Besichtigung des ganzen Landes (Num 13,21 „P"). So fordert das Volk in Dtn 1,22abα Auskünfte über das ganze Land, und in 1,25 beurteilen die Kundschafter das ganze Land. Das entspricht „P" und nach-P

426 Vgl. Artus, Etudes, 100, Anm. 51.

427 Zu diesem „Decknamen" für das Land, s. o., 203 f.

428 Zu den Einzelheiten s. o., 202 f.

429 Vgl. z. B. Mittmann, Deuteronomium, 57; Schmidt, ATD 7/2, 41 und o., 5.3. Zur Widerlegung der These, in einer vor-P Fassung von Num 13 f und in Dtn 1* würde nur der Süden des Landes erkundet, s. o., 181.

Anteilen von Num 13 f: 13,2a („P")[430]; 13,27.28abα (Zusatz zu dem Nachtrag in P-Sprache 13,26*).[431] Dazu kommt eine weitere Entsprechung zwischen Dtn 1* und einem Zusatz im P-Sprachgebrauch in Num 13 f. In Dtn 1,25 (אתנו „uns") berichten die Kundschafter ebenso wie in Num 13,26* (Nachtrag im P-Stil)[432] den beiden Größen „Mose" und „Volk". Daß der Aaron aus Num 13,26* in Dtn 1* fehlt, entspricht dem typischen Verfahren des zuständigen Verfassers. Er reduziert die Figurenkonstellation auf das Dreieck „Jahwe-Mose-Volk" und läßt alle weiteren Figuren aus. Und nicht zuletzt entspricht die Redewendung für die Berichterstattung in Dtn 1,22abα.25 der in Num 13,26*. In all diesen Versen steht שוב im Hiphil mit דבר als Objekt. Die Wendung kommt in Num 13 f nicht noch einmal vor, und selbst das Verb שוב im Hiphil ist nur in 13,26* belegt. Beides ist also charakteristisch für von P beeinflußte Zusätze in Num 13 f.

Noch ein Bezug von Dtn 1* zu von P beeinflußten Texten in Num 13 f ergibt sich aus folgender Überlegung: Die Grundlage, um in Dtn 1,25 das gesamte Land zu beurteilen, haben die Kundschafter nur, wenn sie es auch gesehen haben. Insofern ist eine Besichtigung des ganzen Landes wie in Num 13,21 („P") hier vorausgesetzt. Sie wird auch angedeutet. Denn mit dem ההרה („ins Gebirge") in Dtn 1,24a ist das gesamte Land gemeint. Es bezieht sich auf das Gebirge der Amoriter (Dtn 1,7*[bis „Gebirge der Amoriter"].20),[433] und dieses Gebirge ist in Dtn 1* der „Deckname" für das ganze Land.[434] Folglich dürfte Num 13,21 („P") in dem Wort ההרה in Dtn 1,24a stecken.[435] Damit ist Dtn 1,24a folgendermaßen zu deuten: Die Kundschafter ziehen zuerst durchs ganze Land (ההרה) und kommen dann zum Tal Eschkol. Das entspricht genau der Textfolge Num 13,21 (der Weg ins Land; „P").22f* (der Weg ins Tal Eschkol; nicht-P Zusatz zu „P"). Also bezieht sich der Autor von Dtn 1* hier gegen die bisherige Forschung nicht auf einen nicht-P Faden, sondern auf einen erweiterten „P".[436]

---

430 Zur Änderung des Jahwebefehls in Num 13,2 zu einer Idee des Volkes in Dtn 1,22abα s.o., 209.

431 Auch im „P"-Grundbestand betrifft das böse Gerede der Kundschafter das gesamte Land (13,32abα).

432 In Num 13,26 wurden der Ortsname Kadesch sowie ואת כל העדה („und die ganze Gemeinde") in 13,26b ergänzt, s.o., 182, Anm. 253. Zum P-Einfluß in diesem Vers s.o., 191 f.

433 So auch Perlitt, BK.AT 5/2, 98 f; Veijola, ATD 8/2, 35.

434 S.o., 203 f.

435 Dies ist ein weiterer Grund, warum der Verfasser von Dtn 1* das בנגב („in den Negev") aus seiner Vorlage Num 13,22f* änderte. S.o., 203 f.

436 Ganz explizit wird die Erkundung des ganzen Landes in Dtn 1,24b nachgetragen. Das Suffix der 3.fem.sing. wird am sinnvollsten auf הארץ („das Land") bezogen, obwohl dieses Bezugswort nicht im unmittelbaren Kontext von 1,24b steht, sondern in 1,22a. Denn im näheren Kontext gibt

Eine weitere Beobachtung bestätigt diese Schlußfolgerung: Das Verb שלח ("senden") in Dtn 1,22abα stammt aus „P" und seinen Zusätzen in Num 13 f. Denn dieses Verb ist in Num 13 f nur in „P" (13,2a.3a), Zusätzen zu „P" oder in P-Sprache (13,2b.16.17; 14,36) und in einer Bezugnahme auf „P" belegt (13,27).[437] שלח ist in Num 13 f also ein typisches „P"-Wort, und genau dieses Wort steht in Dtn 1,22abα. Der Verfasser von Dtn 1* hat sich auch hier an „P" und nach-P orientiert, v. a. an Num 13,1.2a.3a („P").[438]

Auffällig ist in Dtn 1* weiterhin, daß Mose die Kundschafter ohne weitere Anweisungen losschickt. Auch das entspricht „P" in Num 13 f (vgl. V.1.2a.3a), nicht aber den nicht-P Texten. Denn in den nicht-P Zusätzen, die sich an die von P beeinflußten Verse Num 13,17.18a anschließen,[439] gibt Mose den Kundschaftern zahlreiche Fragen zum Land mit auf den Weg.

Fazit: Es hat sich gezeigt, daß Dtn 1,22abα.23.24a.25 sowohl von „P"- als auch von Nicht-P-Anteilen in Num 13 f abhängig sind. Dabei überwiegen die Einflüsse aus „P". Sie schlagen sich v. a. darin nieder, daß in Dtn 1* wie in Num 13,21 („P") das ganze Land erkundet wird und daß in Dtn 1,22abα wie in „P" und seinen Zusätzen (Num 13,2a.b.3a.16 f.27; 14,36) שלח als Terminus für die Aussendung der Kundschafter steht.

---

es kein feminines Bezugswort (vgl. Veijola, ATD 8/1, 35). Offensichtlich wurde also ההרה von Späteren zu eng verstanden. Gleichzeitig erkannten sie klar, daß Dtn 1 ohne eine Erkundung des ganzen Landes nicht funktioniert (so auch Perlitt, BK.AT 5/2, 99; Veijola, ATD 8/1, 36 f).

437 Num 13,27 wird herkömmlich dem nicht-P Bestand zugeordnet, ist aber auf 13,26* angewiesen, in dem die P-Einflüsse manifest sind (s. o., 191 f). Außerdem bezieht sich der Redebeginn in 13,27 ganz deutlich auf 13,3a („P") zurück. Die Kundschafter sagen in 13,27: „Wir kamen in das Land, in das du uns gesandt hast …" (באנו אל הארץ אשר שלחתנו). Und in 13,3a steht das Pendant dazu: „Und Mose sandte sie [sc. die Kundschafter] aus …" (וישלח אתם משה).

438 Zu den Gründen, warum aus einem Jahwebefehl in Num 13,1.2a.3a in Dtn 1* ein Vorschlag des Volkes wurde, s. o., 209. Der Terminus für das Auskundschaften aus „P" und Zusätzen dazu in Num 13 f, תור (Num 13,2.16 f.21.25.32; 14,6 f.34.36.38) wurde dagegen in Dtn 1* nicht übernommen. Anstelle dessen steht hier חפר (1,22). Dies hat wieder damit zu tun, daß der Verfasser von Dtn 1* seinen Text auf Jos bezieht. Denn חפר findet sich in dieser Bedeutung nur noch in Jos 2,2 f (vgl. HALAT, 327 vgl. Rose, Deuteronomist, 273). Ansonsten bedeutet das Verb meist „graben" (z. B. Gen 21,30; 26,15 ff). Durch den Bezug zu Jos 2,2 f soll das Auskundschaften in Dtn 1* in ein negatives Licht gerückt werden. In Jos 2,2 f verwendet der König von Jericho dieses Verb, und aus seiner Sicht sind die Kundschafter schlicht Spione.

439 S. o., 5.2.2.

5.3.3.4 Murren und Strafe

Dtn 1,26 f.29 f.31*.32.34.35*.39*:

> 26: Aber ihr wolltet nicht hinaufgehen, und ihr wart widerspenstig gegen den Befehl Jahwes, eures Gottes.
>
> 27: Und ihr maultet[440] in euren Zelten und sagtet: „Weil Jahwe uns haßt,[441] hat er uns aus dem Lande Ägypten herausgeführt, um uns in die Hand der Amoriter zu geben, damit sie uns vernichten.
>
> 29: Aber ich sagte zu euch: „Erschreckt nicht und fürchtet euch nicht vor ihnen!
>
> 30: Jahwe, euer Gott, der vor euch hergeht, der wird für euch kämpfen, genauso, wie er an euch vor euren Augen getan hat in Ägypten
>
> 31*: und in der Wüste, auf dem ganzen Weg, den ihr gegangen seid, bis ihr an diesen Ort kamt.“
>
> 32: Aber auf dieses Wort hin[442] glaubtet ihr nicht an Jahwe, euren Gott.
>
> 34: Da hörte Jahwe das Geräusch von euren Reden und wurde zornig. Er schwor folgendermaßen:
>
> 35*: „Keiner von diesen Männern soll das gute Land sehen, das ich ihren Vätern zu geben geschworen habe.
>
> 39*: Aber eure Kinder, die heute weder gut noch böse kennen, die dürfen dorthin kommen und ihnen werde ich es geben, und sie werden es in Besitz nehmen.“

Num 13,30; 14,2a.b.3.5a.10b.26*.27b.28.29* („P“-Grundbestand kursiv):

> 30: Da beruhigte Kaleb das Volk auf Mose hin und sagte: „Laßt uns wirklich hinaufgehen, damit wir es (*sc.* das Land) in Besitz nehmen, denn wir werden über es obsiegen!“
>
> ...
>
> 14,2a: *Da murrten alle Söhne Israel gegen Mose und gegen Aaron,*
>
> 2b: und es sprach zu ihnen die ganze Gemeinde: „Wären wir doch in Ägypten gestorben oder in dieser Wüste, wären wir doch gestorben!
>
> 3: Und warum bringt Jahwe uns in dieses Land, damit wir durch das Schwert fallen, (und) unsere Frauen[443] und Kinder zur Beute werden? Wäre es nicht besser für uns, nach Ägypten zurückzukehren?“
>
> 5a: *Da fielen Mose und Aaron auf ihr Angesicht,*
>
> 10b: *und die Herrlichkeit Jahwes erschien in der Stiftshütte vor allen Israeliten.*[444]
>
> 26*: *Jahwe sprach zu Mose folgendermaßen:*
>
> 27b: „Das Murren der Söhne Israels, die gegen mich murren, habe ich gehört.

---

440 So mit Perlitt, BK.AT 5/2, 81.

441 So mit Perlitt, BK.AT 5/2, 81; Veijola, ATD 8/1, 29.

442 S.o., 109.

443 Die vorliegende Übersetzung, die נשׁינו („unsere Frauen“) nicht als Objekt zu נפל בחרב („durch das Schwert fallen“) zieht, entspricht der masoretischen Akzentsetzung und ergibt einen besseren Sinn als die alternative Möglichkeit („damit unsere Frauen durch das Schwert fallen“). Sie ist deshalb mit Schmidt vorzuziehen (vgl. ATD 7/2, 36). Dagegen Seebass, BK.AT 4/2, 50.

444 S.u., 236 f zu dieser Übersetzung.

28: Sprich zu ihnen: so wahr ich lebe – Spruch Jahwes – wie ihr vor meinen Ohren gesprochen habt, so tue ich euch!
29*: In dieser Wüste sollen eure Leichen fallen!"

Der folgende Handlungsverlauf in Dtn 1* orientiert sich an nicht-P Stücken, die sich allerdings als Zusätze zu „P" erwiesen haben. So ist das Murren in Dtn 1,27 eine Steigerung von Num 14,3 (nicht-P), und die aufmunternde Rede des Mose in Dtn 1,29 f.31a*(nur „und in der Wüste").b wurde aus Kalebs Appell in Num 13,30 (nicht-P) heraus entwickelt.[445] Dabei wurde die einfache Behauptung des Kaleb (Num 13,30), daß das Volk mit dem Land fertig würde, durch Termini und Motive aus der Jahwekriegsansprache theologisch aufgeladen (z. B. לחם Niphal „kämpfen" mit Gott als Subjekt). Mose hält in Dtn 1,29–31* eine Kriegsansprache, wie sie in Dtn 20,2b–4 vorgeschrieben wird.[446] Auf diese Weise wird Kalebs Ermunterung nachträglich theologisch begründet: Das Volk kann das Land besiegen, weil Jahwe für es kämpft.

Das Vorbild für Jahwes Strafrede in Dtn 1,34.35*(ohne „diese böse Generation").39*(ohne 39aαi) findet sich nun wieder in von P beeinflußten Stücken in Num 13 f. Hier lehnte sich der Verfasser von Dtn 1* an Num 14,27b.28.29*(bis „eure Leichen") an.[447] Dies ist an der Abfolge „Hören des Murrens" – „Gotteseid" – „Tod der Murrer als Strafe" zu erkennen. Sie ist in den Murrgeschichten so sonst nicht belegt. Dies gilt besonders für die nicht-P Version von Jahwes Strafrede in Num 14,11–25. Dort ist nicht Auslöser der Strafankündigung, daß Gott das Murren des Volkes hört (so aber Num 14,27b; Dtn 1,34), sondern daß das Volk während der ganzen Wüstenwanderung nicht an Jahwe glaubt und ihn verachtet (Num 14,11.22). Dies kann dem Verfasser von Dtn 1* nicht vorgelegen haben. Denn es ist nicht erklärbar, wieso er auf diesen umfassenden Unglauben nicht eingeht, obwohl das seiner Theologie entspricht.[448]

---

445 S.o., 5.2.2.
446 Ähnlich Lohfink, Darstellungskunst, 21. Dabei ist Dtn 1,29–31* der jüngere Text. Hier wird über Dtn 20,2b–4 hinaus ein Bezug auf die bisherige Geschichte eingebracht, die das Volk als Augenzeuge (לעיניכם „vor euren Augen" in Dtn 1,30) miterlebt habe.
447 Zur Literarkritik von Dtn 1,35–39 s.o., 5.1.3 und zu der von Num 14,26 ff s.o., 185 f.
448 S.o., 5.3.1. Num 14,11–25 sind vielmehr eine jüngere Weiterentwicklung von Dtn 1* (so auch Aurelius, Fürbitte, 135 ff; van Seters, Life, 376). Der Unglaube, der sich für den Verfasser von Dtn 1* nur im Zusammenhang mit der Kundschaftergeschichte äußert, wird zu einem Kennzeichen der Wüstenzeit allgemein. Eine ähnliche Entwicklung manifestiert sich z. B. in Dtn 9,22–24 (s. o., 103, Anm. 109); Ps 78,10 ff (v. a. V.22.32); 106,12 ff (v. a. V.24); Neh 9,16 ff. Daß sich Num 14,23 und Dtn 1,35* eng berühren, zeigt zwar ein literarisches Abhängigkeitsverhältnis. Aber damit steht noch nicht fest, daß Num 14,23 der Gebertext war (so aber z. B. Mittmann, Deuteronomium, 57; vorsichtiger Perlitt, BK.AT 5/2, 115). Vielmehr ist Num 14,23 eine jüngere, gekürzte Fassung von

Daß Jahwe das Murren hört und deshalb reagiert, ist vielmehr typisch für von P beeinflußte Murrgeschichten. Die engste Parallele zu Num 14,27b.28.29* und Dtn 1,34f*.39* steht in Ex 16,7–9.12.[449] Wo dagegen im nicht-P Text davon die Rede ist, daß Jahwe den Unmut im Volk hört (Num 11,1; 12,2b)[450], steht שמע („hören") anders als in Dtn 1,34; Num 14,27b; Ex 16,7.9.12 absolut. Sowohl in Ex 16 als auch in Num 11f fehlt der Gotteseid. Das unterscheidet diese Texte deutlich von Dtn 1,34f*.39* und Num 14,27b.28.29*. Es bestätigt, daß Dtn 1,34f*.39* nur von Num 14,27b.28.29* abhängig sein kann.

Der Schluß der Dtn-Kundschaftergeschichte in Dtn 1,40.41–43.44*(ohne „in Seïr").45 ist eine Neuerung des Verfassers von Dtn 1* ohne ein Vorbild in Num. Vielmehr hat hier Dtn 1* Ergänzungen in Num ausgelöst, nämlich Num 14,25b.39–45. Num 13f endete vorher mit dem Tod der Kundschafter Num 14,37.[451] Der Verfasser von Dtn 1* trägt mit seinem neuen Schluß vor allem seinem Anliegen Rechnung, eine Geschichte von der menschlichen Verschlossenheit vor Gott zu erzählen. Daß sich das Volk ausgerechnet aus Reue noch einmal Jahwe widersetzt (Dtn 1,41f), zeigt, daß das Volk überhaupt nicht in der Lage ist, sich Gott zu öffnen.[452]

Fazit: Der Autor von Dtn 1* hat sich bei seiner Darstellung von Murren und Strafe an sekundären Anteilen von Num 13f orientiert. Diese sind teils von P beeinflußt (Num 14,27b.28.29*), teils sind sie nicht-P (13,30; 14,3).

5.3.4 Ergebnis

Es hat sich also herausgestellt, daß Dtn 1–3* von einem schon ausgebauten nach-P Faden in Num abhängig ist. Dieser nach-P Faden enthielt den Aufbruch vom Sinai

---

Dtn 1,35* (vgl. auch Seebass, BK.AT 4/2, 91 zu Einflüssen von Dtn 1–3 in Num 14,23). Dies zeigt sich daran, daß die 3.masc.plur. in Num 14,23 nicht ohne Num 14,22 stehen kann, weil hier für Num 14,23 das Subjekt definiert wird. Aber in Num 14,22 steht ein Schuldaufweis in der Art von Num 14,11, und das ist jünger als Dtn 1*. Außerdem spielt Num 14,22 mit einigen Stichworten auf Dtn 1 an, setzt also diesen Text voraus. So dürfte האנשים („die Männer") als Bezeichnung für die Gestraften aus Dtn 1,35* stammen, und die Ortsangaben für Jahwes bisherige Hilfe in Num 14,22 (במצרים „in Ägypten"; במדבר „in der Wüste") gehen auf Dtn 1,30.31a*(nur „und in der Wüste").b zurück.
449 Zu diesem Text vgl. Levin, Jahwist, 352ff; Pola, Priesterschrift, 134ff; Kratz, Komposition, 246f. Zur Darstellung von Wolke und Kabod in P^G s. o., 214, Anm. 393. Mit beidem sind die entsprechenden Aussagen in Ex 16,7.10 nicht vereinbar (gegen Nihan, Priestly Torah, 92, s. auch u., 5.4.1).
450 Zu Num 11f s. o., 5.3.3.1.
451 Zu dem ebenfalls sekundären Num 14,38 s. o., 5.2.1.
452 S. o., 5.3.1.

in Num 10,11 f, vielleicht Num 12,16b, den schon erweiterten „P"-Bestand in Num 13 f sowie die älteren Num 20,1aβb; 21,21–24a*.[453]

Von Num 13 f wird in Dtn 1* der „P"-Grundbestand vorausgesetzt (Num 13,1.2a.3a.21.25.32abα; 14,2a.5a.10b.37). Dies erkennt man z. B. an dem Verb שלח für die Aussendung der Kundschafter in Num 13,2a.3a und in Dtn 1,22abα. Der Jahwebefehl in Num 13,2a, das Land zu erkunden, ist in Dtn 1* bekannt. Er wird aber umgewandelt zu einer Idee des Volkes (Dtn 1,22abα), um dessen Mißtrauen gegen Jahwe zu belegen. Und wie in „P" (Num 13,3a) schickt Mose in Dtn 1,23 die Kundschafter ohne weitere Anweisungen los.

Ferner stammt aus „P", daß die Kundschafter das ganze Land besichtigen (Num 13,21). In Dtn 1* wird das vorausgesetzt, wie etwa die Antwort der Kundschafter in 1,25 zeigt. Sie könnten nicht das ganze Land als sehr gut beschreiben, wenn sie es nicht gesehen hätten. Außerdem wird in dem ההרה („ins Gebirge") in 1,24 verklausuliert gesagt, daß die Kundschafter im ganzen Land waren.[454]

Weiter sind in Dtn 1* eine ganze Reihe von Zusätzen zu „P" in Num 13 f vorausgesetzt. Teilweise imitieren sie den P-Stil, teilweise sind sie von solchen Einflüssen frei und werden deshalb „nicht-P" genannt. Zunächst wurde der Weg ins Tal Eschkol ausgewertet (die nicht-P Stücke Num 13,22*[nur „sie gingen hinauf in den Negev"].23a.24 in Dtn 1,24a). Dann wurde der Bericht der Kundschafter an Mose, Aaron und das Volk übernommen (der von P beeinflußte Vers Num 13,26* [ohne „nach Kadesch" in 13,26a und „die ganze Gemeinde" in 13,26b] mit den nicht-P Ergänzungen 13,27.28abα in Dtn 1,25). Dabei wurde aus dem ambivalenten Bericht in Num ein positives Votum gemacht, um das folgende Murren des Volkes als grundlos darzustellen. Auch die Ermutigungsrede des Kaleb Num 13,30 (nicht-P) war dem Verfasser von Dtn 1* schon bekannt. Sie ist das Vorbild für die Kriegsansprache des Mose Dtn 1,29 f.31a*(nur „und in der Wüste").b und wurde dort theologisch ausgebaut. Ein Vermerk wie Dtn 1,32 über den Unglauben des Volkes nach dieser Ansprache fehlt in Num 13 f. Dies ist also eine Neuerung von Dtn 1*. Dagegen wurde das Murren (Dtn 1,27) aus Num 14,3 übernommen (ein nicht-P Zusatz zu Num 14,2a[„P"].2b[P-Einfluß]). Wie schon Kalebs Appell wurde auch Num 14,3 in Dtn 1* theologisch deutlich vertieft. Erst in Dtn 1,27 sind die Widerworte des Volkes blasphemisch, weil Jahwe Haß gegen das Volk als Motiv für den Exodus unterstellt wird. Die Vorlage für Jahwes Strafrede in Dtn 1,34.35*(ohne „diese böse Generation").39*(ab „und eure Söhne, die nicht wissen ...") steht in Num 14,27b.28.29*(nur „in dieser Wüste werden eure Leichen

---

453 S.o., 151, Anm. 127; 219, Anm. 414.
454 S.o., 203 f.224.

fallen"). Dieser Abschnitt enthält P-Sprache. Der Schluß Dtn 1,40–43.44(ohne „in Seïr").45 ist wiederum eine Innovation in Dtn 1* ohne Num-Vorlage.[455]

Daraus kann man schließen, daß Num 13f folgendermaßen aussah, als Dtn 1* entstand: Num 13,1.2a.3a.21.22*.23a.24.25.26*.27.28abα.30.32abα; 14,2a.2b. 3.5a.10b.26*(ohne „und zu Aaron")[456].27b.28.29*.37.[457] Während der Grundbestand „P" hauptsächlich an Schuld und Strafe der Kundschafter interessiert war,[458] ist in diesem Stadium das Volk schon einbezogen. Es wird klar mitschuldig, indem es vernehmlich murrt, und ihm wird seine Strafe angekündigt. In Dtn 1–3* wird der Aspekt des schuldigen Volkes theologisch und psychologisch vertieft. Es wird klargestellt, daß das Murren wie der Unglauben aus einer vor Gott verschlossenen Grundhaltung des Menschen folgt (1,32) und daß diese Grundhaltung schon lange vorher und noch lange danach die Menschen prägt. So dürfte sie hinter dem Wunsch gestanden haben, das Land vor der Eroberung auskundschaften zu lassen (Dtn 1,22). Und sie führt dazu, daß sich das Volk ausgerechnet aus Reue noch einmal Jahwe widersetzt (Dtn 1,41–43).

Als Dtn 1–3* entstanden, fehlten dagegen von der jetzigen Fassung von Num 13f noch vor allem die Kundschafterliste Num 13,4–16, die detaillierten Fragen des Mose über das Land (13,17–20) sowie die Rede von Josua und Kaleb (Num 14,6–10a) samt deren Verschonung (14,38). Auch die erste Jahwerede Num 14,11–25 lag noch nicht vor.[459] Und nicht zuletzt kannte der Verfasser von Dtn 1* noch keine Informationen über Hebron, die Anakiter oder Riesen (Num 13,22[ab „und man kam nach Hebron"].28bβ.33). Letzteres wurde erst in dem sekundären Dtn 1,28b berücksichtigt.[460]

---

455 S.o., 186 ff.

456 S.o., 5.2.1. 14,26* ist als Redeeinleitung für 14,27–29* unentbehrlich.

457 14,39 kommt nach 14,37 zu spät. Der Vers fungiert als Überleitung zu Num 14,40–45*, die von Dtn 1* abhängig sind.

458 S.o., 5.2.1.

459 S.o., 184.194 f. Zur Frage nach der Verschonung des Kaleb für seine Rede in Num 13,30 s. o., 195.

460 S.o., 156 und 156, Anm. 142. Das Anakitermotiv und vor allem die Bezeichnung der Anakiter als Riesen in 13,33aβb sind eine sehr späte Steigerung und Konkretisierung des Motivs der starken Landesbewohner, vor denen sich das Volk fürchtet (Num 13,28abα.30.31; 14,3; vgl. auch Otto, Deuteronomiumstudien I, 141). Ursprünglich sind die starken Landesbewohner genauso Menschen wie das Volk, und sie finden sich nicht nur in Hebron wie die Anakiter, sondern überall im Land (vgl. 13,28a). So argumentiert noch der sehr späte Vers Num 14,9, und darauf reagiert in Dtn 1 der Zusatz 1,28a (s. o., 156 und 156, Anm. 142). Der Anlaß, die Landesbewohner sukzessive ins Übermenschliche zu erhöhen, ist wohl die Behauptung in Num 13,32bβ (Zusatz zu „P"), die Landesbewohner seien hochgewachsene Männer. Diese Überlegungen zeigen, daß keine Tradition von Kalebs Kampf gegen die Anakiter in Hebron (Jos 15,13 f) der Anlaß war, Num 13f* aufzu-

Dieses Ergebnis hat eine ganze Reihe von Konsequenzen, wenn es darum geht zu entscheiden, ob das Modell von Kratz (ein sukzessive ausgebauter Hexateuchfaden) oder das von Achenbach, Otto und Römer (zwei eigenständige Einheiten Gen-Lev und DtrL/DtrG mit Num als jüngerem Brückenbuch) den Befund besser erklären.[461] Zunächst hat sich gezeigt, daß es in Num trotz vieler junger Anteile auch älteres Gut geben kann (Num 20,1aβb; 21,21–24a*).[462] Weiter ist nun klar, daß Dtn 1–3* von einem beträchtlichen, gewachsenen Num-Bestand abhängig ist. Damit ist die These von Num als einem späten Brückenbuch nicht mehr plausibel. Sie vereinfacht das komplexe Wachstum dieses Buches zu sehr. Dagegen wäre die hier erkannte Abhängigkeit von Dtn 1–3* von einem erweiterten „P"-Faden in Num 13 f im Rahmen eines langsam wachsenden Hexateuchfadens gut erklärbar.

Wenn mit Dtn 1–3* ein neues Erzählwerk DtrL oder DtrG begonnen hat, so darf man sich den Neuansatz nicht allzu tief vorstellen. Denn der Autor setzt voraus, daß seine Leser auch Texte vor seinem Erzählwerk kennen, nämlich einen Num-Faden. Er will sich gerade mit diesen Texten auseinandersetzen. Es ist die Frage, ob das noch ein echter Neuanfang ist. Auch hier scheint Kratz' Hexateuchfaden eine einfachere, plausiblere Erklärung zu bieten. Die Doppelung, die durch Dtn 1–3* im Rahmen eines Hexateuchfadens entstünde, wäre dadurch motiviert, daß der zuständige Autor die Wüstenwanderung neu erklären will und deshalb eine zweite, verbesserte Fassung einbaut.[463]

Der Grund, diese verbesserte Fassung einzustellen, ist, daß ihr Verfasser der Wüstenwanderung einen ganz neuen Sinn gibt. Die Wüstenwanderung wird zum Weg vom Unglauben und der Verschlossenheit vor Gott zur Offenheit für ihn, von der Blasphemie zum Gehorsam. Denn das ungläubige, vor Gott verschlossene Volk aus Dtn 1* wandelt sich auf dem Weg durch die Wüste in Dtn 2f* zu einem gehorsamen Volk. Anders als in Dtn 1,26 f weigert es sich kein einzige Mal mehr, der von Jahwe befohlenen Route zu folgen. Und es läßt sich ohne jede Bedenken auf den Kampf mit Sihon von Heschbon ein. Auf diese Weise zeigt es, daß es jetzt

---

schreiben (gegen z. B. Noth, ATD 7, 91; schon vorsichtiger Schmidt, ATD 7/2, 42 f; vgl. auch Perlitt, BK.AT 5/2, 107). Vielmehr handelt es sich bei Num 13 f von Anfang an um eine Lehrerzählung, zuerst über Jahwes Strafe für böses Gerede, dann über das Murren. In diese Lehrerzählung wurden die Anakiter in einem sehr späten Stadium aus Jos 15,13 f übernommen. Auch Römer, Périphérie, 31, hält die Murrgeschichten in Num grundsätzlich für Lehrerzählungen, wobei er aber aus nicht ganz klaren Gründen eine Ausnahme für Num 13 f macht.
461 S.o., 5.1.2.5.
462 S.o., 151, Anm. 127; 219, Anm. 414.
463 Aus dem gleichen Grund wurden auch in Gen Zweitfassungen von Erzählungen eingestellt, z. B. die Vertreibung Hagars und Ismaels in Gen 16 und 21 (s. o., 5.1.2.2).

bereit ist, mit Gottes Macht zu rechnen, daß es sich also für Gott geöffnet hat. Das wird mit einem Sieg belohnt (Dtn 2,32f). Da eine für Gott offene Grundhaltung die Voraussetzung des Gehorsams und des Glaubens ist,[464] kann man den Weg durch die Wüste eine Glaubensschule nennen. Dagegen fehlen in Num noch solche Sinngebungen für die Wüstenwanderung. Hier kommt es erst ganz spät zu ausschließlich negativen Erklärungsversuchen. So gilt der weite Weg als Strafzeit (Num 14,33f) oder als der Zeitraum, in dem die schuldige Generation ausstarb (Num 26,64f; 32,13).[465]

Weil das Volk auf der Wüstenwanderung sich für Gott öffnet und so erst gehorsam sein kann, ist diese Wüstenwanderung eine Vorbereitung auf die Gabe des dtn. Gesetzes. Auf diese Weise stellt der Verfasser von Dtn 1–3* das Verhältnis von Sinaigesetz und dtn. Gesetz klar. Implizit wird deutlich, daß weder der Sinaiaufenthalt mit der Gabe des Gesetzes noch das Leben mit dem Gesetz in der Wüste einen so bleibenden Eindruck hinterlassen haben, daß das Volk sich die richtige Haltung zu Gott aneignen konnte. Die Erfahrungen im Zusammenhang mit dem Sinaigesetz konnten nicht verhindern, daß das Volk sich vor Gott verschloß und so nicht glaubte. Folglich hat dieses Gesetz seine Grenzen. Dagegen trifft das dtn. Gesetz auf ein durch die Wüstenwanderung vorbereitetes, motiviertes Volk. Die Chance stehen gut, daß es eingehalten wird. Und so wird die Wüstenwanderung auch zur Vorbereitung auf das Leben im Land als eine Gott gegenüber offene, gehorsame und damit potentiell gläubige Existenz.

Gerade weil der Verfasser von Dtn 1–3* der Wüstenwanderung einen solchen Wert für die religiöse Entwicklung des Volkes einräumt, verwickelt er sich scheinbar in einen Selbstwiderspruch. Eigentlich dürften die Augenzeugen des Horebaufenthalts und des Murrens in Kadesch-Barnea nicht mehr leben, als Mose seine Abschiedsrede hält. Sie müßten so kurz vor der Landnahme schon tot sein, weil sie ja als Strafe für ihr Murren das Land nicht sehen dürfen (Dtn 1,35*.39*).[466] Trotzdem spricht Mose sie mit der größten Selbstverständlichkeit an und bezieht sich schon durch die Verwendung der 1.com.plur. auf gemeinsame Erinnerungen. So

---

464 S.o., 4.2.3 und u., 7.1.3.

465 Zu dem Zusatz Num 14,33f s.o., 185f. Dieser Zusatz war noch nicht eingebaut, als Dtn 1–3* entstand, weil die vierzigjährige Wanderung in Dtn 1–3* noch keine Rolle spielt. Sie wurde erst später ergänzt (Dtn 2,14 s.o., 162f und 163, Anm. 168). In Num 26,64f; 32,13 wird die Rede von Josua und Kaleb in Num 14,6–10a vorausgesetzt. Auch diese ist jünger als Dtn 1–3*. Vgl. über diese Texte außerdem Noth, ATD 7, 182.205f; Kratz, Komposition, 111f; Achenbach, Vollendung, 376f.380ff. Zu Ex 13,17 als einem weiteren Erklärungsversuch, warum es die Wüstenwanderung überhaupt gab, vgl. Levin, Jahwist, 340; ders., Source Criticism, 45.

466 S.o., 5.1.3.

beginnt er seine Rede in Dtn 1,6: „Jahwe, unser Gott, sprach zu *uns* am Horeb ...“[467] Der Verfasser von Dtn 1–3* will wohl klarstellen, daß die Verschlossenheit vor Gott mit dem daraus folgenden Unglauben prinzipiell mit dem Tod bestraft wird. Aber es kommt ihm mehr darauf an, die Überwindung der Verschlossenheit zu zeigen und so die Leser zum offenen Wahrnehmen von Gottes Wirken und zum Glauben zu ermutigen, als diese Strafe in aller Härte umzusetzen. Gott erscheint so implizit als ein Gott, der streng strafen könnte und dazu jedes Recht hätte, der aber auf den Vollzug der Strafe verzichtet.

Durch die bisherigen Analysen hat sich herausgestellt, daß Dtn 1–3* von der bereits ausgebauten „P“-Fassung von Num 13 f abhängig sind. Allerdings ist bisher offen, wie alt Dtn 1–3* mit dem ältesten אמן Hiphil-Beleg Dtn 1,32 sind. Es ist noch nicht geklärt, vor welchem zeitlichen und theologiegeschichtlichen Hintergrund erstmals ein eigenes Wort für Glauben benutzt wird. Weiter ist noch nicht klar, welche Erfahrungen und theologischen Anliegen den entsprechenden Redaktor zu dieser Sprachprägung veranlaßt haben könnten. Dem soll jetzt nachgegangen werden, und dabei steht wieder Num 13 f im Mittelpunkt. Denn es ist klar: Wenn man das zentrale Vorbild für Dtn 1–3* datiert, ergibt das wichtige Hinweise für den Ort dieses Textes in der Literatur- und Theologiegeschichte des Alten Testaments.

Es wurde bereits angedeutet, daß der Grundbestand von Num 13 f (13,1.2a.3a.21.25.32abα; 14,2a.5a.10b.37) ein nach-P Text ist.[468] Das soll nun begründet werden, indem Num 13f* mit P-Texten verglichen wird. Weiter wird sich zeigen, was sich in Num 13f* gegenüber P[G] verändert hat. So wird die Entwicklungsgeschichte von P[G] zu Num 13f* erhellt. In einem weiteren Schritt wäre dann zu fragen, wie die Entwicklung zwischen Num 13f* und Dtn 1–3* weitergegangen ist, und inwieweit sich hier Impulse auswirken, die schon in Num 13f* angelegt sind.

---

467 Dtn 1–3* sind mit diesem Selbstwiderspruch in Dtn und Num nicht alleine. Generell ist auffällig, wie wenige Texte das Aussterben der Exodusgeneration berücksichtigen. So wird diese Generation auch in Dtn 29,1 angesprochen, als der Bund in Moab geschlossen wird: „Gerade ihr habt alles gesehen, was Jahwe vor euren Augen im Land Ägypten an Pharao und an all seinen Knechten und an seinem ganzen Land getan hat.“ In Dtn 1–3 beseitigen erst die Nachträge Dtn 2,14–16 (s. o., 162 f und 163, Anm. 168) den Selbstwiderspruch, indem sie vom Tod der Exodusgeneration berichten.

468 S. o., 178.

5.4 Die Datierung des Grundbestandes von Num 13 f (13,1.2a.3a.21.25.32abα; 14,2a.5a.10b.37)

Es ist unbestritten, daß der „P"-Grundbestand von Num 13 f zahlreiche Merkmale eines priesterschriftlichen Stils enthält. Das betrifft den Sprachgebrauch (z. B. ראה Niphal „erscheinen" in Num 14,10b) und die Motive (z. B. Jahwes Eingreifen in Form einer Kabod-Erscheinung Num 14,10b).[469] In der bisherigen Forschung war dies ein entscheidendes Argument, um die entsprechenden Anteile von Num 13 f der Priestergrundschrift P^G zuzuweisen,[470] also der ältesten Fassung der Priesterschrift.[471]

Exkurs: der Umfang von P^G
Nach Ansicht der Verfasserin begann die älteste Fassung der Priesterschrift (P^G) mit der Schöpfungsgeschichte Gen 1,1–2,4a* und endete mit dem Einzug von Jahwes Kabod in das fertiggestellte Heiligtum am Sinai Ex 40,33b.34b[472]. Es handelt sich um einen knappen, aber theologisch äußerst gewichtigen Erzählzusammenhang, der einmal selbständig existierte.[473] Er begann mit der Schöpfungserzählung Gen 1,1–2,4a und führte über die Genealogie Adam-Noah Gen 5 zur ältesten Fassung der Flutgeschichte (z. B. 6,11f.13) mit dem Noahbund (Gen 9,1–17*)[474]. Die anschließende Vätergeschichte bestand v. a. aus genealogischen Notizen (z. B. Gen 11,10*.11–27.31 f; 16,3aβγ.16[475]; 21,1b.5; 25,11a.26b; 26,34 f; 50,22b)[476]. Darin waren theologische Programmerzählungen wie der Bundesschluß mit Abraham Gen 17,1–7*.22[477] und Verheißungen Jahwes an die Väter eingebunden (z. B. Gen 35,9–13*). In Ägypten (Gen 47,27)[478] wurde aus der Familie der Erzväter das spätere Volk Israel, doch es wurde von den Ägyptern unterdrückt und mißhandelt (Ex 1,13)[479]. Der Notschrei des Volkes leitete die Wende ein (Ex 2,23aβb.24abα.25)[480]. Mose wurde zur Rettung des Volkes beauftragt (Ex 6,2f.6 f)[481]. Darauf folgte ursprünglich unmittelbar der Auszug (Ex 12,40 f)[482]. Nach dem Durchzug durch das Schilfmeer

---

[469] Zu einer Zusammenstellung dieser Merkmale in Num 14 vgl. z. B. Struppe, Herrlichkeit, 175 ff, wobei Struppe den „P"-Grundbestand für die Fassung der Quelle P hält. Diese P-Fassung ist bei Struppe umfangreicher als „P" in der vorliegenden Arbeit (vgl. Struppe, Herrlichkeit, 151 ff und o., 5.2.1).

[470] Vgl. z. B. Noth, ATD 7, 90; Schmidt, ATD 7/2, 38 ff.

[471] Anders Nihan, Covenant, 88.

[472] S. u., 239, Anm. 502.

[473] S. o., 140, Anm. 64.

[474] Zum wahrscheinlich ältesten Bestand V.8 f.11aβb s. Levin, Jahwist, 111.

[475] Vgl. Levin, Jahwist, 150 und s. u., 253, Anm. 561.

[476] Vgl., Levin, Jahwist, 143 ff; Kratz, Komposition, 239 ff.

[477] S. u., 252, Anm. 555.

[478] Vgl.Levin, Jahwist, 305.

[479] Vgl. Levin, Jahwist, 315.

[480] S. u., 253, Anm. 558.

[481] S. u., 241, Anm. 511.

[482] Vgl. Kratz, Komposition, 244.

(Ex 14,16.21*.23.26.27*.28 f)[483] und einer knappen Schilderung der Wüstenwanderung gelangte das Volk Israel an den Sinai (Ex 24,16.18aα), wo Jahwes Heiligtum gegründet wurde. Damit das Volk ein angemessenes Heiligtum bauen kann, erhält es kurze Anweisungen (Ex 25*; 29*; 40*). Jahwe will in diesem Heiligtum auf Dauer unter seinem Volk wohnen (Ex 29,45 f).[484] Deshalb beschließt der Einzug von Jahwes Kabod in das fertige Heiligtum (Ex 40,34b) die Erzählung. Das Volk zieht in P[G] nicht weiter ins Land, sondern bleibt bei Jahwe am Sinai wohnen. Allerdings denken die Vf. von P[G] dabei nicht an ein dauerhaftes ärmliches Leben in der Wüste, sondern der Sinai steht für den Zion.[485] Außerdem entspricht eine Erzählung Schöpfung-Sinai dem Umfang von Jub. Offensichtlich wurde also dieser Erzählzusammenhang von antiken Lesern als sinnvoll empfunden.

Allerdings stellt sich die Frage, ob ein priesterschriftlicher Stil ein zwingendes Indiz für eine Zuschreibung zu P[G] ist. Gegen eine automatische Gleichsetzung „priesterschriftliche Sprache und Motive = P[G]" spricht, daß sich einige dieser Stilmerkmale in den verschiedenen Texten deutlich voneinander abweichen. Das betrifft beispielsweise die Umstände einer Kabod-Erscheinung[486] oder die Befehlsausführungsformel.[487] Diese Abweichungen gehen soweit, daß die entsprechenden Texte nicht mehr aus einer Hand stammen können. Das muß zu einer Reduktion des Materials führen, das P[G] zugeschrieben werden kann.[488] Etliche Texte können nicht zu P[G] gehört haben, obwohl sie in priesterschriftlichem Stil geschrieben sind. Denn in ihnen weichen wichtige Vorstellungskomplexe und Formulierungen von denen in P[G] ab.[489]

Anstelle dessen ist mit einem breiten Strom von Imitationen und Weiterentwicklungen des P[G]-Stils im Pentateuch zu rechnen. Das wird üblicherweise als P[S] bezeichnet, d. h. als P-Sondergut oder „sekundärer Anteil von P". Doch suggeriert dieses Siglum „P[S]", daß die entsprechenden Texte in eine noch selbständige Priesterschrift eingearbeitet wurden.[490] Das steht aber nicht von vornherein fest. Viel-

---

483 S.u., 257.

484 S.u., 239 ff und 242, Anm. 516.

485 So mit Pola, Priesterschrift, 272 f.

486 S.u., 5.4.1.

487 Vgl. Pola, Priesterschrift, 116 ff. Nihan stellt ähnliche Überlegungen am Beispiel der Bundeskonzeption im priesterschriftlichen Material an (vgl. Covenant, 91 ff).

488 Zu entsprechenden Entwicklungen in der jüngeren Forschung vgl. die Überblicke bei Zenger, Werk, 161 ff; Nihan, Covenant, 88 ff; ders., Priestly Code, 20 ff; Römer, Débat, 9 ff; Ska, Récit, 632 ff und Porzig, Lade, 9 f. Eine Tendenz, das P[G]-Material zu reduzieren, gibt es aber nach McEvenue schon seit Wellhausen, Noth und Elliger (vgl. Style, 19).

489 Dies betrifft z. B. die Murrgeschichten in Ex 16 und Num 20,1–13, in denen gegen klassische Positionen (z. B. Noth, ATD 7; 126 ff; Schart, Konflikt, 117 ff.134 f) kein P[G]-Anteil gefunden werden kann. S.u., 5.4.1; 5.4.3.

490 So z. B. Porzig, Lade, 25, Anm. 78.

mehr dürften viele Texte im P-Stil bereits die Verbindung von P^G und nicht-P Texten voraussetzen, insbesondere das entsprechende Material in Num.[491] Deshalb ist hier vorsichtiger von „Texten im priesterschriflichen Stil", „priesterschriftlichen Stilimitationen", „Weiterentwicklungen der Priesterschrift" etc. die Rede.

Auch der „P"-Grundbestand in Num 13 f wird sich als Teil dieser Strömung erweisen. Vor allem zwei der priesterschriftlichen Stilmerkmale in Num 13f* zeigen klar, daß dieser Text eine nachpriesterschriftliche Weiterentwicklung des priesterschriftlichen Stils ist. Das sind die Kabod-Erscheinung in Num 14,10b und das Murren in Num 14,2a. Beides ist typisch für nachpriesterschriftliche Texte unter priesterschriftlichem Einfluß. Insbesondere haben die Kabod-Erscheinung und das Murren aus Num 13f* enge Parallelen zu den nachpriesterschriftlichen Anteilen von Ex 16.[492]

5.4.1 Die Kabod-Erscheinung (Num 14,10b)

Die Erscheinung des Kabod, also der Herrlichkeit Jahwes[493], wird in Num 14,10b folgendermaßen beschrieben: „Da erschien [ראה Niphal] die Herrlichkeit Jahwes

491 Vgl. z. B. Pola, Priesterschrift, 56 ff; Kratz, Komposition, 116 f; Zenger, Werk, 164. S. außerdem o., 5.1.2.5 und u., 5.4.1–5.4.5. Schon Olson, Death, 51 rechnet grundsätzlich mit einer mehrschichtigen priesterlichen Tradition. Fritz erklärt dies mit einer P-Schule (vgl. Tempel, 122 und Blum, Studien, 361).

492 Vgl. ähnlich Römer, Sojourn, 425. Die Parallelen stellt Schart, Konflikt, 140 ff ausführlich dar. Zur nachpriesterschriftlichen Entstehung der entsprechenden Anteile von Ex 16 s. Levin, Jahwist, 353 ff; Pola, Priesterschrift, 134 ff; Kratz, Komposition, 246 f; Oswald, Staatstheorie, 228. Dagegen Schart, Konflikt, 134 f; Schmidt, Priesterschrift, 496 ff. Auch Römer, Sojourn, 431 f rechnet mit einem P^G-Grundbestand in Ex 16 (V.1.4*.13b.15–17.21–27), doch enthält dieser weder das Murren noch den Kabod-Auftritt. Für die Datierung von Num 13f* ist ferner zu bedenken, daß in dem Gerücht der Kundschafter in Num 13,32aba (Grundbestand s. o., 176, Anm. 225) auf das menschenfressende Land in Ez 36,13 angespielt wird (s. ferner Lev 26,38; vgl. z. B. Artus, Etudes, 117; Seebass, BK.AT 4/2, 100). Gegen Seebass stammt diese Ez-Stelle nicht vom Propheten, sondern ist sehr jung (vgl. Pohlmann, ATD 22/2, 471 ff). Sie dürfte jünger sein als P^G.

493 Der Kabod ist eine Form von Jahwes Anwesenheit in der Welt, vor allem im Heiligtum (vgl. Mettinger, Dethronement, 81; Seebass, BK.AT 4/2, 116). Umstritten ist, ob Jahwe in seinem Kabod eingeschränkt oder uneingeschränkt anwesend ist. Rudnig rechnet mit einer gewissen Einschränkung. Er nimmt an, durch den Kabod könne Jahwe ähnlich wie durch seinen Namen unter den Menschen anwesend sein, ohne seine Transzendenz aufzugeben (vgl. Rudnig, Gegenwart, 282). Nach Pola ist jedoch Jahwe mit dem Kabod selbst rückhaltlos anwesend (vgl. Priesterschrift, 324 f). Die Theologie von P^G unterscheide sich in diesem Punkt von der vorsichtigeren dtr. שם-Theologie. Dagegen spricht aber, daß in P^G bewußt zwischen Jahwes unmittelbarem Reden ohne Präsenz auf der Erde und seiner Präsenz bei seinem Volk als Kabod unterschieden wird. In P^G wird die Kabod-Präsenz erst eingeführt, als Jahwe dauerhaft unter seinem Volk wohnt

[כבוד יהוה] in der Stiftshütte [באהל מועד]⁴⁹⁴ vor allen Israeliten [אל כל בני ישראל]."
Jahwe greift so in die Handlung ein und reagiert auf das Murren des Volkes wegen
des bösen Geredes der Kundschafter (Num 13,32abα; 14,2a). Er bestraft deshalb
die Kundschafter (14,37). Bemerkenswert ist die widersprüchliche Beschreibung
des Erscheinungsorts in Num 14,10b (*in* der Stiftshütte *vor* dem Volk). Der Verfasser will zwei gegensätzliche Konzeptionen verbinden: die Erscheinung von
Jahwes Herrlichkeit nur in der Stiftshütte wie in Pᴳ (Ex 40,34b)⁴⁹⁵ und ihre öffentliche Erscheinung vor den Israeliten, wie sie sonst in den nach-P Murrgeschichten belegt ist (z. B. Ex 16,10; Num 16,19).⁴⁹⁶ Paradoxerweise soll in Num 14,10b die
Herrlichkeit Jahwes zugleich in der Stiftshütte verborgen und für das ganze Volk
sichtbar sein.

Ein solcher Kabod-Auftritt als Antwort auf Unmut im Volk hat enge Parallelen in anderen Murrgeschichten: Ex 16,7.10 (Wachteln und Manna); Num 16,19;
17,7 (der Aufstand der Rotte Korach) und 20,6 (das Wasserwunder in Kadesch).
Außer in der Ankündigung der Kabod-Erscheinung in Ex 16,7 steht dabei stets
ראה Niphal („erscheinen").⁴⁹⁷ Und fast immer ist die Kabod-Erscheinung auf die

---

(Ex 24,16.18aα; 40,34b s. u., 238 f, Anm. 501 f). Vorher nimmt Jahwe unmittelbar mit den Menschen Kontakt auf (z. B. Gen 17,1b; Ex 6,1), aber daraus wird kein ständiger Aufenthalt auf der
Erde. Deshalb ist anzunehmen, daß die Kabod-Präsenz in Pᴳ eingeführt wurde, um eine gewisse
Transzendenz Gottes bei seinem ständigen Wohnen unter den Israeliten zu wahren (Ex 29,45,
s. u., 242, Anm. 516). Zu altorientalischen Parallelen und der numinosen Seite des Kabod vgl.
Westermann, Herrlichkeit, 133; Janowski, Sühne², 444 f; Wagner, Herrlichkeit, 47 f.441 ff. Diese
numinose Seite spielt jedoch in Pᴳ und Texten unter P-Einfluß kaum noch eine Rolle.
494 Die Präposition ב wird entsprechend der Grundbedeutung übersetzt (vgl. HALAT, 100 ff),
um die inhaltliche Spannung im Text nicht voreilig zu glätten. Denn der zuständige Autor geht
von der Kabod-Konzeption in Pᴳ aus, nach der die Herrlichkeit nur *in* der Stiftshütte unter den
Israeliten wohnt (Ex 29,45 f; 40,34b, s. u., 239, Anm. 502; 242, Anm. 516). Dies versucht er, mit
einer öffentlichen Erscheinung des Kabod zu verbinden, und nimmt den Widerspruch bewußt
in Kauf. Anders Noth, ATD 7, 88; Schart, Konflikt, 60; Schmidt, ATD 7/2, 36; Artus, Etudes, 123.
Zur harmonisierenden Variante von Septuaginta, Peschitta und Targum Jonathan vgl. Schart,
Konflikt, 60, Anm. 14; Artus, Etudes, 123, Anm. 122; Seebass, BK.AT 4/2, 83. Anders App. BHS.
495 S. u., 239, Anm. 502.
496 S. u., 5.4.3; 5.4.5.
497 Ansonsten ist ראה Niphal im Zusammenhang mit einer Erscheinung von Jahwes Herrlichkeit nur in Ex 33,23; Lev 9,6.23 belegt. Lev 9 ist ebenfalls ein nachpriesterschriftlicher Text
im P-Stil (so mit z. B. Pola, Priesterschrift, 127; Kratz, Komposition, 108; Römer, Sojourn, 426,
Anm. 29; Porzig, Lade, 11, Anm. 17; Wagner, Herrlichkeit, 57 f anders z. B. Zenger, Werk, 171 f;
Nihan, Priestly Code, 112 ff), in dem die Kabod-Konzeption aus Pᴳ weiterentwickelt wird. Denn
hier wird aus einem ständigen Wohnen des Kabod wie in Pᴳ eine nur gelegentliche Anwesenheit.
In Ex 33,23 wird ראה Niphal ganz anders verwendet, weil hier Jahwes Gesicht Subjekt des Verbs
ist, nicht seine Herrlichkeit. Eventuell spielt der Text durch den Gebrauch dieses Verbs auf die
Kabod-Erscheinungen in den nachpriesterschriftlichen Texten unter P-Einfluß an.

Stiftshütte bezogen. Ex 16,7.10 sind die einzigen Ausnahmen, da die Stiftshütte ja erst in Ex 40,16 ff aufgestellt wird. Aber obwohl der Kabod in Verbindung mit der Stiftshütte erscheint, legen die Texte Wert darauf, daß Jahwe öffentlich auftritt und daß das Heiligtum ihn nicht verbirgt. Das ganze Volk soll Zeuge der Erscheinung werden.[498] Dabei wird die Spannung von Num 14,10b (*in* der Stiftshütte *vor* dem Volk) in den übrigen Texten vermieden, indem nicht genau geklärt wird, wie sich die Erscheinung zur Stiftshütte verhält. In Num 16,19 steht die unklare Präposition אל („in Richtung der Stiftshütte"). Sonst versammelt sich das Volk bei der Stiftshütte, wenn der Kabod kommt (Num 20,6), oder es blickt hin zu ihr (Num 17,7). Wenn der Kabod nicht mehr explizit in der Stiftshütte erscheint, lockert sich seine Bindung an das Wüstenheiligtum. Weiter wird der öffentliche Charakter der Kabod-Erscheinung immer deutlicher. Beides scheint den Verlauf der literargeschichtlichen Entwicklung zu bestimmen.[499]

Angesichts der sprachlichen und thematischen Gemeinsamkeiten ist klar, daß Ex 16,7.10; Num 14,10b; 16,19; 17,7; 20,6 in ihrer Entstehungsgeschichte zusammenhängen. In der älteren Forschung hat man alle diese Belege P^G zugeordnet, und diese Gemeinsamkeiten als Indiz gewertet, um den entsprechenden Faden in Num 13 f insgesamt P^G zuzuweisen.[500] Allerdings ist die Lage komplizierter. Denn es fällt auf, daß sich diese Kabod-Erscheinungen in den Murrgeschichten deutlich vom Auftritt des Kabod am Sinai unterscheiden (Ex 24,16.18aα(bis „mitten in die Wolke")[501];

---

498 Ex 16,10: אל כל עדת בני ישראל; Num 14,10b: אל כל בני ישראל; Num 16,19: אל כל העדה; Num 20,6: אליהם. In Num 17,7 wendet sich das Volk zur Stiftshütte, bevor der Kabod kommt. Zwar bedeckt hier vor der Kabod-Erscheinung die Wolke die Stiftshütte, aber da der Kabod nicht klar in der Stiftshütte erscheint, kann die Wolke ihn auch nicht verdecken (anders z. B. Ex 24,16; 40,34). Die Wolke wird in Num 17,7 zu einer Begleiterscheinung des Kabod-Auftritts ohne wirkliche Funktion.

499 Man kann daraus auf eine relative Chronologie schließen. Dabei ist Num 14,10b der älteste Beleg, weil die Bindung des Kabod an die Stiftshütte die engste ist. Danach kommt Num 16,19. Es folgen Num 17,7; 20,6, und in Ex 16 steht die jüngste Kabod-Erscheinung. Dazu paßt, daß die Rolle der Wolke in Ex 16,10 eine vollkommen andere ist als in P^G (Ex 24,16 s. u., 238, Anm. 501). Während in P^G die Wolke den Kabod verhüllt, wird sie in Ex 16,10 selbst zum Erscheinungsort.

500 So z. B. Schmidt, ATD 7/2, 46.

501 Ähnlich Levin, Jahwist, 365. Anders z. B. Janowski, Sühne, 303 ff; Pola, Priesterschrift, 217; Nihan, Priestly Code, 158. Janowski, Pola und Nihan rechnen zusätzlich Ex 24,15b zu P^G. Gegen die Zugehörigkeit von Ex 24,15b zu P^G spricht aber, daß der Halbvers eine Dublette zu Ex 24,16aβ ist. Und Ex 24,15b korrigiert Ex 24,16. Während nach Ex 24,16 die Wolke nur als Folge der Kabod-Präsenz auftaucht, dem Kabod also stark untergeordnet ist, stellt Ex 24,15b sicher, daß die Wolke den Berg verhüllt, bevor Jahwes Herrlichkeit kommt. So harmonisiert Ex 24,15b den älteren V.16 mit dem ebenfalls sekundären Ex 40,34a (s. u., 239, Anm. 502). Außerdem sieht Oswald, Sinaiperikope, 206 richtig, daß 24,15b nicht auf den vorherigen P^G-Vers Ex 19,1 (vgl. z. B. Noth, ATD 5, 124; Levin, Jahwist, 365; Kratz, Komposition, 103) folgen kann. Die Kabod-Beschreibung

40,34b[502]). Und es ist keine Frage, daß gerade diese Texte aus der Sinaiperikope für P[G] zentral sind.[503] Folglich sind sie geeignet, um die Kabod-Konzeption von P[G] zu ermitteln. Nur Texte, die eine ähnliche Auffassung vom Kabod vertreten, können ebenfalls zu P[G] gehören. Es wird sich zeigen, daß das in Ex 16,7.10; Num 14,10b; 16,19; 17,7; 20,6 nicht der Fall ist.

Denn die Kabod-Konzeption in Ex 24,16.18aα; 40,34b widerspricht der in Ex 16,7.10; Num 14,10b; 16,19; 17,7; 20,6.[504] Zunächst spielt es in Ex 24,16.18aα; 40,34b keine Rolle, daß die Kabod-Erscheinung öffentlich ist. Im Gegenteil: Der Kabod verbirgt sich vor dem Volk. In Ex 24,16 geschieht das mithilfe der Wolke, und in Ex 40,34b übernimmt das Heiligtum diese Aufgabe. Nur Mose hat nach Ex 24,16.18aα engeren Kontakt mit dem Kabod, weil er in die Wolke hineingeht. Weiter steht in Ex 24,16.18aα; 40,34b nicht ראה Niphal („erscheinen") wie in Ex 16,10; Num 14,10b; 16,19; 17,7; 20,6, sondern שכן („wohnen" Ex 24,16) und מלא Qal („anfüllen" Ex 40,34b) für die Anwesenheit des Kabod. Dies impliziert, daß in Ex 24,16.18aα; 40,34b an eine dauerhafte Präsenz gedacht ist (so auch Ex 29,45 f

---

Ex 24,17 ist ein Zusatz, weil der Vers die Erzählung von Moses Aufstieg unterbricht und die Perspektive unvermittelt von Mose auf die Wahrnehmung des Volkes wechselt (so auch Mittmann, Deuteronomium, 160 f; Owczarek, Vorstellung, 24). Ex 24,18aβ („und er [sc. Mose] stieg auf den Berg") klappt nach V.18aα nach („und Mose kam mitten in die Wolke") und erläutert 18aα nachträglich.

502 In Ex 40,34 fällt die überflüssige Verdoppelung der Heiligtumsbezeichnung in der ersten (אהל מועד) und zweiten Vershälfte auf (המשכן). Außerdem beginnt die zweite Vershälfte mit einer Inversion. Das zeigt, daß V.34 nicht aus einem Guß ist. Nur die zweite Vershälfte, nämlich der Einzug des Kabod ins Heiligtum, ist für P[G] unentbehrlich. Denn sonst wäre die Verheißung aus Ex 29,45 f (s. u., 242, Anm. 516) nicht erfüllt (ähnlich auch Kratz, Komposition, 105; Porzig, Lade, 19 ff). Dagegen dürfte die erste Vershälfte ein Zusatz sein. Dazu paßt, daß Pola nachgewiesen hat, daß die Heiligtumsbezeichnung אהל מועד in P[G] noch nicht belegt ist (vgl. Pola, Priesterschrift, 230 ff). Ex 40,35 ist ebenfalls ein Nachtrag (so auch z. B. Porzig, Lade, 21.28; dagegen z. B. Janowski, Sühne, 313 f; Nihan, Priestly Code, 53 f). Nach diesem Vers kann Mose das Heiligtum nicht betreten, weil sich die Wolke auf ihm niedergelassen hat (שכן) und der Kabod es erfüllt. Das widerspricht aber der zentralen P[G]-Passage Ex 24,16.18aα (s. o., 238, Anm. 501), wo Mose den Sinai besteigen kann, obwohl die Wolke ihn verhüllt und der Kabod dort sogar wohnt (שכן). Außerdem ist Ex 40,35b eine Wiederaufnahme von Ex 40,34b.
503 So auch Westermann, Herrlichkeit, 118; Janowski, Sühne, 313.355. Nach Struppe, Herrlichkeit, 217 ist die Sinaiperikope sogar der Schlüssel, um P[G] zu verstehen.
504 Daß hier zwei Vorstellungen unausgeglichen nebeneinander stehen, konstatiert bereits Henry, Jahwist, 29, Anm. 8. Anders Koch, Priesterschrift, 45; Rendtorff, Offenbarungsvorstellungen, 30; Westermann, Herrlichkeit, 118; Janowski, Sühne, 303; Seebass, BK.AT 4/2, 116.

aus P^G)[505], nicht aber in Ex 16,7.10; Num 14,10b; 16,19; 17,7; 20,6.[506] Und der Anlaß für die Anwesenheit des Kabod ist weder in Ex 24,16.18aα noch in Ex 40,34b Aufruhr im Volk wie in den Murrgeschichten. Vielmehr erscheint der Kabod in Ex 24,16.18aα auf dem Berg Sinai, um Mose Anweisungen für den Bau des Heiligtums zu geben (Ex 25*; 29*; 40*).[507] Und in Ex 40,34b bezieht die Herrlichkeit das fertige Heiligtum. Die Erscheinung des Kabod steht also in engstem Zusammenhang mit dem Bau des Heiligtums und mit der dauerhaften Präsenz Jahwes

---

505 S.u., 242, Anm. 516. Weiter hat Owczarek, Vorstellung, 224 ff festgestellt, daß שׁכן im Alten Testament häufiger im Sinne eines dauerhaften Aufenthalts gebraucht wird (vgl. ähnlich Mettinger, Dethronement, 90 ff). Dagegen behauptet Janowski, in P gebe es „ *Relation von Einmaligkeit und Dauer der Präsenz Gottes in Israel*, die auch die ereignishafte und dynamische Grundstruktur des שָׁכֵן Jahwes Ex 41,16 als *ein auf eine Begegnung* (יעד nif.) *zielendes Verweilen* [...] Gottes bestimmt" (Sühne, 306, Hervorhebungen im Original). Doch bleibt unklar, warum ein „*auf eine Begegnung* [...] *zielendes Verweilen*" (Sühne, 306, Hervorhebungen im Original) nicht dauerhaft sein kann. Aus dem Zweck des Wohnens kann nicht auf dessen Dauer zurückgeschlossen werden. Auch ein Wohnen, das der Begegnung dient, ist nicht notwendig kurzfristig. Gerade wenn in P^G der Kult als Ziel der Schöpfung gilt (so Janowski, Sühne, 310 ff.356), ist zu fragen, wie das ohne eine dauerhafte Jahwepräsenz funktionieren kann und warum Jahwe nicht in seiner vollendeten Schöpfung anwesend sein sollte. Weiter spricht gegen Janowskis Überlegung, daß יעד Niphal und שׁכן in P^G niemals in einen engeren Zusammenhang gebracht werden. Nie erscheint יעד Niphal als Ziel von שׁכן. Und nicht zuletzt ist Janowskis wichtigster Referenztext Ex 29,42b–44 nach-P. Wahrscheinlich gilt das auch für die Heiligtumsbezeichnung אהל מועד (vgl. Pola, Priesterschrift, 254 f), wo מועד gerne von יעד her gedeutet wird (vgl. z. B. Sauer, Art. יעד, Sp. 743 ff). Gegen die These, daß Ex 40,34 beschreibt, wie der Kabod für immer ins Heiligtum einzieht, kann Koch nur vorbringen, daß diese Vorstellung in P einmalig wäre (vgl. Priesterschrift, 45 f). Dabei schätzt Koch jedoch Ex 29,45 f falsch ein, wo genau diese ständige Anwesenheit in P^G verheißen wird (s. u., 242, Anm. 516).

506 Dazu paßt, daß ראה Niphal von P^G für Jahwes Erscheinen vor den Erzvätern verwendet wird (Gen 17,1; 35,9; P^G nach Levin, Jahwist, 157.262; anders Gunkel zu Gen 35,9 (vgl. HK 1/1, 287). Dieses Erscheinen ist immer vorübergehend. Jahwe erscheint auf der Erde und geht wieder hinauf nach seiner Verheißung an den Erzvater oder seinem Bundesschluß mit ihm (עלה; so explizit Gen 17,22; 35,13; P^G nach Gunkel, HK 1/1, 264 ff.387; Levin, Jahwist, 157.262). Ziel dieses Hinaufgehens ist wohl Jahwes himmlischer Wohnort (so auch Gunkel, HK 1/1, 272). Zu diesen P^G-Belegen von ראה Niphal könnte noch Gen 48,3 gerechnet werden, doch dessen Zugehörigkeit zu P^G ist umstritten (dafür Gunkel, HK 1/1, 492 ff; dagegen Levin, Jahwist, 311). Hier fehlt die Rückkehrnotiz, weil Jakob lediglich von einer früheren Jahweerscheinung erzählt. Außerdem steht ראה Niphal in P^G für das Erscheinen des Bogens in den Wolken nach der Sintflut (Gen 9,14; vgl. Gunkel, HK 1/1, 150 f; Levin, Jahwist, 111). Auch dieses Erscheinen ist nicht dauerhaft.

507 Nur in diesen Kapiteln sind Spuren von P^G zu finden, so mit Pola, Priesterschrift, 343 f; Porzig, Lade, 12 ff; anders Janowski, Sühne, 305 ff. Die kleinen Differenzen zwischen Pola und Porzig müssen hier nicht im einzelnen diskutiert werden, s. jeweils z.St. Zu den Präsenzverheißungen Ex 25,8b; 29,45 f s. u., 242, Anm. 516.

in diesem Heiligtum. Jahwe erscheint in P^G nur durch seinen Kabod, wenn es um sein Heiligtum geht.[508]

Vor dem Sinaiaufenthalt kommt Jahwe in P^G niemals durch seinen Kabod und niemals dauerhaft.[509] Vielmehr redet er unmittelbar mit Noah (Gen 9,1–17)[510] und Mose (Ex 6,2f.6 f)[511]. Er erscheint Abraham, Isaak und Jakob direkt (Gen 17,1; 35,9; 48,3; Ex 6,3)[512]. Aber weder dieses Reden noch dieses Erscheinen haben eine dauerhafte Anwesenheit in der Welt zur Folge. Vielmehr zieht sich Jahwe wieder zurück in den Himmel, nachdem er Abraham, Isaak und Jakob erschienen ist (so explizit Gen 17,22; 35,13)[513]. Und sein Reden zu Noah und Mose scheint seine Präsenz nicht vorauszusetzen, geschieht also wohl direkt vom Himmel aus. Man muß folglich in P^G strikt unterscheiden zwischen Jahwes vorübergehendem Erscheinen *vor* dem Sinaiaufenthalt und seinem ständigen Wohnen unter dem Volk *am* Sinai. Jahwe ist in P^G nur durch seinen Kabod präsent, wenn er sich dauerhaft in seinem Heiligtum unter seinem Volk niederlassen will. Ansonsten erscheint er unmittelbar, aber vorübergehend.

Es zeichnen sich folglich zwei gegensätzliche Kabod-Konzeptionen in den Pentateuchtexten im priesterschriftlichen Stil ab.[514] Nach der einen (P^G in

---

508 Vgl. mit etwas anderen Akzentuierungen Wagner, Herrlichkeit, 93 ff.

509 Das einzige Beispiel für eine Kabod-Erscheinung vor dem Sinaiaufenthalt steht in Ex 16. Allerdings ist diese Kabod-Erscheinung nur vorübergehend. Und die entsprechenden Anteile von Ex 16 weisen die typischen Eigenheiten nachpriesterschriftlicher Murrgeschichten unter priesterschriftlichem Einfluß auf. Sie gehören also nicht zu P^G (s. o., 237 ff und u., 5.4.3; 5.4.5). Anders z. B. Wagner, Herrlichkeit, 54.

510 Daß ein Teil dieses Textes zu P^G gehört, ist unbestritten, vgl. Gunkel, HK 1/1, 140 ff; Smend, Entstehung, 47; Levin, Jahwist, 111; Zenger, Werk, 168. Zu möglichen Zusätzen zu P^G s. v. a. Kratz, Komposition, 238.

511 Kratz, Gertz und Zenger beschränken den P^G-Anteil auf Ex 6,2–8 (vgl. Komposition, 244; Tradition, 241 ff; Werk, 168); Pola rechnet Ex 6,2–9 zu P^G (vgl. Priesterschrift, 104 ff). Doch scheint der entsprechende Abschnitt schon in V.7 zu enden. Denn dort markieren sowohl Bundesformel als auch Erkenntnisformel einen klaren Abschluß. V.8 klappt dagegen nach (so auch Kohata, Jahwist, 29 ff). Weiter hat die bisherige Forschung übersehen, daß V.4 und V.5 nachgetragen sind. Denn hier stört ein syntaktisch unmotiviertes וגם. Weiter unterbrechen V.4 f mit ihrem Rückblick auf den Bund mit den Vätern (V.4) und die Erhörung der klagenden Israeliten (V.5) das Thema von Jahwes Namensoffenbarung. Diesbezüglich folgt aber V.6 genau auf V.3. Zuerst erläutert Jahwe in V.3, daß den Vätern der Gottesname Jahwe noch nicht offenbart war, dann fordert er in V.6 Mose auf, diesen Namen den Israeliten jetzt mitzuteilen.

512 Dabei wird die Zugehörigkeit von Gen 35,9 zu P^G von Gunkel bestritten (vgl. HK 1/1, 287) und die von Gen 48,3 von Levin, vgl. Jahwist 311.

513 S.o., 240, Anm. 506.

514 Schon Elliger, Sinn, 185 erkennt die Spannung und erwägt eine literarkritische Lösung. Zum vergeblichen Vermittlungsversuch von Janowski, s. o., 240, Anm. 505.

Ex 24,16.18aα; 40,34b) ist die Erscheinung der Herrlichkeit Jahwes etwas ganz Besonderes. Sie ereignet sich nur, als Jahwe sein Heiligtum offenbart und in es einzieht. Gerade in der Kabod-Erscheinung bleibt Gott nach diesen Texten verborgen. Nach der anderen (Ex 16,7.10; Num 14,10b; 16,19; 17,7; 20,6) ist die Kabod-Erscheinung Gottes gewöhnliches Mittel, um sein murrendes Volk zur Räson zu bringen. Es ist nur folgerichtig, daß die Herrlichkeit dazu öffentlich vor dem Volk sichtbar wird.[515]

Ganz offensichtlich widersprechen sich diese beiden Vorstellungen. Nur eine kann von P[G] stammen, die andere ist eine spätere Weiterentwicklung. Es zeichnet sich bereits ab, daß die erste Konzeption, nach der der Kabod nur im Zusammenhang mit dem Wüstenheiligtum erscheint, die ältere ist und folglich von P[G] stammt. Außerdem wird sie in zentralen P[G]-Texten in der Sinaiperikope vertreten. Dafür spricht noch eine weitere Beobachtung. P[G] geht davon aus, daß der Kabod am Sinai für immer in sein Heiligtum zieht (Ex 25,8b; 29,45f; 40,34b).[516] In Ex 29,45a verspricht Jahwe Folgendes: „Und ich werde inmitten der Söhne Israel wohnen" (ושכנתי בתוך בני ישראל). Ex 40,34b enthält die Erfüllung dieser Verheißung: „Aber die Herrlichkeit Jahwes erfüllte das Heiligtum" (וכבוד יהוה מלא את המשכן). Daraus folgt, daß der Kabod im Heiligtum wohnen bleibt. An einen möglichen Auszug ist nicht gedacht.[517] Und daraus folgt weiter, daß erneute Kabod-Erscheinungen wie in Num 14,10b; 16,19; 17,7; 20,6 überflüssig sind. Denn nach Ex 40,34b ist der Kabod ja schon da. Die Kabod-Erscheinungen

---

515 Vgl. Wagner, Herrlichkeit, 103f.115.
516 Vgl. auch Mettinger, Dethronement, 88f. Zu Ex 40,34b s. o., 239, Anm. 502. Ex 25,8b ist nach gewichtigen Positionen der jüngeren Forschung P[G] vgl. z.B. Janowski, Sühne, 305f; Owczarek, Vorstellung, 56.64; Kratz, Komposition, 105; Porzig, Lade, 14. Allerdings rekonstruiert Pola für Ex 25 mit der LXX-Fassung einen singularischen P[G]-Bestand (Ex 25,1.8aLXX.9*LXX; vgl. Priesterschrift, 258ff.269f). Diese These ist sehr bedenkenswert, und sie ist gut mit Beobachtungen in Ex 29 kompatibel. Denn hier sind nur V.45f klar P[G] (so auch Pola, Priesterschrift, 236; Porzig, Lade, 24; anders Janowski, Sühne, 317ff; Kratz, Komposition, 105; Wagner, Herrlichkeit, 54f). In V.42b–44 finden sich zahlreiche Motive, die nicht zu P[G] passen, etwa die Weihe oder das Heiligen der Stiftshütte und des Altars (V.44). Dies spielt in Ex 40 keine Rolle, und der Kabod bezieht dort das Heiligtum, ohne daß eine Weihe oder Heiligung vermerkt wird. Auch Ex 29,45f setzen keine Weihe voraus, weil davon überhaupt keine Rede ist (gegen Owczarek, Vorstellung, 85). Schon Rendtorff hat erkannt, daß die Rede von כבודי („meine Herrlichkeit" V.43) für P[G] ungewöhnlich ist (vgl. Offenbarungsvorstellungen, 31, Anm. 45). Außerdem kann mit dem Relativsatz in Ex 29,42b kein neuer Abschnitt beginnen (vgl. Pola, Priesterschrift, 233ff). Nun könnten Ex 29,45f sehr gut an Ex 25,1.8aLXX.9*LXX anschließen. Das ist ein Hinweis, daß darin der P[G]-Bestand erhalten ist (so auch Pola, Priesterschrift, 264f). Dagegen gibt es nach Noth, ATD 5, 191 und Westermann, Herrlichkeit, 124 in Ex 29,42b–46 gar keine P[G]-Anteile.
517 So auch Pola, Priesterschrift, 295f.

in Num 14,10b; 16,19; 17,7; 20,6 widersprechen folglich P[G]. Sie können nicht aus der gleichen Hand stammen, sondern sind nachpriesterschriftlich.

Dafür sprechen noch mehr Überlegungen. Unbestreitbar markiert Ex 40,34b einen Abschluß und eine Erfüllung. Wenn Gottes Herrlichkeit unter seinem Volk wohnt, ist das Ziel der Schöpfung erreicht (Gen 2,2 und Ex 40,33b).[518] Deshalb und aus anderen Gründen wird in der jüngeren Forschung vertreten, daß P[G] hier endet.[519] Die hier angestellten Beobachtungen zur Kabod-Konzeption bestätigen diese These. Denn nach Ex 40,34b und der sekundären Wiederaufnahme dieses Halbverses in Ex 40,35b[520] wird nie wieder auf den Kabod Bezug genommen, der ständig im Heiligtum wohnt. Vielmehr wird danach ohne jede Begründung auf eine dauerhafte Kabod-Präsenz verzichtet. Genau zwischen Ex 40,34b(35b) und dem Folgenden liegt der tiefe Bruch in der Kabod-Konzeption. So wird schon in Ex 40,36 f.38 von späteren Bearbeitern die Vorstellung eingeführt, daß Gott durch die bewegliche Wolke sein Volk führt.[521] Inwieweit er selbst dabei anwesend ist, wird verschwiegen, eben weil den zuständigen Verfassern der Widerspruch zu Ex 40,34b bewußt sein dürfte. Und in Lev 9,4.23 wird davon ausgegangen, daß der Kabod nur noch gelegentlich ins Heiligtum kommt, aber eben nicht dort wohnt. Wie sich das zu Ex 29,45 f; 40,34b verhält, wird übergangen.[522]

Ferner ist die Vorstellung, Jahwes Herrlichkeit erscheine *ad hoc* im Heiligtum, aber wohne nicht dort, eindeutig eine Weiterentwicklung der ständigen Kabod-Präsenz aus P[G]. Denn die Vorstellung einer immerwährenden Anwesenheit bewegt sich noch ganz im Rahmen der Zionstheologie und der altorientalischen Tempeltheologie.[523] Dagegen trägt der Verzicht auf das bleibende Wohnen des Kabod im Heiligtum einer gesteigerten Auffassung von Jahwes Transzendenz Rechnung. Der Himmel gilt so nämlich implizit als Jahwes eigentlicher Wohnort.

---

518 So auch Pola, Priesterschrift, 293 f; Janowski, Sühne, 309 ff. Schon Elliger erkennt klar, welche große Bedeutung dem Wohnen Gottes unter seinem Volk in P[G] zukommt (vgl. Sinn, 182 ff). Allerdings kann er die Konzeption von P[G] nicht klar fassen, weil er zu viele Texte dazu rechnet und nicht erkennt, daß P[G] mit dem Sinaiaufenthalt endet. So kann er nur konstatieren: „Der Eindruck einer gewissen Unsicherheit der Vorstellung von der Gegenwart Gottes bei seinem Volk bleibt indes" (Sinn, 186).

519 So auch z.B. Pola, Priesterschrift, 299 ff; Kratz, Komposition, 105 ff; Porzig, Lade, 24. Zur Diskussion über das Ende von P[G] s.o., 5.1.2.2.

520 S.o., 239, Anm. 502.

521 Vgl. Janowski, Sühne, 313; Kratz, Komposition, 106 f.

522 Zur nachpriesterschriftlichen Entstehung von Lev 9,4.23 s.o., 237, Anm. 497. Gegen Struppe, Herrlichkeit, 228 f kann man das nicht als fortschreitende Offenbarung erklären. Struppe übersieht, daß ein wesentliches Element von Ex 29,45 f; 40,34b in Lev 9,4.23 aufgegeben wurde, nämlich die Dauerhaftigkeit der Präsenz.

523 Vgl. Pola, Priesterschrift, 320 f; Carr, Fractures, 130 ff; Rudnig, Gegenwart, 268 ff.277 f.

Auf Erden erscheint er nur, wenn die Bedürfnisse oder vor allem die Widerspenstigkeit seines Volkes das erfordern.[524]

Nun kannten schon die P^G-Texte vor der Sinaiperikope vorübergehende Gotteserscheinungen (z. B. Gen 9,1–17*; Gen 17,1.22; 35,9.13; 48,3; Ex 6,2f.6f)[525]. Doch erschien hier Jahwe unmittelbar. Das ist in Ex 16,7.10; Lev 9,4.23; Num 14,10b; 16,19; 17,7; 20,6 nicht mehr der Fall. Hier kommt der Kabod, und so ist Jahwe nicht mehr direkt und vorbehaltlos anwesend. Er bewahrt vielmehr seine Transzendenz.[526] Folglich greifen Ex 16,7.10; Lev 9,4.23; Num 14,10b; 16,19; 17,7; 20,6 nicht einfach auf die P^G-Gotteserscheinungen in der Zeit vor dem Sinaiaufenthalt zurück. Auch diese werden weiterentwickelt, um Gottes Transzendenz besser zu verstehen, indem nun der Kabod vor die Menschen tritt und nicht mehr Gott selbst. Ex 16,7.10; Lev 9,4.23; Num 14,10b; 16,19; 17,7; 20,6 sind somit eindeutig jünger als P^G.

Zu einer gesteigerten Transzendenz des Kabod kommt ein Mehr an Omnipräsenz. In Ex 16,7.10; Num 14,10b; 16,19; 17,7; 20,6 lockert sich die enge Verbindung von Kabod-Präsenz und dem Heiligtum am heiligen Ort Sinai, wie dies für P^G charakteristisch war. In P^G erscheint der Kabod nur auf dem Sinai oder in seiner unmittelbaren Nähe und immer in engster Verbindung mit seinem Heiligtum (Ex 24,16.18aα; 40,34b).[527] Dies gilt umso mehr, als P^G wahrscheinlich mit Ex 40,34b endete.[528] Hier ist also nicht daran gedacht, daß das Volk den heiligen Ort Sinai wieder verlassen muß.[529] In Ex 16,7.10; Num 14,10b; 16,19; 17,7; 20,6 dagegen muß man sich nicht am heiligen Ort aufhalten, damit Jahwes Kabod erscheinen kann. Die Geschichten spielen meist in unspezifischen Wüstenregionen (Ex 16: Wüste Sin; Num 13f; 16f: Wüste Paran; Num 20,1–13: Kadesch/Wüste Zin). In Num 20,1 ist zwar eine alte Notiz über den Kadesch-Aufenthalt

---

524 Vgl. Rudnig, Gegenwart, 282f zu vergleichbaren Entwicklungen in I Reg 8.

525 S.o., 241 und 236, Anm. 493; 240, Anm. 506.

526 S.o., 236, Anm. 493.

527 S.o., 238f, Anm. 501f. Es wäre zu fragen, ob die Stiftshütte auf dem Sinai selbst oder im Lager des Volkes im Tal aufgestellt wird. Pola, Priesterschrift, 273ff nennt eine Reihe von Indizien dafür, daß das Heiligtum auf dem Gipfel des Sinai gebaut werden soll. Das ist bedenkenswert.

528 S.o., 243.

529 Die beste Erklärung für dieses Bleiben am Sinai hat Pola. Seiner Meinung nach steht der Sinai für den Zion (vgl. Priesterschrift, 272f; dagegen Ska, Récit, 642). Weiter ist mit einer eher untergeordneten Bedeutung des Landes in P^G zu rechnen (vgl. Noth, Studien, 206f; Römer, Sojourn, 424f; Porzig, Lade, 24, Anm. 76). Dies bestätigt ein Blick auf die zentralen P^G-Verheißungen Gen 17 und Ex 6. Der Grundbestand von Ex 6 in V.2f.6f (s.o. 241, Anm. 511) beschäftigt sich nicht mit dem Land. Auch in Gen 17 scheint die Landverheißung nachgetragen, denn in Gen 17,8 klappt sie auffällig nach der Bundesformel in Gen 17,7 nach. Außerdem findet sich am Ende von Gen 17,8 eine freie Wiederaufnahme von Gen 17,7. Zur Literarkritik von Gen 17 s. auch u., 252, Anm. 555.

erhalten (V.1aβb),[530] aber sollte Kadesch in der Frühzeit Kultortqualitäten besessen haben, spielt das für die folgende Geschichte keine Rolle. Außerdem steht nur die unpräzise Lokalisierung in der Wüste Zin in V.1aα in einer sinnvollen Verbindung mit der folgenden Murrgeschichte, weil Wassermangel in der Oase Kadesch nicht plausibel ist.[531] Die Bedeutung des heiligen Ortes wird also relativiert. Das gleiche gilt für das Heiligtum. In Ex 16,7.10; Num 14,10b; 16,19; 17,7; 20,6 ist immer weniger wichtig, daß der Kabod in der Stiftshütte erscheint. Während Num 14,10b daran festhält, daß die Herrlichkeit in der Stiftshütte erscheint, ist der Kabod in Num 16,19; 17,7; 20,6 nur noch in unklarer Weise mit diesem Heiligtum verbunden. Er erscheint irgendwie in der Nähe. In Ex 16,7.10 schließlich ist die Verbindung aufgegeben, weil ja die Stiftshütte noch gar nicht existiert. Das war in P^G noch ganz anders: Hier kam der Kabod auf den Sinai, um zum Bau des Heiligtums aufzufordern (Ex 24,16–40,34*)[532] oder eben im Inneren dieses Heiligtums zu wohnen (Ex 40,34b). Gegenüber den P^G-Texten repräsentieren Ex 16,7.10; Num 14,10b; 16,19; 17,7; 20,6 so eine klare theologische Weiterentwicklung: Der Kabod ist nicht mehr an Sinai/Zion und Heiligtum/Tempel gebunden, sondern er wird omnipräsent.[533]

Nicht nur die Omnipräsenz wird gesteigert, sondern auch Jahwes Zugänglichkeit für jeden und jede. Im Zusammenhang damit schwindet die Bedeutung des Heiligtums als Wohnung Jahwes unter den Menschen, in der sich Jahwe trotz seiner Anwesenheit verbirgt. Genau das aber war die Position von P^G (Ex 40,34b): Zwar ist der Kabod auf der Erde, sobald er das Heiligtum erfüllt, aber er bleibt hinter dessen Wänden versteckt. Die Kabod-Erscheinung wird in Ex 16,7.10; Num 14,10b; 16,19; 17,7; 20,6 dagegen eine öffentliche Angelegenheit. Jeder Israelit soll Jahwes Herrlichkeit sehen. Gerade jüngere Texte neigen dazu auszuschließen, daß das Heiligtum diese Öffentlichkeit behindern kann: Der Kabod soll nicht länger verborgen hinter den Wänden der Stiftshütte erscheinen. In Num 14,10b stellt der Verfasser die Erscheinung im Heiligtum und vor dem Volk noch unausgeglichen nebeneinander und nimmt den Widerspruch in Kauf, daß die Herrlich-

530 S.o., 219, Anm. 414.
531 Vgl. Frevel, Blick, 308.
532 S.o., 238 f, Anm. 501 f.
533 Vergleichbare Entwicklungen sieht auch Achenbach, Numeri, 129 f. Er rechnet damit, daß die Vorstellung einer Theophanie im Heiligtum aus P^G von der nach-P Pentateuchredaktion aufgenommen und modifiziert wurde. Offensichtlich beschränkt sich dieses Phänomen nicht auf Texte, die stilistisch unter P-Einfluß stehen. Achenbach findet es noch in anderen Texten, z.B. den nicht-P Erzählungen in Num 11 f. Und Achenbach erkennt einen weiteren Zweck dieses Phänomens: Wenn Kabod-Offenbarungen nur in der Tora vorkommen, sichern sie deren Rang als Maßstab aller Offenbarung.

keit gleichzeitig *vor* dem Volk und *in* der Stiftshütte auftritt. Später wird dieser Widerspruch auf Kosten des Heiligtums aufgelöst (Ex 16,7.10; Num 16,19; 17,7; 20,6).[534] Laut diesen Num-Texten muß man immerhin noch in Richtung der Stiftshütte schauen oder sich dort versammeln, um die Erscheinung mitzuerleben. In Ex 16 ist selbst das verschwunden. Das Volk blickt in Richtung der Wüste, dann erscheint die Herrlichkeit Jahwes in der Wolke (Ex 16,10). Hier zeichnet sich also eine klare Tendenz ab, die Verborgenheit von Jahwes Kabod zu reduzieren.

Die Stiftshütte gewinnt aufgrund dieser Tendenz in Num 16,19; 17,7; 20,6 eine neue Bedeutung: sie wird zum Treffpunkt für Gott und die Menschen. Aber sie ist nicht mehr Jahwes Wohnung unter den Menschen, weil er dort nicht ständig anwesend ist, sondern nur bei Bedarf.

5.4.2 Fazit: Vom Wohnen Gottes im Heiligtum zur Offenbarung, von der Gottesgegenwart zur umstrittenen Verheißung

Was die Datierung von Num 13f* (13,1.2a.3a.21.25.32abα; 14,2a.5a.10b.37) betrifft, hat sich gezeigt, daß die Kabod-Konzeption des Textes (Num 14,10b) nach-P ist. Zugleich ergaben sich wichtige Einsichten in den geistigen Hintergrund von Num 13f*, in die Entwicklung, die sich zwischen P^G und diesem Text abgespielt hat.

In Num 13f* und den verwandten nach-P Texten wird Jahwes Anwesenheit als Kabod unter den Menschen neu gedacht. Dabei wird der Kabod immer zugänglicher und immer allgegenwärtiger. Deshalb werden das Heiligtum und der Kultort relativiert. Um Jahwe zu begegnen, muß der Mensch zunächst noch zu einem besonderen Gebäude gehen, der Stiftshütte. Aber dieses Gebäude ist nur ein Treffpunkt, und es kann überall stehen. Am Ende dieser Entwicklung (Ex 16,7.10) ist das Gebäude nicht mehr erforderlich. Wenn Jahwe will, kann sein Kabod ohne es erscheinen.

Allerdings hat diese Zugänglichkeit Jahwes ihren Preis. Man kann nicht einfach sagen, daß in nach-P Texten Gott den Menschen näher kommt als in P^G. Denn diese öffentliche, unverhüllte Kabod-Präsenz ist nicht mehr dauerhaft. Gott wohnt nachpriesterschriftlich nicht mehr unter den Menschen. Intensive, aber vorübergehende Jahwebegegnungen ersetzen sein dauerhaftes Wohnen auf der Welt. Insofern gibt es nach-P nicht ein Mehr an Gottespräsenz, sondern eine andere Form. Aus dem Wohnen im Heiligtum wird etwas, was man „Offenbarung"

---

534 Lev 9,23 verortet die Kabod-Erscheinung ganz ähnlich in der Umgebung des Heiligtums. Zur nach-P Herkunft dieses Verses s. o., 237, Anm. 497.

nennen kann.[535] Gott offenbart in einer bestimmten Situation seinen Willen: Er will die Führungsrolle von Mose und Aaron und zeigt seine Fähigkeit, die Aufrührer zu bestrafen. Und er zeigt mit seinem Kabod ein Stück weit sein Wesen.

Diese Konzeption ist in gewisser Weise eine Rückkehr zu den Gottesoffenbarungen in der Vätergeschichte, wo ja auch Gott einem Erzvater seinen Willen mitteilt, meist in Form einer Verheißung (vgl. z. B. Gen 17; 18,10–14).[536] Sie unterscheidet sich davon aber durch zwei Neuerungen. Erstens geht die Offenbarung in den Murrgeschichten das ganze Volk an, ist also viel allgemeingültiger. Und zweitens erscheint Gott nicht mehr unmittelbar, sondern als Kabod. D. h. er läßt den Menschen in der Offenbarung seine Macht und Herrlichkeit sehen, aber sein Wesen bleibt doch verborgen.

Der Verzicht auf den Gedanken, daß Gott ständig unter seinem Volk wohnt, hatte eine bedeutsame Folge für die theologische Reflexion: Wenn es keine dauerhafte Gottesgegenwart im Heiligtum mehr gibt,[537] fehlt eine wichtige Möglichkeit, das Heil als gegenwärtig zu denken (vgl. noch Apk 21,2 f). Insgesamt ist die Heilserwartung in dem nach-P Text Num 13 f* nüchterner und krisenhafter als in P[G]. Hier gibt es keine Verheißungen, die mit Ex 29,45 (P[G])[538] vergleichbar wären: „Und ich [sc. Jahwe] will unter den Israeliten wohnen …" Ganz generell fehlen in Num 13 f Beschreibungen des künftigen Heils. Nur die Landverheißung (z. B. Ex 3,8aα)[539] steht im Hintergrund, aber gerade sie ist umstritten. Denn das verheißene Land kann verleumdet werden (Num 13,32abα; Grundbestand). Seine Eroberung könnte riskant sein (Num 13,28abα; Zusatz), ja die ganze Landverheißung könnte sich als ein schlechter Witz Jahwes erweisen und zum Aus für das Volk führen (Num 14,3; Zusatz, vgl. Dtn 1,27).

Damit herrscht in Num 13 f ein ganz anderes religiöses und theologisches Klima als in P[G]. Dies scheint eine wichtige Entwicklung zu sein, die sich zwischen P[G] und Num 13 f abgespielt hat. Man kann sie als Ernüchterung beschreiben. In P[G] geht es um das gegenwärtige Heil, in Num 13 f um das umstrittene Heil. Es ist klar,

---

535 In der alttestamentlichen Diskussion wird die Kabod-Erscheinung gerne ohne weitere Begründung als Offenbarung bezeichnet, s. z. B. Westermann, Herrlichkeit, 131 f; Achenbach, Numeri, 130. Die Gemeinsamkeit mit Offenbarungskonzeptionen der späteren Dogmatik besteht v. a. darin, daß man sich dem Gedanken an eine Botschaft Jahwes nähert, die jeden angeht und für jeden zugänglich ist, die man also „allgemeingültig" nennen kann (vgl. z. B. die orthodoxen Positionen bei Hirsch, Hilfsbuch, 309 f). Allerdings ist die Allgemeingültigkeit noch insofern eingeschränkt, als allein das Gottesvolk Israel Adressat dieser Botschaft ist.

536 Vgl. Rendtorff, Offenbarungsvorstellungen, 41 f. S. u., 5.4.4.1; 5.4.5 zu Gen 17; 18,10–14.

537 Vgl. Spieckermann, Heilsgegenwart, 220 ff.

538 S. o., 242, Anm. 516.

539 S. o., 138.

daß beides ein völlig unterschiedliches Licht auf den Menschen, sein Denken, Fühlen und Handeln wirft. In P^G ist das Heil manifest, sobald der Kabod im Tempel wohnt, ob der Mensch es wahrnimmt oder nicht. Folglich dürfte Unglauben hier kaum zum Problem werden. Man muß nicht darüber reden und keinen Begriff für „Unglauben" oder „Glauben" als dessen Überwindung prägen.

Ist dagegen das Heil nur noch als Verheißung präsent und kann diese Verheißung obendrein in Frage gestellt werden, löst das tiefe innere Konflikte aus. Denn der Mensch muß fürchten, sowohl durch seine Anfragen an Gott und seine Verheißung und als auch durch die Anfechtung angesichts der Verborgenheit von Gottes Macht und Güte zuerst den Bezug zur Verheißung und dann zu Gott zu verlieren. Folglich verurteilt er seine eigenen Anfragen. Das wird in der Kundschaftergeschichte Gott in den Mund gelegt (vgl. z. B. Num 14,27b.28; Dtn 1,34f*). Trotzdem kann der Mensch diese Anfragen an Gott und die Verheißung nicht einfach aufgeben. Denn Gott kann unfähig erscheinen, seine Verheißung wahrzumachen, ja man kann ihm sogar unterstellen, er wolle das Volk mit der Landverheißung ins Verderben führen. In der Gegenwart sind Gottes Macht und Güte nicht mehr offen sichtbar, und wer an Gott festhalten will, muß sich dem stellen. Der Mensch ist deshalb auf einen Weg angewiesen, die Anfechtung und den drohenden Unglauben, die sich aus der Verborgenheit von Gottes Macht und Güte ergeben, zu überwinden. In Dtn 1,29–32* wird implizit gezeigt, wie das aussehen könnte. Könnte das Volk auf die Rede des Mose in Dtn 1,29–31* hin glauben, könnte es mit Hilfe des Wissens um Gottes vergangene Taten dem standhalten, daß Gottes Macht und Güte in der Gegenwart nicht offen zu Tage liegen. Wenn also die Suche nach Glauben eine so große Bedeutung hat, muß man über Glauben und damit auch über Unglauben reden und einen Begriff für Glauben prägen.[540]

Im folgenden sollen die gerade angestellten Überlegungen an den Texten vertieft werden. Dazu soll betrachtet werden, welche Art von menschlichem Verhalten negativ beurteilt wird. Zuerst wird am Beispiel von P^G gezeigt, welches Verhalten im Rahmen einer Theologie abgelehnt wird, die ein Wohnen Gottes auf der Erde kennt. Es stellt sich die Frage, ob Unglaube hier überhaupt zum Thema wird und wenn ja, ob er negativ bewertet wird. Danach werden die Murrgeschichten in Num 11–17 auf diese Fragestellung hin untersucht, weil sie davon ausgehen, daß Gott nicht mehr unter den Israeliten wohnt.[541] Wieder stellt sich die Frage, ob Unglaube ein Thema ist und wie er bewertet wird. Zugleich wird sich aus diesem

---

540 Ist Unglaube das Thema, kann man den Begriff für Glauben in negierter Form einsetzen, s. o., 4.2.1 ff.
541 S. o., 236 ff.

Vergleich von P^G und den Murrgeschichten ein weiteres Indiz dafür ergeben, daß
Num 13f* nachpriesterschriftlich sind.

5.4.3 Das Murren (לון Niphal und Hiphil)

Ein erstes Indiz dafür, daß P^G und die Murrgeschichten völlig unterschiedliche
Verhaltensweisen verurteilen, ist die Verteilung der Wurzel לון im Niphal und
Hiphil („murren")[542]. Sie erscheint gehäuft in den nachpriesterschriftlichen Text-
anteilen unter priesterschriftlichem Einfluß in den Murrgeschichten Ex 16; Num
13 f; 16 f.[543] In diesen wurde bereits eine einschneidende Weiterentwicklung der
Kabod-Konzeption aus P^G weg vom Wohnen des Kabod im Heiligtum hin zu seiner
gelegentlichen Erscheinung als Offenbarung festgestellt.[544] In unbestrittenen P^G-
Texten erscheint dagegen weder לון Niphal oder Hiphil noch ein Synonym (z. B.
מרה Qal oder Hiphil „widerspenstig sein", vgl. z. B. Num 27,14; Dtn 1,26; 9,7; I
Sam 12,15; I Reg 13,26; Jes 63,10; Jer 4,17; Ez 5,6 oder das Nomen מרי „Widerspenstigkeit", vgl. z. B. Num 17,25; Dtn 31,27; Ez 2,5).

Es zeichnet sich also ab, daß P^G eine ganz andere Auffassung von falschem
Verhalten hat als die Murrgeschichten in Num 11–17. Im folgenden werden diese
unterschiedlichen Vorstellungen von falschem Handeln oder Verhalten in P^G und
in den nachpriesterschriftlichen Murrgeschichten in Num 11–17 näher untersucht.
Dabei ist zu klären, ob das verurteilte Verhalten jeweils Murren oder Unglauben
einschließt.[545] Den Anfang macht P^G.

---

542 Vgl. HALAT, 498 f.

543 Dies erkennt man daran, daß in diesen Belegen die typischen Vokabeln und Motive
nachpriesterschriftlicher Texte unter P-Einfluß stehen (s.o., 5.4): Ex 16,2 (עדת בני ישראל)
כל „die ganze Gemeinde der Söhne Israel" vgl. z. B. Num 14,5b, s.o., 192f); 16,7 (כבוד יהוה)
„die Herrlichkeit Jahwes", s.o., 236ff; Jahwes Hören des Murrens vgl. z. B. Num 14,27b, s.o.,
184 ff); 16,8 (Jahwes Hören des Murrens); Num 14,2a (כל בני ישראל „alle Söhne Israel", s.o.,
192f); 14,27b (בני ישראל „die Söhne Israel", s.o., 184 ff; Jahwes Hören des Murrens); 14,29
(כל פקדיכם „alle eure Gemusterten" vgl. Num 1,21 ff; 2,4 ff; 3,22 ff; 4,36 ff, s. Pola, Priesterschrift,
z.St.); 14,36 (תור „auskundschaften", s.o., 5.2.1; העדה „die Gemeinde"); 16,11(כל עדתך „deine
ganze Gemeinde"); 17,6 (כל עדת בני ישראל); 17,20 (בני ישראל). Das gleiche gilt für das Vorkommen
des Nomens תלנות „Murren" (alle fem.plur.): Ex 16,9 (כל עדת בני ישראל); 16,12 (Jahwes Hören des
Murrens); Num 17,25 (העדות). Ansonsten steht das Nomen in den bereits erwähnten Ex 16,7 f und
Num 14,27b; 17,20. Nicht-P sind von den Belegen von לון Niphal oder Hiphil nur Ex 15,24; 17,3;
Jos 9,18.

544 S.o., 5.4.1.

545 Auffälligerweise gibt es in P^G (zum Umfang s.o., 234 f) noch keine explizit theologische
Diskussion über die Sünde. Termini wie חטא („sündigen") oder חטאת („Sünde"), durch die ein

5.4.4 Fehlverhalten nach P^G

Ganz generell spielt falsches menschliches Verhalten in P^G nur eine geringe Rolle. Nur an wenigen Stellen, die für P^G in Frage kommen, wird erwähnt, daß Menschen schlecht handeln (Gen 6,11 f.13: חמס „Gewalttat"; שחת Niphal „verdorben werden" und Hiphil „verderben";[546] Ex 1,13: בפרך „gewalttätig"[547]), sich Kummer bereiten (Gen 26,34 f.), Gottes Verheißung nicht fraglos akzeptieren (Gen 17,17; Ex 6,9) oder sich sogar Gottes Willen verweigern (der verstockte Pharao in den Plagen und der Meerwundererzählung z. B. Ex 8,15; 9,12; 14,4.8).[548]

Dabei sind die Ausführungen über das verstockte Herz des Pharaos (z. B. Ex 8,15; 9,12; 14,4.8) oder Ägyptens (Ex 14,17) insbesondere für einen Vergleich mit Murrgeschichten weniger relevant. Denn hier geht es ja nicht um ein eigenwilliges Aufbegehren der Menschen, sondern Gott selbst verstockt den Pharao oder Ägypten, um über sie zu triumphieren (z. B. Ex 14,4.17 f.). Weiter kommt der Widerstand nicht aus Gottes Volk, sondern von außen, und sogar von den Feinden Israels.[549]

Anders ist die Lage bei Gen 17,17 und Ex 6,9. Gehören sie zu P^G, gibt es dort zumindest Zögern und Ungeduld der Verheißungsempfänger gegenüber Gottes Verheißung. Denn in Gen 17,17 lacht Abraham, als Gott ihm einen Sohn von Sara verheißt. Abraham glaubt nicht, daß er und Sara trotz ihres hohen Alters noch ein Kind bekommen können. Und nach Ex 6,9 hört das Volk nicht auf Mose, als er die Befreiung aus Ägypten (Ex 6,6 f.) ankündigt, weil es ungeduldig und von der

Verhalten klar so prädiziert wird, fehlen. Die Rede von עון und die Sühnetheologie, die Koch, Art. עון, Sp. 1173 ff im priesterschriftlichen Textbereich findet, gehören zu P^S. Diese Beobachtungen sprechen gegen die These Milgroms, in P^G werde das Dämonische in den Menschen verlegt (vgl. AncB 3, 43 f.). Eher werden Dämonen in P^G als ungefährlich für Menschen und damit irrelevant übergangen, was der Dämonologie von großen Teilen des Alten Testaments entspricht (vgl. Rudnig-Zelt, JHWH, 252 ff).

546 Nach Levin, Jahwist, 111 sind Gen 6,11b.13aβ mit חמס hier nachgetragen. Dagegen spricht, daß es in 6,11 und 6,13a keinerlei syntaktische Brüche gibt. Eher könnte V.13b (שחת Hiphil) ein Zusatz sein, weil er nach V.13aβ dublettenhaft nachklappt. Weiter sind 6,11.13a durch die Wurzel מלא (Qal „voll sein"; Niphal „angefüllt werden") mit dem P^G-Schlüsseltext Gen 1,28 verbunden (מלא Qal, s.o., 139.234 f.). Gen 9,6 (שפך דם „Blut vergießen") ist dagegen Zusatz zu P^G, vgl. Weimar, Studien, 22, Anm. 18.

547 פרך „Gewalttätigkeit" ist nur in Verbindung mit der Präposition ב belegt (vgl. HALAT, 911).

548 Vgl. ähnlich Römer, Sojourn, 425. Schart, Konflikt, 248 f kommt hier zu einem ganz anderen Urteil, weil er die entsprechenden Anteile von Ex 16 und Num 13 f unkritisch zu P^G rechnet (s. dagegen o., 5.4.1; 5.4.3 und u., 5.5). Die ganze Problematik von P^G und Nachträgen im P-Stil kommt hier zu kurz.

549 Zur Frage, ob die Verstockung des Pharaos schon in P^G stand oder jünger ist s. u., 5.4.4.2.

schweren Arbeit niedergedrückt ist.[550] Allerdings fällt schon auf den ersten Blick auf, daß Abrahams Skepsis und der Unmut des Volkes nicht negativ, sondern neutral beschrieben werden. Das steht in einem klaren Gegensatz zur Darstellung der Gewalttaten in Ägypten und vor der Flut (Gen 6,11–13; Ex 1,13). Man kann daraus schließen, daß Zweifel an Gottes Verheißung in diesen Texten nicht als Schuld gelten.[551]

Weiter wirkt sich die Reduktion des P^G-Materials in der neueren Forschung[552] auch für das Thema „falsches Verhalten" aus. Längst nicht alle Texte, die hier vorgestellt wurden, waren schon Bestandteil von P^G. Nur die Aussagen über die verderbte Menschheit Gen 6,11 f.13 und das gewalttätige Ägypten in Ex 1,13 sowie Gen 26,34 f sind zweifellos P^G. Die anderen Aussagen über menschliche Schuld und menschlichen Unmut wurden in der Forschungsdiskussion schon einmal P^G abgesprochen.[553]

Sowohl im Fall von Gen 17,17 als auch im Fall von Ex 6,9 gibt es etliche Indizien gegen eine Zugehörigkeit zu P^G. Bei beiden Texten fällt eine etwas breitere, umständlichere Erzählweise auf als der straffe Stil von P^G.[554] Weiter gibt es sowohl

---

550 Die Übersetzung des *hapax legomenon* קצר רוח ist schwierig und umstritten (vgl. HALAT, 1052). Von der Verwendung des Verbs קצר II her liegt „Ungeduld" nahe, denn das ist die häufigste Bedeutung im Zusammenhang mit menschlichen Gefühlen (vgl. HALAT, 1051 f). Einen sehr bedenkenswerten Vorschlag hat Weimar: „Kürze des Atems" (Studien, 16). Wichtig für die Deutung von Ex 6,9 ist, daß קצר II keinerlei Assoziationen von „Unglaube" hat. Folglich ist das in P^G eindeutig kein Thema.

551 Eine solche Position ist charakteristisch für die ausführlicheren vor-P Erzählungen von der Skepsis gegenüber Gottes Verheißungen in der Vätergeschichte und in Ex, vgl. Gen 18,10–14a (s. u., 5.4.5) und Ex 3 (s. o., 5.1.2.2). Genau diese Texte waren Vorbild für Gen 17,17 und Ex 6,9 (s. u., 5.4.4.1 f).

552 Daß Gen 6,11 f.13 zu P^G gehören, ist in der Forschung Konsens (vgl. z. B. Gunkel, HK 1/1, 141; Elliger, Sinn, 174; Kratz, Komposition, 236 ff; Weimar, Studien, 22, Anm. 18). Nur Levin veranschlagt hier ein paar kleinere Zusätze (s. o., 250, Anm. 546). Auch Ex 1,13 ist zweifellos Teil von P^G. Doch nimmt man gerne V.14 dazu (vgl. z. B. Elliger, Sinn, 174; Gertz, Tradition, 394; Kratz, Komposition, 243). Allerdings hat Levin, Jahwist, 315 richtig gesehen, daß am Ende von V.14 mit בפרך („gewalttätig" s. HALAT, 911) eine Wiederaufnahme von V.13 steht. Außerdem ist V.14 gegenüber V.13 eine Dublette. Auch Weimar, Studien, 22, Anm. 18 rechnet in Ex 1,14 mit einem Zusatz, nämlich V.14aβ.

553 Vgl. Gunkel, HK 1/1, 140 ff.385; Levin, Jahwist, 111(Gen 6,11b nach-P).214; Kratz, Komposition, 237 f.242. Gen 37,2b (die üble Nachrede von Josephs Brüdern) gehört mit Berner, Exoduserzählung, 13, Anm. 10 nicht zu P^G (vgl. auch Weimar, Studien, 256).

554 Den charakteristischen knappen und schlichten, aber auch monumentalen Stil von P^G erkennt man beispielsweise am ersten Schöpfungsbericht (Gen 1,1–2,4a) oder auch am P^G-Grundbestand der Sinaiperikope (s. o., 5.4.1). Vgl. auch z. B. McEvenue, Style, 182 ff; Smend, Entstehung, 49 ff; Schmitt, Geschichtsverständnis, 210 ff. S. auch u., 5.4.4.3.

in Gen 17,17 als auch in Ex 6,9 und seinem Kontext Ex 6,10–12 starke Berührungen mit nicht-P Texten.

Deshalb legt sich der Verdacht nahe, daß Gen 17,17 und Ex 6,9–12 erst nach der Verbindung von P und Nicht-P eingearbeitet wurden. Sie dienten der Angleichung von thematisch parallelen Erzählungen aus P und den nicht-P Texten, nämlich der Mehrungsverheißung an Abraham (Gen 17,2.4.6[555] und 18,10–14a*[556]) und der Berufung des Mose (Ex 3 und Ex 6,2f.6f). Dies soll im folgenden an den einzelnen Texten gezeigt werden.

5.4.4.1 Gen 17,17

Vor allem die erneute Redeeinleitung in Gen 17,15 spricht dagegen, daß die Verheißung Isaaks in Gen 17,16–21 schon zu P[G] gehörte.[557] Denn Gott spricht schon seit V.1b zu Abraham, und diese Gottesrede wurde nie durch eine Antwort Abrahams unterbrochen. Auch das Niederfallen Abrahams in Gen 17,17 stört den Erzählfluß,

---

555 Die Wachstumsgeschichte von Gen 17 ist außerordentlich schwer zu rekonstruieren, was schon die zahlreichen Dubletten am Anfang erkennen lassen (z. B. der Bund in Gen 17,2.4.7). Sicherlich zeigen die erneuten Redeeinleitungen in V.9 und V.15 den Beginn von Zusätzen an (so auch Levin, Jahwist, 157). Daraus folgt, daß der Grundbestand in V.1–8 zu suchen ist. Unentbehrlich sind hier nur V.1 mit der Anrede Gottes und V.3 mit der Reaktion Abrahams. V.5 mit der Umbenennung Abrahams ist wahrscheinlich ein Zusatz, wie die Wiederaufnahme von V.4b am Ende zeigt (ähnlich Weimar, Studien, 190). Auch V.8 ist nicht ursprünglich (s. o., 244, Anm. 529). Welche weiteren Verse den Grundbestand bildeten, muß hier nicht entschieden werden, weil die theologische Aussage klar ist. Es geht auf jeden Fall um Verbindung von Bund und Mehrung (V.2 oder V.4). Wahrscheinlich bildete V.22 schon in P[G] den Abschluß des Kapitels, denn כלה Piel („vollenden") wird in P[G] gerne für den Abschluß einer Handlung verwendet (z. B. Gen 2,2; Ex 40,33b, s. o., 243).
556 Zur Literarkritik vgl. Levin, Jahwist, 153 ff.
557 Die Voraussetzung, daß eine Verheißung Isaaks überhaupt nötig ist, ist die Unfruchtbarkeit Saras. Doch eine entsprechende Notiz findet sich in P[G] nicht ohne weiteres. Sie fehlt in Gen 11 f bei der Einführung Abrahams und Saras (vgl. Gunkel, HK 1/1, 156 ff.261 ff; Levin, Jahwist, 140). Es kommt höchstens Gen 16,1a in Frage, und die bisherige Forschung bevorzugt diese Lösung (vgl. z. B. Gunkel, HK 1/1, 264; von Rad, ATD 2/4, 147 ff). Doch liegt in Gen 16,1 kein Bruch vor, und Gen 16,1b kann nicht alleine stehen, weil der Halbvers die Erwähnung Saras in Gen 16,1a voraussetzt. Deshalb ist die bisherige Lösung nicht plausibel; Gen 16,1 ist vielmehr einheitlich und nicht-P (vgl. Blum, Vätergeschichte, 315 f; Levin, Jahwist, 147 ff). Damit ist es sehr wahrscheinlich, daß Sara in P[G] nicht unfruchtbar war, und es folglich auch keine Verheißung Isaaks gab. Anstelle dessen dürfte P[G] die Geburt Isaaks und Jakobs als knappe genealogische Notizen dargestellt haben (s. u., 253, Anm. 558).

weil Abraham sich schon in Gen 17,3 niedergeworfen hat und inzwischen nicht aufgestanden ist.[558]

Wie der Verfasser von Gen 17,17 P mit nicht-P Bestand verknüpft, läßt sich an der Formulierung des Versbeginns erkennen: ויפל אברהם על פניו ויצחק („und Abraham fiel auf sein Angesicht und lachte"). Gen 17,17 beginnt wie der P[G]-Vers Gen 17,3[559] (ויפל אברהם על פניו), fährt dann aber mit einem Narrativ von צחק fort („und er lachte"). Dafür gibt es kein Äquivalent in Gen 17,3, sondern in Gen 18,12 (nicht-P)[560], wo das gleiche von Sara gesagt wird (ותצחק „und sie lachte"). Daraus folgt, daß der Verfasser von Gen 17,17 die beiden Verse Gen 17,3 (P[G]) und 18,12 (nicht-P) kombiniert. Sein Ziel war es, die knappen Aussagen über Bund und Mehrung aus Gen 17,1–7* an die ausführlichere nicht-P Erzählung über die Verheißung Isaaks anzugleichen.[561]

---

558 So auch Levin, Jahwist, 157; dagegen McEvenue, Style, 147ff; Blum, Vätergeschichte, 420f; Weimar, Studien, 202f; Schmid, Ökumene, 80. Gegen Kratz, Komposition, 241 sind Gen 17,15–21 nicht unentbehrlich, um zu zeigen, daß die Linie Isaaks auserwählt ist. Dazu reicht Gen 25,11a aus, wo Gott Isaak segnet (P[G] nach Levin, Jahwist, 193; Kratz, Komposition, 242). Denn auch im parallelen Fall der Brüder Jakob und Esau teilt P[G] nicht vorher mit, wer der bevorzugte Erbe ist. Der Segen geht an Jakob, weil er nicht wie Esau schon ausländische Frauen geheiratet hat. So kann Isaak ihm den Auftrag mitgeben, keine Kanaanäerin, sondern eine Frau aus Rebekkas Familie zu heiraten (Gen 28,1–4; P[G] nach Levin, Jahwist, 214; Kratz, Komposition, 242). Generell scheint es in P[G] keine durchgehende Erzählung vom Bund mit Abraham, Isaak und Jakob zu geben. Insbesondere für Jakob fehlen entsprechende Aussagen. Eindeutig ist nur vom Segen für Isaak und Jakob die Rede (z.B. Gen 25,11a; 28,3; vgl. außerdem die Rekonstruktion bei Gunkel, HK 1/1, 384ff). Auch die Verweise auf den Bund mit den drei Erzvätern in Ex dürften Zusätze sein. In Ex 2,24 (P[G], s. die Kommentare z.St.) klappen die Namen der drei Erzväter in V.24bβ stark nach, und die Präposition את fügt sich syntaktisch nicht richtig ein. Ex 6,4 hat sich bereits als Zusatz erwiesen (s.o., 241, Anm. 511). Folglich stellt sich die Frage, ob es in P[G] vielleicht nur einen Bund mit Abraham gab (Gen 17,2.4). Das ברית „(seinen Bund") in Ex 2,24* könnte sich auch darauf beziehen, so daß der Bund mit Abraham selbstverständlich heilvoll für die Nachkommen wäre. Dies bestätigt, daß der P[G]- Grundbestand von Gen 17 in den V.1–7.22 zu suchen ist und daß darin keine Isaaksverheißung enthalten war. Zum Problem von Gen 21,1–7 s.u., 253, Anm. 561; 308, Anm. 164.
559 Vgl. die Kommentare z.St. sowie Blum, Vätergeschichte, 420; Levin, Jahwist, 157; Kratz, Komposition, 240f.
560 S.u., 5.4.5.
561 Folglich ist auch der Verweis auf die Verheißung Isaaks (vgl. Gen 17,21) bei Isaaks Geburt in Gen 21,2b ein Zusatz zu P[G], ebenso wie der Vermerk über die Beschneidung Gen 21,4. Denn er setzt die sekundären Gen 17,9–14 voraus (s.o., 252, Anm. 555). Möglicherweise bleibt also für P[G] in Gen 21,1–7 nur die Altersangabe Abrahams bei der Geburt Isaaks in Gen 21,5. Einen ähnlich knappen Bestand (Gen 21,1b.5) erwägt schon Kratz, Komposition, 214. Weiter ist zu bedenken, daß in Gen 16 die Aussagen, die von der Sprache her eindeutig zu P[G] gehören (Gen 16,3aβγ.16, vgl. Levin, Jahwist, 150), auch nur Informationen zur Chronologie der Geburt Ismaels bieten. Ähnlich

5.4.4.2 Ex 6,9.10–12abα

In Ex 6,9 stört als erstes, daß der Sprachgebrauch von P^G abweicht, was die Ausführung des Jahwebefehls betrifft. In P^G steht dafür gerne die Befehlsausführungsformel, für die die Verbindung von עשה mit כן („so tun", vgl. z. B. Gen 6,22; Ex 40,16) typisch ist. Freiere Formulierungen für die Durchführung des Jahwebefehls in P^G wiederholen oft große Teile des Befehls (z. B. Gen 8,15–17.18 f; Ex 24,16.18*) ohne כן.[562] Anstelle dieser beiden Möglichkeiten steht in Ex 6,9 דבר Piel mit כן („so reden"). Das ist eine Abwandlung des P^G-Stils (עשה mit כן), die im Pentateuch nur die sehr späte Parallele Num 27,7 hat.[563]

Weiter ist Ex 6,9 eng mit nicht-P Texten in seinem Kontext verknüpft. So beschreibt der Vers die Wirkung der Fronverschärfung aus Ex 5,6 ff (nicht-P)[564], setzt also diesen Abschnitt voraus. Denn wenn die Israeliten wegen der schweren Arbeit nicht auf Mose hören, entspricht das genau den Absichten des Pharao in Ex 5,9: „Die Arbeit soll schwer auf den Männern lasten [...], und sie sollen sich nicht um Lügenworte kümmern."[565] Auch das Motiv, daß das Volk nicht selbstverständlich auf Mose hört, stammt aus dem nicht-P Bereich (v. a. Ex 3,18). Denn wenn dort betont wird, daß die Israeliten auf Mose hören werden, steht unausgesprochen die Möglichkeit im Hintergrund, daß sie das nicht tun. In Ex 6,9 wird diese Möglichkeit zur Tatsache, und somit wird Ex 3,18 weiterentwickelt.[566] Auch Ex 6,9 ist deshalb wahrscheinlich ein Nachtrag, der die Verbindung von P und

---

könnte P^G auch bei der Geburt von Jakob und Esau vorgegangen sein (nur Gen 25,26b mit Namen statt der nachträglich eingebauten *nota accusativi* mit Suffix, vgl. Kratz, Komposition, 241).

562 Vgl. Pola, Priesterschrift, 116 ff; zu Ex 24,16.18* s. o., 238, Anm. 501. Pola rechnet Ex 6,9 ohne weitere Begründung zu den freien Formulierungen der Befehlsausführungsformel in P^G (vgl. Priesterschrift, 116). Dabei übersieht er aber, daß die Kombination von כן und דבר Piel deutlich auf die Befehlsausführungsformel anspielt, sie also gezielt abwandelt. Das ist bei den anderen Beispielen für eine freie Formulierung nicht der Fall (z. B. Gen 8,18 f; 28,5; Ex 24,18*, vgl. Pola, Priesterschrift, 116). Dort steht nie כן mit einem anderen Verb als עשה. Weiter berücksichtigt Pola nicht, daß דבר Piel mit כן im Pentateuch nur die späte Parallele Num 27,7 hat (vgl. Noth, ATD 7, 182 ff).

563 Zur Spätdatierung von Num 27 s. schon Noth, ATD 7, 11.182 ff.

564 Vgl. z. B. Levin, Jahwist, 330; Gertz, Tradition, 335 ff.

565 So mit Gertz, Tradition, 240 f.

566 Das Motiv, daß das Volk erst von der Autorität des Mose überzeugt werden muß, wird nach-P in Ex 4,1–9 ausgebaut. Gertz hält diesen Text für endredaktionell (Tradition, 305 ff; vgl. auch H.-C. Schmitt, Prophetie, 232 f), aber er dürfte wohl jünger sein, da die Rede vom Glauben an Mose der Abtrennung der Tora aus dem Großgeschichtswerk Gen-II Reg dienen könnte (s. o., 5.1.2.3). Dabei steht Ex 6,9 im Hintergrund und wird gesteigert. Die Zurückhaltung des Volkes aus Ex 6,9 ist hier zu Unglauben geworden (אמן Hiphil in Ex 4,1.5.8 f). Und dieser Unglaube soll durch Erweiswunder überwunden werden (Ex 4,5.8 f.30b.31). Diese Erweiswunder sind ihrerseits von der Plagenerzählung beeinflußt (vgl. Gertz, Tradition, 312 ff).

nicht-P Texten voraussetzt und die P^G-Fassung der Moseberufung mit nicht-P Motiven anreichert.[567]

Noch deutlicher ist das in der Fortsetzung des Verses in Ex 6,10–12abα.[568] Von dieser Fortsetzung kann Ex 6,9 nicht getrennt werden. Denn der Mißerfolg aus Ex 6,9 hat einzig die Funktion, Mose in Ex 6,12abα das Argument zu liefern, warum er nicht mit dem Pharao verhandeln will.[569] Und diese Verhandlungen mit dem Pharao passen in mehrfacher Hinsicht nicht zu P^G. Erstens fällt auf, daß in der Beauftragung des Mose nach P^G (Ex 6,2 f.6 f)[570] davon gar keine Rede war. Vielmehr sollte der Exodus ohne Wenn und Aber erfolgen.[571] Zweitens entspricht nur ein solcher Exodus der Theologie von P^G, denn in P^G setzt sich der Wille Gottes fraglos durch.[572] Wären hier erst Verhandlungen mit einem feindlichen Gewaltherrscher nötig, erschiene die Souveränität Gottes eingeschränkt, und das widerspräche dieser zentralen Intention von P^G.[573] Drittens gibt es auch in der

---

567 Die Argumente von Pola, Ex 6,9 trotzdem zu P^G zu rechnen (Priesterschrift, 104 f, Anm. 248), überzeugen nicht. Der Stichwortbezug durch die Wurzel עבד zu Ex 1,13 f; 2,23aγb, die nach Pola den P^G-Bestand bilden, ist nicht sehr signifikant, und ein vergleichbarer Bezug findet sich zu dem nicht-P Ex 5,9 (s.o., 255). Ferner ist Ex 6,9 kein unentbehrlicher Ausführungsbericht für Ex 6,2ff*. Dafür reichte der erfolgreiche Exodus in Ex 12,40 f (vgl. Kratz, Komposition, 244).

568 Der Einwand des Mose in 6,12bβ, er sei ein Mann von unbeschnittenen Lippen, ist wahrscheinlich ein Zusatz. Denn er klappt deutlich nach und fügt sich nicht in die Argumentation des Mose ein. Außerdem hat Pola richtig beobachtet, daß sich Moses unbeschnittene Lippen schon hätten bemerkbar machen müssen, als er in 6,9 zu den Israeliten redete (vgl. Priesterschrift, 104). Gegen Pola ist das aber kein Argument für einen literarkritischen Bruch zwischen 6,9 und 6,10–12. Denn 6,12abα entspricht genau 6,9. Daß plötzlich und unerwartet von Moses unbeschnittenen Lippen die Rede ist, zeigt also nur eine Spannung innerhalb von 6,12.

569 Vgl. auch Berner, Exoduserzählung, 154 f.

570 S.o., 241, Anm. 511. Auch in den Nachträgen Ex 6,4 f.8 kommen Gespräche mit dem Pharao nicht vor. Die in Ex 6,6 erwähnten שפטים גדלים bezogen sich ursprünglich auf den Tod der Ägypter im Schilfmeer (P^G in Ex 14,16.21*.23.26.27*.28 f, s. u., 257).

571 Genau das ist in Ex 12,40 f als ursprünglicher Fortsetzung von Ex 6,2 f.6 f der Fall, vgl. Kratz, Komposition, 244.

572 Vgl. Elliger, Sinn, 196; Schmitt, Geschichtsverständnis, 210 f. Beispiele dafür, daß der Wille Gottes in P^G sofort geschieht, finden sich im ersten Schöpfungsbericht (Gen 1,1–2,4a, vgl. Kratz, Komposition, 233; zu Zusätzen v. a. am Ende des Textes vgl. Weimar, Studien, 92 ff) und in dem P^G-Faden der Meerwundergeschichte (Ex 14,16.21*.23.26.27*.28 f, vgl. Levin, Jahwist, 345; Kratz, Komposition, 244, Anm. 24; Schmitt, Geschichtsverständnis, 109 und s. u., 5.4.4.3).

573 Von daher erscheint äußerst fraglich, ob es in P^G schon Plagenerzählungen gegeben hat. Levin, Jahwist, 345 und Kratz, Komposition, 244 f bezweifeln das, und sie halten auch das Motiv des Erweiswunders in Ex 14,3 f.8.17 f für sekundär (vgl. Jahwist, 345; Komposition, 244, Anm. 24 sowie schon Wellhausen, Composition, 75 f). Kratz verweist dabei v. a. auf die für P^G ungewöhnlich breite Erzählweise. Auch Gertz, Tradition, 81 f kann in der Plagenerzählung keine Beispiele für P-Stil nennen. Es gibt außerdem theologische Bedenken. So ist es kaum nachvollziehbar, daß

P^G-Flutgeschichte keine Verhandlungen mit den gewalttätigen Sündern (חמס in Gen 6,11.13; פרך in Ex 1,13), sondern sie werden ohne Federlesen durch Ertränken bestraft (vgl. Gen 7,18.23b mit Ex 14,28)[574]. Und viertens dient die Weigerung des Mose in Ex 6,12abα ihrerseits als Aufhänger, um in 6,13 Aaron einzuführen. Aber die Figur des Aaron gab es in P^G noch nicht. Sie kommt in den ursprünglichen P^G-Texten nicht vor. Besonders auffällig ist ihr Fehlen in der P^G-Sinaiperikope. Man würde erwarten, daß der Priester Aaron dort eine zentrale Rolle spielt. Aber anstelle dessen baut Mose allein das Heiligtum (Ex 40,33b.34b), und Aaron wird gar nicht erwähnt.[575]

Daraus folgt, daß Ex 6,9 samt seiner Fortsetzung in 6,10–12abα.13 keine Bestandteile von P^G waren. Sie ergänzen die alte P^G-Moseberufung (Ex 6,2f.6f)[576] im Sinne der nicht-P-Fassung Ex 3f. Von dort stammt das Motiv, daß das Volk vielleicht nicht auf Mose hören könnte (Ex 3,18, vgl. Ex 6,9), und von dort stammt die Sendung zum Pharao (Ex 6,10, vgl. Ex 3,10.18). Auch daß Mose gegen diese Aufgabe Einwände erhebt (Ex 6,12), steht schon in Ex 3,11.

5.4.4.3 Zusammenfassung: verurteilte Verhaltensweisen in P^G

Es zeichnet sich also deutlich ab, daß in P^G v. a. Gen 6,11f.13 und Ex 1,13 ein menschliches Handeln klar negativ beschrieben und verurteilen. Das läßt auf folgende Auffassung von schlechtem Handeln in P^G schließen: Es äußert sich meist in Gewalttaten (חמס in Gen 6,11.13; פרך in Ex 1,13), und betrifft hauptsächlich die vorisraelitische Menschheit und die Ägypter[577]. Weiter wird es von Jahwe umgehend gestraft, und zwar in beiden Fällen durch Ertränken. Die vorisraelitische Menschheit geht in der Sintflut zugrunde, das ägyptische Heer im Schilfmeer. Dabei berühren sich die entsprechenden Formulierungen in den P^G-Fäden von Gen 6–9 und in Ex 13f. In beiden Fällen schwemmt Gott die Gewalttäter weg, nachdem er die Erde als Ort der Untaten oder die Israeliten als ihre Opfer gesehen

---

der souveräne Gott aus P^G es nötig hat, sich zu beweisen, indem er einen ausländischen König erst verstockt und dann schlägt (z. B. Ex 7,13; 14,4). Und es ist nur schwer denkbar, daß ausländische Zauberer ernsthaft mit der Macht dieses Gottes konkurrieren können (z. B. Ex 7,11f). Anders Gertz, Tradition, 79ff; Römer, Narrative, 165ff.

574 Zu den Berührungen der P^G-Fäden in Gen 6–9 und Ex 13f s. auch u., 5.4.4.3.

575 Zur P^G-Sinaiperikope s. o., 5.4.1 und Pola, Priesterschrift, 224ff.309f. Aaron spielt in potentiellen P-Anteilen von Ex nur in den Plagenerzählungen eine größere Rolle (z. B. Ex 7,1.8–10). Doch es ist sehr wahrscheinlich, daß die Plagen ursprünglich nicht zu P^G gehörten (s. o., 255, Anm. 573 und Kratz, Komposition, 244f).

576 S.o., 241, Anm. 511.

577 Auch Schmid beobachtet eine anti-ägyptische Haltung in P^G, vgl. Ökumene, 84.

hat (ראה Gen 6,12; Ex 2,25[578]). Als sich die Wasserkatastrophe auswirkt, erscheint in beiden Texten שאר Niphal („übrigbleiben" Gen 7,23b; Ex 14,28).[579] Und das Mittel, um die Verbrecher zu töten, heißt in beiden Texten המים („das Wasser", z. B. Gen 7,18; Ex 14,28), obwohl man in Ex 13f auch durchgehend von הים („das Meer", z. B. Ex 14,26) hätte reden können.[580]

P[G] zeigt bei seiner Schilderung von Fehlverhalten kein Interesse an der Psychologie der Täter.[581] An die Möglichkeit, daß sie umkehren könnten, wird ebenfalls nicht gedacht. Entsprechend fehlen alle Überlegungen zu Buße oder Sühne. Daß Gott Gewalttat vergeben könnte, wird genauso wenig thematisiert. So ist der Noahbund in Gen 9,1–17* nur an einer Begrenzung von Gottes künftigem Vernichtungshandeln gegen Gewalttäter interessiert: Die Bluttat soll allein am Bluttäter selbst heimgesucht werden (so der Zusatz Gen 9,6).[582]

Dagegen spielt schlechtes Tun im Gottesvolk für P[G] v. a. für die Randfigur Esau eine Rolle (Gen 26,34f). Für das Gottesvolk im Sinne der Nachkommen Isaaks und Jakobs ist vielmehr Gottes Weg zur Kultgründung entscheidend. Denn als Ziel der Erzählung wird sein Heiligtum (Ex 40,16.17a.33b)[583] gebaut, und Gott wohnt dort inmitten seines Volkes (Ex 29,45f; 40,34b).[584]

Daraus folgt nicht, daß Israel zu schlechtem Handeln nach P[G] unfähig ist. Aber es ist für die Verfasser von P[G] undenkbar, daß ein solches Verhalten im Gottesvolk selbst den Weg zur Kultgründung behindert. Die Frage nach Israels möglichen Verfehlungen wird hier einer Theologie untergeordnet, die größten Wert auf

---

578 Zu Ex 2,25 als P[G] vgl. z. B. Levin, Jahwist, 333; Gertz, Tradition, 239; Kratz, Komposition, 244.

579 Das Wort ist sonst in Texten, die für P[G] in Frage kommen, nicht belegt.

580 Zum P[G]-Bestand in Gen 6–9 und Ex 13f vgl. Levin, Jahwist, 111.345 und Kratz, Komposition, 236ff.244f. Gegen Gertz, Tradition, 198f ist Ex 14,28 einheitlich. Weiter gehören V.23.26.27aα[1].28f trotz der Bedenken von Kratz, Komposition, 244, Anm. 24 zu P[G], weil sonst das tödliche Ende der Ägypter nicht klar würde. Mit Gertz, Tradition, 198 und gegen Levin, Jahwist, 345 ist Ex 14,29 P[G]. Rechnet man mit Kratz, Komposition, 238 noch Gen 7,19f zu P[G] (dagegen Levin, Jahwist, 111), ergibt sich eine weitere Berührung zu Ex 14, nämlich כסה Piel („bedecken") in Gen 7,19f und Ex 14,28.

581 Dem entspricht die gleiche Indifferenz gegenüber dem Seelenleben der Empfänger von Gottes Wohltaten (s. u., 258).

582 Laut Levin, Jahwist, 111 kommen hier nur 9,8f.11aβb für P[G] in Frage. Auch nach Weimar, Studien, 22, Anm. 18 ist Gen 9,6 sekundär. Auffällig ist auf jeden Fall die Wiederaufnahme von V.1 in V.7.

583 So mit Pola, Priesterschrift, 291.

584 S. o., 239, Anm. 502. Vgl. auch Elliger, Sinn, 190; Schmitt, Geschichtsverständnis, 211. Und selbst wenn in Zusätzen zu P[G] zur Sprache kommt, daß Gottes Volk manchmal von der Größe seiner Verheißungen überfordert war und sich nicht auf sie einlassen konnte, wird das nicht verurteilt. Hier fehlen klar negative Worte wie חמס („Gewalttat" Gen 6,11–13).

Gottes souveränes, wirkmächtiges Handeln legt.[585] Allein dieses Handeln sichert das Heil, und das Heil besteht in der Präsenz Gottes im Heiligtum mitten unter seinem Volk.

Als Folge dieser Theologie wird die Möglichkeit, daß Israel wie die Ägypter oder die Menschheit vor der Flut handelt, fast ganz ausgeblendet. Es ergibt sich für Israel ein eingeschränktes Menschenbild. Die Israeliten und ihre direkten Vorfahren wie Abraham erscheinen vor allem als Empfänger von Gottes Heilsgaben wie Bund (Gen 17,1–7*), Exodus (Ex 6,6) und Gottespräsenz (Ex 40,34b). Dieses eingeschränkte Menschenbild wurde in der Forschung lange als ein Desinteresse von P^G an menschlicher Psychologie gewertet.[586] Allerdings steht dahinter keine erzählerische Inkompetenz von P^G, sondern eine konsequente, theologische Gestaltung des Stoffes.

Diese Theologie, die allein auf Gottes Handeln setzt, ist ihrerseits tempeltheologisch fundiert. Denn sie basiert darauf, daß Gottes Heilshandeln in seiner Präsenz im Heiligtum greifbar wird. In diesem Sinne vertritt P^G eine Tempeltheologie.[587] Die Präsenz im Heiligtum wird nicht erst für die Zukunft verheißen, sondern sie hat schon am Sinai begonnen (Ex 40,34b). Folglich ist das Heil im Tempel immer schon vorhanden; Israel muß es nur ergreifen. Die Verfasser von P^G haben keine Zweifel, daß Israel das tut. Und selbst wenn Israel das Heil im Tempel ignorierte, täte dieses Versäumnis der Gegenwart des Heils keinen Abbruch. Gottes Anwesenheit im Tempel ist nicht auf menschliche Reaktionen angewiesen, sie besteht „an sich".

Insofern fungiert P^G als Programmschrift für den Zweiten Tempel. Seine Existenz wird mit Gottes Kultgründung am Sinai in der Frühzeit begründet, und in ihm ist das Heil gegenwärtig. So begründet P^G die judäische Restitution in kultischer Hinsicht. Das ist insofern naheliegend, als P^G wohl ein Zeitgenosse dieser Restitution war. In der Forschung besteht eine deutliche Tendenz zu einer frühnachexilischen Datierung von P^G, also ca. 520–450 v. Chr.[588]

---

585 So auch Hermisson, Glauben, 18.

586 Vgl. z. B. von Rad, Theologie 1, 232; Smend, Entstehung, 54.

587 Vgl. auch Spieckermann, Heilsgegenwart, 225; Carr, Fractures, 130 ff.

588 Ähnlich z. B. Kratz, Komposition, 329; Gertz, Tora, 243 f; Nihan, Priestly Code, 383 ff; Schmid, Literaturgeschichte, 146 ff; etwas anders ders.; Genealogien, 88. Möglicherweise läßt sich das noch präziser fassen, wenn man die Abhängigkeit von Ex 29,45 (P^G) von Ez 43,7a berücksichtigt (so auch Carr, Fractures, 138; Owczarek, Vorstellung, 211). Denn anders als P^G kennt ein Grundbestand von Ez 43 noch keine Kabod-Konzeption (Ez 43,6a.7a, so mit Rudnig, ATD 22/2, 570 ff), und das Wohnen Gottes wird viel konkreter und anthropomorpher gedacht als in dem vorsichtigeren Ex 29,45 (z. B. „Ort meines Thrones und Ort meiner Fußsohlen" in Ez 43,7a). Ez 43,7a stammt von der golaorientierten Redaktion des Ez-Buches, die in der ersten Hälfte des 5. Jh. eingearbeitet

P[G] als Restitutionsprogramm für das perserzeitliche Juda hat aber noch eine zweite Spitze. Jahwe muß zweimal gegen das Gewaltchaos kämpfen, das erste Mal gegen die vorsintflutliche Menschheit (Gen 6,11–13), das zweite Mal gegen Ägypten (Ex 1,13 und der P[G]-Faden in Ex 13 f).[589] Der zweite Kampf gegen Gewalttäter wird offenbarungstheologisch aufgewertet. Jahwe offenbart gleichzeitig seinen Namen und seinen Plan, das Volk zu befreien (Ex 6,6: „Ich bin Jahwe, und ich führe euch weg von den Frondiensten Ägyptens, und ich errette euch von ihrer Fron ..."") Damit war das Restitutionsprogramm von P[G] politisch brisant. Vor der Kultgründung steht die Befreiung von gewalttätiger Fremdherrschaft (vgl. Ex 1,13). Man muß das mindestens als Mahnung an die persischen Oberherren und ihre judäischen Mitarbeiter auffassen, maßvoll vorzugehen.[590]

5.4.5 Die Entwicklung nach P[G] – verurteiltes Verhalten in den Murrgeschichten Num 11; 13 f; 16 f

Die Vorstellung von P[G], daß Israel sich fraglos dem gegenwärtigen Heil im Tempel öffnet,[591] dürfte der rauhen Wirklichkeit der nachexilischen Zeit nicht allzu lange standgehalten haben. Zu offensichtlich war, daß auch Israeliten immer wieder an Gottes Macht zweifeln oder Gottes Pläne nicht verstehen und sich ihnen folglich widersetzen.

Literargeschichtlich wird diese Entwicklung in Zusätzen zu P[G] greifbar, die genau diese Zweifel an Gottes Macht, seine Verheißungen wahrzumachen, ergänzen. Einige Beispiele dafür wurden schon untersucht (Gen 17,17; Ex 6,9–12). Hier wird anders als in P[G] ausgesprochen, daß auch Gottes Auserwählte ihm manchmal nicht zutrauen, seine Verheißungen zu erfüllen (Gen 17,17), oder daß sie wegen ihrer harten Arbeit gereizt auf Gottes Zusage reagieren (Ex 6,9).[592]

---

wurde (vgl. Rudnig, ATD 22/2, 532 f). Damit käme man für P[G] zu einem Zeitraum in der Mitte des 5. Jh. Gerade mit seinem Interesse am Heiligtum steht P[G] auch theologisch dem golaorientierten Ez-Buch nahe (vgl. Rudnig, ATD 22/2, 532). Rechnet man gegen die o., 234 ff vorgetragenen Überlegungen mit P-Anteilen in Num, kommt man schnell zu einer extrem späten P-Datierung nach den sog. spät-dtr. Texten im Pentateuch (s. o., 4.4.2–4; 4.5), was neuerdings Albertz vorgeschlagen hat (vgl. Buch, 175).

589 S. o., 5.4.4 und 112, Anm. 137.

590 Auch sonst manifestiert sich in P[G] eine ironische Distanz zur persischen Reichsideologie, wie sie aus den Inschriften der Achämenidischen Könige hervorgeht (s. dazu zukünftig Rudnig-Zelt). Anders Schmid, Genealogien, 88.

591 S. o., 5.4.4.3.

592 S. o., 5.4.4.1 f.

Aus der Analyse von Gen 17,17 und Ex 6,9–12 hat sich ergeben, daß es neben den möglichen Erfahrungen der Redaktoren in ihrem Alltag literargeschichtliche Ursachen gab, um das einseitige Bild des Gottesvolks in P[G] zu korrigieren: die Verbindung von P mit einer Reihe von nicht-P Texten. Denn in den nicht-P Texten sind menschliche Vorbehalte gegen Gottes Verheißungen schon viel früher ein wichtiges Thema.[593] Dies wird z. B. in Gen 18,10–14* deutlich, dem Vorbild von Gen 17,17.[594] Hier lacht Sara, weil sie die Weissagung des fremden Gastes/Gottes für unmöglich hält,[595] trotz ihres Alters einen Sohn zu bekommen. Dieser reagiert mit der rhetorischen Frage: „Sollte Jahwe eine Sache zu schwierig[596] sein?" (Gen 18,14a). Mit den nicht-P Texten war das Problem also im werdenden Pentateuch präsent, und die P[G]-Texte mußten entsprechend aktualisiert werden.

Allerdings unterscheiden sich diese Aktualisierungen in Gen 17,17; Ex 6,9–12 und ihre nicht-P Vorbilder wie Gen 18,10–14a*; Ex 3,18 in einem entscheidenden Punkt von Murrgeschichten wie Num 13 f. Zweifelt jemand an Jahwes Macht, wird das nicht kritisiert und bleibt ungestraft. Im Gegenteil: Dieses Zweifeln stachelt Gott geradezu an, die Verheißung wirklich wahrzumachen. So folgt in Gen 18,14 (nicht-P) und 17,19 (Zusatz zu P[G])[597] auf die Vorbehalte Saras/Abrahams eine dezidierte Bekräftigung der Verheißung. Zwar kritisiert Jahwe in Gen 18,13.14a die Skepsis der Sara, aber ganz anders als etwa in Num 13f* folgt daraus nicht einmal eine Verzögerung der Verheißung. Vielmehr bekommt Sara wie versprochen einen Sohn (Gen 21,2a; nicht-P)[598].

Zweifel an Jahwes Fähigkeit, eine Verheißung zu realisieren, werden hier also weder verurteilt noch bestraft. Vielmehr zeigen sie, daß Jahwes Macht so groß ist,

---

593 Man könnte hier außerdem an die Angst der Israeliten im nicht-P Faden der Meerwundergeschichte denken (Ex 14,10bα vgl. z. B. Levin, Jahwist, 341 ff; Gertz, Tradition, 216.231). Auch hier ist unbestritten, daß der Vermerk vor-P ist (vgl. z. B. Kratz, Komposition, 290).

594 Zur Literarkritik von Gen 18,10–14 vgl. Levin, Jahwist, 157, dagegen Gunkel, HK 1/1, 197 f. In der Forschung ist unumstritten, daß Gen 18,10–14* schon zu einer frühen Fassung der Abrahamerzählung gehörte, vgl. z. B. Blum, Vätergeschichte, 273 ff; Kratz, Komposition, 275 ff; Köckert, Geschichte, 120 f; Oswald, Staatstheorie, 157 ff; Mühling, Identifikationsfigur, 41 ff.

595 Blum, Vätergeschichte, 277 ff beschreibt einleuchtend das Changieren zwischen Jahwerede und der Rede von Abrahams Gast oder Gästen in Gen 18. Weiter wird Sara nicht dadurch entlastet, daß sie nicht weiß, daß in dem Gast Jahwe spricht (so aber Gunkel, HK 1/1, 198). Vielmehr signalisiert schon die Formulierung der Verheißung in V.10 mit *figura etymologica* und der Nennung des präzisen Zeitpunkts für die Erfüllung (כעת חיה „übers Jahr um diese Zeit", vgl. HALAT, 297), daß hier jemand spricht, der die Macht hat, eine Verheißung wahrzumachen.

596 Vgl. HALAT, 876.

597 Gen 17,19 folgt bruchlos auf Gen 17,17 f und stammt aus der gleichen Hand. Dagegen sind Gen 17,20 f sekundär (s. o., 252, Anm. 555).

598 Vgl. z. B. Gunkel, HK 1/1, 227; Levin, Jahwist, 171 f.

daß das menschliche Denken ihre Möglichkeiten nicht richtig einschätzen kann. Ähnlich wie in P^G wird hier ganz von Gott her gedacht: Gottes Macht besteht „an sich", ob sie der Mensch begreift oder nicht. Wenn der Mensch diese Macht nicht ermessen kann und deshalb irrtümlich an ihr zweifelt, schadet das Gott nicht und muß folglich nicht bestraft werden. Genau das ist in Num 13 f und in den weiteren Murrgeschichten in Num 11; 16 f ganz anders, wie schon ein kurzer Blick in die Texte zeigt. Hier hat Murren immer negative Folgen. Die, die etwas an Jahwes Versorgung in der Wüste, am Land oder an der Führerschaft von Mose und Aaron auszusetzen haben, bekommen ihre Strafe (Num 11,1 f.4–6.10b.33 f; 16,3.11 f.13.30–33; 17,6.10–15, vgl. auch Num 21,4–6).[599] Diese Strafe ist immer tödlich.[600]

Num 13 f hat für diese Gruppe von Murrgeschichten eine Schlüsselrolle gespielt. Denn Num 13f* dürfte die älteste Geschichte aus dieser Gruppe sein, was sich schon daran zeigt, daß sie am besten im Num-Itinerar verankert ist.[601] Die theologische Entwicklung, die sich in den Texten vollzieht, bestätigt das. Denn in Num 13 f wird erst im Lauf der Wachstumsgeschichte die Idee entwickelt, daß Zweifel an Jahwes Macht mit dem Tod bestraft werden. Im Grundbestand war das noch nicht der Fall. Hier wurden nur die Kundschafter durch eine Plage getötet, weil sie ein böses Gerede über das Land verbreitet und so Murren ausgelöst hatten (Num 13,32abα; 14,2a.10b.37). Erst in den Zusätzen kommen grundsätzliche Zweifel an Jahwes Führung auf (Num 14,2b.3.4) und die Todesstrafe wird auf das murrende Volk ausgedehnt (zuerst in Num 14,27b.28.29*).[602] Die jüngeren

---

599 Zur Entstehungsgeschichte der Texte vgl. Levin, Jahwist; Achenbach, Vollendung und Seebass, BK.AT 14/2, z.St. Auffälligerweise findet sich das Motiv des bestraften Murrens in Texten unter P-Einfluß wie Num 13f* und 16* (z. B. קהל in V.33; עדה in V.26) ebenso wie in Texten ohne solchen Sprachgebrauch wie Num 11 f (herkömmlich J/Zusätze zu J/Jehowist, vgl. z. B. Noth, ATD 7, 73 ff; Schmidt, ATD 7/2, 17 ff).

600 Num 12 hat in dieser Gruppe von Murrgeschichten eine gewisse Ausnahmestellung inne. Zum einen sind die Murrenden ungewöhnlich prominent, nämlich Miriam und Aaron (Num 12,1). Zum anderen ist die Strafe vergleichsweise leicht. Miriam wird aussätzig (Num 12,9 f), und Aaron wird gar nicht bestraft. Dies könnte damit zusammenhängen, daß dem Erzähler bereits die Todesnotiz von Miriam in Num 20,1aββ und von Aaron in Num 20,22–29 vorgegeben war und er sie hier noch nicht sterben lassen konnte. Außerdem ist hier über Num 11; 13f*; 16 f hinaus von Reue eines Murrers (Num 12,11: חטאת „Sünde") und der erfolgreichen Fürbitte des Mose die Rede (Num 12,13). Auch daß Mose Jahwe in Num 11,11–15 Vorwürfe macht, bleibt ungestraft. Doch anders als die Murrer in Num 13 f; 16 f stellt Mose nicht in Frage, daß Jahwes Pläne grundsätzlich gut sind.

601 S.o., 5.3.3.1. So auch Kratz, Komposition, 109 f; Otto, Deuteronomium, 133, Anm, 102; Römer, Sojourn, 441 ff. Levin hält Num 16 f ebenfalls für einen jüngeren Nachfolger von Num 13 f (vgl. Jahwist, 317).

602 S.o., 185 f.

Murrgeschichten in Num 11; 16f setzen voraus, daß Murren sich letztlich gegen Jahwe richtet, ob er direkt angegriffen wird oder Mose als sein Beauftragter. Weiter gehen ihre Verfasser davon aus, daß Murren grundsätzlich mit dem Tod bestraft wird. Nur unter dieser Voraussetzung können in diesen Texten Möglichkeiten bedacht werden, die Strafe durch rechtzeitiges Entsühnen (Num 17,11–13 כפר Piel) oder durch Fürbitte (z. B. Num 11,2; 16,22) wenigstens zu begrenzen.[603]

Es ist also klar, daß eine Gruppe von Texten in Num 11; 13f; 16f Murren und Zweifel an Jahwes Durchsetzungsfähigkeit ganz anders bewertet als vor-P Texte wie Gen 18,10–14* oder Zusätze zu P^G wie Gen 17,17; Ex 6,9–12. Der Zweifel an Jahwes Macht und Wohlwollen gilt hier als Vergehen gegen Jahwe und wird entsprechend bestraft. Ein Denken allein von Gott und seiner Macht her, wie es in den vor-P Texten (z. B. Gen 18,10–14*), P^G und den Zusätzen zu P^G wie Gen 17,17; Ex 6,9–12 vorlag,[604] erweist sich hier offensichtlich nicht mehr als tragfähig. Man kann nicht mehr so selbstverständlich mit Gottes Macht rechnen, daß es keine Rolle spielt, ob der Mensch an sie glauben kann. Vielmehr zeigen die Inhalte, über die gemurrt wird (z. B. Num 11,4f; 13,32abα[Grundbestand];14,2f[2a Grundbestand][605]; 16,13), daß Gottes Macht und Güte im Zweifel stehen. Ein Gott, der verdächtigt wird, seinem Volk ein gefährliches Land zu geben (Num 13f) oder es in der Wüste nicht richtig zu versorgen (Num 11,4f; 16,13), ist nicht der souveräne Gott aus P^G, sondern ein Gott, dessen Macht und Güte vor den Menschen verborgen sein können.[606]

Mit dieser Veränderung in der Wahrnehmung Gottes dürfte es zusammenhängen, daß Zweifel an Gottes Macht und Güte nun nicht mehr toleriert werden können. Denn es besteht keine Möglichkeit mehr, die Zweifler mit der evident vor Augen liegenden Macht und Güte Gottes zu konfrontieren. Die Ablehnung dieser Zweifel wird in den Murrgeschichten Gott in den Mund gelegt (vgl. z. B. Num 14,11f.28f*; 16,20) oder sie drückt sich in seiner Strafe aus (z. B. Num 16,30–

---

603 Num 12 könnte das Motiv der Fürbitte aufgreifen und durch die vorherige Reue des Murrers sowie sein Schuldbekenntnis erweitern (Num 12,11f).

604 S.o., 5.4.4.1f.

605 S.o., 5.2.1 und 176, Anm. 225.

606 Römer hat sich besonders mit dem Murren beschäftigt, das sich mit Sehnsucht nach Ägypten verbindet (Ex 13,17; 14,11f; 16,3; 17,3; Num 11,18–20; 14,2–4; 16,12–14; 20,3–5; 21,5). Seiner Ansicht nach gehören diese Texte zu einer nachdtr. und nachpriesterschriftlichen Redaktionsschicht (vgl. Nostalgia, 74 ff). Ein Zusammenhang der Texte ist unbestreitbar, doch sind die entstehungsgeschichtlichen Verhältnisse teilweise komplizierter (s. z. B. o., 182f.192f zu Num 14,2–4). Außerdem berücksichtigt Römer inhaltlich verwandte Texte wie Dtn 1,27 nicht. Auch dort wird Jahwe vorgeworfen, das Volk zur Vernichtung in die Wüste geführt zu haben, nur die Argumentation mit dem guten Leben in Ägypten fehlt. Es ist also auch denkbar, daß ein Motiv sukzessive von verschiedenen Händen aufgegriffen und abgewandelt wurde.

33; 21,6). Aber gerade wenn Gottes Macht und Güte nicht mehr offensichtlich waren, konnte man Zweifel an ihnen nicht einfach durch ein Verbot unterdrükken. Insofern artikulieren die Murrgeschichten einen inneren Konflikt ihrer Verfasser zwischen dem unabweisbaren Zweifel und der Angst vor seinen Konsequenzen. Zweifel und Murren sind das einzige Verschulden, das in den Murrgeschichten erwähnt wird.[607] Damit stehen sie in einem krassen Gegensatz zu P^G, wo nur Gewalttaten als falsches, todeswürdiges Verhalten dargestellt werden (Gen 6,11 f.13; Ex 1,13). Die Auffassung, was böses Handeln bedeutet, unterscheidet sich also in P^G und diesen Murrgeschichten frappant. Man kann in den Murrgeschichten im Unterschied zu P^G von einem stark verinnerlichten Verständnis von Schuld sprechen: Nicht Handlungen sind schuldhaft, sondern allein die Einstellung. In P^G wird dagegen die Einstellung der Gewalttäter ignoriert.[608] Es zählt nur, daß sie Gewalttaten verüben und Menschen mißhandeln.

5.5 Fazit

Aus diesen Überlegungen ergibt sich eindeutig, daß der Grundbestand von Num 13 f (Num 13,1.2a.3a.21.25.32abα; 14,2a.5a.10b.37) nicht zu P^G gehört haben kann. In Num 13f* ist zwar die Sprache von P^G beeinflußt,[609] aber die Theologie ist eine Weiterentwicklung und Umakzentuierung der Theologie von P^G. Nicht nur die Kabod-Konzeption,[610] sondern auch die Auffassung, was falsches Handeln ist, unterscheiden sich in Num 13f* grundsätzlich von P^G. Num 13f* hat sich so als nachpriesterschriftlicher Text erwiesen. Weil Dtn 1–3* mit dem ältesten Beleg von אמן Hiphil als „glauben" von Num 13f* samt einigen Erweiterungen abhängig sind,[611] wurde dieser eigene Begriff für Glauben erst nachpriesterschriftlich geprägt. Die Entwicklung, die zur Prägung eines eigenen Begriffs (אמן Hiphil) für Glauben führte, gehört somit zeitlich gesehen in die fortgeschrittene Perserzeit. Sie begann erst nach P^G, und diese Schrift entstand wahrscheinlich ca. 520–450 v. Chr.[612]

---

607 Wenn in Num 16,35 Feuer von Jahwe die 250 Männer frißt, die illegitim Räucherwerk gebracht haben, so ist dieses Räuchern kein Verschulden im strengen Sinne. Denn Mose hat die Männer wegen ihrer Kritik an ihm zu dieser Opferprobe aufgefordert (Num 16,16 ff). Weiter ist dieses Motiv später ergänzt worden (vgl. z.B. Levin, Jahwist, 377; Kratz, Komposition, 110).
608 S.o., 5.4.4.3.
609 S.o., 5.4.
610 S.o., 5.4.1.
611 S.o., 5.3.3.1–4; 5.3.4.
612 S.o., 5.4.4.3.

Die Hintergründe für diese Begriffsprägung liegen in den theologischen Entwicklungen zwischen P^G und Num 13 f sowie dessen Nachfolger Dtn 1–3* (Dtn 1,1a.6.7*[bis „Gebirge der Amoriter"].19.20.22abα.23.24a.25–27.29 f.31a*[nur „und in der Wüste"]b.32.34.35*[ohne „diese böse Generation"].39*[ab ‏ובניכם‎].40–43.44*[ohne „in Seïr"].45).[613] Schon zwischen P^G und der ersten Fassung von Num 13 f fanden tiefe theologische Umbrüche statt. Denn P^G und Num 13f* sind Exponenten von gegensätzlichen Theologien. P^G vertritt eine Tempeltheologie, in der das Heil durch die Gottespräsenz im Tempel gegenwärtig ist.[614] Angesichts dieser Fülle des Heils sind Zweifel, Gott könne und wolle das Heil vielleicht nicht herbeiführen, so unsinnig, daß das Problem nie erwähnt wird. Num 13 f dagegen steht von Anfang an für eine Theologie der fragwürdigen Verheißung und sogar des fragwürdigen Gottes. Im Grundbestand kann das verheißene Land verleumdet werden, ohne daß das vom Volk sofort als absurd erkannt wird. Vielmehr löst die Verleumdung Murren aus (Num 13,32abα; 14,2a). Und in den späteren Zusätzen scheint es dem murrenden Volk so, als könne und wolle Gott seine Verheißungen nicht wahrmachen, oder als hätte er sie sogar in böser Absicht gegeben (z. B. Num 14,2b.3). Sowohl die Möglichkeit, das Verheißungsland schlechtzureden, als auch die Vorwürfe des murrenden Volkes sind Ausdruck davon, daß Gott nicht mehr fraglos mächtig und präsent ist, sondern daß seine Güte und Macht verborgen und folglich unter den Menschen umstritten sein können.[615] Als Folge davon wird in Num 13 f der Zweifel an Gottes Macht und Güte, der sich als Verleumdung und Murren äußert, immer mehr zum ernsten Problem. Einerseits sind diese Zweifel nun unabweisbar, weil sie nicht mehr durch Gottes heilvolle Anwesenheit widerlegt werden können. Andererseits werden sie zur Bedrohung für die Gottesbeziehung, denn die Menschen könnten einen Gott aufgeben, dessen Güte und Macht verborgen sein können. Deshalb müssen die Zweifel verurteilt werden und dürfen nicht ausbrechen. Die Murrgeschichten drücken diesen Konflikt aus zwischen dem unabweisbaren und zugleich unzulässigen Zweifel an Gottes Fähigkeit und Willen, sich in der Welt durchzusetzen.

---

613 In Dtn 1* wird folgende Fassung von Num 13 f vorausgesetzt: Num 13,1.2a.3a.21.22*.23a.24a .25.26*.27.28abα.30.32abα; 14,2a.2b; 3.5a.10b.26*(ohne „und zu Aaron").27b.28.29*.37. S.o., 5.3.4.
614 S.o., 5.4.2; 5.4.4.3.
615 Auch Dalferth sieht die tiefsten Anfechtungen in der biblischen Tradition darin, daß „die Verlässlichkeit von Gottes gutem Willen selbst in Frage gestellt wird" (Malum, 456). Allerdings tritt hier verglichen mit den alttestamentlichen Murrgeschichten in den Hintergrund, daß nicht nur Gottes gute Absicht, sondern auch seine Macht, dieser Absicht Geltung zu verschaffen, fraglich werden kann.

Da es in Num 13 f darum geht, daß Gottes Güte und Macht unter den Menschen umstritten sind, ist zu fragen, wie es so weit kommen konnte. Nach Ansicht der Verfasser hat sich Gott nicht selbst unglaubwürdig gemacht, indem er etwas Falsches befohlen oder dem Volk geschadet hat. Der Verdacht, Gott könnte aus Bosheit bestimmte Befehle geben, wird nur vom murrenden Volk geäußert (vgl. z. B. Num 14,2b.3; Dtn 1,27). Im Lauf der Erzählungen wird dieser Befürchtung widersprochen, so etwa von Mose in seiner Rede in Dtn 1,29–31*, in der er das Volk an die wirksame Hilfe Gottes in der Vergangenheit erinnert. Und in Num 16 wird die Unterstellung, Mose habe das Volk böswillig aus Ägypten geführt (Num 16,13 f) durch ein Zeichen Gottes widerlegt (Num 16,28–30).[616] Das Mißtrauen gegen Gott geht hier also vom Menschen aus. Es hat keinen Anhalt in Gottes Handeln, sondern ist dadurch erklärbar, daß der Sinn von Gottes Plänen und seine Macht im täglichen Leben nicht immer erkennbar sind.[617]

Für die theologische Entwicklung zwischen P^G und Num 13f* sowie dessen weiteren Zusätzen dürfte die Verbindung von P^G und nicht-P Texten eine entscheidende Rolle gespielt haben. Denn nicht-P Texte wie Gen 18,10–14* geben hier wichtige Impulse.[618] In diesen nicht-P Texten wird nämlich thematisiert, daß Menschen für unwahrscheinlich halten können, daß eine Verheißung eintrifft. Zwar werden diese Anfragen an Gottes Macht in den nicht-P Texten nicht bestraft, aber das Problem ist zum ersten Mal ausgesprochen worden.

Allerdings werden Verleumdung und Zweifel gegenüber der Verheißung in Num 13 f im Gegensatz zu Gen 18,10–14* scharf verurteilt. Wie bereits gesehen, war ein Faktor, daß die Autoren von Num 13 f erkannt haben, welche Herausforderung für die Gottesbeziehung die Verborgenheit von Gottes Macht und Güte darstellt, während in Gen 18,10 14* beides noch fraglos feststeht. Außerdem könnte eine Rolle spielen, daß Num 13 f von der Zeit nach dem Sinaiaufenthalt handelt. Gerade die P^G-Texte behaupten eine besonders intensive Gottespräsenz am Sinai (Ex 29,45 f; 40,34b) in Gestalt seiner Herrlichkeit, seines Kabod. Dieser Kabod spielt auch in Num 13f* eine entscheidende Rolle (Num 14,10b), selbst wenn er ganz anders dargestellt wird als in P^G.[619] Möglicherweise wirkt

---

[616] Diese Verse gehören zur Grundschicht des Kapitels, vgl. Aurelius, Fürbitter, 189 ff; Levin, Jahwist, 377.

[617] Genau das ist in der Erzählung von der Opferung Isaaks (Gen 22,1–19) grundsätzlich anders. Hier konfrontiert Gott durch sein eigenes Handeln den Menschen mit der Möglichkeit, Gott könne böse sein. Mit diesem Problem wird ganz anders umgegangen als mit den Anfragen an Gott in den Murrgeschichten. In Gen 22,1–19 ist eine offene Auseinandersetzung zwischen Gott und den Menschen nicht mehr möglich (s. u., 6.3.5; 6.5).

[618] S. o., 5.4.5.

[619] S. o., 5.4.1.

sich diese großartige Gottespräsenz am Sinai in der Weise aus, daß Verleumdung von Verheißungen und Zweifel an Gottes Macht und Willen, sie wahrzumachen, danach nicht mehr als statthaft galten.[620] Damit wurden in Num 13 f von Anfang an Impulse aus P[G] und aus nicht-P Texten verarbeitet. Aus P[G] stammte die Denkaufgabe, in irgendeiner Weise mit der Anwesenheit Gottes unter seinem Volk zu rechnen, selbst wenn das in Num 13f* stark abgewandelt wurde. Aus dem nicht-P Bereich wurde die Möglichkeit übernommen, eine Verheißung für unrealistisch zu halten. Als beides aufeinander traf, wurde die Dynamik freigesetzt, in der letztlich אמן Hiphil als Glaubensbegriff geprägt wurde.

Allerdings geschieht dies nicht schon in Num 13 f, sondern erst in Dtn 1* als einer späteren Neufassung der Kundschaftergeschichte.[621] Zwischen der Fassung von Num 13 f, die Dtn 1* voraussetzt,[622] und Dtn 1* liegt ein weiterer bedeutsamer Reflexionsfortschritt. Der Prozeß der Verinnerlichung, der in Num 13 f im Vergleich zu P[G] schon evident ist, wird noch weiter vorangetrieben.

Dies zeigt sich am Sprachgebrauch. In Num 13 f und in Num 11; 16 f fehlt noch ein eigenes Wort für „Unglaube".[623] Trotzdem werden die Widerworte gegen Jahwe klar negativ gezeichnet. Zwar werden auf den ersten Blick Worte verwendet, die das Verhalten nicht zwingend abwerten, wie z. B. אנן Hitpolel („sich beklagen" nur Num 11,1; Thr 3,39), אוה Hitpael („gelüsten" Num 11,4.34), בכה („weinen" Num 11,4.10.13.18.20; 14,1b)[624] oder קהל Niphal („sich versammeln" Num 16,3; 17,7). Aber dieses Klagen, Gelüsten oder sich Versammeln wird meist durch die folgende direkte Rede eindeutig als Murren charakterisiert. Deshalb spielen *verba dicendi* wie אמר in den Texten eine große Rolle (z. B. Num 14,2b.3.4; 16,3.12; 17,6).[625] Weiter wird durch die Verwendung der Wurzel לון im Niphal („murren" Num 14,2.36 [K[e]tib]; 16,11; 17,6 [K[e]tib]) oder Hiphil („murren" Num 14,27.29.36 [Q[e]re]; 16,11; 17,6 [Q[e]re].20) oder das Nomen im Plural תלנות („das Murren" Num 14,27;17,20.25) klar, daß es sich um ein negatives Verhalten handelt, das sich gegen Jahwe richtet. Denn die Wurzel לון ist nahezu ein *terminus technicus* für

---

620 Vgl. ähnlich Schart, Konflikt, 144.

621 Zur Fortsetzung von Dtn 1* in Dtn 2f* s. o., 5.1.4.

622 Num 13,1.2a.3a.21.22*.23a.24a.25.26*.27.28abα.30.32abα; 14,2a.2b.3.5a.10b.26*(ohne „und zu Aaron").27b.28.29*.37. S.o., 5.3.4.

623 Num 14,11 mit אמן Hiphil ist ein Zusatz unter dem Einfluß von Dtn 1, s. o., 194 f.211 f.

624 Gerade weil בכה so neutral ist, wird es in Num 11 und 14 außer in 11,10 immer durch ein Zitat des Murrens ergänzt.

625 Nur Num 11,1 bleibt hier etwas unspezifisch. Das Volk wird mit Leuten verglichen, die sich über Böses beklagen (כמתאננים רע). Das gilt implizit als unangemessen, da es nichts Böses gibt, über das man jammern könnte (so auch Schmidt, ATD 7/2, 23).

Unmutsäußerungen gegen Jahwe.[626] Jedoch beschreiben alle diese Formulierungen nur das äußerlich sichtbare und hörbare Verhalten.

Dagegen gilt in Dtn 1* erstmals das Interesse den inneren Befindlichkeiten, die hinter dem Murren stehen. Dies erkennt man daran, daß mangelndes Vertrauen gegenüber Jahwe schon das Verhalten der Israeliten prägt, bevor sie sich über Jahwe beklagen. So bitten sie um ein Erkunden des geschenkten Landes (Dtn 1,22abα), ehe sie murren (Dtn 1,26 f). Das Murren gipfelt schließlich in Unglauben (אמן Hiphil in Dtn 1,32). Und diese falsche Haltung gegenüber Jahwe wirkt nach, als Jahwe die Strafe für den Unglauben schon verkündigt hat. Sie äußert sich noch einmal in der verfehlten Reue in Dtn 1,40–43, die zu erneutem Ungehorsam führt. Anders als in Num 11; 13 f; 16 f ist damit klar, daß das Aufbegehren gegen Jahwe keine vorübergehende Laune des Volkes ist. Vielmehr wird deutlich, daß es seine Wurzeln in der Grundhaltung des Volkes gegenüber Jahwe hat. Das Volk hat sich vor Jahwe verschlossen und kann deshalb nicht angemessen auf ihn reagieren. Es kann weder seine Fürsorge richtig würdigen noch seine Befehle ernstnehmen und ihm gehorchen.[627]

אמן Hiphil steht in Dtn 1* für zwei Aspekte der Auseinandersetzung mit den Wurzeln des Unglauben. Erstens wird klar, daß die vor Gott verschlossene Grundhaltung des Volkes darin kulminiert, daß es nicht glaubt (אמן Hiphil in Dtn 1,32).[628] Zweitens zeigen Dtn 1,29–32* implizit, wie Glauben aussehen würde und wie man im Glauben die Zweifel an Gottes Macht und Güte überwinden könnte. Glauben hieße, aufgrund der vergangenen Taten Gottes, die Mose in Dtn 1,29 f.31a*[nur „und in der Wüste"]b beschreibt, an Gott festzuhalten. Durch dieses Festhalten könnte man Gottes Fragwürdigkeit in der Gegenwart aushalten, anstelle ihn anzuklagen oder an seiner Güte und Macht zu zweifeln.

Die Rede vom Glauben im Alten Testament entsteht also aus einer intensiven Auseinandersetzung mit Zweifeln und Unglauben. Diese setzt voraus, daß Mißtrauen gegen Jahwes Pläne und seine Führungsperson Mose (z. B. Num 14,3; 16,13) nicht mehr akzeptabel waren, weil dadurch letztlich Jahwe selbst abgelehnt wurde (z. B. Num 16,30). Sobald das klar war, mußten die Wurzeln dieses

---

626 Außer in Jos 9,18 wird das Verb von dieser Wurzel nie dafür verwendet, daß sich Menschen über ihre Mitmenschen beschweren. Vielmehr erscheint es nur in Murrgeschichten. Außerhalb von Num ist das Verb im Niphal in Ex 15,24; 16,2(K^etib).7(Q^ere), im Hiphil in Ex 16,2(Q^ere).7(K^etib).8; 17,3; 26,2 belegt. Das Nomen steht sonst noch in Ex 16,7.8.9.12.

627 Vgl. auch Lohfink, Unglaube, 49.

628 In der Verwendung eines negierten אמן Hiphil für die wichtigste Äußerung und den Kulminationspunkt der vor Gott verschlossenen Grundhaltung ist schon angelegt, daß man diese Grundhaltung einfach als Unglauben bezeichnen kann. Spätere Texte vollziehen genau diese Entwicklung, z. B. Jes 7,1–17*; Jon 3, s. o., 4.2.2 f und u., 7.1.3.

Mißtrauens freigelegt werden: eine vor Gott verschlossene Grundhaltung, wie sie in Dtn 1* in aller Konsequenz beschrieben wird. Weiter wurde in Dtn 1,32 ein eigenes Wort für das entscheidende Symptom dieser falschen Grundhaltung gefunden: ein negiertes אמן Hiphil, also Unglauben. Wenn in Dtn 1,32 Unglauben als die Unfähigkeit gilt, sich an dem Wissen um Gottes vergangene Geschichtstaten festzuhalten (vgl. die Moserede Dtn 1,29–31*), sobald Gottes Macht nicht mehr unmittelbar vor Augen steht, wird damit implizit gesagt, was Glauben ist. Glauben wäre, auf Grundlage des Wissens von Gottes Machterweisen in der Vergangenheit seine Verborgenheit in der Gegenwart auszuhalten und so für ihn offen zu bleiben. Auf diese Weise würden im Glauben die Zweifel an Gottes Wille und Fähigkeit, seine Pläne durchzusetzen, überwunden und nicht einfach nur abgewehrt.

In Dtn 1* werden Unglauben und die vor Gott verschlossene Grundhaltung hart verurteilt. Gott straft die Ungläubigen mit dem Tod (z. B. Num 11,1 f; 14,27b.28.29*; 14,37; 16,30–33; 17,10–15; Dtn 1,35*.39*).[629] Allerdings fordert gerade dieses harte Urteil zum Widerspruch heraus. Er findet sich in einigen jüngeren Texten mit אמן Hiphil, nämlich in Ex 4,1–9.30b.31;14,31 und 19,9.[630] Sie stellen die These zur Diskussion: Wenn das Wunder Gottes überwältigend groß ist, bewirkt es Glauben. Ex 4,1–9.30b.31 berichten, wie Mose durch drei Wunderzeichen erreicht, daß das Volk an ihn glaubt. Und Ex 14,31 zieht das Fazit der Rettung am Schilfmeer: Das Volk sieht Jahwes Machttat, es fürchtet sich vor ihm, und es glaubt an ihn und Mose (vgl. Ps 106,11 f). So ist das Murren aus Ex 14,11 f überwunden.[631] In Ex 19,9 kündigt schließlich Gott Mose an, er würde im Gewölk zu ihm kommen und mit ihm reden, damit die Israeliten dies hörten und an Mose glaubten. Diese Texte greifen Impulse aus den Belegen von אמן Hiphil in den Murrgeschichten auf. Denn schon Num 14,11 und Dtn 1,30–32* behaupteten, eigentlich hätten Gottes Taten das Volk zum Glauben bringen müssen. Nur sei das nicht geschehen. Ex 4,1–9.30.b31; 14,31; 19,9 halten dagegen: Wenn die Gottestat nur groß genug ist, führt sie doch zum Glauben. Zugleich deuten die Verfasser eine Antwort auf die Frage an, ob es einen Weg vom Unglauben und der Verschlossenheit vor Gott hin zum Glauben geben kann. In Ex 4,1–9.30b31; 14,31; 19,9 führt ein großartiges Wunder dazu, daß Menschen glauben können.

---

629 Vgl. ähnlich Berner, Exoduserzählung, 106 f.

630 S.o., 4.4.2.

631 Ex 14,31 wurde wohl im Zusammenhang mit dem expliziten Murren in Ex 14,11 f ergänzt (vgl. Levin, Jahwist, 346; ders., Source Criticism, 44 f; Gertz, Tradition, 225; Kratz, Komposition, 290, Anm. 80).

Weil das Wunder in diesen Texten Unglauben und Verschlossenheit vor Gott überwinden soll, kommt es den zuständigen Verfassern darauf an, die Gottestat möglichst großartig zu zeichnen. In Ex 4,1–9 geschehen Wunder, die alles Gewöhnliche hinter sich lassen. Moses Stab wird zur Schlange und wieder zum Stab, seine Hand wird aussätzig und wieder gesund, und zuletzt soll Wasser zu Blut werden. In Ex 14,31 wird die geläufige, oft belegte dtr. Wendung von Jahwes starker Hand (יד חזקה vgl. z. B. Dtn 4,34; 5,15; 6,21; 7,8; 9,26; 26,8; I Reg 8,42) aufgegriffen. Diese steht in der Regel für mehrere Taten Gottes, v. a. für den Exodus als ganzen (vgl. z. B. Dtn 5,15; 6,21; 7,8; Jer 32,21; Ps 136,11 f; Dan 9,15; Neh 1,10). Das formuliert Ex 14,31 um zu היד הגדלה („ die große Hand") und bezieht es allein auf den Schilfmeerdurchzug.[632] So erscheint dieser als ein Wunder, das mit dem gesamten Exodus auf einer Stufe steht, also atemberaubend ist. Nach Ex 19,9 sieht das entscheidende Wunder weniger spektakulär aus, ist aber äußerst gewichtig. Denn hier geht es um das ganz persönliche Reden Jahwes mit Mose (vgl. auch z. B. Num 12,8).

Dennoch ist die Frage „wie kann Unglaube überwunden werden?" durch Ex 4,1–9.30b.31; 14,31; 19,9 noch nicht befriedigend beantwortet. Denn es fällt auf, daß Mose und Aaron ganz ähnliche Wunder wie in Ex 4,1–9 einige Kapitel später dem Pharao vorführen. So wird in Ex 7,8–13 (herkömmlich P)[633] ebenfalls Moses Stab zur Schlange, und in Ex 7,14–25[634] wird das Nilwasser zu Blut. Doch Mose und Aaron finden beim Pharao gar keinen Glauben.[635] Liest man Ex 4,1–9 und Ex 7,8 ff im Zusammenhang, wird das Problem zurück ins Innere der Glaubenden verlegt. Anscheinend macht die innere Bereitschaft zu glauben den Unterschied

---

632 Diese Formulierung ist im Alten Testament nicht noch einmal belegt. Ex 14,31 setzt wahrscheinlich den P^G-Faden des Schilfmeerwunders voraus (Ex 14,1f*.9*.15f*.21*.23.26.27*.28.29, vgl. Levin, Jahwist, 345; ders. Source Criticism, 52; Gertz, Tradition, 195 ff; Kratz, Komposition, 244, Anm. 24; Schmitt, Geschichtsverständnis, 109; Wagner, Herrlichkeit, 69, s. o., 4.4.2 und 112, Anm. 137), weil nur im Rahmen dieses Fadens die Trockenlegung des Meeres zu einer großen Gottestat wurde. P^G geht nämlich davon aus, daß sich die Wasser spalteten, als Mose seinen Stab über sie ausstreckte (Ex 14,21a[bis על הים „über das Meer"].b) und daß Jahwe das Wasser über das ägyptische Heer brachte (V.28*). Im nicht-P Anteil läßt Jahwe dagegen das Meer durch einen starken Ostwind zurückweichen (Ex 14,21a[ab ויולך „und er ließ zurückweichen"]), und er bringt Panik über die Ägypter (V.24*, vgl. Gertz, Tradition, 206 ff; Levin, Source Criticism, 55). Hier sind also noch viel stärker als in P^G natürliche Ursachen im Blick.
633 Vgl. z. B. Gertz, Tradition, 80 f.
634 Üblicherweise findet man hier einen P- und einen nicht-P Anteil, vgl. z. B. Gertz, Tradition, 79 ff. Zu den Argumenten gegen einen P-Anteil in den Plagen s. o., 255, Anm. 573.
635 Vgl. Gertz, Redaktion, 312 ff. Wie Gertz richtig gesehen hat, kannten die Autoren von Ex 4,1–9 wahrscheinlich die Plagenerzählung. Sie widersprechen ihr also gezielt: Was beim Pharao nicht wirkt, wirkt beim Gottesvolk.

aus zwischen Israel, wo die Wunder wirken (Ex 4,30b.31), und Ägypten, wo sie versagen. Diese innere Bereitschaft kann man eine für Gott offene Grundhaltung nennen. Wie also Unglaube daraus folgt, daß sich Menschen grundsätzlich vor Gott verschlossen haben, folgt Glaube daraus, daß sie von ihrer Grundhaltung her für ihn offen sind.

In Dtn 1* mit dem ältesten Beleg von אמן Hiphil wurde also zunächst erkannt, wieviel davon abhängt, daß Menschen glauben können. Daran schloß sich eine intensive Suche nach den Wurzeln von Glaube und Unglaube an. Im Alten Testament deutet sich an, daß beides von der Grundhaltung des Menschen abhängt. Ist der Mensch für Gott offen, wird er glauben, hat er sich vor Gott verschlossen, kann er nicht glauben.

Die Begriffsgeschichte von אמן Hiphil beschäftigt sich also letztlich mit der Frage, wie Glaube überhaupt möglich ist. Es wird erkannt, daß Glaube voraussetzt, daß Menschen grundsätzlich für Gott offen sind. Deshalb zeigt sich gerade in späten Texten mit dem Begriff אמן Hiphil die Tendenz, diese Offenheit für Gott mit אמן Hiphil zu bezeichnen, also Glaube zu nennen. Denn nur aufgrund dieser Offenheit wissen die gläubigen Niniviten in Jon 3,5 ff sofort, was angesichts des Unheilswortes Jonas Gott gegenüber angemessen ist. Und in Gen 15,6 steht אמן Hiphil dafür, daß Abraham nicht nur die Mehrungsverheißung (V.5) gegen den Augenschein für plausibel hält, sondern daß er grundsätzlich offen für Gott ist. So genügt ihm ein natürliches Phänomen wie der Sternhimmel als Zeichen für die Glaubwürdigkeit der Mehrungsverheißung, obwohl dieses Zeichen die Verheißung lediglich illustriert (V.5).

Aber diese Offenheit bleibt gefährdet. Der Mensch kann sich immer wieder vor Gott verschließen (vgl. z. B. Ps 106,12 f). Eine Tendenz dazu zeigt sich sogar bei Abraham in Gen 15, wenn er schon in V.8 eine handgreifliche Bestätigung für die Landverheißung fordert[636] und so Gott zur Selbsterniedrigung eines Bundesschlusses mit Selbstverfluchung herausfordert (Gen 15,17b). Allerdings bleibt Abraham auch in Gen 15,8 ff grundsätzlich für Gott offen. Das zeigt sich nicht nur daran, daß er Gott nach seiner zweifelnden Frage in V.8 noch gehorcht (V.9), sondern auch daran, daß nach dem Ritual in V.17b von Abrahams Zweifeln an der Landverheißung keine Rede mehr ist. Dagegen helfen dem ungläubigen Ahas in Jes 7,11–14 keine Zeichen, weil er sich ihnen aus Unglauben von vornherein verweigert (vgl. ferner Ps 106,14 ff). Es kommt also darauf an, sich die Offenheit für Gott zu bewahren – oder sie immer neu geschenkt zu bekommen.

Nun kommt dieses Ringen um Offenheit für Gott im Alten Testament auch in Texten zum Ausdruck, in denen nicht אמן Hiphil steht. Beispielsweise hält

---

636 Gen 15,6 ist ein sehr später Zusatz zu Gen 15, s. o., 4.4.5.

der Hiob der Rahmenhandlung (Hi 1,1–2,13; 42,7–17) trotz schwerer Anfechtung an Gott fest (Hi 1,1.21)[637]. Doch steht hier nicht אמן Hiphil, sondern das Verbaladjektiv ירא mit dem *nomen rectum* אלהים („gottesfürchtig" Hi 1,1.8). Außerdem wird Hiobs Treue gegenüber Gott seine תמה („Ganzheit des Gottesverhältnisses" Hi 2,3.9)[638] genannt, an der er festhält (חזק Hiphil). Für diese Offenheit könnte es also im Alten Testament mehrere Worte und Begriffe geben. Versteht man mit den späten אמן Hiphil-Texten Glauben grundsätzlich als Offenheit für Gott, stellt sich aus einer neuen Perspektive noch einmal die Frage, ob es im Alten Testament außer אמן Hiphil weitere Worte und Begriffe für Glauben gibt. Oder setzen die verschiedenen Termini je eigene Akzente? Unterscheidet sich die Darstellung der offenen Grundhaltung in Texten mit ירא mit אלהים von der in Texten mit אמן Hiphil? Geht es immer um die offene Grundhaltung gegenüber Gott oder werden auch andere Möglichkeiten dargestellt, Gott treu zu bleiben? Das ist im folgenden zu klären. Dazu soll mit Gen 22,12 ein Beleg von ירא mit אלהים untersucht werden, der inhaltlich auf den ersten Blick den Texten mit dem Begriff אמן Hiphil nahesteht. Zugleich sind so weitere Ergebnisse über das theologische Klima einer Zeit zu erwarten, in der man mit אמן Hiphil oder mit ירא und אלהים darüber nachdachte, wie der Mensch an Gott festhalten kann.

---

637 Mit Levin, Das Alte Testament, 107 f und Rohde, Knecht Hiob, 107 ff ist Hi 1,1 einheitlich zu betrachten. Hier gibt es keine Brüche, die auf Zusätze hinweisen. Die Aufzählung von vier ähnlichen Prädikaten in Hi 1,1 dient der rhetorischen Verstärkung (vgl. die ähnliche Beschreibung Isaaks in Gen 22,2). Und auch Hi 1,21 ist einheitlich. Der asyndetische Anschluß von Hi 1,21aβb dient ebenso der Betonung wie die doppelte Inversion in diesem Bereich. Anders z.B. Schmidt, De Deo, 167 f; Köhlmoos, Auge Gottes, 51; Schmitt, Versuchung, 124, Anm. 98; Kaiser, Fall Hiob, 272.

638 Vgl. HALAT, 1606. Sowohl Hi 1,8 als auch 2,3.9 sind Zusätze. Hi 1,8 gehört zur ersten Himmelsszene (Hi 1,6–12). Daß sie sekundär ist, erkennt man daran, daß sie den Zusammenhang von 1,5 und 1,13 stört. Denn die Suffixe der 3.masc.sing. in 1,13 sind auf 1,5 abgestimmt. Die zweite Himmelsszene Hi 2,1–10 setzt die nachgetragene erste voraus (vgl. Hi 2,3b) und stimmt in vielen Formulierungen mit ihr überein. Deshalb ist auch sie ein Zusatz von der gleichen Hand oder ein noch jüngeres Imitat. Für den Nachtragscharakter beider Himmelsszenen votieren in der Forschung u.a. Schmidt, De Deo, 166 ff; Berges, Ijobrahmen, 232 f; Kaiser, Grundriß Bd. 3, 78 f; Witte, Leiden, 192; Köhlmoos, Auge Gottes, 50; Levin, Das Alte Testament, 108; Syring, Anwalt, 90 f; Rohde, Knecht, Hiob, 102 f. Dagegen z.B. Hölscher, HAT 17, 2 f; Fohrer, Überlieferung, 44; Smend, Entstehung, 207. Zur Diskussion insgesamt vgl. Schmid, Hiobprolog, 12.

6 Gottesfurcht und Rettung auf dem Zion – Gen 22,1–19

In der alttestamentlichen Forschungsdiskussion wurde immer wieder erwogen, ob es nicht über אמן Hiphil hinaus weitere Begriffe oder Worte für Glauben gibt.[1] Ganz besonders bietet sich dafür ירא ("fürchten") an. Immerhin steht dieses Verb in Ex 14,31 parallel zu אמן Hiphil: „... und das Volk fürchtete Jahwe, und es glaubte an Jahwe und an Mose, seinen Knecht." Weiser nennt in seinem Beitrag zu Bultmanns Art. πιστεύω eine Reihe weiterer Stellen, wo seiner Meinung nach „Gottesfurcht [...] einfach der Ausdruck für Glaube ist"[2], darunter Gen 20,11 und 22,12.[3]

Von diesen Stellen fällt Gen 22,12 besonders ins Auge. Dieses göttliche Urteil über Abrahams Gottesfurcht („Denn jetzt weiß ich [sc. Gott], daß du gottesfürchtig bist, weil du deinen einzigen Sohn nicht vor mir zurückgehalten hast.") markiert den Wendepunkt in der Geschichte von der Opferung Isaaks (Gen 22,1–19). Daß Abraham bereit war, auf Gottes Befehl (Gen 22,2) seinen einzigen, geliebten Sohn Isaak zu opfern, hat schon der *auctor ad hebraeos* als Ausdruck von Abrahams Glauben gewertet (Hebr 11,17). Er kann bei seiner Auslegung von Gen 22,1–19 auf eine reichhaltige Diskussionsgeschichte zurückgreifen, denn Gen 22,1–19 wurde in zwischentestamentlicher Zeit als der herausragende Text über Abrahams Gottestreue rezipiert.[4] Die Frage ist allerdings, ob Gottestreue und Glaube dasselbe sind. Die bisherigen Ergebnisse zum theologischen Gebrauch אמן Hiphil scheinen den *auctor ad Hebraeos* zunächst in seinem Urteil zu bestätigen.

So spielt für die Einführung von אמן Hiphil als Glaubensbegriff eine große Rolle, daß Gott und seine Verheißungen fragwürdig geworden sind. Genau das ist der Ausgangspunkt von Gen 22,1–19. Denn nachdem Hagar und Ismael in Gen 21 vertrieben wurden, kann die Verheißung vieler Nachkommen an Abraham nur noch über Isaak in Erfüllung gehen. Fordert Gott nun diesen letzten Sohn Abrahams als Opfer, scheint er die Verheißung aufzuheben (vgl. Hebr 11,18), was das

---

1 Vgl. z. B. Weiser, Begriff, 182 ff; Wildberger, Art. אמן, Sp. 189 und s. o., 12.
2 Weiser, Begriff, 182.
3 Vgl. Weiser, Begriff, 182 und s. u., 6.5.
4 S. o., 4.4.6 und Köckert, „Glaube", 442 f. Besonders prominent ist die Rezeption von Gen 15 und 22 in 4Q 225, wo sie zusammen mit Gen 17 als die wichtigsten Erzählungen über Abraham erscheinen. In 4Q 225 2 i und ii folgen Gen 15 mit אמן Hiphil und Gen 22 mit ירא unmittelbar aufeinander, so daß die Bindung Isaaks als Bestätigung von Abrahams Glauben nach Gen 15,6 dient (so mit Puech, Midrash, 177).

Weinen der [5]מלאכי קדש, der heiligen Engel, in 4 Q 225 2 ii 5 f rechtfertigt. In Dtn 1*
als ältestem Text mit dem theologischen Begriff אמן Hiphil[6] und seiner Vorstufe
Num 13 f hat das Volk den Verdacht, Gott habe es mit trügerischen Verheißungen ins Land gelockt, damit es von den Ureinwohnern getötet werde (Num 14,3;
Dtn 1,27). In Gen 22,1–19 wird dieses Problem sogar verschärft. Gott scheint willkürlich seine Meinung zu ändern.[7] Wenn Abraham sich davon in seiner Hingabe
zu Gott und seinem Gehorsam nicht aufhalten läßt (Gen 22,3–10), kann und muß
das nicht „Glaube" genannt werden? Weiter wurde anhand der theologischen
Belege von אמן Hiphil erkannt, daß Glauben nach Ansicht der alttestamentlichen
Theologen auf einer für Gott offenen Grundhaltung des Menschen beruht. In Dtn
2f* äußert sich diese offene Grundhaltung im Gehorsam gegenüber Gottes Befehlen.[8] Auch der Abraham in Gen 22 gehorcht ohne Aufbegehren Gottes Anordnung, nimmt Isaak mit zum Opfer nach Morija, legt ihn gefesselt auf den Altar
und zückt sogar das Messer, um ihn zu schlachten (Gen 22,3–10). Dieser Gehorsam geht viel weiter als der Gehorsam des Volkes in Dtn 2f*. Ist also Abraham
nicht in einem sehr viel höheren Maße offen für Gott? Und soll man das nicht
„Glauben" nennen?

Diese Frage soll hier von den Formulierungen ausgehend behandelt werden.
Deshalb ist zu fragen, ob das, was in Gen 22,12 „Gottesfurcht" genannt wird, wirklich mit dem übereinstimmt, was sonst mit אמן Hiphil ausgedrückt wird. Oder
gibt es doch Unterschiede? Ein Hinweis auf solche Unterschiede ist die Interpretation von Gen 22,1–19 im Jakobusbrief. Dort wird vor allem das Tun Abrahams
hervorgehoben (Jak 2,21 f). Für die Verwendung von אמן Hiphil ist jedoch charakteristisch, daß das Tun zurücktritt.[9] Weil aber auf der anderen Seite die Rede
von „Gottesfurcht" in Gen 22,1–19 der Verwendung von אמן Hiphil so ähnelt, ist
das Kapitel ideal, um die obigen Überlegungen zu אמן Hiphil als theologischem
Begriff zu prüfen.

Dabei sind zwei Ergebnisse möglich. Im ersten Fall würde der Gebrauch
von ירא in Gen 22,1–19 dem von אמן Hiphil so stark ähneln, daß man von ירא
als Synonym zu אמן Hiphil sprechen könnte. In diesem Fall könnte von einem
präzisen Begriffgebrauch im Alten Testament nicht die Rede sein. Im zweiten

---

5 Bei diesem Wort wurde über der Zeile ein ו ergänzt, wobei die genaue Stellung zwischen DJD
13, 149 und Puech, Midrash, 178 umstritten ist.
6 S.o., 4.3.2f.
7 Dalferth stellt diese Problematik zu Recht in den Mittelpunkt seiner Interpretation von
Gen 22,1–19 (vgl. Malum, 461 ff).
8 S.o., 5.1.4f.
9 S.o., 2.1.2.

Fall wäre das Ergebnis, daß ירא in Gen 22,1–19 etwas anderes bedeutet als אמן Hiphil. Dann wäre bestätigt, daß die alttestamentlichen Autoren präzise Begriffe verwenden. Außerdem sind durch eine Untersuchung von Gen 22,1–19 weitere Ergebnisse zu dem geistigen Klima zu erwarten, in dem man mit אמן Hiphil und mit anderen Worten und Begriffen über die Überwindung von Anfechtung und Zweifeln an Gottes Macht diskutierte.

Am Anfang einer Untersuchung von Gen 22,1–19 muß wieder eine literarkritische Untersuchung des Textes stehen. Denn nur so wird klar, in welchem Kontext der Terminus „gottesfürchtig" in Gen 22,12 ursprünglich stand.

6.1 Analyse

6.1.1 Übersetzung

V.1: Und es geschah nach diesen Ereignissen, da stellte Gott Abraham auf die Probe[10], und er sprach zu ihm: „Abraham!"[11] und er antwortete: „Da bin ich!"

V.2: Und er sprach: „Nimm doch deinen Sohn, deinen einzigen, den du liebst, den Isaak, und geh[12] ins Land Morija[13]. Bringe ihn dort als Brandopfer dar[14] auf einem der Berge, den ich dir sagen werde."

---

10 Der invertierte Verbalsatz dient hier dazu, die Aussage zu betonen, und zwar besonders deren Subjekt „Gott", vgl. Joüon-Muraoka § 155 nb; so auch Veijola, Opfer, 139. Anders Jacob, Genesis, 492; Levin, Jahwist, 176.

11 Gegen zwei masoretische Handschriften, LXX und die Vulgata-Handschriften *Codex Cavensis*, *Codex Maurdramni*, *Codex Legionensis²* und die Vulgataedition *Sixto-Clementina* wird kein zweites „Abraham" ergänzt. Denn die doppelte Namensnennung ist eine Angleichung an Gen 22,11. So auch Gunkel, HK 1/1, 236; Jacob, Genesis, 493; von Rad, ATD 2/4; 188; Seebass, Vätergeschichte I, 199; Westermann, BK.AT 1/2, 432; Zimmer, Elohist, 114; Kundert, Bindung Isaaks, 29.

12 *Dativus ethicus* mit Meyer § 107 5.

13 Samaritanus gibt den Ortsnamen mit המוראה („Ehrfurcht", „Furcht) wieder, und der samaritanische Targum mit *zjth* („Erscheinung"). Die LXX übersetzt εἰς τὴν γῆν τὴν ὑψηλήν („in das hochgelegene Land", ähnlich 4Q 225 s. Puech, 4Q 225, 177) und Symmachus τῆς ὀπτασίας („Erscheinung", „Gesicht"). In der Peschitta ist vom Land der Amoriter die Rede (האמרי). Es handelt sich hier um sekundäre Erklärungen des Ortsnamens, die sich meist auf V.14 beziehen, so auch Kundert, Bindung Isaaks, 29; Schmid, Rückgabe, 290; Schorn, Genesis 22, 95; s. auch die Kommentare z.St. Dagegen nimmt Gunkel, HK 1/1, 237 an, daß hier ein ursprünglicher Ländername durch eine Jerusalemer Bearbeitung ersetzt wurde. Doch bleibt ein solcher Vorschlag rein hypothetisch und entspricht offensichtlich Gunkels Absicht, in Gen 22 eine alte Kultortsage zu rekonstruieren. Zur weiteren Diskussion dieser und ähnlicher Thesen s. u., 6.1.3. Wegen des Namens Morija (sonst nur II Chr 3,1) spielt Gen 22,2 klar auf den Zion an. S. dazu u., 6.3.4.

14 Neuerdings haben Brandscheidt und Hardmeier für eine wörtliche Übersetzung der Wen-

V.3: Da stand Abraham am Morgen früh auf, sattelte seinen Esel und nahm seine beiden Knechte mit sich und den Isaak, seinen Sohn. Er spaltete Holzscheite für das Brandopfer und machte sich auf und ging zu der Stätte, die Gott ihm gesagt hatte.

V.4: Am dritten Tag[15] hob Abraham seine Augen und sah die Stätte von ferne.

V.5: Da sprach Abraham zu seinen Knechten: „Bleibt[16] hier mit dem Esel, aber ich und der Knabe wollen dorthin gehen. Wir wollen uns niederwerfen und zu euch zurückkehren."

V.6: Abraham nahm die Holzscheite für das Brandopfer und gab sie Isaak, seinem Sohn, zum Tragen. Er aber nahm das Feuer in seine Hand und das Messer, und sie gingen beide zusammen.

V.7: Isaak sprach zu Abraham, seinem Vater, und sagte: „Mein Vater!" Da antwortete er: „Da bin ich, mein Sohn!" Und er sagte: „Siehe, da sind das Feuer und die Holzscheite. Aber wo ist das Schaf für das Brandopfer?"

V.8: Abraham sprach: „Gott wird sich das Schaf zum Opfer auswählen,[17] mein Sohn." Und sie gingen beide zusammen.

---

dung לעלה und עלה Hiphil mit Suffix der 3.masc.sing. plädiert: „Bringe ihn [sc. Isaak] hinauf für ein Brandopfer" (so Brandscheid, Opfer, 8; vgl. Hardmeier, Realitätssinn, 16 f). Damit würde Gott nicht befehlen, daß Isaak geopfert wird, sondern Isaak sollte nur bei einem Brandopfer zugegen sein. Brandscheidt und Hardmeier begründen ihren Vorschlag folgndermaßen: In der Wendung עלה Hiphil mit dem Nomen עלה („als Brandopfer darbringen") stehe das Nomen üblicherweise im Akkusativ. Allerdings muß Hardmeier einräumen, daß genau die gleiche Wendung לעלה und עלה Hiphil mit Suffix der 3.masc.sing. in Gen 22,13 sehr wohl „als Brandopfer darbringen" bedeutet (vgl. Realitätssinn, 18). Weiter zeigt sich v.a. in Hardmeiers Interpretation, daß sich Gen 22,1–19 nur sinnvoll lesen läßt, wenn man davon ausgeht, daß Abraham Isaak opfern soll. Insbesondere kann Hardmeier nicht erklären, wieso Abraham in Gen 22,8 noch weiß, daß er seinen Sohn nicht opfern soll, und ihn trotzdem in Gen 22,9 f auf dem Altar festbindet und beinahe schlachtet (vgl. Realitätssinn, 27 ff). Brandscheidt übergeht dieses Problem und geht in ihrer Deutung des Textes *de facto* vom Befehl des Sohnesopfers aus (vgl. Opfer, 10 ff). Weiter kann ein Anschluß mit ל ein Äquivalent für den zweiten Akkusativ in einem doppelten Akkusativ sein (vgl. GK § 119 t).

15 Zur Voranstellung der Zeitangabe s. Meyer § 100 3c.

16 *Dativus ethicus.*

17 So mit HALAT, 1081. Wie schon in V.1 dient auch hier die Inversion des Verbalsatzes der Betonung.

V.9: Sie kamen zu der Stätte, die Gott ihm gesagt hatte, und Abraham baute dort den Altar, schichtete die Holzscheite auf, fesselte Isaak, seinen Sohn, und legte ihn auf den Altar oben auf die Holzscheite.

V.10: Dann streckte Abraham seine Hand aus und nahm das Messer, um seinen Sohn zu schlachten.

V.11: Da rief zu ihm der Engel[18] Jahwes[19] vom Himmel und sprach: „Abraham, Abraham!" Er antwortete: „Da bin ich!"

V.12: Und er sagte: „Strecke deine Hand nicht gegen den[20] Knaben aus und tu ihm nichts. Denn jetzt weiß ich, daß du gottesfürchtig bist, weil du deinen einzigen Sohn nicht vor mir zurückgehalten hast."

V.13: Da hob Abraham seine Augen und siehe, ein Widder wurde hinten[21] im Gebüsch festgehalten[22] an seinen Hörnern. Abraham ging, nahm den Widder und brachte ihn als Brandopfer dar anstelle seines Sohnes.

---

18 Die Übersetzung von מלאך als „Engel" soll der Tatsache Rechnung tragen, daß der Gottesbote hier als ein reines Himmelswesen erscheint, so auch von Rad, ATD 2/4, 188 f; Westermann, BK.AT 1/2, 431.

19 Die Peschitta und einige LXX-Handschriften lesen hier אלהים und gleichen so den Sprachgebrauch an V.1.12 an. MT ist *lectio difficilior*, und deshalb hält die Mehrheit der Exegeten an MT fest, s. die Kommentare z.St. Nur Gunkel, HK 1/1, 238 und Davila, Name of God, 571 f bevorzugen die Variante der Peschitta; vorsichtiger äußert sich Michel, Gewalt, 266.

20 Samaritanus liest hier על; LXX und Vulgata scheinen dies vorauszusetzen. Wie in Jer und Ez (s. HALAT, 49) werden in MT anscheinend אל und על unterschiedslos gebraucht. Dies ist ein erstes Indiz für die späte Entstehung von Gen 22. Veijola, Hiob, 140 wertet die Verwendung von אל an dieser Stelle als Hinweis auf den literarischen Zusammenhang mit Hi 1f; 42,7–17. Denn auch in Hi 1,12 ist die Formulierung שלח את ידו verbunden mit der Präposition אל belegt. Mit einem Menschen als Subjekt kommt sie sonst nur in II Sam 18,12 vor, mit Gott in Ex 24,11.

21 אחר ist als Adverb „hinten" zu übersetzen, vgl. HALAT, 34, so auch Neef, Prüfung, 30 ff; Zimmer, Elohist, 115. App. BHS schlägt hier mit vielen masoretischen Handschriften, dem Samaritanus und den Versionen vor, das Wort zu אחד zu ändern. So auch Gunkel, HK 1/1, 239; Westermann, BK.AT 1/2, 432; Kundert, Bindung Isaaks, 29; Kaiser, Bindung, 200; Michel, Gewalt, 267. Dagegen spricht, daß *Codex Leningradensis* hier die *lectio difficilior* bietet. Zur Stellung des Adverbs vor dem Verb vgl. Joüon-Muraoka § 155 p.

22 Einige masoretische Handschriften bieten in נאחז ein Qamez statt des Patachs, vokalisieren also ein Partizip. Wieder ist die Vokalisation von *Codex Leningradensis* beizubehalten, denn sein Text (Perfekt Niphal von אחז) ist korrekt. Das הנה leitet hier keinen Nominalsatz ein, sondern hebt das Subjekt des Verbalsatzes hervor, s. HALAT, 242.

V.14: Und Abraham nannte den Namen jener Stätte „Jahwe[23] sieht", so daß man heute sagt[24]: „Auf dem Berg[25] Jahwes erscheint er".[26]

V.15:Und der Engel Jahwes rief zu Abraham zum zweiten Mal vom Himmel

V.16: und er sprach: „Hiermit schwöre ich bei mir selbst – Spruch Jahwes. Weil du diese Sache getan hast, nämlich[27] deinen einzigen Sohn nicht zurückgehalten hast,[28]

---

23 Ein Qumranfragment, das der Handschrift 4Q Gen-Exodᵃ zugeordnet wird, liest hier anstelle des Tetragramms אלהים, vgl. DJD 12/7, 11; Davila, Name of God, 577. Die Auswertung dieses Fragments ist grundsätzlich problematisch, weil es nur die zwei letzten Worte aus Gen 22,14a und die zwei ersten aus Gen 22,14b enthält. Folglich kann man nicht wissen, ob die hier überlieferte Fassung von Gen 22,1–19 durchgehend die Gottesbezeichnung Elohim gelesen hat oder ob sie an einigen Stellen den Gottesnamen Jahwe hatte. Weiter ist MT hier *lectio difficilior*, da er nach dem Tetragramm in Gen 22,11 und Elohim in 22,12 hier in 22,14 wieder das Tetragramm hat. Die Lesart von 4Q Gen-Exodᵃ läßt sich dagegen als sekundäre Angleichung an Gen 22,1–10.12 erklären, wo stets (ה)אלהים steht. Dafür spricht weiter, daß nahezu die gesamte Textüberlieferung an dieser Stelle MT bestätigt (vgl. DJD 12/7, 11). Und nicht zuletzt legt der generelle Charakter von 4Q Gen-Exodᵃ dies nahe. Der erhaltene Text enthält eine ganze Reihe kleinerer Abweichungen von MT und meistens wird MT in ihnen sekundär vereinfacht, z.B. Gen 35,19; 35,26; Ex 1,5 (so auch DJD 12/7, 19); Ex 3,15; 4,6; 6,8 (so auch DJD 12/7, 27). Gegen Michel, Gewalt, 267 ff muß die MT-Lesart von Gen 22,14 also nicht in Frage gestellt werden. Auch eignet sich 4Q Gen-Exodᵃ nicht als *external evidence* für eine Fassung von Gen 22,14 mit Elohim (gegen Davila, Name of God, 580 ff).

24 Zu dieser Übersetzung des Niphals von אמר s. HALAT, 64.

25 Die Versionen (die LXX-Handschriften 53 und 75 nach der Liste von Rahlfs, die Peschitta, der Targum Jonathan [Sperber], der Targum Pseudo-Jonathan und Vulgatahandschriften) sprechen von „diesem Berg", ergänzen also ein Demonstrativpronomen. Entsprechend korrigiert Kaiser, Bindung, 200 den MT. MT verdient jedoch als *lectio brevior* den Vorzug.

26 Diese Deutung der Worte בהר יהוה יראה als Verbalsatz mit vorangestellter adverbialer Bestimmung בהר יהוה ist die einfachste und zugleich einleuchtendste, so auch Jacob, Genesis, 501; Zimmer, Elohist, 115; vgl. Joüon-Muraoka § 155 p; Skinner, ICC, 330 f. Die Vorbehalte in der bisherigen Forschung gegen diese Lösung sind größtenteils darauf zurückzuführen, daß man versuchte, einen alten Text in Gen 22 zu rekonstruieren. In einem solchen Text wäre die Rede vom „Berg Jahwes" problematisch. Vgl. z.B. Gunkel, HK 1/1, 239; Skinner, ICC, 330 f; Seebass, Vätergeschichte I, 198 f; Westermann, BK.AT 1/2, 432 f; Soggin, Genesis, 308 f sowie schon die Wiedergabe der LXX. Betrachtet man יהוה יראה als asyndetischen Relativsatz (so etwa Michel, Gewalt, 267), müßte man die Inversion erklären. Das gelingt jedoch nicht. Besser ist der Vorschlag von Steins, Bindung, 145, wegen der masoretischen Akzente nur יראה als asyndetischen Relativsatz aufzufassen. Allerdings könnte die ṭifḥā (zur Umschrift vgl. Joüon-Muraoka § 15 g und § 6 c) hier auch wegen des folgenden Silluq gesetzt sein, vgl. Joüon-Muraoka § 15 i.

27 Es handelt sich hier um ein *waw explicativum*.

28 Samaritanus, LXX, Peschitta und Vulgata ergänzen am Satzende das jeweilige Äquivalent zu ממני. Hier handelt es sich um eine sekundäre Angleichung an V.12, so auch Zimmer, Elohist, 116. Deshalb ist dem masoretischen Text zu folgen. Zwar handelt es sich in V.16 um ein Zitat aus V.12, doch wurde ממני bewußt weggelassen, um eine Steigerung zu erreichen. Abraham hält so nach

V.17: darum[29] will ich dich gewiß segnen und deine Nachkommenschaft gewiß mehren wie die Sterne am Himmel und wie der Sand am Ufer des Meeres. Und deine Nachkommenschaft wird das Tor ihrer Feinde in Besitz nehmen.

V.18: Und alle Völker der Welt sollen sich mit deiner Nachkommenschaft segnen[30] dafür, daß du auf meine Stimme gehört hast."

V.19: Da kehrte Abraham zurück zu seinen Knechten, und sie standen auf und gingen zusammen nach Beerscheba. Und Abraham wohnte in Beerscheba.

6.1.2 Die Schichtung von Gen 22,1–19

Die Erzählung von der Opferung Isaaks, Gen 22,1–19, hat in der christlichen und jüdischen Geistesgeschichte eine Wirkung entfaltet, die fast mit der Rezeption der Paradieserzählung Gen 2,4b–3 verglichen werden kann.[31] Diese Wirkungsgeschichte verdankt der Text v. a. dem genialen Autor des Grundbestandes. Aber auch die Ergänzer haben dazu beigetragen, daß der Text Generationen von Lesern zu immer neuen Diskussionen herausgefordert hat. Denn Gen 22,1–19 ist sowohl ein großartiges literarisches Kunstwerk als auch ein gewachsener Text. Um die Analyse dieses Textwachstums soll es im folgenden gehen.

Gen 22,1–19 ist von seinem Kontext klar abgegrenzt. Am Beginn steht eine typische Überleitungsformel (Gen 22,1: ויהי אחר הדברים האלה „Und es geschah nach diesen Ereignissen"), am Ende verlassen die Akteure den Schauplatz und gehen nach Beerscheba (Gen 22,19)[32]. In Gen 22,20 setzt mit ויהי אחרי הדברים האלה die nächste Episode ein. Abraham erfährt von den Nachkommen seines Bruders Nahor und dessen Frau Milka.

Vor allem der Schluß des Textes (V.14b.15–18.19b) wird sich als Ergebnis intensiver Fortschreibungstätigkeit erweisen.

V.16 seinen Sohn niemals zurück, weder in dieser Situation der Prüfung noch in einer anderen. Anders Westermann, BK.AT 1/2, 432; Veijola, Opfer, 147, Anm. 99; Kundert, Bindung Isaaks, 30.

29 Zu dieser Übersetzung des כי s. Westermann, BK.AT 1/2, 431.

30 So mit Westermann, BK.AT 1/2, 432.

31 S. dazu von Rad, Opfer, 129 ff; Veijola, Opfer, 129 ff; Hardmeier, Realitätssinn, 1 ff. Zur religionspädagogischen Diskussion, ob man diese Geschichte Schülern im Religionsunterricht zumuten kann und oder ob sie zu jungen Lesern schadet vgl. Höffken, Genesis 22. Selbst in aktuellen theologischen und philosophischen Vertrauensdiskursen werden Positionen gerne anhand von Gen 22,1–19 expliziert (s. Hunziker/Peng-Keller, Kontroverse).

32 Vgl. Becker, Exegese, 60.

Die zweite Vershälfte von V.14 unterscheidet sich deutlich von V.1–14a. Ihr Nachtragscharakter wird deshalb in der Forschung des öfteren vertreten.[33] Dafür sprechen eine Reihe von Argumenten. V.14b unterscheidet sich durch das Tempus (Impf.) und das unpersönliche Subjekt („man sagt") deutlich von V.1–14a. Ein expliziter Bezug auf die Gegenwart (V.14b: היום „heute") spielt in V.1–14a keine Rolle. Weiter geht es in V.14b um Jahwe-Erscheinungen (ראה Niphal „erscheinen"). So etwas, so wird behauptet, finde heute nur noch auf dem Berg statt, auf den schon Gen 22,2 mit „Morija" anspielt: dem Zion.[34] Allerdings spielen Jahwe-Erscheinungen in V.1–14a überhaupt keine Rolle. Auf dem Berg zeigt sich lediglich der Engel, nicht Jahwe, und sein Auftritt ist nicht als Erscheinung dargestellt, sondern als ein unmittelbares Reden. Genauso unmittelbar redet Gott in V.1 f zu Abraham; auch hier ist von keiner Gotteserscheinung die Rede. ראה Niphal ist dementsprechend in V.1–14a nicht belegt. Gen 22,14b ist somit ein theologischer Fremdkörper, und das zeigt, daß der Halbvers sekundär ist.[35]Gegen Levin, Kaiser und Kundert ist V.14a Teil des Grundbestandes.[36] Denn der Halbvers schließt bruchlos an V.13 an und setzt die Narrativkette fort. Weiter ist die Benennung des

---

33 So Veijola, Opfer, 149; Kilian, Opferung, 37 ff; Ruppert, Genesis, 512; Zimmer, Elohist, 121; Schorn, Genesis 22, 95. Andererseits nimmt Gunkel, HK 1/1, 239 an, die zweite Vershälfte von V.14 sei so zerstört, daß eine Rekonstruktion nicht mehr möglich ist. Auch Westermann, BK.AT 1/2, 444 f benennt zwar die Schwierigkeiten von V.14b, kommt aber zu keiner literarkritischen Entscheidung. Anders von Rad, ATD 2/4, 192; Blum, Vätergeschichte, 324 f, die V.14 als ganzen zum Grundbestand zählen.

34 Daß Gen 22,14b auf den Zion anspielt, wird v. a. daran deutlich, daß es um ein Reden über den Berg in der Gegenwart (היום „heute") geht. Weil der Sinai nach der Wüstenzeit keine Rolle mehr spielt, kann sich ein solches gegenwärtiges Reden nur auf den Zion beziehen. Weiter zielen fast alle alttestamentlichen Belege von הר יהוה auf den Zion: Jes 2,3 parallel Mi 4,2; Jes 30,29; Sach 8,3; Ps 24,3. Nur in Num 10,33 meint הר יהוה den Sinai. Gen 22,14b steht aber mit Jes 2,3 parallel Mi 4,2; Jes 30,29; Sach 8,3; Ps 24,3 in einer deutlich engeren Verbindung als mit Num 10,33. Dies zeigt sich an einer Reihe von thematischen Berührungen. So beschäftigen sich alle diese Texte in ihren jeweiligen Kontexten mit Wallfahrten oder Prozessionen zum Zion oder der Frage, wer den Zion betreten darf. Nur in Gen 22,14b und Jes 30,29 einschließlich des Folgeverses Jes 30,30 geht es um Gotteserscheinungen auf dem Berg Jahwes. Deshalb steht an beiden Stellen die Wurzel ראה, Niphal in Gen 22,14b und Hiphil in Jes 30,30.

35 Dagegen Michel, Gewalt, 269. Allerdings ist Michels textkritische Grundlage an dieser Stelle ausgesprochen unsicher, s. o., 277.

36 Vgl. Levin, Jahwist, 176; Kundert, Bindung Isaaks, 32.39; Kaiser, Bindung, 216. Daß nur V.14b sekundär sei, vertreten z. B. Kilian, Opferung, 45 f; Veijola, Opfer, 147 f; Aurelius, Zukunft, 192. Kilian, Opferung, 45 f nimmt an, daß V.14b und der Name „Morija" sowie das „auf einem der Berge, den ich dir sagen werde" in V.2 auf die gleiche Hand zurückgehen. So erwägungsweise auch Westermann, BK.AT 1/2, 444 f. Eine ähnliche Lösung schlagen Zimmer, Elohist, 121.131 und Schorn, Genesis 22, 95 vor. Schorn schreibt zusätzlich die V.15–18 (s. u., 6.2.1–3) der gleichen Hand zu wie V.14b und die Ergänzungen in V.2.

Kultorts mit יהוה יראה („Jahwe sieht") im Text fest verankert. Sie bezieht sich zum einen zurück auf die erste Beschreibung des Kultorts in V.2, zum anderen auf das Gespräch zwischen Abraham und Isaak in V.8.

Zuerst zu V.2: Dort wurde der Kultort als einer der Berge im Land Morija bezeichnet. Der Name יהוה יראה in 22,14a ähnelt „Morija". Denn Morija ist ein jahwehaltiger Name, in dem die Wurzel ראה anklingen soll.[37] So wird die geheimnisvolle Beschreibung des Ortes als Berg im Land Morija aus V.2 in V.14a durch eine weitere Umschreibung ähnlich einer Volksetymologie erläutert. Morija, d. h. der Zion, ist der Berg, wo Jahwe die Not sieht (ראה) und rettet. Zugleich wird so angedeutet, daß der Berg im Land Morija (Gen 22,2) eigentlich selbst Morija ist, d. h. der Zion. Weil Morija ein jahwehaltiger Name ist, wird in Gen 22,14a von der Gottesbezeichnung אלהים zu יהוה gewechselt. Weder der Jahwename[38] noch die Ortsbezeichnung Morija[39] ist hier somit sekundär, sondern es handelt sich um gezielt plazierte Termini.[40]

---

37 So auch Jacob, Genesis, 494; Becker, Gottesfurcht, 195; Veijola, Opfer, 154.160; Blum, Vätergeschichte, 324; Kundert, Bindung Isaaks, 39; Kaiser, Bindung, 206. Dagegen Michel, Gewalt, 269. Becker und Kaiser sehen richtig, daß in „Morija" zusätzlich ירא anklingt. Zur Etymologie von Morija s. u., 331, Anm. 254. Blum hat richtig gesehen, daß das ראה der V.8.13.14 klanglich an das Leitwort von Gen 22 erinnert: ירא mit dem Objekt אלהים, Gottesfurcht (vgl. Vätergeschichte, 324).
38 So auch Volz, Grundsätzliches, 44; Blum, Vätergeschichte, 323. Nimmt man an, ein ursprüngliches El oder Elohim sei sekundär durch den Jahwenamen verdrängt worden (so z. B. Gunkel, HK 1/1, 240 ff; Kilian, Opferung, 23 ff; Zimmer, Elohist, 118 ff; Schorn, Genesis 22, 94 f), stellt sich die Frage, warum der Redaktor, der in Gen 22* Elohim durch Jahwe ersetzt haben soll, einige Mal Elohim stehen ließ (z. B. Gen 22,1.8; so auch Schmid, Rückgabe, 279). Schorn, Genesis 22, 94 wendet dagegen ein, daß der Ergänzer nur in Gen 22,11 den Gottesnamen änderte, damit hier wie in seinem Zusatz Gen 22,15–18 der Engel als „Bote Jahwes" auftrete. Doch bleibt bei dieser Annahme das grundsätzliche methodische Problem bestehen, daß Schorn mit der Hypothese, Einzelwörter seien ausgetauscht worden, auf eine nicht mehr kontrollierbare Weise hinter den jetzigen Text zurückgeht. S.o., 277, Anm. 23 zu der Frage, ob 4 Q Gen-Exod[a] eine Fassung von Gen 22 allein mit Elohim bezeugt.
39 Wenn man den Namen Morija für einen Zusatz hält, steht man vor großen Problemen. Man kann den Namen nicht glatt als Nachtrag aus dem Text herauslösen, sondern man müßte zusätzlich die drei Worte על אחד ההרים für sekundär erklären, ohne daß literarische Brüche im Text dafür sprechen (so z. B. Zimmer, Elohist, 119). Das überzeugt nicht.
40 Daraus folgt, daß Jahwe und Elohim hier als Gottesbezeichnung synonym verwendet werden. Sie eignen sich also entsprechend der Definitions Yorehs (vgl. Book, 14 f) nicht als literarkritisches Kriterium. Trotzdem verwendet Yoreh sie in dieser Weise und behauptet, Gen 22,11–13 seien Zusätze (vgl. Book, 67 f). Doch kann er dafür keine weiteren Indizien nennen, und das Ergebnis ist nicht plausibel. Ein Übergang von der Vorbereitung zu Isaaks Schlachtung in V.10 zur Ortsbenennung in V.14 wäre sehr hart. Weiter ist nicht erklärbar, wie ein Autor, der in V.3 (bei Yoreh einheitlich, s. Book, 65) selbst das kleinste Detail des Aufbruchs schildert, gerade den Höhepunkt seiner Erzählung, nämlich Isaaks Tod, auslassen könnte (so aber Yoreh, Book, 68).

Nun zu Gen 22,8: auch dort klingt der Name יהוה יראה an.[41] Denn hier äußert Abraham seine Hoffnung, Gott werde sich ein Schaf zum Opfer auswählen und den Isaak verschonen. In dem Zusammenhang steht wie in 22,14a das Imperfekt von ראה. Als Subjekt erscheint in 22,8 אלהים, also die Gottesbezeichnung, die in Gen 22,1–14a bevorzugt wird. Nicht zuletzt werden in V.14a etliche Stichworte aus V.1–13 aufgegriffen. Schon in V.3.4.9 erscheint המקום („die Stätte"), und ראה ist ebenfalls in V.4 und 13 mit Abraham als Subjekt belegt. Aus all diesen Überlegungen folgt: V.14b ist nachgetragen,[42] V.14a gehört zum Grundbestand von Gen 22.

Die V.15–18 klappen deutlich nach. Kilian hat richtig gesehen, daß die Handlung in Gen 22,13.14a bereits weiter fortgeschritten ist.[43] Abraham hat in diesen Versen schon auf die Engelrede reagiert und den Widder geopfert und den Ort benannt. Eine erneute Engelrede ist danach nicht stimmig. Die Einleitung V.15, nach der der Engel zum zweitenmal (שנית) mit Abraham redet, unterstreicht diesen Eindruck. Weiter unterscheiden sich diese drei Verse stilistisch und theologisch stark von Gen 22,1–14a. In der Forschung geht man seit Wellhausen mehrheitlich davon aus, daß hier ein Zusatz vorliegt.[44] Doch muß dies angesichts neuerer Voten für eine Einheitlichkeit des Textes (z. B. Steins) begründet werden.[45] Zuerst zu den stilistischen Differenzen zwischen Gen 22,1–14a und 22,15–18: Während in V.1–11 die Spannung langsam gesteigert wird, bis in V.12 das erlösende Wort des Engels fällt, setzt die zweite Engelrede V.15–18 sofort mit dem Höhepunkt ein. Das Wichtigste, der Eid Gottes bei sich selbst, steht gleich zu Beginn in V.16. Es finden sich keinerlei retardierende Elemente, wie sie für V.1–11 typisch sind (z. B. die beiden Knechte Abrahams, V.3.5).[46] Während nach V.1.11 Gott oder der Engel den Abraham erst beim Namen rufen und dieser mit הנני („Da bin ich") antwortet, beginnt die Engelrede in V.16 ohne eine solche Einleitung.

---

41 So auch Veijola, Opfer, 148. Die Inversion im Namen, d. h. daß das Subjekt voran steht, ist insofern kein Problem, als invertierte Satznamen schon in den Samaria-Ostraka aus dem 8. Jh. belegt sind, vgl. Spieckermann, Bild, 265.
42 Zur Intention des Nachtrags s. u., 289.
43 Vgl. Kilian, Opferung, 27. So auch Blum, Vätergeschichte, 320.
44 So z. B. Wellhausen, Composition, 18; Gunkel, HK 1/1, 239 f; von Rad, ATD 2/4, 192 f; ders., Opfer, 14 f; Kilian, Opferung, 27 ff; Westermann, BK.AT 1/2, 434.445 f; Veijola, Opfer, 148; Blum, Vätergeschichte, 320; Aurelius, Zukunft, 191; Zimmer, Elohist, 121; Kundert, Bindung Isaaks, 31; Kaiser, Bindung, 213 f; Schmid, Rückgabe, 274; Schorn, Genesis 22, 93; Jeremias, Gen 20–22, 66; Michel, Gewalt, 270 f; Hardmeier, Realitätssinn, 7.
45 So schon Jacob, Genesis, 502 f. Zu den heutigen Vertretern dieser These vgl. z. B. Steins, Bindung, 219 ff.
46 Zu weiteren retardierenden Elementen in Gen 22,1–14a s. u., 6.3.1.1. Weitere stilistische Unterschiede zwischen Gen 22,1–14a und 22,15–18 beobachtet Kaiser, Bindung, 213 f.

Die Gottesrede selbst ist in V.16–18 sehr viel wortreicher und aufwendiger formuliert als in ihren Äquivalenten in V.2 und V.12. Nur hier in Gen 22 finden sich Bilder (V.17) und zwei *figurae etymologicae* (V.17). Weiter zeichnen sich Gen 22,16–18 dadurch aus, daß ihre Verfasser in hohem Maße auf geprägte, theologische Termini zurückgreifen. In V.1–14a findet sich dieses Phänomen in einem sehr viel geringeren Ausmaß. Es betrifft nur zwei Schlüsselworte des Textes, nämlich den Begriff נסה Piel in V.1 und ירא אלהים in V.12.[47] In V.16–18 finden sich dagegen gehäuft wichtige *termini technici* aus den Väterverheißungen und dem Rahmen des Dtn: ברך im Piel („segnen") und Hitpael („sich segnen")[48]; רבה im Hiphil („mehren") und ירש („in Besitz nehmen").[49] Dabei wird die Verheißung des Landes ersetzt durch die Verheißung von Siegen („und deine Nachkommenschaft wird das Tor ihrer Feinde in Besitz nehmen"). Die beiden Bilder für die Mehrungsverheißung im gleichen Vers (Sterne und Sand) sind ebenfalls verbreitet, v. a. die Sterne des Himmels (Sterne des Himmels z. B. in Gen 26,4; Ex 32,13; Dtn 1,10; 10,22; 28,62; Neh 9,23; ähnlich Gen 15,5. Sand am Meer: z. B. in Gen 32,13; I Reg 4,20; Jes 10,22; 48,19). Daß die Bilder vom Sand und von den Sternen in Gen 22,17 im Zusammenhang belegt sind, unterstreicht den Charakter des Textes als Zusammenfassung der Väterverheißungen.[50] Die einzige Parallele für diese Kombination findet sich in Jer 33,22 mit einer etwas abweichenden Formulierung für die Sterne („Heer des Himmels" צבא השמים). Wenn Abraham in V.18 bescheinigt wird, er habe auf Jahwes Stimme gehört (שמעת בקלי), klingt dtr. Gehorsamstheologie an.[51] In V.16 zeigen sich zudem Einflüsse später Prophetie. Denn die Verbindung von Gottesspruchformel und Schwur Jahwes bei sich selbst ist nur noch in Jer 22,5 und 49,13 belegt.[52] Gen 22,15–18 beziehen sich auf diese Weise auf ganze Textkomplexe. Es ist meist nicht möglich, konkrete Einzeltexte zu benennen, auf die angespielt wird. Die einzige Ausnahme ist ירש („in Besitz nehmen") mit שער איביו („das Tor ihrer Feinde") als Akkusativobjekt. Eine ähn-

47 So auch Ska, Testing, 108. S.u., 6.3.3; 6.5.
48 So mit Westermann, BK.AT 1/2, 432.
49 So auch Kilian, Opferung, 28. Zu ירש s. z. B. Dtn 1,8; 3,20; 4,15; Jos 1,11; Neh 9,15.23 vgl. auch Schmid, Art. ירש, Sp. 779. רבה Hiphil ist z. B. in Dtn 1,10; 6,3; 8,1.13 belegt sowie manchmal in den Väterverheißungen z. B. Gen 17,20; Gen 26,4.24, vgl. ferner I Reg 4,20. S. dazu auch Aurelius, Zukunft, 193 f.
50 So auch Zimmer, Elohist, 132. Vgl. Kaiser, Bindung, 214 f zu den Paralleltexten zu Gen 22,15–18 im einzelnen.
51 Zu ihrer Entstehungsgeschichte s. Levin, Verheißung, 89 ff.
52 So mit Ruppert, Genesis, 510.

liche Formulierung findet sich nur noch einmal in Gen 24,60, der als Vorbild für Gen 22,15–18 gedient hat.[53]

Zwar wird auch in Gen 22,1–14a auf andere Texte zurückgegriffen. Aber die Technik, durch die das geschieht, ist eine andere als in V.15–18. Nur in zwei Fällen wird ein geprägter, theologischer Terminus eingesetzt. Dies sind der Begriff נסה Piel in V.1 („versuchen" vgl. z. B. Ex 20,20; Dtn 8,2.16; 13,4; II Chr 32,31)[54] und ירא אלהים in V.12 („gottesfürchtig" vgl. z. B. Gen 20,11; Ex 1,17.21; 20,20; Hi 1,1).[55] Ansonsten stellt ein Ortsname, Morija, den Konnex zu einem anderen Text her, II Chr 3,1.[56] Viel häufiger aber werden alltägliche Worte und Wendungen im gleichen Zusammenhang verwendet wie im Gebertext. Der Verfasser von Gen 22,1–14a bevorzugt das nahezu wörtliche Zitat. Besonders deutlich wird dieses Verfahren bei einem Vergleich von Gen 22,1–14a (Nehmertext) und Gen 12,1–9 (Gebertext). In Gen 22,2 und 12,1 stehen der Imperativ von הלך mit *dativus ethicus* („Geh!"). Darauf folgen in Gen 22,2 אל ארץ המריה („in das Land Morija") und in Gen 12,1 אל הארץ („in das Land") als Zielangabe sowie ein Relativsatz, nach dem Jahwe Abraham das Ziel der Reise zeigen wird (Gen 12,1: ראה Hiphil „zeigen"; Gen 22,2: אמר „sagen"; vgl. auch Gen 22,3.9 und den ähnlichen Gen 26,2).[57] Typisch für Gen 22,3.6 ist die Verbindung von וילך und ויקח. Dies findet sich ebenfalls in

---

53 Gegen Zimmer, Elohist, 132 ist diese Ähnlichkeit aber kein ausreichendes Indiz für eine Herkunft aus einer Hand, sondern Gen 24,60 wird in Gen 22,15–18 aufgegriffen und zitiert, s. u., 298, Anm. 117. *Leningradensis* liest in Gen 24,60 שנאיו שער („das Tor ihrer Hasser"). Davon weichen Fragmente der Kairoer Geniza, zwei masoretische Handschriften und der Samaritanus ab. Sie bieten wie Gen 22,17 איביו שער. Wahrscheinlich handelt es sich bei dieser Lesart um eine sekundäre Angleichung an Gen 22,17; *Leningradensis* ist vorzuziehen. Zu dem literarischen Zusammenhang von Gen 22,15–18 mit Gen 26,3ff* s. u., 6.2.2.
54 S. dazu u., 6.3.3.
55 S.u., 6.5.
56 S.u., 6.3.4. Zu Beerscheba in Gen 22,19 s. u., 6.3.2.
57 So auch Jacob, Genesis, 493 für לך לך; Zimmer, Elohist, 125; Kundert, Bindung Isaaks, 35; Kaiser, Bindung, 210; Schmid, Rückgabe, 286; skeptischer Schorn, Genesis 22, 100. Auch Blum beobachtet diese Ähnlichkeit und wertet sie als Beleg, daß Gen 22 zur exilischen 2. Fassung der Vätergeschichte gehört (Vg²; vgl. Blum, Vätergeschichte, 330f). Allerdings sprechen Berührungen von Gen 22 mit eindeutig nachexilischen Texten gegen diese Zuordnung; s. u., 6.3.2–5. Kilian, Opferung, 31f betrachtet dagegen die Passage in V.2 (V.2bβ), die sich mit Gen 12,1 berührt, zusammen mit dem Namen Morija als Nachtrag. Allerdings gibt es im Text an dieser Stelle keine literarischen Brüche, so auch Veijola, Opfer, 142, Anm. 70. Vielmehr legt sich der Verdacht nahe, daß im Hintergrund von Kilians literarkritischer Entscheidung der Wunsch steht, die Abhängigkeit von Gen 12,1 zu beseitigen. Diese Abhängigkeit wäre nämlich ein starkes Argument gegen die Zuordnung von Gen 22 zur Quelle E, die Kilian vertritt (s. Opferung, 21ff). Zu den Konsequenzen der Beobachtung, daß Gen 22,1–19* aus Gen 12 zitiert, für die Frage nach einer Quellenzugehörigkeit von Gen 22,1–19* s. u., 6.3.1.1.

Gen 12,4 f.[58] Durch diese Anspielungstechnik bezieht sich Gen 22,1–14a auf einzelne Texte, die genau bestimmt werden können.[59] Dies ist in Gen 22,15–18 nicht der Fall. Dort zielen die Anspielungen meist auf ganze Textkomplexe, nicht auf Einzeltexte. Daraus folgt: Gen 22,1–14a und 22,15–18 können nicht aus einer Hand stammen. Die theologischen Differenzen zwischen beiden Textabschnitten bestätigen diese Einschätzung.

Denn die Bewertung von Abrahams Tat unterscheidet sich in Gen 22,1–14a und 22,15–18 stark. Gen 22,12 betont Abrahams innere Einstellung („Gottesfurcht"). Gen 22,16–18 legen dagegen größten Wert darauf, daß Abraham seinen Gehorsam in die Tat umgesetzt hat („weil du das getan hast ..."). Auch wird die Haltung Abrahams anders als in V.12 in V.18 nicht als Gottesfurcht, sondern als Gehorsam bezeichnet (שמעת בקלי V.18 „du hast auf meine Stimme gehört").[60]

In V.15–18 wird der Eindruck zumindest nicht vermieden, die Verheißungen seien ein Lohn des Gehorsams (עקב אשר in V.18 „dafür, daß"). Wenn in V.12 dagegen von keinerlei Lohn die Rede ist, geht es darum, daß Abraham Gott vertraut ohne jeden Gedanken an Wohlergehen als Lohn des Gottesfürchtigen. Außerdem kommt es in V.1–14a darauf an, daß Abraham ohne erneute Verheißung gehorcht; daß er auf die Verheißungen der Vergangenheit sogar vertraut, wenn Gott selbst sie zurückzunehmen scheint. Werden die Verheißungen in der Weise von V.15–18 erneuert, bricht dies V.1–14a theologisch die Spitze ab. Vor diesem Hintergrund wirkt es umso anstößiger, daß die Verheißungen in V.15–18 extrem wortreich und feierlich formuliert sind.

Die V.15–18 stellen eine kleine Fortschreibungskette dar, und zwar ist V.18 sozusagen ein Zusatz zum Zusatz. Denn die erste Vershälfte ist eine Dublette zu V.17. Noch einmal geht es um Segen (ברך). V.18b wiederholt seinerseits V.16b.[61] Außerdem wechselt in V.18 das Tempus. Anders als in V.17 steht kein Imperfekt mehr, sondern ein *perfectum consecutivum*. Ferner werden in V.18a und V.18b die Akzente gegenüber V.16b.17 verschoben. V.16b betont Abrahams Tun, V.18b seine Haltung, nämlich Gehorsam. Nach V.17 ist die Landnahme eine Eroberung („deine Nachkommenschaft wird das Tor ihrer Feinde in Besitz nehmen"), d. h. die

---

58 So auch Steins, Bindung, 135 ff. Da Gen 12,4b.5 ein P-Text sind (vgl. Gunkel, HK 1/1, 262) und Gen 22,3.6 den jetzigen Zusammenhang Gen 12,4 f voraussetzen, ergibt sich so ein erstes Indiz, daß bereits der Grundbestand von Gen 22 jünger als P ist. Zur Datierung von Gen 22,1–19* s. im einzelnen u., 6.3.1–6.3.4. Zu weiteren Beispielen für die hier beschriebene Anspielungstechnik in Gen 22,1–14a s. Steins, Bindung, z.St. Allerdings überschätzt Steins die Aussagekraft mancher Anspielungen s. u., 6.3.1.4.

59 Auch aus Gen 21,8–21 hat der Verfasser von Gen 22,1–19* mehrfach zitiert, s. u., 6.3.1.4.

60 So auch Blum, Vätergeschichte, 320.

61 Dementsprechend betrachtet Gunkel, HK 1/1, 239 f V.16b als Zusatz.

feindlichen Vorbewohner des Landes werden vertrieben. V.18a hat dagegen einen universalen Horizont. Hier geht es um alle Völker der Welt (כל גויי הארץ). Und das Zusammenleben Israels mit diesen Völkern soll friedlich sein. V.18 behauptet nämlich, die Völker würden sich mit Abrahams Nachkommen segnen. Sie sollen also von dem Zusammenleben mit Israel profitieren.[62] Außerdem ist mit V.18 die gehorsamstheologische Zuspitzung von Gen 22,15–17.18 in dtr. Sprache sekundär (V.18: „dafür, daß du auf meine Stimme gehört hast" עקב אשר שמעת בקלי). Ursprünglich ging es hier hauptsächlich um Abrahams Opferbereitschaft: „Weil du diese Sache getan hast, nämlich deinen einzigen Sohn nicht zurückgehalten hast" (V.16b).[63]

Nachdem sich Gen 22,14b und 22,15–17.18 als Nachträge erwiesen haben, muß V.19a ursprünglich direkt an V.14a angeschlossen haben. Eine solche Textfolge leuchtet ein. In V.19a wird die Narrativkette aus V.14a fortgesetzt, und die Handlung aus 22,1–14a zu Ende geführt. Der Halbvers bezieht sich zurück auf Abrahams Anweisung an seine Knechte, ein Stück entfernt vom Opferort auf ihn *und* Isaak zu warten (V.5). Während der Leser in V.5 noch vermuten kann, es handele sich bei dieser Anweisung um eine Notlüge Abrahams, wird durch V.19a klar, daß diese Anweisung Ausdruck von Abrahams Gottvertrauen ist. Abraham ist sich sicher, daß er mit Isaak zurückkehren wird.[64] Er vertraut darauf, daß Gott Isaak retten wird. Deshalb prophezeit er in V.5 sozusagen den Ausgang des Geschehens. Durch V.19a wird Abraham als wahrer Prophet im Sinne von Dtn 18,21f bestätigt. Zugleich wird die Verbindung von וילכו („und sie gingen") und יחדו („zusammen") aus Gen 22,6.8 in Gen 22,19a aufgegriffen. In V.6.8 beschreiben diese beiden Worte Abrahams und Isaaks einsamen und bedrohlichen Weg nach Morija, hier die glückliche Heimkehr aller.[65]

V.19b gehört hingegen nicht zum Grundbestand von Gen 22. Zwar wird die Narrativkette weitergeführt, aber die Wiederholung von Beerscheba ist überflüs-

---

62 So schon andeutungsweise Jacob, Genesis, 503. Mit seiner internationalen Perspektive widerspricht Gen 22,18 dem Grundbestand von Gen 22 (V.1–14a*.19a). Denn nach diesem Grundbestand ist der Zion Ort des Heils, und dort sind Ausländer nicht ohne weiteres zugelassen.

63 Zur Auswertung dieser Beobachtungen für die literargeschichtliche Verortung von Gen 22,15–18 s. u., 6.2.2.

64 So auch Blum, Vätergeschichte, 323.

65 Gegen Kundert, Bindung Isaaks, 31 ist die Nichterwähnung Isaaks in V.19a kein Nachtragsindiz. Sie erklärt sich dadurch, daß Vater und Sohn hier als Einheit gesehen werden. Wegen seiner Vernetzung mit V.6 und 8 muß V.19a vielmehr zum Grundbestand gehört haben, so auch Kaiser, Bindung, 218. Gegen Kundert findet sich hier also keine Spur einer älteren Fassung, in der Abraham den Isaak tatsächlich geopfert hat, so auch Kaiser, Bindung 280.

sig. In V.1–14a zeigt sich keinerlei Interesse an Abrahams Wohnort.[66] So wird nicht gesagt, wo Gott Abraham in V.1 anspricht. ישב wird in V.5 in einer anderen Bedeutung verwendet, nämlich „bleiben". Nicht zuletzt wird in V.19b die Perspektive auf Abraham allein gelenkt. Dies erstaunt, nachdem noch in V.19a davon die Rede war, daß Abraham, die Knechte und implizit auch Isaak zusammen nach Beerscheba gehen (וילכו יחדו). Es paßt auch nicht zu V.6–9, wo es ja um den gemeinsamen Weg Abrahams und Isaaks zum Kultort geht (V.6.8: וילכו שניהם יחדו „und sie gingen beide zusammen").

Durch die Erwähnung von Beerscheba bezieht sich Gen 22,19b zurück auf 21,33. Dort ist davon die Rede, daß Abraham in Beerscheba eine Tamariske (אשל) pflanzt und Jahwe als אל עולם („den ewigen Gott") anruft.[67] Wenn Gen 22,19b vom Wohnen Abrahams in Beerscheba spricht, ist das die Fortsetzung von Gen 21,33f. Denn auch nach Gen 12,8; 26,25 gehört zum Anrufen Jahwes am heiligen Ort ein Aufenthalt dort, und diese Texte sind Vorbilder von Gen 21,33f.[68] Gen 22,19b ist somit kein Zusatz zu Gen 22,1–14a.19a, sondern Teil eines älteren Textbestandes in diesem Bereich.[69]

Nachdem nun das Ende von Gen 22 untersucht wurde, sind die ersten zwei Drittel des Kapitels zu analysieren, also V.1–14a. Hier ist nur ein kurzer Zusatz in V.3 zu ermitteln,[70] obwohl sich in dem Abschnitt zwei Sätze finden, die möglicherweise Wiederaufnahmen darstellen. So kehrt das Ende von V.3 ganz ähnlich am Beginn von V.9 wieder: ויקם וילך אל המקום אשר אמר לו האלהים (V.3 „und er

---

66 Gegen Kilian, Opferung, 21 f.

67 Dagegen merkt Kaiser, Bindung, 200 an, daß Gen 22,19 Gen 21,32 voraussetze. Doch enthält dieser Vers keine Aussagen über einen längeren Aufenthalt des Abraham in Beerscheba, an die Gen 22,19 anknüpfen könnte. In Gen 21,32 geht es nur um den Eid, den Abraham und Abimelech in Beerscheba schwören.

68 S.u., 6.3.2. Gen 21,34 gehört zum älteren Bestand von Gen 21,8ff und schloß ursprünglich direkt hinter Gen 21,1–7* an Gen 20,15 an, vgl. ähnlich Levin, Jahwist, 173. Dieser ältere Vers Gen 21,34 wurde nachträglich von Gen 21,33; 22,19b gerahmt, s. u., 320.

69 Zur literargeschichtlichen Verortung dieses älteren Textbestandes s. u., 6.3.2.

70 Boehm schlägt vor, Gen 22,11 f als Zusätze aus der Hand des Verfassers von Gen 22,14.15–18 einzustufen. Auf diese Weise ergäbe sich ein älterer Grundbestand von Gen 22,1–19, in dem Abraham Gott den Gehorsam verweigert und gleich einen Widder anstelle seines Sohnes opfert (Binding, 2 ff). Doch kann Boehm so nicht erklären, wieso Abraham in V.9 ganz offensichtlich die Opferung seines Sohnes vorbereitet, indem er ihn gefesselt auf den Altar legt und das Messer zum Schlachten zückt. Außerdem finden sich gegen Boehm keine Stildifferenzen zwischen Gen 22,11 f und Gen 22,1–10.13. Daß der Engel in 22,11 als מלאך יהוה („Engel Jahwes") erscheint, ist gegen Boehm kein Nachtragsindiz. Zwar wird Gott in Gen 22,1–10 (ה)אלהים genannt, aber durch den Ortsnamen „Morija" ist der Jahwename auch hier präsent. In Gen 22,11 tritt der מלאך יהוה auf, um auf Ex 3,4 anzuspielen (so mit Steins, Bindung, 209 f).

machte sich auf und ging zu der Stätte, von der Gott ihm gesagt hatte")/ויבאו (V.9
„und sie kamen"). Und וילכו שניהם יחדו aus V.6 wird am Ende von V.8 wiederholt.[71]
Doch wird sich bei genauerem Hinsehen zeigen, daß beide vermeintlichen Wiederaufnahmen nicht literarkritisch ausgewertet werden sollten.

Betrachtet man nämlich V.4–8 insgesamt als sekundär, fehlt V.5 im Grundbestand, also die Anweisung an die zwei Knechte zurückzubleiben. Die zwei
Knechte sind aber in der ältesten Fassung von Gen 22 fest verankert. Sie werden
schon vor der Wiederaufnahme in V.3 erwähnt und nach ihr in V.19a. Weder in
V.3 noch in V.19a gibt es sprachliche Gründe, um die entsprechenden Erwähnun-
gen auszuscheiden. Zwar stellt die Episode um die zwei Knechte ein retardieren-
des Element dar. Doch ist dieses Stilmittel typisch für Gen 22,1–14a. Bereits der
umständliche Beginn der Gottesrede mit Anrede Abrahams und dessen Antwort
הנני („da bin ich") ist dafür ein Beispiel. Wenn in V.3 und V.9 langsam und detailliert die Vorbereitungen für das Opfer geschildert werden, wird hier ebenfalls
gezielt das Erzähltempo verlangsamt und die Spannung gesteigert. Außerdem
gibt es andere Gründe, warum das Ende von V.3 in V.9 wiederholt wird als das
Kuhl'sche Prinzip der Wiederaufnahme. Denn in V.9 wird vor allem die Ortsangabe im Relativsatz wiederholt. Wie oben gesehen, soll diese Formulierung den
Bezug zu Gen 12,1–9 herstellen.[72] Deshalb ist es naheliegend, sie immer zu wiederholen, wenn es auf die Bedeutung des Ortes ankommt. Dies ist in V.9 der Fall,
denn nun sind Abraham und Isaak am Kultort angekommen. Gegen Levin sind
also Gen 22,4–8 nicht insgesamt nachgetragen.

Es ist eher erwägenswert, das וילכו שניהם יחדו („Und sie gingen beide zusammen") in V.8 als echte Wiederaufnahme im Kuhl'schen Sinne zu bewerten. Damit
wäre der Dialog zwischen Abraham und Isaak in V.7 f ein Zusatz.[73] Allerdings
erweisen sich beide Verse als fest im Text verankert. Denn erstens wird in V.7
gezielt der Gesprächsbeginn zwischen Gott und Abraham aus V.1 imitiert und
leicht abgewandelt. Abraham antwortet in V.7 nicht schlicht mit הנני (so aber V.1),
sondern mit הנני בני („da bin ich, mein Sohn"). Auch die Rede Abrahams in V.8
wird mit einem betonten בני abgeschlossen. Obwohl suffigierte Formen von בן
(„Sohn") in Gen 22,1–6.9–13 sehr häufig sind (V.2.3.6.9.10.12.13), steht nur in V.7 f
ein Suffix der 1.com.sing. Suffigierte Formen von אב („Vater") sind ebenfalls nur

---

71 Levin bewertet diese beiden Wiederholungen als Wiederaufnahmen und betrachtet deshalb
Gen 22,4–8 als in sich geschichteten Nachtrag (vgl. Jahwist, 176 f).
72 S.o., 283 f und u. 6.3.1.1.
73 So auch Levin, Jahwist, 176.

in V.7 f belegt. Daraus folgt: in V.7 f soll die enge Vater-Sohn-Beziehung zwischen Abraham und Isaak betont werden.[74]

Zweitens zeigt sich die Verankerung von V.7 f in Gen 22,1–14a daran, daß וילכו יחדו („und sie gingen zusammen") in V.19a noch einmal wiederholt wird. Daß שניהם („sie beide") hier fehlt, liegt daran, daß in V.19a vier Personen auf dem Weg sind, nämlich Abraham, Isaak und die beiden Knechte. Insofern wird die Wendung וילכו (שניהם) יחדו als gezieltes Gliederungselement verwendet. Sie kennzeichnet den Beginn des Weges auf den Berg (V.6), das Ende dieses Weges kurz vor der Ankunft auf dem Berg (V.8) und die Heimkehr vom Berg (V.19a).[75]

Drittens verweist die Aussage des Abraham in V.8, Gott werde sich das Schaf zum Opfer auswählen (oder „ausersehen"; אלהים יראה לו השה) bereits auf die Ortsbenennung in 22,14a (יהוה יראה „Jahwe sieht").[76] Denn an beiden Stellen wird ראה Qal im Imperfekt mit Gott/Jahwe als Subjekt verwendet, und an beiden Stellen steht ein invertierter Verbalsatz. Außerdem klingt in ראה in V.8 lautlich der Ortsname Morija aus V.2 an.[77] In Gen 22,8 kommt das Vertrauen Abrahams zum Ausdruck, daß Gott letztlich alles zum Guten wendet, so daß ein Schaf und kein Mensch geopfert wird.[78] Dies impliziert eine Aussage über den Ort Morija, d.h. den Zion.[79] Es soll schon in V.8 angedeutet werden, daß der Zion nicht der Ort des Todes, sondern der Ort der Rettung ist. In der Benennung des Zion als „Jahwe sieht" (יהוה יראה) in V.14a bestätigt sich dies.

Ein kurzer Zusatz findet sich dagegen in V.3. Es wurde in der Forschung schon oft beobachtet, daß das Holzspalten Abrahams stark nachklappt. Davon ist nämlich erst die Rede, als Abraham schon den Esel gesattelt hat und seinen Sohn Isaak und die beiden Knechte genommen hat. Es handelt sich um eine kurze Glosse, die die Erwähnung des Holzes in V.6 vorbereiten soll.[80]

Der Grundbestand von Gen 22 besteht also aus den V.1–14a* (d.h. ohne die Notiz über das Holzspalten in V.3) und 19a. Damit hat sich im großen und ganzen

---

74 So auch Veijola, Opfer, 145.

75 Ähnlich Kaiser, Bindung, 205.

76 So auch Veijola, Opfer, 154; Blum, Vätergeschichte, 324.

77 So auch Veijola, Opfer, 160.

78 Zu der Debatte, ob V.5 und V.8 eine Notlüge oder Ausdruck von Abrahams Gottvertrauen sind, s.u., 6.4.

79 S.u., 6.3.4.

80 So auch Gunkel, HK 1/1, 237; Kilian, Opferung, 76 zusammen mit ויקם; Levin, Jahwist, 176. Dagegen Veijola, Opfer, 143, Anm. 77; Steins, Bindung, 197 ff; Zimmer, Elohist, 116; Kaiser, Bindung, 206; Boehm, Binding, 10. Boehm interpretiert die unlogische Abfolge von Abrahams Handlungen psychologisierend als Zeichen von Abrahams Verwirrung.

die Analyse bestätigt, die von einer großen Mehrheit in der Forschung vertreten wird und die v. a. von Veijola eindrucksvoll durchgeführt wurde.[81]

In Gen 22,1–19 finden sich folgende Nachträge: eine Glosse in V.3 („und er spaltete Hölzer zum Brandopfer"), ein Einzelzusatz (V.14b) und eine kleine Fortschreibungskette (V.15–17.18). Der Einzelzusatz V. 14b betont die Sonderstellung des Zion, weil für die Gegenwart Gotteserscheinungen auf den Zion begrenzt werden. Und die erste Fassung der Fortschreibungskette stellt klar, daß es nicht so sehr auf Abrahams Haltung ankommt, sondern auf seinen praktischen Gehorsam und seine Opferbereitschaft (V.15–17). Außerdem ergänzt sie einen Lohn für Abrahams Gehorsam, und zwar die durch einen Eid Gottes bei sich selbst garantierte Mehrungs-, Segens- und Siegesverheißung. So bietet sie am Ende der Abrahamerzählung noch einmal eine Zusammenfassung der Verheißungen, die bisher an Abraham ergangen sind (z. B. Gen 12,2f; 13,14–17; 15,4f.7; 17,2ff). Diese Zusammenfassung hat zugleich die folgenden Verheißungen an Rebekka und Isaak im Blick (Gen 24,60; 26,3bβ–5).[82]

V.15–17 wurden durch V.18 fortgeschrieben. Nach Ansicht des Verfassers von V.18 soll nicht Israel die Völker beherrschen (V.17), sondern ein Segen für sie sein. Außerdem sollen durch den sekundären V.18 die V.15–17 stärker an Gen 26,3bβ–5 angeglichen werden. Zu diesem Zweck werden Gen 26,4b.5a in Gen 22,18 zitiert.

Zur relativen Chronologie der Zusätze: Zuerst wurde die V.14b ergänzt. Dem folgten V.15–17 und etwas später V.18. Wann die Glosse in V.3 („und er spaltete Hölzer zum Brandopfer") entstand, läßt sich nicht mehr sicher ermitteln.

Die relative Chronologie der Zusätze wird daran deutlich, wie sie die Zionsorientierung des Grundbestandes (V.1–14a*.19a) immer mehr steigern. Im Grundbestand wird diese Zionsorientierung v. a. durch den Namen Morija deutlich, und

---

81 Vgl. Veijola, Opfer, 138 ff. Gegen Gunkel, HK 1/1, 238 ist V.10aβ kein Zusatz; so auch Zimmer, Elohist, 120. Der dortige Vermerk „und er nahm das Messer" ist ursprünglich, da ja das Messer bereits in V.6 eingeführt wurde. Ferner ist gegen Veijola, Opfer, 147, Anm. 99; Michel, Gewalt, 271; Hardmeier, Realitätssinn, 56 ff der Versteil 12bβ nicht sekundär. Denn hier zeigt sich kein klarer Bruch im Text und das יחידך („dein einziger") verweist zurück auf auf V.2. Zu Recht hebt Steins den symmetrischen Aufbau von V.12 als ganzem hervor (Bindung, 176 f; so schon Zimmer, Elohist, 120). Daß in der Engelrede unvermittelt das „ich" Jahwes auftaucht (ממני) ist gegen Veijola, Opfer, 147, Anm. 99 kein Nachtragsindiz, so auch Zimmer, Elohist, 130. Denn zwischen Jahwe und dem Engel als seinem Sprecher wird hier nicht konsequent unterschieden, vgl. ähnlich Gen 21,17; so auch Schmid, Rückgabe, 289, Anm. 82. Deshalb ist es gegen Kundert, Bindung Isaaks, 32 kein Hinweis auf eine ältere Vorform ohne V.11–13, daß in V.2 Jahwe den Befehl erteilt und in V.13 der Engel Abraham den Vollzug des Befehls erläßt.
82 Zur Frage, ob Gen 22,15–17 von Gen 26,3bβ–5 literarisch abhängig sind oder umgekehrt Gen 26,3bβ–5 von Gen 22,15–17 s. u., 6.2.2. Zu Gen 24,60, s. u., 298, Anm. 117.

die Anspielungen auf diesen Namen in V.8 und 14a.[83] Abraham gilt so als Entdecker des Zion, und der Zion erscheint bereits in der Frühzeit als Ort von Rettung und Bewahrung. In dem ältesten Nachtrag V.14b wird diese Zionsorientierung insofern verstärkt, als nun Gotteserscheinungen dezidiert dem Zion vorbehalten bleiben. Die V.15–17 bauen dies v. a. dadurch aus, daß nun am Zion Gott bei sich selbst schwört (V.16). Am Zion sichert Gott eidlich zu, Abraham zu segnen sowie seine Nachkommen zu mehren und ihnen militärischen Erfolg zu schenken. So garantiert Gott am Zion das Überleben Israels in aller Zukunft. Denn er kann von diesem Eid auch dann nicht zurücktreten, wenn sich die Nachkommen als weniger gehorsam erweisen als Abraham.

6.1.3 Zur Frage nach überlieferungsgeschichtlichen Vorstufen von Gen 22,1–19*

Die sorgfältige literarische Stilisierung von Gen 22,1–19* spricht gegen den Versuch, auf überlieferungsgeschichtlichem Wege eine ältere Vorstufe zu rekonstruieren.[84] Ein solcher Versuch war in der Forschung von Wellhausen und Gunkel an bis in die siebziger Jahre Konsens. Den letzten eindrücklichen Vorschlag dieser Art hat Kilian 1970 vorgelegt.[85] Westermann lehnt ein solches Vorgehen erstmals grundsätzlich ab, rechnet aber immer noch damit, daß der Verfasser von Gen 22,1–19* ältere Vorlagen verwendet habe.[86] Zwei Motive in Gen 22,1–19* scheinen eine solche ältere Vorstufe nahezulegen. Es sind dies die Anklänge an eine Kultortsage (z. B. Gen 22,14a) und die Aussage, daß anstatt eines Kindes ein Tier geopfert wird (Gen 22,8.13). Allerdings zeigt sich bei näherer Betrachtung, daß in beiden Fällen allenfalls literarische Gestaltungen alter Sagentopoi vorliegen,[87] ohne daß sich aus dem Text heraus eine solche Sage rekonstruieren ließe. Denn sowohl bezüglich der Kultortentdeckung als auch bezüglich der Ablösung des Kinderopfers erweist sich das vermeintlich archaische Gut als untrennbar verknüpft mit sehr jungen Termini und Motiven. Dies

---

83 S.u. 6.3.4. Zur Zionsorientierung von Gen 22* s. auch Blum, Vätergeschichte, 324 ff; Gese, Komposition, 41 f.

84 So auch Veijola, Opfer, 156; Blum, Vätergeschichte, 320, Anm. 53; Zimmer, Elohist, 123 f; Kaiser, Bindung, 216 ff; Schmid, Rückgabe, 275 ff; Jeremias, Gen 20–22, 66.

85 Vgl. Kilian, Opferung, 68 ff.

86 Vgl. Westermann, BK.AT 1/2, 433 ff; so immer noch Schmitt, Versuchung, 121. Auch von Rad, Theologie Bd. 1, 170 spricht sich dagegen aus, in den Vätergeschichten überlieferungsgeschichtliche Vorstufen statt der jetzt vorliegenden Texte zu interpretieren.

87 So schon Westermann, BK.AT 1/2, 438 für das Kinderopfer.

ahnt bereits Gunkel, wenn er Gen 22,1–19* im Vergleich mit der Geschichte von Jephtas Tochter (Jdc 11 f) als „weicher und moderner"[88] empfindet.

Was den Kultort betrifft, so stört besonders die Umschreibung des Ortes mit Morija in V.2. Weil Morija im Alten Testament sonst nur in II Chr 3,1 belegt ist, ist dieser Name zweifellos spät.[89] Will man in Gen 22,1–19* eine ältere Vorform rekonstruieren, muß dieser Name entweder als sekundärer Ersatz für einen älteren Namen erklärt[90] oder als Zusatz eliminiert werden.[91] Beides ist methodisch nicht akzeptabel. Die Rekonstruktion eines nicht erhaltenen Namens bleibt vollkommen hypothetisch.[92] Und was Nachträge in V.2 angeht, so zeigen sich keine literarischen Brüche. Weiter ist der Name Morija im Text fest verankert, denn sowohl in V.8 als auch in V.13.14a wird mit Imperfekten von ראה auf ihn angespielt.[93] Und nicht zuletzt läßt sich der Verdacht nur schwer widerlegen, daß Versuche zirkulär sind, „Morija" zu ersetzen. Weil man eine alte Sage sucht, rekonstruiert man den passenden Ortsnamen.

Was den Ersatz des Kinderopfers durch ein Tieropfer betrifft,[94] so fehlt an der entsprechenden Stelle im Text (V.13) jeder ätiologische Vermerk. Es wird nicht gesagt, daß in Zukunft grundsätzlich an diesem Ort ein Widder anstelle eines Kindes geopfert werden soll.[95] Ferner ist das geforderte Kinderopfer in Gen 22 untrennbar mit dem Motiv verknüpft, daß Gott den Frommen prüft (V.1 f). Gott verlangt hier kein Kinder- oder Erstgeborenenopfer, weil ihm dies zusteht, sondern er will einen konkreten Vater Abraham durch das Opfer eines speziellen Kindes Isaak prüfen.[96] Das Motiv, daß Gott einen einzelnen auf die Probe stellt, ist jung. Gleiches gilt für das Wort נסה Piel, mit dem in Gen 22,1–19* die Prüfung bezeich-

---

88 Gunkel, HK 1/1, 240. Auch Noth, Überlieferungsgeschichte, 125 f sieht klar die Schwierigkeiten, die alte Sage hinter Gen 22,1–19 zu eruieren.
89 S.u., 6.3.4. So auch Zimmer, Elohist, 118 f.
90 So Wellhausen, Composition, 18 f; Gunkel, HK 1/1, 237 ff. Zu einem weiteren Rekonstruktionsvorschlag vgl. Kilian, Opferung, 35 f. So immer noch Schorn, Genesis 22, 95 f.
91 So z. B. Kilian, Opferung, 31 ff; Zimmer, Elohist, 118 f.
92 So auch Noth, Überlieferungsgeschichte, 125 f; Veijola, Opfer, 154; Kundert, Bindung Isaaks, 39; Kaiser, Bindung 206 f.
93 S.o., 279 ff.
94 Zur aktuellen Diskussion s. Michel, Gewalt, 251.
95 So auch Blum, Vätergeschichte, 326.
96 So auch Westermann, BK.AT 1/2, 434; Brandscheidt, Abraham, 256; Schmid, Vertrauen, 41 f. Anders Kaiser, Bindung, 222 ff. Kaiser nimmt an, daß Gott hier von seinem grundsätzlichen Recht auf ein Kinderopfer Gebrauch macht. Sehr skeptisch gegenüber der Möglichkeit, daß es in Israel überhaupt Kinderopfer gegeben hat, äußert sich Schmid, Rückgabe, 275 ff. Seiner Ansicht nach ist das Kinderopfer in Gen 22 lediglich ein Mittel, um zu thematisieren, daß Gott selbst seine Verheißungen zurücknehmen kann (vgl. Rückgabe, 288).

net wird.[97] Weiter hat Steins gezeigt, daß der Verfasser von Gen 22,1–19* nicht auf die alttestamentlichen Texte über ein Kinderopfer oder die Ablösung eines Kinderopfers Bezug nimmt. Daraus folgt: Alte Sagenmotive spielen hier keine oder höchstens eine ganz untergeordnete Rolle.[98] Die Verbindung der Motive „Brandopfer" und „Kind" muß in Gen 22,1–19* anders erklärt werden als als Auseinandersetzung mit Kultbräuchen Israels oder seiner Umwelt. Eventuell sind hier literarische Beziehungen zum Hiobprolog zu veranschlagen, da dort ebenfalls Brandopfer eine wichtige Rolle spielen (z. B. Hi 1,5), und der Gottesfürchtige durch den Tod seiner Kinder geprüft wird (Hi 1,1.18 f).[99]

6.1.4 Gen 22,1–19* und die Murrgeschichten – ein erster Vergleich

Abschließend soll ein erster Blick auf das Verhältnis von Gen 22,1–19* zu den Murrgeschichten geworfen werden, in deren Bereich אמן Hiphil das erste Mal als theologischer Begriff im Sinne von „glauben" verwendet wurde (Dtn 1,32).[100] Auf den ersten Blick geht es um das gleiche Problem: Gott wird von Menschen als fragwürdig erlebt. Sieht man aber genauer hin, zeigen sich große Unterschiede. Das hängt damit zusammen, auf welche Weise Gott fragwürdig wird. In den Murrgeschichten scheint er dem Volk unfähig, es zu versorgen und seine Verheißungen wahrzumachen. Er und sein Beauftragter Mose geraten sogar unter den Verdacht, das Volk mit falschen Verheißungen in die Irre zu führen (z. B. Num 11,4 f; 14,2b.3;

---

97 S.u., 6.3.3.
98 Vgl. Steins, Bindung, 181 ff. So auch Blum, Vätergeschichte, 326 f. Kaiser, Bindung, 222 weist anhand eines Vergleichs von Gen 22,1–19* und punischen Texten über Kinderopfer nach, daß der Verfasser von Gen 22,1–19* nicht über das Ritual eines Kinderopfers Bescheid wußte. In jüngster Zeit hat Michel, Gewalt, 278 ff versucht, in Gen 22,1–19* eine Auseinandersetzung mit Molechopfern zu finden. Er betrachtet die Worte מלאך, מאכלת und die Wurzel הלך als Anspielungen auf das Molechopfer. Daß diese Anspielungen ausgesprochen vage sind, erklärt Michel mit einer *damnatio memoriae*. Dies kann aber nicht überzeugen. Interessanter sind die Parallelen zu Philo Byblius, auf die Müller, Genesis 22, 239 f.245 f erneut hinweist. Diese Texte über Kinderopfer haben mit Gen 22,1–19* gemeinsam, daß der einzige Sohn oder das geliebteste der Kinder geopfert werden. Allerdings unterscheidet sich der Anlaß dieser Opfers bei Philo Byblius grundlegend von dem in Gen 22,1–19*. Bei Philo Byblius geht es um ein Opfer in einer Notlage, nicht um eine Erprobung des Frommen wie in Gen 22,1–19*. Zur Frage des Molechopfers vgl. Müller, Genesis 22, 240 und sehr viel kritischer Heider, Art. Molech, Sp. 1090 ff.
99 Vgl. dazu Veijola, Abraham und Hiob. Brandscheidt, Abraham, 257 verweist außerdem auf Mi 6,6–8 als Hintergrund von Gen 22,1–19. Allerdings stützt der Hinweis auf literarische Vorbilder für Gen 22,1–19 nicht die These, es ginge in Gen 22,1–19 gar nicht wirklich um ein Menschenopfer (vgl.Brandscheidt, Abraham, 256 ff).
100 S.o., 4.3.2 f.

16,13; Dtn 1,27). Gott selbst hat aber nichts getan, um sich in ein so schlechtes Licht zu rücken. Im Gegenteil: In Dtn 1,30f* wird betont, wie sehr sich Gott bisher um sein Volk gekümmert hat. Hinter den Murrgeschichten steht das Problem, daß Gottes Macht nicht immer klar zu erkennen ist, während die Macht der Feinde oder bedrohliche Umstände unübersehbar sein können (vgl. z. B. Num 13,28abα; 16,13; Dtn 1,27). In den Murrgeschichten kann der Mensch unter solchen Umständen nicht an der Zuversicht auf Gott festhalten. Deshalb gerät er in einen Konflikt mit Gott.

In Gen 22,1–19 liegt dagegen die Initiative bei Gott. Er macht sich gezielt selbst fragwürdig, indem er den Opferbefehl gibt, der seine Verheißung zunichte machen kann.[101] Denn wenn Isaak als der einzige Sohn, der Abraham geblieben ist, stirbt, können zentrale Verheißungen an Abraham nicht mehr in Erfüllung gehen. Sowohl die Sohnesverheißung an Abraham persönlich als auch die Mehrungsverheißung für Abrahams Nachkommen werden mit diesem Befehl von Gott selbst scheinbar zurückgenommen.[102] Gott steht hier also nicht mehr nur bei Menschen unter dem Verdacht, unfähig oder ein Betrüger zu sein, sondern er tritt selbst als wankelmütiger Tyrann auf – allerdings, um Abraham zu prüfen (Gen 22,2).

Und weil Gott auf so unterschiedliche Weise fragwürdig wird, wird mit dieser Fragwürdigkeit in den Murrgeschichten und in Gen 22,1–19 völlig unterschiedlich umgegangen. In den Murrgeschichten führt der Verdacht der Menschen, Gott sei fragwürdig, zu einem offenen Konflikt zwischen ihnen und Gott (vgl. auch den Dialogteil von Hi). Die Menschen äußern diese Zweifel als lautes Murren, und Gott straft sie. Dahinter dürfte ein innerer Konflikt der Verfasser stehen zwischen ihren eigenen, unabweisbaren Befürchtungen, Gott könne sich als schwach oder unfähig erweisen, und ihrer Verurteilung dieser Befürchtungen, weil sie sie als Gefahr für ihre Gottesbeziehung erlebten.[103] Dieser Konflikt ist für den Begriff אמן Hiphil entscheidend, weil אמן Hiphil für seine Überwindung steht: Wer glauben kann (אמן Hiphil), hält auch dann an Gott fest, wenn seine Macht gerade nicht evident ist. Die Begriffsbildung reagiert also auf einen scharfen Konflikt, der offen ausgesprochen wird.

In Gen 22,1–19* fehlen das Murren und die Strafe. Auf diese Weise bleibt das Ringen Abrahams (und des Lesers) mit den Anfragen an Gott ganz unter der Oberfläche – oder dieses Fragen gilt sogar als von Anfang an überwunden. Man kann

---

101 Vgl. auch Jeremias, Gen 20–22, 65. Dalferth sieht in der „Spannung zwischen *Gottes Verheißung* und *deren Verunmöglichung durch Gott*" (Malum, 462, Hervorhebungen des Verfassers) das entscheidende Anliegen der Erzählung (vgl. Malum, 461 ff).
102 Dies hat besonders von Rad sehr klar gesehen, vgl. ATD 2/4, 194.
103 S.o., 5.5.

Gen 22,1–19* so lesen, daß Abraham Gott von Anfang an zutraut, daß er nicht auf der Opferung Isaaks besteht (vgl. z. B. Gen 22,8). Der Mensch Abraham bringt also in Gen 22,1–19* eine unfaßbare innere Stärke auf – und begegnet so einem Gott, der ein böses Spiel mit ihm zu treiben scheint.[104] In den Zusätzen Gen 22,15–17.18 wird diese innere Stärke noch mehr hervorgehoben, weil der Gehorsam aufgrund dieser Stärke nun mit Verheißungen belohnt wird. Gott erscheint also in Gen 22,1–19 insgesamt verglichen mit den Murrgeschichten abgründiger, und der Mensch stärker. Eine ähnliche Kraft bringen Menschen allenfalls in den spätesten Texten mit אמן Hiphil auf (Gen 15; Jon 3). Das zeigt, daß sich zwischen den Texten mit dem Begriff אמן Hiphil und Gen 22,1–19* erhebliche theologische Entwicklungen abgespielt haben. Auf der einen Seite verschärfen sich die Anfragen an Gott: Die dunkle Seite Gottes ist in Gen 22,1–19* viel aktiver und virulenter als in den Murrgeschichten. In den Murrgeschichten entsteht der Verdacht, Gott könne böse sein, aufgrund seiner scheinbaren Schwäche (vgl. z. B. Num 14,3; 16,13; Dtn 1,27). Dagegen stellt sich Gott in Gen 22,1–19* aktiv durch einen Befehl unter diesen Verdacht. Daß die böse Seite Gottes viel virulenter ist, führt auf der anderen Seite zu einem völlig anderen Umgang mit Anfragen an Gott und Zweifeln. Anfragen an Gott gelten in Gen 22,1–19* als so inakzeptabel, daß sie von vornherein überwunden werden müssen und nicht einmal mehr ausgesprochen werden dürfen. Dagegen war es in den Texten mit אמן Hiphil kein Problem, wenn der Glauben auf Anfragen an Gott folgte (z. B. Ex 14,11 f.31). In diesen Texten ist ein Weg vom Zweifel an Gottes Macht und Güte zum Glauben möglich, in Gen 22,1–19* wird er vermieden oder sogar abgelehnt.

Weiter ist zu beachten, daß Abraham in Gen 22 gerade aufgrund seiner Stärke, aufgrund seines unerschütterlichen und nahezu trotzigen Festhaltens an Gott ins Zwielicht gerät. Denn aus dieser Stärke heraus ist er bereit, Isaaks Leben

---

104 Nach Dalferth, Malum, 463 f kann ein Mensch, wenn er wie Abraham mit einem Gott konfrontiert ist, der seine Zusage willkürlich aufzuheben scheint, nur noch handeln, „indem Abraham die eine Seite des sich selbst widersprechenden und damit selbst aufhebenden Gotteswillen beim Wort nimmt und ausagiert bis zu dem Punkt, an dem sich entweder die Gottesfrage von selbst erledigt oder Gott selbst [...] die Ambivalenz in seinem Abraham/Israelverhältnis [sic!] aufhebt und sich zu seinen Verheißungen bekennt" (Malum, 463). Insofern sieht Dalferth in der Erzählung keine Erprobung Abrahams, sondern eine Erprobung Gottes. Denn ein Gott, der nicht zu seinen Verheißungen steht, sei religiös irrelevant und überflüssig. Außerdem käme es zu einer Klärung des Gottesverständnisses, indem nicht mehr alle Erfahrungen auf Gott bezogen würden könnten, sondern nur noch die, die im Einklang mit seiner Verheißung stünden. Auch könnte nur noch als Gottes Wille gelten, was dieser Verheißung entspräche (vgl. Malum, 464 ff). Indem Dalferth seine Interpretation der Geschichte so stark auf das Gottesverhältnis und -verständnis Abrahams gründet, tritt zu sehr in den Hintergrund, daß Isaaks Leben auf dem Spiel steht – und Abrahams Menschlichkeit.

zu riskieren. Erscheint der Mensch hier also als innerlich extrem stabil, so hat diese Stabilität für den Menschen einen hohen Preis. Er muß seine Menschlichkeit aufs Spiel setzen. In Gen 22,1–19* werden also die Konsequenzen einer absoluten Loyalität zu Gott problematisiert. Das spielt in den אמן Hiphil-Texten gar keine Rolle, vor allem, weil dort die Folgen des Glaubens in Taten nicht angesprochen werden.[105] Es spricht folglich alles dafür, daß Gen 22,1–19* und die Texte mit dem Begriff אמן Hiphil völlig unterschiedliche Akzente setzen.

Nun stellt sich die Frage, vor welchem theologiegeschichtlichen Hintergrund die Verfasser von Gen 22,1–19 ihre Erzählung von einem extremen Konflikt zwischen Gott und Mensch und extremer menschlicher Stärke verfaßt haben. Dazu sind der Grundbestand Gen 22,1f.3abβγ.4–14a.19a und die Nachträge in Gen 22,15–17.18 literargeschichtlich zu verorten. Den Anfang macht eine Verortung der Zusätze.

6.2 Zur literargeschichtlichen Verortung der Zusätze Gen 22,15–17.18

Bereits oben wurde festgestellt, daß in Gen 22,15–18 auf geprägte Termini aus anderen Texten zurückgegriffen wird. Besonders wichtig sind dabei dtr. Texte, v. a. aus dem Rahmen des Dtn, z. B. Dtn 1,8; 6,18; 7,12f; 31,23, vgl. auch Jer 11,5.[106] Denn in diesen Texten geht es wie in Gen 22,15–17.18 darum, daß Gott vor der Landnahme schwört, seine Verheißungen wahrzumachen. Adressaten dieses Eides sind in den dtr. Texten meist die Väter allgemein, seltener werden die drei Erzväter aufgezählt (z. B. Dtn 1,8).[107] Außerdem tauchen in dtr. Texten wie in Gen 22,17 die Sterne als Bild für Israels Mehrung auf (z. B. Dtn 1,10; 10,22). Wegen dieser Berührungen ist eine Bestimmung von Gen 22,15–18 als dtr. auf den ersten Blick naheliegend.[108] Doch zeigen die verwendeten Termini, daß hinter Gen 22,15–17.18 eine breitere Traditionsmischung steht. So ist רבה Hiphil in der Gen typisch für priesterschriftliche Mehrungsverheißungen (z. B. Gen 17,2; 28,3). Auch das theologische Profil des Textes zeigt, daß der Text nicht dtr. ist, sondern daß seine Verfasser dtr. Gedankengut weiterentwickeln. Im folgenden ist zunächst dieses theolo-

---

105 S.o., 2.1.2.
106 Zur dtr. Herkunft der Texte aus dem Dtn hier und im folgenden vgl. Smend, Entstehung, 71ff; Kratz, Komposition, 118ff sowie Veijola, ATD 8/1, z.St. Zu den dtr. Texten in Jer s. Smend, Entstehung, 158f; Thiel, Jeremia 1–25 und Jeremia 26–45, z.St. Zu einer Analyse von Dtn 1–3 s. o., 5.1.3f.
107 Zur Identifikation der Väter vgl. Römer, Väter, 568ff.
108 So z. B. Blum, Vätergeschichte, 362ff.

gische Profil klar herauszuarbeiten, um die Weiterentwicklung zu verdeutlichen. So läßt sich zugleich klären, ob Gen 22,15–17.18 für ein Geschichtswerk Gen-II Reg verfaßt wurde,[109] oder ob der Text bereits den Pentateuch als abgeschlossene Größe voraussetzt. Letzteres wird sich als zutreffend erweisen. Abschließend muß festgestellt werden, in welchem literargeschichtlichen Verhältnis Gen 22,15–18 zu den eng verwandten Verheißungen Gen 26,3bβ–5 und Ex 32,13 steht.

6.2.1 Das theologische Profil von Gen 22,15–17.18

Um das theologische Profil von Gen 22,15–18 zu erfassen, muß man sich zunächst vergegenwärtigen, daß es sich um einen gewachsenen Text handelt, eine kleine Fortschreibungskette. V.18 hat sich als Zusatz erwiesen. Folglich wird es zunächst um die Aussage von Gen 22,15–17 gehen.[110] Diese Verse enthalten die zweite Engelrede an Abraham (V.15). In dieser Rede schwört Gott bei sich selbst, daß er Abraham segnen und seine Nachfahren reichlich mehren werde wie die Sterne des Himmels und wie der Sand am Ufer des Meeres. Abrahams Nachfahren würden das Tor ihrer Feinde in Besitz nehmen (V.16a.17). Anlaß für diesen Eid ist Abrahams Bereitschaft, seinen Sohn auf Gottes Befehl hin zu töten. Diese Bereitschaft hat Abraham durch sein Handeln bewiesen (V.16b).

Verglichen mit dtr. Texten wird in Gen 22,15–17 sowohl die Gehorsamstheologie als auch die beschworene Verheißung erheblich modifiziert. Zuerst zu den Veränderungen der Gehorsamstheologie: Nach Gen 22,15–17 ist Gehorsam Voraussetzung, daß Gott überhaupt eine Verheißung beeidet. Eine solche Aussage ist im Pentateuch einmalig. Auch im dtr. Textgut in Dtn-II Reg und in Jer findet sich nichts Vergleichbares. Wo dort sonst von einem heilvollen Schwören Gottes die Rede ist, spielt die Haltung derer, die den Schwur empfangen, keine Rolle. Allenfalls kommt es auf den Gehorsam derer an, an denen die beeidete Verheißung erfüllt wird (z. B. Dtn 7,12 f; 13,18; 28,9; Jer 11,1–5). Gen 22,15–17 steigert also die Gehorsamstheologie der dtr. Texte.

---

109 So z.B. Aurelius, Zukunft, 196 ff. Gegen Aurelius' Datierung spricht, daß der Grundbestand von Gen 22,1–19 von Ex 20,20 abhängig ist. Dieser Vers wurde aber bereits für einen selbständigen Pentateuch verfaßt (s. u., 6.3.3). Zur Hypothese eines Geschichtswerks von Gen-II Reg s. o., 5.1.2.3.
110 S.o, 6.1.2. Dies hat erhebliche Auswirkungen für die literargeschichtliche Verortung von Gen 22,15–17.18. Denn mit V.18 ist u. a. die typisch dtr. Formulierung שמעת בקלי ("du hast auf meine Stimme gehört") nachgetragen. Parallelen mit שמעת בקלי dürfen so für den Grundbestand von Gen 22,15–17 nicht mehr herangezogen werden. Die Verortung von Gen 22,15–17.18 bei Aurelius wird deshalb fraglich, denn Aurelius geht dabei hauptsächlich von Gen 22,18 aus (vgl. Zukunft, 190 ff). Zu Gen 22,18 s. u., 302.

Nun zur Abwandlung der beschworenen Verheißungsinhalte in Gen 22,15–17 im Vergleich mit v. a. dtr. Texten: Wo im Pentateuch von einer beeideten Verheißung die Rede ist, geht es fast immer um die Ankündigung, daß Jahwe dem Volk das Land gibt (z. B. Gen 26,3; Ex 13,5; 32,13; 33,1; Num 14,16; Dtn 1,8; 31,23). Das gleiche gilt für die dtr. Anteile in Jer und im DtrG (z. B. Jos 1,6; 21,43f[111]; Jdc 2,1; Jer 11,5; 32,22). Typischerweise steht in diesem Zusammenhang das Verb נתן („geben"), meist als Inf.cs. mit ל. Nur wenige dtr. Texte weichen von dieser Gewohnheit ab, indem eine andere Verheißung durch einen Schwur bekräftigt wird: Dtn 4,31 („Bund"); 8,18 („Bund"); 13,18 („Mehrung"); 28,9 („heiliges Volk"); 29,12 (die Bundesformel). Die fehlende Landverheißung fällt besonders auf, weil in Gen 22,15–17 die Väterverheißungen zusammengefaßt werden.[112] Außerdem muß beachtet werden, daß sich Gen 22,15–17 durch das Fehlen der Landgabe von den eng verwandten Texten Gen 26,3–5 und Ex 32,13 unterscheidet. Dieses Fehlen ist also sehr auffällig und muß für das theologische Profil von Gen 22,15–17 ausgewertet werden. Es läßt sich nicht damit erklären, daß in Gen 22,1–19a nur die Mehrungsverheißung durch Isaaks drohenden Tod zur Disposition stand.[113] Denn wäre Isaak als Opfer gestorben, hätte auch die Landnahme nicht stattfinden können, weil es gar kein Volk Israel gegeben hätte, dem Gott das Land hätte geben können. Die Gründe für die fehlende Landgabe in Gen 22,15–17 sind gewichtiger.

Um diese Gründe zu verstehen, ist zunächst die Rolle der Landgabe für die Komposition des Hexateuchs zu bedenken. Durch den Schwur, daß Gott dem Volk das Land geben werde, wird nämlich eine Brücke zu den Landnahmeerzählungen in Jos hergestellt (z. B. Dtn 31,7; 31,23; Jos 1,6; 5,6; 21,43).[114] So entsteht ein großer Spannungsbogen von Gen bis Jos. Wird in Gen 22,15–17 die Landgabe ausgelassen, wird der Bezug ins Jos-Buch abgeschnitten. Anders als die beiden Gotteseide mit Landgabe Gen 26,3–5 und Ex 32,13 hat Gen 22,15–17 folglich keinen Hexateuchhorizont. Die Verheißungen in Gen 22,15–17 beschränken sich auf Heilsgüter, die dem Volk zuteil werden, bevor es in Jos das verheißene Land

---

111 Zur unterschiedlichen Verszählung an dieser Stelle s. App BHS.

112 S.o., 282f.

113 So aber Blum, Vätergeschichte, 364; Aurelius, Zukunft, 196. Gegen Blum, Vätergeschichte, 364 ist die Verheißung in Gen 22,17, Abrahams Nachkommen würden das Tor ihrer Feinde in Besitz nehmen (ירש), kein Ersatz für die Landgabe. Denn ירש ist zwar ein Landnahmeterminus (z. B. Dtn 1,8; Jos 1,11.15; Jer 32,23), aber er kann auch für die Eroberung kleinerer Gebiete verwendet werden, ohne daß damit schon das ganze Land eingenommen ist (z. B. Num 21,24.35; Dtn 4,47; Jos 24,8, vgl. Schmid, Art. ירש, Sp. 779ff). Gen 22,17 bezieht sich folglich weniger auf die Landnahme als auf einzelne Siege wie etwa in Num 21.

114 Dies übersieht Blum, Vätergeschichte, 364f, Anm. 14. Zur unterschiedlichen Verszählung der Handschriften und Versionen in Jos 21 vgl. App. BHS.

westlich des Jordans erreicht. In Gen 22,15–17 geht es um Ankündigungen, die spätestens in Num wahr werden. Das spricht dafür, daß Gen 22,15–17 bereits für einen selbständigen Pentateuch verfaßt wurde.[115]

Die Verheißungen aus Gen 22,15–17 gehen nämlich schon bald nach Abrahams Lebzeiten in Erfüllung. Besonders deutlich ist dies für die Mehrungsverheißung. Sie wird durch das Wachstum des Volkes in Ägypten Wirklichkeit (z. B. Gen 47,27; Ex 1,7 ff; Dtn 1,10; 10,22; 26,5).[116] Und Segen empfängt das Volk spätestens in Num, wenn der Prophet Bileam gegen den Auftrag des Moabiterkönigs Balak nicht anders kann, als Israel zu segnen (Num 23 f; vgl. z. B. Num 23,11.20.25; 24,10). Dtn 2,7 behauptet sogar, Jahwe habe Israel während der gesamten Wüstenzeit gesegnet. Ähnliches gilt für die militärischen Siege und Eroberungen, die Gen 22,17 zusichert: „Und deine Nachkommenschaft wird das Tor ihrer Feinde in Besitz nehmen". Spätestens mit den Eroberungen im Ostjordanland ist das in Erfüllung gegangen (Num 21; vgl. z. B. Num 21,24.35; Dtn 4,47; Jos 24,8). Wenn man an die Siege Israels in der Wüste denkt, kann man schon das Schilfmeerwunder als erste Realisierung der Verheißung von Gen 22,15–17 sehen (vgl. das Stichwort אויב „Feind" in Ex 15,6.9; s. auch den Sieg über Amalek Ex 17,8–16).[117]

Zugleich hat es Konsequenzen für das verheißungstheologische Profil von Gen 22,15–17, daß das Versprochene so bald wirklich wird. Zum einen erweisen sich so die Verheißungen, die dem überaus gehorsamen Abraham geschworen wurden, als sehr zuverlässig. Jeder Leser des Alten Testaments kann leicht überprüfen, daß die Verheißungen tatsächlich schon erfüllt sind. Zum anderen gehen die Verheißungen in Erfüllung, obwohl das Volk ungehorsam ist. So wird das Volk von Bileam gesegnet und ihm gelingen militärische Erfolge, nachdem es immer wieder gemurrt hat (z. B. Ex 16–18; Num 13 f) und sogar von Jahwe abgefallen ist (Ex 32). Auch die Mehrung des Volkes wird durch dieses Aufbegehren nicht

---

115 Gegen Aurelius, Zukunft, 196 ff. Der Bezug von Gen 22,18 zu II Sam 12,6, auf den Aurelius hinweist, reicht nicht aus um nachzuweisen, daß Gen 22,15 ff für einen Enneateuchzusammenhang geschrieben wurden. Außerdem ist Gen 22,18 sekundär, s. o., 6.1.2.
116 Dabei steht in Dtn 1,10; 10,22 wie in Gen 22,17 das Bild von den Sternen des Himmels für das zahlreiche Volk. Vgl. I Reg 4,20 zu dem Bild vom Sand am Meer für die erfüllte Mehrungsverheißung.
117 Als Vorbild für die Abwandlung der Landverheißung zur Siegesverheißung in Gen 22,17 hat Gen 24,60 gedient (so auch Levin, Jahwist, 178). Der Vers ist mit Levin ein Zusatz innerhalb von Gen 24. Dieser Zusatz hat durch eine Anspielung auf den Ladespruch Num 10,36 besonderes Interesse an Israels militärischer Stärke (vgl. Levin, Jahwist, 192; ähnlich Jacob, Genesis, 503). Wahrscheinlich kommt es schon in Gen 24,60 darauf an, die Landverheißung durch das Versprechen eines siegreichen, großen Heeres zu korrigieren, doch ist dies nicht so sicher, da anders als in Gen 22,15–17 nicht so ausgeprägt auf Landgabetexte angespielt wird und nicht Jahwe der Sprecher ist, sondern Rebekkas Brüder.

gebremst. Laut Num 22,3 ist das Volk nach Murren und Abfall immer noch groß. Insofern behaupten Gen 22,15–17 einen stellvertretenden Gehorsam Abrahams. Weil Abraham gehorsam war, profitieren seine widerspenstigen Nachfahren.[118] Das kann der Leser am Pentateuch verifizieren. Und er kann vertrauen, daß das auch für ihn selbst gilt.

In Gen 22,15–17 wird also die dtr. Vorstellung, daß Jahwe die Landverheißung beeidet, in zweifacher Hinsicht korrigiert. Zum einen wird die Bedeutung des Gehorsams Abrahams stark gesteigert. Dieser Gehorsam ist gegen die dtr. Texte Bedingung, daß Jahwe überhaupt einen Eid schwört. Zum anderen hat dieser Gehorsam stellvertretende Wirkung. Jahwe erfüllt die Verheißungen für den gehorsamen Abraham bald, obwohl Abrahams Nachkommen selbst ungehorsam sind. Um diese Erfüllung sicherzustellen, werden in Gen 22,15–17 die Verheißungsinhalte gegenüber den dtr. Texten verändert, indem die Landverheißung zu einer Siegesverheißung korrigiert wird.

6.2.2 Das Verhältnis von Gen 22,15–17.18 und Gen 26,3bβ–5

Es ist offensichtlich, daß Gen 26,3bβ–5[119] und Gen 22,15–17.18 literargeschichtlich zusammenhängen.[120] In Gen 22,15–17.18 betrifft dies ganz besonders den sekundä-

---

118 Diese zentrale Aussage von Gen 22,15–17 hat Aurelius richtig erkannt (Zukunft, 194). Allerdings wird dies gegen Aurelius nicht dadurch erreicht, daß Gott nach Gen 22,16 bei sich selbst schwört. Denn Gott kann nur bei sich selbst schwören, auch wenn das nicht in allen Texten explizit gesagt wird (so mit Keller, Art שבע, Sp. 861f). Vielmehr wird dies durch die Verheißungsinhalte deutlich, die für Ungehorsame in Erfüllung gehen, was der Leser leicht nachprüfen kann.
119 Den Beginn des Zusatzes Gen 26,3bβ–5 erkennt man daran, daß das letzte Stück des vorliegenden Textes (V.3bα) in V.4aβ wiederaufgenommen wird (zur Sonderform des Demonstrativpronomens vgl. Joüon-Muraoka § 36 b). Daß der Einschub mit V.5 endet, wird daran deutlich, daß in V.6 keine Gottesrede mehr steht, wie sie für den Zusatz V.3bβ–5 charakteristisch ist. Zu dieser Abgrenzung des Zusatzes vgl. auch Blum, Vätergeschichte, 298f; Aurelius, Zukunft, 198ff; ähnlich Levin, Jahwist, 205; Seebass, Vätergeschichte 2, 279. Gunkel, HK 1/1, 300 rechnet mit einer starken späten Erweiterung von Gen 26,2–5. Für ursprünglich hält Gunkel nur V.2aα.3. Weil die Wiederaufnahme schon in Gen 26,4aβ steht, ist denkbar, daß Gen 26,3bβ–5 in sich geschichtet sind, d. h. daß 4b.5 noch einmal jünger sind. Außerdem kann erwogen werden, ob Gen 26,5b ein weiterer Nachtrag ist, so Levin, Jahwist, 206; Seebass, Vätergeschichte II, 285. Dagegen spricht jedoch, daß שמר („bewahren") und die Rede von „Jahwes Stimme hören" häufiger im Zusammenhang stehen, so wie das auch in Gen 26,5 der Fall ist, z. B. Dtn 13,19; 15,5; 26,17; 28,45. In solchen Kontexten können durchaus wie in Gen 26,5 eine Reihe von Gesetzestermini aufgezählt werden, so etwa Dtn 26,17; 28,45. Die gewisse Überfülle innerhalb von Gen 26,5 paßt stilistisch zu diesem Zusatz, und der Vers ist einheitlich. So implizit auch Aurelius, Zukunft, 198.
120 So auch z. B. Gunkel, HK 1/1, 301; Blum, Vätergeschichte, 363f, Levin, Jahwist, 205f; Seebass, Vätergeschichte II, 279; Aurelius, Zukunft, 198f.

ren V.18.[121] Gen 22,18b und Gen 26,5a entsprechen sich fast wörtlich. Beide Halbverse werden mit עקב אשר („dafür daß") eingeleitet und vermerken anschließend den Gehorsam Abrahams mit einer Perfektform von שמע und בקלי („auf
meine Stimme gehört haben"). Weiter ähnelt Gen 22,18a dem Halbvers Gen 26,4b.
In beiden Halbversen geht es darum, daß sich alle Völker der Welt (כל גויי הארץ)
bei den Nachkommen Abrahams/Isaaks (בזערך) segnen (ברך Hitpael).[122] Aber
auch Gen 22,15–17 haben mit Gen 26,3bβ–5 wichtige Termini gemeinsam. So
steht in beiden Stücken רבה Hiphil für die Mehrung des Volkes (Gen 22,17; 26,4a;
sonst in Gen nur 16,10; 17,2.20; 26,24; 28,3; 48,4) verbunden mit dem Bild von
den Sternen des Himmels (Gen 22,17; 26,4a). Und in beiden Texten geht es um
eine Verheißung, die Gott Abraham geschworen hat (Gen 22,16a; 26,3bβ). In
der bisherigen Forschung ist man meist davon ausgegangen, daß Gen 26,3bβ–5
von Gen 22,15–17.18 abhängig sind.[123] Doch wird sich bei genauerem Hinsehen
zeigen, daß Gen 22,15–17.18 jünger sind als Gen 26,3bβ–5 und daß Gen 22,15–17.18
diesen Zusatz in Gen 26 weiterentwickelt.[124] Gen 26,3bβ–5 wird sich seinerseits
als Zwischenschritt erweisen zwischen der typisch dtr. Vorstellung einer beeideten Landgabe und dem Gottesschwur in Gen 22,15–17.18. Dies läßt sich an zwei
Punkten zeigen: erstens an der Gehorsamstheologie und zweitens an den Verheißungsinhalten. Dabei soll es zunächst um Gen 22,15–17 gehen, nicht um den
sekundären V.18.

Zur Gehorsamstheologie: In Gen 26,3bβ–5 geht es um die Erfüllung einer
beschworenen Verheißung (קום Hiphil „einlösen"[125]). Durch dieses Thema ähnelt
der Text z. B. den dtr. Texten Dtn 7,12f; 8,1; 11,8f; 13,18; 28,9; 30,20. Doch anders
als diese dtr. Texte kennt Gen 26,3bβ–5 schon die Möglichkeit eines stellvertretenden Gehorsams. In den dtr. Texten hängt die Erfüllung der Verheißung davon
ab, daß diejenigen Jahwe gehorchen, für die die Verheißung wahr wird. Nach
Gen 26,3bβ–5 wird dagegen die Verheißung Realität, weil Abraham gehorsam

---

121 S.o., 6.1.2.
122 Nur in Gen 22,18 und 26,4 findet sich in der Gen das Hitpael von ברך. Dagegen steht in
Gen 12,3; 18,18; 28,14 das Niphal. Der Wechsel vom Niphal zum Hitpael ist als Umdeutung für die
Völker zu erklären, vgl. Aurelius, Zukunft, 193, Anm. 223. Gegen Blum, Vätergeschichte, 365 ist
mit diesem Stammformwechsel kein bestimmtes Aufbauschema beabsichtigt.
123 So z. B. Levin, Jahwist, 205 f; Seebass, Vätergeschichte I, 213; ders., Vätergeschichte II, 285;
Aurelius, Zukunft, 198 f. Nach Blum, Vätergeschichte stammen Gen 22,15–18 und 26,3bβ–5 aus
einer Hand. Beide gehören zur dtr. Kompositionsschicht („D").
124 So schon andeutungsweise Gunkel, HK 1/1, 301; Steins, Bindung, 222.
125 So mit HALAT, 244.

war.[126] Insofern stimmen Gen 26,3bβ–5 und Gen 22,15–17 überein.[127] Der Eid selbst erfolgt nach Gen 26,3bβ–5 aber bedingungslos, ohne daß sein Empfänger Gott in besonderer Weise gehorcht hat. Darin unterscheidet sich Gen 26,3bβ–5 noch nicht von den dtr. Texten im Alten Testament. Genau dies ist in Gen 22,15–17 anders. Hier ist Gehorsam Bedingung, daß Gott überhaupt seine Verheißungen beeidet (V.16). Damit wird das Gewicht von Abrahams Gehorsam über Gen 26,3bβ–5 hinaus noch einmal gesteigert. Abrahams Gehorsam ist nach Gen 22,15–17 stellvertretender Gehorsam für die Nachkommen und zugleich Bedingung des Eides. Auf diese Weise wird klar, daß Gen 26,3bβ–5, tendenzkritisch gesehen, zwischen den dtr. Texten und Gen 22,15–17 steht.

Diese relative Chronologie von Gen 26,3bβ–5 vor Gen 22,15–17 bestätigt sich, wenn man betrachtet, welcher Größe Abraham gehorcht. In diesem Punkt steht Gen 26,3bβ–5 den dtr. Texten noch sehr nahe, Gen 22,15–17 hat die dtr. Gehorsamstheologie stark weiterentwickelt. Nach Gen 26,5 befolgt Abraham das Gesetz,[128] nach Gen 22,15–17 hört er auf einen unmenschlichen Befehl Gottes, der ihm viel mehr abverlangt als das Gesetz. Gen 22,15–17 präsentiert also verglichen mit Gen 26,3bβ–5 und den dtr. Texten eine erheblich gesteigerte Gehorsamstheologie.

Zu den Verheißungsinhalten: Mit dieser gesteigerten Gehorsamtheologie hängt zusammen, daß in Gen 22,15–17 die Verheißungsinhalte den dtr. Texten ferner stehen, als dies in Gen 26,3bβ–5 der Fall ist. Wie oben gesehen, beeidet Gott in den dtr. Texten fast immer die Landgabe. In Gen 22,15–17 ist diese Landverheißung zu einer Siegesverheißung korrigiert.[129] Dies hat seinen Grund darin, daß die Vorstellung des stellvertretenden Gehorsams aus Gen 26,3bβ–5 übernommen wurde. Aber zugleich wurde diese Vorstellung konsequenter umgesetzt. Durch den Verzicht auf die Landverheißung wurde nämlich nachprüfbar, daß Gott tatsächlich die beschworenen Verheißungen erfüllt hat. Wie in Gen 22,15–17 versprochen, erhielt das Volk Mehrung (z. B. Ex 1,7ff; Dtn 1,10), Segen (z. B. Num 23f) und Siege (z. B. Num 21). Dagegen bleibt innerhalb des Alten Testaments umstritten, ob und wann die Landverheißung vollständig erfüllt wurde (z. B. Jos 21,43f;[130] Jdc 2,1–5). Außerdem bleibt der Landbesitz immer davon abhängig, ob Israel Gott gehorcht (z. B. Dtn 28). Also stellt der Verfasser von Gen 22,15–17

---

126 Gegen Blum, Vätergeschichte, 362ff kann man 26,3bβ–5 selbst nicht als dtr. Text betrachten. Mit Recht macht nämlich Aurelius, Zukunft, 195, Anm. 224 auf die nachdtr. Sprache in Gen 26,3bβ–5 aufmerksam.
127 Zum stellvertretenden Gehorsam in Gen 22,15–17 s. o., 6.2.1.
128 Zur Einheitlichkeit von Gen 26,5 s. o., 299, Anm. 119.
129 S. o., 6.2.1.
130 Zu den Varianten bei der Verszählung in Jos 21 vgl. App BHS.

über Gen 26,3bβ–5 hinaus sicher, daß Gott in der Tat entsprechend dem Eid an Abraham gehandelt hat. Gen 22,15–17 ist der jüngere Text.

Nachdem so die relative Chronologie von Gen 22,15–17 und Gen 26,3bβ–5 geklärt wurde, ist kurz auf Gen 22,18 einzugehen. Wie oben angemerkt, wurde der Vers eingetragen, um die recht kriegerische Vorstellung von Israels Verhältnis zu den Völkern aus V.17 abzumildern.[131] Ein weiteres Motiv könnte sein, Gen 22,15–17 noch enger mit Gen 26,3bβ–5 zu vernetzen. So erklärt sich, daß in Gen 22,18 Zitate aus Gen 26,4b.5a stehen.

Exkurs: der Eid Gottes an Abraham in Gen 26,3bβ–5 und in Gen 15
Nachdem sich Gen 22,15–17.18 als jünger als Gen 26,3bβ–5 erwiesen haben, stellt sich die Frage, auf welchen Eid Gottes sich Gen 26,3bβ ursprünglich bezogen hat. Da Gen 22,15–17 noch nicht vorhanden waren, konnte Gen 26,3bβ ursprünglich nicht auf den Vermerk in Gen 22,16 zielen, daß Gott bei sich selbst schwört (שבע Niphal).[132] Zwar ist שבע Niphal außer Gen 26,3bβ und Gen 22,16 in den Abrahamgeschichten kein zweites Mal für einen Eid Gottes belegt, aber Gott sichert ein weiteres Mal die Landgabe in einer Weise ab, die man als Eid bezeichnen kann. Wenn Gott sich in Gen 15[133] dem Ritual unterwirft, zwischen den Tierhälften hindurchzugehen (V.9 f.17b), garantiert er die Landverheißung (V.7 f) durch eine bedingte Selbstverfluchung.[134] Ein Späterer kann dies leicht mit der bedingten Selbstverfluchung gleichsetzen, die oft im Rahmen des Eides erfolgt, und deshalb Gen 15 als Text über einen Gotteseid auffassen.[135] Dementsprechend kann er in einer Anspielung auf Gen 15 wie in Gen 26,3bβ von שבע Niphal sprechen ("schwören"). Zugleich vermeidet dieser spätere Redaktor die theologisch etwas anstößige Darstellung von Gen 15,17b, nach der sich Gott geradezu körperlich der Selbstverfluchung unterwirft.[136]

---

131 S.o., 284 f.

132 Bezeichnenderweise ist in Gen 26,3bβ auch nicht von einem Eid Gottes bei sich selbst die Rede.

133 Zur älteren Forschungsgeschichte zu diesem Text vgl. Blum, Vätergeschichte, 366 f, zu Blums Analyse s. Vätergeschichte, 378 ff. Eine sehr einleuchtende Analyse und Datierung hat in jüngster Zeit Levin vorgelegt, vgl. Dialog, 241 ff. S. außerdem Schmidt, Genesis XV, der Levins Spätdatierung des Textes bestätigt (vgl. Genesis XV, 266 f).

134 So auch Levin, Dialog, 253 ff. Das Ritual stellt insofern eine bedingte Selbstverfluchung dar, als derjenige, der zwischen den Tierhälften hindurchgeht, damit auf sich nimmt, daß er genauso halbiert wird, wenn er sein Versprechen bricht (so explizit Jer 34,18 und der Vertrag von Barga'jā von KTK mit Matī'el von Arpad [Stele I aus Sfīre] vgl. KAI 1, 52 ff; KAI 2, 239 f).

135 Vgl. Keller, Art. שבע, Sp. 856 ff.

136 Vgl. dazu Levin, Dialog, 256 f. Man kann nicht wie Aurelius, Zukunft, 203 f gegen diese Überlegungen einwenden, in Gen 15 gehe es um einen Bundesschluß (V.18), nicht um einen Eid, und deshalb könne sich die Rede vom Eid Gottes in Gen 26,3bβ–5 nicht auf Gen 15 beziehen. Denn zum einen muß schon Aurelius einräumen, daß zwischen beiden Texten kein sachlicher Unterschied besteht. Zum anderen ist die Deutung des Rituals in Gen 15 als Bundesschluß in Gen 15,18 sekundär. Dies erkennt man besonders deutlich an der Verseinleitung mit ביום ההוא (so auch Levin, Dialog, 249; dagegen Schmidt, Genesis XV, 257). Weiter fällt die Kennzeichnung des Ritus' als Bundesschluß aus dem Rahmen, weil vorher in den Dialogen zwischen Jahwe und Abraham

Dafür, daß sich Gen 26,3bβ–5 ursprünglich auf Gen 15 bezog, sprechen eine ganze Reihe weiterer Indizien. Die Texte haben etliche Motive gemeinsam. Erstens zeigt Gen 15 ein ähnliches Interesse an der Landgabe wie Gen 26,3bβ–5 in V.4b. Die Schwurzeremonie in Gen 15 wird ausgelöst durch Abrahams Zweifel, ob Jahwe ihm das Land gibt (V.8). Und sogar in dem Zusatz Gen 15,18 betrifft der Bundesschluß die Landverheißung (V.18b). Zweitens zeigt Gen 26,4b („alle diese Länder") eine ähnlich großzügige Auffassung des Verheißungslands wie die (allerdings sekundären) Gen 15,18b.19–21[137]. Drittens kennen Gen 26,4a und Gen 15,5 das Bild von den Sternen des Himmels als Illustration für die Menge der versprochenen Nachkommen. Und viertens zeigt Gen 15,9 f genau das gesetzeskonforme Handeln Abrahams, das Gen 26,5 behauptet. Wenn nämlich Abraham in Gen 15,9 f gerade die aufgezählten Tiere auf die beschriebene Weise opfert, befolgt er das Gesetz, bevor es gegeben wurde.[138]

6.2.3 Fazit

Es hat sich also herausgestellt, daß Gen 22,15–17.18 weder dtr. sind noch für ein Großgeschichtswerk von Gen-II Reg verfaßt wurden. Vielmehr handelt es sich um einen sehr jungen Text, in dem zwei dtr. Theologoumena weiterentwickelt werden. Dies sind zum einen die eidlich bestätigte Landverheißung und zum anderen die Gehorsamstheologie. Der Horizont dieser vier Verse ist bereits ein selbständiger Pentateuch.

Vergleicht man Gen 22,15–17.18 mit den Texten, in denen der theologische Begriff אמן Hiphil steht, fällt auf, daß Gen 22,15–17.18 deutlich andere Akzente setzen. In Gen 22,15–17 steht die Tat Abrahams im Mittelpunkt („weil du diese Sache getan hast" V.16), in V.18 sein tatkräftiger Gehorsam („dafür, daß du auf meine Stimme gehört hast"). In den Texten mit dem Begriff אמן Hiphil hat das Tun dagegen nur untergeordnete Bedeutung. Es kommt weniger darauf an, daß der Glaube zu Taten führt, als daß er da ist (z.B. Jes 7,9b). Und in den entsprechenden Schuldaufweisen wird allein Unglaube kritisiert, keine Taten, die aus ihm hervorgehen (z.B. Num 14,11; 20,12; II Reg 17,14; Ps 78,17 ff). Daraus folgt,

---

(V.1–4.7–9) nie davon die Rede war. Und nicht zuletzt widerspricht V.18 den V.7 f. In den V.7 f war nämlich von der Landgabe an Abraham persönlich die Rede (לתת לך), in V.18 geht es um die Landgabe an die Nachkommen (לזרעך נתתי). Ursprünglich ging es also in Gen 15 um eine durch ein Schwurritual bekräftigte Landverheißung, nicht um einen Bundesschluß.

137 Vgl. Blum, Vätergeschichte, 379; Levin, Dialog, 251; Schmidt, Genesis XV, 255.
138 Vgl. Levin, Dialog, 254.

daß die Texte, in denen ein theologisches אמן Hiphil erscheint, in einen anderen inneralttestamentlichen Diskussionsstrang gehören als Gen 22,15–17.18.[139]

6.3 Die Datierung von Gen 22,1f.3abβγ.4–14a.19a

Der Sprachgebrauch und die Bezugnahmen auf andere Texte zeigen, daß schon Gen 22,1–14a*.19a ein sehr später Text ist.[140] Im Text zeigen sich Einflüsse der Chr, nämlich die Verwendung von נסה Piel („versuchen") wie in II Chr 32,31 und der Ortsname Morija wie in II Chr 3,1. Außerdem reagiert der Verfasser von Gen 22,1–19* auf sehr späte Passagen aus dem Pentateuch (z. B. Ex 20,20). Und Gen 22,1–14a*.19a wurde in eine Textfolge eingebaut (Gen 21,33f; 22,19b), die ihrerseits nachpriesterschriftlich ist. Zuerst aber ist zu klären, wie sich Gen 22 zu den Pentateuchquellen verhält.

6.3.1 Gen 22,1–19* und die Pentateuchquellen

6.3.1.1 Indizien gegen die Zugehörigkeit von Gen 22,1–19* zu E
In der bisherigen Diskussion wurde Gen 22,1–19* immer wieder einer Quelle oder Redaktionsschicht E zugewiesen.[141] Es wird sich aber herausstellen, daß die stilistisch-sprachlichen Unterschiede zwischen Gen 22,1–19* und den übrigen Texten, die elohistisch sein könnten, so groß sind, daß Gen 22,1–19* nicht aus der gleichen Hand stammen kann. Dagegen wird sich zeigen, daß Gen 22,1–14a*.19a bereits vorausgesetzt, daß P und nichtpriesterschriftliches Material zusammengearbeitet waren.

Zuerst zu den markanten sprachlich-stilistischen Differenzen zwischen Gen 22,1–19* und den Texten, die herkömmlich zu einer Redaktionsschicht oder Quelle E gerechnet werden: Es spricht eindeutig gegen eine Zugehörigkeit von Gen 22,1–19* zu E, daß in Gen 22,1–19* nicht durchgehend von אלהים die Rede

---

139 S.o., 2.1.2 und u., 7.1.1.
140 Auch von Rad, Opfer, 34f erkennt, daß Gen 22,1–19 eine lange Zeit der Erfahrung mit Gott voraussetzt und theologisch hoch reflektiert ist. In diesem Sinne bewertet von Rad das Prüfungsmotiv in Gen 22,1–19 als „Zeichen eines ausgesprochenen Reifestadiums" (ATD 2/4, 190). All dies spricht für eine Datierung des Textes in die Spätzeit.
141 Vgl. z.B. Kilian, Opferung, 21ff; Graupner, Elohist, 214ff; Zimmer, Elohist, 133ff; Schmitt, Arbeitsbuch, 223ff; Jeremias, Gen 20–22, 60; Schorn, Genesis 22, 90ff. Zur aktuellen Diskussion über die Pentateuchquellen und den Einwänden gegen die Existenz von J und E s.o., 5.1.2.2.

ist.[142] Kaiser hat nochmals unterstrichen, daß der Verzicht auf den Jahwenamen für das theologische Profil von E wesentlich ist[143] – wenn man an der Existenz dieser Quellenschrift oder Redaktionsschicht festhalten will.[144] Umso mehr muß auffallen, daß der Engel in Gen 22,11 nicht als מלאך אלהים („Engel Gottes", so der sehr ähnliche Gen 21,17), sondern als מלאך יהוה („Engel Jahwes") auftritt.[145] Ein solcher Sprachgebrauch hat in den potentiellen E-Texten keine Analogie. Wo dort ein Engel erscheint, wird er als מלאך (ה)אלהים bezeichnet (Gen 21,17; Ex 14,19a[146]). Gen 22,1–19* weist also gerade in bezug auf den Engel einen deutlich anderen Sprachgebrauch auf als die übrigen sogenannten E-Texte. Und weil Engel als ein charakteristisches E-Thema gelten,[147] wäre gerade hier ein einheitlicher Sprachgebrauch innerhalb der Quelle oder Redaktionsschicht zu erwarten. Dazu kommt, daß in Gen 22,2 der jahwehaltige Name Morija verwendet wird und daß der Ort in Gen 22,14a „Jahwe sieht" genannt wird.

Die Exegeten, die mit einer elohistischen Herkunft von Gen 22,1–19* rechnen, haben dieses Problem von jeher gesehen. Sie haben versucht, es durch die These zu lösen, in Gen 22,11.14a sei ein älteres El oder Elohim sekundär durch Jahwe verdrängt worden. Auch der Name Morija in V.2 sei der nachträgliche Ersatz für einen älteren Namen oder ein Zusatz.[148] Doch so läßt sich das Problem nicht lösen, denn es gibt im Text keine Indizien dafür, daß der Jahwename in V.11.14a sekundär ist,[149] und der jahwehaltige Ortsname „Morija" ist durch Wortspiele mit den Schlüsselworten ראה („sehen" V.4.8.13.14a) und ירא („fürchten" V.12) fest im Text verankert.

Weiter unterscheidet sich das literarische Niveau von Gen 22,1–19* und den Texten, die in der Forschung oft E zugewiesen wurden[150] (z. B. Gen 20; 21,8ff*; 28,11–22; Ex 1,15–21; ein Faden in Ex 3; 18,13–27; 20,18–21).[151] Obwohl unter diesen für E beanspruchten Texten literarisch ansprechende Erzählungen sind

---

142 So auch Veijola, Opfer, 149; Kundert, Bindung Isaaks, 31; Schmid, Rückgabe, 279.
143 Vgl. Kaiser, Grundriß, 73; Zimmer, Elohist, 41 f.
144 S.o., 5.1.2.1 und 5.1.2.2.
145 Zur Erklärung dieses Sprachgebrauchs in Gen 22,1–19* s.o., 286, Anm. 70.
146 Noth betrachtet Ex 14,19a als ein elohistisches Fragment in der Flutgeschichte (vgl. ATD 5, 90). Dagegen ordnet Blum den Halbvers einer spätdtr. Redaktionsschicht zu, in der ein Engel eine wichtige Rolle spielt (z. B. Ex 23,20ff*; Jdc 2,1–5; vgl. Blum, Studien, 365 f und ähnlich Gertz, Tradition, 219 f).
147 So Kaiser, Grundriß Bd. 1, 73; vorsichtiger Smend, Entstehung, 85.
148 Vgl. Gunkel, HK 1/1, 240 ff; Kilian, Opferung 23 ff; Zimmer, Elohist, 118 ff; Schorn, Genesis 22, 94 f. Anders Jeremias, Gen 20–22, 61.
149 S.o., 6.1.2.
150 So auch Levin, Jahwist, 176 und erwägungsweise Kaiser, Grundriß Bd. 1, 75 f.
151 Zum Umfang der Quelle E vgl. Smend, Entstehung, 83 f; Kaiser, Grundriß Bd. 1, 71 f; Schmitt,

(z. B. Gen 20; 21,8ff*; Ex 1,15–21), wird das Niveau von Gen 22,1–19* nirgends erreicht.[152] Nirgends spielt z. B. das Hintergrundwissen des Lesers eine solche Rolle wie in Gen 22,1–19*. Durch Gen 22,1 weiß nämlich der Leser, daß Abraham nur von Gott erprobt wird, während Abraham diese Hintergründe nicht kennt.[153] Nirgends sonst in E findet sich ein derart durchkalkulierter Aufbau der Spannung unter Einsatz retardierender Elemente wie in Gen 22,3.9 f. In Gen 22,9 f kann der Leser quasi in Zeitlupe die letzten Minuten vor der Opferung Isaaks miterleben. Vergleichbares deutet sich höchstens in Gen 21,14 an, wo beschrieben wird, wie Abraham Hagar und Ismael vor deren Vertreibung ausrüstet. Aber die Zeit, bevor der rettende Engel erscheint (Gen 21,15–17) wird deutlich knapper und weniger detailliert erzählt als Gen 22,9 f. Hier findet sich kein Ausmalen einzelner Bewegungsabläufe wie in Gen 22,9 f. Weiter ist der Dialoganteil in den übrigen E-Erzählungen tendenziell höher als in Gen 22,1–19*, und sind die Dialoge wichtiger für den Ausgang der Handlung (vgl. z. B. Gen 20; Ex 1,15–21).

Außerdem fällt auf, daß die sogenannten E-Texte in den Abrahamerzählungen stets Neufassungen von anderen Erzählungen über Abraham sind.[154] Gen 20 (die Gefährdung der Ahnfrau und der Vertrag mit Abimelech) rekurriert auf Gen 12,10–20 und Gen 26. Gen 21,(6).8–34* (die Vertreibung der Hagar und der Brunnenstreit mit Abimelech) bezieht sich auf Gen 16 und 26. Dagegen gibt es keine zweite Erzählung von der Opferung eines Kindes in den Vätergeschichten, von der Gen 22,1–19* inspiriert sein könnte.

Gen 22,1–19* stammt somit eindeutig aus einer anderen Hand als die sogenannten E-Texte.[155] Das gilt genauso, wenn man auf die Hypothese einer Quelle

---

Arbeitsbuch, 225 f (für eine Redaktionsschicht E). Zur Forschungsgeschichte s. Zimmer, Elohist, 17 ff und o., 5.1.2.1.

152 So auch Veijola, Opfer, 150. Die Gemeinsamkeiten im Aufbau der Erzählungen in Gen 20–22, auf die Schorn mit McEvenue verweist (vgl. Genesis 22, 92), überzeugen nicht. Denn v. a. Gen 20 ist vollkommen anders gestaltet als die übrigen Geschichten in diesem Bereich. Das gleiche gilt für die Gemeinsamkeiten in Gen 20–22, die Schmitt aufzählt (vgl. Versuchung, 118 ff). Auch hier fällt Gen 20 aus dem Rahmen. Schmitt übersieht z. B., daß in Gen 20,7 anders als in Gen 21,21; 22,2 kein göttlicher Tötungsbefehl steht, sondern eine Alternativpredigt.

153 S. dazu auch von Rad, Opfer, 23 f; Ska, Testing, 97. Verglichen mit diesen Differenzen erweisen sich die Gemeinsamkeiten als wenig überzeugend, die Zimmer zwischen Gen 22,1–19* und den sogenannten E-Texten sieht. Zimmer verweist hier etwa auf Wortassonanzen wie das Wortspiel von ראה und ירא (vgl. Elohist, 133 f). Aber dieses Stilmittel wird in Gen 22,1–19* sehr viel virtuoser verwendet als in den E-Texten.

154 So auch Zimmer, Elohist, 42.

155 So schon Gese, Komposition, 40 f aufgrund der theologischen Eigenständigkeit von Gen 22,1–19*. Zur Widerlegung einiger sprachlicher Argumente für die Zugehörigkeit von Gen 22,1–19* zu E s. Gese, Komposition, 41, Anm. 34.

E verzichtet, und anstelle dessen von einer Redaktionsschicht aus einigen der E-Texte spricht. Gen 22,1–19* kann keiner solchen Redaktionsschicht angehört haben.[156]

Nun zu den Hinweisen, daß Gen 22,1–19* bereits die Verbindung von P und Nicht-P voraussetzt: In Gen 22,3.6 wird Abrahams Gehorsam durch die Verbindung von וילך („und er ging") und folgendem ויקח („und er nahm") ausgedrückt. Mit ויקח wird eingeführt, wen Abraham auf seine Reise mitnimmt, nämlich seine beiden Knechte und Isaak (22,3). וילך bezeichnet den Aufbruch (22,3.6).[157] Auch als Abraham in Gen 22,13 den Widder statt Isaak opfert, findet sich die Verbindung von וילך und ויקח. Dabei ist וילך ein gezieltes Textsignal, denn dieser Vermerk ist zum Verständnis der Handlung nicht erforderlich. וילך steht hier aus keinem anderen Grund, als um den Bezug zu Gen 12,4f herzustellen. Denn wenn es nur um das Nehmen des Widders ginge, wäre ויקח ausreichend. In Gen 12,4f erscheinen ebenfalls ויקח und וילך, und zwar in der gleichen Reihenfolge wie in Gen 22,13 und in umgekehrter Reihenfolge wie in Gen 22,3.6. Dabei steht וילך in Gen 12,4f wie in Gen 22,3 für den folgsamen Aufbruch, ויקח für das Mitnehmen der Reisebegleiter (Gen 12,5). Im Sinne des Gehorsams gegenüber einem Befehl Gottes ist die Verbindung von לקח und הלך in der Vätergeschichte sonst nicht belegt.[158] Daraus kann man schließen, daß der Verfasser von Gen 22,1–19* durch den gezielten Gebrauch von וילך und ויקח auf Gen 12,4f anspielt.

Dies setzt den Zusammenhang von Gen 12,4 und 5 voraus, und dieser ist offensichtlich nicht aus einem Guß. Denn Gen 12,4a, nach dem Lot mit Abraham geht (וילך אתו לוט), bildet eine Dublette zu Gen 12,5a, wo Abraham Sara, Lot und ihren Besitz mitnimmt (ויקח אברם את שרי ... ואת לוט ... ואת כל רכושם). Dabei ist deutlich, daß Gen 12,4b mit der Angabe zu Abrahams Alter beim Auszug und Gen 12,5 auf P zurückgeführt werden müssen,[159] weil die Formulierung von Gen 12,5 sehr stark dem P-Vers Gen 11,31[160] ähnelt, und auch Altersangaben typisch für P (vgl. Gen 11,32; 17,1; 21,5)[161] sind. Gen 12,4a dagegen gehört zum älteren Bestand von Gen 12. Gen 22,3.6.13 setzen Gen 12,4f in der heutigen Fassung voraus, d. h. daß

---

156 Dies betrifft auch die Überlegung von Kaiser, Grundriß Bd. 1, 74 ff, eine Zusatzschicht Gen 20–22* zu veranschlagen. Kaiser selbst räumt ein, daß Gen 22 in dieser Textgruppe aus dem Rahmen fällt (vgl. Grundriß Bd. 1, 75 f).

157 Vgl. andeutungsweise Steins, Bindung, 140.

158 Die beiden Wurzeln erscheinen zusammen nur noch in Gen 24,61; 27,14 und 36,6. Doch spielt dort ein göttlicher Befehl keine Rolle, sondern die Aktion erfolgt aus menschlicher Initiative.

159 So mit Wellhausen, Composition, 15; Gunkel, HK 1/1, 262; Levin, Jahwist, 140. Anders Blum, Vätergeschichte, 333.441. Er rechnet Gen 12,5 zur Toledotbearbeitung.

160 So mit Gunkel, HK 1/1, 158; Levin, Jahwist, 140.

161 So auch Gunkel, HK 1/1, 158.264 ff; Levin, Jahwist, 140.157.172.

der ältere Bestand Gen 12,4a und die P-Verse Gen 12,4b.5 bereits miteinander verknüpft waren. Daraus ist zu schließen, daß dem Verfasser von Gen 22,1–19* die sogenannte Endredaktion, die Verbindung von P und Nicht-P, bereits vorlag.[162]

Gen 22,1–19* ist somit kein E-Text. Es haben aber Texte, die in der Forschungsgeschichte öfters E zugeordnet wurden, als Vorbilder für Gen 22* gedient.[163] Einer dieser Beziehungen soll im folgenden nachgegangen werden. Denn so kann das theologische Profil von Gen 22,1–19* weiter herausgearbeitet werden.

6.3.1.2 Gen 22,1–19* als Abwandlung von Gen 21,8–21

Ein wichtiges Beispiel für die Abhängigkeit von Gen 22,1–19* von sogenannten E-Texten ist Gen 21,8–21,[164] die Erzählung von der endgültigen Vertreibung der Hagar und ihres Sohnes Ismael (vgl. Gen 16). Zwischen Gen 21,8–21 und Gen 22,1–19* zeigen sich deutliche sprachliche Berührungen. Beispielsweise ist das Auftreten des Engels in Gen 21,17 und 22,11 nahezu identisch formuliert. Noch gewichtiger sind die motivlichen und theologischen Gemeinsamkeiten. In beiden Texten geht es z. B. darum, daß Gott von Abraham verlangt, einen seiner Söhne preiszugeben (Gen 21,12; 22,2). Dementsprechend ist in der Forschung anerkannt, daß dieser Text eine besonders enge Parallele zu Gen 22,1–19* darstellt.[165] Angesichts der großen Gemeinsamkeiten zwischen beiden Texten stellt sich sogar die Frage, ob sie auf eine Hand zurückgehen. Tatsächlich wurden diese Verbindungen in der Forschung des öfteren in dem Sinne ausgewertet, daß beide Texte der Quelle E angehören oder zumindest einer gemeinsamen Redaktionsschicht. In der jüngeren Zeit haben das besonders Jeremias und Schorn vertreten.[166] Nicht

---

162 Zu weiteren Indizien dafür s. u., 6.3.1.3.

163 S.u., 6.3.1.4; 6.5.

164 Gegen Levin, Jahwist, 172, gehört V.8 nicht zu dem älteren Bericht über Isaaks Geburt in Gen 21,1–7, sondern wurde gezielt als Überleitung zu Gen 21,9–21 formuliert (so auch Fischer, Erzeltern, 299 f; Zimmer, Elohist, 82). Denn Gen 21,1–7 ist sehr stark von formelhaften Geburtsberichten beeinflußt, z. B. Gen 16,4a.15 (s. Levin, Jahwist, 149 zum ursprünglichen Zusammenhang dieser Verse); 16,11; Jes 8,3; Hos 1,3 f.6. Typisch für diese Berichte ist die Abfolge von הרה, ילד und שם קרא („schwanger (sein)“, „gebären“, „mit einem Namen nennen“). Dabei wird niemals eine Entwöhnung des Kindes erwähnt. Zwar geht es im Kontext eines Geburtsbericht (Hos 1,3 f.6) in Hos 1,8 um die Entwöhnung Lo-Ruchamas, doch dieser Vers ist ein Zusatz (vgl. Rudnig-Zelt, Hoseastudien, 86 f). Außerdem bereitet die Aussage über die Entwöhnung in Hos 1,8 die Geburt eines weiteren Kindes vor, und das spielt in Gen 21,1–7 keine Rolle.

165 Vgl. z. B. Fischer, Erzeltern, 333 ff; Levin, Jahwist, 177; Zimmer, Elohist, 125 f; Kaiser, Bindung, 209; Jeremias, Gen 20–22, 61 ff; Schorn, Genesis 22, 91 ff.

166 Zu Gen 21,8–21 und 22* als Bestandteilen von E s. z. B. Graupner, Elohist, 203 ff.214 ff; zu Gen 21,8–21; 22* als Bestandteilen einer Redaktionsschicht E s. z. B. Zimmer, Elohist, 163 ff; Jere-

zuletzt hat H.-C. Schmitt 2004 noch einmal hervorgehoben, wie wichtig für die Hypothese einer Quelle oder Redaktionsschicht E ist, daß der Zusammenhang Gen 20–22 dazugehörte.[167] Aufgrund dieser neueren Voten für einen elohistischen Zusammenhang Gen 21,8–21; 22,1–19* muß untersucht werden, ob diese Texte tatsächlich aus einer Hand stammen können.

6.3.1.3 Das Wachstum von Gen 21,8–21

Bevor Gen 22,1–19* und Gen 21,8–21 verglichen werden können, ist nach dem Textwachstum von Gen 21,8–21 zu fragen. Es wird sich herausstellen, daß Gen 21,8–21 nur wenige Zusätze enthält, daß aber diese Zusätze fast alle von der Tendenz geprägt sind, Ismael gegenüber Isaak abzuwerten. Dagegen wird im Grundbestand dafür plädiert, daß Ismael zwar für das zukünftige Jahwevolk Israel im Unterschied zu Isaak keine Rolle spielt (z. B. V.12), daß ihm aber die gleiche Fürsorge Jahwes gilt und daß er eine ebenso große Verheißung empfängt (V.17–20aα; vgl. die ganz ähnliche Aussage in Gen 17,20 f)[168]. Im Verlauf der Genese von Gen 21,8–21 findet also eine Debatte über den Status Ismaels statt.

Die Tendenz der Zusätze, Ismaels Status zu reduzieren, manifestiert sich bereits im ersten sekundären Vers. Es handelt sich um V.13. In dem Vers mildert Gott durch eine Verheißung die Forderung an Abraham, seinen Sohn Ismael und dessen Mutter Hagar gemäß Saras Wunsch zu vertreiben (V.10–12). Der Nachtragscharakter von V.13 zeigt sich erstens durch den Anschluß mit וגם („und auch"); zweitens ist V.13 eine Dublette zu V.18. In beiden Versen wird Ismael verheißen, daß Gott ihn zu einem Volk (V.13)/großen Volk (V.18) macht (שׂים).

Diese Tendenz von V.13 wird deutlich, wenn man den Vers mit seiner Vorlage V.18 vergleicht. Gen 21,18 ist die älteste Fassung der Verheißung an Ismael in Gen 21,8–21.[169] Dort wird Ismaels Mutter versprochen, daß Gott Ismael zu einem

---

mias, Gen 20–22, 60; Schorn, Genesis 22, 90 ff; erwägungsweise Kaiser, Bindung, 217. Zur Debatte über E als Quelle oder als Redaktionsschicht s. o., 5.1.2.2.

167 Vgl. Schmitt, Schuld, 259 f; ähnlich Schorn, Genesis 22, 96.

168 Zu Gen 17,20 f s. u., 314.

169 Gegen Levin, Jahwist, 178; Schorn, Genesis 22, 96 f, Anm. 27 ist Gen 21,18 zur Grundschicht von Gen 21,8–21 zu rechnen (so auch Fischer, Erzeltern, 317; Zimmer, Elohist, 83). Denn auf die Beruhigungsformel אל תיראי als Anrede Jahwes/eines Engels an einen einzelnen folgt in aller Regel eine Verheißung (z. B. Gen 15,1; 26,24; 46,3; Jos 10,8; 11,6; Jdc 6,23; II Reg 19,6 f parallel Jes 37,6 f; Jes 7,4; Jer 1,8; Dan 10,12). Dabei reicht die Erhörungszusage in V.17 nicht als Verheißung aus, weil sie noch keine Zusagen an Ismael enthält. Zwar scheint die Verheißung in V.18b hinter den femininen Imperativen in V.18a zu spät zu kommen. Aber auch in Jes 40,9; Joel 2,21 stehen wie in Gen 21,17 f feminine Imperative zwischen Beruhigungsformel und Verheißung.

großen Volk macht (so auch Gen 17,20). Dagegen wird in Gen 21,13 nur angekündigt, daß Ismael zu einem *Volk* wird. Der Wechsel von „großem Volk" in Gen 21,18 zu „Volk" in Gen 21,13 ist aufschlußreich für die Tendenz des jüngeren 21,13. Nach Gen 21,18 und 17,20 erhält Ismael die gleiche Verheißung wie Abraham (Gen 12,2; 18,18) und Jakob (Gen 46,3).[170] Er ist folglich für das Volk der Ismaeliter genauso ein Erzvater wie Abraham und Jakob für das spätere Volk Israel. Und das spätere Volk der Ismaeliter wird als genauso groß wie Israel dargestellt. In Gen 21,13 wird dies korrigiert. Damit wird erstens klargestellt, daß Ismael als Kind aus der Verbindung mit einer Ausländerin weniger wichtig ist als Abraham und Jakob. Zweitens soll festgehalten werden, daß das Volk der Ismaeliter dem Volk Israel zahlenmäßig unterlegen ist. So wird die Bedeutung der Ismaeliter gemindert.[171]

Der zweite Zusatz in Gen 21,8–21 steht in V.16.[172] Hier fällt die Wiederholung von ותשב („und sie setzte sich") und מנגד („gegenüber") in 16bα auf. Dabei handelt es sich um eine Wiederaufnahme im Kuhl'schen Sinne, denn eine inhaltliche Motivation für die Wiederholung der beiden Worte ist nicht erkennbar. Die Aussage von 16aα²bα (ab הרחק כמטחוי קשת „etwa eine Bogenschußweite entfernt" und bis מנגד „gegenüber") wird im folgenden nicht vorausgesetzt. Daß sich Hagar eine Bogenschußweite von Ismael entfernt hinsetzt, weil sie sein Sterben nicht sehen kann, ist für das Verständnis der Erzählung entbehrlich. Folglich ist

---

170 Die Verheißung eines großen Volkes in der Gen findet sich sonst nur noch für Jakob in Gen 46,3. Dieser Vers berührt sich eng mit Gen 21,17 f. Beide Stücke sind in Beerscheba situiert (Gen 21,14; 46,1a). Nur hier ist in Gen die Beruhigungsformel verbunden mit der Verheißung, jemanden zu einem großen Volk zu machen. Weiter steht in Gen 21,18 und 46,3 שים wie sonst nur in Gen 21,13, der jüngeren Imitation von Gen 21,18. Und schließlich spielt in beiden Texten das Mitsein Gottes eine große Rolle. In Gen 21,20 wird erzählt, daß Gott mit (את) Ismael ist, in Gen 46,4 verheißt Gott Jakob sein Mitsein (עם). Da in Gen 46,3f Motive und Stichworte aus Gen 21,17 f.20 gebündelt erscheinen, kann man Gen 46,3f als jüngere Zusammenfassung von Gen 21,17 f.20 bewerten.

171 Diese Tendenz von 21,13 übersieht Zimmer, Elohist, 93.

172 In Gen 21,14 fällt eine Unterbrechung der Narrativkette am Ende der ersten Vershälfte auf. Hier erscheint zuerst ein Partizip oder Perfekt von שים verbunden mit על שכמה („auf ihre Schulter legen"), danach ein Akkusativobjekt (את הילד „das Kind"). In der Forschung hat man dieses Problem meist mit zwei LXX-Handschriften und der Peschitta durch eine Umstellung gelöst. Indem man את הילד vor שם על שכמה stellt, erhält man einen invertierten Verbalsatz. Auf diese Weise ergibt sich ein chiastischer Aufbau von 21,14a. Allerdings ist hier MT eindeutig *lectio difficilior*. Und es ist schwer erklärbar, wieso der einleuchtende chiastische Textaufbau der LXX-Handschriften und der Peschitta in weiten Teilen der Textüberlieferung gestört wurde. Deshalb ist eher zu erwägen, ob שם על שכמה und את הילד nicht sukzessive als Glossen in V.14 eingebracht wurden (vgl. schon Jacob, Genesis, 482f für שם על שכמה). Das Ziel dieser Glossen wäre klarzustellen, daß Hagar auch Ismael mitnimmt und daß sie das Kind oder den Proviant auf der Schulter trägt.

16aα²bα als Nachtrag einzustufen. Von der gleichen Hand wurden die letzten drei Worte in V.17 eingetragen (באשר הוא שם „dort, wo er ist"). Sie klappen stark nach und nehmen darauf Bezug, daß Ismael ein Stück weit entfernt von Hagar liegt.[173] Der Zusatz soll Hagars Schmerz verdeutlichen und die Dramatik der Rettung steigern. Außerdem wird durch den Zusatz eine Spannung im Text eingeebnet. Es kann nämlich mit Hilfe von 16aα²bα erklärt werden, wieso Gott in V.17 auf die Stimme Ismaels hört, obwohl nach 16bβ Hagar weint. Durch V.16aα²bα wird klargemacht, daß Ismael selbst schon gar nicht mehr weinen kann, indem der Junge als sterbend dargestellt wird.[174] Das Gottesbild des Textes bekommt durch den Zusatz V.16aα²bα eine neue Nuance. Es wird gezeigt, daß Gott den unausgestoßenen Notschrei des Sterbenden hört.

In V.17 gibt es außer den letzten drei Worten keine Zusätze. Daß nach V.16bβ *Hagar* weint, aber nach 17a Gott *Ismaels* Stimme hört, ist kein Indiz für Textwachstum an dieser Stelle. Daß Ismael Objekt des göttlichen Hörens ist, verdankt sich einem etymologisierenden Wortspiel mit dem Namen Ismael („Gott hört").[175] Dabei wird erstens vorausgesetzt, daß der Leser weiß, daß das Kind Ismael heißt, denn der Name selbst fällt im Text nicht. Der Leser muß also mindestens Gen 16 kennen. Weiter sollte er mit dem Wortspiel von „Ismael" und „hören" vertraut sein. Er soll also Gen 16,11; 17,20 im Hinterkopf haben.[176]

In V.20 f fällt erneut eine Wiederaufnahme ins Auge. Zu Beginn von V.21 werden וישב („und er wohnte") und במדבר („in der Wüste") vom Beginn von V.20

---

173 Gegen Schorn, Genesis ??, 96 f, Anm. 27; ähnlich Levin, Jahwist, 178 f. Levin hält allerdings V.16a für nachgetragen, was den Regeln der Wiederaufnahme nicht entspricht. Nach diesen Regeln wiederholt nämlich der Ergänzer die Stichworte aus dem vorliegenden Text (ותשא und מנגד in 16aα) am Ende seiner Ergänzung (16bα). Gegen die Annahme von Nachträgen in V.16 äußert sich Zimmer, Elohist, 83.
174 Gegen Zimmer, Elohist, 80 kann man aus V.14–19 nicht schließen, daß Ismael in Gen 21,8–21* als Kleinkind geschildert wird. Das Alter Ismaels bleibt im Text in der Schwebe. In V.14 wird nach der wahrscheinlich älteren MT-Textfolge (s.o, 310, Anm. 172) nicht gesagt, daß Hagar Ismael auf der Schulter trägt. Daß Hagar den Jungen unter einen Strauch fallen läßt (V.15, so mit HALAT, 1414; ähnlich Jacob, Genesis, 483), kann mit der Schwäche des Verdurstenden zusammenhängen, den Hagar vorher gestützt hat. Diese Schwäche erklärt auch, wieso Hagar ihren Sohn tränken muß (V.19). Dafür, daß Ismael noch ein kleines Kind ist, spricht nur, daß er früher am Verdursten ist als Hagar.
175 So auch Knauf, Ismael, 21; ähnlich Levin, Jahwist, 177 f. Zu diesem Wortspiel vgl. auch Gen 16,11; 17,20, s. dazu u., 314. Gegen literarkritische Schnitte in V.17 äußern sich auch Fischer, Erzeltern, 304; Levin, Jahwist, 177 f; Zimmer, Elohist, 80 f; Schmitt, Schuld, 264. Die LXX oder ihre Vorlage ebnen diese Spannung in V.16 f ein, indem hier Ismael am Ende von V.16 weint.
176 Daß Gen 21,8–21 nach dem Vorbild von Gen 16 gearbeitet ist, ist in der Forschung Konsens, s. z. B. Fischer, Erzeltern, 331; Levin, Jahwist, 177; Zimmer, Elohist, 87 ff. S. auch u., 314.

wiederholt. Diese Wiederholung wird in V.21a mit der Bemerkung verbunden, daß Ismael in der Wüste Paran wohnt. Dagegen ist in V.20 davon die Rede, daß Ismael in *der* Wüste wohnt (Determination von במדבר). Dies bezieht sich auf die Wüste Beerscheba in V.14.[177] Aufgrund dieser Wiederaufnahme und aufgrund der Spannung zu Gen 21,14 erweisen sich V.20bβ.21a als sekundär.

Die Intention dieses Zusatzes ist es, die Ortsangabe במדבר in V.20bα zu präzisieren[178] und zugleich umzuprägen. Nach dem Grundbestand lebt Ismael nämlich in der Wüste Beerscheba (V.14.20bα), d. h. in unmittelbarer Nähe zu seinem Halbbruder Isaak (Gen 26,23 ff). Dies entspricht der Tendenz des Grundbestandes, am gleichen Segen und am gleichen Wert für alle Nachkommen Abrahams festzuhalten. Durch die nachträgliche Klarstellung in V.21a („und er lebte in der Wüste Paran") wird dagegen behauptet, daß sich Ismael weit entfernt von Isaak aufhält. Damit gehört er nicht mehr zu Abrahams Nachkommen im eigentlichen Sinne. Außerdem wird Ismael durch V.21a quasi aus dem verheißenen Land entfernt. Denn anders als Beerscheba liegt die Wüste Paran außerhalb dieses Landes.[179] Insofern liegen V.20bβ.21a von ihrer Tendenz her auf einer Linie mit dem Zusatz V.13.[180] In beiden Versen geht es darum auszuschließen, daß Ismael und seine Nachkommen die gleiche Bedeutung haben wie Isaak und das verheißene Volk Israel. Folglich dürften V.13.20bβ.21a aus einer Hand stammen.

In V.21b wird behauptet, Hagar nähme für Ismael eine ägyptische Frau. Dieser Halbvers klappt nach und ist deshalb nicht ursprünglich. In der Forschung wurde er schon des öfteren als Zusatz eingestuft.[181] Von der Intention her entspricht die Aussage von V.21b der von V.21a. Indem Ismael eine Ägypterin heiratet, ist seine Trennung von der Linie Isaak-Jakob-Volk Israel besiegelt.[182] Andererseits steht V.21b nicht mehr innerhalb des Zusatzes V.20bβ.21a, der ja durch eine Wiederaufnahme abgeschlossen wird. V.21b kann folglich nicht auf die gleiche Hand zurückgehen. Es ist deshalb zu vermuten, daß V.21b etwas später als V.13.20bβ.21a eingefügt wurde, und zwar von einem Redaktor, der die gleiche theologische Richtung vertrat.

Zusammenfassend kann man also sagen, daß der Grundbestand von Gen 21,8–21 aus V.8–12.14–16aα¹bβ.17* (ohne באשר הוא שם; „dort, wo er ist") –

---

177 Gegen Fischer, Erzeltern, 304 ist diese Bemerkung in V.14 kein Zusatz.
178 So auch Levin, Jahwist, 179.
179 S.o., 218, Anm. 413.
180 S.o., 309 f.
181 So z. B. Levin, Jahwist, 179; Zimmer, Elohist, 85.
182 So auch Zimmer, Elohist, 93. Jacob, Genesis, 485 beobachtet richtig, daß der Verfasser von Gen 21,21b eine Hagar präsentiert, die Mischehen fördert, anders als der Abraham aus Gen 24,3.

20a besteht. In diesem Grundbestand geht es um die Bedeutung des Abrahamsohnes Ismael. Dabei wird Ismael als nur wenig geringer eingestuft als Isaak. Er hat zwar keine Bedeutung für das zukünftige Gottesvolk Israel (V.12) und darf deshalb von Abraham nichts erben (V.10.14). Aber Gott hilft ihm genauso wie Isaak. Gottes Fürsorge setzt sich durch, obwohl Abraham und Sara die Bedeutung Ismaels nicht sehen. So fordert Sara rigoros die Vertreibung dieses Sohnes (גרש Piel, V.10), und Abraham gibt Ismael und Hagar nicht ausreichend Wasser mit (V.14 f). Doch in Gottes Augen ist Ismael nicht weniger wert als Isaak. Dies wird daran deutlich, daß Ismael genauso wie Abraham (Gen 12,2; 18,18) und Jakob (Gen 46,3) ein großes Volk verheißen wird (Gen 21,18 vgl. Gen 17,20). Weiter ist Gott mit Ismael (Gen 21,20a; את) so wie er mit den anderen Erzvätern ist: z. B. mit Isaak (Gen 26,24; את) mit Jakob (z. B. Gen 28,20; 31,3; 35,3; alle mit עם) und mit Joseph (z. B. Gen 39,21.23; alle mit את).[183] Und von beiden Söhnen Abrahams wird in Gen 21,8–21* gleichermaßen gesagt, daß sie großwerden (גדל Qal, s. Gen 21,8.20a). Schließlich wohnen beide Abrahamsöhne im gleichen Gebiet, nämlich in Beerscheba und der dortigen Wüste (Gen 21,14bα.20aα; 26,23 ff). Auf diese Weise setzt Gen 21,8–21* die ausländerfreundliche Tendenz fort,[184] die bereits die Erzählung von der Gefährdung der Ahnfrau in Gen 20 prägt.[185]

Diese ausländerfreundliche Tendenz wird durch die Zusätze V.13.20bβ.21a und den noch jüngeren V.21b korrigiert.[186] Dabei reduziert V.13 die Verheißung für Ismael, und V.20bβ.21a betont seine räumliche Entfernung von dem israelitischen Halbbruder. Der etwas jüngere V.21b läßt Ismael eine Ägypterin heiraten, so daß seine Nachkommen mehr mit Ägypten als mit Israel zu tun haben.

---

183 S. dazu auch Zimmer, Elohist, 92, Anm. 86. In bezug auf Abraham ist das Motiv nur lose verankert, daß Gott mit ihm ist. Es findet sich nur in Gen 21,22 als Aussage des Ausländers Abimelech über Abraham.

184 Weitere Beobachtungen zur ausländerfreundlichen Tendenz in Gen 21,8–21* bietet Zimmer, Elohist, 89 ff.

185 Zimmer, Elohist, 93 f schreibt Gen 20 und Gen 21,8–21* der gleichen Hand zu. Dagegen spricht jedoch, daß Gen 21,8–21* die enge Verbindung zwischen Gen 20,15 und 21,34 unterbricht. Ursprünglich waren beide Verse als Rahmung der Erzählung von der Geburt Isaaks in 21,1–7* konzipiert, s. o., 253, Anm. 561 und 308, Anm. 164; ähnlich Levin, Jahwist, 172 f. Außerdem geht es in Gen 21,8–21* um Gottes Hilfe und Verheißung für einen Menschen von halb ausländischer Herkunft. Dies ist eine Weiterentwicklung und Steigerung von Gen 20, wo Gott den ausländischen König „nur" vor Schuld bewahrt.

186 Zu dem Zusatz in V.16 f s. o., 310 f.

Exkurs: zur Datierung von Gen 21,8–21*

Für die Datierung des Grundbestands von Gen 21,8–21 sind v. a. Bezüge zu Gen 17,20[187], einem Nachtrag zu P[G], relevant.[188] Denn in diesem Text findet sich über Gen 16 hinaus[189] das entscheidende Vorbild für Gen 21,8–21*. Wie in Gen 21,8–21* wird Ismael in Gen 17,20 zwar aus Israels Heilsgeschichte herausgenommen, weil Gott den Bund nur mit Isaak schließt. Aber trotzdem wendet sich Gott Ismael zu. Ismael soll zu einem großen Volk werden, und Gott will ihn segnen. Weiter findet sich in Gen 17,20 wie in Gen 21,17 ein etymologisierendes Wortspiel mit dem Namen Ismael („Gott hört"). Denn zu Beginn von Gen 17,20 sagt Gott zu Abraham: „Und was Ismael („Gott hört") betrifft, habe ich dich gehört." An diesem Wortspiel läßt sich zeigen, daß Gen 21,17 jünger ist als Gen 17,20. Denn in Gen 21,8–21 wird der Name Ismael nicht mehr genannt. Das Wortspiel ist also viel indirekter als in Gen 17,20 und dem einzigen weiteren Beleg Gen 16,11. Deshalb wird vorausgesetzt, daß das Wortspiel schon eingeschliffen ist. Dies ist erst der Fall, wenn über Gen 16,11 hinaus schon Gen 17,20 vorliegt. Weiter werden sowohl Gen 16,11 als auch 17,20 in 21,17 gesteigert. Nach Gen 16,11 und 17,20 werden die Mutter und der Vater des Benannten von Gott gehört oder erhört, was dem ursprünglichen Sinn des Satznamens Ismael entspricht. Gen 21,17 stellt darüber hinaus klar, daß auch der Benannte selbst gehört wird.

Gen 17,20 f ist innerhalb des P[G]-Kapitels Gen 17 ein Zusatz, denn in V.21a findet sich eine Wiederaufnahme der Bundesverheißung für Isaak aus V.19b.[190] Im unmittelbaren Zusammenhang mit der Wiederaufnahme Gen 17,21a dürfte der Relativsatz Gen 17,21b entstanden sein. Hier wird noch einmal die Geburt Isaaks verheißen (vgl. Gen 17,16.19a), wobei das Stichwort מועד aus Gen 18,14 (nicht-P); 21,2b (nach-P)[191] auftaucht. Daraus kann man schließen, daß Gen 17,20 f frühestens im Zusammenhang mit der Endredaktion (d. h. der Verbindung von P und Nicht-P)[192] ergänzt wurde. Gen 21,8–21* als Nachahmung von Gen 17,20 ist folglich nachendredaktionell.[193]

---

187 Gen 16,10 kommt als Vorbild für die Verheißung in Gen 21,18 nicht in Frage, denn Gen 16,10 richtet sich an Hagar, nicht an Ismael, und ihr wird lediglich Mehrung verheißen, keine Volkwerdung. So auch Kaiser, Bindung, 210.

188 So auch Knauf, Ismael, 17 ff.

189 Daß Gen 21,8–21 nach dem Vorbild von Gen 16 gearbeitet ist, ist in der Forschung Konsens, s. z. B. Knauf, Ismael, 18 ff; Levin, Jahwist, 177; Fischer, Erzeltern, 331; Zimmer, Elohist, 87 ff.

190 Anlaß für diesen Zusatz dürfte gewesen sein, daß Abrahams Bitte für Ismael (Gen 17,18) ohne Erhörungszusage blieb, weil der zuständige Verfasser nur an der Verheißung von Isaaks Geburt und dem ewigen Bund mit Isaak interessiert war (Gen 17,19). Schon Gen 17,18 f gehören nicht zum Grundbestand von Gen 17 (s. o., 252, Anm. 555).

191 S. o., 5.4.5 und 253, Anm. 561.

192 S. o., 5.1.2.2.

193 So auch Knauf, Ismael, 18 f; Levin, Jahwist, 175 ff; ders., Dialog, 241 ff, v. a. Anm. 32; Kaiser, Bindung, 213. Dagegen Fischer, Erzeltern, 320, Anm. 71; Zimmer, Elohist, 95. Zimmer unterschätzt jedoch die starken Gemeinsamkeiten zwischen Gen 17,20 und 21,17 f und überschätzt die Nähe von Gen 21,13 und 17,20. Nach Fischer, Erzeltern, 357 ff stammt Gen 21,8–21 aus der Exilszeit, nach Zimmer, Elohist, 307 aus dem 7. Jh.

6.3.1.4 Gen 21,8–21* und Gen 22,1–19* – ein Vergleich

Nachdem das Wachstum von Gen 21,8–21* geklärt ist, kann der Text nun mit Gen 22,1–19* verglichen werden, um zu eruieren, ob beide Texte aus einer Hand stammen können.

Zunächst fallen wörtliche und nahezu wörtliche Übereinstimmungen zwischen Gen 22,1–19* und dem Grundbestand von Gen 21,8–21 auf. So werden die Handlungen, mit denen Abraham den göttlichen Befehl (Gen 21,12; 22,2) ausführt, identisch eingeleitet (Gen 21,14; 22,3): בבקר אברהם וישכם ("Und Abraham stand früh am Morgen auf"). Mit dieser Formulierung beginnt zugleich in beiden Texten die Lebensgefahr für den Abrahamssohn. Auch bei der Rettung dieses Kindes tauchen sehr ähnliche Aussagen auf. So unterscheidet sich der Auftritt des rettenden Engels in Gen 21,17 und 22,11 nur durch die unterschiedliche Gottesbezeichnung (Elohim in Gen 21,17; Jahwe in Gen 22,11).[194] Und in beiden Texten ist das Kind außer Gefahr, sobald sein Vater oder seine Mutter etwas sieht (ראה: Gen 21,19; 22,13). Dazu kommen theologische und motivliche Gemeinsamkeiten. In beiden Texten wird ein Kind von seinem Vater in Lebensgefahr gebracht. Beide Male wird dies von Gott verlangt.[195] In Gen 21,12 unterstützt Gott die Forderung Saras, Ismael zu vertreiben, in Gen 22,2 will Gott sogar das Kind als Brandopfer. Allerdings rettet derselbe Gott durch sein Eingreifen das Kind (Gen 21,17–20*; 22,11f.). In beiden Texten wird also die dunkle Seite Gottes sichtbar und zugleich durch Gottes Rettungshandeln überboten und begrenzt.

Weiter zeigen beide Texte eine ähnlich hoch reflektierte Angelologie. Gerade dadurch fallen Gen 21,8–21* und 22,1–19* in Gen aus dem Rahmen. In der Regel sind nämlich in Gen die Engel oder Gottesboten sehr menschenähnlich und können am irdischen Geschehen fast wie Menschen teilnehmen (z. B. Gen 18,8; 19,1–11). Dagegen findet in Gen 21,8–21* und 22,1–19* eine sehr starke Transzendierung der Engel statt. Nur hier sprechen in Gen Engel direkt vom Himmel, und nur hier sind Engel eindeutig Himmelswesen.

Die auffälligste Ähnlichkeit zwischen beiden Texten ist die Verwendung der Gottesbezeichnung Elohim. Doch zeigt sich hier ein charakteristischer Unterschied. In Gen 21,8–21 kommt keine andere Gottesbezeichnung vor, in Gen 22,1–19* wird in V.11.14a Jahwe gebraucht. Außerdem erscheint in V.2 der jahwehaltige Name Morija.[196] Mit Hilfe der Gottesbezeichnung Jahwe wird in Gen 22,1–19* auf

---

194 So auch Jeremias, Gen 20–22; 62ff; Schorn, Genesis 22, 91ff; Kaiser, Bindung, 209f. Dabei rekonstruiert Kaiser für Gen 22,11 eine ursprüngliche Fassung, in der von einem אלהים מלאך die Rede war. Dies ist aus methodischen Gründen nicht zulässig, s. auch o., 277ff.
195 So auch Schmid, Rückgabe, 287.
196 S.o., 280.

andere Texte angespielt, z. B. auf Ex 3,4.[197] Eine solche Zitiertechnik wird in Gen 21,8–21 nicht verwendet. Obwohl das Tetragramm in Gen 16 als der wichtigsten Vorlage steht, taucht es in Gen 21,8–21 nicht auf. Diese völlig unterschiedliche Zitiertechnik spricht dafür, daß beide Texte aus verschiedenen Händen stammen.

Und in Gen 21,8–21* und Gen 22,1–19* finden sich weitere Beispiele für diese verschiedene Zitiertechnik.[198] In Gen 22,1–19* werden Wendungen aus den Gebertexten regelrecht zitiert, z. B. ... אשר ... (ה)ארץ) אל ... לך לך in Gen 12,1 und 22,2 („Geh ... in das Land ..., das ...“); מן השמים ... מלאך ... ויקרא in Gen 21,17 und Gen 22,11 („und es rief ... der Engel ... vom Himmel“). Dagegen werden in Gen 21,8–21* Motive aus anderen Texten aufgegriffen und sprachlich und inhaltlich variiert: z. B. der Brunnen aus Gen 16,7 (עין המים „Wasserquelle“).14 (באר „Brunnen“) in Gen 21,19 (באר מים „Brunnen mit Wasser“) und die Erbregelung aus Gen 25,5, anders dagegen Gen 21,10. Das bestätigt, daß Gen 21,8–21* und 22,1–19* nicht vom gleichen Verfasser stammen können.

Darüber hinaus zeigen gerade die theologischen Themen, die beide Texte gemeinsam haben, daß Gen 22,1–19* eine Weiterentwicklung von Gen 21,8–21* ist. Wichtige Probleme aus Gen 21,8–21* werden in Gen 22,1–19* aufgegriffen und radikaler abgehandelt. Dies betrifft die Themen „Verheißung und Erfüllung“ und „Gehorsam“ sowie das Gottesbild.

In Gen 21,8–21* und in Gen 22,1–19* steht eine Verheißung Gottes auf dem Spiel, weil Gott den Verheißungsträger in Gefahr bringt. Gott hat jeweils vorher dem bedrohten Kind vieles verheißen: Mehrung, Volkwerdung, fürstliche Nachkommen und Segen für Ismael (Gen 16,10; 17,20 f),[199] Segen, Werden zu Völkern, königliche Nachkommen (מלכי עמים „Könige von Völkern“) und einen ewigen Bund (Gen 17,16.19) für Isaak.[200] Es ist klar, daß der Tod des Kindes die Verheißungen außer Kraft setzen würde. Stirbt das Kind noch dazu auf einen göttlichen Befehl hin (Gen 21,12; 22,2), scheint Gott seine Verheißungen zurückzunehmen.

---

197 Vgl. Steins, Bindung, 209 f.

198 S. bereits o., 6.1.2.

199 S.o., 314 zu Gen 17,20 f und dazu, daß Gen 21,8–21* diese Verheißung voraussetzt.

200 Schmid hat richtig gesehen, daß sich Gen 22,1–19* insofern auf Gen 17 bezieht, als der dort geschlossene Bund mit Abraham und der verheißene Bund an Isaak zur Disposition stehen (vgl. Rückgabe, 293 f, Anm. 101). Denn wenn Gott den Tod Isaaks zuließe, hätte er den ewigen Bund mit Abraham und Isaak noch zu Lebzeiten des Abraham gebrochen. Die übrigen Verheißungstexte in den Abrahamserzählungen richten sich nicht klar an Isaak oder Ismael, sondern an Abrahams Nachkommen im allgemeinen s. Gen 12,7; 13,15 f; 15,1–7. Sie stehen in Gen 22,1–19* zur Disposition, weil Isaak nach der Vertreibung Ismaels der einzige übrige Nachkomme Abrahams ist.

Allerdings sind die Verheißungen für Isaak ungleich gewichtiger, und insofern steigert Gen 22,1–19* die Vorlage Gen 21,8–21*. Denn nur dem Isaak hat Gott einen ewigen Bund angekündigt. Diese Verheißung des ewigen Bundes betrifft darüber hinaus die Leser von Gen 22,1–19*, insofern sie sich als Nachfahren Isaaks verstehen. So wird das Problem der gefährdeten Verheißung auf ihre eigene Vorgeschichte übertragen. Während die Leser in Gen 21,8–21* aus einer gewissen Distanz betrachten konnte, wie Gott seine Verheißung für die Ismaeliten zur Disposition stellt, geht es in Gen 22,1–19* um die eigene Vorgeschichte der Leser.

In beiden Texten wird in der göttlichen Anordnung an Abraham, das eigene Kind preiszugeben oder gar zu töten, die dunkle Seite Gottes offenbar. Aber in Gen 22,1–19* erscheint diese Seite sehr viel bedrohlicher und abgründiger, und dies ist eine gezielte Radikalisierung von Gen 21,8–21*. Denn in Gen 22,1–19* geht der Befehl zum Opfertod Isaaks allein auf Gottes Initiative zurück. Dagegen unterstützt Gott in Gen 21,8–21* „nur" den Wunsch der Sara, Ismael und seine Mutter zu vertreiben. Dann ist der Befehl in Gen 22,1–19* grausamer. Der Vater soll nach Gen 21,10–12 das Kind „lediglich" preisgeben, nach Gen 22,2 soll er es selbst töten. Damit läßt Gott in Gen 21,8–21* die Möglichkeit offen, daß das Kind überlebt. Die Tötungsorder in Gen 22,2 scheint das auszuschließen. Das Motiv des göttlichen Befehls, ein Kind in Gefahr zu bringen, wird also in Gen 22,1–19* im Vergleich mit Gen 21,8–21* radikalisiert.

Der Gehorsam Abrahams wird in Gen 22,1–19* als sehr viel vorbehaltloser dargestellt. Denn in Gen 22,1–19* gehorcht Abraham dem fürchterlichen Gottesbefehl ohne jedes Zögern (Gen 22,3 ff). Genau deshalb wird Abrahams Gottesfurcht von Gott anerkannt (Gen 22,12). Dagegen wird Abraham in Gen 21,8–21* zugestanden, die Vertreibung Ismaels zu mißbilligen (Gen 21,11). Dies ist zulässig, weil Abraham noch nicht weiß, daß Gott diesen Wunsch Saras unterstützt. Erst als Gott Sara zustimmt und ihre Forderung damit begründet, daß die verheißene Nachkommenschaft nur nach Isaak benannt werden soll, gehorcht Abraham widerstandslos (Gen 21,12.14).

Eine letzte Beobachtung zur Tendenz von Gen 22,1–19* schließt aus, daß dieser Text aus der gleichen Redaktionsschicht wie Gen 21,8–21* stammt. Was die Bewertung von Ausländern betrifft, liegt Gen 22,1–19* auf einer Linie mit den Zusätzen in Gen 21,8–21*, die die Bedeutung Ismaels gegenüber Isaak mindern (Gen 21,13.20bβ.21a; 21,21b). Denn in Gen 22,1–19* wird das Heil insofern auf Israel beschränkt, als Gottes rettendes Wirken sich bei der Teilnahme am Zionskult zeigt (Gen 22,11–13). In Gen 22,1–19* wird so negiert, daß sich Jahwe in der Weise Ausländern zuwendet, wie dies Gen 20 und Gen 21,17*.18–20a darstellen. Vielmehr wird in Gen 22,1–19* der ausländerfreundliche Grundbestand von Gen 21,8–21 (V.8–12.14–16aα[1]bβ.17* [ohne באשר הוא שם; „dort, wo er ist"]-20a) kritisiert.

Zwar gehen Gen 22,1–19* und die Zusätze zu Gen 21,8–21*, die Ismaels Bedeutung relativieren (Gen 21,13.20bβ.21a; 21,21b), nicht auf die gleiche Hand zurück. Denn in diesen Zusätzen zeigt sich nicht die literarische Kompetenz und nicht die theologische Radikalität von Gen 22,1–19*. Aber diese Zusätze geben Hinweise auf das literarische Umfeld von Gen 22,1–19*. Möglicherweise wurde Gen 22,1–19* im Zusammenhang mit Zusätzen eingearbeitet, die sich gegen das ausländerfreundliche Profil einiger Gen-Texte wenden. Denn vergleichbare Zusätze finden sich z. B. auch in Gen 26,15.18.[201] Dort wird den Philistern unterstellt, sie hätten die Brunnen verstopft, die Abrahams Knechte gegraben hätten. Dies geht weiter über die Parallele in Gen 21,25 hinaus. Dort lautete der Vorwurf an Abimelechs Knechte, sie hätten die Brunnen geraubt. Wer aber Brunnen nicht nur den Besitzern wegnimmt, sondern sie auch noch verstopft, verhält sich in einem ariden Gebiet regelrecht asozial. Gen 22,1–19* könnte aus der gleichen Schule oder dem gleichen Kreis stammen, der die ausländerfreundliche Perspektive in den Vätergeschichten generell korrigiert.

6.3.2 Die vorliegende ältere Textfolge Gen 21,33 f; 22,19b

Gerade wurde gezeigt, daß Gen 21,8–21* als Vorbild von Gen 22,1–19* nachendredaktionell ist. Und es gibt weitere Indizien, daß Gen 22,1–19* ein sehr junger Text ist. Schon die Textfolge Gen 21,33f[202]; 22,19b, in die Gen 22,1–14a*.19a eingestellt wurde,[203] ist nachpriesterschriftlich. Dies zeigt sich an der literargeschichtlichen Verortung des unverzichtbaren Gen 21,33.[204] Wenn in Gen 22,19b von einem Wohnen Abrahams in Beerscheba die Rede ist, bezieht sich das zurück auf die Notiz in Gen 21,33, daß Abraham in Beerscheba eine Tamariske (אשל) pflanzt und Jahwe als אל עולם („den ewigen Gott") anruft. Dieser Vers ist eindeutig nachpriesterschriftlich. Weiter läßt die Tendenz von Gen 21,33 Rückschlüsse auf das theologische Milieu zu, in dem auch Gen 22,1–14a*.19a entstanden.

Zur literargeschichtlichen Verortung von Gen 21,33: Gen 21,33 fällt in seinem Kontext aus dem Rahmen, weil anstelle von אלהים („Gott") der Gottesname Jahwe gebraucht wird. Dies dürfte sich den literarischen Vorbildern von Gen 21,33 verdanken, den Notizen über Abrahams Kult östlich von Bethel (Gen 12,8; 13,4) sowie

---

201 Zur nachendredaktionellen Herkunft dieser Verse vgl. Levin, Jahwist, 205. Zu ihrem Zusatzcharakter s. auch Gunkel, HK 1/1, 302.
202 Zu Gen 21,34, s. u., 320.
203 Vgl. o., 285 f und Hardmeier, Realitätssinn, 9 ff.
204 S. o., 285 f zu ersten Überlegungen.

den Aussagen über Isaaks Jahweverehrung in Beerscheba (Gen 26,25).[205] In allen diesen Texte steht der Gottesname Jahwe. Diese Vorbilder wurden in Gen 21,33 in zweierlei Hinsicht weiterentwickelt. Erstens wird in Gen 21,33 anders als in den Vorbildern Opferkult außerhalb Jerusalems vermieden und so die Kultzentralisation *avant la lettre* beachtet. Denn in Gen 12,8; 13,4; 26,25 wird am heiligen Ort ein Altar gebaut oder es wird auf einen Altarbau beim letzten Besuch dort verwiesen (Gen 13,4). Dagegen wird in Gen 21,33 auf eindeutig kultische Handlungen in Beerscheba verzichtet. Wenn Abraham laut Gen 21,33 eine Tamariske pflanzt, schafft er damit lediglich eine besondere Markierung des Ortes in der Landschaft. Nur in dieser Bedeutung ist die Tamariske im Alten Testament belegt (I Sam 22,6; 31,13). Sie dient nie als Kultbaum.[206] Über Gen 12,8; 13,4; 26,25 wird in Gen 21,33 also das Motiv, daß Abraham Kultorte außerhalb Jerusalems besucht, damit verbunden, daß er trotzdem die Kultzentralisation respektiert. Denn er ruft an dem heiligen Ort zwar Jahwe an, vollzieht aber keine kultischen Handlungen. Das ist eine Weiterentwicklung von Gen 12,8; 13,4 und 26,25. Auf diese Weise wird Abraham schon als gehorsam gegenüber der Tora (vgl. z. B. Dtn 12) gezeigt, bevor die Tora Israel gegeben wurde.[207]

Zweitens wird in Gen 21,33 das Motiv, daß Abraham am Kultort Jahwe anruft, damit kombiniert, daß Jahwe in der Frühzeit unter dem Namen verschiedener El-Gottheiten verehrt wurde (z. B. Ex 6,3). Deshalb steht hier: „Und er rief den Namen Jahwes als [208]עוֹלָם אֵל (ewiger Gott) an." In den Vorbildern Gen 12,8; 13,4; 26,25 ist dagegen noch schlicht davon die Rede, daß Abraham Jahwe anruft (יהוה בשם קרא „den Namen Jahwes anrufen", s. außerdem Gen 4,26). Die Erwähnung des עוֹלָם אֵל zeigt, daß Gen 21,33 ein sehr junger Vers ist.[209] Denn in den Abrahamgeschichten sind vergleichbare El-haltige Gottesnamen nur in priesterschriftlichen und jüngeren Texten belegt (עֶלְיוֹן אֵל, „der höchste Gott":

---

205 S. dazu Gunkel, HK 1/1, 303; Levin, Jahwist, 206. Zu Gen 26,25 als Vorbild für Gen 21,33 s. auch Levin, Jahwist, 175.
206 Auch das Verb נטע („pflanzen") ist für das Pflanzen von Kultbäumen ungebräuchlich s. z. B. Gen 33,14; Dtn 20,6; Jes 44,14; Jer 1,10; 12,2. Nur in Dtn 16,1 wird es in diesem Sinne verwendet. Allerdings ist dort anders als in Gen 21,33 eindeutig ein Kultgegenstand Objekt, nämlich eine Aschera. Schon Jacob, Genesis, 489 erkennt richtig, daß der Sinn des Baumpflanzens in Gen 21,33 rätselhaft bleibt. Wäre der Baum heilig, könnte man ihn nicht pflanzen, sondern man müßte ihn vorfinden. Tatsächlich kommt es in Gen 21,33 nur darauf an, daß Abraham am Kultort irgend etwas Besonderes tut, das keinesfalls eine Kulthandlung ist.
207 Vgl. auch Köckert, Vätergott, 77 f. Ein ähnliches Abrahambild vertritt Gen 26,5 s. o., 6.2.2 und 299, Anm. 119. Diese Tendenz, Abraham als gehorsam gegenüber dem Mosegesetz zu zeigen, setzt sich im Jubiläenbuch fort, vgl. Kratz, Abraham, 348.
208 So *Codex Leningradensis*, vgl. App BHS.
209 So schon Gunkel, HK 1/1, 235 f.

Gen 14,18.19.20.22; אל שדי: Gen 17,1).[210] Daraus folgt, daß Gen 21,33 nach-priester-schriftlich ist.

Wahrscheinlich folgte Gen 22,19b ursprünglich unmittelbar auf 21,33f,[211] weil entsprechend den Vorbildern Gen 12,8; 26,25 zum Anrufen Jahwes am heiligen Ort ein Aufenthalt dort gehört.

Gen 21,33 und 22,19b rahmen den älteren Gen 21,34. Dieser stand ursprüng-lich in engem Zusammenhang mit Gen 20,15. Nach Gen 20,15 erlaubt der Phili-sterkönig Abimelech Abraham den Aufenthalt in seinem Land, nach Gen 21,34 ist Abraham tatsächlich dort.[212] Für Gen 20,15; 21,34 erscheinen ein Nebeneinander von Israeliten und Nichtisraeliten und ein Aufenthalt im Ausland als unproble-matisch. In Gen 21,33; 22,19b wird dies korrigiert. Anstatt längere Zeit im Ausland zu leben, soll Abraham schnell wieder ins Land nach Beerscheba zurückkehren. Und nur dort kann er Jahwe verehren (Gen 21,33).[213]

Von der Tendenz her bereiten Gen 21,33f; 22,19b bereits Gen 22,1–14a*.19a vor. Nach Ansicht beider Texte kann nämlich Opferkult nur auf dem Zion statt-finden. Deshalb verzichtet der Abraham von Gen 21,33 auf einen Altarbau, und

---

210 Nur der אל ראי („der Gott des Schauens", so die Punktation von MT s. App. AHS und HALAT, 1084f) in Gen 16,13 könnte älter sein, vgl. Gunkel, HK 1/1, 184ff; Levin, Jahwist, 147ff. Doch kann dieser Beleg nicht mit Gen 21,33 verglichen werden. Denn sowohl die Rede von El als auch von ראי sind hier auf den Kontext abgestimmt. El bezieht sich auf den Namen Ismael (so auch Levin, Jahwist, 149) und das Sehen darauf, daß der Engel Hagar in der Wüste findet (Gen 16,7). Dage-gen steht in Gen 21,33 eine Gottesbezeichnung, die Gottes Macht betont und so unabhängig vom Kontext gültig ist. In den Isaakerzählungen kommt kein Gottesname mit El vor, in den Jakobs-geschichten ist v. a. der אל שדי belegt: Gen 28,3; 35,11; 43,14; 48,3. Alle diese Texte sind priester-schriftlich oder jünger, vgl. Gunkel, HK 1/1, 384ff.387.492; Levin, Jahwist, 214.262f.296.311; Kratz, Komposition, 242f. Gunkel erwägt für Gen 43,14 eine späte Überarbeitung, beläßt den Vers dann aber doch bei E (vgl. HK 1/1, 449).
211 So auch Levin, Jahwist, 175.
212 So auch Levin, Jahwist, 174. Gegen Gunkel, HK 1/1, 236. Zur Verortung von Gen 21,1–7* im Verhältnis zu 20,15 und 21,34 s. o., 313, Anm. 185 und u., 343, Anm. 299. Zum Zusammenhang von Gen 20,15 und 21,34 s. auch Jacob, Genesis, 490.
213 Dabei setzt Gen 21,33 die Ätiologie Beerschebas in Gen 21,31 und eventuell auch in Gen 21,32a voraus. Gen 21,31 bereitet 21,33 vor (so auch Jacob, Genesis, 489). Denn bereits durch diese Ätio-logie wurde die Handlung von Gerar nach Beerscheba verlegt. Die älteste Fassung der Erzählung über Abrahams und Abimelechs Bund spielte in Gerar (Gen 21,22–24.27; so auch Levin, Jahwist, 174f). Gegen Levin, Jahwist, 175 stammt Gen 21,33 wohl nicht aus derselben Hand, die die älte-ste Fassung der Beerscheba-Ätiologie eingetragen hat (21,28–32a), sondern ist eine jüngere Fort-schreibung. Denn V.33 steht außerhalb der Wiederaufnahme in 21,32a und zeigt ein Interesse am Kultort Beerscheba, das in V.28–32a völlig fehlt. Durch Gen 21,33; 22,19b wird Gen 21,28–32a sekundär an Gen 26,12–33 angeglichen. Dort erscheint das Motiv vom Kult in Beerscheba erst-mals (26,24f), und dieser Kult wird durch eine Jahwe-Erscheinung (26,24) eigens legitimiert. In Gen 21,33; 22,19b wird diese Legitimation bereits vorausgesetzt.

der Abraham von Gen 22,1–14a*.19a pilgert zum Zion.[214] Damit ergibt sich ein erster Hinweis, daß Gen 22,1–14a*.19a im Zusammenhang einer breiten Strömung nach-priesterschriftlicher Texte entstand. Diese Texte bringen eine Zionszentrierung ein und betonen den Vorrang Israels gegenüber den Völkern (so auch z. B. Gen 21,13; 26,15.18)[215]. Auf diese Weise werden Texte kritisiert, die ein gleichberechtigtes Miteinander von Israeliten und Nichtisraeliten im Ausland präsentieren, z. B. Gen 20,11; 21,22–24.27; Gen 20,15 und 21,34.

6.3.3 נסה Piel

נסה im Piel ist ein zentraler Begriff für das Verständnis von Gen 22,1–19*. In der Exposition V.1 wird durch dieses Wort klargestellt, daß die folgenden Ereignisse als eine Probe Gottes für Abraham aufzufassen sind. Die Vorstellung, daß Gott einen Menschen prüft, hat im Alten Testament eine Geschichte, der im folgenden nachzugehen ist. Durch die Verortung von Gen 22,1 in diese Geschichte ergeben sich wichtige Hinweise für die Datierung, aber auch die Aussage von Gen 22,1–19*. Bei dieser Untersuchung muß der Zusammenhang von Gen 22,1 und Gen 22,12 berücksichtigt werden. Gen 22,12 ist insofern eng mit Gen 22,1 verbunden, als dort das Resultat der Probe mitgeteilt wird, die in Gen 22,1 angekündigt wird.[216]

נסה Piel kann sowohl dafür stehen, daß das Volk Jahwe provoziert, indem es ihn auf die Probe stellt (z. B. Ex 17,2.7; Num 14,22; Dtn 6,16; Ps 95,8 f),[217] als auch, daß Jahwe das Volk prüft. Relevant für Datierung und Hintergrund von Gen 22 ist nur die zweite Variante. Deshalb wird sich die folgende Untersuchung darauf konzentrieren. Zu berücksichtigen sind außer Gen 22,1.12 folgende Texte: Ex 15,25b; 16,4; 20,20; Dtn 8,2.16; 13,4; 33,8; Jdc 2,22; 3,1.4; Ps 26,2; II Chr 32,31.[218]

In diesem Vergleich ist Ps 26,2 nicht weiter zu berücksichtigen. Der Psalmvers spricht zwar davon, daß Jahwe das Innere des Beters ergründen soll

---

214 S.u., 6.3.4.
215 S.o., 6.3.1.4.
216 So auch Veijola, Opfer, 150 ff; Seebass, Vätergeschichte I, 203; Steins, Bindung, 173; Zimmer, Elohist, 127; Kaiser, Bindung, 208.
217 S.o., 47 und 47, Anm. 108.
218 Auch nach Westermann, BK.AT 1/2, 435 f; Veijola, Opfer, 150 f bilden diese Verse den Hintergrund von Gen 22,1. Deshalb sei Gen 22 in der jetzigen Fassung relativ spät zu datieren. Lediglich II Chr 32,31 und Ps 26,2 will Westermann in seinen Überlegungen nicht berücksichtigen, allerdings ohne dies überzeugend zu begründen.

(כליותי ולבי; „meine Nieren und mein Herz").[219] Aber anders als in allen übrigen Texten zum Thema steht die Prüfung in engster Verbindung mit dem Tempel (Ps 26,6).[220] Dagegen findet die Prüfung sonst im Alltag statt oder im Verlauf der Geschichte Jahwes mit seinem Volk.

Zunächst spielt es keine Rolle, mit welcher Haltung zu Gott die Geprüften die Probe bestehen oder nicht. In einer ganzen Reihe von Belegen wird ihr Gottes-verhältnis nicht thematisiert: Ex 15,25b; 16,4; Dtn 33,8; Jdc 2,22; 3,1.4. Die Frage danach klingt erstmals in Dtn 13,4 an. In diesem Vers wird davor gewarnt, auf einen Propheten oder Träumer zu hören, dessen Prophezeiungen zwar einge-troffen seien, der aber zum Fremdgötterkult auffordere. Denn durch diesen Pro-pheten oder Träumer erprobe Jahwe sein Volk. Er wolle wissen, ob „ihr Jahwe, euren Gott, von ganzem Herzen und von ganzer Seele liebt." Hier wird aus der Tora gerade Dtn 6,5 zitiert. Daraus kann man schließen, daß es in Dtn 13,4 zwar auf Toragehorsam ankommt, um Gottes Probe zu bestehen. Aber der Toragehor-sam besteht darin, Gott mit ganzem Herzen und ganzer Seele zu lieben. Auch in Dtn 33,8 deutet sich an, daß der erfolgreich Geprüfte ein angemessenes Ver-hältnis zu Jahwe haben muß. Dort geht es um Erprobungen Levis in Massa und Meriba. Der erprobte Levi wird als איש חסדך („dein treuer Diener")[221] be-zeichnet.

In Dtn 8,2.16 zeichnet sich eine Weiterentwicklung ab. Erprobung und innere Einstellung werden in Dtn 8,16 eng verknüpft. Die Gabe des Manna dient glei-chermaßen zur Erprobung und zur Demütigung Israels (ענה Piel). So soll erreicht werden, daß das Volk im Land nicht annimmt, es habe seinen Wohlstand der eigenen Kraft zu verdanken (Dtn 8,17.18a). In Dtn 8,2 wird dies mit dem Geset-zesgehorsam verbunden (s. 8,2b). Die Wüstenwanderung dient der Erprobung und der Demütigung (ענה Piel). Doch zugleich erkundet Jahwe das Innere seines Volkes (לדעת את אשר בלבבך „um zu wissen, was in deinem Herzen ist") und ob

---

219 Mit Gunkel, Psalmen, 111 läßt sich Ps 26 kaum sicher datieren. Gunkel beobachtet sogar eine „verhältnismäßig geistige Form der Gottesverehrung" (Psalmen, 111) in diesem Psalm, was für eine Datierung in nachexilische Zeit spricht. Auch Veijola, Opfer, 151 erkennt die enge Ver-bindung von Gen 22,1.12 und Ps 26,2. Er bewertet Ps 26,2 als späten Text, ebenso Westermann, BK.AT 1/2, 435; Hossfeld/Zenger, NEB, 167. Ps 26,2 ist jedenfalls ein interessanter Hinweis auf die traditionsgeschichtlichen Hintergründe von Gen 22,1–19*. Denn es ist auffällig, daß in Gen 22,1–19* die Probe am Zion stattfindet (s. u., 6.3.4) und in Ps 26,2 im Tempel auf dem Zion (s. V.6). Gen 22,1–19* ist also im Horizont von Tempeltheologie entstanden.
220 Vgl. Hossfeld/Zenger, NEB, 167.
221 So mit HALAT, 323. Mit LXX ist חסידך zu חסדך zu ändern, s. App BHS; HALAT, 324; von Rad, ATD 8, 145. חסד kann hier Levis Treue zu Gott oder Gottes Treue zu Levi bezeichnen. Die Wieder-gabe der LXX (ὅσιος) legt ersteres nahe.

das Volk seine Gebote (Plural mit Qᵉre) bewahrt oder nicht. In Ex 20,20 setzt sich die Entwicklung aus Dtn 8,2 fort. Es geht hier insbesondere darum, wie Furcht als die richtige Haltung zu Gott (יראתו „Furcht vor ihm") den tadellosen Lebenswandel motiviert (לבלתי תחטאו „damit ihr nicht sündigt"). Zweck der Theophanie am Sinai ist nach Ex 20,20, diese Furcht hervorzurufen. Zugleich wird das Volk so auf die Probe gestellt, und das ist die zweite Aufgabe der Theophanie (doppeltes בעבור „um ... willen").[222]

In Ex 20,20; Dtn 8,16 sorgt Gott für die richtige innere Einstellung, aber die innere Einstellung selbst wird noch nicht geprüft. Dies deutet sich nur Dtn 8,2 an („um zu wissen, was in deinem Herzen ist"). In Gen 22,1 und II Chr 32,31 geht es aber ausschließlich um die innere Einstellung als Gegenstand der Probe. Diese soll sich in Taten zeigen (vgl. Gen 22,3abβ.4–10 und der Verweis auf Hiskias fromme Leistungen [חסדיו] in II Chr 32,32)[223]. Indem nun die innere Einstellung das ist, worauf es in der Prüfung ankommt, zeigen Gen 22,1–19* und II Chr 32,31 ein weiteres, noch jüngeres Reflexionsstadium des Themas „Jahwe erprobt Israel".

Einer Prüfung, die allein die innere Einstellung im Auge hat, werden nach dem Alten Testament nur herausragende Einzelpersonen unterzogen. In Gen 22,1 ist dies Abraham, in II Chr 32,31 Hiskia.[224] Dies läßt darauf schließen, daß die persönliche Haltung jedes einzelnen für die entsprechenden Verfasser ein noch größeres Gewicht hat. Während in Ex 20,20; Dtn 8,2.16 das Volk als ganzes der Probe ausgesetzt ist, richtet sich nun die Prüfung auf den einzelnen Frommen, und seine Einstellung ist entscheidend. Bereits von Rad hat gesehen, daß das Prüfen eines einzelnen eine jüngere Weiterentwicklung des Motivs „Prüfen des Volkes als ganzem" ist.[225] Eine ähnliche Entwicklung zeigt sich in der Begriffsgeschichte von אמן Hiphil. Während in den meisten Belegen das ganze Volk glaubt (z. B. Ex 14,31) oder nicht glaubt (z. B. Dtn 1,32), geht es in wenigen späten Belegen um den Glauben eines einzelnen. Das betrifft vor allem Gen 15,6 über den Glauben

---

222 So auch Zimmer, Elohist, 173. Zur Diskussion über die Übersetzung von Ex 20,20 s. Schmitt, Versuchung, 115; Steins, Bindung, 173 ff. Schmitt votiert hier mit Recht gegen eine Übersetzung von נסה Piel in Ex 20,20 als „einüben", „eine Erfahrung machen", weil sich dafür inneralttestamentlich keine Parallelen finden. Gegen Jeremias, Gen 20–22, 71 f besteht also keine fundamentale theologische Differenz zwischen Ex 20,20 und den dtr. Belegen von נסה Piel, sondern die Texte liegen auf einer Linie. Somit kann Ex 20,20 gegen Jeremias nicht vordtr. sein.
223 So mit HALAT, 323.
224 Nach Veijola, Opfer, 151 und Schmid, Rückgabe, 294, Anm. 104 sind II Chr 32,31 und Ps 26,2 die einzigen Parallelen zu Gen 22,1.12. Leider stellt Veijola keine Überlegungen zur relativen Chronologie dieser Texte an. Schmid dagegen betont den Einfluß der Chr auf Gen 22,1–19*.
225 Von Rad, ATD 2/4, 190; so auch Westermann, BK.AT 1/2, 443; Kundert, Bindung Isaaks, 34. Skeptischer äußert sich Zimmer, Elohist, 127.

Abrahams. Außerdem suggeriert die 1.com.sing. in einigen אמן Hiphil-Belegen im Psalter, daß hier ein einzelner Beter seinen Glauben ausspricht (Ps 27,13; 116,10; 119,66).

Beim Vergleich von II Chr 32,31 und Gen 22,1 erweist sich Gen 22,1 als reflektierter und folglich als der jüngere Text. Denn Gen 22,1 in Verbindung mit Gen 22,2.12 beantwortet die Fragen, die in II Chr 32,31 offenbleiben. Nach II Chr 32,31 will Gott alles wissen (ידע), was in Hiskias Herzen ist (כל לבבו).[226] Zu diesem Zweck verläßt Gott Hiskia (עזב). Zu den Kriterien, die über Bestehen der Prüfung oder Scheitern entscheiden, verlautet nichts. Auch fehlt eine Notiz, ob Hiskia der Probe standhält. Der Leser kann lediglich aus II Chr 32,32 schließen, daß Gott in Hiskias Innerem nichts Schlechtes gesehen hat. Dort werden nämlich Hiskias חסדים, seine frommen Leistungen, erwähnt.

In Gen 22,2.12 werden sowohl die Kriterien der Prüfung als auch der Erfolg mitgeteilt. Kriterium ist, daß Abraham selbst der sinnlosen und unmenschlichen Forderung Gottes Folge leistet,[227] seinen Sohn zu opfern. Daß Abraham die Prüfung bestanden hat, wird daran deutlich, daß Gott nun um seine Gottesfurcht weiß (ידע).

Indem der Gehorsam, den Gott Abraham in Gen 22 abverlangt, als sinnlos und äußerst schmerzhaft erscheint, erweist sich der Text ebenfalls als reflektierter und jünger als II Chr 32,31 und Ex 15,25b; 16,4; 20,20; Dtn 8,2.16; 13,4; 33,8; Jdc 2,22; 3,1.4. Keiner von ihnen zieht eine solche Möglichkeit in Betracht. Zwar spielt auch in ihnen der Gehorsam der Erprobten eine große Rolle. Doch ist der Gegenstand des Gehorsams in der Regel die Tora, d. h. für ganz Israel verbindliche und lebensfördernde Regeln.[228] Die alttestamentliche Gehorsamstheologie erreicht

---

226 Als Vorbild für II Chr 32,31 fungiert Dtn 8,2. Der Vers verbindet als einziger im Alten Testament wie II Chr 32,31 נסה Piel; ידע ("wissen") und לב ("Herz") mit Suffix des/der Erprobten.
227 Zur Widersinnigkeit des Auftrags s. auch von Rad, Opfer, 31.
228 In Dtn 13,4 wird Dtn 6,5 zitiert, also ein Toravers. Nach Ex 16,4 fordert Jahwe, daß das Volk seiner Tora gehorcht (תורתי). In der überwiegenden Mehrheit der Belege bezieht sich תורתי im Alten Testament auf das Gesetz als ganzes: Jer 6,19; 26,4; 44,10; II Chr 6,16. Die weiteren Texte Ex 15,25b; Dtn 8,2; Jdc 2,22; 3,4 weisen selbst oder im unmittelbaren Kontext das typisch dtr. Vokabular für Gesetzesobservanz auf. Zu Ex 15,25b als Text über die Tora s. Perlitt, Mensch, 80, Anm. 20. Nach Ex 20,20 kommt es auf den sündlosen Lebenswandel an und das schließt Toragehorsam ein. Dies ist daran erkennbar, daß Ex 20,20 im Kontext der Sinaiperikope steht (ähnlich auch Steins, Bindung, 175). Schmitt, Versuchung, 114 ff hat richtig gesehen, daß sich Gen 22,1–19* von den dtr. Texten unterscheidet, weil es hier eben nicht darum geht, immer gültigen Weisungen Gottes zu gehorchen; ähnlich Schorn, Genesis 22, 102. Schmitt übersieht aber, daß Ex 20,20 wie die dtr. Texte Toraobservanz fordert und sich so von Gen 22,1–19* unterscheidet, also nicht der gleichen elohistischen Redaktorenhand zugeschrieben werden kann.

mit Gen 22,1 f.12 ihre äußerste Steigerung. Die Ebene der Torafrömmigkeit wird in diesem Text weit überboten.[229]

Betrachtet man die konkrete sprachliche Gestaltung des Prüfungsmotivs in Gen 22 (V.1.12), so zeigen sich darin Einflüsse von Ex 20,20 und II Chr 32,31 sowie Dtn 8,2; 13,4 und Jdc 3,4. Typisch für Gen 22,1.12 ist die Verbindung von נסה Piel und Gottesfurcht (ירא). Beides findet sich so nur in Ex 20,20.[230] Ebenfalls wichtig ist, daß in Gen 22,12 das Ergebnis der Prüfung mit ידע („wissen") festgehalten wird. In Dtn 8,2; 13,4; Jdc 3,4; II Chr 32,31 ist dieses Wissen Gottes das Ziel der Prüfung (לדעת). Besonders eng sind die sprachlichen Bezüge zwischen Gen 22,1; Ex 20,20 und II Chr 32,31. Denn nur in diesen Versen wird Gott als Subjekt der Erprobung mit האלהים bezeichnet.[231]

Die enge Verbindung zwischen Ex 20,20 und Gen 22,1.12 bestätigt die sehr späte Datierung von Gen 22,1–14a*.19. Denn Ex 20,20 dürfte ein sehr junger Vers sein. So schreibt Oswald mit guten Gründen Ex 20,20 einer Redaktion zu, die die fünf Bücher Mose aus dem Großgeschichtswerk Gen–II Reg herauslöst und als eigenständige Größe etabliert.[232] Daraus ergibt sich, daß der Grundbestand von Gen 22,1–19* (V.1 f.3abβγ.4–14a.19a) wohl bereits für einen selbständigen Pentateuch geschaffen wurde.

---

229 Bereits Seebass, Vätergeschichte I, 202, hat darauf hingewiesen, daß es in Gen 22,1–19* nicht um Toragehorsam geht, weil der Befehl Gottes zu einem Kinderopfer der Tora widerspreche (vgl. Jer 7,31). Anders Steins, Bindung, 172 f.

230 So auch Westermann, BK.AT 1/2, 443; Schmitt, Versuchung, 115; Steins, Bindung, 173 ff. Zu weisheitlichen Vorläufern des Prüfungsmotivs s. Zimmer, Elohist, 302.

231 In Dtn 8,2; 13,4 steht dagegen das Tetragramm verbunden mit אלהים mit einem auf die Adressaten bezogenen Suffix. Jdc 3,4 erwähnt lediglich יהוה. Von diesen Überlegungen her überzeugt der Vorschlag Blums nicht, das נסה Piel in Gen 22 traditionsgeschichtlich in vordtn. Zeit anzusiedeln, vgl. Vätergeschichte, 329.

232 Oswald, Gottesberg, 97 ff.229 ff. Für Oswalds sehr späte Datierung von Ex 20,20 sprechen die Bezüge des Verses in den weiteren Kontext, z. B. zur Furcht am Gottesberg nach Dtn 5 (so mit Blum, Studien, 93 f; ähnlich van Seters, Life of Mose, 265). S. o., 323 zur Verwandtschaft mit Dtn 8,2.16. Weiter ist Ex 20,20 nur sinnvoll, wenn die in sich geschichtete Theophaniedarstellung Ex 19,10–25 schon weitgehend vorliegt (vgl. Levin, Jahwist, 366; Oswald, Gottesberg, 257 f). Erst dann ist nämlich die Theophanie das erschreckende Ereignis, auf das sich Ex 20,20 bezieht. Auch Gesetze müssen schon vorhanden sein, damit es einen Maßstab gibt, was „nicht sündigen" bedeutet. Zur späten Herkunft des sehr ähnlichen Ex 19,9 s. o., 4.4.2. Dagegen will Zimmer, Elohist, 172 f an der elohistischen Herkunft von Ex 20,18–21 festhalten, wobei er E als eine Redaktionsschicht auffaßt. Doch hat Zimmer für diese Verortung keine überzeugenden Argumente. Er nennt nur die Gottesbezeichnung אלהים und den Bezug zu Gen 22. Allerdings ist Gen 22,1–19* kein elohistischer Text (s. o., 6.3.1.1 und u., 6.5). Und die Gottesbezeichnung אלהים ist als Argument für diese literarische Verortung nicht ausreichend, weil sie auch aus anderen Gründen in einem Text bevorzugt werden kann.

Aber der Verfasser von Gen 22,1–19* verarbeitet nicht nur Vorbilder aus dem Pentateuch, sondern auch aus Chr, nämlich II Chr 32,31. Dieser Vers bezieht sich auf Hiskia, einen der Idealkönige dieses Geschichtswerks (vgl. z. B. II Chr 29,2; 30,26; 31,21; 32,32). Der Abraham aus Gen 22,1–19* wird als diesem Idealkönig weit überlegen dargestellt. Dies wird zum einen daran deutlich, daß Abraham anders als Hiskia in II Chr 32,25 f stets die richtige Haltung zu Gott zeigt. Denn in II Chr 32,25 f ist von Hiskias Selbsüberhebung die Rede. Vergleichbare Aussagen zu Abraham gibt es nicht. Zum anderen gilt Abraham als der von Gott härter Geprüfte. Während Hiskia „nur" von Gott verlassen wird, muß Abraham die Zumutung ertragen, den von Gott selbst verheißenen und geschenkten Sohn opfern zu sollen. Trotz dieser Zumutung hält Abraham an seinem Gottvertrauen fest, gehorcht Gott tatkräftig und erweist sich so als unüberbietbares Vorbild der Frömmigkeit.[233]

Typisch für Gen 22,1–19* ist, daß diese harte Prüfung gerade auf dem Zion stattfindet.[234] Ps 26,2 kann man entnehmen, daß die Kombination der Erprobung durch Gott mit dem Zion möglicherweise eine ältere tempeltheologische Vorgeschichte hat.[235] Die Verbindung von Tempel und Probe zeigt sich ebenfalls in der Erzählung von der Tenne Araunas/Ornans in II Sam 24 parallel I Chr 21 (סות Hiphil in II Sam 24,1 und I Chr 21,1). In Gen 22,1–19* wird dieses tempeltheologische Motiv mithilfe von Gedankengut des Chronisten und spätester Zusätze im Pentateuch aktualisiert und existentiell vertieft.

6.3.4 Der Ortsname Morija

In Gen 22,2 fordert Gott von Abraham, seinen Sohn auf einem der Berge im Land Morija zu opfern. In der Forschung besteht Konsens, daß es hier um den Zion geht, wenn man diesen Ort überhaupt genauer lokalisieren kann.[236] Denn dieser Ortsname ist im Alten Testament nur noch ein zweites Mal belegt, und zwar in

---

233 Zu dem Motiv der göttlichen Erziehung des Frommen und seiner Versuchung durch Gott in der späten Weisheit vgl. von Rad, Opfer, 25; Veijola, Opfer, 151. Auch in der Urgeschichte ist das Motiv der Versuchung jung, vgl. Levin, R[JP], 20. Levin sieht hier Berührungen mit Chr.

234 S. dazu u. 6.3.4.

235 Vgl. Seebass, Vätergeschichte I, 203 f.

236 Vgl. z. B. Gunkel, HK 1/1, 237; Skinner, ICC, 328; Kilian, Opferung, 36; von Rad, ATD 2/4, 190; ders., Opfer, 16; Blum, Vätergeschichte, 324 f; Veijola, Opfer, 153 ff; Westermann, BK.AT 1/2, 437; Jeremias, Gen 20–22, 66. Gese, Komposition, 41 f bezeichnet Gen 22 als einen Zionstext. Dem folgt Steins, Bindung, 202 ff.

II Chr 3,1.[237] Dort ist von einem Berg Morija die Rede, und dieser Berg wird durch den Kontext mit dem Zion gleichgesetzt. Zwar scheint es in Gen 22 um ein Land Morija zu gehen, in dem der Berg liegt, auf dem Isaak geopfert werden soll (V.2). Aber in V.14a wird dieser Berg durch Assonanz mit Morija gleichgesetzt. Dort nennt Abraham nämlich den Berg יְהוָה יִרְאֶה (yhwh yirʾæ „Jahwe sieht"). Zum einen reagiert hier die für Gen 22,1–19* atypische Verwendung des Tetragramms darauf, daß Morija ein jahwehaltiger Name ist. Die Inversion im Satznamen hebt dies hervor. Zum anderen klingt יִרְאֶה ähnlich wie Morija.[238] Morija ist also auch nach Gen 22,1–19* ein Berg und kein Land.

Daß dieser Berg mit dem Zion identisch ist, wird in Gen 22,1–19* durch subtile Textanspielungen klar. Veijola bemerkt, daß die Umschreibungen des Berges in Gen 22,2.3.9 die dtn. Formel der Kultzentralisation anklingen läßt.[239] Allerdings sind diese Anklänge nicht ganz eindeutig, weil בחר („erwählen") in Gen 22,2.3.9 fehlt, was für die Kultzentralisationsformel typisch ist (z. B. Dtn 12,5.11.21; 15,20; 16,15 f; 17,10). Insofern liefert die Anspielung auf die Kultzentralisationsformel dem Leser nur einen ersten, noch etwas ungenauen Hinweis. Ein zweites und entscheidendes Indiz erhält der Leser aus II Chr 3,1. Denn dieser Text wird sich als motivlich eng verwandt mit Gen 22,1–19* erweisen und als eine literarische Vorlage.

Exkurs: zur Übersetzung und zum Wachstum von II Chr 3,1
II Chr 3,1 ist nicht leicht zu verstehen. Die erste Vershälfte notiert, daß Salomo beginnt, das Haus Jahwes in Jerusalem zu bauen. II Chr 3,1b enthält eine Fülle von Angaben zum genauen Standort des Tempels in Jerusalem. Der Halbvers nennt zwei Ortsnamen, zuerst den Berg Morija und am Ende die Tenne Ornans[240]. Der erste Ortsname, Berg Morija, wird durch zwei Relativsätze näher bestimmt. Beide sind schwer deutbar. Im ersten fehlt das Subjekt. Es ist davon die Rede, daß jemand oder etwas David erscheint oder sichtbar wird (ראה Niphal). Vom Sprachgebrauch des Kontexts her muß an eine Jahwe-Erscheinung gedacht werden, und entsprechend ergänzen LXX und Targum den Relativsatz. Denn ראה Niphal ist in der Chr sonst nur in bezug auf Jahwe-Erscheinungen (II Chr 1,7; 7,12) und auf die Sichtbarkeit von Gegenständen belegt (II Chr 5,9; 9,11).[241]

---

237 Die schwer lesbare Grabinschrift aus Ḫirbet Bēt Layy (1. Hälfte 7. Jh.) bietet keinen inschriftlichen Beleg des Namens „Morija". Die große Mehrheit der Forscher liest hier eine Form von פקד, s. dazu Renz, HAE I, 247 f; vgl. auch Seebass, Vätergeschichte I, 204.
238 So auch Veijola, Opfer, 154. Zu „Morija" als Wortspiel mit ראה und ירא vgl. auch Becker, Gottesfurcht, 195.
239 Vgl. Veijola, Opfer, 153. So auch Steins, Bindung, 204 f; Schmid, Rückgabe, 291, Anm. 92. Dagegen Zimmer, Elohist, 126 f.
240 In II Sam 24 heißt der jebusitische Tennenbesitzer Arauna. Dies dürfte die ursprüngliche Namensform sein, so mit Rudolph, HAT 21, 146.
241 Rudolphs Vorschlag, ראה Niphal hier wie in Gen 22,8 als „sich ausersehen" zu übersetzen (vgl. HAT 21, 200; so auch Mittmann, Präfiguration, 76) scheitert daran, daß ראה hier anders

Diese letzte Bedeutung ist für II Chr 3,1 nicht sinnvoll. Außerdem legen weitere Überlegungen nahe, den Relativsatz im Sinne einer Gotteserscheinung zu deuten. Chr behauptet zweimal, daß Salomo eine Jahwe-Erscheinung erlebt (II Chr 1,7; 7,12). Er ist der einzige König, der in Chr in dieser Weise ausgezeichnet wird. Es liegt nahe, auch für den zweiten Idealkönig, David, eine Jahwe-Erscheinung einzubringen, damit er in dieser Hinsicht als Salomo gleichrangig erscheint. Allerdings findet sich im vorliegenden älteren Material über David nur eine Aussage über eine Engelerscheinung (II Sam 24 parallel I Chr 21). Wollte also der Verfasser von II Chr 3,1 sein Ziel erreichen, David und Salomo beide als Empfänger einer Jahwe-Erscheinung darzustellen, durfte er keine allzu großen Details über die Art der göttlichen Erscheinung an David verraten. Die Ellipse des Subjekts war die einzige Lösung, um eine Jahwe-Erscheinung für ihn anzudeuten, aber zugleich im Einklang mit den bekannten älteren Erzählungen über David zu bleiben. Damit ist klar: Subjekt des ersten Relativsatzes ist Jahwe, vertreten durch den Engel, der David in II Sam 24 und I Chr 21 auf der Tenne Ornans/Araunas erschien.[242] Weiter wird so deutlich, daß der Relativsatz auf diese Erzählung anspielt.

Im zweiten Relativsatz bereitet v. a. die Stellung von במקום („an der Stätte") in MT große Probleme. Die Versionen reagieren darauf, indem sie die Wortfolge verändern und במקום an die erste Stelle versetzen, so daß das Wort als Bezugswort für den folgenden Relativsatz fungiert.[243] Doch ist hier MT als *lectio difficilior* beizubehalten. Dann ist במקום als mit ב angeschlossenes Objekt zu כון Hiphil zu deuten.[244] Der Relativsatz behauptet also, daß David den Berg Morija als Kultstätte festgelegt habe.[245] Auch der zweite Relativsatz spielt somit auf die Ereignisse auf der Tenne Araunas/Ornans an, und zwar auf I Chr 22,1. Dort ist Davids Erkenntnis festgehalten, daß die Tenne Jahwes Haus und Brandopferaltar sei.

II Chr 3,2b ist überfüllt mit Informationen über die genaue Lage des Tempels. Insbesondere die Abfolge der zwei Relativsätze, die sich beide auf II Sam 24/I Chr 21,1–22,1 beziehen, ist dublettenhaft. Mit Rudolph ist der zweite Relativsatz als Nachtrag zu bestimmen.[246] Das Motiv des Nachtrags ergibt sich aus der Beleglage von כון Hiphil in Chr. Das Verb wird häufig verwendet, um Davids Fürsorge für den Tempelbau auszudrücken (z. B. I Chr 22,5.14; 29,2 f.19; II Chr 2,8). Der Nachtrag in II Chr 3,1 stellt von daher klar, daß Davids Fürsorge für den Tempel die Festlegung des Bauplatzes einschließt.

---

als in Gen 22,8 nicht im Qal, sondern im Niphal steht. Für das Niphal ist eine solche Bedeutung sonst nirgends belegt, s. HALAT, 1082. Sie entspricht auch nicht dem Sprachgebrauch von ראה Niphal in Chr.

242 So auch Curtis/Madsen, ICC, 324 f; Japhet, HThKAT, 45 f; Schmid, Rückgabe, 295.

243 S. App. BHS.

244 S. dazu HALAT, 101. Mittmann, Präfiguration, 76 behält hier MT bei. Die gemessen an den Regeln des Biblischen Hebräisch sehr freie Wortstellung in II Chr 3,1 verdankt sich möglicherweise aramäischem Einfluß. Denn im Aramäischen gibt es so gut wie keine Festlegung für die Abfolge der Satzteile, vgl. Rosenthal, Biblical Aramaic, 56. Die Masoreten reagierten auf die ungewöhnliche Syntax, indem sie fälschlich David als *nomen rectum* und מקום als *nomen regens* einer Konstruktusverbindung auffaßten und entsprechend punktierten.

245 Zu dieser Übersetzung von כון Hiphil s. HALAT, 443. In seltenen Fällen kann מקום im Sinne von „Kultstätte" indeterminiert stehen, vgl. HALAT, 592 f. Die hier vorgeschlagene Deutung des zweiten Relativsatzes ist in der Forschung unumstritten, s. die Kommentare z.St.

246 Vgl. Rudolph, HAT 21, 200.

Ein weiterer Zusatz ist der zweite Ortsname in II Chr 3,1bβ, die Erwähnung der Tenne Ornans. Er bildet eine Dublette mit dem ersten Ortsnamen (Berg Morija), und dient der zusätzlichen Verdeutlichung der Relativsätze.

Da der Ortsname Morija nur in Gen 22,2 und II Chr 3,1 belegt ist, stellt sich die Frage, ob sich eine entstehungsgeschichtlich relevante Beziehung zwischen beiden Texten nachweisen läßt. Diese Frage wäre auch dann nicht von der Hand zu weisen, wenn es sich bei „Morija" um einen altbekannten Zionsnamen handelte. Weil der Name im Alten Testament nur in II Chr 3,1 und Gen 22,2 belegt ist, sind beide Texte dadurch verbunden, und es stellt sich die Frage, welche Rückschlüsse diese Verbindung auf die Entstehungsgeschichte der Texte zuläßt. Da der Name „Morija" so selten belegt ist, ist die literarische Abhängigkeit der einen Stelle von der anderen von vornherein wahrscheinlich.[247]

Das bestätigen weitere Beobachtungen. Zunächst sind beide Belege identisch formuliert. Der Name Morija steht mit Artikel und als *nomen rectum* einer Konstruktusverbindung. Dazu kommen inhaltliche Berührungen der beiden Verse. Beide bringen den Namen mit einem Kultort auf einem Berg in Verbindung. Für beide steht dieser Kult in enger Beziehung zu der Versuchung des Kultgründers.[248] Denn II Sam 24/I Chr 21 als die Erzählung, auf die II Chr 3,1 anspielt, handelt von der Verführung Davids (II Sam 24,1; I Chr 21,1: סות Hiphil). Entsprechend berichtet Gen 22 von der Erprobung Abrahams.

Darüber hinaus ähnelt sich der Handlungsablauf dieser beiden Geschichten stark. Am Anfang steht jeweils die Versuchung des Protagonisten (Gen 22,1; II Sam 24,1; I Chr 21,1). Der Protagonist hält an seiner Beziehung zu Jahwe und an seinem Vertrauen zu ihm fest (Gen 22,12; II Sam 24,14; I Chr 21,13). Die entscheidende Wendung zum Guten steht im Zusammenhang mit einer Engelerscheinung am Kultort (Gen 22,11f; II Sam 24,16ff; I Chr 21,15ff). Und nach der heilvollen Wendung opfert der Protagonist dort ein oder mehrere Brandopfer (Gen 22,13; II Sam 24,25; I Chr 21,26).[249] Es ist also deutlich, daß entweder Gen 22,2 von II Chr 3,1 abhängig ist oder umgekehrt II Chr 3,1 von Gen 22,2. Es wird sich zeigen, daß II Chr 3,1 hier als Vorbild fungiert hat.[250] Denn II Chr 3,1 leistet für Gen 22,2

---

247 Daß Morija nur in Gen 22,1 und II Chr 3,1 belegt ist, wird des öfteren als Argument für eine Spätdatierung von Gen 22 gebraucht, so z. B. Kaiser, Grundriß Bd. 1, 72; Veijola, Opfer, 154.
248 Vgl. auch Ps 26,2 zur Verbindung Zion/Probe.
249 So auch Schmid, Rückgabe, 295.
250 So auch Gunkel, HK 1/1, 237; von Rad, ATD 2/4, 190; ders., Opfer, 15f; Kilian, Opferung, 31f; erwägungsweise Skinner, ICC, 328. Die meisten Kommentatoren der Chr sehen umgekehrt Gen 22,2 als Vorbild für II Chr 3,1, so Wellhausen, Composition, 19; Curtis/Madsen, ICC, 323f; Rudolph, HAT 21, 201; Japhet, HThKAT, 48f; Kundert, Bindung Isaaks, 35. Zimmer, Elohist, 132f

die Einführung von Morija als Zionsnamen. Und das ist für Gen 22,2 unverzicht-bar.

Es ist nämlich auffällig und erklärungsbedürftig, daß in Gen 22,2 überhaupt ein Ortsname fällt. Wie oben festgestellt und wie von der großen Mehrheit der Forschung vertreten, spielt Gen 22,2 auf Gen 12,1 an. Aus Gen 12,1 ist das Stich-wort ארץ („Land") entnommen, und wegen Gen 12,1 erscheint Morija in Gen 22,2 zunächst als Name eines Landes.[251] Für die Aussage von Gen 12,1 ist es aber essentiell, daß das Ziel der Reise Abraham nicht bekannt ist. Eine echte Anspie-lung auf Gen 12,1 dürfte somit auch kein Reiseziel nennen.[252] Dennoch ist dies in Gen 22,2 der Fall. Indem ein Land Morija erwähnt wird, wird angedeutet, wohin die Reise gehen soll. Daraus folgt: Gerade der Name „Morija" muß für den Verfas-ser von Gen 22,2 von entscheidender Bedeutung sein, sonst würde er die Anspie-lung auf Gen 12,1 nicht in dieser Weise abschwächen.[253]

Wäre Morija aber nur der Name für einen nicht weiter bekannten Ort, wäre diese entscheidende Bedeutung für den Text nicht nachvollziehbar. Morija muß also schon inneralttestamentlich als Zionsname definiert sein. Und das kann nur II Chr 3,1 leisten. Denn der Name „Morija" wird in II Chr 3,1 durch den ersten Rela-tivsatz erläutert und mit dem Zion gleichgesetzt.[254] Das zeigt, daß Gen 22,2 von

―――――――

spricht für die von ihm behaupteten Zusätze in V.2 und V.14b vorsichtiger von einer Nähe zu chronistischen Vorstellungen. Er weist diese Zusätze einer Schicht DtrC zu. Diese Schicht zeige schon Tendenzen zur chronistischen Theologie hin, sei aber noch nicht chronistisch und auch nicht chronistisch beeinflußt.

251 S.o., 283 f.

252 Der Verfasser von Gen 22,2 behält das unbekannte Reiseziel aus Gen 12,1 wenigstens inso-weit bei, als er den Berg als eigentliches Ziel der Reise nicht benennt und Morija als Namen einer Region unterbringt (so auch Veijola, Opfer, 153 ff.).

253 So auch Schmid, Rückgabe, 291. Immerhin bestreitet Gese, Komposition, 32, daß Gen 22,2 nach dem Vorbild von Gen 12,1 entstand, weil in Gen 22,2 ein Ortsname steht. Gegen Schmid, Rückgabe, 291 f erfolgt aber durch die Formulierung in Gen 22,2 keine spirituelle Relativierung des Zions in dem Sinne, daß man durch die Abrahamskindschaft in der Diaspora am Zionskult teilhaben kann. Denn in Gen 22,1–19* muß eine Wallfahrt zu dem Kultort unternommen werden, d. h. der Zionskult „funktioniert" nur bei Präsenz an diesem Ort.

254 Es handelt sich also wahrscheinlich nicht um einen allgemein bekannten Namen für das Jerusalemer Heiligtum, sondern um eine Neuschöpfung. Das Motiv, diesen (neuen?) Namen für den Zion zu entwickeln, könnte in dem Wortspiel mit ראה Niphal im folgenden Relativsatz lie-gen, ähnlich auch Veijola, Opfer, 154. Zu einer alternativen Sicht vgl. Mittmann, Präfigurationen, 79 f. Seine Ableitung von Morija von ירה III („lehren") hat zwar philologisch einiges für sich, aber dennoch klingt in dem Namen die Wurzel ראה an. Wahrscheinlich kam es bei der Entwicklung des Namens gerade darauf an, „Sehen"/"Erscheinen" (ראה Qal und Niphal) und „Lehren" (ירה III im Hiphil) zu verbinden. Denn auf dem Berg *wird* Abraham und David durch eine *Erscheinung* die Güte Gottes *gelehrt.*

II Chr 3,1 abhängig ist.[255] Durch die Bezugnahme auf II Chr 3,1 gelingt es dem Verfasser von Gen 22,2 außerdem, die Erprobung Abrahams mit der Erprobung Davids (II Sam 24; I Chr 21) in Beziehung zu setzen und Abraham und David zu vergleichen. Der in Gen 22,1–19* geprüfte Abraham erweist sich als David überlegen. Denn anders als David, der ja der Versuchung erst erliegt (II Sam 24,2ff; I Chr 21,2ff) und dies später bereut (II Sam 24,10.17; I Chr 21,8.17), verhält sich Abraham in der Situation der Prüfung von vornherein richtig.[256]

Der Vergleich von Gen 22,1–14a*[257].19a und II Chr 3,1 führt also zu dem Schluß, daß Gen 22,2 eine Abwandlung von II Chr 3,1 ist. Damit hat sich bestätigt, daß Gen 22,1–19* zumindest die werdende Chr vorausgesetzt.[258] Dafür sprach bereits der Gebrauch von נסה Piel, wo Gen 22,2.12 eine sehr enge Parallele in II Chr 32,31 hat.[259]

6.3.5 Fazit und theologische Auswertung

Im Vergleich von Gen 22,1–14a*.19a mit Paralleltexten haben sich klare Indizien für eine sehr späte Datierung des Textes ergeben. Ex 20,20 fungiert als Vorbild für Gen 22,2.12, und Ex 20,20 selbst gehört zu den Zusätzen, die den Pentateuch in sehr später Zeit als eigenständige Größe aus dem Großgeschichtswerk Gen-II

---

255 So auch Gunkel, HK 1/1, 237; von Rad, ATD 2/4, 190; ders., Opfer, 15f; Kilian, Opferung, 31f; Schmid, Rückgabe, 291f; Schorn, Genesis 22, 95; erwägungsweise Skinner, ICC, 328. Die Richtigkeit des oben angestellten Schlusses wird dadurch bestätigt, daß die Exegeten, die sie ablehnen, zu methodisch problematischen Überlegungen gezwungen sind oder den Befund nicht erklären können. Die Chr-Exegeten, die Gen 22,2 als Vorbild für II Chr 3,1 einstufen, votieren meist für eine Textänderung in Gen 22,2, so Curtis/Madsen, ICC, 323f; Rudoph, HAT 21, 201. Ebenso verfahren Exegeten von Gen 22, die die Abhängigkeit von II Chr 3,1 nicht erkennen, so z.B. Westermann, BK.AT 1/2, 437. Neef, Prüfung, 54f, kann weder erklären, wieso in Gen 22,2 ausgerechnet „Morija" erwähnt wird, noch, warum der Ortsname auf Jerusalem anspielen soll. Kilian, Opferung, 31ff betrachtet „Morija" und „auf einem der Berge, den ich dir sagen werde" (Gen 22,2bβ) als Zusatz. Er schreibt diese Ergänzungen dem Verfasser der sekundären Verse Gen 22,15–18 (s.o., 6.1.2) zu. Allerdings kann Kilian die ursprüngliche Fassung von Gen 22,2 nicht rekonstruieren und lediglich hypothetisch annehmen, darin müsse ein Ortsname gestanden haben.
256 Auch Schmid, Rückgabe, 296 hat richtig erkannt, daß in Gen 22,1–19* die Chr überboten werden soll. Schmid macht dies außerdem daran fest, daß in Gen 22,1–19* die Entdeckung des Zions weit früher stattfindet als in der Chr und daß das Gottesbild radikaler ist. Denn während in I Chr 21 der Satan David anstachelt, gibt nach Gen 22,1–19* Gott selbst Befehle, die ethisch fragwürdiges Verhalten erfordern.
257 Der kurze Vermerk in V.3 „und er spaltete Holzscheite für das Brandopfer" ist nachgetragen.
258 Allein mit dem Verweis auf die Kanongeschichte lassen sich diese Beobachtungen zur relativen Chronologie nicht widerlegen, so aber Gese, Komposition, 42, Anm. 36.
259 S.o., 6.3.3.

Reg heraustrennen. Weiter reagiert der Verfasser von Gen 22,1–19* auf chronistische Texte, nämlich II Chr 3,1; 32,31. Beide gehören zur Grundschicht von Chr.[260] Gen 22,1–19* ist somit nach allen bisherigen Überlegungen jünger als die älteste Fassung der Chr.[261]

Dies läßt sich erhärten, wenn man das Abrahambild der Chr betrachtet (vgl. I Chr 1,27 f.32.34; 16,16). In der Grundschicht von Chr wird nirgends Gen 22,1–19* vorausgesetzt.[262] Im Gegenteil: In I Chr 1,28 werden Isaak und Ismael als die beiden Söhne Abrahams erwähnt,[263] ohne daß von der Vertreibung des Ismael (Gen 21,8 ff)[264] oder der versuchten Opferung des Isaak (Gen 22,1–19*) die Rede ist.

Durch diese Untersuchungen zur Datierung ist auch die theologische Intention von Gen 22,1–19* plastischer geworden. Zum einen hat sich herausgestellt, daß im Text eine sehr hohe Wertschätzung des Zion vertreten wird, indem der Berg, auf dem Isaak geopfert werden soll, kaum verhüllt mit dem Zion gleichgesetzt wird. Weil der Zionskult nur Israeliten zugänglich ist, wird so ein Vorrang Israels vor den Völkern behauptet (vgl. ähnlich Gen 21,13; 26,15.18). Auf diese Weise werden ältere Texte kritisiert, die ein gleichberechtigtes Nebeneinander von Israel und Ausländern vorschlagen (z. B. Gen 20,11; 21,22–24.27). Außerdem wurde deutlich, daß die Abrahamfigur in Gen 22,1–19* mit zwei Idealkönigen der Chr verglichen wird: David und Hiskia. Abraham erweist sich ihnen gegenüber als weit überlegen. Er wird härter geprüft als Hiskia (II Chr 32,31), und er erweist sich in der Versuchung als standhafter als David (II Sam 24; I Chr 21).

Gen 22,1–19* ist also ein Text, der die Forderung an die Standhaftigkeit des Frommen auf die Spitze treibt. David wurde „nur" versucht, Hiskia wurde „nur" von Gott verlassen und hielt an ihm fest, aber Abraham sollte seinen Sohn opfern. Die Texte mit dem theologischen Begriff אמן Hiphil scheinen auf dem Weg zu

---

260 So mit Rudolph, HAT 21, 201 ff.314 f; Japhet, HThKAT, 47 ff.419 ff.

261 Schon Veijola datiert Gen 22,1–19* in der Nähe des Chronisten (vgl. Opfer, 155). Brandscheidt hat eine noch spätere, makkabäische Datierung vorgeschlagen (vgl. Opfer, 17 f). Doch sind die Berührungen mit den hellenistischen Texten Dan 3,24–50 und Sir 4,17–20, auf die sich Brandscheidt beruft, eher unspezifisch. Außerdem klärt Brandscheidt nicht, wieso die von ihr angenommene sehr späte Entstehung von Gen 22,1–19 keine Spuren in der LXX hinterlassen hat (vgl. ähnlich Schmid, Rückgabe, 298). Denn da die LXX von Gen vor der Makkabäerzeit entstand (vgl. Tov, Text, 114), wären hier Abweichungen zwischen MT und LXX zu erwarten, wie das etwa in Jos der Fall ist (vgl. de Troyer, Septuaginta, 49 ff).

262 Lediglich I Chr 16,16 könnte auf Gen 26,3 anspielen, die Vorlage von Gen 22,15–17 (s. o., 6.2.2). Doch I Chr 16,16 gehört zu einem Nachtrag in Chr, so mit Rudolph, HAT 21, 123 ff.

263 Auch Gen 25,9 (P^G, vgl. Levin, Jahwist, 193; Pola, Priesterschrift, 308; Kratz, Komposition, 242.246) kennt ein solches Nebeneinander von Isaak und Ismael. Dort wird geschildert, wie Isaak und Ismael gemeinsam ihren Vater begraben.

264 Zu Analyse und Datierung dieses Textes s. o., 6.3.1.3.

einem ähnlichen Frömmigkeitsideal zu sein, wenn sie nach einem Weg suchen, Zweifel an Gottes Macht und Güte im Glauben zu überwinden und so im Zweifel standhaft zu bleiben. Ist Abraham also auch ein vollendeter Glaubender im Sinne dieser Texte?

Dagegen spricht, daß die Situation, in der der Fromme fest bleiben soll, in Gen 22,1–19* und in den Texten mit dem Begriff אמן Hiphil sehr unterschiedlich gezeichnet wird. אמן Hiphil wurde als Glaubensbegriff im Rahmen einer Murrgeschichte eingeführt, der Dtn-Fassung der Kundschaftergeschichte (Dtn 1,32). Die Herausforderung an den Frommen liegt hier in seinen eigenen Anfragen an Gottes Zuverlässigkeit und Güte oder in seiner eigenen Neigung, sich von Gott zu lösen (vgl. Num 14,11; 20,12; Dtn 9,23; II Reg 17,14; Ps 78,22.32; 106,24). Die Anfragen an Gottes Macht und Güte lösen Murren oder Unglauben aus, und das führt in den Murrgeschichten und einigen Texten mit dem Begriff אמן Hiphil zu einem offenen Konflikt zwischen Mensch und Gott. Der Mensch äußert seine Anfragen und seine Zweifel an Gottes Macht und Güte durch Murren (Dtn 1,27, vgl. auch Ex 14,11 f) oder er glaubt nicht (vgl. z. B. Num 20,12), und Gott straft ihn dafür (z. B. Num 20,12; Dtn 1,34.35*.39*; anders Ex 14,13 f). Gerade in Dtn 1* wird betont, daß Gott selbst den Menschen keinen Anlaß für solche Nachfragen gibt. Mose kann in seiner Ansprache das Volk daran erinnern, daß Gott es in der Vergangenheit vorbildlich behütet und versorgt hat (Dtn 1,30f*). Zwar können Gottes Güte und Macht verborgen sein, aber die Verfasser der Texte mit dem Begriff אמן Hiphil legen Wert darauf, daß man sie sich durch die Erinnerung an Gottes Taten in der Vergangenheit immer vor Augen holen kann (z. B. Num 14,11; Dtn 1,29–31*). Einige dieser Theologen behaupten sogar, daß Gott bereit ist, auf menschliche Zweifel an seiner Macht mit deren Erweis zu antworten (Ex 4,1–9.31; 14,31; 19,9). Kann der Mensch trotz anschaulicher Beweise für Gottes Macht in der Vergangenheit nicht an ihn glauben, so liegt der Grund dafür in seiner eigenen Verschlossenheit vor Gott (vgl. Dtn 1,26–32*).[265] Die Ursache für die Anfechtung liegt im Diskussionsstrang um den theologischen Begriff אמן Hiphil also in erster Linie im Menschen selbst, nicht in Gott.

In Gen 22,1–19* ist das genau umgekehrt. Hier ist das Verhalten Gottes selbst Auslöser der Krise. Die Anfechtung des frommen Abrahams folgt aus einem grausamen und widersinnigen Gottesbefehl, durch den Gott Abraham auf die Probe stellen will. Abraham hat seinerseits Gott keinen Anlaß gegeben, ihn in der Weise zu prüfen (vgl. auch Hi 1f, v. a. 1,8; 2,3).[266]

---

265 S.o., 5.3.1.
266 Vgl. auch Jeremias, Gen 20–22, 65. Wie schon Schmidt, De Deo, 166 ff gezeigt hat, sind die beiden Himmelsszenen, in denen diese Verse stehen, Zusätze zum Hiobrahmen (so auch z. B.

Die Konfliktkonstellation wird also in den Belegen des theologischen אמן
Hiphil und in Gen 22,1–19* völlig unterschiedlich dargestellt. Nach den Stellen
mit dem Begriff אמן Hiphil hat der Konflikt seine Wurzeln im Menschen, nach
Gen 22,1–19* wird er durch Gott ausgelöst. Im Zusammenhang mit dem Begriff
אמן Hiphil muß der Mensch mit sich selbst ringen, in Gen 22,1–19* ist er mit einem
undurchschaubaren Gott konfrontiert.

Zwar kommt es in beiden Konflikten darauf an, daß der Mensch standhalten
kann. Aber aufgrund der unterschiedlichen Konfliktkonstellationen muß diese
Stabilität auf gegensätzliche Weise erreicht werden. Der Konflikt in den Texten
mit dem Begriff אמן Hiphil, der seine Wurzeln im Menschen selbst hat, kann offen
ausgetragen werden. Der Mensch äußert seine Zweifel an Gottes Zuverlässigkeit
(z. B. Ex 14,11 f; Num 14,2–4; Dtn 1,27), und Gott oder sein Beauftragter Mose versuchen, diese Zweifel zu entschärfen (z. B. Ex 4,1–9.31; 14,13 f.31; Dtn 1,29–31*).
Verharren die Menschen in ihrer Verweigerung vor Gott, in ihrem Unglauben,
folgt dann die Strafe (z. B. Num 14,11; 20,12; Dtn 1,34*.35*). Der Konflikt kann
Züge einer Debatte über Gott und seine Erkennbarkeit (vgl. Jes 43,10) annehmen:
Ist Gott mächtig oder nicht? Ist seine Macht in Zeichen (z. B. Ex 4,1–9; Jes 7,11 f)
oder in seinen Taten in der Vergangenheit (z. B. Dtn 1,29–31*) erkennbar? Letztlich kommt es darauf an, daß der Mensch an Gott festhalten kann – gegen seine
eigenen Impulse, sich vor Gott zu verschließen und sein Wirken nicht mehr wahrzunehmen.

Der Konflikt in Gen 22,1–19* wird dagegen überhaupt nicht offen ausgetragen. Abraham klagt weder Gott wegen des Opferbefehls an noch spricht er sich
mit irgendeinem Menschen aus. Er verhält sich ganz anders als vor dem Untergang Sodoms, als er regelrecht mit Gott feilscht und so erreicht, daß Gott die Stadt
schon um 10 Gerechter willen verschonen würde (vgl. Gen 18,22 ff). Dagegen diskutiert Abraham in Gen 22,1–19* nicht, was das für ein Gott ist, der ihm so etwas
abverlangt (vgl. Hi 1,21; anders Hi 3–27). Ska hält es sogar für einen wesentlichen
Bestandteil der Probe, daß Abraham schweigen kann.[267] Vielmehr führt die Versuchung durch Gott Abraham in die völlige Isolation. Schon dadurch kann er auf
die Anfechtung nicht mit einer Debatte über Gott reagieren. Vielleicht hält der
Autor von Gen 22,1–19* eine solche Diskussion sogar für verfehlt oder unzulässig.
Er schlägt jedenfalls einen anderen Umgang mit dem scheinbar bösartigen Gott
vor. Als Terminus für diesen Weg aus der Anfechtung erscheint „gottesfürchtig"

Berges, Ijobrahmen, 232 f; Witte, Leiden, 192; Köhlmoos, Auge Gottes, 50; Levin, Das Alte Testament, 108; Syring, Anwalt, 90 f; Rohde, Knecht Hiob, 102 f).
267 Vgl. Ska, Testing, 100.

(ירא als Verbaladjektiv im st.cs. mit אלהים als *nomen rectum* in Gen 22,12). Bei dieser Bewältigung von Anfechtung spielen Taten eine viel größere Rolle als im Zusammenhang mit dem Begriff אמן Hiphil. Im folgenden ist herauszuarbeiten, wie das genau aussieht.

6.4 Die Darstellung der Gottesfurcht in Gen 22,1f.3abβγ.4–14a.19a

Schon auf den ersten Blick fällt auf, daß Abrahams Tun in Gen 22,1–19* eine entscheidende Rolle spielt. Der Leser (und Gott in V.12) erkennen Abrahams Gottesfurcht an seinem Tun. Abraham verspricht nicht, dem grausamen Gottesbefehl aus V.2 zu gehorchen, sondern er führt ihn wortlos aus (Gen 22,3abβγ.9). Genau das betont auch der Engel/Gott in seinem Urteil über Abrahams Gottesfurcht: „weil du deinen einzigen Sohn nicht verschont hast" (Gen 22,12)[268]. Im Tun manifestieren sich also Abrahams Gottesfurcht und sein Gehorsam. Nach Ansicht des Autors von Gen 22,1–19* kommt es also nicht auf eine Diskussion über Gott an, sondern auf Gehorsam trotz allem. Das ist eine durchaus provokante These. Denn der Verfasser fordert so zu handeln, als habe man es noch immer mit dem gütigen Gott zu tun, dem man gehorchen würde. Dies tritt an die Stelle einer Reflexion über den wankelmütigen Gott.[269]

Der Autor von Gen 22,1–19* zeigt an zwei Stellen, daß Abraham in diesem Sinne unerschütterlich mit Gottes Güte rechnet und daß sich sein Gehorsam darauf gründet. In Gen 22,5 weist Abraham seine Knechte an, auf seine *und* Isaaks Rückkehr vom Berg zu warten. Und nach Gen 22,8 antwortet Abraham auf die Frage Isaaks, wo das Schaf zum Opfer sei (V.7) mit der Aussage, Gott werde sich das Schaf auswählen (ראה). Man kann beide Aussagen als Notlüge Abrahams bewerten[270] oder als Ausdruck seines Vertrauens deuten, daß Gott Isaak

---

268 S.o., 6.1.2 zur Literarkritik.
269 Vgl. Dalferth, Malum, 463 und o., 6.1.4.
270 So z. B. Gunkel, HK 1/1 237 f; ähnlich Ska, Testing, 102 ff und Westermann, BK.AT 1/2, 439 zu V.5. Den V.8 bewertet Westermann als Ausdruck davon, daß Abraham Gott allein die Entscheidung anvertraut, ob Isaak überlebt. Isaak wird der Befehl zwar verschwiegen, aber zugleich wird erkannt, daß bei Gott auch ein positiver Ausgang möglich ist. Boehm, Binding, 10 sieht in der angekündigten Rückkehr in V.5 sogar eine Andeutung, daß Abraham Gott nicht gehorchen wird (zu Boehms Rekonstruktion des Grundbestands von Gen 22,1–19 s. o., 286, Anm. 70). Jacob, Genesis, 495 will die 1.com.plur. in Gen 22,5 als „man" übersetzen, so daß die angekündigte Rückkehr nicht zwingend Isaak einschließt. Dagegen aber GK § 144 b-k; Joüon-Muraoka § 152.

schonen wird.[271] Es stellt sich allerdings die Frage, warum Abraham die von ihm abhängigen Knechte in Gen 22,5 mit einer Notlüge beruhigen sollte.[272] Noch eindeutiger ist Gen 22,8 ein Ausdruck von Abrahams Vertrauen auf Gottes Güte. Denn die Hoffnung des Abraham, Gott werde sich ein Schaf auswählen, bestätigt sich in V.13. Nicht umsonst nimmt Abraham selbst in V.14a noch einmal auf V.8 Bezug, wenn er den Ort „Jahwe sieht" nennt (ראה wie in V.8). Außerdem sind V.8 und V.14a durch das Stilmittel der Inversion miteinander verbunden.[273] Auf diese Weise ist V.14a quasi der Erfüllungsvermerk für Abrahams Prophezeiung in V.8. Generell widerspricht das Ausweichen vor der Wahrheit, das zu einer Notlüge führt, der Schilderung Abrahams in Gen 22,3 ff. Denn dort erscheint Abraham als einer, der ohne jedes Zögern den Befehl Gottes umsetzt. Und nicht zuletzt paßt eine Notlüge nicht zu dem Charakter der Erzählung, in der es überhaupt nicht um listiges Handeln geht, wie Veijola richtig gesehen hat.[274] In Gen 22,1–19* wird also angedeutet, daß Abraham hofft, daß sich die Güte Gottes letztlich durchsetzt und daß er deshalb gehorcht. Abraham hält an dem guten Gott fest, den er kennt und den er erfahren hat, als er mit dem scheinbar bösen Gott konfrontiert wird.[275] Allerdings wäre ein solches Festhalten sogar aus bloßem Trotz möglich, wenn Abraham schon seine Offenheit für Gott, seinen Glauben, verloren hätte. Gottesfurcht hat also nach Gen 22,1–19* zwei Aspekte: Es geht um ein Festhalten an Gottes Güte in allen Umständen, und dieses Festhalten äußert sich in Taten des Gehorsams.[276]

---

271 So z. B. Kilian, Opferung, 78 f; Veijola, Opfer, 161; Blum,Vätergeschichte, 322 f; Zimmer, Elohist, 128; Kaiser, Bindung, 201 f.218; Schmid, Rückgabe, 281; ders., Vertrauen, 43; Schorn, Genesis 22, 104 f; Jeremias, Gen 20–22, 66; Brandscheidt, Opfer, 11 f; Hardmeier, Realitätssinn, 23 f.27; Schmid, Vertrauen, 43. Auch die ältere Auslegungstradition geht davon aus, daß Abraham in der Hoffnung auf einen guten Ausgang Isaak zur Opferstätte führt, s. insbesondere die Auslegung Luthers. Luther und viele seiner Vorgänger brachten diese Zuversicht des Abraham damit in Verbindung, daß Abraham um die Auferstehung der Toten gewußt habe (so z. B. Hebr 11,17–19; vgl. Veijola, Opfer, 136 f).
272 Gunkel kann als Motiv für ein solches Vorgehen nur auf Abrahams „Zartgefühl" (HK 1/1, 237) verweisen.
273 Vgl. Veijola, Opfer, 161 f; Zimmer, Elohist, 128.
274 Vgl. Veijola, Opfer, 160 ff.
275 In einem ähnlichen Sinne deutet Luther Gen 22, s. Veijola, Opfer, 137. So auch von Rad, Opfer, 31 f; Zimmer, Elohist, 130; Schmid, Rückgabe, 287 f. Jeremias, Gen 20–22, 66 bemerkt darüber hinaus, daß Gott sich selbst gefährdet, wenn er seine Zusage dadurch in Frage stellt, daß er das Leben dessen fordert, ohne den die Zusage nicht erfüllt werden kann (vgl. auch Dalferth, Malum, 463 f).
276 Vgl. Plath, Furcht, 63.

Was die Bedeutung der Taten betrifft, unterscheidet sich Gen 22,1–19* deutlich von den Texten mit dem Begriff אמן Hiphil. Denn in ihnen kommt es in aller Regel gar nicht darauf an, daß und wie sich der Glaube im Handeln zeigt. Glaube wird vielmehr meistens als eine Haltung dargestellt, deren Fehlen (vgl. z. B. Dtn 9,23; II Reg 17,14; Ps 78,22.32; 106,24) oder Vorhandensein (z. B. Gen 15,6; Ex 4,31; 14,31; Jes 43,10; Ps 27,13) klar ist, ohne daß gesagt werden muß, an welchen Taten man das erkennt. In Num 20,12 geht das so weit, daß im Text gar kein Verschulden Moses und Aarons ersichtlich ist, mit dem sie das Urteil „ungläubig" verdient haben könnten.[277] Wenn sich Glaube oder Unglaube äußert, so geschieht das meist durch Reden (z. B. Num 14,2–4.11; Dtn 1,26 f.32; Jes 7,12.14; Ps 116,10), seltener durch Singen (Ps 106,12) oder durch eine nur negativ bestimmte Verhaltensweise (Jes 28,16 „nicht eilen"[278]). Nur in Jon 3,5 äußert sich der Glaube der Niniviten zunächst im Handeln: Sie rufen ein Fasten aus und legen ein Trauergewand an (vgl. auch Jon 3,10). Aber erst eine Rede zeigt, wie sehr die Niniviten auf Gott vertrauen und sich an ihn binden. Der König von Ninive sagt in V.9 angesichts einer totalen Unheilsansage (V.4): „Vielleicht[279] kehrt Gott um und bereut und läßt von seiner Zornesglut ab ..." אמן Hiphil ist also eine innere Befindlichkeit, die sich besonders im Reden äußert. Der Autor von Gen 22,1–19* könnte also ganz gezielt von ירא und nicht von אמן Hiphil sprechen, weil es ihm auf das Tun als Ausdruck der richtigen Haltung zu Gott ankommt, ja weil das Tun sogar ein Weg sein kann, in der Anfechtung an Gott festzuhalten.

Das stimmt mit der Verwendung von ירא bezogen auf Gott im Alten Testament insgesamt überein. In sehr vielen Belegen geht es gerade um die Verbindung der angemessenen Haltung zu Gott mit dem rechten Tun (vgl. z. B. Dtn 5,29; 6,13; 8,6;

---

[277] Die zahlreichen Versuche der Forschung, in Num 20,1–11 ein Verschulden zu finden, das das Urteil „ungläubig" in V.12 rechtfertigen würde (vgl. Seebass, BK.AT 4/2, 281 f zu einer Übersicht), scheitern daran, daß sie etwas in den Text hineinlesen, das dort nicht steht (so auch Levin, Jahwist, 378; Frevel, Blick, 327 f). So ist die Frage von Mose und Aaron „Hört doch, ihr Widerspenstigen, können wir für euch aus diesem Felsen Wasser hervorbringen?" (Num 20,10b) kein Ausdruck des Zweifels, sondern eine rhetorische Frage (so auch z. B. Schart, Konflikt, 106). Daß die beiden das Volk als Widerspenstige anreden, wird nicht als Ausdruck ihres Zorns verurteilt, sondern ist in der Situation angemessen (vgl. V.3–5). Und nicht zuletzt ist die Formulierung der Frage in der 1.com.plur. kein Zeichen, daß Mose und Aaron anmaßend sind (so aber Schart, Konflikt, 106 f). Vielmehr gehört diese 1.com.plur. zu der rhetorischen Frage. Die Antwort soll lauten: Nicht ihr könnt das, sondern Gott. Daß sich in Num 20,1–11 keine Schuld findet, die Num 20,12 entspricht, hängt natürlich auch damit zusammen, daß Num 20,12 ein Zusatz ist (so auch Levin, Jahwist, 378; Frevel, Blick, 327 ff). Es ist aber bezeichnend für den Gebrauch von אמן Hiphil, daß der zuständige Ergänzer keine Ursache einarbeiten mußte.

[278] S.o., 101 und 101, Anm. 102.

[279] Vgl. HALAT, 374.

10,12.20; 13,5; Jos 24,14; I Sam 12,14; II Chr 6,31). Betrachtet man speziell weitere Belege von ירא, die wie Gen 22,12 formuliert sind (ירא mit אלהים als Objekt oder als *nomen rectum*), bezeichnen sie den Zusammenhang von Respekt vor Gott mit ethischem Handeln (z. B. Gen 20,11; 42,18; Ex 18,21; Hi 1,1).[280] Die Verbindung von Gottesbeziehung und Handeln scheint also für ירא charakteristisch zu sein, und der Verfasser von Gen 22,1–19* bleibt im Rahmen dieses Sprachgebrauchs.[281]

Nun können die Überlegungen zur Art des Konflikts zwischen Gott und Mensch in den Texten mit dem theologischen Begriff אמן Hiphil und in Gen 22,1–19* weiter vertieft werden. Wie gerade gesehen, war dem Konflikt dort, wo der Begriff אמן Hiphil verwendet wurde, eine Debatte über Gottes Macht und deren Erkennbarkeit angemessen, weil der Konflikt vom Menschen ausging. Geht der Konflikt dagegen wie in Gen 22,1–19 von Gott aus, wird auf dieses Mittel verzichtet. An seine Stelle tritt ein unerschütterliches Festhalten an der Güte Gottes (Gen 22,5.8). Aber gerade dieses Festhalten hat zur Folge, daß der Mensch Gott nicht aufgrund von dessen Grausamkeit den Gehorsam verweigern kann. Eine Diskussion über Gott ist deshalb für den Verfasser von Gen 22,1–19* unmöglich. Denn wer z. B. diskutiert, was das für ein Gott ist, der das Opfer des Sohnes fordert, und ob das überhaupt Gott ist, hält schon nicht mehr ohne Wenn und Aber an Gottes Güte fest. Aus Gen 22,1–19* folgt deshalb letztlich die Forderung, in der totalen Krise der Gottesbeziehung auf theologische Reflexion zu verzichten. Vielmehr kann sich dieses Festhalten an Gott ohne alles Wanken nur im Gehorsam zeigen. Allerdings hat dieser Gehorsam ungeheure Konsequenzen, die der Verfasser von Gen 22,1–19* keineswegs verschweigt. Abraham handelt selbst grausam, indem er gehorcht.

6.5 Das Verhältnis von Gottesfurcht und guten Werken nach Gen 22,1f.3abβγ.4–14a.19

In Gen 22,1–19* wird in aller Deutlichkeit ausgesprochen, was Abraham sein geradezu stures Gottvertrauen und sein Gehorsam kosten. Es wird unübersehbar klargemacht, was Abraham auf Spiel setzen muß. Isaak tritt in diesem Text nicht nur als verheißenes Kind und Träger weiterer Verheißungen auf, sondern es wird auf eine in Gen singuläre Weise die liebevolle Vater-Sohn-Beziehung Abrahams und

---

280 Vgl. Plath, Furcht, 124 f; Becker, Gottesfurcht, 85 ff.186 f und s. u., 6.5.
281 Wie genau diese Verbindung von Gottesfurcht und ethischem Tun aussieht, wird im Alten Testament nicht grundsätzlich geklärt. Es ist jeweils zu prüfen, ob die untersuchte Erzählung dies klarstellt.

Isaaks dargestellt. Sie geht aus dem Relativsatz „den du liebst" in Gen 22,2 hervor, aber zeigt sich auch in der gehäuften Verwendung von בן mit einem auf Abraham bezogenen Suffix („dein Sohn", „mein Sohn" oder „sein Sohn" V.2.3.6.7.8.9.10.13). Weiter trägt Abraham in V.6 aus Fürsorge die gefährlichen Gegenstände Messer und Feuer, während er seinem Sohn das harmlose Holz auflädt.[282] Nicht zuletzt illustriert das Zwiegespräch in Gen 22,7 f die Liebe zwischen Vater und Sohn. Hier werden die Stichworte אבי („mein Vater") und בני („mein Sohn") besonders betont, indem sie in fast jeder direkten Rede in Gen 22,7 f stehen.[283] Gott stürzt Abraham also in einen extremen Konflikt zwischen Festhalten an ihm und Abrahams Liebe zu seinem Sohn.

In diesem Konflikt zwischen dem Gehorsam gegenüber Gott und der Liebe zu seinem Sohn entscheidet sich Abraham für Gott und gegen den Sohn. Mit dieser Entscheidung verstößt Abraham gegen ein elementares menschliches Streben und eine grundlegende Pflicht,[284] nämlich den Schutz der eigenen Kinder. Gottesfurcht wird somit als Bereitschaft definiert, Gott auch dann zu gehorchen, wenn der Befehl im Gegensatz zu den wichtigsten menschlichen Anforderungen steht.

Auf diese Weise soll deutlich werden, daß der wahre Gottesfürchtige in einer Weise handelt, die von menschlichen Maßstäben nicht mehr angemessen erfaßt werden kann. Ein Vater, der sein Kind auf Gottes Befehl hin beinahe tötet, tut etwas zutiefst Fragwürdiges. Er gerät ins Zwielicht, wenn man von den Werten menschlicher Ethik und von menschlichen Bindungen aus urteilt. Vom wahren Gottesfürchtigen wird nach Gen 22,1–19* verlangt, sich diesem Zwielicht auszusetzen.[285]

Eine derart radikale Auffassung von Gottesfurcht wie in Gen 22,1–19* ist im Alten Testament singulär. Sie ist aber nicht ohne Vorläufer. In bezug auf das Thema „Gottesfurcht" kann man beobachten, wie sich der Verfasser von Gen 22,1–19* mit

---

282 Vgl. von Rad, ATD 2/4, 191; Veijola, Opfer, 144; Michel, Gewalt, 263 ff und schon die rabbinische Auslagung (s. Veijola, Opfer, 144).
283 So auch Veijola, Opfer, 145 f. Kilian, Opferung, 54 unterschätzt diese Wirkung von Gen 22,7.
284 Boehm, Binding, 1 f. Im Alten Testament ist diese Pflicht eine solche Selbstverständlichkeit, daß sie nicht direkt thematisiert wird. Eine gewisse Ausnahme ist Ez 16, wo elterliche Fürsorge an einem Findelkind als Bild für Jahwes Handeln an Jerusalem verwendet wird, vgl. auch Ps 103,13. Außerdem kommt eine Verpflichtung, sich um die eigenen Kinder zu kümmern, in konkreten Anweisungen zum Ausdruck. So wird von Eltern erwartet, daß sie ihre Kinder erziehen und unterweisen, wobei diese Erziehung Ausdruck ihrer Liebe ist (z. B. Dtn 6,10 ff; Prov 1,8; 4; 13,24; 23,13–16.22–25). Die elterliche Sorge für die Kinder äußert sich darüber hinaus in einer gerechten Verteilung des Erbes (z. B. Num 27,1–11; Dtn 21,15–17). Auch im Neuen Testament wird die Liebe der Eltern zu ihren Kindern nur thematisiert im Zusammenhang mit der Forderung an die Kinder, den Eltern zu gehorchen (z. B. Kol 3,20 f).
285 So schon ansatzweise Schorn, Genesis 22, 103.

Texten im näheren und ferneren Kontext auseinandersetzt und sie überbietet. Dies sind sowohl dtr. und jüngere Geschichtsreflexionen über die Forderung nach Gottesfurcht an Israel als auch Texte mit weisheitlichem Hintergrund. Die Verbindung zu den Texten mit weisheitlichem Hintergrund ist insofern besonders stark, als dort wie auch überwiegend in Gen 22,1–19* der Gottesname אלהים steht (z. B. Gen 20,11; 42,18; Ex 1,17.21;[286] Hi 1,1.8; 2,3; Koh 5,6; 7,18; 8,12).[287] Dagegen erscheint in den dtr. und jüngeren Geschichtsreflexionen meist יהוה, z. B. I Sam 12,14; II Sam 6,9; I Reg 8,40 parallel II Chr 6,31; I Reg 18,3.12; II Reg 17,32 ff. Oder es steht יהוה verbunden mit einem suffigierten אלהים, z. B. Dtn 6,2.13.24; 10,12.20; 13,5; 14,23; 31,13; II Reg 17,39.

In bezug auf die weisheitlichen Texte wird die Radikalisierung in Gen 22,1–19* daran deutlich, inwieweit mit Gottesfurcht das Tun guter Werke im weitesten Sinne verbunden wird. In den weisheitlich beeinflußten Vorläufertexten von Gen 22,1–19* ist diese Verbindung eine Selbstverständlichkeit. In Gen 22,1–19* wird sie abgelehnt. Zwar ist das Tun nach wie vor wichtig, um die Treue zu Gott zu zeigen, aber es ist kein gutes Tun mehr.[288] Im näheren Kontext von Gen 22,1–19* sind diese weisheitlich geprägten Vorläufer die Texte in Gen und Ex, in denen die Wurzel ירא verbunden mit אלהים steht: Gen 20,11; 42,18; Ex 1,17.21; 18,21.[289]

Die weisheitliche Prägung dieser Texte fällt auf den ersten Blick ins Auge.[290] Auch wenn sie in durchaus unterschiedlichem Sinne von Gottesfurcht sprechen,[291] haben sie einige zentrale Gedanken gemeinsam. Ganz im Sinne weisheitlichen

---

286 Zum weisheitlichen Hintergrund dieser Texte s. Stähli, Art ירא, Sp. 777.

287 In Prov wird im Zusammenhang mit „Gottesfurcht" meist „Jahwe" gebraucht, s. z. B. Prov 1,29; 3,7; 9,10; 14,27; 19,23; 31,30.

288 Kilian, Opferung, 56 ff unterschätzt dies, indem er „Gottesfurcht" in Gen 22,1–19* ohne Begründung mit Sittlichkeit gleichsetzt.

289 Zur weisheitlichen Prägung dieser Texte s. Stähli, Art ירא, Sp. 777. In der Neueren Urkundenhypothese werden diese Texte E zugewiesen, vgl. Smend, Entstehung, 83 f; Kaiser, Grundriß Bd. 1, 71 f; Schmitt, Arbeitsbuch, 224 ff (für eine Redaktionsschicht E); Zimmer, Elohist, 163 ff. Eine etwas andere Textabgrenzung nimmt Weimar vor. Er betrachtet Ex 1,15–20 und die Josephsgeschichte nicht als elohistisch, sondern als Einzelerzählungen. Diese seien in der Hiskiazeit in die werdenden Bücher Gen und Ex eingetragen worden (vgl. Untersuchungen, 145 ff). In Lev 19,14.32; 25,17.36.43 steht Elohim mit Suffix, so daß sie hier nicht berücksichtigt werden. Das gilt auch für Ex 20,20, weil die Wurzel ירא in ganz anderer Weise erscheint als in Gen 22,1–19*. Es steht nämlich das Nomen יראה mit Suffix. Zu Ex 20,20 als Vorbild für Gen 22,1–19* s. o., 6.3.3. S. o., 5.1.2.2 zu grundsätzlichen Bedenken gegen eine Quelle E sowie o., 6.3.1.1; 6.3.1.4 zu Indizien, daß Gen 22,1–19* aus einer anderen Hand stammt als die Texte, die im Rahmen der Neueren Urkundenhypothese E zugeschrieben wurden.

290 So auch Becker, Gottesfurcht, 184 f; Stähli, Art ירא, Sp. 777.

291 Vgl. Westermann, BK.AT 1/2, 443; Saur, Sapientia, 238 ff.

Denkens steht Gottesfurcht in ihnen in engster Verbindung mit dem Einhalten ethischer Maßstäbe. Diese Maßstäbe sind so selbstverständlich, daß sie nicht ausgesprochen werden müssen.[292] Man kann es so formulieren: Dem guten Verhältnis zu Gott entspricht ein gutes Verhältnis zu den Mitmenschen im eigenen Volk und darüber hinaus unter den Völkern.[293] In diesen Texten kann Gottesfurcht außerdem im Sinne von Gehorsam gegen Gott verstanden werden (Ex 1,17.21; Gen 20,11), was aber niemals im Widerspruch zu ethisch korrektem Handeln steht. Konflikte zwischen Gott und Menschen sind in diesen Texten kein Thema. Allerdings kann der Gehorsam gegen Gott verbunden mit dem Einhalten ethischer Maßstäbe zu Konflikten mit irdischen Gewaltherrschern führen, wie die Hebammengeschichte in Ex 1,15–20 zeigt.

Die weisheitliche Verknüpfung von Gottesfurcht und Ethos sieht in Gen 20,11; 42,18; Ex 1,17.21; 18,21 im einzelnen folgendermaßen aus: In Ex 18,21 geht es um die Qualifikation der Männer, die Mose als Richter über das Volk einsetzen soll. Es wird gefordert, daß sie gottesfürchtig sind und zugleich tüchtige, zuverlässige Männer (אנשי חיל; אנשי אמת), die unrechten Gewinn hassen (שנאי בצע). Hier kommt es auf die Integrität der Männer an. Gottesfurcht gilt selbstverständlich als Bestandteil davon und steht im Einklang mit ethisch korrektem Verhalten, in diesem Fall einer unbestechlichen Amtsführung.[294]

Auch Gen 42,18 in der Josephsgeschichte ist stark dem weisheitlichen Sprachgebrauch verhaftet. Gottesfurcht ist nach diesem Vers ein Wert, der Israeliten und Ägypter verbindet. Weil Joseph, den seine Brüder für einen Ägypter halten, seine Gottesfurcht betont, können sich die Brüder auf seine Zusagen verlassen (vgl. auch Gen 50,19). Ein gottesfürchtiger Ausländer ist anständig und insofern ein

---

292 So auch Stähli, Art. ירא Sp. 776; Zimmer, Elohist, 163 ff. Ähnlich ist dies bei weiteren Derivaten der Wurzel אמן, s. o. 2.1.3. Schmitt, Versuchung, 116 f sieht richtig, daß sich dieses weisheitliche Verständnis von Gottesfurcht in Gen 22,12 und dessen Vorbild Ex 20,20 nicht findet. Doch übersieht Schmitt, daß Gen 22,12 und Ex 20,20 sich genau darin von den übrigen Gottesfurchtbelegen unterscheiden, die er der E-Schicht zuweist (vgl. z. B. Arbeitsbuch, 224 ff). Man kann also nicht den Terminus „Gottesfurcht" in E von Gen 22,12 und Ex 20,20 her definieren, sondern man muß literargeschichtlich zwischen diesen beiden Texten und den übrigen Belegen dieses Wortes in Gen und Ex unterscheiden.

293 Dies wird an Belegen von Gottesfurcht/gottesfürchtig in der Weisheitsliteratur gelegentlich daran verdeutlicht, daß ירא verbunden mit Stichworten wie סור מרע oder ישר etc. steht, z.B. Hi 1,1.8; 2,3; 4,6; 28,28; Prov 3,7; 8,13; 14,2; 16,6. Gegen Zimmer, Elohist, 175 f.302 wird in den Belegen von Gottesfurcht in Gen und Ex die sittliche Komponente von Gottesfurcht nicht dem Ziel untergeordnet, das Überleben Israels zu sichern. Vielmehr kommt es darauf an, daß Israel gerade deshalb überlebt, weil die Fremdvölker gottesfürchtig sind und Israel sich deshalb auf ihr anständiges Verhalten verlassen kann (vgl. z. B. Gen 20,11).

294 So auch Schmitt, Arbeitsbuch, 230; ähnlich Zimmer, Elohist, 171.

verläßlicher Vertragspartner. Ganz zu Recht bewertet Gunkel den Text als Ausdruck einer „gewisse[n] internationale[n] Sittlichkeit".[295] Weiter kann der Leser von Gen 42,18 aus zurückblicken auf Josephs ethisch vorbildliches Verhalten in Ägypten. Er hat die Frau seines Herrn nicht angerührt (Gen 39,7 ff) und die Getreideversorgung der Ägypter gesichert (Gen 41,37 ff). Auch daran zeigt sich, daß Gottesfurcht und gute Taten nach Gen 42,18 in Einklang miteinander stehen.

Zwar war Joseph schon bereit, für seine Gottesfurcht ins Gefängnis zu gehen, weil er der Frau seines Herrn nicht zu willen war (Gen 39 f). Insgesamt stand jedoch seine Gottesfurcht seiner Karriere nicht im Wege. Hier deutet sich nur an, daß ein Mensch aus Gottesfurcht manchmal leiden muß.

In der Erzählung von den gottesfürchtigen Hebammen Schifra und Pua (Ex 1,15–21) ist das noch deutlicher. Denn hier führt Gottesfurcht zu einer Konfrontation mit irdischer Gewalt. Aus ihrer Gottesfurcht heraus verweigern in diesem Text die beiden Hebammen dem Pharao den Gehorsam und lassen die neugeborenen israelitischen Jungen leben (Ex 1,17).[296] Sie handeln so gleichermaßen im Sinne Gottes, der ja die Mehrung des Volkes will (Ex 1,20b), und im Sinne eines anständigen Verhaltens, das die Schwachen schont.[297] Dafür belohnt sie Gott und sorgt dafür, daß es ihnen gut geht (Ex 1,20a).[298] Ein Konflikt zwischen Gottesfurcht und ethischen Maßstäben ist in diesem Text undenkbar, wohl aber ein Konflikt zwischen Gottesfurcht und irdischen Gewaltherrschern.

---

295 Gunkel, HK 1/1, 444. So auch Zimmer, Elohist, 167.

296 So auch Schmitt, Arbeitsbuch, 230; anders Plath, Furcht, 49 f. Eine ganz ähnliche Auffassung von „Gottesfurcht" zeigt sich in I Reg 18,3 f, allerdings mit יהוה formuliert. Dort versteckt der gottesfürchtige Obadja gegen den Befehl des Ahab Jahwepropheten.

297 So auch Zimmer, Elohist, 170 f. 303. Levin, Jahwist, 320 rechnet sogar mit Gesetzesgehorsam der Hebammen. Sie sollen das Tötungsverbot des Gesetzes beherzigen. Doch fehlt im Text jeder Hinweis auf Motive für ihre Befehlsverweigerung über das Stichwort „Gottesfurcht" hinaus. Es ist deshalb wahrscheinlicher, daß sie aufgrund der ethischen Implikationen der Gottesfurcht die neugeborenen Jungen verschonen. Nach Zimmer, Elohist, 167 f sind die Hebammen Ägypterinnen. Doch ist wegen der Determination von העברית in Ex 1,15 wahrscheinlicher, daß sich das Wort als Adjektiv auf die Hebammen (למילדת) bezieht (vgl. auch Gertz, Tradition, 373 f, Anm. 103). Weiterhin betont Levin, daß Geburtshilfe Sache der Mitbewohnerinnen, Nachbarinnen und weiblichen Bekannten war (vgl. Jahwist, 317). Diese fungierten als Hebammen und waren im Fall der Israelitinnen kaum Ägypterinnen. Folglich kommt die Mehrung aus Ex 1,20 f gegen Zimmer, Elohist, 169 nicht den Ägyptern zugute.

298 Ex 1,21 dürfte ein Nachtrag sein. Der Vers über die Mehrung der gottesfürchtigen Hebammen ist eine Dublette zu Ex 1,20a (Lohn der Gottesfurcht) und 1,17 (Gottesfurcht der Hebammen). V.21 stellt über V.20a hinaus klar, daß auch die Hebammen selbst von der Mehrung des Volkes (V.20b) profitieren. Zu Textwachstum in diesem Bereich vgl. auch Levin, Jahwist, 317 ff; Gertz, Tradition, 373. Dagegen plädiert Zimmer, Elohist, 169 für die Einheitlichkeit dieses Textstücks.

Gen 20,11 gehört in die zweite Fassung der Erzählung von der Gefährdung der Ahnfrau. Als Abimelech Abraham seine Frau Sara zurückgibt, stellt Abraham verwundert fest, er habe nicht gedacht, daß es Gottesfurcht an diesem Ort gebe. Das Prädikat bezieht sich auf Abimelechs korrektes Verhalten. Außerdem ist hier wie in Gen 42,18 Gottesfurcht die Grundlage, auf der Abraham und Sara Abimelechs Angebot annehmen können, im Philisterland zu siedeln (Gen 20,15; 21,34).[299] Weiter ermöglicht diese Gottesfurcht den Schwur Abrahams für Abimelech (Gen 21,24) und den Bundesschluß zwischen beiden (Gen 21,27.32a).

Gottesfurcht bedeutet in der raffiniert gestalteten Erzählung von der Gefährdung der Ahnfrau Gen 20,1–15*[300] aber noch mehr. Als der Philisterkönig Abimelech Sara in seinen Harem geholt hat, erscheint ihm Gott im Traum (Gen 20,3). Er fordert ihn auf, Sara zurückzugeben (Gen 20,3) und zitiert hier mit dem Stichwort בעלת בעל („Ehefrau eines Mannes") das Gesetz, nämlich Dtn 22,22.[301] Aus Gottesfurcht hört Abimelech auf diese Traumoffenbarung Gottes und befolgt so als Nichtjude das Gesetz (Gen 20,14). Gottesfurcht bedeutet also außer Anstand und Verläßlichkeit auch Gehorsam gegenüber Gott und Gesetzesobservanz.[302] Sie gründet somit letztlich auf einem persönlichen Verhältnis zu Gott. Das war in Gen 42,18; Ex 18,20 und selbst in Ex 1,15–20 noch kein Thema.

---

299 Den engen Zusammenhang dieser Verse hat Levin, Jahwist, 173 richtig erkannt. Allerdings folgt daraus nicht, daß diese Erzählung von der Gefährdung der Ahnfrau Sara und der Ansiedelung bei den Philistern in Gen 20,1–15*; 21,34 ursprünglich selbständig existierte, so Blum, Vätergeschichte, 416f; Levin, Jahwist, 173. Es könnte sich ebensogut um eine gezielte Rahmung der älteren Geburtsgeschichte Isaaks Gen 21,1–7* handeln. Ziel dieser Rahmung wäre erstens, die Spannung vor der Erfüllung der Sohnesverheißung Gen 17,15–19; 18,9–15 noch einmal zu steigern. Denn die Mutter des verheißenen Sohnes droht durch die Einfügung von Gen 20,1–15a*, in einem fremden Harem zu verschwinden. Zweitens soll gezeigt werden, daß die Verheißung nur in Erfüllung gehen kann, weil gottesfürchtige Ausländer wie Abimelech auf die Erzeltern Rücksicht nehmen. Einem Israel, das sich vor Fremden abschirmt, wird so eine klare Absage erteilt. Anstelle dessen wird ein Zusammenleben mit Fremden legitimiert, ob im Land oder in der Diaspora. Auch nach der Einfügung von Gen 20,1–15* gilt unmißverständlich Abraham als Vater Isaaks und nicht Abimelech. Das wird in Gen 20,6 klargestellt, der zum Grundbestand des Kapitels gehört, s. u., 343, Anm. 300.

300 Sekundär dürften in Gen 20,1–15 folgende Stücke sein: V.4a (Dublette zu V.6; Inversion und nachklappende Verdeutlichung), V.4b außer ויאמר (thematische Abweichung zur Frage nach der Kollektivstrafe), V.9 ab לאברהם (Dublette zu V.10) und V.12f (Anschluß mit וגם, nachklappende Information). Zu einer ähnlichen Analyse von Gen 20,1–15 s. Levin, Jahwist, 173ff; anders Schmitt, Schuld, 261f. Gegen Levin sind aber in V.6f keine sprachlichen Hinweise auf Nachträge zu beobachten. Dagegen hält Blum, Vätergeschichte, 405 Gen 20,1–15 für im wesentlichen einheitlich.

301 So mit Levin, Jahwist, 174. Dagegen Zimmer, Elohist, 164.

302 Vgl. auch Plath, Furcht, 50ff.

Der Verfasser von Gen 22,1–19* baut auf diesen Aspekt von Gehorsam in der Verwendung von „Gottesfurcht" in Gen 20,1–15* auf und steigert ihn radikal. Und Gottesfurcht wird mit einem Aufs-Spiel-Setzen der eigenen Identität verbunden, die Gen 20,11; 42,18; Ex 1,17.21; 18,21 fremd ist. Selbst wenn die Hebammen in Ex 1,15–21* dem Pharao trotzen, gefährden sie nicht in dem Maße ihre eigene Identität wie Abraham, wenn er seinen verheißenen Sohn beinahe opfert. Daß aus Gottesfurcht die Bereitschaft folgen muß, die eigene Existenz aufzugeben, hängt mit dem radikalen Gottesbild von Gen 22,1–19* zusammen. Anders als in den sogenannten elohistischen Erzählungen erscheint hier ein möglicherweise wankelmütiger Gott, der die Verheißungen zurückzunehmen scheint, auf denen die Existenz der Menschen gründet. Hier kommt es durch Gottes eigenes Handeln zu einer Anfechtung des Menschen, die den sogenannten elohistischen Texten vollkommen fremd ist. In ihnen hat man es schlimmstenfalls mit bösartigen Menschen zu tun wie dem Pharao der Hebammengeschichte. Will der Mensch diesen Gott nicht aufgeben, sondern an seiner Güte festhalten, ist er gezwungen, die eigene Identität aufs Spiel zu setzen. Das betrifft die eigene Verwurzelung in der Familie, aber auch das eigene Selbstverständnis als ethisch richtig Handelnder.

Damit hängt zusammen, daß die weisheitliche Verbindung von Gottesfurcht und Ethos in Gen 22,1–19* negiert wird.[303] In diesem Text wird ein Konflikt zwischen Gottesfurcht und menschlichem Ethos gezeigt, der diesem weisheitlichen Denken vollkommen fremd ist.[304] Die Verknüpfung des guten Verhältnisses zu Gott mit dem guten Verhältnis zu den Mitmenschen wird zerrissen. Dies äußert sich darin, daß Abraham das Leben seines Sohnes Isaaks gefährdet, der seiner Fürsorge anvertraut ist. Man muß nur wenig in den Text hinein phantasieren, um sich die Todesangst auszumalen, der Abraham Isaak (und Sara!) aussetzt. Man kann sagen: Aus Gottesfurcht versagt Abraham als Vater und Ehemann.[305] Abraham gerät also nach menschlichen Maßstäben ins Zwielicht. Er verhält sich in einer Weise, die ethischen Regeln und familiären Bindungen widerspricht. Andererseits kann man Abrahams Handeln nicht einfach als „unmoralisch" bezeichnen, da es Ausdruck seines rückhaltlosen Gehorsams und Vertrauens zu Gott ist und einem göttlichen Befehl folgt.[306] Dagegen zeigte sich die Bösartig-

---

303 Dies übersehen Becker, Gottesfurcht, 194 f; Zimmer, Elohist, 164 f.173 ff.
304 Schon Origenes hat in seiner Deutung von Gen 22 erkannt, daß Abraham in einen Widerstreit zwischen seiner Liebe zu Isaak und seiner Liebe zu Gott gerät, s. Veijola, Opfer, 135.
305 Die Reaktion Saras wird in Gen 22,1–19* nicht erzählt. Schon die Auslegung im Midrasch Genesis Rabba hat diese Lücke gefüllt und angenommen, Sara sei aus Schmerz über diese Ereignisse gestorben. S. von Rad, Opfer, 11; Schmid, Rückgabe, 271 f; Reiss, Actions, 186 ff.
306 Dies zeigt noch einmal, daß Gen 22,1–19* keinesfalls elohistisch sein kann. Denn nach Schmitt, Arbeitsbuch, 231 kommt es im elohistischen Textbereich auf eine Ethisierung Abrahams

keit des Pharaos in der Hebammengeschichte darin, daß er unmenschliches und unethisches Verhalten forderte. Es ist klar, daß man einem solchen bösen Menschen widerstehen kann, gerade indem man ethisch handelt.

Zudem wird in Gen 22,1–19* das internationale Ethos, das in Gen 20,11 und 42,18 „Gottesfurcht" genannt wird, klar abgelehnt. Die internationale Orientierung von Gottesfurcht in Gen 20,11 und 42,18 wird durch den starken Zionsbezug von Gen 22,1–19* relativiert. Gottesfurcht im eigentlichen Sinne bewährt sich nach Gen 22,1 f.11–14a nur auf dem Zion, und zwar in der Teilnahme am dortigen Kult. Für Ausländer ist diese Gottesfurcht unerreichbar.

6.6 Fazit

In Gen 22,1–19* wird also behauptet, daß der wahrhaft Fromme, der Gottesfürchtige, jeden Befehl Gottes befolgen muß, auch wenn dieser Befehl nach menschlichem Ermessen gegen zentrale ethische Pflichten verstößt. Eine solche These provoziert die Frage, ob die Taten, die aus Gottesfurcht getan werden, nach menschlichem Maßstab gute Taten sein müssen. Oder kann es erforderlich sein, aus Loyalität zu Gott Böses zu tun, ja sogar ein Verbrechen zu begehen?

Obwohl Abraham in Gen 22,1–19* bereit wäre, Isaak auf Gottes Befehl hin zu töten, geht es keinesfalls darum, eine Tötung aus Gottesfurcht zu legitimieren. Denn die schlechte Tat wird in Gen 22,1–19* nicht getan. Isaak wird nicht getötet; Gott selbst verhindert den gottesfürchtigen Mord (Gen 22,12). Daraus folgt: Gott selbst setzt seinen Forderungen eine Grenze. Der Mensch soll im Vertrauen darauf Gott gehorchen, daß Gottes Güte sich letztlich durchsetzt und Gott selbst jeden Befehl zurücknimmt, der ihr widerspricht. Der Fromme muß also nach Gen 22,1–19* bereit sein, gegen fundamentale ethische Maßstäbe zu verstoßen und darf zugleich hoffen, daß ihm das erspart bleibt.

Damit ist deutlich, daß es in Gen 22,1–19* um etwas anderes geht als religiös begründete Untaten. Gen 22,1–19* enthält vielmehr einen Appell dagegen, nach Menschenermessen festzulegen, welche Handlungen aus der Bindung an Gott folgen.

Und dieses Zurückstellen menschlicher Maßstäbe hat zwei Seiten. Auf der einen Seite geht es um die Freiheit, ganz nach den Erfordernissen der Gottesbeziehung zu handeln, auch wenn dies allen menschlichen Rücksichten widerspricht. Auf der anderen Seite wird der Preis dieser Freiheit deutlich gemacht.

---

an. Dem wird in Gen 22,1–19* widersprochen, denn nach diesem Text handelt der glaubende Abraham gerade gegen menschliche Ethik.

In Gen 22,1–19* kommt, so gesehen, zum Ausdruck, daß sich der Gottesfürchtige von allen irdischen Loyalitäten und Bindungen als vorläufigen lösen muß. Diese Loyalitäten werden im Text auf zwei Ebenen thematisiert. Zum einen ist dies die Bindung an Gottes Verheißungen für das eigene Leben und für die Nachkommen, d. h. das Volk, das entstehen soll. Bringt man wie Abraham denjenigen in Gefahr, von dessen Leben die Erfüllung dieser Verheißung abhängt, so zeigt dies einen Verzicht auf eine solche Hoffnung künftiger persönlicher und nationaler Größe. Zum anderen geht es um die Anhänglichkeit an einen geliebten Menschen, die eigene Familie und die herkömmlichen ethischen Gepflogenheiten. Wer daran geht, sein geliebtes Kind zu opfern, setzt dies aufs Spiel. Die gleiche Haltung kommt in radikalen Jesusworten im Neuen Testament zum Ausdruck. Wer Jesus nachfolgen will, muß aus Sicht der zuständigen Redaktoren seine irdischen Bindungen an Familie und Besitz lösen. Am drastischsten drückt dies Jesus im Lukasevangelium aus: „Wenn einer zu mir kommt und nicht haßt seinen Vater und seine Mutter und seine Frau und seine Kinder und seine Brüder und Schwestern und ferner auch sein Leben, kann er nicht mein Jünger sein" (Lk 14,26 parallel Mt 10,37).[307]

Diese Freiheit von menschlichen Sehnsüchten und Bindungen hat auf der anderen Seite ihren Preis, und dieser wird in Gen 22,1–19* sehr viel deutlicher als in den neutestamentlichen Nachfolgelogien. Erstens versagt Abraham es sich, sich mit dem scheinbar willkürlichen Gott kritisch auseinanderzusetzen und über ihn nachzudenken (anders Gen 18,22ff). Er verzichtet so darauf, seine Not mit Hilfe der Sprache auszudrücken. Und zweitens ist in Gen 22,1–19* klar, daß Abraham seinen Sohn Isaak liebt (Gen 22,2), während in den Nachfolgelogien von der Liebe zu den vernachlässigten Verwandten sehr viel seltener die Rede ist (nur Mt 10,37 parallel Lk 14,26). Die Verwandten werden in den Synoptikern nicht namentlich erwähnt, und ihr Leben ist nicht in Gefahr.

Abraham setzt dagegen das Leben eines geliebten Menschen aufs Spiel. Von Sara schweigt Gen 22,1–19*, aber sie steht fühlbar im Hintergrund. Der Leser weiß aus Gen 21,10, daß sie bereit ist, sich mit aller Härte für Isaak einzusetzen. Selbst wenn Isaak letztlich nicht sterben muß, kann sich der Leser vorstellen, daß die Ereignisse vom Berg Morija in Isaak und in Sara Spuren hinterlassen haben. Es wurde schon in der Wirkungsgeschichte des Textes immer wieder thematisiert, daß Isaak von den Ereignissen auf dem Berg Morija ein Trauma zurückbehalten habe und daß Sara daran gestorben sei.[308] Wer wie Abraham auf andere Men-

---

307 Ähnliche Nachfolgeworte stehen in Mk 10,29 f; Mt 8,22 parallel Lk 9,60 sowie Mk 8,34, vgl. auch Lk 14,27 parallel Mt 10,38.
308 S.o., 344 f und 344, Anm. 305.

schen keine Rücksicht mehr nimmt, kann das Leben dieser Menschen zerstören. Der Verfasser von Gen 22,1–19* stellt seine Leser vor die Frage, ob sie Abrahams Freiheit von menschlichen Bindungen angesichts ihres hohen Preises billigen.

Zu beachten ist weiter, daß Gen 22,1–19* eine Extremsituation behandelt. Nicht jeder wird wie Abraham mit Gottes möglicher Willkür konfrontiert. Außerhalb einer solchen Extremsituation ist die Bindung an Gott vereinbar mit der Bindung an Menschen und ethische Maßstäbe. Die Verknüpfung einer Bindung an Gott mit guten Taten behält ihren Wert. Luther formuliert diese Verknüpfung in der Freiheitsschrift so: „alßo, das allweg die person zuvor muß gut und frum sein vor allen gutten wercken, und gutte werck folgen und außgahn von der frumen gutten person."[309]

Gen 22,1–19* hat sich somit als ein verstörender Text über eine Extremsituation erwiesen, über Abrahams Bewährung in der tiefsten Krise der Gottesbeziehung und den unmenschlich hohen Preis dieser Bewährung. Gerade weil Gen 22,1–19* von einer Extremsituation handelt, unterscheidet sich dieser Text grundlegend von den Belegen des theologischen Begriffs אמן Hiphil (Gen 15,6; Ex 4,1.5.8[bis].9.31; Ex 14,31; 19,9; Num 14,11; 20,12; Dtn 1,32; 9,23; II Reg 17,14; Jes 7,9b; 28,16bβ; 43,10; Jon 3,5; Ps 27,13; 78,22.32; 106,12.24; 116,10; 119,66; II Chr 20,20 [bis]). Denn hinter diesen Texten steht eine ganz andere Gefahr des religiösen Lebens: die Verflüchtigung der Gottesbeziehung unter dem Druck alltäglicher irdischer Verhältnisse, wenn etwa die Gegner mächtiger als Gott erscheinen (z. B. Num 14,2; Dtn 1,27). Wenn Gott diese Verhältnisse nicht mehr unter Kontrolle zu haben scheint, neigt der Mensch dazu, sich vor Gott zu verschließen. Das drückt sich als Unglaube aus. Glaube wäre dagegen, für Gott offen zu bleiben, weil man um Gottes Taten weiß und daraus schließt, daß sich dieser Gott auch in Zukunft bewähren wird (z. B. Ex 14,31).

Man kann also nicht sagen, das „gottesfürchtig" in Gen 22,12 sei ein anderes Wort für „glauben" im Sinne von אמן Hiphil. Vielmehr werden im Alten Testament mit dem Begriff אמן Hiphil und der Wendung ירא mit אלהים in Gen 22,12 unterschiedliche Schwierigkeiten der Gottesbeziehung und der Umgang damit thematisiert.

Die Texte mit dem Begriff אמן Hiphil wünschen implizit dem Volk Glauben, damit es an Gott und der Hoffnung auf seine Macht festhalten kann, wenn Gott ohnmächtig oder unfähig erscheint. Glauben hieße, von der Grundhaltung her für Gott offen zu bleiben und deshalb z. B. seine Zeichen in ganz irdischen Phänomenen wahrnehmen zu können (Gen 15,5f).[310] Mit ירא und אלהים wird dagegen

---

309 WA 7, 32.
310 S.o., 4.4.4.

in Gen 22,1–19* eine sehr viel tiefere Krise der Gottesbeziehung angesprochen: Hier wird der Mensch damit konfrontiert, daß Gott willkürlich über ihn verfügen kann, wenn er will. Darauf reagiert Abraham, indem er stumm und stur an der Güte Gottes festhält und hofft, daß sie sich trotz allem durchsetzt. Es ist sehr die Frage, ob diese Sturheit noch mit einer offenen Grundhaltung zu Gott zu tun hat. Vielmehr könnte Abraham dagegen ankämpfen, daß er seine Offenheit für Gott, seinen Glauben, schon verloren hat.

Zugleich hat sich gezeigt, daß ירא mit אלהים kein Begriff wie das theologische אמן Hiphil ist.[311] Während sich alle theologischen Belege von אמן Hiphil mit dem einen Problem beschäftigen, ob der Mensch sich vor Gott verschließt oder für ihn offen bleibt, geht es mit ירא mit אלהים um eine große Vielfalt von Erfahrungen mit Gott. Meist stehen dabei nicht Krisen oder Konflikte mit Gott im Mittelpunkt, sondern eine Verbindung von Respekt gegenüber Gott und gutem Handeln an den Mitmenschen (z. B. Gen 20,11; 42,18; Ex 1,17.21; 18,21). Konflikte ergeben sich hier nur aus der Konfrontation mit bösartigen Mitmenschen wie dem Pharao in der Hebammengeschichte (Ex 1,15–21). Die Gottesbeziehung bleibt immer harmonisch.[312] Der Gebrauch von ירא mit אלהים in Gen 22,12 stellt demgegenüber eher eine Ausnahme dar. Ähnliches findet sich allenfalls in Hi 1,1.8. Gerade weil ירא mit אלהים nicht wie der Begriff אמן Hiphil auf eine bestimmte Bedeutung festgelegt ist, ist es möglich, mit dieser Wendung eine große Bandbreite von menschlichen Interaktionen mit Gott auszudrücken, von sehr einvernehmlichen bis zu sehr krisenhaften.

Was das Alter von Gen 22,1–19* betrifft, so hat sich dieser Text als jünger als die meisten Texte erwiesen, in denen der Begriff אמן Hiphil verwendet wird. Zwar ist schon der älteste Beleg dieses Begriffs Dtn 1,32 jünger als die Priestergrundschrift, und die Stellen mit dem Begriff im Pentateuch setzen die Verbindung von P und Nicht-P voraus.[313] Einige von ihnen (Ex 4,1–9; 14,31; 19,9) stehen wohl im Zusammenhang mit der Verselbständigung des Pentateuchs aus einem Großgeschichtswerk Gen-II Reg. Gen 22,1–19* ist aber noch jünger. Der Text setzt mit Ex 20,20 einen Vers voraus, der der Verselbständigung des Pentateuchs diente, sowie II Chr 3,1; 32,31. Dagegen ist der recht späte Beleg des Begriffs אמן Hiphil Jes 7,9b älter als II Chr 20,20.[314] Sowohl die Texte, in denen der Begriff אמן Hiphil erscheint, als auch Gen 22,1–19* gehören in die Spätzeit alttestamentlicher Literatur. Trotz ihrer unterschiedlichen Akzentsetzungen stehen die Texte gemeinsam

---

311 S.o., 6.5.
312 S.o., 6.5.
313 S.o., 4.4.2–4.4.4; 5.5.
314 S.o., 3.4.

dafür, daß man sich zunehmend klar wurde, vor welche Schwierigkeiten Gott die Menschen stellen kann, die sich an ihn gebunden haben.

Die bisherigen Untersuchungen haben gezeigt, daß diese Schwierigkeiten im Lauf der alttestamentlichen Theologiegeschichte als immer größer eingeschätzt wurden. Hier läßt sich eine kontinuierliche Entwicklung nachweisen. Das zunehmende Problembewußtsein hängt damit zusammen, daß man sich immer klarer wurde, daß sich Gottes Macht nicht offensichtlich auf der Welt durchsetzt. In den älteren untersuchten Texten, z. B. P^G, war das Vertrauen auf Gottes souveränes Handeln in der Welt noch groß,[315] in den nach-P Murrgeschichten schwindet es zusehends, was sich in den Vorwürfen des murrenden Volkes an Gott oder dessen Beauftragten Mose ausdrückt (z. B. Num 14,2f; 16,13). Mit dem Schwund des Vertrauens auf Gottes souveränes Handeln hängt zusammen, daß menschliche Bedenken, ob Gott eine Verheißung wahrmachen kann, in den Murrgeschichten bestraft werden (z. B. Num 14,27b.28.29*; 14,37;[316] 16,30–33), während sie in P^G und vor-P Texten kein Problem waren (z. B. die vor-P Gen 18,10–14*).[317] Die Prägung von אמן Hiphil als theologischer Begriff ist eine Nachwirkung dieser Murrgeschichten (Dtn 1,32). In Gen 22,1–19* kulminiert der Verlust eines selbstverständlichen Gottvertrauens. Stand Gott in den Murrgeschichten und im Zusammenhang mit dem Begriff אמן Hiphil „nur" unter Ohnmachtsverdacht, wird jetzt zum Thema, daß Gott sich aktiv gegen die Menschen wenden könnte. Damit wurde die größte denkbare Krise der Gottesbeziehung ausgesprochen.

In dem Maß, in dem Gottes Macht als zweifelhaft und Gott als möglicherweise unzuverlässig wahrgenommen wurde, wurde die Frage immer brisanter, wie die Gottesbeziehung trotzdem bestehen bleiben kann. Dem selbstverständlichen Vertrauen auf Gottes souveränes Handeln in P^G entsprach eine selbstverständliche Bindung an Gott, jedenfalls was die Väter, Mose und Israel betraf.[318] אמן Hiphil stand schon für die Überwindung der Anfechtung dadurch, daß Gott die Menschen im Stich zu lassen scheint (z. B. Ex 14,11 f.31) – oder das Scheitern daran. Auf die Krise in Gen 22,1–19* kann der Mensch Abraham nur noch reagieren, indem er sich daran klammert, daß sich Gottes Güte durchsetzt. Und die Frage, wie man mit Gott in Verbindung bleiben kann, wenn er sich entzieht, wird nicht aufhören, Bibelleser und Theologen herauszufordern.

---

315 S.o., 5.4.4.3; 5.5.
316 S.o., 184 ff.
317 S.o., 5.4.5.
318 S.o., 5.4.4.3.

7 Schluß: der Diskurs über den Glauben (אמן Hiphil) im Alten Testament

Im folgenden sollen die theologischen Diskussionen im Zusammenhang mit dem Begriff אמן Hiphil[1] dargestellt werden. Es hat sich erwiesen, daß unter Verwendung von אמן Hiphil ein sehr intensiver Diskurs über den Glauben stattgefunden hat, daß also die Auseinandersetzung mit dem Phänomen „Glauben" schon vorchristlich ein wichtiges biblisch-theologisches Anliegen ist. Will man verstehen, was Glauben bedeutet, kann man von der alttestamentlichen Rede vom Glauben profitieren.

Grundsätzlich zeigt eine Untersuchung der Begriffsgeschichte von אמן Hiphil, daß schon das alttestamentliche אמן Hiphil nie für eine allgemein religiöse Haltung in dem Sinne steht, daß Glaubensakt (Fürwahrhalten und Vertrauen) und Glaubensinhalt (die jeweilige Gottheit etc.) getrennt werden könnten.[2] Vielmehr ist die alttestamentliche Rede von אמן Hiphil im Sinne von „glauben" nur im Zusammenhang mit Jahwe, dem Gott Israels, möglich.[3]

Der Begriff steht außerdem in Verbindung mit dem grundlegenden Bestreben aller alttestamentlichen Theologen, an Jahwe als Gott Israels festzuhalten, auch wenn sein Ordnungshandeln in der Welt nicht immer klar sichtbar und verständlich ist. Von diesem Bestreben kann der Begriff nicht getrennt werden.[4] Das Alte Testament kann die mögliche Fragwürdigkeit Gottes sehr offen ansprechen, wie das etwa in Gen 22,1–19 geschieht, wo Gott alle Verheißungen an Abraham zurückzunehmen und ihm zuzumuten scheint, seinen geliebten Sohn zu töten. Ein solches Gottesbild, in dem die Güte Gottes völlig verborgen ist und Gottes Tun äußerst fragwürdig erscheint, kann nur präsentiert werden, weil die Aussagen über Gott in den meisten Texten Momentaufnahmen bleiben und nicht zu einem

---

1 Dies betrifft nur die theologische Verwendung des Lexems אמן Hiphil, da es im profanen Sinne nicht in einer festgelegten Bedeutung, also als Begriff, verwendet wird (s. o., 2.1.2; 4.1.7).

2 Vgl. Jüngel, Art. Glaube IV., Sp. 971 f.

3 Selbst wenn wie in Ex 4,1–9; 14,31 Mose als Gegenüber des Glaubens erscheint, so ist dies nur denkbar, weil Gott hinter Mose steht. Mose wird so nie unabhängig von Gott zum Gegenstand des Glaubens, und der Glauben an Mose schließt den Glauben an Gott ein, da er Mose beauftragt hat (s. o., 4.4.2). Damit ist das Alte Testament prinzipiell anschlußfähig für Luthers Verbindung von Glauben und Gott im Großen Katechismus. Gott „wird" zu Gott, indem der Mensch von ihm alles Gute erwartet und in allen Nöten bei ihm Zuflucht sucht (vgl. WA 30/1, 133 ff). Allerdings fehlt im Alten Testament noch die Möglichkeit, daß ein fehlgeleiteter, falscher Glaube etwas Irdisches oder sogar einen Götzen durch dieses Vertrauen in den Rang Gottes erheben könnte, da אמן Hiphil nie mit einem solchen Objekt steht (s. o, 2.1.2).

4 S. v. a. u., 7.2.

Lehrstück über die Eigenschaften Gottes verallgemeinert werden.[5] Weiter wird diese negative Darstellung Gottes davon aufgewogen, daß für alttestamentliche Theologen ein Abfall von Gott selbst dann nicht in Frage kommt, wenn Gott fragwürdig erscheint.

Insgesamt kann die vorliegenden Arbeit zeigen, daß das Alte Testament eine hoch reflektierte Theologie des Glaubens bietet, in der viele Probleme bereits angerissen wurden, die die spätere neutestamentliche und christliche Debatte bestimmen. Das wurde in der bisherigen Betrachtung von Glauben im Alten Testament übersehen,[6] und folglich in der weiteren Auswertung der biblischen Rede vom Glauben nicht ausreichend gewürdigt. Das theologische Gewicht des alttestamentlichen Glaubensdiskurses wird aber deutlich, wenn man sich die Problemfelder vor Augen führt, die im Alten Testament mit Hilfe von אמן Hiphil als Begriff bearbeitet wurden.

Der Begriff אמן Hiphil diente im Alten Testament vor allem der Entfaltung und Klärung von drei Problemfeldern. Erstens wurde erörtert, ob Glauben sich im Handeln ausdrücken soll. Ein besonders bedeutsamer Spezialfall dieses Themas ist die Frage, inwieweit Glauben und Gesetzesobservanz zusammenhängen. Diese Problematik wird also nicht erst bei Paulus akut, sondern zeichnet sich schon lange vorher ab.[7] Zweitens forderte die Verhältnisbestimmung von Glauben und menschlichem Urteilsvermögen die alttestamentlichen Theologen heraus. Es wurde gefragt, ob der Glaube einem positiven Urteil des Glaubenden über Gott entspricht. Und dieses Urteil sollte wiederum auf Wissen von Gott gründen. Dieses Thema bildete sogar einen Schwerpunkt der alttestamentlichen Glaubensdiskussion, und das macht ohne jeden Zweifel deutlich, daß sich die Frage nach dem Verhältnis von Glauben und Wissen schon vorchristlich stellte.[8] Und drittens stand in allem Nachdenken über den Glauben die Frage im Hintergrund, wie der Mensch überhaupt glauben kann.[9] Hier wird schon im Alten Testament deutlich, daß dem Menschen die Disposition zum Glauben nur geschenkt werden kann. Damit steht die Frage im Raum, warum Gott dem einen Menschen diese Disposition schenkt und dem anderen nicht (vgl. z. B. Röm 9), auch wenn diese Frage im Alten Testament noch nicht gestellt wird.

Im folgenden sollen diese Themen zuerst im einzelnen vorgestellt werden. Danach soll gefragt werden, in welcher Zeit der Begriff אמן Hiphil geprägt und

---

5 S. o., 2.1.1.
6 Vgl. z. B. Kaiser, Art. Glaube II., Sp. 944 ff und o., 2.2 und 19, Anm. 69.
7 Gegen z. B. Krötke, Art. Glaube und Werke, Sp. 983.
8 Gegen z. B. Petzoldt, Art. Glaube und Wissen I., Sp. 985.
9 Vgl. Werbick, Fides, 311 f.

folglich die Diskussion begann. In diesem Zusammenhang ist zu klären, was die Begriffsprägung ausgelöst hat.

7.1 Die Problemfelder der alttestamentlichen Glaubensdiskussion

7.1.1 Glauben und Handeln

In der überwiegenden Anzahl der Texte mit theologischem אמן Hiphil geht es um das Vorhandensein oder Fehlen von Glauben, und es spielt nur eine untergeordnete Rolle, ob auf Glaube oder Unglaube entsprechende Taten folgen. Deshalb ist entweder allein von Glauben (z. B. Gen 15,6; Jes 7,9b) oder Unglauben (z. B. Num 20,12) die Rede, ohne daß Taten genannt werden, in denen sich beides äußert. Oder im Zusammenhang mit Unglauben werden nicht konkret faßbare Taten geschildert wie ein Verstoß gegen ein bestimmtes Gebot, sondern eine negative Haltung gegenüber Gott. Diese Haltung äußert sich v. a. in Stimmungen und in Reden, weniger in klar greifbaren Handlungen wie dem Verstoß gegen ein Gebot Gottes (vgl. z. B. Dtn 1,26 f.32;[10] Ps 78,17 ff).

Es gibt eine ganze Reihe von Indizien dafür, daß im Rahmen der Begriffsgeschichte von אמן Hiphil versucht wird, die Bedeutung des Gesetzes zu relativieren. Im Lauf dieser Entwicklung kristallisiert sich eine Tendenz heraus, daß der Glaube allein über Bewahrung und Strafe vor Gott entscheidet, nicht die Gesetzesobservanz und auch nicht der Gehorsam gegenüber Gottes Befehlen (Gen 15,6; Num 20,12). Die Verfasser dieser Texte vertraten also eine Form des *sola fide*. Die verschiedenen Strategien und die Entwicklung hin zu diesem *sola fide* sollen im folgenden dargestellt werden.

Schon in Dtn 1–3*, wo in Dtn 1,32 das erste Mal אמן Hiphil als theologischer Begriff gebraucht wurde,[11] zeigt sich eine reservierte Haltung gegenüber dem Gesetz. So wird in Dtn 1* das Gesetz zwar selbstverständlich befolgt. Mose hält eine Kriegsansprache (Dtn 1,30–32*), so wie sie das Kriegsgesetz in Dtn 20,2–4 vorschreibt. Aber diese Gesetzesobservanz hat für den Gang der Handlung nur eine untergeordnete Bedeutung. Das Verschulden, um das sich in Dtn 1* alles dreht, ist kein Gesetzesverstoß, sondern Unglauben. Die Zurückhaltung gegenüber dem Gesetz zeigt sich in Dtn 1* weiter darin, daß das Murren unmittelbar nach dem Sinaiaufenthalt mit der dortigen Gesetzesverkündigung folgt (vgl.

---

10 S.o., 5.1.3.
11 S.o., 4.3.2f.

Dtn 1,6). Daraus kann der Leser schließen, daß die Zeit am Sinai keinen so bleibenden Eindruck hinterlassen hat, daß das Volk von da ab unbeirrbar glaubte (Dtn 1,32).

Auch die Darstellung des Gehorsams, wie sie in Dtn 2f* als Fortsetzung von Dtn 1* präsentiert wird,[12] steht für eine distanzierte Haltung zum Gesetz. Denn für diesen Gehorsam kommt es darauf an, offen für Gottes immer neue Anweisungen zu sein. Das steht in einem gewissen Gegensatz zu einem Gehorsam, der sich auf ein schriftlich fixiertes Gesetz stützt.[13]

Eine weitere Möglichkeit, den Abstand zum Gesetz zu zeigen, ist, nicht davon zu reden. So spielt es in Jes 7,1–17*[14] sowie in den Murrgeschichten in Num (11; 13f; 16f; 20) höchstens eine untergeordnete Rolle, ob die Protagonisten das Gesetz befolgen. Jes 7,1–17* setzt zwar die Darstellung des Königs Ahas in II Reg 16 voraus, einschließlich der Aussagen über seine illegitimen kultischen Neuerungen (II Reg 16,10 ff).[15] Aber Jes 7* schildert nicht die Gesetzesverstöße des Ahas, sondern sucht nach den Hintergründen für seine Mißbräuche. Der Verfasser findet sie darin, daß Ahas in einer konventionellen Frömmigkeit verharrt und sich nicht auf eine persönliche Bindung an Jahwe einläßt (Jes 7,11–13). Weiter werden die Davididen nicht durch eine Umkehr oder gar eine Kultreform des Ahas gerettet, sondern allein durch den Glauben der ungenannten Frau, die ihrem Sohn den Vertrauensnamen Immanuel gibt (Jes 7,14).[16]

Genauso ist es in den Murrgeschichten kein Thema, ob das Volk toragemäß lebt, also z. B. korrekt opfert. Die Strafe folgt nicht auf Toraverstöße, sondern auf Unglauben (z. B. Num 14,11 [Zusatz])[17] oder Zweifel an Gottes Leitung und seinen Führungspersonen (z. B. Num 11,1f.4–6.10.33f; 16,3.11f.13.30–33; 17,6.10–15). Es wird angenommen, wer nicht glaube oder an Gottes Leitung zweifle, verletze allein dadurch die Gottheit Gottes (Num 14,11; 20,12) und ziehe Gottes tödlichen Zorn auf sich. Und wie in Dtn 1* erweist sich die Sinaioffenbarung als machtlos gegenüber diesen Zweifeln. Besonders deutlich zeigt sich die Tendenz, die Gesetzesobservanz der Akteure auszublenden, in Num 20,12, und in diesem Text zeichnet sich ein *sola fide* ab. Denn hier gilt anders als in Dtn 1–3* sogar der vorherige Gehorsam und Ungehorsam der Figuren als irrelevant. Nach Num 20,12 dürfen Mose und Aaron das Volk nicht ins Land bringen, weil sie nicht geglaubt

---

12 Dtn 2,1–3.8b.9* [bis „zu mir"].13.17.24*[bis „Arnon"].30a.32f; Dtn 3,29, s. o., 5.1.4.
13 Schlatter, Glaube, 11f setzt Gehorsam als Ausdruck des Glaubens und Gesetzesobservanz voreilig gleich.
14 Jes 7,1a.3.4a.7.8a.9.10–14.16, s. o., 3.1.3–5.
15 S.o., 3.3.1f.
16 S.o., 3.2.
17 S.o., 184.196.

und so Jahwe vor den Augen des Volkes nicht heilig gehalten haben.[18] Der vorherige Gehorsam von Mose und Aaron (z. B. Ex 7 ff) sowie ihre Umsetzung der Kultgesetze (z. B. Ex 35 ff) werden dabei völlig ausgeblendet. Genauso wenig verschärft der vorherige Ungehorsam besonders des Aaron (Ex 32) die Strafe.[19] Hier entscheidet also allein der Glaube über das zukünftige Ergehen.

Ein weiteres Mittel, um die Stellung der Tora zu relativieren, ist es, Erzählungen zu verfassen, die in der Zeit vor dem Sinaiaufenthalt spielen. Das dürfte der Grund sein, warum der späte, für das Thema „Glauben" wichtige Text Gen 15,6 gerade Abraham als Hauptfigur hat (vgl. auch Gen 22,1–19*). Denn in einer Zeit vor der Gabe der Tora kann Abraham die Zuwendung Gottes nicht durch Gesetzesobservanz gewonnen haben. So ist in Gen 15,6 nicht nur allein Abrahams Glauben eine צדקה, eine gerechte Tat, sondern Abraham wird durch seinen Glauben zum Gerechten. Diese Gerechtigkeit wird dem Abraham zugesprochen,[20] bevor er in irgendeiner Weise gehorsam handeln und sich dadurch bewähren konnte (Gen 15,9 f). Der Gehorsam wird so weit über Dtn 1–3* hinaus relativiert. Und schließlich stellt der sehr späte Zusatz Gen 15,6 klar,[21] daß beide Bundesschlüsse (Gen 15,17b.18; Gen 17) dem Abraham erst gewährt wurden, nachdem er glaubte. Soll damit suggeriert werden, daß Glaube Bedingung des Bundes ist (vgl. Röm 4,11)?

In einigen alttestamentlichen Texten (v. a. Gen 15,6; Num 20,12) zeichnet sich also ab, daß allein der Glaube über Bewahrung oder Strafe vor Gott entscheidet. Insofern bewegen sich diese Texte auf ein *sola fide* zu. Allerdings führt dieses alttestamentliche *sola fide* nie so weit, daß Glaube explizit im Gegensatz zum Tun des Gesetzes gesehen wird.[22] Und der Autor des sehr späten Psalmverses 119,66 versucht sogar, aus seiner Hochschätzung des Gesetzes heraus Glauben und Gesetz miteinander zu verbinden. So werden hier Gottes Befehle zum Gegenstand des Glaubens.[23]

---

18 Vgl. HALAT, 1004.

19 Weil Num 20,12 ein später, nach-priesterschriftlicher Einzelzusatz ist (s. o., 148, Anm. 150; 337, Anm. 277), kann man davon ausgehen, daß der Verfasser alle diese Texte kannte.

20 S. o., 4.4.5.

21 S. o., 4.4.5. So mit Levin, Dialog, 246 f.

22 So geht es in Ex 19,9 primär um Glauben an Mose als Mittler des Jahwewortes (s. o., 4.4.2), aber das schließt ein Halten des Gesetzes natürlich nicht aus (s. Ex 19,3–6).

23 Das entsprechende hebräische Wort מצות „Befehle" findet sich häufig in dtr. Texten, die Gesetzesobservanz fordern (vgl. z. B. Dtn 5,26; 6,17; 8,6; 28,1), und kann in dtr. Texten parallel zu „Tora" stehen (Jos 22,5; II Reg 17,34.37; vgl. Weinfeld, Deuteronomy, 336 ff). Die grammatische Konstruktion (mit Präposition ב) zeigt, daß das Gesetz an die Stelle Gottes getreten ist (vgl. z. B. Gen 15,6; Ex 14,31; Num 14,11; Dtn 1,32; II Reg 17,14). Auf diese Weise sind Gott und die Tora als

Im Unterschied zu den Texten mit dem Begriff אמן Hiphil spielt das Tun in Gen 22,1–19* eine entscheidende Rolle, wo auch aus diesem Grund nicht אמן Hiphil, sondern ירא mit אלהים verwendet wird.[24] Hier wird das Tun zu einer religiösen *ultima ratio*. Denn Abraham wird mit einem Gott konfrontiert, der willkürlich über ihn verfügen und ihm seinen Sohn und alle Gaben und Verheißungen wieder wegnehmen kann. Abraham kann auf die dunkle Seite Gottes, die sich ihm in Gen 22,1–19* zeigt, nur noch reagieren, indem er an Gott trotz seiner dunklen Seite festhält und ihm gehorcht. Dieser tatkräftige Gehorsam ist nach Gen 22,1–19* Abrahams einziger Ausweg. Er kann mit diesem Gott nicht mehr diskutieren, wie er es etwa in Gen 18,16ff tut, wo er mit Gott aushandelt, daß Gott Sodom nicht vernichten darf, wenn es in der Stadt nur 10 Gerechte gibt (vgl. ferner Gen 21,11f). Denn Reden erforderte, Gottes zweifelhaftes Tun auszusprechen, und so wäre ein unbeirrtes Festhalten an ihm nicht mehr gewährleistet.

Fazit: Im Rahmen der Begriffsgeschichte von אמן Hiphil lassen sich also Tendenzen zu einem *sola fide* erkennen. Dennoch wird der Glaube nie explizit im Gegensatz zum Tun des Gesetzes gesehen (vgl. Ps 119,66). Im Unterschied dazu steht Gen 22,1–19* mit ירא und אלהים („Gott fürchten") für die äußerste Aufwertung des Tuns. Abraham bewährt sich hier in der Konfrontation mit Gottes drohender Willkür, indem er an Gott trotz allem festhält und das durch seinen tatkräftigen Gehorsam zeigt.

7.1.2 Der Glaube und das menschliche Urteilsvermögen

Die Frage, wie sich der Glaube zum menschlichen Urteilen verhält, wird im Zusammenhang mit אמן Hiphil am ausführlichsten diskutiert.[25] Die alttestamentlichen Theologen haben diese Frage sogar ganz gezielt aufgegriffen, indem sie gerade אמן Hiphil zum Glaubensbegriff weiterentwickelt haben. Denn im ursprünglichen profanen Gebrauch dieses Verbs ist eine Verbindung von Vertrauen und Urteilen angelegt. Das Verb bedeutete meistens: „Ich vertraue auf jemanden oder etwas, weil ich ihn oder es für zuverlässig halte." Übertragen auf Gott, wurde daraus im theologischen Gebrauch: „Ich glaube an Gott, weil ich ihn für zuverlässig halte."[26] Da mit אמן Hiphil von Anfang an die Rolle der Erkennt-

---

sein Wort nahezu eins geworden. Dieser Gebrauch von אמן Hiphil wird in 1QpHab fortgesetzt (z.B. 1 QpHab VIII 1–3, s.o., 15, Anm. 57).

24 Gen 22,1f.3abβγ.4–14a.19a, s.o., 6.1.2; 6.4f.

25 Vgl. auch Jüngel, Art. Glaube IV., Sp. 954.

26 S.o., 4.2.1.

nis für den Glauben diskutiert wurde, ist es angemessen, daß Verb im Deutschen mit „glauben" wiederzugeben, und nicht mit „vertrauen".[27]

Wenn die alttestamentlichen Theologen in dieser Weise אמן Hiphil zum Glaubensbegriff weiterentwickelten, gingen sie davon aus, daß der Glaube und das menschliche Urteilsvermögen miteinander harmonieren oder doch harmonieren sollten. Das positive Urteil über Gott sollte ihrer Meinung auf seinen Geschichtstaten basieren. Aus dem Sehen dieser Taten und dem Wissen um sie sollte das Urteil folgen, daß Gott zuverlässig ist, und damit sollte zugleich Glauben entstehen.

Ex 14,31 faßt zusammen, wie diese Verbindung von Glauben und Urteilen im Idealfall aussieht: „Und Israel sah die Machttat[28] Jahwes, die er an[29] Ägypten getan hatte, und das Volk fürchtete Jahwe und glaubte an Jahwe und an Mose, seinen Knecht." Der Glaube folgt auf ein Handeln Gottes, das dem Volk seine rettende Güte und Macht klar vor Augen gestellt hat. So kann das Volk aus der erfahrenen Hilfe auf die zukünftige schließen und deshalb Gott und Mose positiv beurteilen. Und in Einklang mit diesem positiven Urteil glaubt es (vgl. ferner Ex 19,9; Jes 43,10; Ps 106,11 f). Ausgehend von dieser Grundannahme entwickelte sich im Alten Testament eine komplexe Diskussion, in der die Verfasser jüngerer Texte auf ältere reagierten und deren Aussagen aus ihrer Sicht richtigstellten. Im Rahmen dieser Diskussion wurde die ursprünglich geforderte Harmonie von Glauben und Urteilen zuerst problematisiert und schließlich relativiert. Die Diskussion wird im folgenden vorgeführt.

Die alttestamentlichen Theologen hatten von Anfang an das Problem im Blick, daß die eigentlich mögliche Harmonie zwischen Glauben und Urteilen gestört sein kann. Dem Volk wird vorgeworfen, daß es nicht glaubt, obwohl es Gottes Taten vor Augen hatte (vgl. z. B. Num 14,11; Dtn 1,32). Der Mensch widersetzt sich nach diesen Texten dem, was er vor Augen hat. Er hätte jeden Grund, positiv über Gott zu urteilen und zu glauben, aber er tut es nicht. Dieser Unglaube wird als nicht nachvollziehbar und rätselhaft dargestellt. Im Alten Testament ist nur klar, daß die Ursache dafür allein im Menschen liegen muß und nicht in seinem mangelnden Wissen über Gott. Die alttestamentlichen Theologen nahmen also an, daß Gott selbst seine Macht und Güte bewiesen habe – aber trotzdem das Herz des Menschen nicht gewinnen habe können. Die Diskussion über Glauben im Alten Testament beginnt in Dtn 1,32 damit, daß das Rätsel des Unglaubens ausgesprochen wird.[30]

---

27 S.o., 11 f.
28 Zu dieser Übersetzung von היד הגדלה (wörtlich „die große Hand") vgl. Noth, ATD 5, 82.
29 Die Präposition ב steht hier im feindlichen Sinne und führt den Gegner ein (vgl. HALAT, 101).
30 S.o., 4.3.2 f.

Jüngere wollten die Harmonie von Glauben und Urteilen verteidigen. Sie reagierten auf Texte wie Num 14,11; Dtn 1,32, indem sie das Erweiswunder für den Glauben steigerten. Sie stellten somit die These zur Diskussion: Wenn das Wunder nur groß genug ist, bewirkt es sehr wohl Glauben. So wird in Ex 14,31 das Schilfmeerwunder zur entscheidenden Großtat Gottes, die Glauben auslöst (so auch Ps 106,11 f). Nach Ex 19,9 soll das unmittelbare Reden Gottes zu Mose der Schlüssel zum Glauben an ihn sein. Und in Ex 4,1–9 stellt Gott Mose sogar drei handgreifliche Wunderzeichen zur Verfügung, damit das Volk an Mose glaubt. Das hat in diesem Text Erfolg (Ex 4,31).

Allerdings konnten diese Lösungsversuche in der weiteren Diskussion nicht alle Teilnehmer überzeugen. Es wurde nicht nur die Wirksamkeit der Zeichen hinterfragt (so die sehr späten Ps 78,22.32)[31], sondern auch die Idee, daß der Mensch erst als Reaktion auf ein Wunder an Gott glaubt (vgl. z. B. Ex 14,31). Letzteres geschah auf zwei Wegen.

Erstens stellen Jes 7,1–17* und Gen 15,6 jeweils auf ihre Weise in Frage, daß das Sehen eines Wunders überhaupt Einfluß auf Glauben oder Unglauben hat. In Jes 7,1–17* wird behauptet, daß sich ein ungläubiger Mensch schon im Vorfeld dem Wunder verweigert. Jesaja bietet hier Ahas an: „Fordere dir ein Zeichen von Jahwe, deinem Gott, sei es von tief unten in der Scheol[32] oder von hoch oben!" Aber der konventionell fromme Ahas wagt gar nicht erst, ein Zeichen zu fordern (Jes 7,12), so daß Gott schon an der menschlichen Beschränktheit scheitert, bevor er seine Wundermacht demonstrieren kann. Und Gen 15,6 zeigt eindrücklich, daß wahrer Glaube keine Wunder braucht. In V.5 als älterem Kontext dieses Verses[33] läßt Gott Abraham die Sterne sehen, um die Menge der verheißenen Nachkommen zu verdeutlichen. Der Sternhimmel ist ein natürliches Phänomen, das der Mensch nur als Glaubenszeichen wahrnehmen kann, wenn er latent schon glaubt. Auch in Jes 7,14 gibt Gott den Davididen ein ganz alltägliches Geschehen zum Zeichen: Eine Frau bekommt ein Kind und gibt ihm einen Namen. Darin erkennt der Mensch nur Gottes Wirken, wenn er dafür offen ist. Hier wird also festgehalten: Wenn ein Mensch Gott gegenüber aufgeschlossen ist, braucht er keine Wunder, sondern nimmt Gottes gütiges Wirken jederzeit wahr. Ein solcher Mensch kann glauben, auch wenn er Gottes Größe nicht in anschaulichen Wundern vor Augen hat. Auf der anderen Seite steht in Jes 7,1–17* im Sinne der

---

31 S.o., 111, Anm. 135. Nicht zuletzt ist schon vom älteren Kontext von Ex 4,1–9 her klar, daß Wunderzeichen nicht bei jedem Glauben auslösen. In Ex 7, 8–25 bewirken nämlich ganz ähnliche Zeichen beim Pharao keinen Glauben.
32 Vgl. HALAT, 1275; Wildberger, BK.AT 10, 267.
33 S.o., 4.4.5.

älteren Diskussionsbeiträge zu אמן Hiphil im Hintergrund, daß ein Mensch, der sich wie Ahas vor Gott verschlossen hat, auch im Angesicht von Wundern nicht glaubt (z. B. Num 14,11; Dtn 1,32). Es wird also immer deutlicher, daß es für den Glauben weniger auf sichtbare Beweise der Macht Gottes als auf die Grundhaltung des Menschen ankommt, auf seine Offenheit oder Verschlossenheit gegenüber Gott. Diese Grundhaltung hat mehr Einfluß darauf, ob ein Mensch glaubt oder nicht, als die Frage, ob der Mensch Gottes Wundermacht mit eigenen Augen gesehen hat.[34] Sie liegt dem positiven Urteil über Gott zugrunde.

Und zweitens wird das Modell von Ex 14,31, aber auch des älteren Dtn 1,29–32* wegen der großen Bedeutung des menschlichen Urteils kritisiert. Man befürchtete, das menschliche Urteil könnte zum Maßstab werden, an dem Gott gemessen wird. Denn Mose appelliert in seiner Ansprache Dtn 1,29–31* auch an den gesunden Menschenverstand des Volkes. Es wäre ganz im Sinne menschlichen Kalküls, wenn das Volk an einen Gott glaubte, der sich, wie in Dtn 1,30f* beschrieben, in der Vergangenheit bewährt hat. Man kann das so lesen, daß Mose Gott durch diese Rede dem Urteil des Volkes unterwirft. Genauso gilt der Glaube in Ex 14,31 einem Gott, der sich nach menschlicher Berechnung als zuverlässig erwiesen hat. Der Vers provoziert genauso wie Moses Rede in Dtn 1* die Frage, ob menschliches Ermessen über Gott entscheiden kann. Jüngere Theologen versuchen auf verschiedene Weise, die Bedeutung des menschlichen Urteilsvermögens für den Glauben einzuschränken, weil es droht, ein zu großes Gewicht zu gewinnen.

In einer ganzen Reihe von Texten wird erstens ausgeblendet, daß Menschen im Zusammenhang mit einem positiven Urteil über Gott zum Glauben gekommen sein könnten (Num 20,12; Dtn 9,23; II Reg 17,14; Jes 28,16bβ; Ps 27,13; 116,10; 119,66; II Chr 20,20). Hier ist nur noch davon die Rede, daß Menschen glauben oder nicht. Glauben wird dadurch als angemessene Haltung des Menschen vor Gott gesehen, für die Gott nicht mit Großtaten werben muß.[35]

Zweitens wird in Jes 7,1–17* und auch in Gen 15,6 mit den vorangehenden V.4f die Harmonie zwischen Glauben und Kalkül gezielt gestört. Denn hier soll eine Verheißung Glauben auslösen, die nach menschlichem Ermessen nicht plausibel ist. Weder kann der Ahas in Jes 7,1–17* damit rechnen, daß sich die überlegenen Angreifer Aram und Israel als rauchende Brennholzstummel entpuppen (Jes 7,4a), noch kann der kinderlose Abraham auf leibliche Nachkommen hoffen (Gen 15,2f). Trotzdem soll Ahas auf die Verheißung an ihn hin glauben (Jes 7,9b), und Abraham tut das mit der größten Selbstverständlichkeit (Gen 15,6). In Gen 15,2–6 insgesamt und in Jes 7,1–17* wird so deutlich gemacht, daß an Gott

---

34 S.u., 358ff.
35 S.o., 4.2.2.

andere Maßstäbe angelegt werden müssen als an Menschen. Eine angekündigte Rettungstat Gottes muß als plausibel gelten, selbst wenn sie nach menschlichem Kalkül nicht zu erwarten ist, eben weil sie eine Tat Gottes ist. Hier wird also deutlich gemacht, daß das menschliche Urteilsvermögen Gottes helfende Macht nicht ermessen kann. Deshalb darf der Glauben davon nicht abhängen.[36]

Der Autor von Jon 3,5 geht noch einen Schritt weiter. Nun spielt es keine Rolle mehr, ob die Niniviten Jonas Ankündigung für plausibel halten, daß ihre Stadt vernichtet werden wird (Jon 3,4). Der Glauben der Niniviten wird zwar durch diese Unheilsansage geweckt, aber er ist sehr viel mehr als die Überzeugung, daß das Unheil kommen wird. Er ist vielmehr die richtige Einstellung zu Gott. Und aus dieser Einstellung heraus wissen die Niniviten in Jon 3 ohne weitere Belehrung, was zu tun ist.[37] Sie unterziehen sich verschiedenen Bußübungen wie einem radikalen Fasten (V.7b), und sie kehren von ihren bösen Werken um (V.8b). Außerdem wissen sie trotz Jonas Unheilsansage im Passiv („Noch vierzig Tage, dann wird Ninive zerstört werden!", Jon 3,4), daß Gott Urheber des Unheils sein muß und vertrauen auf sein Erbarmen, indem sie hoffen, daß Gott von seinem Zorn gegen sie abläßt (V.9). Glaube gilt hier ausschließlich als die richtige Haltung des Frommen gegenüber Gott. Er wird mit der für Gott offenen Grundhaltung gleichgesetzt.[38]

Drittens wird in Jes 7,1–17* gegen Texte wie Ex 14,31 gefordert, daß Glaube vorhanden sein muß, bevor Gott seine Verheißung wahrmacht. Während in Ex 14,31 und verwandten Texten Glauben die Antwort auf die erfahrene Rettung war, wird er in Jes 7,9b geradezu zu ihrer Bedingung. Jes 7,9b wird in II Chr 20,20 aufgegriffen. Hier macht der König Joschafat den Glauben an Jahwe und seine Prophe-

---

[36] S.o., 4.4.4.

[37] Wenn die Niniviten auf eine totale Unheilsansage mit Buße und Umkehr reagieren und so trotz allem auf Gottes Erbarmen hoffen, erinnert das entfernt daran, wie Abraham sich in Gen 22,1–19* daran klammert, daß sich wider Erwarten letztlich Gottes Güte durchsetzt. Allerdings ist die Ankündigung von Ninives Untergang ist kein Ausdruck von Gottes möglicher Willkür, sondern mit der Bosheit der Stadt begründet (Jon 1,2; 3,10). Dem entspricht, daß der König von Ninive ohne falsche Hoffnungen für sich selbst über Gott nachdenken kann. Er kann deutlich aussprechen, daß Gott den Unheilsbeschluß gegen seine Stadt nur vielleicht bereut („Vielleicht [vgl. HALAT, 374] kehrt Gott um und bereut ...", Jon 3,9). Genau diese klare Reflexion ist typisch für Texte mit אמן Hiphil als Begriff, weil es dort gerade um das Verhältnis von Glauben und Urteilen oder Erkennen geht (s.o., 7.1.2). Dagegen gesteht sich Abraham eine derart illusionslose Reflexion nicht mehr zu (s.o., 6.4). Er darf nicht einräumen, daß sich Gott nur vielleicht ein Schaf auswählt (Gen 22,8). Um an Gott ohne Wenn und Aber festzuhalten, muß er behaupten, daß es so kommen wird. Damit gerät seine Aussage jedoch ins Zwielicht. Man kann sie als bloße Notlüge verstehen (s.o., 6.4).

[38] S.o., 4.2.3 und u., 7.1.3.

ten zur Voraussetzung für einen erfolgreichen Jahwekrieg („Glaubt an seine [sc. Jahwes] Propheten, dann habt ihr Erfolg"). Mit der radikalen Glaubensforderung aus Jes 7,9b stellt sich umso dringender die Frage, woher Glauben kommen kann. Das Problem wird in dem jüngeren Gen 15,6 im Zusammenhang mit V.4f weiter zugespitzt.[39] Denn hier wird die Forderung, vor der Rettung an ihre Möglichkeit zu glauben, von Abraham selbstverständlich erfüllt. Abraham glaubt sofort gegen den Augenschein an den Gott, der ihm Sohn und Mehrung verheißen hat, obwohl bis zur Geburt des verheißenen Erben Isaak noch viel Zeit vergeht (Gen 21,1–7) und obwohl Abraham die großartige Mehrung seiner Nachkommen in Ägypten nicht mehr erleben kann (z.B. Ex 1,7). Der Glaube des Erzvaters ist in diesem Text einfach vorhanden. Daraus kann man die Aussagen ableiten: Glauben hat man – oder nicht. Mit dieser Zustandsbeschreibung bricht die alttestamentliche Glaubensdiskussion ab. Die Frage, wieso Abraham glauben kann und Ahas nicht, wird nicht mehr gestellt.

Fazit: Vor allem in den frühen Stadien der Diskussion über Glauben und Urteilen wird festgehalten, daß Glauben im Einklang mit dem menschlichen Urteilsvermögen steht. Es ist vernünftig, an einen Gott zu glauben, dessen große Taten man gesehen hat (z.B. Ex 14,31), und völlig unverständlich, wenn man an diesen Gott nicht glaubt (z.B. Dtn 1,32). Auf der anderen Seite wird die Harmonie von Glauben und Kalkül immer wieder in Frage gestellt. Vor allem ist von Anfang an klar, daß ein Wissen über Gottes Taten nicht zwingend zum Glauben führt (z.B. Num 14,11; Dtn 1,32). Damit wird die Frage akut, wie der Mensch überhaupt glauben kann. Doch begnügen sich die alttestamentlichen Theologen in dieser Frage mit der Beschreibung des Zustands: Manche Menschen können glauben und andere nicht. Nach der Ursache fragen sie nicht – aus welchen Gründen auch immer.

7.1.3 Die Grundhaltung des Menschen zu Gott und der Glaube

In der oben wiedergegebenen Diskussion über Glauben und Urteilen ist deutlich geworden, daß sowohl Glaube als auch Unglaube eine Vorgeschichte haben. Beide sind latent schon vorhanden, bevor sie sich direkt äußern. Beide beruhen auf der Grundhaltung des Menschen gegenüber Gott. Diese Sicht ist in der Diskussion mit אמן Hiphil von Anfang an angelegt und wird in ihrem Verlauf immer klarer ausgesprochen. Ein wichtiges Thema dieses Klärungsprozesses war die Frage, wie genau sich Glaube und Grundhaltung zueinander verhalten. V.a. in

---

39 S.o., 4.4.4f.

den älteren Texten, in denen der Begriff אמן Hiphil vorkommt, zeigt sich eine Tendenz, beide zu trennen. So ist in Dtn 1* der Unglaube ein Symptom der Verschlossenheit gegenüber Gott neben anderen wie Widerspenstigkeit und Blasphemie. Allerdings ist Unglaube das wichtigste dieser Symptome, und erst auf den Unglauben folgen der göttliche Zorn und die Strafe (Dtn 1,32.34.35*)[40]. Unglaube ist in Dtn 1* die Unfähigkeit, aus den bekannten Geschichtstaten Gottes die richtigen Schlüsse zu ziehen und sich an diesen Gott zu binden (vgl. auch z. B. Num 14,11; Ps 78,17 ff; 106,12 f).[41]

In den jüngeren Belegen des Begriffs אמן Hiphil (v. a. Gen 15,6; Jes 7,1–17*; Jon 3,4–9) treten der Glaube oder Unglaube mit der Grundhaltung in eine immer engere Verbindung. So wird in Jes 7,1–17* nicht eigens der Unglaube des Ahas' vermerkt, sondern ein einziger Satz zeigt seine viel zu reservierte Grundhaltung zu Gott: „Ich will es [*sc.* das Zeichen] nicht fordern, denn ich will Jahwe nicht versuchen." Ahas Unglauben besteht in nicht mehr als in dieser vor Gott verschlossenen Grundhaltung (vgl. auch z. B. Num 20,12). In Jon 3 schließlich wird der Glaube mit der Gott gegenüber offenen Grundhaltung der Niniviten gleichgesetzt. Deshalb leitet der Vermerk, daß die Niniviten an Gott glauben (אמן Hiphil in Jon 3,5a), die Liste ihres Gott angemessenen Handelns und Denkens ein (Jon 3,5bff).

Aufgrund dieser Beobachtungen zeichnet sich ab, daß in der alttestamentlichen Diskussion mit dem theologischen אמן Hiphil ein engeres und ein weiteres Glaubensverständnis vertreten wurde. Die Diskussion begann mit einem engeren Glaubensverständnis (z. B. Dtn 1,32; Ex 14,31) und mündete in ein weiteres.

Nach dem älteren, engeren Glaubensverständnis ist Glauben ein Festhalten an dem Gott, dessen Geschichtstaten man gerade gesehen hat oder von denen man weiß. Dieser Glaube steht im Einklang mit menschlichem Urteilsvermögen. Und er ist ein Symptom für eine Gott gegenüber offene Grundhaltung. Außer dem Glauben werden in den entsprechenden Texten weitere Symptome dafür erwähnt, daß die Menschen für Gott aufgeschlossen sind. אמן Hiphil steht dabei tendenziell *am Ende* einer Aufzählung dieser weiteren Symptome im näheren oder ferneren Kontext (z. B. Ex 14,31; Num 14,11; Dtn 1,32; Jes 43,10 [an vorletzter Stelle]). In Ex 14,31 wird beispielsweise vor dem Glauben der Israeliten ihre Jahwefurcht vermerkt. Genauso ist Unglauben ein Zeichen, daß die Menschen sich vor Gott verschlossen haben, und es können außer ihm weitere Anzeichen dafür genannt werden. Deshalb wird in Num 14,11 den Israeliten zuerst vorgeworfen, sie verachteten Jahwe, bevor von ihrem Unglauben die Rede ist. Allerdings wird der Unglaube unter diesen Symptomen besonders hervorgehoben, was sich

---

40 Das ist der Grundbestand von Dtn 1,32–35, s. o., 5.1.3.
41 S. o., 4.2.1.

etwa in Dtn 1* daran zeigt, daß erst auf den Unglauben die Strafe folgt (vgl. auch Ps 78,21f.32f; 106,24–26).

In dem weiteren Glaubensverständnis, das nur jüngere Stellen mit dem Begriff אמן Hiphil vertreten (v.a. Gen 15,6; Jes 7,1–17*; Jon 3,4–9),[42] wird der Glaube von den übrigen Symptomen klarer getrennt und als ihre Ursache dargestellt. Dies kann sich in der Formulierung so auswirken, daß אמן Hiphil die einzige „Handlung" des Glaubenden im jeweiligen Vers ist (Gen 15,6[43]; Jes 7,9b) und daß אמן Hiphil *am Anfang* der Beschreibung dessen steht, worin sich der Glaube oder Unglaube manifestieren (Gen 15,6ff; Jes 7,10–17*; Jon 3,5ff). Auf diese Weise erscheinen diese Manifestationen ganz klar als Folge des Glaubens oder Unglaubens. Weil alle Manifestationen aus der Grundhaltung gegenüber Gott erwachsen, zeichnet sich ab, daß jetzt Glaube, also אמן Hiphil, selbst für diese Grundhaltung steht. Zwar spielt in diesen späten Texten das Urteilen immer noch eine gewisse Rolle, denn zum Glauben gehört auch, daß z.B. Abraham in Gen 15,6ff Jahwe für zuverlässig hält und ihm zutraut, die Verheißung wahrzumachen. Aber weil Gott in Gen 15 seine Verheißung weder mit Wunderzeichen noch mit Hinweisen auf sein vergangenes Wirken untermauern muß, wird klar, daß Abraham nur positiv über Gott urteilen kann, weil er grundsätzlich ihm gegenüber aufgeschlossen ist. In Gen 15,6 ist anders als in den älteren Texten mit dem Begriff אמן Hiphil deutlich, daß das positive Urteil über Gott in der positiven Grundhaltung ihm gegenüber wurzelt und daß diese Grundhaltung wichtiger als das Urteilen ist.

Fazit: In der Diskussion mit אמן Hiphil wird immer deutlicher gesehen, wie entscheidend es für den Glauben ist, daß ein Mensch von seiner Grundhaltung her für Gott offen ist. Es wird erkannt, daß er nur aus dieser Grundhaltung heraus positiv über Gott urteilen kann. Deshalb zeigt sich in den späten Diskussionsbeiträgen (v.a. Gen 15,6; Jes 7,1–17*; Jon 3,5–9) eine Tendenz, die Grundhaltung selbst mit אמן Hiphil zu bezeichnen.[44] In älteren Texten wurde אמן Hiphil dagegen im engeren Sinne dafür verwendet, an dem Gott festzuhalten, dessen Geschichtstaten man kennt und über den man deshalb positiv urteilen sollte.

---

42 S.o., 4.4.3f.
43 S.o., 4.4.5.
44 Vgl. auch Jüngel, Art. Glaube IV., Sp. 973.

7.2 Die Anfänge der Begriffsgeschichte von אמן Hiphil

Im Zusammenhang mit der begriffsgeschichtlichen Untersuchung hat sich herausgestellt, daß der Begriff אמן Hiphil wahrscheinlich in Dtn 1,32 zum ersten
Mal verwendet wurde. Denn von allen theologischen אמן Hiphil-Belegen wird
nur in Dtn 1,32 erkennbar der profane Gebrauch aufgegriffen, so daß der Vers
für Leser verständlich ist, die bisher allein den profanen Gebrauch kennen. Und
nur in Dtn 1,32 wird dieser profane Gebrauch zugleich theologisch weiterentwickelt.[45]

Wenn man diesen ältesten theologischen אמן Hiphil-Beleg literargeschichtlich verortet, kann man den zeit- und theologiegeschichtlichen Hintergrund
rekonstruieren, in dem der theologische Begriff אמן Hiphil das erste Mal verwendet wurde. Auf diese Weise kommt man dem Umfeld auf die Spur, in dem das
erste Mal ein Bewußtsein dafür entstand, daß Glauben ein ganz eigenes Phänomen ist, das folglich mit einem eigenen Begriff bezeichnet werden muß. Und man
kann näher beschreiben, in welchem Zusammenhang man begann, über das Verhältnis von Glauben und Tun, Glauben und Urteilen sowie über die Bedeutung
der Grundhaltung zu Gott für den Glauben zu diskutieren.

Bei der Untersuchung von Dtn 1,32 in seinem ursprünglichen Kontext Dtn
1–3*, also der Dtn-Fassung der Kundschaftergeschichte Num 13 f, hat sich herausgestellt, daß Dtn 1–3* ein nachpriesterschriftlicher Text ist. Schon die Fassung
von Num 13 f, die als Vorlage verwendet wurde, ist jünger als die Priestergrundschrift (P[G]). Datiert man die Priestergrundschrift frühnachexilisch (ca. 520–450
v. Chr.),[46] kommt man für die Begriffsprägung אמן Hiphil in die fortgeschrittene
Perserzeit.

Weiter hat sich herausgestellt, daß אמן Hiphil in einem krisenhaften Umfeld
zum theologischen Begriff wurde. Das betrifft zunächst den literar- und theologiegeschichtlichen Hintergrund. Denn die Ursprünge dieses Begriffs liegen in
den Murrgeschichten in Num (Num 11 f; 13 f; 16 f), wobei wohl Num 13 f* (Num 13,
1.2a.3a.21.25.32abα; 14,2a.5a.10b.37) die älteste dieser Erzählungen ist.[47] Und in
diesen Murrgeschichten zeigt sich eine Intoleranz gegenüber Zweifeln im Sinne
von Anfragen oder Kritik an Jahwes Macht und Güte, die es in älteren Texten noch
nicht gibt. So spielt das Thema „Kritik an Gottes Ohnmacht" in P[G] keine Rolle.

---

45 S.o., 4.3.2 f.

46 S.o., 5.4.4.3. Schon Schlatter denkt in diese Richtung, wenn er annimmt, der israelitische
Glaube setze die Erfahrung von erfüllter Unheilsprophetie und Neugründung in exilisch-nach-
exilischer Zeit voraus (vgl. Glaube, 14).

47 S.o., 5.3.3.1 f und 221, Anm. 421.

Und in vor-priesterschriftlichen Texten werden Zweifel, ob eine Verheißung plausibel ist, nicht bestraft. Beispielsweise lacht zwar Sara in Gen 18,10–14* über die Sohnesverheißung, weil sie sich für zu alt hält, aber das hat keine negativen Folgen für die Erfüllung der Verheißung (Gen 21,1).[48] Der Umgang mit Anfragen an Gott in Gen 18,10–14* und noch in P^G zeugt von großer Gelassenheit. Offensichtlich schwand diese Gelassenheit nach der Zeit von P^G und das weist darauf hin, daß das Gottesverhältnis krisenanfälliger wurde.[49]

Auch das realgeschichtliche Umfeld der Begriffsprägung אמן Hiphil dürfte krisenhaft gewesen sein. Ein Hinweis auf die Art der Krise hat sich in den Inhalten erhalten, über die sich das Volk in den Murrgeschichten beklagt. Hier steht die Landverheißung im Zentrum der Kritik. In der Grundschicht von Num 13 f verbreiten die Kundschafter das Gerücht, das Land fresse seine Bewohner, sei also unfruchtbar und lebensfeindlich (Num 13,32abα).[50] Datan und Abiram klagen, Mose habe das Volk aus dem Land, wo Milch und Honig fließen, zum Verrecken in die Wüste geführt (Num 16,13 f), und das Volk jammert über die „Versorgungslage" dort (11,4 f). In Num 11,4 f und 16,13 f hält das verheißene Land dem Vergleich mit Ägypten nicht stand oder das Leben in der Wüste ist sehr viel armseliger als in Ägypten. Alle diese Texte schildern, daß der Lebensstandard des Volkes hinter den Erwartungen zurückbleibt, die mit der Landverheißung geweckt wurden (vgl. z. B. Ex 3,8aα „ein gutes und weites Land" und den Zusatz Ex 3,8aβ „ein Land, wo Milch und Honig fließen").[51]

Hinter diesen literarischen Klagen könnten reale Erfahrungen der Verfasser in ihrem Umfeld stehen. Sie könnten die wirtschaftlichen Probleme in der persischen Provinz Jehud[52] als Widerspruch zu den Landverheißungen erlebt haben, von denen sie im langsam wachsenden Pentateuch lesen konnten.[53] Weil sich das verheißene Land längst nicht als so ertragreich erwies wie in den Landverhei-

---

48 S.o., 5.4.5.

49 S.o., 5.4.5.

50 Vgl. Artus, Etudes, 117 und s. o., 176, Anm. 225.

51 S.o., 138. Ein entferntes Echo dieses Problems findet sich in dem Witz, daß Mose das Volk aufgrund von Verständigungsproblemen nach Kanaan statt nach Kalifornien geführt habe, und in dem Ausspruch Golda Meirs, Mose habe das Volk 40 Jahre durch die Wüste geschleppt und dann in das einzige Land im Nahen Osten gebracht, wo es kein Öl gebe (vgl. Ulrichs, Witz, 27).

52 Auch wenn es um 450 v. Chr. möglicherweise aufgrund eines wirtschaftlichen Aufschwungs eine Zunahme der Besiedelung gegeben hat, blieb Jehud eine vergleichsweise arme und dünn besiedelte Provinz. In der Provinz Samaria lebten etwa dreimal soviel Menschen. Vgl. z. B. Carter, Emergence, 249 ff; Zwickel, Jerusalem, 206 ff; Berlejung, Geschichte, 159 ff; Hallaschka, Haggai, 124 f.

53 S.o., 5.1.2.4.

ßungen zu lesen war, könnte die Frage aufgekommen sein, wie es mit dem Gott bestellt war, der dem Volk dieses Land gegeben hatte (z. B. Num 14,3a; Dtn 1,20). Dieser Gott könnte bei den Menschen unter den Verdacht geraten sein, ohnmächtig oder gar böswillig zu sein.

Zudem blieb Jehud während der ganzen Perserzeit v. a. den phönizischen Nachbarn wirtschaftlich unterlegen.[54] Das könnte sich in den Zusätzen zu Num 13f* in der Weise niedergeschlagen haben, daß die nichtisraelitischen Landesbewohner als groß, stark und später sogar als riesenhaft dargestellt wurden (z. B. Num 13,28abα; 13,28bβ; 13,32bβ sowie der ebenfalls sekundäre Dtn 1,28).[55] Auch diese Stärke der Nichtisraeliten könnte zu Anfragen an den Gott geführt haben, der sein Volk in ein Land gebracht hatte, in dem es mit diesen Menschen konfrontiert war (z. B. Dtn 1,27).

Zu diesen alltäglichen Frustrationserfahrungen dürfte die Herausforderung durch die alttestamentlichen Texte gekommen sein, die die Verfasser der Murrgeschichten und die Träger des Begriffs אמן Hiphil bearbeiteten. Das alles zusammen führte zu einer Verschiebung in der Bewertung von Kritik an Gott und Zweifeln an seiner Verheißung zwischen den vorpriesterschriftlichen Texten und P[G] einerseits und den Num-Murrgeschichten andererseits. Die Ursachen für die Verschiebung dürften in der Wahrnehmung Gottes liegen. In den vorpriesterschriftlichen Texten und noch in P[G] steht außer Frage, daß sich Gottes Macht durchsetzt. Man kann so selbstverständlich mit dieser Macht rechnen, daß es keine Rolle spielt, ob der Mensch an ihr zweifelt. Genau das ist in Num 13f* und den übrigen Murrgeschichten nicht mehr so. Vielmehr zeigen die Inhalte, über die gemurrt wird, daß Gottes Macht und Güte im Zweifel stehen. Ein Gott, der verdächtigt wird, seinem Volk ein gefährliches Land zu geben (Num 13 f) oder es in der Wüste nicht richtig zu versorgen (Num 11,4 f; 16,13), ist nicht mehr der souveräne Gott aus den vorpriesterschriftlichen Geschichten und P[G], sondern ein Gott, dessen Güte und Macht vor den Menschen verborgen sein können.

Diese Verborgenheit Gottes dürfte in den alttestamentlichen Theologen einen inneren Konflikt ausgelöst haben, der sich an den Murrgeschichten noch ablesen läßt. Sie nahmen auf der einen Seite wahr, daß Gott nicht ohne jeden Zweifel gut und mächtig erscheint. Daraus ergaben sich Anfragen. Sie äußerten sich in den Murrgeschichten in den Vorwürfen gegen Jahwe und Mose (z. B. Num 14,2b.3; 16,12–14). Diese Anfragen könnten jedoch als Gefahr für den Wunsch wahrgenommen worden sein, unter allen Umständen an Gott festzuhalten. Denn in manchen Murrgeschichten gipfeln sie in dem Begehren, den Exodus rückgängig zu machen

---

54 Vgl. Berlejung, Geschichte, 160.
55 S.o., 230, Anm. 460.

und zurück nach Ägypten zu gehen (vgl. z. B. Num 14,3 f), also Jahwes Heilsgaben und damit letztlich Jahwe selbst aufzugeben. Deshalb konnten die Verfasser der Murrgeschichten die Zweifel anders als in Gen 18,10–14* und P^G nicht mehr zulassen und darauf vertrauen, daß Gott selbst sie durch sein Handeln widerlegt. Folglich forderten sie, auch dann mit Jahwes Macht und Güte zu rechnen, wenn diese verborgen sind. Diese Forderung wird in den Murrgeschichten in den Strafreden Gottes (z. B. Num 14,26–29) oder in seinem Zorn über das Murren laut (z. B. Num 11,10; 16,19b–21). Die Murrgeschichten könnten also einen Konflikt widerspiegeln zwischen dem Drang, die Anfragen an Gott zu äußern, und den Befürchtungen, daß diese Anfragen die Bindung an Gott gefährden könnten.[56]

אמן Hiphil steht für den Wunsch, diesen Konflikt zu überwinden und trotz der Anfragen an Gott festhalten zu können. Das Volk sollte in Dtn 1,32 nach der Erinnerung an Jahwes vergangene Taten in der Rede des Mose von seinen Zweifeln an Gottes Macht und Güte nicht mehr angefochten werden, sondern glauben.[57] Die Debatten im Zusammenhang mit dem Begriff אמן Hiphil kreisen darum, worauf diese Haltung, die den Zweifel hinter sich läßt, beruhen kann. In den älteren Belegen ist das v. a. das Wissen um Gottes vergangene Geschichtstaten (z. B. Ex 14,31; Num 14,11; Dtn 1,32). Allerdings zeichnet sich schon hier ab, daß dieses Wissen erst beim Menschen „ankommt", wenn er von seiner Grundhaltung her für Gott offen ist. Später steht diese für Gott offene Grundhaltung im Mittelpunkt (z. B. Gen 15,6; Jes 7,1–17*; Jon 3,5–9). Jetzt ist ganz deutlich, daß Glauben allein auf dieser Grundhaltung beruht, ja, daß diese Grundhaltung sogar schon אמן Hiphil, also Glauben, genannt werden kann.

Die Debatten um das theologische אמן Hiphil entstanden in einer Zeit, in der die Suche nach Wegen, die Anfechtung zu überwinden, im Alten Testament verbreitet gewesen sein dürfte. Denn es lassen sich weitere Texte und Begriffe nennen, in denen die Suche sich ebenfalls niedergeschlagen hat. Dafür stehen außer אמן Hiphil der Begriff נסה Piel im Sinne des Verbots, Gott zu versuchen, also seine Macht zu testen, um sich dieser Macht zu versichern (vgl. z. B. Ex 17,2; Num 14,22; Dtn 6,16; Ps 78,18.40–42; 106,13 f).[58] Sogar in Texten aus dem Umfeld der „Krise der Weisheit" klingt die Thematik von Anfechtung und ihrer Über-

---

56 Werbick, Fides, 306 ff, spricht davon, dass der Glaubende immer wieder angefochten wird und sich seines Glaubens vergewissern muß. In diesem Prozeß findet er die Bedeutung des rationalen Diskurses für den Glauben: Vernünftige Argumente können bei dieser Selbstvergewisserung helfen. Im Alten Testament wird hinter diese vernünftigen Argumente zurückgefragt: Was kann überhaupt erst bewirken, daß sie einem Zweifelnden einleuchten?

57 Vgl. auch Schlatter, Glaube, 10 f; Westermann, Theologie, 61.

58 S.o., 47 und 47, Anm. 108.

windung an. Denn wenn Hiob in Hi 1,21 mit Gotteslob[59] auf den Verlust seiner Kinder und seiner Habe reagiert, hält er in einer Situation stand, in der sich Gott gegen ihn stellt. Ganz entfernt gehört dazu auch die Verbissenheit, mit der sich Abraham in Gen 22,1–19* an Gottes Güte klammert. Die Debatten mit אמן Hiphil wahren in dieser gesamt-alttestamentlichen Strömung jedoch ihr eigenes Profil. Beispielsweise setzt sich Jes 7,12 gezielt von dem Diskussionsstrang um נסה Piel ab. Ahas will hier gerade nicht Gott versuchen – und zeigt so seine vor Gott verschlossene Grundhaltung. Nach Ansicht des Verfassers von Jes 7,12 ist nicht nur gefordert, Gottes Macht nicht zu testen, sondern es geht um eine innere Bindung an Gott. Hier zeigt sich die Tendenz zu Verinnerlichung, die für אמן Hiphil charakteristisch ist. Sie wirkt sich darin aus, daß die Bedeutung von Taten als Ausdruck des Glaubens eher gering ist, während das Verhältnis von Glauben und Urteilsvermögen bestimmt werden muß.[60]

Die inneren Befindlichkeiten, die in den Diskussionen mit אמן Hiphil eine so große Rolle spielen, sind für jeden nur in seinem persönlichen Erleben zugänglich. Damit zeichnet sich eine Tendenz zur Individualisierung ab. Dennoch vollzieht die große Mehrheit der Texte, in denen der Begriff אמן Hiphil erscheint, keine explizite Individualisierung, sondern spricht vom Glauben des Volkes. Nur in den späten Jes 7,1–17 und Gen 15,6 geht es dezidiert um den Glauben eines einzelnen. Man kann daraus folgern, daß für die alttestamentlichen Theologen die gläubige Existenz hauptsächlich im Volk oder in der Gemeinde gelebt werden soll, nicht in der privaten Frömmigkeit.

Das Bewußtsein für die Besonderheit des Glaubens und das Bedürfnis, dafür ein eigenes Wort zu prägen, verdankt sich einem tiefen Zweifel und der Erfahrung, daß Gottes Macht und Güte verborgen sein können. Damit reagiert die Entdeckung des Glaubens nicht auf die Nähe Gottes, sondern auf seine Ferne. Und der Glaube ist von Anfang an eng mit dem Zweifel verbunden als die Sehnsucht, im Zweifel standzuhalten. Die Gottesbeziehung, die sich daraus schon im Alten Testament ergeben würde, hat Luther unübertrefflich in „Von den guten Werken" beschrieben: „unter dem leidenn, die uns gleich von ym [sc. Gott] scheyden wollen wie eine wand, ja eine maurenn, steht er vorborgen unnd sicht doch auff mich und lesset mich nit. Dan er steht und ist bereit, zuhelffen in gnaden, vnnd durch die fenster des tunckeln glaubens / lesset er sich sehen."[61]

---

59 Hi 1,21 lautet: „Nackt bin ich aus dem Leib meiner Mutter hervorgekommen und nackt kehre ich dorthin zurück. Jahwe gab (es), und Jahwe nahm (es). Der Name Jahwes sei gepriesen."
60 S.o., 2.1.2; 7.1.1.
61 WA 6, 208.

8 Literaturverzeichnis

Die Abkürzungen richten sich nach S. M. Schwerdtner, Internationales Abkürzungsverzeichnis für Theologie und Grenzgebiete, Berlin/New York ²1992 (= IATG²). Außerdem wurde das Abkürzungsverzeichnis von RGG⁴ verwendet, wenn keine Abkürzung in IATG² zur Verfügung stand. Darüber hinaus kommen folgende Abkürzungen vor:

AzBG	Arbeiten zur Bibel und ihrer Geschichte
App.	Apparat
Anm.	Anmerkung/ Fußnote
BHQ	Biblia Hebraica quinta editione cum apparatu critico novis curis elaborato
ELO	Elementa Linguarum Orientis
GKC	Gesenius, W./Kautzsch, E./Cowley, A. E.: Gesenius' Hebrew Grammar, Oxford ²1910 (*op. cit.*)

Die in der Arbeit verwendeten Kurztitel entsprechen in der Regel dem ersten Nomen des Titels. Wo sich Mißverständnisse ergeben könnten, wird der Kurztitel durch Unterstreichung deutlich gemacht.

8.1 Textausgaben und Hilfsmittel

Aland, B./Aland, K. (Hg.), Griechisch-deutsches Wörterbuch zu den Schriften des Neuen Testaments und der frühchristlichen Literatur von Walter Bauer, Berlin/New York ⁶1988.

Attridge, H. u. a. (Hg.), Qumran Cave 4. VIII Parabiblical Texts, Part 1, DJD 13, Oxford 1994.

Bartelmus, R., Einführung in das Biblische Hebräisch – ausgehend von der grammatischen und (text-)syntaktischen Interpretation des althebräischen Konsonantentexts des Alten Testaments durch die tiberische Masoreten-Schule des Ben Ascher – mit einem Anhang: Biblisches Aramäisch für Kenner und Könner des biblischen Hebräisch, Zürich 1994.

Barthélemy, D./Rickenbacher, O., Konkordanz zum Hebräischen Sirach. Mit Syrisch-Hebräischem Index, Göttingen 1973.

Bauer, H./Leander, P., Historische Grammatik der Hebräischen Sprache des Alten Testaments, Bd. 1: Einleitung. Schriftlehre. Laut- und Formenlehre. Mit einem Beitrag (§§ 6–9) von Paul Kahle, Halle 1922.

Black, J. u. a. (Hg.), A Concise Dictionary of Akkadian, SANTAG Arbeiten und Untersuchungen zur Keilschriftkunde 5, Wiesbaden ²2000.

Brockelmann, C., Arabische Grammatik, Leipzig u. a. ²⁴1992.

–, Hebräische Syntax, Neukirchen-Vluyn ²2004.

Brooke, G. u. a.(Hg.), Qumran Cave 4. XVII Parabiblical Texts, Part 3, DJD 22, Oxford 1996.

Charlesworth u. a. (Hg.), The Dead Sea Scrolls, Vol. 6B: Pesharim, other commentaries and related documents, The Princeton Theological Seminary Dead Sea Scroll Project, Tübingen u. a. 2002.

Clemen, O. (Hg.), Luthers Werke in Auswahl, Bd. 1 und 2, Berlin 1933 und 1934.

Donner, H./Meyer, R. (Hg.), Wilhelm Gesenius. Hebräisches und Aramäisches Handwörterbuch über das Alte Testament, Lfg. 1: א-ג, Heidelberg u. a. [18]1987, Lfg. 2: י-ד, Berlin/Heidelberg [18]1995, Lfg. 3: מ-ב, Berlin/Heidelberg [18]2005, Lfg. 4: פ-נ, Berlin/Heidelberg [18]2007, Lfg. 5: ש-צ, Berlin/Heidelberg [18]2009, Lfg. 6: ת-ש. Biblisch-aramäisches Wörterbuch zu Gen31.47. Jer 10,11.Da 2,4b–7,28. Esr 4,8–6,18.7,12–26, Berlin/Heidelberg [18]2010.
–/Röllig, W., Kanaanäische und aramäische Inschriften, Bd. 1, Wiesbaden [5]2002, Bd. 2: Kommentar. Mit einem Beitrag von O. Rössler, Wiesbaden [2]1968. (=KAI 1 und 2)

Elliger, K./ Rudolph, W. (Hg), Biblia Hebraica Stuttgartensia, Stuttgart [5]1997.

Fabry, H.-J./Dahmen, U. (Hg.), Theologisches Wörterbuch zu den Qumrantexten, Bd. 1: אב-חתם, Stuttgart u. a. 2011, Bd. 2: סתר-טהר, Stuttgart u. a. 2013.
Fischer, A. A., Der Text des Alten Testaments. Neubearbeitung der Einführung in die Biblia Hebraica von Ernst Würthwein, Stuttgart 2009.
Fohrer, G. (Hg.), Hebräisches und aramäisches Wörterbuch zum Alten Testament, de Gruyter Studienbuch, Berlin/New York [3]1997.

Gesenius, W./Buhl, F., Wilhelm Gesenius' Hebräisches und Aramäisches Handwörterbuch über das Alte Testament, Leipzig [17]1915, Nachdruck Berlin u. a. 1962.
Gesenius, W./Kautzsch, E., Hebräische Grammatik, Leipzig [28]1909, Nachdruck Darmstadt [7]1995.
Gesenius, W./Kautzsch, E./Cowley, A. E., Gesenius' Hebrew Grammar, Oxford [2]1910, Nachdruck Oxford 1966. (=GKC)

Hatch, E./Redpath, H. A., A Concordance to the Septuagint and the other Greek Versions of the Old Testament (including the Apocryphal Books), Vol. 1: A-I, Vol 2: K-Ω, Oxford 1897, Supplement, Oxford 1906, Nachdruck Graz 1954.

Jenni, E., Lehrbuch der Hebräischen Sprache des Alten Testaments. Neubearbeitung des „Hebräischen Schulbuchs" von Hollenberg-Budde, Basel/Frankfurt am Main [2]1981, Nachdruck Basel [3]2003.
–, Die hebräischen Präpositionen, Bd. 1: Die Präposition Beth, Stuttgart u. a. 1992, Bd. 2: Die Präposition Kaph, Stuttgart u. a. 1994, Bd. 3: Die Präposition Lamed, Stuttgart u. a. 2000.
Joüon, P./Muraoka, T., A Grammar of Biblical Hebrew, Part 1: Orthography and Phonetics, Part 2: Morphology, SubBi 14/1, Part 3: Syntax, Paradigms and Indices, SubBi 14/2, Rom 1996.

Koehler, L./Baumgartner, W., Hebräisches und Aramäisches Lexikon zum Alten Testament, Bd. 1: א-ע, Bd. 2: פ-ת, Aramäisches Lexikon, Leiden u. a. [3]1995.
König, E., Hebräisches und aramäisches Wörterbuch zum Alten Testament, Wiesbaden 1969.

Lettinga, J., Grammatik des Biblischen Hebräisch, Riehen/Basel-Stadt 1992.
Liddell, H. G./Scott, R./Jones, H. S., A Greek-English Lexicon, Bd. 1: α-κώψ, Bd. 2: λ-ώώδης, Oxford [9]1940, Nachdruck mit Supplement v. E. A. Barber, Oxford 1968.
Lohse, E. (Hg.), Die Texte aus Qumran. Hebräisch und Deutsch, Darmstadt [4]1986.
D. Martin Luthers Werke. Kritische Gesamtausgabe, Bd. 6, Weimar 1888, Bd. 7, Weimar 1897, Bd. 30/1, Weimar 1910.
Lust, J./Eynikel, E./Hauspie, K., A Greek-English Lexicon of the Septuagint, Part 1: A-I, Stuttgart 1992, Part 2: K-Ω, Stuttgart 1996.

Mandelkern, S., Veteris Testamenti Concordantia Hebraicae atque Chaldaicae, prima pars: ס-א, secunda pars: ת-ע, Leipzig 1937, Nachdruck Graz 1975.

McCarthy, M. (Hg.), אלה הדברים Deuteronomy, BHQ, Stuttgart 2007.

Menge, H., Langenscheidts Großwörterbuch Griechisch Deutsch unter Berücksichtigung der Etymologie, Berlin u. a. ²⁷1991.

Meyer, R., Hebräische Grammatik. Mit einem bibliographischen Nachwort von U. Rüterswörden, De Gruyter Studienbuch, Berlin/New York 1992.

Mittmann, S./Schmitt, G. (Hg.), Tübinger Bibelatlas. Tübingen Bible Atlas. Auf der Grundlage des Tübinger Atlas des Vorderen Orients (TAVO). Based on the Tübingen Atlas of the Near and Middle East, Stuttgart 2001.

Neef, H.-D., Arbeitsbuch Biblisch-Aramäisch. Materialien, Beispiele und Übungen zum Biblisch-Aramäisch, Tübingen 2006.

del Olmo Lete, G./Sanmartín, J., A Dictionary of the Ugaritic Language in the Alphabetic Tradition, Part one: ['(a/i/u)-k], Part two: [l-z], HO 67, Leiden/Boston 2003.

Rahlfs, A. (Hg.), Septuaginta. Id est Vetus Testamentum graece iuxta LXX interpretes, Stuttgart 1979.

Rehkopf, F., Septuaginta-Vokabular, Göttingen 1989.

Renz, J./Röllig, W., Handbuch der althebräischen Epigraphik, Bd. 1: Renz, J.: Die althebräischen Inschriften. Teil 1: Text und Kommentar, Darmstadt 1995, Bd. 2/1: Renz, J.: Die althebräischen Inschriften. Teil 2: Zusammenfassende Erörterungen, Paläographie und Glossar, Darmstadt 1995, Bd. 2/2: Renz, J.: Materialien zur althebräischen Morphologie und Röllig, W.: Siegel und Gewichte, Darmstadt 2003, Bd. 3: Renz, J.: Texte und Tafeln, Darmstadt 1995.

Rosenthal, F., A Grammar of Biblical Aramaic, PLO NS. 5, Wiesbaden 1974.

Segert, S., Altaramäische Grammatik mit Bibliographie, Chrestomatie und Glossar, Leipzig ²1983.

Smith, J. P., A Compendious Syriac Dictionary, Oxford 1902, Nachdruck Eugene 1999.

Sperber, A., The Bible in Aramaic Based on Old Manuscripts and Printed Texts, Vol. 1: The Pentateuch According to Targum Onkelos, Vol. 2: The Former Prophets According to Targum Jonathan, Vol. 3: The Latter Prophets According to Targum Jonathan, Leiden/Boston 2004.

von Soden, W., Grundriß der Akkadischen Grammatik, AnOr 33, Rom 1952.

–, Akkadisches Handwörterbuch, Bd. 1: A-L, Wiesbaden 1965, Bd. 2: M-S, Wiesbaden, 1972, Bd. 3: S-Z, Berichtigungen, Wiesbaden 1981.

Steudel, A., Die Texte aus Qumran II. Hebräisch/Aramäisch und Deutsch, Darmstadt 2001.

Tov, E., Der Text der Hebräischen Bibel. Handbuch der Textkritik, Stuttgart u. a. 1992.

Trever, J. C., Scrolls from Qumrân Cave I. The Great Isaiah Scroll. The Order of Community. The *Pesher* to Habakkuk, Jerusalem 1974.

Tropper, J., Ugaritische Grammatik, AOAT 273, Münster 2000.

–, Ugaritisch. Kurzgefasste Grammatik mit Übungstexten und Glossar, ELO 1, Münster 2002.

–, Kleines Wörterbuch des Ugaritischen, ELO 4, Wiesbaden 2008.

Ulrich, E. u. a. (Hg.), Qumran Cave 4. VII Genesis to Numbers, DJD 12, Oxford 1994. (=DJD 12/7)

Vanderkam, J. C., The Book of Jubilees, CSCO.Ae 511/88, Leuven 1989.

Waltke, B. M./ O'Connor, M., An Introduction to Biblical Hebrew Syntax, Winona Lake 1990.
Weber, R. u. a. (Hg.), Biblia sacra iuxta vulgatam versionem, Stuttgart ³1983.
Wehr, H., Arabisches Wörterbuch für die Schriftsprache der Gegenwart, Wiesbaden ³1958.
Würthwein, E., Der Text des Alten Testaments. Eine Einführung in die Biblia Hebraica, Stuttgart ⁵1988.

Zorell, F. (Hg.), Lexicon Hebraicum veteris testamenti, Rom 1984.

8.2 Sekundärliteratur

Achenbach, R., Die Erzählung von der gescheiterten Landnahme von Kadesch Barnea (Numeri 13–14) als Schlüsseltext der Redaktionsgeschichte des Pentateuchs, in: ZAR 9 (2003), 56–123.
–, Grundlinien redaktioneller Arbeit in der Sinaiperikope, in: ders./Otto, E. (Hg.), Das Deuteronomium zwischen Pentateuch und Deuteronomistischem Geschichtswerk, FRLANT 206, Göttingen 2004, 56–80.
–, Israel zwischen Verheißung und Gebot. Literarkritische Untersuchungen zu Deuteronomium 5–11, EHS.T 422, Frankfurt am Main u. a. 1991.
–, Numeri und Deuteronomium, in: ders./Otto, E. (Hg.), Das Deuteronomium zwischen Pentateuch und Deuteronomistischem Geschichtswerk, FRLANT 206, Göttingen 2004, 123–134.
–, Pentateuch, Hexateuch, Enneateuch. Eine Verhältnisbestimmung, in: ZAR 11 (2005), 122–154.
–, Der Pentateuch, seine theokratischen Bearbeitungen und Josua–2 Könige, in: Römer, T./ Schmid, K. (Hg.), Les dernières rédactions du Pentateuque, de l'Hexateuque et de l'Ennéateuque, BEThL 203, Louven u. a. 2007, 225–253.
–, Die Vollendung der Tora. Studien zur Redaktionsgeschichte des Numeribuches im Kontext von Hexateuch und Pentateuch, BZAR 3, Wiesbaden 2003.
Albertz, R., Das Buch Numeri jenseits der Quellentheorie. Eine Redaktionsgeschichte von Num 20–24 (Teil I), in: ZAW 123 (2011), 171–183.
–, Persönliche Frömmigkeit und offizielle Religion. Religionsinterner Pluralismus in Israel und Babylon, CThM 9, Stuttgart 1978.
–, Religionsgeschichte Israels in alttestamentlicher Zeit, Teil 1: Von den Anfängen bis zum Ende der Königszeit, Göttingen ²1996, Teil 2: Vom Exil bis zu den Makkabäern, GAT 8/1 und 8/2, Göttingen ²1997.
Araújo, R. G. de, Theologie der Wüste im Deuteronomium, ÖBS 17, Frankfurt am Main u. a. 1998.
Artus, O., Etudes sur le livre des Nombres. Récit, Histoire et Loi en Nb 13,1–20,13, OBO 157, Fribourg/Göttingen 1997.
–, Le problème de l'unité littéraire et de la spécificité théologigique du livre des Nombres, in: Römer, T. (Hg.), The Books of Leviticus and Numbers, BEThL 215, Leuven u. a. 2008, 121–143.
–, Les dernières rédactions du livre des Nombres et l'unité littéraire du livre, in: Römer, T./ Schmid, K. (Hg.), Les dernières rédactions du Pentateuque, de l'Hexateuque et de l'Ennéateuque, BEThL 203, Leuven u. a. 2007, 129–144.

Assmann, J., Moses der Ägypter. Entzifferung einer Gedächtnisspur, Frankfurt [7]2011

Auffret, P., La justice pour Abram. Etude structurelle de Gen 15, in: ZAW 114 (2002), 342–354.

Auerbach, E., Mimesis. Dargestellte Wirklichkeit in der abendländischen Literatur, Bern/München [6]1977.

Aurelius, E., Der Fürbitter Israels. Eine Studie zum Mosebild im Alten Testament, CB.OT 27, Stockholm 1988.

–, Zukunft jenseits des Gerichts. Eine redaktionsgeschichtliche Studie zum Enneateuch, BZAW 319, Berlin/New York 2003.

Ausloo, H., Deuteronomistic Elements in Num 13–14. A Critical Assessment of John William Colenso's (1814–1883) View on the Deuteronomist, in: OTE 19 (2006), 558–572.

Bach, L., Der Glaube nach der Anschauung des Alten Testaments. Eine Untersuchung über die Bedeutung von האמין im alttestamentlichen Sprachgebrauch, BFChTh 6, Gütersloh 1900.

Baden, J. S., Identifying the Original Stratum of P: Theoretical and Practical Considerations, in: ders./Shectman, S. (Hg.), The Strata of the Priestly Writings, AThANT 95, Zürich 2009, 13–29.

–, J, E, and the Redaction of the Pentateuch, FAT 68, Tübingen 2009.

Baltzer, K., Jerusalem in den Erzväter-Geschichten der Genesis? Traditionsgeschichtliche Erwägungen zu Gen 14 und 22, in: Blum, E., Macholz, C. und Stegemann, E. W. (Hg.), Die Hebräische Bibel und ihre zweifache Nachgeschichte. Festschrift für Rolf Rendtorff zum 65. Geburtstag, Neukirchen-Vluyn 1990, 3–12.

Barr, J., Bibelexegese und moderne Semantik. Theologische und linguistische Methode in der Bibelwissenschaft, München 1965.

Bartelmus, R., Jes 7, 1–17 und das Stilmittel des Kontrastes. Syntaktisch-stilistische und traditionsgeschichtliche Anmerkungen zur „Immanuel-Perikope", in: ZAW 86 (1984), 50–67.

Barth, H., Die Jesaja-Worte in der Josiazeit. Israel und Assur als Thema einer produktiven Neuinterpretation der Jesajaüberlieferung, WMANT 48, Neukirchen-Vluyn 1977.

Barthel, J., Prophetenwort und Geschichte. Die Jesajaüberlieferung in Jes 6–8 und 28–31, FAT 19, Tübingen 1997.

Barton, J., Ethics and the Old Testament. The 1997 Diocese of British Columbia John Albert Hall Lectures at the Center for Studies in Religion and Society in the University of Victoria, Harrisburg 1998.

Bauks, M.: Die Begriffe מוֹרָשָׁה und אֲחֻזָּה in P[G]. Überlegungen zur Landkonzeption der Priesterschrift, in: ZAW 116 (2004), 171–188.

–, Jephtas Tochter. Traditions-, religions- und rezeptionsgeschichtliche Studien zu Richter 11,29–40, FAT 71, Tübingen 2010.

–, Opfer, Kinder und mlk. Das Menschenopfer und seine Auslösung, in: Lange, A./Röhmheld, K.F.R. (Hg.), Wege zur Hebräischen Bibel. Denken – Sprache – Kultur. In memoriam Hans-Peter Müller, FRLANT 228, Göttingen 2009, 215–232.

Bautch, R. J., An Appraisal of Abraham's Role in Postexilic Covenant, in: CBQ 71 (2009), 42–63.

Becker, J., Gottesfurcht im Alten Testament, AB 25, Rom 1965.

Becker, U., Die Entstehung der Schriftprophetie, in: Lux, R./Waschke, E.-J. (Hg.), Die unwiderstehliche Wahrheit. Studien zur alttestamentlichen Prophetie. Festschrift für Arndt Meinhold, AzBG 23, Leipzig 2006, 4–20.

–, Eine kleine alttestamentliche Ethik des „Alltäglichen", in: BThZ 24 (2007), 227–240.

–, Exegese des Alten Testaments. Ein Methoden- und Arbeitsbuch, UTB 2664, Tübingen ²2008.

–, Jesaja – von der Botschaft zum Buch, FRLANT 178, Göttingen 1997.

–, Jesajaforschung (Jes 1–39), in: ThR 64 (1999), 1–37.

–, Jesajaforschung (Jes 1–39) (Fortsetzung), in: ThR 64 (1999), 117–152.

–, Endredaktionelle Kontextvernetzungen des Josua-Buches, in: Gertz, J. C. u. a. (Hg.), Die deuteronomistischen Geschichtswerke. Redaktions- und religionsgeschichtliche Perspektiven zur „Deuteronomismus"-Diskussion in Tora und Vorderen Propheten, BZAW 365, Berlin/New York 2006, 139–161.

–, Der Messias in Jes 7–11. Zur „Theopolitik" prophetischer Heilserwartungen, in: Giercke, A. u. a. (Hg.), Ein Herz so weit wie der Sand am Ufer des Meeres. Festschrift für Georg Hentschel, EThS 90, Würzburg 2006, 235–245.

–, Gab es eine prophetische Opposition gegen das Königtum? Überlegungen zum theologischen Ort des Staates im Alten Testament, in: Leiner, M. u. a. (Hg.), Gott mehr gehorchen als den Menschen. Christliche Wurzeln, Zeitgeschichte und Gegenwart des Widerstands, Göttingen 2005, 37–48.

–, Der Prophet als Fürbitter: Zum literarhistorischen Ort der Amos-Visionen, in: VT 51 (2001), 143–165.

–, Prophetie heute? Zur Gegenwartsbedeutung alttestamentlicher Prophetentexte, in: Wermke, M. (Hg.), Keine Pflicht, aber Kür. Festschrift für Klaus Petzold, Jena 2007, 21–45.

–, Tendenzen der Jesajaforschung 1998–2007, in: ThR 74 (2009), 96–128.

–/Barthel, J./Köckert, M., Das Problem des historischen Jesaja, in: Kratz, R. G. u. a. (Hg.), Prophetie in Israel. Beiträge des Symposiums „Das Alte Testament und die Kultur der Moderne" anlässlich des 100. Geburtstags Gerhards von Rad (1901–1971) Heidelberg, 18–21. Oktober 2001, ATM 11, Münster u. a. 2003, 105–135.

–/Krebernik, M., Beobachtungen zu Jesaja 8,1–18, in: Karrer-Grube, C. u. a. (Hg.): Sprachen – Bilder – Klänge. Dimensionen der Theologie im Alten Testament und in seinem Umfeld. Festschrift für Rüdiger Bartelmus zu seinem 65. Geburtstag, AOAT 359, Münster 2009, 123–137.

Beer, G., Exodus, HAT 1/3, Tübingen 1939.

Behrens, A., Gen 15,6 und das Vorverständnis des Paulus, in: ZAW 109 (1997), 327–341.

Berges, U., Das Buch Jesaja. Komposition und Endgestalt, HBS 16, Freiburg u. a. 1998.

–, Der Ijobrahmen (Ijob 1,1–2,10; 42,7–17). Theologische Versuche angesichts unschuldigen Leidens, in: BZ NF 39 (1995), 225–245.

–, Jesaja 40–48, HThKAT, Freiburg u. a. 2008.

Berlejung, A., Zweiter Hauptteil: Geschichte und Religionsgeschichte des antiken Israels, in: Gertz, J. C. (Hg.), Grundinformation Altes Testament. Eine Einführung in Literatur, Religion und Geschichte des Alten Testaments, UTB 2745, Göttingen ⁴2010, 59–192.

Berner, C., Die Exoduserzählung. Das literarische Werden einer Ursprungslegende Israels, FAT 73, Tübingen 2010.

–, Gab es einen vorpriesterschriftlichen Meerwunderbericht?, in: Bib. 95 (2014), 1–25.

Bernhardt, K.-W., Art. Jahza [1964], BHH, Studienausgabe in einem Band, Göttingen 1994, Sp. 796.

Bernsmann, M., Art. Begriff II., HWP 1, 1971, Sp. 785–788.

Beuken, W. A.M., Jesaja 1–12, HThKAT, Freiburg u. a. 2003.

–, Jesaja 28–39, HThKAT, Freiburg u. a. 2010.

Bieberstein, K., Josua – Jordan – Jericho. Archäologie, Geschichte und Theologie der Landnahmeerzählungen Josua 1–6, OBO 143, Fribourg/Göttingen 1995.

Bjørndalen, A. J., Zur Einordnung und Funktion von Jes 7,5 f, in: ZAW 95 (1983), 260–263.

Blenkinsopp. J., Abraham as Paradigm in the Priestly History in Genesis, in: JBL 128 (2009), 225–241.

–, An Assessment of the Alleged Pre-Exilic Date of the Priestly Material in the Pentateuch, in: ZAW 108 (1996), 495–518.

–, Isaiah 1–39, AncB 19, New York u. a. 2000.

Blum, E., Gibt es die Endgestalt des Pentateuch? [1989] in: Oswald, W. (Hg.), Erhard Blum. Textgestalt und Komposition. Exegetische Beiträge zu Tora und Vorderen Propheten, FAT 69, Tübingen 2010, 207–217.

–, Issues and Problems in the Contemporary Debate Regarding the Priestly Writing, in: Shectman, S./ Baden, J. S. (Hg.), The Strata of the Priestly Writings, AThANT 95, Zürich 2009, 31–44.

–, Jesajas prophetisches Testament. Beobachtungen zu Jes 1–11, Teil I in: ZAW 108 (1996), 547–568, Teil II in: ZAW 109 (1997), 12–29.

–, Die Komposition der Vätergeschichte, WMANT 57, Neukirchen-Vluyn 1984.

–, Pentateuch – Hexateuch – Enneateuch? oder: Woran erkennt man ein literarisches Werk in der hebräischen Bibel? in: Römer, T./ Schmid, K. (Hg.), Les dernières rédactions du Pentateuque, de l'Hexateuque et de l'Ennéateuque, BEThL 203, Leuven u. a. 2007, 67–97.

–, Studien zur Komposition des Pentateuch, BZAW 189, Berlin/New York 1990.

–, Das althebräische Verbalsystem – eine synchrone Analyse, in: Dyma, O., Michel, A. (Hg.), Sprachliche Tiefe – Theologische Weite, BThSt 91, Neukirchen-Vluyn 2008, 91–139.

–, Die literarische Verbindung von Erzvätern und Exodus. Ein Gespräch mit den neueren Endredaktionshypothesen, in: Gertz, J. C. u. a. (Hg.), Abschied vom Jahwisten. Die Komposition des Hexateuchs in der jüngsten Diskussion, BZAW 315, Berlin/New York 2002, 119–156.

Boecker, H. J., Art. Basan [1962], BHH, Studienausgabe in einem Band, Göttingen 1994, Sp. 203 f.

Boehm, O., The Binding of Isaac: An inner-biblical Polemic on the Question of "Disobeying" a manifestly illegal order, in: VT 52 (2002), 1–12.

Boehmer, J., Der Glaube und Jesaja. Zu Jes 7$_9$ und 28$_{16}$, in: ZAW 41 (1923), 84–93.

Boman, T., Das hebräische Denken im Vergleich mit dem Griechischen, Göttingen ⁴1965.

Bonnet, C./Niehr, H., Religionen in der Umwelt des Alten Testaments II. Phönizier, Punier, Aramäer, KStTh 4/2, Stuttgart 2010.

Boorer, S., The Promise of the Land as Oath. A Key to the Formation of the Pentateuch, BZAW 205, Berlin/New York 1992.

Bosshard-Nepustil, E., Vor uns die Sintflut. Studien zu Text, Kontexten und Rezeption der Fluterzählung Genesis 6–9, BWANT 165, Stuttgart 2005.

Brandscheidt, R., Abraham. Glaubenswanderschaft und Opfergang des von Gott Erwählten, Würzburg 2009.

–, Das Opfer des Abraham (Gen 22,1–19), in: TThZ 110 (2001), 1–19.

Braulik, G., Deuteronomium 1–16,7, NEB, Würzburg 1986.

–, Deuteronomium 1–4 als Sprechakt, in: Bib. 83 (2002), 249–257.

–, Die Entstehung der Rechtsfertigungslehre in den Bearbeitungsschichten des Buches Deuteronomium. Ein Beitrag zur Klärung der Voraussetzungen paulinischer Theologie [1989], in: ders., Studien zum Buch Deuteronomium, SBAS 24, Stuttgart 1997, 11–27.

–, Theorien über das Deuteronomistische Geschichtswerk (DtrG) im Wandel der Forschung, in: Zenger, E. u. a. (Hg.), Einleitung in der Alte Testament. Mit einem Grundriss der Geschichte Israels von Christian Frevel, KStTh 1,1, Stuttgart [7]2008, 191–202.

–/Lohfink, N., Deuteronomium 1,5 באר את־התורה הזאת: „er verlieh dieser Tora Rechtskraft", in: Kiesow, K./Meurer, T. (Hg.), Textarbeit. Studien zu Texten und ihrer Rezeption aus dem Alten Testament und der Umwelt Israels. Festschrift für Peter Weimar zur Vollendung seines 60. Lebensjahres mit Beiträgen von Freunden, Schülern und Kollegen, AOAT 294, Münster 2003, 35–51.

Buber, M., Zwei Glaubensweisen, Gerlingen [2]1994.

Budde, K., Das Buch Hiob, HK 2/1, Göttingen [2]1913.

Bultmann, R., Art. πιστεύω, πίστις, πιστός, † πιστόω, ἄπιστος, † ἀπιστέω, ἀπιστία, ὀλιγόπιστος, ὀλιγοπιστία, in: ThWNT 6, 1959, 174–230.

Carr, D., Empirische Perspektiven auf das Deuteronomistische Geschichtswerk, in: Gertz, J. C. u. a. (Hg.), Die deuteronomistischen Geschichtswerke. Redaktions- und religionsgeschichtliche Perspektiven zur „Deuteronomismus"-Diskussion in der Tora und Vorderen Propheten, BZAW 365, Berlin/New York 2006, 1–17.

–, Reading the Fractures of Genesis. Historical and Literary Approaches, Louisville 1996.

–, Reaching for Unity in Isaiah, in: JSOT 57 (1993), 61–80.

Carter, C. E., The Emergence of Yehud in the Persian Period. A Social and Demographic Study, JSOT.S 294, Sheffield 1999.

Clark, W. M., The Righteousness of Noah, in: VT 21 (1971), 261–280.

Clements, R. E., The Immanuel Prophecy of Isaiah 7:10–17 and Its Messianic Interpretation [1990], in: ders. (Hg.), Old Testament Prophecy. From Oracles to Canon, Louisville 1996, 65–77.

–, Isaiah 1–39, NCB, Grand Rapids/London 1980, Nachdruck 1982.

Cogan, M./Tadmor, H., II Kings, AncB 11, New York 1988.

Conrad, J., Art. נכה nkh, ThWAT 5, 1986, Sp. 445–554.

Cross, F. M., Canaanite Myth and Hebrew Epic. Essays in the History of the Religion of Israel, Cambridge/MA 1973.

Curtis, E. L./Madsen, A. A., The Book of Chronicles, ICC, Edinburgh 1910.

Dalferth, I. U., Malum. Theologische Hermeneutik des Bösen, unveränderte Studienausgabe, Tübingen 2010.

–, Vertrauen und Hoffen. Orientierungsweisen im Glauben, in: ders./Peng-Keller, S. (Hg.), Gottvertrauen. Die ökumenische Diskussion um die Fiducia, QD 250, Freiburg u. a. 2012, 406–434.

Davila, J. R., The Name of God at Moriah: An Unpublished Fragment from 4QGen-Exod[a], in: JBL 110 (1991), 577–582.

Dautzenberg, G., Art. Glaube, NBL 1, 1991, Sp. 847–851.

Deck, S., Die Gerichtsbotschaft Jesajas: Charakter und Begründung, FzB 67, Würzburg 1991.

Dekker, J., Zion's Rock-Solid Foundations. An Exegetical Study of the Zion Text in Isaiah 28:16, OTS 54, Leiden/Boston 2007.

Dershowitz, I., A Land Flowing with Fat and Honey, in: VT 69 (2010), 172–176.

Dietrich, W., Jesaja und die Politik, BevTh 74, München 1976.

–, Prophetie und Geschichte. Eine redaktionsgeschichtliche Untersuchung zum deuteronomistischen Geschichtswerk, FRLANT 108, Göttingen 1972.

–/Naumann, T., Die Samuelbücher, EdF 287, Darmstadt 1995.

Disse, J., Glaube und Glaubenserkenntnis. Eine Studie aus bibeltheologischer und systematischer Sicht, FHSS, Frankfurt am Main/Freiburg 2006.

Dohmen, C., Art. עַלְמָה ʽalmāh, in: ThWAT 6, 1989, Sp. 167–177.

–, Verstockungsvollzug und prophetische Legitimation. Literarkritische Beobachtungen zu Jes 7,1–17, in: BN 31 (1986), 37–56.

–, Das Zelt außerhalb des Lagers. Exodus 33,7–11 zwischen Synchronie und Diachronie, in: Kiesow, K./Meurer, T. (Hg.), Textarbeit. Studien zu Texten und ihrer Rezeption aus dem Alten Testament und der Umwelt Israels. Festschrift für Peter Weimar zur Vollendung seines 60. Lebensjahres mit Beiträgen von Freunden, Schülern und Kollegen, AOAT 294, Münster 2003, 157–169.

Dohmen, C./Stemberger, G., Hermeneutik der Jüdischen Bibel und des Alten Testaments, KStTh 1/2, Stuttgart u. a. 1996.

Donner, H., Geschichte des Volkes Israel und seiner Nachbarn, Teil 1: Von den Anfängen bis zur Staatenbildungszeit, GAT 4/1, Göttingen 1984, Teil 2: Von der Königszeit bis zu Alexander dem Großen. Mit einem Ausblick auf die Geschichte des Judentums bis Bar Kochba, GAT 4/2, Göttingen 1986.

van Dorssen, J. C. C., De Derivata van de Stam אמן in het Hebreeuwsch van het Oude Testament, Diss. phil. Amsterdam 1951.

Douglas, M., Reading Numbers after Samuel, in: Retzko, R. u. a. (Hg.), Reflection and Refraction. Studies in Biblical Historiography in Honour of A. Graeme Auld, VT.S 113, Leiden/Boston 2007, 139–154.

Driver, S. R., Deuteronomy, ICC, Edinburgh ³1902, Nachdruck Edinburgh 1951.

Duhm, B., Das Buch Hiob, KHC 16, Freiburg u. a. 1897.

–, Das Buch Jesaja, HK 3/1, Göttingen ²1902.

–, Das Buch Jesaja, Göttingen ⁵1968.

Durham, J. I., Exodus, WBC 3, Waco 1987.

Ebeling, G., Dogmatik des christlichen Glaubens, Bd. 1: Prolegomena. Erster Teil: Der Glaube an Gott den Schöpfer der Welt, 4. durchgesehene und mit einem Nachwort von A. Beutel versehene Aufl., Tübingen 2012, Bd. 2: Zweiter Teil: Der Glaube an Gott den Versöhner der Welt, 4. durchgesehene und mit einem Nachwort von A. Beutel versehene Aufl., Tübingen 2012, Bd. 3: Dritter Teil: Der Glaube an Gott den Vollender der Welt, 4. durchgesehene und mit einem Nachwort von A. Beutel versehene Aufl., Tübingen 2012.

–, Zwei Glaubensweisen? [1961], in: ders. (Hg.): Wort und Glaube. Bd. 3: Beiträge zur Fundamentaltheologie, Soteriologie und Eschatologie, Tübingen 1975, 236–245. (=WG 3)

–, Jesus und Glaube [1958], in: ders. (Hg.): Wort und Glaube, Tübingen ³1967, 203–254. (=WG 1)

-Ego, B., Abraham als Urbild der Toratreue Israels. Traditionsgeschichtliche Überlegungen zu einem Aspekt des biblischen Abrahambildes, in: Avemarie, F./Lichtenberger, H. (Hg.), Bund und Tora. Zur theologischen Begriffsgeschichte in alttestamentlicher, frühjüdischer und urchristlicher Tradition, WMUNT 92, Tübingen 1996, 25–40.

Eichrodt, W., Theologie des Alten Testaments, Teil 1: Gott und Volk, Lizenzausgabe, Berlin ⁷1963, Teil 2: Gott und Welt, Teil 3: Gott und Mensch, Lizenzausgabe, Berlin ⁴1961.

Emerton, J. A., The Source Analysis of Genesis XI 27–32, in: VT 42 (1992), 37–46.

Elliger, K., Art. Kades [1964], BHH, Studienausgabe in einem Band, Göttingen 1994, Sp. 917 f.

–, Leviticus, HAT 1/4, Tübingen 1966.

–, Sinn und Ursprung der priesterlichen Geschichtserzählung [1952], in: Gese, H./Kaiser, O. (Hg.), Karl Elliger. Kleine Schriften zum Alten Testament, TB 32, München 1966, 174–198.

Engelken, K., Frauen im Alten Testament. Eine begriffsgeschichtliche und sozialrechtliche Studie zur Stellung der Frau im Alten Testament, BWANT 130, Stuttgart u. a. 1990.

Fabry, H.-J., Warum zu dritt? Gott zu Gast bei Abraham. Ein Werkstattbericht, in: Kiesow, K./Meurer, T. (Hg.), Textarbeit. Studien zu Texten und ihrer Rezeption aus dem Alten Testament und der Umwelt Israels. Festschrift für Peter Weimar zur Vollendung seines 60. Lebensjahres mit Beiträgen von Freunden, Schülern und Kollegen, AOAT 294, Münster 2003, 171–190.

Feldmeier, R./Spieckermann, H.: Der Gott der Lebendigen. Eine biblische Gotteslehre, Topoi Biblischer Theologie/Topics of Biblical Theology 1, Tübingen 2011.

Finsterbusch, K., Weisung für Israel. Studien zu religiösem Lernen und Lehren im Deuteronomium und in seinem Umfeld, FAT 44, Tübingen 2005.

Fischer, I., Die Erzeltern Israels. Feministisch-theologische Studien zu Genesis 12–36, BZAW 222, Berlin/New York 1994.

Fitzmeyer, J. A., The Genesis Apocryphon of Qumran Cave I. A Commentary, BibOr 18A, Rom 1971.

–, The sacrifice of Isaac in Qumran literature, in: Bib. 83 (2002), 211–229.

Fohrer, G., Das Buch Hiob, KAT 16, Gütersloh 1963.

–, Überlieferung und Wandlung der Hioblegende [1959], in: ders. (Hg.), Studien zum Buche Hiob (1956–1979), BZAW 159, Berlin/New York ²1983, 37–59.

–, Zur Vorgeschichte und Komposition des Buches Hiob [1956], in: ders. (Hg.): Studien zum Buche Hiob (1956–1979), BZAW 159, Berlin/New York ²1983, 19–36.

Freedman, D. N., Notes on Genesis, in: ZAW 64 (1952), 190–194.

Fritz, V., Tempel und Zelt. Studien zum Tempelbau in Israel und zu dem Zeltheiligtum der Priesterschrift, WMANT 47, Neukirchen-Vluyn 1977.

Frevel, C., Ein vielsagender Abschied. Exegetische Blicke auf den Tod des Mose in Dtn 34,1–12, in: BZ 45 (2001), 209–234.

–, Mit Blick auf das Land die Schöpfung erinnern. Zum Ende der Priestergrundschrift, HBS 23, Freiburg u. a. 2000.

–/Zenger, E., Die Bücher Levitikus und Numeri als Teile der Pentateuchkomposition, in: Römer, T. (Hg.), The Books of Leviticus and Numbers, BEThL 215, Leuven u. a. 2008, 35–74.

Gadamer, H.-G., Begriffsgeschichte als Philosophie [1970], in: ders. (Hg.): Gesammelte Werke Bd. 2: Hermeneutik II. Wahrheit und Methode. Ergänzungen, Register, Tübingen ²1993, 77–91.

–, Gesammelte Werke Bd. 1: Hermeneutik I. Wahrheit und Methode. Grundzüge einer philosophischen Hermeneutik, Tübingen ⁶1990.

Gazelles, H., Abaham au Negeb, in: Görg, M. (Hg.), Die Väter Israels, Beiträge zur Theologie der Patriarchenüberlieferungen im Alten Testament, Stuttgart 1989, 23–32.

Gerstenberger, E. S., Art. בטח, bṭḥ vertrauen, THAT 1, 1984, Sp. 300–305.

–, Das 3. Buch Mose. Leviticus, ATD 6, Göttingen 1993.

–, Theologien im Alten Testament. Pluralität und Synkretismus alttestamentlichen Gottesglaubens, Stuttgart u. a. 2001.

Gertz, J. C., Abraham, Mose und der Exodus. Beobachtungen zur Redaktionsgeschichte von Gen 15, in: ders. u. a. (Hg.), Abschied vom Jahwisten. Die Komposition des Hexateuchs in der jüngsten Diskussion, BZAW 315, Berlin/New York 2002, 63–81.

– (Hg.), Grundinformation Altes Testament. Eine Einführung in Literatur, Religion und Geschichte des Alten Testaments, UTB 2745, Göttingen ⁴2010.

–, Kompositorische Funktion und literarhistorischer Ort von Deuteronomium 1–3, in: ders. u. a. (Hg.), Die deuteronomistischen Geschichtswerke. Redaktions- und religionsgeschichtliche Perspektiven zur „Deuteronomismus"-Diskussion in Tora und Vorderen Propheten, BZAW 365, Berlin/New York 2006, 103–123.

–, Tora und Vordere Propheten, in: ders. (Hg.), Grundinformation Altes Testament. Eine Einführung in Literatur, Religion und Geschichte des Alten Testaments, UTB 2745, Göttingen ⁴2010, 193–311.

–,Tradition und Redaktion in der Exoduserzählung. Untersuchungen zur Endredaktion des Pentateuch, FRLANT 186, Göttingen 2000.

– u. a. (Hg.), Abschied vom Jahwisten. Die Komposition des Hexateuchs in der jüngsten Diskussion, BZAW 315, Berlin/New York 2002.

–/Schmid, K./Witte, M., Vorwort, in: dies. (Hg.), Abschied vom Jahwisten. Die Komposition des Hexateuchs in der jüngsten Diskussion, BZAW 315, Berlin/New York 2002, V-VII.

Gese, H., Die Komposition der Abrahamserzählung, in: ders. (Hg.), Alttestamentliche Studien, Tübingen 1991, 29–51.

Görg, M., Art. Eschkol, NBL 1, 1991, Sp. 595 f.

–, Abra(h)am – Wende zur Zukunft. Zum Beginn der priesterschriftlichen Abrahamsgeschichte, in: ders. (Hg.), Die Väter Israels, Beiträge zur Theologie der Patriarchenüberlieferungen im Alten Testament, Stuttgart 1989, 61–71.

–, Das Zelt der Begegnung. Untersuchung zur Gestalt der sakralen Zelttraditionen Altisraels, BBB 27, Bonn 1967.

Gräßer, E., Der Glaube im Hebräerbrief, MThST 2, Marburg 1965.

Graupner, A., Der Elohist. Gegenwart und Wirksamkeit des transzendenten Gottes in der Geschichte, WMANT 97, Neukirchen-Vluyn 2002.

Gray, G. B., The Book of Isaiah I-XXXIX, ICC, Edinburgh 1912, Nachdruck 1949.

–, Numbers, ICC, Edinburgh 1912.

Greenberg, M., נסה in Exodus 20, 20 and the Purpose of the Sinaitic Theophany, in: JBL 59 (1960), 273–276.

Groß, H., Der Glaube an Mose nach Exodus (4.14.19), in: Stoebe, H. J. (Hg.): Wort – Gebot – Glaube. Beiträge zur Theologie des Alten Testaments. Walther Eichrodt zum 80. Geburtstag, Zürich 1970, 57–65.

–, Zur theologischen Bedeutung von *ḥālak* (gehen) in den Abraham-Geschichten (Gen 12–25), in: Görg, M. (Hg.), Die Väter Israels, Beiträge zur Theologie der Patriarchenüberlieferungen im Alten Testament, Stuttgart 1989, 73–82.

Gunkel, H., Genesis, HK 1/1, Göttingen ⁵1922.

–, Die Psalmen, Göttingen ⁵1968.

Gunneweg, A. H. J., Geschichte Israels. Von den Anfängen bis Bar Kochba und von Theodor Herzl bis zur Gegenwart, ThW 2, Stuttgart u. a. ⁶1989.

–, Habakuk und das Problem des leidenden צדיק, in: ZAW 98 (1986), 400–415.

–, Heils- und Unheilsverkündigung in Jesaja VII, in: Höffken, P. (Hg.), A. H. J. Gunneweg. Sola Scriptura. Beiträge zu Exegese und Hermeneutik des Alten Testaments, Göttingen 1983, 53–60.

–, Vom Verstehen des Alten Testaments. Eine Hermeneutik, GAT 5, Göttingen 1977.

Ha, J., Genesis 15. A Theological Compendium of Pentateuchal History, BZAW 181, Berlin/New York 1989.

Haacker, K., Art. Glaube II/2. Altes Testament, TRE 13, 1984, 279–289.

–, Art. Glaube II/3. Neues Testament, TRE 13, 1984, 289–304.

–, Was meint die Bibel mit Glauben? in: ThBeitr 1 (1970), 133–152.

–, Glaube im Neuen Testament [1983], in: ders. (Hg.): Biblische Theologie als engagierte Exegese. Theologische Grundfragen und thematische Studien, Wuppertal/Zürich 1993, 122–138.

Haag, E., Die Abrahamtradition in Gen 15, in: Görg, M. (Hg.), Die Väter Israels, Beiträge zur Theologie der Patriarchenüberlieferungen im Alten Testament, Stuttgart 1989, 83–106.

–, Das Immanuelzeichen in Jes 7, in: TThZ 100 (1991), 3–22.

Hallaschka, M., Haggai und Sacharja 1–8. Eine redaktionsgeschichtliche Untersuchung, BZAW 411, Berlin/New York 2011.

Haller, R., Art. Begriff I, HWP 1, 1971, Sp. 780–785.

Hamidović, D., Art. אָמַן I 'aman אֱמוּנָה *mûnāh נאמנות n'mnwt אָמֵן 'āmen, Theologisches Wörterbuch zu den Qumrantexten 1, 2011, Sp. 209–219.

–, Les Traditions du Jubilé à Qumran, Orients Sémitiques, Paris 2007.

Hardmeier, C., Die textpragmatische Kohärenz der Tora-Rede (Dtn 1–30) im narrativen Rahmen des Deuteronomiums. Texte als Artefakte der Kommunikation und Gegenstände der Wissenschaft, in: Morenz, L./Schorch, S. (Hg.), Was ist ein Text? Alttestamentliche, ägyptologische und altorientalische Perspektiven, BZAW 362, Berlin/New York 2007, 207–257.

–, Prophetie im Streit vor dem Untergang Judas. Erzählkommunikative Studien zur Entstehungssituation der Jesaja- und Jeremiaerzählungen in II Reg 18–20 und Jer 37–40, BZAW 187, Berlin/New York 1990.

–, Realitätssinn und Gottesbezug. Geschichtstheologische und erkenntnisanthropologische Studien zu Genesis 22 und Jeremia 2–6, BThST 79, Neukirchen-Vluyn 2006.

–, Texttheorie und biblische Exegese. Zur rhetorischen Funktion der Trauermetaphorik in der Prophetie, BEvTh, München 1978.

Harvey, J. E., Retelling the Torah. The Deuteronomistic Historian's Use of the Tetrateuchal Narrative, JSOT.S 403, London/New York 2004.

Hayes, J. H./Irvine, S. A., Isaiah, the eighth-century prophet: his times and his preaching, Nashville 1987.

Heckl, R., Moses Vermächtnis. Kohärenz, literarische Intention und Funktion von Dtn 1–3, AzBG 9, Leipzig 2004.

Heider, G. C., Art. Molech, DDD, 1995, Sp. 1090–1097.

Heidland, H.-W., Die Anrechnung des Glaubens zur Gerechtigkeit. Untersuchungen zur Begriffsbestimmung von חשׁב und λογίζεσθαι, BZAW 18, Stuttgart 1936.

Helfmeier, F. J., Art. נָסָה, nissāh מַסּוֹת massôt, מַסָּה massāh, ThWAT 5, 1986, 473–487.

Hengel, M., Judentum und Hellenismus. Studien zu ihrer Begegnung unter besonderer Berücksichtigung Palästinas bis zur Mitte des 2. Jh.s, WUNT 10, Tübingen ³1988.

Henry, M.-L., Der jüdische Bruder und seine Hebräische Bibel. Anfragen an den christlichen Leser des Alten Testaments, Hamburg/Neukirchen-Vluyn 1988.

–: Jahwist und Priesterschrift. Zwei Glaubenszeugnisse des Alten Testaments, AzTh 3, Stuttgart 1960.

Hentschel, G., Gott, König und Tempel. Beobachtungen zu 2 Sam 7,1–17, EThSt 22, Leipzig 1992.

–, 1 Könige, NEB, Würzburg 1984.

–, 2 Könige, NEB, Würzburg 1984.

–, 1 Samuel, NEB, Würzburg 1994.

–, 2 Samuel, NEB, Würzburg 1994.

Hermisson, H.-J./Lohse, E., Glauben. BiKon, Stuttgart u. a. 1978.

Herrmann, W., Der Modus des Glaubens. Zur Frage der Glaubensweise auf der Grundlage des Alten Testaments, in: BZ 54 (2010), 92–102.

–, Theologie des Alten Testaments. Geschichte und Bedeutung des israelitisch-jüdischen Glaubens, Stuttgart 2004.

Hieke, T., „Glaubt ihr nicht, so bleibt ihr nicht" (Jes 7,9). Die Rede vom Glauben im Alten Testament, in: ThGl 99 (2009), 27–41.

Hirsch, E., Hilfsbuch zum Studium der Dogmatik. Die Dogmatik der Reformatoren und der alt-evangelischen Lehrer quellenmäßig belegt und verdeutscht, Neudruck Berlin/Leipzig 1951.

Hirsch, S. R., Der Pentateuch. Erster Theil: Die Genesis, Frankfurt am Main 1893.

Höffken, P., Abraham und Gott – oder: Wer liebt hier wen? Anmerkungen zu Jes 41,8 [2000], in: ders. (Hg.), „Fürchte dich nicht, denn ich bin mit dir!" (Jes 41,10). Gesammelte Aufsätze zu Grundtexten des Alten Testaments, Beiträge zum Verstehen der Bibel 14, Münster 2005, 139–145.

–, Bemerkungen zu Jesaja 31,1–3 [2000], in: ders. (Hg.), „Fürchte dich nicht, denn ich bin mit dir!" (Jes 41,10). Gesammelte Aufsätze zu Grundtexten des Alten Testaments, Beiträge zum Verstehen der Bibel 14, Münster 2005, 115–121.

–, Das Buch Jesaja Kapitel 1–39, NSK.AT 18/1, Stuttgart, 1993.

–, Genesis 22 als religionspädagogisches Problem [1995], in: ders. (Hg.), „Fürchte dich nicht, denn ich bin mit dir!" (Jes 41,10). Gesammelte Aufsätze zu Grundtexten des Alten Testaments, Beiträge zum Verstehen der Bibel 14, Münster 2005, 3–15.

–, Grundfragen von Jesaja 7,1–17 im Spiegel neuere Literatur, in: BZ 33 (1989), 25–42.

–, Jesaja. Der Stand der theologischen Diskussion, Darmstadt 2004.

–, Notizen zum Textcharakter von Jesaja 7,1–17, in: ThZ 36 (1980), S. 321–377.

–, Die Rede des Rabsake vor Jerusalem (2 Kön. xviii/Jes. xxxvi) im Kontext anderer Kapitulationsforderungen, in: VT 58 (2008), 44–55.

Hölscher, G., Das Buch Hiob, HAT 1/17, Tübingen ²1952.

–, Komposition und Ursprung des Deuteronomiums, in: ZAW 40 (1922), 162–255.

Hoffmann, H. W., Die Afformativkonjugation mit präfigiertem *waw* in der Genesis. וְהוֹכַח in Gen 21,25 und weitere problematische w^{e}qatal-Formen auf dem Prüfstand, in: Schorn, U./Beck, M. (Hg.), Auf dem Weg zur Endgestalt von Genesis bis II Regum. Festschrift Hans-Christoph Schmitt zum 65. Geburtstag, BZAW 370, Berlin/New York 2006, 75–88.

Hofmeister, H., Art. Glaube V. Praktisch-theologisch, RGG⁴ 3, ungekürzte Studienausgabe 2008, Sp. 974–988.

Hooker, M. D., Art. Glaube III. Neues Testament, in: RGG⁴ 3, ungekürzte Studienausgabe 2008, Sp. 947–953.

Horst, F., Hiob. 1. Teilband Hiob 1–19, BK.AT 16/1, Neukirchen-Vluyn ³1974.

Hossfeld, F. L., Ps 106 und die priesterliche Überlieferung des Pentateuch, in: Kiesow, K./Meurer, T. (Hg.), Textarbeit. Studien zu Texten und ihrer Rezeption aus dem Alten Testament und der Umwelt Israels. Festschrift für Peter Weimar zur Vollendung seines 60. Lebensjahres mit Beiträgen von Freunden, Schülern und Kollegen, AOAT 294, Münster 2003, 255–266.

–/Zenger, E., Die Psalmen I. Psalm 1–50, NEB, Würzburg 1993.

–/Zenger, E., Psalmen 51–100, HThKAT, Freiburg u. a. 2007.

Houtman, C., Fortschreibung im Deuteronomium. Die Interpretation von Num 13 und 14 in Deuteronomium 1,19–2,1, in: BZ 48 (2004), 2–18.

Hubmann, F. D., Randbemerkungen zu Jes 7,1–17, in: BN 26 (1985), 27–46.

Hulst, A. R., Art. עַם/גּוֹי 'am/gōj Volk, THAT 2, 1984, Sp. 290–325.

Hultgren, S., Art. אֱמֶת 'æmæt, Theologisches Wörterbuch zu den Qumrantexten 1, 2011, Sp. 227–237.

Hunziker, A./Peng-Keller, S., Die Kontroverse um die fiducia im Horizont gegenwärtiger Vertrauensfragen, in: Dalferth, I. U./Peng-Keller, S. (Hg.), Gottvertrauen. Die ökumenische Diskussion um die Fiducia, QD 250, Freiburg u. a. 2012, 437–479.

Hutter, M., Religionen in der Umwelt des Alten Testaments I. Babylonier, Syrer, Perser, KStTh 4/1, Stuttgart u. a. 1996.

Irsigler, H., Zeichen und Bezeichnetes in Jes 7,1–17. Notizen zum Immanueltext [1985], in: Struppe, U. (Hg.), Studien zum Messiasbild im Alten Testament, SBAB 6, Stuttgart 1989, 155–197.

Jacob, B., Das Buch Genesis, Berlin 1934, Nachdruck Stuttgart 2000.

Janowski, B., Sühne als Heilsgeschehen. Studien zur Sühnetheologie der Priesterschrift und zur Wurzel KPR im Alten Orient und im Alten Testament, WMANT 55, Neukirchen-Vluyn 1982.

Janowski, B., Sühne als Heilsgeschehen. Traditions- und religionsgeschichtliche Studien zur Sühnetheologie der Priesterschrift, WMANT 55, Neukirchen-Vluyn ²2000. (=Sühne²)

Japhet, S., 1 Chronik, HThKAT, Freiburg u. a. 2002.

–, 2 Chronik, HThKAT, Freiburg u. a. 2003.

Jenni, E., Textinterne Epexegese im Alten Testament, in: Kratz, R. G. u. a. (Hg.), Schriftauslegung in der Schrift. Festschrift für Odil Hannes Steck zu seinem 65. Geburtstag, BZAW 300, Berlin/New York 2000, 23–32.

Jepsen, A., Art. אָמַן, ThWAT 1, 1973, Sp. 313–347.

–, Zur Überlieferungsgeschichte der Vätergestalten [1953/54], in: ders. (Hg.), Der Herr ist Gott. Aufsätze zur Wissenschaft vom Alten Testament, Berlin 1978, 46–75.

Jeremias, J., Gen 20–22 als theologisches Programm, in: Schorn, U./Beck, M. (Hg.), Auf dem Weg zur Endgestalt von Genesis bis II Regum. Festschrift Hans-Christoph Schmitt zum 65. Geburtstag, BZAW 370, Berlin/New York 2006, 59–73.

de Jong, M., Isaiah among the Ancient Near Eastern Prophets. A Comparative Study of the Earliest Stages of the Isaiah Tradition and the Neo-Assyrian Prophecies, VT.S 117, Leiden/Boston 2007.

–, Biblical Prophecy – a Scribal Enterprise. The Old Testament Prophecy of Unconditional Judgement considered as a Literary Phenomenon, in: VT 61 (2011), 39–70.

Jüngel, E., Art. Glaube IV. Systematisch-theologisch, RGG⁴ 3, ungekürzte Studienausgabe 2008, Sp. 953–974.

Kaiser, O., Die alttestamentlichen Apokryphen. Eine Einleitung in Grundzügen, Gütersloh 2000.

–, Die Bindung Isaaks. Untersuchungen zur Eigenart und Bedeutung von Genesis 22, in: ders. (Hg.), Zwischen Athen und Jerusalem. Studien zur griechischen und biblischen Theologie, ihrer Eigenart und ihrem Verhältnis, BZAW 320, Berlin/New York 2003, 199–224.

–, Das Buch Hiob übersetzt und eingeleitet, Stuttgart 2006.

–, Das Buch des Propheten Jesaja. Kapitel 1–12, ATD 17, Göttingen ⁵1981.

–, Das Buch des Propheten Jesaja. Kapitel 13–39, ATD 18, Göttingen ²1976.

–, Art. Glaube II. Altes Testament, in: RGG⁴ 3, ungekürzte Studienausgabe 2008, Sp. 944–947.

–, Der Gott des Alten Testaments. Theologie des Alten Testaments. Teil 1: Grundlegung, UTB 1747, Göttingen 1993.

–, Der Gott des Alten Testaments. Wesen und Wirken. Theologie des Alten Testaments. Teil 2: Jahwe der Gott Israels, Schöpfer der Welt und des Menschen, UTB 2024, Göttingen 1998.

–, Der Gott des Alten Testaments. Wesen und Wirken. Theologie des Alten Testaments. Teil 3: Jahwes Gerechtigkeit, UTB 2392, Göttingen 2003.

–, Grundriß der Einleitung in die kanonischen und deuterokanonischen Schriften des Alten Testaments, Bd. 1: Die erzählenden Werke, Gütersloh 1992, Bd. 2: Die prophetischen Werke. Mit einem Beitrag von Karl-Friedrich Pohlmann, Gütersloh 1994, Bd. 3: Die poetischen und weisheitlichen Werke, Gütersloh 1994.

–, Klagelieder, in: Müller, H.-P. u. a., Das Hohelied. Klagelieder. Das Buch Esther, ATD 16/2, Göttingen ⁴1992, 93–198.

–, Literarkritik und Tendenzkritik. Überlegungen zur Methode der Jesajaexegese, in: Vermeylen, J. (Hg.), The Book of Isaiah. Le Livre d'Isaïe. Des Oracles et leurs Relectures. Unité et Complexité de l'Ouvrage, BEThL 81, Leuven 1989, 55–71.

–, Traditionsgeschichtliche Untersuchung von Genesis 15 [1958], in: Fritz, V./Pohlmann, K.-F. u. a. (Hg.), Otto Kaiser. Von der Gegenwartsbedeutung des Alten Testaments. Gesammelte Studien zur Hermeneutik und Religionsgeschichte, Göttingen 1984, 107–126.

–, Weisheit für das Leben. Das Buch JESUS SIRACH übersetzt und eingeleitet, Stuttgart 2005.

Keel, O., Die Welt der altorientalischen Bildsymbolik und das Alte Testament. Am Beispiel der Psalmen, Göttingen ⁵1996.

Keith, P., La foi, les oeuvres et l'exemple d'Abraham et Raab in Jc 2,14–26, in: Chiu, J. E.A. u. a. (Hg.), Bible et Terre Sainte. Mélanges Marcel Beaudry, Frankfurt am Main u. a. 2008, 313–331.

Keller, C. A., Art. שבע šbʿ ni. schwören, THAT 2, 1984, Sp. 855–863.

Kellermann, D., Die Priesterschrift von Numeri 1_1 bis 10_{10} literarkritisch und traditionsgeschichtlich untersucht, BZAW 120, Berlin 1970.

Kessler, M., The "Shield" of Abraham?, in: VT 14 (1964), 494–497.

Kilian, R., Die vorpriesterlichen Abrahamsüberlieferungen. Literarkritisch und traditionsgeschichtlich untersucht, BBB 24, Bonn 1966.

–, Isaaks Opferung. Zur Überlieferungsgeschichte von Gen 22, SBS 44, Stuttgart 1970.

–, Jesaja 1–12, NEB, Würzburg 1986.

–, Jesaja 1–39, EdF 200, Darmstadt 1983.

–, Die Verheißung Immanuels Jes 7,14, SBS 35, Stuttgart 1968.

Kinet, D., Geschichte Israels, NEB.AT.E, Würzburg 2001.

Knauf, E. A., Ismael. Untersuchungen zur Geschichte Palästinas und Nordarabiens im 1. Jahrtausend v. Chr., ADPV, Wiesbaden ²1989.

Knipping, B. R., Die Kundschaftergeschichte Numeri 13–14. Synchrone Beschreibung – diachron orientierte Betrachtung – fortschreibungsgeschichtliche Verortung, THEOS 37, Hamburg 2000.

Koch, K., Art. עָוֹן ʿāwon. עָוָה ʿāwwāh, עֹוֵעִים ʿiwʿīm, עִי ʿî, מְעִי mᵉʿî, aram. עֲוָיָה ʿᵃwājāh, ThWAT 5, 1986, Sp. 1160–1170.

–, P– Kein Redaktor! Erinnerung an zwei Eckdaten der Quellenscheidung, in: VT 37 (1987), 446–467.

–, Die Priesterschrift von Exodus 25 bis Leviticus 16. Eine überlieferungsgeschichtliche und literarkritische Untersuchung, FRLANT NF 53, Göttingen 1959.

Köckert, M., Die Geschichte der Abrahamüberlieferung, in: Lemaire, A. (Hg.), Congress Volume Leiden 2004, VT.S 2006, Leiden u. a. 2006, 103–128.

–, Vom einen zum einzigen Gott. Zur Diskussion der Religionsgeschichte Israels, in: BThZ 15 (1998), 137–175.

–, „Glaube" und „Gerechtigkeit" in Gen 15,6, in: ZThK 109 (2012), 415–444.

–, Vom Kultbild Jahwes zum Bilderverbot. Oder: Vom Nutzen der Religionsgeschichte für die Theologie, in: ZThK 106 (2009), 371–406.

–, Leben in Gottes Gegenwart. Studien zum Verständnis des Gesetzes im Alten Testament, FAT 43, Tübingen 2004.

–, Vätergott und Väterverheißung. Eine Auseinandersetzung mit Albrecht Alt und seinen Erben, FRLANT 142, Göttingen 1988.

–, Wandlungen Gottes im antiken Israel, in: BThZ 22 (2005), 3–36.

Köhlmoos, M., Das Auge Gottes. Textstrategie im Hiobbuch, FAT 25, Tübingen 1999.

Köhler, L., Theologie des Alten Testaments, NTG, Tübingen ²1947.

Körner, E., Das Wesen des Glaubens nach dem Alten Testament, in: ThLZ 104 (1979), Sp. 713–720.

Kohata, F., Jahwist und Priesterschrift in Exodus 3–14, BZAW 166, Berlin/New York 1986.

Kottsieper, I., „Thema verfehlt!" Zur Kritik Gottes an den drei Freunden in Hi 42,7–9, in: Witte, M. (Hg.), Gott und Mensch im Dialog. Festschrift für Otto Kaiser zum 80. Geburtstag, BZAW 345/2, Berlin/New York 2004, 775–785.

Kratz, R. G., „Abraham, mein Freund!" Das Verhältnis von inner- und außerbiblischer Schriftauslegung, in: Hagedorn, A. C./Pfeiffer, H. (Hg.), Die Erzväter in biblischer Tradition. Festschrift für Matthias Köckert, BZAW 400, Berlin/New York 2009, 115–136.

–, Innerbiblische Exegese und Redaktionsgeschichte im Lichte empirischer Evidenz [2004], in: ders. (Hg.), Das Judentum im Zeitalter des Zweiten Tempels, FAT 42, Tübingen 2004, 126–156.

–, Friend of God, Brother of Sarah, and Father of Isaac. Abraham in the Hebrew Bible and in Qumran, in: ders./Dimant, D. (Hg.), The Dynamics of Language and Exegesis in Qumran, FAT 2/35, Tübingen 2009, 79–105.

–, Art. Glaube (G.), in: Handbuch Theologischer Grundbegriffe zum Alten und Neuen Testament, 2006, 221 f.

–, The Headings of the Book of Deuteronomy, in: Person, R. F./Schmid, K. (Hg.), Deuteronomy in the Pentateuch, Hexateuch and the Deuteronomistic History, FAT 2/56, Tübingen 2012, 31–46.

–, Der vor- und nachpriesterschriftliche Hexateuch, in: Gertz, J. C. u. a. (Hg.), Abschied vom Jahwisten. Die Komposition des Hexateuchs in der jüngsten Diskussion, BZAW 315, Berlin/New York 2002, 295–323.

–, Israel in the Book of Isaiah, in: JSOT 31 (2006), 103–128.

–, Historisches und biblisches Israel. Drei Überblicke zum Alten Testament, Tübingen 2013.

–, Die Komposition der erzählenden Bücher des Alten Testaments, UTB 2157, Göttingen 2000.

–, Kyros im Deuterojesaja-Buch. Redaktionsgeschichtliche Untersuchungen zu Entstehung und Theologie von Jes 40–55, FAT 1, Tübingen 1991.

–, „Öffne seinen Mund und seine Ohren" Wie Abraham Hebräisch lernte [2003], in: ders. (Hg.), Das Judentum im Zeitalter des Zweiten Tempels, FAT 42, Tübingen 2004, 340–351.

–, Der literarische Ort des Deuteronomiums, in: ders./Spieckermann, H. (Hg.), Liebe und Gebot. Studien zum Deuteronomium. Festschrift zum 70. Geburtstag von Lothar Perlitt, FRLANT 190, Göttingen 2000, 101–120.

–, Die Propheten Israels, Wissen in der Beck'schen Reihe 2326, München 2003.

–, Die Redaktion der Prophetenbücher, in: ders./Krüger, T. (Hg.), Rezeption und Auslegung im Alten Testament und in seinem Umfeld. Ein Symposion aus Anlass des 60. Geburtstags von Odil Hannes Steck, OBO 153, Fribourg/Göttingen 1997, 9–27.

–, Art. Redaktionsgeschichte/Redaktionskritik, TRE 28, 1997, 367–378.

–, Die Suche nach Identität in der nachexilischen Theologiegeschichte. Zur Hermeneutik des chronistischen Geschichtswerks und ihrer Bedeutung für das Verständnis des Alten Testaments [1995], in: ders. (Hg.), Das Judentum im Zeitalter des Zweiten Tempels, FAT 42, Tübingen 2004, 157–180.

–, Noch einmal: Theologie im Alten Testament, in: Bultmann, C. u. a. (Hg.), Vergegenwärtigung des Alten Testaments. Beiträge zur Biblischen Hermeneutik. Festschrift für Rudolf Smend zum 70. Geburtstag, Göttingen 2002, 310–326.

Kreuch, J., Unheil und Heil bei Jesaja. Studien zur Entstehung des Assur-Zyklus Jesaja 28–31, WMANT 130, Neukirchen-Vluyn 2011.

Krötke, W., Art. Glaube und Werke, RGG⁴ 3, ungekürzte Studienausgabe 2008, Sp. 983 f.

Krüger, T., Anmerkungen zur Frage nach den Redaktionen der grossen Erzählwerke im Alten Testament, in: Römer, T./ Schmid, K. (Hg.), Les dernières rédactions du Pentateuque, de l'Hexateuque et de l'Ennéateuque, BEThL 203, Leuven u. a. 2007, 47–66.

–, Erwägungen zur Redaktion der Meerwundererzählung (Exodus 13,17–14,31), in: ZAW 108 (1996), 519–533.

Kuhl, C., Die „Wiederaufnahme" – ein literarkritisches Prinzip?, in: ZAW 64 (1952), 1–11.

Kugel, J., Exegetical Notes on 4Q225 „Pseudo-Jubilees", in: DSD 13 (2006), 73–98.

Kugler, R. A., Hearing 4Q225: A Case Study in Reconstructing the Religious Imagination of the Qumran Community, in: DSD 10 (2003), 81–103.

Kundert, L., Die Opferung/Bindung Isaaks. Bd. 1: Gen 22,1–19 im Alten Testament, im Frühjudentum und im Neuen Testament, WMANT 78, Neukirchen-Vluyn 1998.

Lämmerhirt, K., Wahrheit und Trug. Untersuchungen zur altorientalischen Begriffsgeschichte, AOAT 348, Münster 2010.

Lange, D., Glaubenslehre. Bd. 1 und 2, Tübingen 2001.

Lauster, J., Zwischen Entzauberung und Remythisierung. Zum Verhältnis von Bibel und Dogma, Forum Theologische Literaturzeitung 21, Leipzig 2008.

–, Prinzip und Methode. Die Transformation des protestantischen Schriftprinzips durch die historische Kritik von Schleiermacher bis zur Gegenwart, HUTh 46, Tübingen 2004.

Lescow, T., Jesajas Denkschrift aus der Zeit des syrisch-ephraimitischen Krieges, in: ZAW 85 (1973), 315–331.

Levin, C., Abschied vom Jahwisten? in: ThR 69 (2004), 329–344. (= Rez. Gertz, J. C. u. a. [Hg.], Abschied vom Jahwisten [op. cit.])

–, Das Alte Testament, Wissen in der Beck'schen Reihe 2160, München 2001.

–, Das Alte Testament auf dem Weg zu seiner Theologie, in: ZThK 105 (2008), 125–145.

–, Das Deuteronomium und der Jahwist [2000], in: ders. (Hg.), Fortschreibungen. Gesammelte Studien zum Alten Testament, BZAW 316, Berlin/New York 2003, 96–110.

–, Die Entstehung der Bundestheologie im Alten Testament, NAWG 2004, Göttingen 2004.

–, Gerechtigkeit Gottes in der Genesis, in: Wénin, A. (Hg.), Studies in the Book of Genesis. Literature, Redaction and History, BEThL 155, Leuven 2001, 347–357.

–, Jahwe und Abraham im Dialog: Genesis 15, in: Witte, M. (Hg.), Gott und Mensch im Dialog. Festschrift für Otto Kaiser zum 80. Geburtstag, BZAW 345/I, Berlin/New York 2004, 238–257.

–, Der Jahwist, FRLANT 157, Göttingen 1993.

–, Die Redaktion R^IP in der Urgeschichte, in: Schorn, U./Beck, M. (Hg.), Auf dem Weg zur Endgestalt von Genesis bis II Regum. Festschrift Hans-Christoph Schmitt zum 65. Geburtstag, BZAW 370, Berlin/New York 2006, 15–34.

–, Source Criticism: The Miracle at the Sea, in: LeMon, J. M./Richards, K. H. (Hg.), Method matters. Essays on the Interpretation of the Hebrew Bible in Honour of David L. Petersen, Atlanta 2009, 39–61.

–, Die Verheißung des neuen Bundes in ihrem theologiegeschichtlichen Zusammenhang ausgelegt, FRLANT 137, Göttingen 1985.

–, Verheißung und Rechtfertigung, in: Bultmann, C. u. a. (Hg.), Vergegenwärtigung des Alten Testaments. Beiträge zur Biblischen Hermeneutik. Festschrift für Rudolf Smend zum 70. Geburtstag, Göttingen 2002, 327–344.

–, The Yahwist and the Redactional Link between Genesis and Exodus, in: Dozeman, T. B./Schmid, K. (Hg.), A Farewell to the Yahwist? The Composition of the Pentateuch in Recent European Interpretation, SBL.SS 34, Atlanta 2006, 131–141.

Liss, H., Die unerhörte Prophetie. Kommunikative Strukturen prophetischer Rede im Buch Yesha'yahu, AzBG 14, Leipzig 2003.

Loersch, S., Das Deuteronomium und seine Deutungen. Ein forschungsgeschichtlicher Überblick, SBS 22, Stuttgart 1967.

Lohfink, N., Narrative Analyse von Dtn 1,6–3,29 [2000], in: ders. (Hg.), Studien zum Deuteronomium und zur deuteronomistischen Literatur V, SBAB 38, Stuttgart 2005, 57–110.

–, Darstellungskunst und Theologie in Dtn 1,6–3,29 [1960], in: ders. (Hg.), Studien zum Deuteronomium und zur deuteronomistischen Literatur I, SBAB 8, Stuttgart 1990, 15–44.

–, Zu את סבב in Dtn 2,1.3 [1994], in: ders. (Hg.), Studien zum Deuteronomium und zur deuteronomistischen Literatur III, SBAB 20, Stuttgart 1995, 263–268.

–, Dtn 12,1 und Gen 15,18: Das dem Samen Abrahams geschenkte Land als Geltungsbereich der deuteronomischen Gesetze, in: Görg, M. (Hg.), Die Väter Israels, Beiträge zur Theologie der Patriarchenüberlieferungen im Alten Testament, Stuttgart 1989, 183–210.

–, Israels Unglaube in Kadesch-Barnea (Dtn 1,32) und die Enneateuchhypothese, in: Aletti, J. N., Ska, J. L. (Hg.), Biblical Exegesis in Progress. Old and New Testament Essays, AnBib 176, Rom 2009, 33–65.

–, Kerygmata des Deuteronomistischen Geschichtswerks [1981], in: ders. (Hg.), Studien zum Deuteronomium und zur deuteronomistischen Literatur II, SBAB 12, Stuttgart 1991, 125–142.

–, Die Landübereignung in Numeri und das Ende der Priesterschrift, in: ders. (Hg.), Studien zum Deuteronomium und zur deuteronomistischen Literatur V, SBAB 38, Stuttgart 2005, 273–292.

–, Wie stellt sich das Problem Individuum – Gemeinschaft in Dtn 1,6–3,29? [1960], in, ders. (Hg.), Studien zum Deuteronomium und zur deuteronomistischen Literatur I, SBAB 8, Stuttgart 1990, 45–51.

–, Die Väter Israels im Deuteronomium. Mit einer Stellungnahme von Thomas Römer, OBO 111, Fribourg/Göttingen 1991.

Maag, V., Hiob. Wandlung und Verarbeitung des Problems in Novelle, Dialogdichtung und Spätfassungen, FRLANT 128, Göttingen 1982.

Macdonald, N., Deuteronomy and the Meaning of "Monotheism", FAT 2/1, Tübingen 2003.

–, The Literary Criticism and Rhetorical Logic of Deuteronomy I–IV, in: VT 56 (2006), 201–224.

Maier, J., Die Qumran-Essener: Die Texte vom Toten Meer. Bd. 1: Die Texte der Höhlen 1–3 und 5–11, UTB 1862, München 1995.

Marti, K., Das Dodekapropheton, KHC 13, Tübingen 1904.

–, Der jesajanische Kern in Jes 61–96, in: ders. (Hg.), Beiträge zur alttestamentlichen Wissenschaft. Karl Budde zum siebzigsten Geburtstag am 13. April 1920 überreicht von Freund und Schülern, BZAW 34, Gießen 1920, 113–121.

Mathys, H.-P., Numeri und Chronik: Nahe Verwandte, in: Römer, T. (Hg.), The Books of Leviticus and Numbers, BEThL 215, Leuven u. a. 2008, 555–578.

McEvenue, S., The Narrative Style of the Priestly Writer, AB 50, Rom 1971.

Meier, H. G., Art. Begriffsgeschichte, HWP 1, 1971, Sp. 788–808.

van der Meer, M. N., The Next Generation. Textual Moves in Numbers 14,23 and Related Passages, in: Römer, T. (Hg.), The Books of Leviticus and Numbers, BEThL 215, Leuven u. a. 2008, 399–416.

Mettinger, T. N. D., The Dethronement of Sabaoth. Studies in the Shem and Kabod Theologies, CB.OT 18, Lund 1982.

Michel, A., Gott und Gewalt gegen Kinder im Alten Testament, FAT 37, Tübingen 2003.

Michel, D., Das Ansehen des Glaubens als Gerechtigkeitstat: Gen 15,6. Ein Gespräch mit Horst Seebass, in: Beyerle, S. u. a. (Hg.), Recht und Ethos im Alten Testament – Gestalt und Wirkung. Festschrift für Horst Seebass zum 65. Geburtstag, Neukirchen-Vluyn 1999, 103–113.

–, Begriffsuntersuchung über sädäq-sᵉdaqa und ʾᵃmät-ʾᵃmuna, Habil. theol. Heidelberg 1965.

Milgrom, J., Leviticus 1–16, AncB 3, New York u. a. 1991.

Millard, M., Die Genesis als Eröffnung der Tora. Kompositions- und auslegungsgeschichtliche Annäherungen an das erste Buch Mose, WMANT 90, Neukirchen-Vluyn 2001.

Minette de Tillesse, G., TU & VOUS dans le Deutéronome, in: Kratz, R. G./ Spieckermann, H. (Hg.), Liebe und Gebot. Studien zum Deuteronomium. Festschrift zum 70. Geburtstag von Lothar Perlitt, FRLANT 190, Göttingen 2000, 156–163.

Mittmann, S., Deuteronomium 1₁–6₃ literarkritisch und traditionsgeschichtlich untersucht, BZAW 139, Berlin/New York 1975.

–: ha-Morijja – Präfiguration der Gottesstadt Jerusalem (Genesis 22 1–14.19), in: Hengel, M. u. a. (Hg.), La Cité de Dieu. Die Stadt Gottes, WUNT 129, 2000, 67–97.

Moberly, R. W.L., The Earliest Commentary on the Akedah, in: VT 38 (1988), 302–323.

–, Part 2: Genesis 12–50, in: Rogerson, J. W. u. a. (Hg.), Genesis and Exodus, Sheffield 2001, 100–179.

Mölle, H., Genesis 15. Eine Erzählung von den Anfängen Israels, FzB 62, Würzburg 1988.

Mosis, R., „Glauben" und „Gerechtigkeit" – zu Gen 15,6, in: Görg, M. (Hg.), Die Väter Israels, Beiträge zur Theologie der Patriarchenüberlieferungen im Alten Testament, Stuttgart 1989, 225–257.

Mühling, A., „Blickt auf Abraham, euren Vater". Abraham als Identifikationsfigur des Judentums in der Zeit des Exils und des Zweiten Tempels, FRLANT 236, Göttingen 2011.

Müller, H.-P., Genesis 22 und das mlk-Opfer. Erinnerung an einen religionsgeschichtlichen Tatbestand, in: BZ 41 (1997), 237–246.

–, Glauben und Bleiben. Zur Denkschrift Jesajas Kapitel vi 1-viii 18, in: Studies on Prophecy. A Collection of Twelve Papers. VT.S 26, Leiden 1974, 25–54.

–, Das Hiobproblem. Seine Stellung im Alten Orient und im Alten Testament, EdF 84, Darmstadt ³1995.

–, Art. ראשׁ rōš Kopf, THAT 2, München 1984, Sp. 701–715.

Müller, R., Ausgebliebene Einsicht. Jesajas „Verstockungsauftrag" und die judäische Politik am Ende des 8. Jahrhunderts, BThSt 124, Neukirchen-Vluyn 2012.

–, Jahwe als Wettergott. Studien zur althebräischen Kultlyrik anhand ausgewählter Psalmen, BZAW 387, Berlin/New York 2008.

–, Jahwekrieg und Heilsgeschichte, in: ZThK 106 (2009), 265–283.

–, Königtum und Gottesherrschaft. Untersuchungen zur alttestamentlichen Monarchiekritik, FAT 2/3, Tübingen 2004.

–, Theologie jenseits der Königsherrschaft, in: ZThK 104 (2007), 1–24.

Neef, H.-D., Abrams Glaube und Jahwes Bund. Beobachtungen zur Komposition und Einheit von Genesis 15, in: Bauks, M. u. a. (Hg.), Was ist der Mensch, dass du seiner gedenkest? (Psalm 8,5). Aspekte einer theologischen Anthropologie. Festschrift für Bernd Janowski zum 65. Geburtstag, Neukirchen-Vluyn 2008, 363–374.

–, Die Prüfung Abrahams. Eine exegetisch-theologische Studie zu Gen 22,1–19. AzTh 90, Stuttgart 1998.

Niehr, H., Religionen in Israels Umwelt. Einführung in die nordwestsemitischen Religionen Syrien-Palästinas, NEB.AT.E 5, Würzburg 1998.

Nielsen, E., Deuteronomium, HAT 1/6, Tübingen 1995.

Nihan, C., The Priestly Covenant. Its Reinterpretations, and the Composition of "P", in: Shectman, S./ Baden, J. S. (Hg.), The Strata of the Priestly Writings, AThANT 95, Zürich 2009, 87–134.

–, La mort de Moïse (Nb 20,1–13; 20,22–29; 27,12–23) et l'édition finale du livre des Nombres, in: Römer, T./ Schmid, K. (Hg.), Les dernières rédactions du Pentateuque, de l'Hexateuque et de l'Ennéateuque, BEThL 203, Leuven u. a. 2007, 145–182.

–, From Priestly Torah to Pentateuch. A Study in the Composition of the Book of Leviticus, FAT 2/25, Tübingen 2007.

Nocquet, D., Nb 27,12–23, la Succession de Moïse et la Place d'Éléazar dans le Livre des Nombres, in: Römer, T. (Hg.), The Books of Leviticus and Numbers, BEThL 215, Leuven u. a. 2008, 655–675.

Noort, E., Das Buch Josua. Forschungsgeschichte und Problemfelder, EdF 292, Darmstadt 1998.

–, Bis zur Grenze des Landes? Num 27,12–33 und das Ende der Priesterschrift, in: Römer, T. (Hg.), The Books of Leviticus and Numbers, BEThL 215, Leuven u. a. 2008, 99–119.

Noth, M., Das zweite Buch Mose. Exodus, ATD 5, Göttingen 1959.

–, Das dritte Buch Mose. Leviticus, ATD 6, Göttingen 1962.

–, Das vierte Buch Mose. Numeri, ATD 7, Göttingen 1966.

–, Josua, HAT 1/7, Tübingen 1938.

–, Könige, BK.AT 9/1, Neukirchen-Vluyn 1968.

–, Überlieferungsgeschichte des Pentateuch, Stuttgart 1948, Nachdruck Darmstadt ²1960.

–, Überlieferungsgeschichtliche Studien. Die sammelnden und bearbeitenden Geschichtswerke im Alten Testament, Tübingen 1943, Nachdruck Darmstadt 1957.

Nowack, W., Die kleinen Propheten, HK 3/4, Göttingen ³1922.

Oeming, M., Ist Genesis 15 6 (sic!) ein Beleg für die Anrechnung des Glaubens zur Gerechtigkeit?, in: ZAW 95 (1983), 182–197.

–, Der Glaube Abrahams. Zur Rezeptionsgeschichte von Gen 15,6 zur Zeit des zweiten Tempel [1998], in: ders. (Hg.), Verstehen und Glauben. Exegetische Bausteine zur einer Theologie des Alten Testaments, BBB 142, Berlin/Wien 2003, 77–91.

–/Schmid, K., Hiobs Weg. Stationen von Menschen im Leid, BThSt 45, Neukirchen-Vluyn 2001.

Olson, D. T., The Death of the Old and the Birth of the New. The Framework of the Book of Numbers and the Pentateuch, BJS 71, Chico 1985.

Oswald, W., Israel am Gottesberg. Eine Untersuchung zur Literargeschichte der vorderen Sinaiperikope Ex 19–24 und deren historischem Hintergrund, OBO 159, Fribourg/ Göttingen 1998.

–, Nathan der Prophet. Eine Untersuchung zu 2Samuel 7 und 12 und 1Könige 1, AThANT 94, Zürich 2008.

–, Staatstheorie im Alten Israel. Der politische Diskurs im Pentateuch und in den Geschichts- büchern des Alten Testaments, Stuttgart 2009.

–, Textwelt, Kontextbezug und historische Situation in Jesaja 7, in: Bib. 89 (2008), 201–220.

Otto, E., Das Deuteronomium. Politische Theologie und Rechtsreform in Juda und Assyrien, BZAW 284, Berlin/New York 1999.

–, Deuteronomium 1,1–4,43, HThKAT, Freiburg u. a. 2012.

–, Das Deuteronomium im Pentateuch und Hexateuch. Studien zur Literaturgeschichte von Pentateuch und Hexateuch im Lichte des Deuteronomiumrahmens, FAT 30, Tübingen, 2000.

–, Das postdeuteronomistische Deuteronomium als integrierender Schlußstein der Tora, in: Gertz, J. C. u. a. (Hg.), Die deuteronomistischen Geschichtswerke. Redaktions- und religionsgeschichtliche Perspektiven zur „Deuteronomismus"-Diskussion in Tora und Vorderen Propheten, BZAW 365, Berlin/New York 2006, 71–102.

–, Deuteronomiumsstudien I. Die Literaturgeschichte von Deuteronomium 1–3, in: ZAR 14 (2008), 86–236.

–, Theologische Ethik des Alten Testaments, ThW 3/2, Stuttgart u. a. 1994.

–, Forschungen zum nachpriesterschriftlichen Pentateuch, in: ThR 67 (2002), 125–155.

–, The Pentateuch in Synchronical and Diachronical Perspectives: Protorabbinic Scribal Erudition Mediating Between Deuteronomy and the Priestly Code, in: ders./Achenbach, A. (Hg.), Das Deuteronomium zwischen Pentateuch und Deuteronomistischem Geschichtswerk, FRLANT 206, Göttingen 2004, 14–35.

Owczarek, S., Die Vorstellung vom *Wohnen Gottes inmitten seines Volkes* in der Priesterschrift. Zur Heiligtumstheologie der priesterschriftlichen Grundschrift, EHS.T 625, Frankfurt/Main u. a. 1998.

Pakkala, J., The Date of the Oldest Edition of Deuteronomy, in: ZAW 121 (2009), 388–401.

–, Deuteronomy and 1–2 Kings in the Redaction of the Pentateuch and Former Prophets, in: Person, R. F./Schmid, K. (Hg.), Deuteronomy in the Pentateuch, Hexateuch and the Deuteronomistic History, FAT 2/56, Tübingen 2012, 133–162.

Pannenberg, W., Dogmatische Thesen zur Lehre von der Offenbarung, in: ders. (Hg.), Offenbarung als Geschichte, KuD Beiheft 1, Göttingen [3]1965, 91–114.

Pentiuc, E. J., The Word עַלְמָה in Isaiah 7,14. A New Etymology, in: Chiu, J. E.A. u. a. (Hg.), Bible et Terre Sainte. Mélanges Marcel Beaudry, Frankfurt am Main u. a. 2008, 129–136.

Perlitt, L., Anklage und Freispruch Gottes. Theologische Motive in der Zeit des Exils [1972], in: ders. (Hg.), Deuteronomium-Studien, FAT 8, Tübingen 1994, 21–31.

–, Bundestheologie im Alten Testament, WMANT 36, Neukirchen-Vluyn 1969.

–, Deuteronomium 1–3 im Streit der exegetischen Methoden [1985], in: ders. (Hg.), Deuteronomium-Studien, FAT 8, Tübingen 1994,109–122.

–, Deuteronomium, BK.AT 5 Lieferung 1–3, Neukirchen-Vluyn 1990/1991/1994.

–, Jesaja und die Deuteronomisten, in: Fritz, V. u. a. (Hg.), Prophet und Prophetenbuch. Festschrift für Otto Kaiser zum 65. Geburtstag, BZAW 185, Berlin/New York 1989, 133–149.

–, Hoc libro maximo fides docetur. Deuteronomium 1,19–46 bei Martin Luther und Johann Gerhard [1990], in: ders. (Hg.), Deuteronomium-Studien, FAT 8, Tübingen 1994, 184–191.

–, Luthers Deuteronomium-Auslegung, in: Bultmann, C. u. a. (Hg.), Vergegenwärtigung des Alten Testaments. Beiträge zur biblischen Hermeneutik. Festschrift für Rudolf Smend zum 70. Geburtstag, Göttingen 2002, 211–225.

–, Priesterschrift im Deuteronomium? [1988], in: ders. (Hg.), Deuteronomium-Studien, FAT 8, Tübingen 1994, 123–143.

–, Sinai und Horeb [1977], in: ders. (Hg.), Deuteronomium-Studien, FAT 8, Tübingen 1994, 32–49.

–, Wovon der Mensch lebt (Dtn 8,3b) [1981], in: ders. (Hg.), Deuteronomium-Studien, FAT 8, Tübingen 1994, 74–96.

Petzoldt, M., Art. Glaube und Wissen I. Fundamentaltheologisch, in RGG[4] 3, ungekürzte Studienausgabe 2008, Sp. 985 f.

Pfeiffer, E., Glaube im Alten Testament. Eine grammatikalisch-lexikalische Nachprüfung gegenwärtige Theorien, in: ZAW 71 (1959), 151–164.

Pietsch, M., „Dieser ist der Sproß Davids …" Studien zur Rezeption der Nathanverheißung im alttestamentlichen, zwischentestamentlichen und neutestamentlichen Schrifttum, WMANT 100, Neukirchen-Vluyn 2003.

Plath, S., Furcht Gottes. Der Begriff ירא im Alten Testament, AzTh 2/2, Lizenzausgabe, Berlin 1963.

Plöger, J., Literarkritische, formgeschichtliche und stilkritische Untersuchungen zum Deuteronomium, BBB 26, Bonn 1967.

Pohlmann, K.-F., Das Buch des Propheten Hesekiel (Ezechiel). Kapitel 1–19, ATD 22/1, Göttingen 1996.

–, Das Buch des Propheten Hesekiel (Ezechiel). Kapitel 20–48. Mit einem Beitrag von Thilo Alexander Rudnig, ATD 22/2, Göttingen 2001.

–, Ezechiel. Der Stand der theologischen Diskussion, Darmstadt 2008.

–, Ezechielstudien. Zur Redaktionsgeschichte des Buches und zur Frage nach den ältesten Texten, BZAW 202, Berlin/New York 1992.

–, Die Ferne Gottes – Studien zum Jeremiabuch. Beiträge zu den „Konfessionen" im Jeremiabuch und ein Versuch zur Frage nach den Anfängen der Jeremiatradition, BZAW 179, Berlin/New York 1989.

–, Studien zum Jeremiabuch. Ein Beitrag zur Frage nach der Entstehung des Jeremiabuches, FRLANT 118, Göttingen 1978.

Pola, T., Die ursprüngliche Priesterschrift. Beobachtungen zur Literarkritik und Traditions-geschichte von P[g], WMANT 70, Neukirchen-Vluyn 1995.

Polzin, R., Moses and the Deuteronomist. A Literary Study of the Deuteronomistic History, Part One: Deuteronomy, Joshua, Judges, New York 1980.

Porzig, P., Die Lade Jahwes im Alten Testament und in den Texten vom Toten Meer, BZAW 397, Berlin/New York 2009.

–/Xeravits, G. G., Einführung in die Qumranliteratur. Die Handschriften vom Toten Meer, Berlin/ Boston 2015.

Poucouta, P.: Fidélité du croyant et défis géopolitique: quand Jean relit Ha 2,4, in: Chiu, J. E.A. u. a. (Hg.), Bible et Terre Sainte. Mélanges Marcel Beaudry, Frankfurt am Main u. a. 2008, 333–344.

Preuß, H. D., Deuteronomium, EdF 164, Darmstadt 1982.

–, Theologie des Alten Testaments, Bd. 1: JHWHs erwählendes und verpflichtendes Handeln, Stuttgart u. a. 1991, Bd. 2: Israels Weg mit JHWH, Stuttgart u. a. 1992.

Puech, E., 4Q225 revisité: Un Midrash essénien?, in: RdQ 102 (2013), 169–209.

de Pury, A., P^G as the Absolute Beginning, in: Römer, T./ Schmid, K. (Hg.), Les dernières rédactions du Pentateuque, de l'Hexateuque et de l'Ennéateuque, BEThL 203, Leuven u. a. 2007, 99–128.

Puukko, A. F., Das Deuteronomium. Eine literarkritische Untersuchung, BWANT 5, Leipzig 1910.

Rabe, N., Vom Gerücht zum Gericht. Revidierte Text- und Literarkritik der Kundschaftererzählung Numeri 13.14 als Neuansatz in der Pentateuchforschung, Textwissenschaft. Theologie. Hermeneutik. Linguistik. Literaturanalyse. Informatik 8, Tübingen/Basel 1994.

von Rad, G., Die Anrechnung des Glaubens zur Gerechtigkeit, in: ThLZ 76 (1951), Sp. 129–132.

–, Das erste Buch Mose. Genesis, ATD 2/4, Göttingen ⁹1972.

–, Das fünfte Buch Mose. Deuteronomium, ATD 8, Göttingen 1964.

–, Der Heilige Krieg im alten Israel, Göttingen ⁴1965.

–, Das Opfer des Abraham. Mit Texten von Luther, Kierkegaard, Kolakowski und Bildern von Rembrandt, KT 6, München ²1976.

–, Theologie des Alten Testaments. Bd. 1: Die Theologie der geschichtlichen Überlieferungen Israels, München ²1958, Bd. 2: Die Theologie der prophetischen Überlieferungen Israels, München 1960.

Rake, M., „Juda wird aufsteigen!" Untersuchungen zum ersten Kapitel des Richterbuches, BZAW 367, Berlin/New York 2006.

Reichardt, R., Historische Semantik zwischen *lexicométrie* und *New Cultural History*. Einführende Bemerkungen zur Standortbestimmung, in: ders. (Hg.), Aufklärung und Historische Semantik. Interdisziplinäre Beiträge zur westeuropäischen Kulturgeschichte, ZHF Beiheft 21, Berlin 1998, 7–28.

Reiss, M., The Actions of Abraham. A Life of Ethical Contradictions, in: SJOT 24 (2010), 174–192.

Rendtorff, R., The Book of Isaiah: A Complex Unity. Synchronic and Diachronic Reading, in: Melugin, R. F./Sweeney, M. A. (Hg.), New Visions of Isaiah, JSOT.S 214, Sheffield 1996, 32–49.

–, Genesis 15 im Rahmen der theologischen Bearbeitungen der Vätergeschichten, in: Albertz, R. u. a. (Hg.), Werden und Wirken des Alten Testaments. Festschrift für Claus Westermann zum 70. Geburtstag, Göttingen/Neukirchen-Vluyn 1980, 74–81.

–, Die Offenbarungsvorstellungen im Alten Israel [1961], in: ders. (Hg.), Gesammelte Studien zum Alten Testament, TB 57, München 1975, 39–59.

–, Zur Komposition des Buches Jesaja, in: VT 34 (1984), 295–320.

–, Das überlieferungsgeschichtliche Problem des Pentateuch, BZAW 147, Berlin/New York 1976.

–, Theologie des Alten Testaments. Ein kanonischer Entwurf, Bd. 1: Kanonische Grundlegung, Neukirchen-Vluyn 1999.

Graf Reventlow, H., Das Ende der sog. „Denkschrift Jesajas", in: BN 38/39 (1987), 62–67.

Rhee, V. (S.-Y.), Faith in Hebrews. Analysis within the Context of Christology, Eschatology and Ethics, Studies in Biblical Literature 19, Frankfurt am Main u. a. 2001.

Rieger, H.-M., Adolf Schlatters Rechtfertigungslehre und die Möglichkeit ökumenischer Verständigung, AzTh 92, Stuttgart 2000.

Roberts, J. J.M., The Context, Text, and Logic of Isaiah 7,7–9, in: Kaltner, J./Stulman, L. (Hg.), Inspired Speech. Prophecy in the Ancient Near East. Essays in Honor of Herbert B. Huffmon, JSOT.S 378, London/New York 2004, 161–170.

Römer, T., Das Buch Numeri und das Ende des Jahwisten. Anfragen zur „Quellenscheidung" im vierten Buch des Pentateuch, in: Gertz, J. C. u. a. (Hg.), Abschied vom Jahwisten. Die Komposition des Hexateuchs in der jüngsten Diskussion, BZAW 315, Berlin/New York 2002, 215–231.

–, La construction du Pentateuque, de l'Hexateuque et de l'Ennéateuque. Investigations préliminaires sur la formation des grands ensembles littéraires de la Bible Hébraïque, in: ders./ Schmid, K. (Hg.), Les dernières rédactions du Pentateuque, de l'Hexateuque et de l'Ennéateuque, BEThL 203, Leuven u. a. 2007, 9–34.

–, Entstehungsphasen des „deuteronomistischen Geschichtswerks", in: Gertz, J. C. u. a. (Hg.), Die deuteronomistischen Geschichtswerke. Redaktions- und religionsgeschichtliche Perspektiven zur „Deuteronomismus"-Diskussion in Tora und Vorderen Propheten, BZAW 365, Berlin/New York 2006, 45–70.

–, The Exodus Narrative According to the Priestly Document, in: Shectman, S./ Baden, J. S. (Hg.), The Strata of the Priestly Writings, AThANT 95, Zürich 2009, 157–174.

–, Egypt Nostalgia in Exodus 14–Numbers 21, in: Frevel, C. u. a. (Hg.), Torah and the Book of Numbers, FAT 2/62, Tübingen 2013, 65–86.

–, The So-Called Deuteronomistic History. A Sociological, Historical and Literary Introduction, London/New York 2007.

–, Introduction, in: ders. (Hg.), The Books of Leviticus and Numbers, BEThL 215, Leuven u. a. 2008, XIII-XXVII.

–, Israel's Sojourn in the Wilderness and the Construction of the Book of Numbers, in: Retzko, R. u. a. (Hg.), Reflection and Refraction. Studies in Biblical Historiography in Honour of A. Graeme Auld, VT.S 113, Leiden/Boston 2007, 419–445.

–, Israels Väter. Untersuchungen zur Väterthematik im Deuteronomium und in der Deuterono-mistischen Tradition, OBO 99, Fribourg/Göttingen 1990.

–, Nombres 11–12 et la question d'une rédaction deutéronomique dans le Pentateuque, in: Lust, J./Vervenne, M. (Hg.), Deuteronomy and Deuteronomic Literature. Festschrift C. H.W. Brekelmans, BEThL 133, Leuven 1997, 481–498.

–, Der Pentateuch, in: Dietrich, W. u. a. (Hg.), Die Entstehung des Alten Testaments. Neuausgabe, ThW 1, Stuttgart 2014, 53–166.

–, De la périphérie au centre. Les livres du Lévitique et des Nombres dans le débat actuel sur le Pentateuque, in: ders. (Hg.), The Books of Leviticus and Numbers, BEThL 215, Leuven u. a. 2008, 3–34.

–, Recherches actuelles sur le cycle d'Abraham, in: Wénin, A. (Hg.), Studies in the Book of Genesis. Literature, Redaction and History, BEThL 155, Leuven u. a. 2001, 179–211.

–/Schmid, K., Introduction. Pentateuque, Hexateuque, Ennéateuque: Exposé du problème, in: dies (Hg.), Les dernières rédactions du Pentateuque, de l'Hexateuque et de l'Ennéateuque, BEThL 203, Leuven u. a. 2007, 1–7.

Rösel, M., Die Jungfrauengeburt des endzeitlichen Immanuel. Jesaja 7 in der Übersetzung der Septuaginta, in: JBTh 4 (1991), 135–151.

–, Die Septuaginta und der Kult. Interpretationen und Aktualisierungen im Buch Numeri, in: Goldman, Y./Uehlinger, C. (Hg.), La double transmission du texte biblique. Etudes d'histoire du texte offertes en hommage à Adrian Schenker, OBO 179, Fribourg/Göttingen 2001, 25–40.

Rohde, M., Der Knecht Hiob im Gespräch mit Mose. Eine traditions- und redaktionsgeschichtliche Studie zum Hiobbuch, AzBG 26, Leipzig 2007.

Rose, C., Anfang und Ende des Deuteronomiums, in: Karrer-Grube, C. u. a. (Hg.), Sprachen –
Bilder – Klänge. Dimensionen der Theologie im Alten Testament und in seinem Umfeld.
Festschrift für Rüdiger Bartelmus zu seinem 65. Geburtstag, AOAT 359, Münster 2009,
227–239.

Rose, M., Deuteronomist und Jahwist. Untersuchungen zu den Berührungspunkten beider
Literaturwerke, AThANT 67, Zürich 1981.

–, 5. Mose. Teilband 2: 5. Mose 1–11 und 26–34. Rahmenstücke zum Gesetzeskorpus, ZBK.AT 5,
Zürich 1994.

Rost, L., Sinaibund und Davidsbund, in: ThLZ 72 (1947), Sp. 129–134.

Rottzoll, D., Gen 15,6 – Ein Beleg für den Glauben als Werkgerechtigkeit, in: ZAW 108 (1994),
21–27.

Rüterswörden, U., Das Buch Deuteronomium, NSK.AT 4, Stuttgart 2006.

–, Das Deuteronomium im Lichte epigraphischer Zeugnisse, in: Karrer-Grube, C. u. a. (Hg.),
Sprachen – Bilder – Klänge. Dimensionen der Theologie im Alten Testament und in seinem
Umfeld. Festschrift für Rüdiger Bartelmus zu seinem 65. Geburtstag, AOAT 359, Münster
2009, 241–256.

–, Die Liebe zu Gott im Deuteronomium, in: Gertz, J. C. u. a. (Hg.), Die deuteronomistischen
Geschichtswerke. Redaktions- und religionsgeschichtliche Perspektiven zur
„Deuteronomismus"-Diskussion in Tora und Vorderen Propheten, BZAW 365, Berlin/
New York 2006, 229–238.

Rudnig, T., Davids Thron. Redaktionskritische Studien zur Geschichte von der Thronnachfolge
Davids, BZAW 358, Berlin/New York 2006.

–, Ezechiel 40–48. Die Vision vom neuen Tempel und der neuen Ordnung im Land, in:
Pohlmann, K.-F., Das Buch des Propheten Hesekiel (Ezechiel). Kapitel 20–48. Mit einem
Beitrag von Thilo Alexander Rudnig, ATD 22/2, Göttingen 2001, 527–631.

–, Heilig und Profan. Redaktionskritische Studien zu Ez 40–48, BZAW 287, Berlin/New York
2000.

–, „Ist denn Jahwe nicht auf dem Zion?" (Jer 8,19). Gottes Gegenwart im Heiligtum, in: ZThK 104
(2007), 267–286.

–, König ohne Tempel. 2 Samuel 7 in Tradition und Redaktion, in: VT 61 (2011), 1–21.

–, Rez. Watts, J. W.: Ritual and Rhetoric in Leviticus. From Sacrifice to Scripture, Cambridge:
Cambridge University Press 2007. XX, 257 S. gr. 8°. Geb. US$ 89,00. ISBN 978–0-521–
87193-8, in: ThLZ 134 (2009), Sp. 430–432.

–, Späte Bearbeitungen in der Davidüberlieferung, in: Becker, U./Bezzel, H., Rereading the
relecture? The Question of (Post)chronistic Influence in the Latest Redactions of the Books
of Samuel, FAT 2/66, Tübingen 2014, 215–231.

Rudnig-Zelt, S., Die Genese des Hoseabuches. Ein Forschungsbericht, in: Kiesow, K./Meurer, T.
(Hg.), Textarbeit. Studien zu Texten und ihrer Rezeption aus dem Alten Testament und
der Umwelt Israels. Festschrift für Peter Weimar zur Vollendung seines 60. Lebensjahres mit Beiträgen von Freunden, Schülern und Kollegen, AOAT 294, Münster 2003,
351–386.

–, Hoseastudien. Redaktionskritische Untersuchungen zur Genese des Hoseabuches, FRLANT
213, Göttingen 2006.

–, JHWH und Ræšæp – Zu JHWHs Umgang mit einem syrischen Pestgott, in: VT 65 (2015),
247–264.

–, Vom Propheten und seiner Frau, einem Ephod und einem Teraphim – Anmerkungen zur
  Hos 3:1–4,5, in: VT 60 (2010), 373–399.
–, Der Teufel und der alttestamentliche Monotheismus, in: Dochhorn, J. u. a. (Hg.): Das Böse,
  der Teufel und Dämonen – Evil, the Devil and Demons, WUNT 2/412, Tübingen 2016, 1–20.
Rudolph, W., Chronikbücher, HAT 21, Tübingen 1955.
Rüger, H. P., Art. Seir [1966], BHH, Studienausgabe in einem Band, Göttingen 1994, Sp. 1760.
van Ruiten, J. T.A. G.M., Abraham in the Book of *Jubilees*. The Rewriting of Genesis 11:26–25:10
  in the Book of *Jubilees* 11:14–23:8, Supplements to the Journal for the Study of Judaism
  161, Leiden/Boston 2012.
Ruppert, L., Genesis. Ein kritischer und theologischer Kommentar. 2. Teilband:
  Gen 11,27–25,18, FzB 98, Würzburg 2002.

Sasse, M., Geschichte Israels in der Zeit des Zweiten Tempels. Historische Ereignisse –
  Archäologie – Sozialgeschichte – Religions- und Geistesgeschichte, Neukirchen-Vluyn
  2004.
Sauer, G., Art. יעד *j'd* bestimmen, in: THAT 1, 1984, Sp. 742–746.
Saur, M., Einführung in die alttestamentliche Weisheitsliteratur, Einführung Theologie,
  Darmstadt 2012.
–, Das Hiobbuch als exegetische und theologische Herausforderung, in: ThZ 66 (2010), 1–21.
–, Die Königspsalmen. Studien zur Entstehung und Theologie, BZAW 340, Berlin/New York
  2004.
–, Sapientia discursiva. Die alttestamentliche Weisheitsliteratur als theologischer Diskurs, in:
  ZAW 123 (2011), 236–249.
–, Der Tyroszyklus des Ezechielbuches, BZAW 386, Berlin/New York 2008.
Scharbert, N., Genesis 12–50, NEB, Würzburg 1986.
Schart, A., Mose und Israel im Konflikt. Eine redaktionsgeschichtliche Studie zu den Wüsten-
  erzählungen, OBO 98, Göttingen/Fribourg 1990.
–, The Spy Story and the Final Redaction of the Hexateuch, in: Frevel, C. u. a. (Hg.): Torah and
  the Book of Numbers, FAT 2/62, Tübingen 2013, 164–200.
Scheetz, J. M., Canon-Conscious Interpretation: Gensis 22, the Masoretic Text, and Targum
  Onkelos, in: OTE 27 (2014), 263–284.
Schlatter, A., Der Glaube im Neuen Testament. Vierte Bearbeitung, Stuttgart 1927.
Schließer, B., Abraham's Faith in Romans 4. Paul's Concept of Faith in Light of the History of
  Reception of Genesis 15:6, WUNT 2/224, Tübingen 2007.
Schmid, H. H., Gerechtigkeit und Glaube. Gen 15,1–6 und sein biblisch-theologischer Kontext,
  in: EvTh 40 (1980), 396–419.
–, Der sogenannte Jahwist. Beobachtungen und Fragen zur Pentateuchforschung, Zürich 1976.
–, Art. ירש *jrš* beerben, THAT 1, 1984, Sp. 778–781.
Schmid, K., Buchgestalten des Jeremiabuches. Untersuchungen zur Redaktions- und Rezep-
  tionsgeschichte von Jer 30–33 im Kontext des Buches, WMANT 72, Neukirchen-Vluyn
  1996.
–, Das Deuteronomium innerhalb der „deuteronomistischen Geschichtswerke" in Gen-2. Kön,
  in: Achenbach, A./Otto, E. (Hg.), Das Deuteronomium zwischen Pentateuch und Deutero-
  nomistischem Geschichtswerk, FRLANT 206, Göttingen 2004, 193–211.
–, Deuteronomy within the „Deuteronomistic History" in Genesis – 2 Kings, in: ders./Person,
  R. F. (Hg.), Deuteronomy in the Pentateuch, Hexateuch and the Deuteronomistic History,
  FAT 2/56, Tübingen 2012, 8–30.

–, Erzväter und Exodus. Untersuchungen zur doppelten Begründung der Ursprünge Israels innerhalb der Geschichtsbücher des Alten Testaments, WMANT 81, Neukirchen-Vluyn 1999.

–, Genealogien der Moral. Prozesse fortschreitender ethischer Qualifizierung von Mensch und Welt im Alten Testament, in: Nesselrath, H.-G./ Wilk, F. (Hg.), Gut und Böse in Mensch und Welt. Philosophische und religiöse Konzeptionen vom Alten Orient bis zum frühen Islam, Oriental Religions in Antiquity 10, Tübingen 2013, 83–102.

–, Hiob als biblisches und antikes Buch. Historische und intellektuelle Kontexte seiner Theologie, SBS 219, Stuttgart 2010.

–, Der Hiobprolog und das Hiobproblem, in: ders./Oeming, M. (Hg.), Hiobs Weg. Stationen von Menschen im Leid, BThST 45, Neukirchen-Vluyn 2001, 9–34.

–, Innerbiblische Schriftauslegung. Aspekte der Forschungsgeschichte, in: ders./ Kratz, R. G./ Krüger, T. (Hg.), Schriftauslegung in der Schrift. Festschrift für Odil Hannes Steck zu seinem 65. Geburtstag, BZAW 300, Berlin/New York 2000, 1–22.

–, Une grande historiographie allant de Genèse à 2 Rois a-t-elle un jour existé?, in: ders./ Römer, T. (Hg.), Les dernières rédactions du Pentateuque, de l'Hexateuque et de l'Ennéateuque, BEThL 203, Leuven u. a. 2007, 35–45.

–, Literaturgeschichte des Alten Testaments. Eine Einführung, Darmstadt 2008.

–, Gibt es eine „abrahamitische Ökumene" im Alten Testament? Überlegungen zur religionspolitischen Theologie der Priesterschrift in Genesis 17, in: Hagedorn, A. C./Pfeiffer, H. (Hg.), Die Erzväter in der biblischen Tradition. Festschrift für Manfred Köckert, BZAW 400, Berlin/New York 2009, 67–92.

–, Der Pentateuchredaktor. Beobachtungen zum theologischen Profil des Toraschlusses in Dtn 34, in: ders./Römer, T. (Hg.), Les dernières rédactions du Pentateuque, de l'Hexateuque et de l'Ennéateuque, BEThL 203, Leuven u. a. 2007, 183–197.

–, Buchtechnische und sachliche Prolegomena zur Enneateuchfrage, in: Schorn, U./Beck, M. (Hg.), Auf dem Weg zur Endgestalt von Genesis bis II Regum. Festschrift Hans-Christoph Schmitt zum 65. Geburtstag, BZAW 370, Berlin/New York 2006, 1–14.

–, Die Rückgabe der Verheißungsgabe. Der „heilsgeschichtliche" Sinn von Gen 22 im Horizont innerbiblischer Exegese, in: Witte, M. (Hg.), Gott und Mensch im Dialog. Festschrift für Otto Kaiser zum 80. Geburtstag, BZAW 345/I, Berlin/New York 2004, 271–300.

–, Was heißt Vertrauen? Biblische Erkundungen anhand von Ps 13 und der Abrahamsüberlieferung der Genesis, in: Dalferth, I. U./Peng-Keller, S. (Hg.), Gottvertrauen. Die ökumenische Diskussion um die Fiducia, QD 250, Freiburg u. a. 2012, 31–47.

–, Hatte Wellhausen Recht? Das Problem der literarhistorischen Anfänge des Deuteronomismus in den Königebüchern, in: Gertz, J. C. u. a. (Hg.), Die deuteronomistischen Geschichtswerke. Redaktions- und religionsgeschichtliche Perspektiven zur „Deuteronomismus"-Diskussion in Tora und Vorderen Propheten, BZAW 365, Berlin/New York 2006, 19–43.

–, Zurück zu Wellhausen?, in: ThR 69 (2004), 314–328. (= Rez. Kratz, R. G.: Die Komposition der erzählenden Bücher des Alten Testaments, Göttingen 2000 [*op. cit.*])

Schmidt, L., Das 4. Buch Mose. Numeri 10,11–36,13, ATD 7/2, Göttingen 2004.

–, „De Deo" Studien zur Literarkritik und Theologie des Buches Jona, des Gesprächs zwischen Abraham und Jahwe in Gen 18$_{22ff}$ und von Hi 1, BZAW 143, Berlin/New York 1976.

–, Im Dickicht der Pentateuchforschung. Ein Plädoyer für die umstrittene Neuere Urkundenhypothese, in: VT 60 (2010), 400–420.

–, Genesis XV, in: VT 56 (2006), 251–267.

–, Die Kundschaftererzählung in Num 13–14 und Dtn 1,19–46. Eine Kritik neuerer
Pentateuchkritik, in: ZAW 114 (2002), 40–58.

–, Neuere Literatur zum Buch Numeri (1996–2003), in: ThR 70 (2005), 389–407.

–, P in Deuteronomium 34, in: VT 59 (2009), 475–494.

–, Die Priesterschrift in Exodus 16, in: ZAW 119 (2007), 483–498.

–, Die Priesterschrift – kein Ende am Sinai!, in: ZAW 120 (2008), 482–500.

–, Sihon und Og in Num 21,21ff.* und Dtn 2,24ff.* Ein Beitrag zur Entstehung des Buches
Numeri, in: Frevel, C. u. a. (Hg.), Torah and the Book of Numbers, FAT 2/62, Tübingen 2013,
314–333.

Schmidt, W. H., Einführung in das Alte Testament, de Gruyter Lehrbuch, Berlin/New York
⁴1989.

–, Exodus. 1. Teilband Exodus 1–6, BK.AT 2/1, Neukirchen-Vluyn 1988.

–, Die Frage nach einer „Mitte" des Alten Testaments, in: EvTh 68 (2008), 168–178.

–, Alttestamentlicher Glaube, Neukirchen-Vluyn, ⁸1996.

Schmitt, H.-C., Arbeitsbuch zum Alten Testament. Grundzüge der Geschichte Israels und der
alttestamentlichen Schriften, UTB 2146, Göttingen 2005.

–, Wie deuteronomistisch ist der nichtpriesterliche Meerwunderbericht von Exodus
13,17–14,31?, in: Bib. 95 (2014), 26–48.

–, Die Erzählung von der Versuchung Abrahams Gen 22,1–19* und das Problem einer Theologie
der elohistischen Pentateuchtexte [1986], in: Büttner, M./Schorn, U. (Hg.), Hans-Christoph
Schmitt. Theologie in Prophetie und Pentateuch. Gesammelte Schriften, BZAW 310, Berlin/
New York 2001, 108–130.

–, Erzvätergeschichte und Exodusgeschichte als konkurrierende Ursprungslegenden Israels –
ein Irrweg der Pentateuchforschung, in: Hagedorn, A. C./Pfeiffer, H. (Hg.), Die Erzväter
in der biblischen Tradition. Festschrift für Manfred Köckert, BZAW 400, Berlin/New York
2009, 241–266.

–, Zur Gegenwartsbedeutung alttestamentlicher Prophetie. Hermeneutische Konsequenzen
eines redaktionsgeschichtlichen Verständnisses von Texten aus Jes 1–12, in: EvErz 37
(1985), 269–285.

–, „Priesterliches" und „prophetisches" Geschichtsverständnis in der Meerwundererzählung
Ex 13,17–14,31 [1979] Büttner, M./Schorn, U. (Hg.), Hans-Christoph Schmitt. Theologie
in Prophetie und Pentateuch. Gesammelte Schriften, BZAW 310, Berlin/New York 2001,
203–219.

–, Das spätdeuteronomistische Geschichtswerk Genesis I-2 Regum XXV und seine theologische
Intention, in: Emerton, J. A. (Hg.), Congress Volume Cambridge 1995, VT.S 66, Leiden u. a.
1997, 261–279.

–, Spätdeuteronomistisches Geschichtswerk und Priesterschrift in Dtn 34, in: Kiesow, K./
Meurer, T. (Hg.), Textarbeit. Studien zu Texten und ihrer Rezeption aus dem Alten
Testament und der Umwelt Israels. Festschrift für Peter Weimar zur Vollendung seines
60. Lebensjahres mit Beiträgen von Freunden, Schülern und Kollegen, AOAT 294, Münster
2003, 407–424.

–, Redaktion des Pentateuch im Geiste der Prophetie. Beobachtungen zur „Glaubens"-
Thematik innerhalb der Theologie des Pentateuch [1982], in: Büttner, M./Schorn, U. (Hg.),
Hans-Christoph Schmitt. Theologie in Prophetie und Pentateuch. Gesammelte Schriften,
BZAW 310, Berlin/New York 2001, 220–237.

–, Menschliche Schuld, göttliche Führung und ethische Wandlung. Zur Theologie von
Gen 20,1–21,21* und zum Problem des Beginns des „Elohistischen Geschichtswerks", in:

Witte, M. (Hg.), Gott und Mensch im Dialog. Festschrift für Otto Kaiser zum 80. Geburtstag, BZAW 345/1, Berlin/New York 2004, 259–270.

–, Die Suche nach der Identität des Jahweglaubens im nachexilischen Israel. Bemerkungen zur theologischen Intention der Endredaktion des Pentateuch [1995], in: Büttner, M./ Schorn, U. (Hg.), Hans-Christoph Schmitt. Theologie in Prophetie und Pentateuch. Gesammelte Schriften, BZAW 310, Berlin/New York 2001, 255–276.

Schorn, U., Genesis 22 – Revisited, in: dies./Beck, M. (Hg.), Auf dem Weg zur Endgestalt von Genesis bis II Regum. Festschrift Hans-Christoph Schmitt zum 65. Geburtstag, BZAW 370, Berlin/New York 2006, 89–109.

Schwarzenbach, A. W., Art. Weidenbach [1966], BHH, Studienausgabe in einem Band, Göttingen 1994, Sp. 2148 f.

Schweizer, H., „Isaaks Opferung" (Gen 22) – Ergänzungen, in: BN NF 134 (2007), 25–44.

Schulte, H., „Glaubt ihr nicht, so bleibt ihr nicht" oder: Sollten wir Jesaja 7,9 anders übersetzen?, in: Berlejung, A./Meinhold, A. (Hg.), Der Freund des Menschen. Festschrift für Georg Christian Macholz zur Vollendung des 70. Lebensjahres, Neukirchen-Vluyn 2003, 23–31.

Schultz, H., Art. Glaube I. Zum Begriff, RGG⁴ 3, ungekürzte Studienausgabe 2008, Sp. 940–944.

Schunck, K.-D., Art. לוּן lûn, ThWAT 4, 1984, Sp. 527–530.

Schwienhorst, L., Art. מָרָה mārāh, ThWAT 5, 1986, Sp. 6–11.

Schwienhorst-Schönberger, L./Steins, G., Zur Entstehung, Gestalt und Bedeutung der Ijob-Erzählung (Ijob 1 f; 42), in: BZ 33 (1989), 1–24.

Seebass, H., Das Buch Numeri in der heutigen Pentateuchdiskussion, in: Römer, T. (Hg.), The Books of Leviticus and Numbers, BEThL 215, Leuven u. a. 2008, 233–259.

–, Gen 15₂ᵦ, in: ZAW 75 (1963), 317–319.

–, Genesis II, Vätergeschichte I (11,27–22,24), Neukirchen-Vluyn 1997.

–, Genesis II, Vätergeschichte II (23,1–36,43), Neukirchen-Vluyn 1999.

–, "Holy" Land in the Old Testament: Numbers and Josua, in: VT 56 (2006), 92–104.

–, Numeri.2. Teilband Num 10,11–22,1, BK.AT 4/2, Neukirchen-Vluyn 2003.

Seeligmann, I. L., Voraussetzungen der Midraschexegese [1953], in: Blum, E. (Hg.), Isac Leo Seeligmann. Gesammelte Studien zur Hebräischen Bibel, FAT 41, Tübingen 2004, 1–30.

Seitz, G., Redaktionsgeschichtliche Studien zum Deuteronomium, BWANT NF 13, Stuttgart u. a. 1971.

Sellin, E., Das Zwölfprophetenbuch, KAT 12, Leipzig ²ᵘⁿᵈ³1929.

Sénéchal, V. S., Quel horizon d'écriture pour Nb 14,11–25? Essai de sondage des soubassements de cette péricope, in: Römer, T. (Hg.), The Books of Leviticus and Numbers, BEThL 215, Leuven u. a. 2008, 607–629.

–, Rétribution et intercession dans le Deutéronome, BZAW 408, Berlin/New York 2009.

van Seters, J., Der Jahwist als Historiker, ThSt(B) 134, Zürich 1987.

–, The Life of Mose. The Yahwist as Historian in Exodus-Numbers. CBET, Kampen 1994.

–, The Pentateuch. A Social-Science Commentary, Trajectories 1, Sheffield 1999.

Siker, J. S., Abraham, Paul, and the Politics of Christian Identity, in: JSQ 16 (2006), 56–70.

Ska, J.-L., The Call of Abraham and Israel's Birth-certificate (Gen 12:1–4a) [1997], in: ders. (Hg.), The Exegesis of the Pentateuch. Exegetical Studies and Basic Questions, FAT 66, Tübingen 2009, 46–66.

–, Some Groundwork on Genesis 15, in: ders. (Hg.), The Exegesis of the Pentateuch. Exegetical Studies and Basic Questions, FAT 66, Tübingen 2009, 67–81.

–, Old and New in the Book of Numbers, in: Bib. 95 (2014), 102–116.

–, Le récit sacerdotal. Une "histoire sans fin"? in: Römer, T. (Hg.), The Books of Leviticus and Numbers, BEThL 215, Leuven u. a. 2008, 631–653.

–, Gen 22 or the Testing of Abraham: An Essay on the Levels of Reading [1988], in: ders. (Hg.), The Exegesis of the Pentateuch. Exegetical Studies and Basic Questions, FAT 66, Tübingen 2009, 97–110.

Skinner, J., Genesis, ICC, Edinburgh 1910.

Smend, R. Sr., Die Erzählung des Hexateuchs auf ihre Quellen untersucht, Berlin 1912.

Smend, R. Jr., Die Entstehung des Alten Testaments, ThW 1, Stuttgart u. a. ⁴1989.

–, „Das Ende ist gekommen". Ein Amoswort in der Priesterschrift [1981], in: ders. (Hg.), Die Mitte des Alten Testaments. Exegetische Aufsätze, Tübingen 2002, 238–249.

–, Zur Geschichte von האמין [1967], in: ders. (Hg.), Die Mitte des Alten Testaments. Exegetische Aufsätze, Tübingen 2002, 244–249.

–, Die Mitte des Alten Testaments [1970], in: ders. (Hg.), Die Mitte des Alten Testaments. Exegetische Aufsätze, Tübingen 2002, 30–74.

–, Nachkritische Schriftauslegung [1966], in: ders. (Hg.), Bibel und Wissenschaft. Historische Aufsätze, Tübingen 2004, 230–250.

–, Theologie im Alten Testament [1982], in: ders. (Hg.), Die Mitte des Alten Testaments. Exegetische Aufsätze, Tübingen 2002, 75–88.

Söding, T., Glaube bei Markus. Glaube an das Evangelium, Gebetsglaube und Wunderglaube im Kontext der markinischen Basileiatheologie und Christologie, SBB 12, Stuttgart 1985.

Soggin, J. A., Das Buch Genesis. Kommentar, Darmstadt 1997.

–, Einführung in die Geschichte Israels und Judas. Von den Ursprüngen bis zum Aufstand Bar Kochbas, Darmstadt 1991.

–, A History of Israels. From the Beginnings to the Bar Kochba Revolt, AD 135, London 1984.

Spieckermann, H., Das neue Bild der Religionsgeschichte Israels als Herausforderung der Theologie, in: ZThK 105 (2008), 259–280.

–, Juda unter Assur in der Sargonidenzeit, FRLANT 129, Göttingen 1982.

–, Heilsgegenwart. Eine Theologie der Psalmen, FRLANT 148, Göttingen 1989.

–, Die Satanisierung Gottes. Zur inneren Konkordanz von Novelle, Dialog und Gottesreden im Hiobbuch, in: Kottsieper, I. u. a. (Hg.), „Wer ist wie du, HERR; unter den Göttern?" Studien zur Theologie und Religionsgeschichte Israels für Otto Kaiser zum 70. Geburtstag, Göttingen 1994, 431–444.

Stähli, H.-P., Art. ירא jr' fürchten, in: THAT 1, 1984, Sp. 765–778.

Staubli, T., Die Bücher Levitikus Numeri, NSK.AT 3, Stuttgart 1996.

Steck, O. H., Beiträge zum Verständnis von Jesaja 7,10–17 und 8,1–4 [1973], in: ders. (Hg.), Wahrnehmungen Gottes im Alten Testament. Gesammelte Studien, TB 70, München 1982, 187–203.

–, Rettung und Verstockung. Exegetische Bemerkungen zu Jesaja 7,3–9 [1973], in: ders. (Hg.), Wahrnehmungen Gottes im Alten Testament. Gesammelte Studien, TB 70, München 1982, 171–186.

Steins, G., Die „Bindung Isaaks" im Kanon (Gen 22). Grundlagen und Programm einer kanonisch-intertextuellen Lektüre. Mit einer Spezialbibliographie zu Gen 22, HBS 20, Freiburg u. a. 1999.

–, Die Versuchung Abrahams. Ein neuer Versuch, in: Wénin, A. (Hg.), Studies in the Book of Genesis. Literature, Redaction and History, BEThL 155, Leuven u. a. 2001, 509–519.

Steuernagel, C., Das Deuteronomium, HK, Abt. I, Bd. 3/1, Göttingen 1923.

Stoebe, H. J., Das erste Buch Samuelis, KAT 8/1, Gütersloh 1973.

–, Das zweite Buch Samuelis. Mit einer Zeittafel von Alfred Jepsen, KAT 8/2, Gütersloh 1994.

Stolz, F., Art. בכה bkh weinen, THAT 1, 1984, Sp. 313–316.

–, Das erste und zweite Buch Samuel, ZBK.AT 9, Zürich 1981.

Strauß, H., Das Buch Hiob. 2. Teilband 19,1–42,17, BK.AT 16/2, Neukirchen 2000.

Struppe, U., Die Herrlichkeit Jahwes in der Priesterschrift. Eine semantische Studie zu kᵉbod YHWH, ÖBS 9, Klosterneuburg 1988.

Sweeney, M. A., The Book of Isaiah as Prophetic Torah, in: Melugin, R. F./Sweeney, M. A. (Hg.), New Visions of Isaiah, JSOT.S 214, Sheffield 1996, 50–67.

Syring, W.-D., Hiob und sein Anwalt. Die Prosatexte des Hiobbuches und ihre Rolle in seiner Redaktions- und Rezeptionsgeschichte, BZAW 336, Berlin/New York 2004.

Taschner, J., Die Mosereden im Deuteronomium. Eine kanonorientierte Untersuchung, FAT 59, Tübingen 2008.

Thiel, W., Die deuteronomistische Redaktion von Jeremia 1–25, WMANT 41, Neukirchen-Vluyn 1973.

–, Die deuteronomistische Redaktion von Jeremia 26–45. Mit einer Gesamtbeurteilung der deuteronomistischen Redaktion des Buches Jeremia, WMANT 52, Neukirchen-Vluyn 1981.

Trillhaas, W., Dogmatik, de Gruyter Lehrbuch, Berlin/New York ⁴1980.

de Troyer, K., Die Septuaginta und die Endgestalt des Alten Testaments. Untersuchungen zur Entstehungsgeschichte alttestamentlicher Texte, UTB 2599, Göttingen 2005.

Ulrichs, K. F., luja (sic!)! Witze und Anekdoten zur Bibel, Göttingen ²2009.

Veenhof, K. R., Geschichte des Alten Orients bis zur Zeit Alexander des Großen, GAT 11, Göttingen 2001.

Veijola, T., Abraham und Hiob. Das literarische und theologische Verhältnis von Gen 22 und der Hiob-Novelle, in: Bultmann, C. u. a. (Hg.), Vergegenwärtigung des Alten Testaments. Beiträge zur biblischen Hermeneutik. Festschrift für Rudolf Smend zum 70. Geburtstag, Göttingen 2002, 127–144.

–, Das 5. Buch Mose. Deuteronomium Kapitel 1,1–16,17, ATD 8/1, Göttingen 2004.

–, Das Deuteronomium im Pentateuch und Hexateuch, in: ThR 68 (2003), 374–382. (=Rez. Otto, E.: Das Deuteronomium im Pentateuch und Hexateuch [op. cit.])

–, Deuteronomismusforschung zwischen Tradition und Innovation (III), in: ThR 68 (2003), 1–44.

–, Die Deuteronomisten als Vorgänger der Schriftgelehrten. Ein Beitrag zur Entstehung des Judentums, in: ders. (Hg.), Moses Erben. Studien zum Dekalog, zum Deuteronomismus und zum Schriftgelehrtentum, BWANT 8/9, Stuttgart u. a. 2000, 192–240.

–, Die Ewige Dynastie. David und seine Dynastie nach der deuteronomistischen Darstellung, AASF/B 193, Helsinki 1975.

–, Martin Noths „Überlieferungsgeschichtliche Studien" und die Theologie des Alten Testaments, in: ders. (Hg.), Moses Erben. Studien zum Dekalog, zum Deuteronomismus und zum Schriftgelehrtentum, BWANT 8/9, Stuttgart u. a. 2000, 11–28.

–, Offenbarung als Begegnung. Von der Möglichkeit einer Theologie des Alten Testament [1991], in: Dietrich, W. (Hg.), Timo Veijola. Offenbarung und Anfechtung. Hermeneutisch-theologische Studien zum Alten Testament, BThSt 89, Neukirchen-Vluyn 2007, 10–33.

–, Das Opfer des Abraham – Paradigma des Glaubens im nachexilischen Zeitalter, in: ZThK 85 (1988), 129–164.

–, Principal Observations on the Basic Story in Deuteronomy 1–3 [1988], in: Dietrich, W. (Hg.), Timo Veijola. Leben nach der Weisung. Exegetisch-historische Studien zum Alten Testament, FRLANT 224, Göttingen 2008, 22–30.

–, Text, Wissenschaft und Glaube. Überlegungen eines Alttestamentlers zur Lösung des Grundproblems der biblischen Hermeneutik [2000], in: Dietrich, W. (Hg.), Timo Veijola. Offenbarung und Anfechtung. Hermeneutisch-theologische Studien zum Alten Testament, BThSt 89, Neukirchen-Vluyn 2007, 34–67.

Vermeylen, J., La loi du plus fort. Histoire de la rédaction des récits davidiques de 1 Samuel 8 à 1 Rois 2, BEThL 154, Leuven 2000.

–, Du Prophète Isaïe à l'Apocalyptique. Isaïe, I-XXXV, miroir d'un demi-millénaire d'expérience religieuse en Israël, EtB, Bd. 1, Paris 1977, Bd. 2, Paris 1978.

Volz, P., Der eschatologische Glaube im Alten Testament, in: Weiser, A. (Hg.), Festschrift Georg Beer zum 70. Geburtstage, Stuttgart 1935, 72–87.

–, Grundsätzliches zur Elohistischen Frage. Untersuchung von Genesis 15–36, in: ders./ Rudolph, W., Der Elohist als Erzähler. Ein Irrweg der Pentateuchkritik?, BZAW 63, Gießen 1933, 1–142.

Vouga, F., Une théologie du Nouveau Testament, MoBi 43, Genf 2001.

Vriezen, T. C., Geloven en vertrouwen. Rede uitgesproken bij de aanvarding van het ambt van gewoon hoogleraar in de oudtestamentische wetenschap en de israëlitische godsdienst aan de Rijksuniversiteit te Utrecht op maandag 20 mei 1957, Nijkerk o. J.

–, Einige Notizen zur Übersetzung des Bindewortes kī, in: Albright, W. F. u. a. (Hg.), Von Ugarit nach Qumran. Beiträge zur alttestamentlichen und zur altorientalischen Forschung Otto Eissfeldt zum 1. September 1957 dargebracht von Freunden und Schülern, BZAW 77, Berlin 1958, 266–273.

–, Theologie des Alten Testaments in Grundzügen, Moers/Wageningen o. J.

Wagner, H., Art. Begriff, Handbuch Philosophischer Grundbegriffe 1, 1973, 191–209.

Wagner, T., Gottes Herrlichkeit. Bedeutung und Verwendung des Begriffs kābôd im Alten Testament, VT.S 151, Leiden/Boston 2012.

–, Gottes Herrschaft. Eine Analyse der Denkschrift (Jes 6,1–9,6), VT.S 108, Leiden u. a. 2006.

–, Ein Zeichen für den Herrscher – Gottes Zeichen für Ahas in Jesaja 7, 10–17, in: SJOT 19 (2005), 74–83.

Wallis, G., Art. Beth Peor [1962], BHH, Studienausgabe in einem Band, Göttingen 1994, Sp. 228.

–, Alttestamentliche Voraussetzungen einer biblischen Theologie, geprüft am Glaubensbegriff, in: ThLZ 113 (1988), Sp. 1–13.

Weimar, P., Die Berufung des Mose. Literaturwissenschaftliche Analyse von Exodus 2,23–5,5, OBO 32, Fribourg/Göttingen 1980.

–, Genesis 15. Ein redaktionskritischer Versuch, in: Görg, M. (Hg.), Die Väter Israels, Beiträge zur Theologie der Patriarchenüberlieferungen im Alten Testament, Stuttgart 1989, 361–411.

–, Studien zur Priesterschrift, FAT 56, Tübingen 2008.

–, Untersuchungen zur Redaktionsgeschichte des Pentateuch, BZAW 146, Berlin/New York 1977.

Weinfeld, M., Deuterononomy 1–11, AncB 5, New York u. a. 1991.

–, Deuteronomy and the Deuteronomic School, Oxford 1972.

Weippert, M., „Heiliger Krieg" in Israel und Assyrien. Kritische Anmerkungen zu Gerhard von Rads Konzept des „Heiligen Krieges im alten Israel" [1972], in: ders. (Hg.), Jahwe und die anderen Götter. Studien zur Religionsgeschichte des antiken Israels in ihrem syrisch-palästinischen Kontext, FAT 18, Tübingen 1997, 71–97.

Weiser, A., B. Der at.liche Begriff, in: Bultmann, R.: Art. πιστεύω, πίστις, πιστός, † πιστόω, ἄπιστος, † ἀπιστέω, ἀπιστία, ὀλιγόπιστος, ὀλιγοπιστία, in: ThWNT 6, 1959, 182–197.

–, Glauben im Alten Testament, in: ders. (Hg.), Festschrift Georg Beer zum 70. Geburtstage, Stuttgart 1935, 88–99.

Wellhausen, J., Die Composition des Hexateuchs und der historischen Bücher des Alten Testaments, Berlin ⁴1963.

–, Israelitische und jüdische Geschichte, de Gruyter Studienbuch, Berlin/New York ¹⁰2004.

–, Prolegomena zur Geschichte Israels, de Gruyter Studienbuch, Berlin ⁶1927, Nachdruck Berlin/New York 2001.

Wendel, A., Glaube und Volkstum im Alten Testament, in: Weiser, A. (Hg.), Festschrift Georg Beer zum 70. Geburtstage, Stuttgart 1935, 100–127.

Wenham, G. J., Genesis 16–50, WBC 2, Dallas 1994.

–, The Priority of P, in: VT 49 (1999), 240–258.

–, Numbers, Sheffield 1997.

Wénin, A., Recherches sur la structure de Genèse 17, in: BZ 50 (2006), 196–211.

Werbick, J., Fides – Fiducia – Emuna. Alternativen oder Spannungen im Glaubensbegriff?, in: Dalferth, I. U./Peng-Keller, S. (Hg.), Gottvertrauen. Die ökumenische Diskussion um die Fiducia, QD 250, Freiburg u. a. 2012, 295–312.

Werlitz, J., Studien zur literarkritischen Methode. Gericht und Heil in Jesaja 7,1–17 und 29,1–8, BZAW 204, Berlin/New York 1992.

Werner, W., Eschatologische Texte in Jesaja 1–39. Messias, Heiliger Rest, Völker, FzB 46, Würzburg ²1986.

–, Vom Prophetenwort zur Prophetentheologie. Ein redaktionskritischer Versuch zu Jes 6,1–8,18, in: BZ 29 (1985), 1–30.

Westermann, C., Art. עֶבֶד ʿæbæd Knecht, THAT 2, 1984, Sp. 182–200.

–, Genesis. 2. Teilband: Genesis 12–36, BK.AT 1/2, Neukirchen-Vluyn 1981.

–, Die Herrlichkeit Gottes in der Priesterschrift [1971], in: Albertz, R/Ruprecht, E. (Hg.), Claus Westermann. Forschung am Alten Testament. Gesammelte Studien II, TB 55, München 1974, 115–137.

–, Theologie des Alten Testaments in Grundzügen, GAT 6, Göttingen 1978.

Wildberger, H., Art. אמן ʾmn fest, sicher, in: THAT 1, 1984, Sp. 177–209.

–, „Glauben". Erwägungen zu האמין, in: Hebräische Wortforschung. Festschrift zum 80. Geburtstag von Walter Baumgartner, VT.S 16, Leiden 1967, 372–386.

–, „Glauben" im Alten Testament, in: ZThK 65 (1968), 129–159.

–, Jesaja. 1. Teilband: Jesaja 1–12, BK.AT 10, Neukirchen-Vluyn ²1980.

–, Jesaja. 2. Teilband: Jesaja 13–27, BK.AT 10/2, Neukirchen-Vluyn 1978.

–, Jesaja. 3. Teilband: Jesaja 28–39. Das Buch, der Prophet und seine Botschaft, BK.AT 10/3, Neukirchen-Vluyn 1982.

Williamson, H. G.M., A Critical and Exegetical Commentary on Isaiah 1–27, Volume 1: Commentary on Isaiah 1–5, London/New York 2006.

–, In Search of Pre-exilic Isaiah, in: Day, J. (Hg.), In Search of Pre-exilic Israel. Proceedings of the Oxford Old Testament Seminar, JSOT.S 406, London/New York 2004, 181–206.

–, Variations on a Theme. King, Messiah and Servant in the Book of Isaiah. The Didsbury Lectures 1997, Mainstream 1998.

Willi-Plein, I., Zu A. Behrens, Gen 15,6 und das Vorverständnis des Paulus, ZAW 109 (1997), 327–341, in: ZAW 112 (2000), 396–397.

–, Ein untadeliger Mensch. Zum Menschenbild der Hiobdichtung, in: Bauks, M. u. a. (Hg.), Was ist der Mensch, dass du seiner gedenkest? (Psalm 8,5). Aspekte einer theologischen Anthropologie. Festschrift für Bernd Janowski zum 65. Geburtstag, Neukirchen-Vluyn 2008, 553–564.

Witte, M., Von den Anfängen der Geschichtswerke im Alten Testament – Eine forschungs- geschichtliche Diskussion neuerer Gesamtentwürfe, in: Becker, E.-M. (Hg.), Die antike Historiographie und die Anfänge der christlichen Geschichtsschreibung, BZNW 129, Berlin/New York 2005, 53–81.

–, Vom Leiden zur Lehre. Der dritte Redegang (Hiob 21–27) und die Redaktionsgeschichte des Hiobbuches, BZAW 230, Berlin/New York 1994.

–, Orakel und Gebete im Buch Habakuk, in: ders./Diehl, J. F. (Hg.), Orakel und Gebete. Interdisziplinäre Studien zur Sprache der Religion in Ägypten, Vorderasien und Griechenland der hellenistischen Zeit, Tübingen 2009, 67–91.

–, Der Segen Bileams – eine redaktionsgeschichtliche Problemanzeige zum „Jahwisten" in Num 22–24, in: Gertz, J. C. u. a. (Hg.), Abschied vom Jahwisten. Die Komposition des Hexateuchs in der jüngsten Diskussion, BZAW 315, Berlin/New York 2002, 191–213.

Wong, G. C.I., Faith in the Present Form of Isaiah VII 1–17, in: VT 15 (2001), 535–547.

–, Faith and Works in Isaiah XXX 15, in: VT 47 (1997), 236–246.

–, Isaiah's Opposition to Egypt in Isaiah XXXI 1–3, in: VT 46 (1996), 392–401.

Würthwein, E., Das erste Buch der Könige. Kapitel 1–16, ATD 11/1, Göttingen 1977.

–, Die Bücher der Könige. 1.Kön. 17–2.Kön. 25, ATD 11/2, Göttingen 1984.

–, Erwägungen zum sog. deuteronomistischen Geschichtswerk. Eine Skizze, in: ders. (Hg.), Studien zum Deuteronomistischen Geschichtswerk, BZAW 227, Berlin/New York 1994, 1–11.

–, Jesaja 7,1–9. Ein Beitrag zu dem Thema: Prophetie und Politik [1954], in: ders. (Hg.), Wort und Existenz. Studien zum Alten Testament, Göttingen 1970, 127–143.

Wüst, M., Untersuchungen zu den siedlungsgeographischen Texten des Alten Testaments. I. Ostjordanland, BTAVO B/9, Wiesbaden 1975.

Yoreh, T. L., The First Book of God, BZAW 402, Berlin/New York 2010.

Zenger, E. u. a. (Hg.), Einleitung in das Alte Testament. Mit einem Grundriss der Geschichte Israels von Christian Frevel, KStTh 1,1, Stuttgart ⁷2008.

–, VI. Die vorpriester(schrift)lichen Pentateuchtexte, in: ders. u. a. (Hg.), Einleitung in das Alte Testament. Mit einem Grundriss der Geschichte Israels von Christian Frevel, KStTh 1,1, Stuttgart ⁷2008, 176–187.

–, I. Die Tora/der Pentateuch als Ganzes, in: ders. u. a. (Hg.), Einleitung in das Alte Testament. Mit einem Grundriss der Geschichte Israels von Christian Frevel, KStTh 1,1, Stuttgart ⁷2008, 60–73.

–, II. Theorien über die Entstehung des Pentateuch im Wandel der Forschung, in: ders. u. a. (Hg.), Einleitung in das Alte Testament. Mit einem Grundriss der Geschichte Israels von Christian Frevel, KStTh 1,1, Stuttgart ⁷2008, 74–123.

–, V. Das priester(schrift)liche Werk (P), in: ders. u. a. (Hg.), Einleitung in das Alte Testament. Mit einem Grundriss der Geschichte Israels von Christian Frevel, KStTh 1,1, Stuttgart ⁷2008, 156–175.

Ziemer, B., Abram – Abraham. Kompositionsgeschichtliche Untersuchungen zu Genesis 14, 15 und 17, BZAW 350, Berlin/New York 2005.

Zimmer, F., Der Elohist als weisheitlich-theologische Redaktionsschicht. Eine literarische und theologiegeschichtliche Untersuchung der sogenannten elohistischen Texte im Pentateuch, EHS.T 656, Frankfurt am Main u. a. 1999.

Zimmerli, W., Grundriß der alttestamentlichen Theologie, ThW 3/1, Stuttgart u. a. ⁵1985.

–, 1. Mose 12–25: Abraham, ZBK.AT 1/2, Zürich 1976.

Zimmermann, C., Gott und seine Söhne. Das Gottesbild des Galaterbriefs, WMANT 135, Neukirchen-Vluyn 2013.

Zwickel, W., Einführung in die biblische Landes- und Altertumskunde, Darmstadt 2002.

–, Jerusalem und Samaria zur Zeit Nehemias. Ein Vergleich, in: BZ 52 (2008), 201–222.

Register

Wenn „A" auf die Seitenzahl folgt, findet sich der Beleg in den Fußnoten.

Altes Testament

22,16 282, 299A, 302
22,17 282, 297A, 298A
22,18 284 f, 289, 298A, 300, 302
22,18a 300
22,19a 285, 287 f
22,19b 285 f, 318, 320
24,48 90
24,60 283, 298A
25,9 332A
25,11a.26b 234
25,26b 254A
26 133, 306
26,2–5 299A
26,3–5 297
26,3 332A
26,3bβ–5 289, 299–303
26,3bβ 302
26,4b 300
26,5 124
26,5a 300
26,15.18 318, 321, 332
26,25 286, 319
26,34 f 234, 250 f, 257
35,9–13* 234
35,9 240A, 241, 244
35,13 241, 244
37,2b 251A
42,18 17, 338, 340–342, 348
42,50LXX 13A
45,26–28 89 f, 98
45,26 81, 82A, 83–85, 87 f, 110
46,3 f 310A
46,3 310
47,27 234
48,3 240A, 241, 244
50,19 341
50,22b 234

Ex
1 ff 138
1 139
1,13 139, 234, 250 f, 256, 259, 263
1,14 251A
1,15–20 340A, 341
1,15–21 305, 342
1,17.21 340A, 341, 348
1,21 342A

2 113, 131, 139
2,1–10* 144
2,11–24* 144
2,23aβ–25* 139
2,23aβb 234
2,24abα 234
2,25 234, 257
3 f 256
3 133, 137, 252, 305
3* 144
3,1b 137A
3,4 286A, 316
3,7–10 137A
3,8aα 135A, 138, 141, 145 f, 364
3,8aβ 364
3,18 254, 260
4 95A, 116
4,1–9 15A, 81, 83, 85, 99, 112 f, 126, 254A,
        268 f, 333, 348, 350A, 357
4,1–9.31 11, 113A, 117, 333 f
4,1.5.8.9.31 97, 103, 127, 141, 347
4,1.5.8.9 85
4,1.8 106
4,1.8 f 108A
4,1 131A
4,4 ff 98
4,5 81, 108A
4,8 f 106
4,30b 268 f
4,31 75A, 85, 99, 104, 268 f, 337, 357
5,6 ff 254
5,9 254, 255A
6 244A
6,2 ff 133A
6,2–8 241A
6,2 f.6 f 139, 234, 241, 244, 252, 255 f
6,3 140A, 241
6,4 f 241A, 255A
6,6 255A, 258 f
6,8 241A, 255A
6,9–12 259 f, 262
6,9 251 f, 254, 255A, 256
6,10–12 252
6,10–12abα 255 f
6,12bβ 255A
6,13 256
7,8–25 357A

Neh
7,2 17
9,8 15f, 17A, 124
9,13 91
13,13 44A

I Chr
1,28 332
21 209A, 326, 329, 331f
21,1–22,1 328
21,1 209A
22,1 328

II Chr
3,1 327–330, 331A, 332, 348
3,1bβ 329

6,32 123
7,1–3 7
9,6 85, 88, 110
20,7 124A
20,20f 104
20,20 10, 15A, 44A, 70, 83, 85, 101, 112f, 347, 358f
20,20LXX 13A
29,11 44
32,15 70A, 85, 92f
32,25f 326
32,31 323f, 326, 331f, 348
32,32 323f
33 54

Apokryphen/Deuterokanonische Schriften

I Esr
4,28 89

II Esr
19,8 124

Jud
8 124
8,25f 124
14,10 86, 98

Tob
2,14 86, 89
5,2(Sinaiticus) 86
10,8(Sinaiticus) 86, 89
14,4(Sinaiticus) 86
14,7(Sinaiticus) 124

I Makk
1,30 86, 88
2,52 124
2,59 13, 86, 100
7,7 86, 94
8,16 86, 94
10,46 86, 91
12,21 124

II Makk
1,2 124
3,12.22 86, 91fA

III Makk
3,21 91fA

IV Makk
4,7 86, 91fA
5,25 13, 86
7,19.21 86
7,21 98
8,7 86, 88
14,20 124
15,28 124
16,20 124

SapSal
1,2 13, 86
12,2 86, 100
14,5 86
16,26 13, 86, 100
18,6 86

Qumran

Zwischentestamentliche Schriften

Neues Testament